Irène Kummer · Das Babuschka-Prinzip

Irène Kummer

Das Babuschka-Prinzip

Individualität und Verbundenheit
von Eltern und Kindern

Unter Mitarbeit von Ruth Obrist

Kösel-Verlag

Die Zeichnungen in diesem Buch stammen von
Rita Nentwich, Dortmund.

ISBN 3-466-30349-4
© 1993 by Kösel-Verlag GmbH & Co., München
Printed in Germany. Alle Rechte vorbehalten
Druck und Bindung: Kösel, Kempten
Umschlag: Kaselow Design, München
Umschlagfoto: Fotostudio Wessely/Andres, Aichach

1 2 3 4 5 6 · 98 97 96 95 94 93

Gedruckt auf umweltfreundlich hergestelltem Werkdruckpapier
(säurefrei und chlorfrei gebleicht)

Ich widme dieses Buch den Generationen,
in deren Kontinuum ich lebe:

meinen mir persönlich unbekannt gebliebenen
Großeltern,
meinen verstorbenen Eltern,
meiner Schwester Rolande,
meinen beiden Kindern Mirjam und David
und all den Menschen,
die familiär und freundschaftlich
mit uns verbunden sind.

Sie alle lehren mich auf ihre Weise,
den vielschichtigen Babuschka-Dialog
immer wieder neu zu wagen.

Inhaltsverzeichnis

8

9

Vorwort

Vor mir auf dem Tisch steht eine jener bunt verzierten Babuschkas. In sich trägt sie weitere Babuschkas – wieviele immer noch kleinere es sind, ist ihr Geheimnis …

Etwa vor einem Jahr habe ich in einem Gespräch mit Rita Nentwich davon gesprochen, wie wir die verschiedenen gelebten Schichten unserer Geschichte verkörpern, sie in uns tragen und immer wieder zum Vorschein kommen lassen, manchmal ohne uns dessen bewußt zu sein. Während unseres Gesprächs tauchte dafür plötzlich das Bild einer Babuschka auf. »Ja«, sagte ich, »so ist es. Unsere gegenwärtige Gestalt enthält Figur um Figur die bisher in sie einverleibten Schichten. Wir spielten mit diesem Gedanken weiter, öffneten die bemalte Babuschka und brachten die in ihr verborgenen Puppen ans Licht. Die inneren Schichten wurden zu äußeren, stellten jetzt nicht nur Aspekte der eigenen Person dar, sondern die aufeinander folgenden Generationen, wie sie da eine hinter der anderen dastanden. So entwickelte sich in unserer Phantasie eine ins Unvorstellbare reichende Kette, die das Kontinuum der menschlichen Geschichte zeigte. »Wie ist es wohl, hier mitten drin zu stehen? Oder in der vordersten Reihe? Wie verkörpern wir unseren eigenen Ort, unsere Verbindung, unsere Individualität?« Geschichten tauchten auf, Erinnerungen wurden gegenwärtig. Und wieder wandte sich das Bild nach innen: »Tragen wir nicht alle auch diese Generationen in uns selber mit, als einverleibte Schichten unserer Existenz?« Das Spiel ging weiter, indem wir die Babuschkas wieder ineinander steckten und ihren inneren Dialog miteinander haben ließen. Doch wie die Kinder nahmen wir sie erneut auseinander, diesmal, um sie als Familie zu inszenieren. »Wir verkörpern nicht nur das Kind mit seinen Wachstumsschichten, sondern auch Aspekte unserer Eltern und Geschwister, tragen den ganzen familiären Dialog in uns, der wieder perspektivisch auf die vorangehenden und die folgenden Generationen verweist.«

Äußerer und innerer Dialog gingen ineinander über, schlugen ineinander um, während wir die Babuschkas zusammensetzten und hinstellten, um sie anschließend wieder ineinander zu verbergen und von der einen großen Babuschka-Figur umfassen zu lassen. Diese erschien immer wieder als unsere gegenwärtige Gestalt. Aber auch sie würde sich weiterformen, neue leibhafte Schichten hinzuwachsen lassen – ein Leben lang. »Ist nicht auch unsere Zukunft wenigstens andeutungsweise in Umrissen da, in noch zu erfüllenden Babuschka-Formen?« Mit solchen Fragen endete unser Gespräch.

So wurde dieses Bild zum ordnenden und gestaltenden Prinzip meines Schreibens. Im Zentrum stand der formbildende Prozeß des Kindes, der es zu seiner erwachsenen Gestalt führt. Im Laufe seiner Entwicklung gewinnt ein Kind immer neue Formen des In-der-Welt-Seins hinzu und verdichtet sie zu seiner einmaligen Person in der Spannung zwischen Individualität und Verbundenheit. Jedes Kind entwickelt sich im Raum der Beziehungen. Die erzieherische Aufgabe der Eltern zeigt sich als eine *formative*, die es dem Kind ermöglicht, Unterstützung und Begleitung in seinen je eigenen Prozessen der Selbstgestaltung zu bekommen. So kann es sich diese Beziehungsqualitäten einverleiben, um mit sich und anderen im Dialog zu sein.

Das Babuschka-Prinzip steht auch für die wechselnden Schichten aller Personen, die an der Erziehung beteiligt sind und vom Kind aufgenommen werden. So weitet es sich immer wieder zu einem übergreifenden Generationendialog – zu einem äußeren und inneren, zu einem persönlichen und überpersönlichen. Dieses Verständnis von Erziehung bedeutet, daß Eltern sich mit ihrer eigenen vielschichtigen Babuschka-Gestalt auseinandersetzen, sie in der Beziehung zu den eigenen Kindern um- und weiterformen. Dieser stete Wandlungsprozeß ermöglicht es vielleicht, der nächsten Generation jene Hilfe zu schenken, die ihr die Chance gibt, in unserer Welt zu be-stehen und Sorge für sie zu tragen. So verstehe ich unsere elterliche Aufgabe, ob wir Mütter oder Väter sind, ob wir als Paar, als Alleinerziehende oder in neuen familiären Formen leben. Ich habe in meinem Buch meist von den ›Eltern‹ gesprochen, obwohl in unserer gesellschaftlichen Realität in der Regel die Mütter in erster Linie betroffen sind. Damit habe ich den Entscheid getroffen, die bisherige Rollenverteilung nicht weiter zu zementieren und eine Perspektive zu bilden, die mindestens unsere Generation nur bedingt einlösen kann. Ich bin mir bewußt, daß auch diese Position anfechtbar ist. Mit ›Familie‹ meine ich zudem die Lebensgemeinschaft mindestens eines Elternteils mit einem oder mehreren Kindern. Obwohl auch abwesende Eltern-Personen mit zur Familie gehören und ihr Fehlen ins Gewicht fällt, ist damit keine Wertung verbunden. Wer kann im konkreten Fall entscheiden, welche Lösung auf die Lebens-Perspektive der Kinder hin gesehen, die ›bessere‹ oder ›schlechtere‹ ist?

Die Babuschka vor mir auf dem Tisch hat nicht nur meine Gedanken in ein Bild gebracht, sondern sich auch mir selber auferlegt. Alles, was ich schreibend entwarf, kam als Frage, als In-Frage-Stellung und Herausforderung an mich zurück. Es ging nicht nur um ›Eltern und Kinder‹, sondern auch um *mich* als Mutter meiner Kinder. Ich formulierte mögliche Perspektiven und sah mich selber mit ihnen konfrontiert. Dabei begegnete ich meinen eigenen Stärken und meiner Unzulänglichkeit. Ich schrieb, eingespannt zwischen das Verständnis für Eltern und den immer deutlicher werdenden Anspruch, den Kinder an uns haben. Mein Alltag und die Arbeit am Manuskript verflochten sich. Damit wurde mein Schreiben selbst immer wieder angefochten: von der Gegenwart meiner Kinder und der Art und Weise, wie ich diese Gegenwart in meinem Buch verarbeitete.

Und doch verdanke ich dem Leben mit meinen Kindern, daß dieses Buch überhaupt Gestalt angenommen hat. Nochmals wurde mir die ganze Fülle, der Reichtum, den sie mir mit ihrem Dasein schenken, und die Herausforderung durch sie, bewußt. Das war mein eigener Babuschka-Dialog mit den verschiedenen Schichten in mir selbst – mit der Mutter, der Therapeutin, der Frau und der an einem Buch über Erziehung schreibenden Mutter-Frau. Es war ein erfüllender und oft auch ein schmerzhafter Dialog, denn was ich in Worte faßte, forderte immer auch seine konkrete und leibhafte Einlösung. Ich erlebte hautnah den Prozeß, dem wir uns aussetzen, wenn wir uns auf den inneren und äußeren Babuschka-Dialog einlassen. So war – und bin – ich auch immer selber unterwegs mit den Eltern, von denen ich schreibe und die ich an-sprechen möchte. Als ich meinem achtjährigen Sohn erzählte, daß ich jetzt das Vorwort zu meinem Buch schreibe, formulierte er mein Anliegen und bat mich, es niederzuschreiben: »Ich habe dieses Buch angefangen, weil ich möchte, daß die Menschen, die es lesen, etwas daraus lernen können.« Ich bin Lehrende und Lernende zugleich, möchte ich hinzufügen.

Während meines Schreibens kam nicht nur die Familie in den Blick, sondern auch unsere westliche Gesellschaft mit ihren Angeboten und Gefährdungen. Dahinter erschienen andere Lebensrealitäten, die Schicksale von Völkern zwischen der sich immer mehr herausbildenden globalen Einheitsgesellschaft mit ihrer Zerstörung von natürlichen Lebensgrundlagen und dem erneuten Aufkommen von Nationalismus und Rassismus, welche zu riesigen Fluchtbewegungen führen. Ein großer Teil der Menschheit ist auf irgendeine Weise entwurzelt worden. Dies ergibt vielfach gebrochene Generationendialoge, die auch präsent werden, wenn wir unsere eigenen führen und schließlich merken, daß sie mit den unsrigen in Verbindung sind. So ist auch unser elterlicher Dialog davon umfaßt und verweist uns auf eine Ethik, in der es um die Frage geht, ob wir als einzelne und als Mit-Menschen imstande sind, Leben zu fördern, für es Sorge zu tragen und die nächste Generation in ihrem Werden zu unterstützen und zu begleiten.

Eine wichtige Basis meines Buches bildet das Konzept der Individualpsychologie Alfred Adlers, mit dem ich schon seit Jahrzehnten arbeite. Entscheidend ist für mich weiter die Begegnung mit dem Werk und der Arbeit Stanley Kelemans. Ihm verdanke ich die Idee der formativen Erziehung, die sich mit Adlers Auffassung verbinden ließ. Sie ist die eigentliche Kernidee dieses Buches. Ich habe versucht, sorgfältig auf die entsprechenden Quellen zu verweisen, aber mein eigenes Denken, die Sprache, die ich verwende, sind inspiriert und nachhaltig mitgeformt von der Berührung mit Kelemans Werk. Vieles, was sich nicht mehr einzeln zitieren läßt, ist als Grundidee, als Bewegung oder Färbung in dieses Buch eingeflossen. Deshalb möchte ich an dieser Stelle meiner tiefen Dankbarkeit Stanley Keleman gegenüber Ausdruck geben. Was ich bei ihm und Alfred Adler finde, ist zudem eine umfassende Sicht des Menschlichen, die der Verantwortung für Leben förderndes Sein und Handeln verpflichtet ist.

Ein weiterer Dank gilt meiner Mitarbeiterin Ruth Sarah Obrist. Sie hat dieses Manuskript während seiner ganzen Entstehungszeit betreut. Wenn ich eine neue Fassung durchlas, fand ich ihre Korrekturen, kritischen Fragen, Ergänzungen. Wir haben aber nicht nur ›Computer-Dialoge‹, sondern auch viele persönliche Gespräche geführt, als Berufskolleginnen – Ruth ist Geburtsvorbereiterin und Bewegungslehrerin – und als Mütter. Ihr Einsatz und ihr Mithalten im Endspurt ermöglichten es mir, dem Buch seine letzte Form zu geben. Danken möchte ich auch der Kindertherapeutin Rita Nentwich, die bei der Geburt des Babuschka-Prinzips mitbeteiligt war. Sie hat es in die Zeichnungen dieses Buches umgesetzt. Wir haben viele Ideen miteinander ausgebrütet und dabei bekam ich wichtige Anstöße für mein Weiterschreiben, aber auch kostbare freundschaftliche Ermutigung.

Viele Menschen haben mich persönlich unterstützt. Zu ihnen gehören meine Kolleginnen Elisabeth Schlumpf, Adi Rieser und Rosmarie Vella. Ihnen und allen anderen danke ich für ihre Begleitung herzlich. Auch meinen Studentinnen und Studenten und jenen Menschen, mit denen ich in der Therapie gearbeitet habe, gehört mein Dank. Von ihnen habe ich viel gelernt, was diesem Buch zugute gekommen ist.

Besonders dankbar bin ich jenen, die mir erlaubt haben, Ausschnitte aus unserer gemeinsamen therapeutischen Arbeit oder aus Gesprächen zu verwenden. Ich danke auch allen, denen ich in meinem Alltag verbunden bin, vor allem meinen Kindern, die meine wichtigsten Lehrer waren und das Babuschka-Prinzip in immer neuen Blickwinkeln zeigten. Unentbehrlich war mir auch die Hilfe derjenigen, die mich vor allem in den letzten Monaten in der Erledigung meiner Lebens-Arbeit unterstützt haben.

Zuletzt möchte ich mich bei meiner Lektorin Dagmar Olzog bedanken. Sie hatte es – wie immer – nicht leicht mit dem ständigen – gegen meine Beteuerungen – dicker werdenden Manuskript. Geduldig und humorvoll hat sie ihm Schlankheitskuren angedeihen lassen und ist mir verständnisvoll mit Rat und Kritik zur Seite gestanden.

Ich danke Euch allen, die Ihr mich auf Eure je persönliche Weise begleitet habt!

Zürich, im Mai 1993

1. Die Erfahrung, drin und inmitten zu sein

Als meine Kinder noch sehr klein waren, schenkte ich ihnen zu Weihnachten eine Babuschka. Meine Tochter bestaunte sie, betastete sie alsbald und entdeckte, daß man sie in der Mitte auseinandernehmen konnte. Sie hielt zwei Hälften in der Hand. Doch die untere Hälfte war nicht leer, sondern enthielt eine kleinere Babuschka. Auch diese ließ sich zum Entzücken meiner Tochter öffnen – und die dritte, wieder kleinere Babuschka trat in den Blick. Nun hatte das Mädchen begriffen, und bald standen fünf Babuschkas auf dem Tisch nebeneinander. Und dann begann die mühselige Arbeit, wieder eine um die andere über der nächstkleineren zu schließen, bis nur noch die große, dicke Babuschka, die einzige, die alle andern enthielt, vor uns stand. Meine Tochter schaute sie ganz anders an, sie kannte ihr Geheimnis, ihr Inneres. Es war deutlich, wie sie durch die dicke Figur hindurchblickte in die verschiedenen Schichten dieser Babuschka. Und doch war es ihr nicht gewiß genug. Wieder und wieder öffnete und schloß sie die Figuren, suchte die zusammenpassenden Teile und jauchzte ebenso, wenn sie wieder alle Babuschkas vor sich sah, wie wenn die große, dicke Figur geschlossen war, als gäbe es nur sie. Dann begann sie, eine Geschichte in verschiedenen Varianten zu entwickeln. Am einfachsten war es mit der kleinsten Figur. Sie war und blieb das Kind. Aus den nächstgrößeren gestaltete sie ihre Familie, wobei die größte Figur einmal der Vater, dann eine Großelternfigur darstellte. Manchmal war das kleinste Figürchen auch noch im Bauch der Mutter. Oder die größte Figur war die Mutter, die vier Kinder in sich trug. Erst später versuchte sie es mit Kind – Mutter – Großmutter – Urgroßmutter. So weit reichte ihre eigene Erfahrung, aber sie begann zu ahnen, daß die Generationenkette unendlich weit zurückreichte.
»Nicht wahr, das Urgroßmutti hat auch eine Mutter gehabt?« – »Ja, die Ur-Urgroß-mutter, aber sie lebt nicht mehr.« – »Und das Ur-Urgroßmutti hatte auch eine Mutter?...« Mein Sohn versuchte dasselbe Spiel mit der väterlichen Linie, mit den Ur-Ur-Ur-Ur-Großvätern. Wie lange kann man Ur-Ur... sagen? Und das Spiel führte weiter, jenseits all dieser vielen Ur-, die man noch mit Mühe aussprechen konnte. Und dann fingen sie auch an, die Perspektive umzukehren: »Mama, gell

ich werde auch einmal ein Kindlein haben? Und wenn es groß ist, wird es wieder eins haben?« Beide Kinder begannen sich in einer unabsehbaren Generationenkette zu sehen: Ein Mensch kam aus dem andern hervor, wie aus dem Leib der Babuschka. Und es war beides: eine Ahnung der familiären Generationenfolge, aber auch der Menschheitsgeschichte überhaupt. Noch kannten sie keine Zeitangaben, hatten kein Maß für Jahrhunderte, doch dieses Generationenmaß verkörperte sich in ihrer eigenen Gestalt, in der Beziehung zu Eltern, Großeltern, zu ihrer zukünftigen Elternschaft. Und meine Tochter hatte bereits erlebt, wie aus meinem Bauch ihr kleiner Bruder gekommen war, als er damals neugeboren und glitschig auf mir lag.

Das Generationenkontinuum

Aber da gab es auch das andere, was wir ›großen Tod‹ nannten. Auf einem Spaziergang durch die herbstlich farbigen Wälder im Tessin, wo es nach faulenden Blättern und Erde roch, hörte ich ein Gespräch meiner damals vierjährigen Tochter mit ihrer Wahlgroßmutter. »Wirst du bald sterben?« fragte sie. »Das weiß ich nicht so genau.« – »Aber du bist doch alt. Wenn du alt bist, mußt du sterben, oder? Bist du denn noch nicht ganz alt?« – »Ich bin schon alt, und einmal muß ich sterben.« – »Dann kommst du in den Sarg. Ist es da dunkel? Hast du keine Angst? Und dann kommst du in die Erde. Kannst du da noch atmen?« – »Dann muß ich nicht mehr atmen. Tote Menschen atmen nicht mehr. Sie spüren nichts mehr.« – »Auch nicht, wenn man dich kratzen oder stechen würde?« – »Nein, auch dann nicht. Mein Körper wird dann wieder zu Erde. Alle Menschen und alle Tiere werden wieder zu Erde. Schau, und die Blätter da auch…«

Dies sind erste Begegnungen mit dem Lebenskontinuum der Menschen:»Ich bin ein Kind. Ich werde einmal groß sein, vielleicht Kinder haben, werde alt werden und sterben.« Und es sind Begegnungen, die ahnungsweise über die eigene Existenz hinausgehen.»Ich bin ein Kind. Ich habe Eltern, die auch einmal Kinder waren und Eltern hatten. Dies sind meine Großeltern. Auch die waren Kinder und hatten Eltern. Diese sind meine Ur-Großeltern… Und auch ich werde Mutter/Vater und Großmutter/Großvater sein.«

Es ist die einfachste Geschichte, welche die Erfahrung ausdrückt, ›drin‹, vielleicht sogar ›inmitten‹ zu sein.[1] Sie kristallisiert sich im Lebenskontinuum und im Generationenkontinuum, in einem raumzeitlichen, perspektivischen Lebensgefühl, das jedoch ganz unterschiedliche Qualitäten aufweist. Dazu ein paar Beispiele:

Eine etwa 40jährige Frau, die dabei war, sich mit der biologisch bedingten Kinderlosigkeit in ihrer Partnerschaft auseinanderzusetzen, erzählte mir:»Und da stand ich dann vor einem dieser behäbigen Bauernhäuser aus der Familie meiner Schwägerin. Es war einmal das Elternhaus gewesen, das mein Bruder mit seiner Frau renoviert hat. Ich stand davor, schaute auf das alte, schon generationenalte Haus. Unter dem Dachfirst waren die Namen der Familienglieder eingeschnitzt. Zwei neue sind hinzugekommen: die Kinder meines Bruders. Ich stand davor, und die Kraft dieser Generationenfolge nahm mir fast den Atem. Da präsentiert sich eine Familie. Alle sind eingebettet – und es geht weiter. Ich ertrug diese Selbstdarstellung kaum, fühlte mich wie hinausgeworfen, irgendwie außerhalb.« In diesem Dialog zweier Lebenszusammenhänge wurde für einen Augenblick schmerzlich sichtbar, wie verschieden die Qualität des ›Drin-Seins‹ erlebt werden kann, die vonseiten dieser Frau mit Schmerz und Wut beantwortet wurde.»Ich haßte es auch, dieses Zur-Schau-Tragen, das mir protzig vorkam, war neidisch und verzweifelt. Ich spürte nicht, daß ich selbst aus einem Ahnenzusammenhang komme, spürte nur den jähen Abbruch der Kette, die sich vor meinen Augen als eine ständig weitergehende zur Schau trug.« Und etwas später:»Ich fand meine Gegenwart wieder, mein Leben, das ich liebe, fühle mich eingebettet, auch wenn aus mir selbst keine weitere Generation hervorgehen wird. Dieses familiäre Eingebettetsein in die Zukunft hinein habe ich nicht, aber doch ein umfassendes, im Leben und in der Generationenfolge der Menschen und des Lebendigen überhaupt.«

Das Drin-Sein betrifft nicht nur die eigene Familie, die gleichsam den innersten Ring darstellt, sondern das Inmitten im lebendigen Rhythmus von Generationen überhaupt. Eine sechzigjährige Freundin von mir erlebte diese Qualität als eine Art von Vision, als sie sich im Dom von Speyer befand. Sie schrieb mir:»Wir gingen nachts langsam um den größten romanischen Dom Europas herum. Vor dem Rundbau, der den Abschluß bildet, angesichts der mächtigen Quader, dachte ich an all die vielen Menschen, die mit ihren Händen das gewaltige Mauerwerk aufgeschichtet hatten. Und plötzlich spürte ich im Rücken meine Ahnen wie ein keilförmiges, weit zurückreichendes Feld stehen. Dies gab mir das Gefühl einer mächtigen Unterstützung und Rückendeckung.« Es waren nicht nur die leiblichen Ahnen, sondern die Ahnengenerationen als eine lebendige Kraft präsent.

Jedes Drin-Sein gestaltet sich wieder anders. Eine dreißigjährige Frau erzählte:»In meiner Familie fühle ich mich aufgehoben. Wir alle leben im gleichen Dorf, auch meine Urgroßeltern. Ich möchte am liebsten immer hier bleiben. Der Gedanke wegzugehen, macht mir angst. Ich möchte eigentlich leben wie meine Eltern und alle Generationen vorher. Die Gleichaltrigen lachen mich aus, und mein Mann möchte wegziehen, schon berufshalber und weil er hier nicht dazugehört.« Diese Frau empfand den ›Zwang zu einem persönlichen Leben‹ als beängstigend, die ›Welt draußen‹ als fremd und feindlich. Sie konnte sich nicht nach eigenen Möglichkeiten fragen. Und sie mochte nicht in die Welt hinausziehen, weil sie in ihr nicht drin zu sein vermochte. Als sie kurze Zeit später schwanger wurde, wandelte sich ihre Perspektive. Sie zog mit ihrem Mann in ein anderes Dorf, das näher an einer Stadt gelegen war. Als das Kind geboren war, kam sie nochmals zu mir. Sie hatte für sich eine neue Möglichkeit gefunden:»Meine Familie empfand ich als meine einzige Heimat – nicht nur die Eltern und Großeltern, sondern all die Generationen, die schon hier gelebt haben. Da bin ich ›verwurzelt‹. Als ich schwanger wurde, verstand ich plötzlich, daß ich nicht nur nach rückwärts verwurzelt bin. Ich trage etwas weiter, auch wenn ich von zu Hause wegziehe. Ich kann mich langsam mit meiner jetzigen Familie in der Gegenwart und auch in einer möglichen Zukunft verwurzeln. Und ich kenne viele Mütter mit kleinen Kindern. Auch zu ihnen spüre ich eine Zugehörigkeit. Sie sind in der gleichen Lebenssituation. Es gibt nicht nur meine Familie mit ihren vielen Generationen. Es gibt noch viele andere Menschen, die zu meiner Generation gehören und die nächste aufziehen. Mit ihnen fühle ich mich jetzt auch verbunden.« Auf diese Weise war für die junge Frau eine Grenzerweiterung möglich, die ihr erlaubte, Verbundenheit nicht nur nach rückwärts und in der eigenen Familie zu erleben, sondern im gesamten Lebenszusammenhang. Den Dialog zwischen einer persönlichen und einer überpersönlichen Ebene löste diese Frau zugunsten einer Lebensform, wie sie die Tradition ihrer Familie und die von ihr vertretene Gesellschaft lebte.

Erst seit einigen Generationen stellt sich die Aufgabe dieses Dialogs mit aller Brisanz, bringt oft nicht nur eine schmerzhafte Auseinandersetzung mit den eigenen Eltern, sondern mit generationenübergreifenden Traditionen der eigenen Familie. Die einen Menschen leben in der ersten Lebenshälfte vor allem das Schema ihrer Familie weiter, um in der zweiten Lebenshälfte zu einer persönlichen Lebensform zu finden. Gerade dies schließt jedoch nicht aus, in einer tieferen Schicht der eigenen Person eine Verbindung zu bisher unbewußten Qualitäten der eigenen Ahnen zu finden, während junge Menschen oft entscheiden, sich aus Abhängigkeiten von zu Hause zu lösen und ein ›ganz anderes Leben‹ anstreben, ohne zu merken, daß auch sie entscheidende familiäre Muster wiederholen. Diese so oft bekämpften und doch wiederholten Muster gehören jedoch einer anderen Ebene an als die im Reifeprozeß erkannte Tiefenverbindung mit den eigenen Ahnen.

Eine 50jährige jüdische Frau kam zu mir in die Therapie und weigerte sich zunächst, sich mit dem jüdischen Schicksal ihrer Familie auseinanderzusetzen. Und doch holte diese Geschichte sie unerbittlich ein. Als sie noch ein Baby war, hatten ihre Eltern mit ihr nach Südamerika fliehen müssen. Dort wuchs sie mit ihrer Familie im Exil auf, während in Europa die Eltern ihrer Mutter und sehr viele ihrer übrigen Verwandten in Konzentrationslagern ermordet wurden. Ihr Großvater mütterlicherseits stammte aus einem angesehenen Geschlecht, in dem es eine Tradition von Schriftgelehrten, vor allem von Mystikern gab. Einer der Vorfahren war im 13. Jahrhundert nach einer Schlacht vom König ausgezeichnet worden, hatte das Bürgerrecht und einen Schutzbrief bekommen. Der Großvater dieser Frau konnte es nicht fassen, daß dasselbe Land, das viele Jahrhunderte früher seinen Vorfahren und das Geschlecht ausgezeichnet und in der folgenden Geschichte geehrt und respektiert hatte, zu seinem Todfeind wurde. Er hatte sich in Deutschland und in der deutschen Kultur aufgehoben gefühlt und war nun plötzlich aus einer Kontinuität ausgestoßen worden, die ihn als eine selbstverständliche Kraft beflügelt hatte. Er war innerlich zerbrochen, noch bevor die Nazischergen ihn umbrachten. – Die Frau, die ich Jael nenne, sah sich mit einem tiefen Entsetzen konfrontiert, das bis an die Wurzeln ihrer Existenz reichte und eine über ihre Person hinausreichende Macht hatte. Im Laufe der Therapie begann sie jedoch auch, mit ihren Ahnen, mit den bis ins Mittelalter zurückreichenden Generationen, in Kontakt zu kommen. Obwohl das Gefühl, im Exil zu sein, nicht dazu zu gehören, sie immer wieder einholte, begann dennoch eine neue Qualität des Verbundenseins in ihr zu wachsen, die über das Exil hinaus eine Brücke in die Geschichte ihres Geschlechts schlug, und ihr das Bewußtsein gab, ›Erbin‹ einer tiefen geistig-seelischen Kultur zu sein. »Ich bin keine Mystikerin, verstehe wenig von Politik, und doch wächst mir von daher eine Kraft zu, die mir hilft, mein Leben neu zu gestalten, nicht nur aus diesem Exil-Gefühl heraus, das ich so lange verleugnet habe. Und dies, obwohl ich auch die vielen ungeweinten Tränen meiner Mutter, das Schicksal meiner ermordeten Verwandten in mir spüre.«

So kann sich die Qualität des ›Drin-Seins‹ im Generationenkontinuum auf verschiedene Weise formen und im Laufe des eigenen Lebens verändern; sie wird für viele Menschen jedoch erst im Reifeprozeß existentiell wichtig. Dabei nehmen wir zunächst an, daß es einen greifbaren Zusammenhang mit der eigenen Eltern- und Großelterngeneration – vielleicht auch weiter zurück – gibt. Eine 35jährige Frau sagte mir jedoch: »Meine Geschichte beginnt mit mir.« Was hier wie eine Anmaßung klingt, ist nur auf dem Hintergrund ihres Lebenszusammenhangs verstehbar. Sie ist ein Adoptivkind gewesen, das die leiblichen Eltern nie gekannt hat. Als ich die Frau zum ersten Mal sah, machte sie mir einen ganz unruhigen Eindruck, – als suche sie etwas – fuhr mir durch den Sinn. Sie sprach von ihren Eltern, und ich wußte längere Zeit nicht, daß es ihre Adoptiveltern waren. Auf meine Anregung hin machte sie sich auf die Suche nach ihren leiblichen Eltern, und schließlich fand sie die Spur ihrer Mutter. Doch sie kam zu spät. Ein halbes Jahr zuvor war die Mutter in der gleichen Stadt gestorben. »Vielleicht bin ich ihr sogar begegnet?« meinte die Frau. Der Vater, ein holländischer oder schwedischer Matrose, war unauffindbar. Auch als sie die Verwandten ihrer Mutter, sogar zwei Halbschwestern, besuchte, fühlte sie sich dieser Familie auf keiner Ebene verbunden. »Nein, da ist keine Zugehörigkeit. Trotzdem bin ich froh, diese Suche gewagt zu haben. Zu meinen sozialen Eltern hatte ich schon als Kind keine innere Verbindung. Sie waren mir immer fremd gewesen. Ich mußte es alleine machen. Wirklich, meine Geschichte beginnt mit mir.

Und sie geht jetzt weiter in meinem Kind.« Für diese Frau gab es zunächst kein Drin-Sein und kein Ankommen im Raum eines familiären Generationenkontinuums, das sie mit der Vergangenheit verband. – In einem Traum begegnete ihr jedoch ein schwarzer Flieger-Pilot mit einem Visier. Sie konnte ihn nicht erkennen, und er verschwand wieder. Als wir in einer Gruppe diesen Traum darstellten, war ihr erster Impuls, diesem Mann das Visier herunterzureißen. Doch dann erkannte sie, daß dies unmöglich sein würde:»Er ist mein Vater, und ich werde ihn nie, nie kennen lernen.« Und sie sagte zu ihm:»Ich anerkenne, daß du bist. Und ich kenne dich nicht. Nie werde ich wissen, wer du bist.« Es war schmerzlich, diese Realität klar zu sehen, die diese Frau bis jetzt einfach abgeschnitten hatte. Doch am Ende sagte sie:»Ich habe Wurzeln, aber ich kann ihre Spur nicht verfolgen. Sie sind nur in mir selber sichtbar.«

Diese Qualität habe ich auch bei andern Adoptivkindern wiedergefunden. Dennoch gibt es auch hier viele, individuell verschiedene Möglichkeiten, einen Bezug zur eigenen Geschichte zu finden. Ein Mann, der im Alter von 30 Jahren seine leiblichen Eltern gefunden und auch besucht hatte, erzählte anschließend:»Wir hatten einander nicht viel zu sagen. Persönlich bedeuten sie mir nichts. Sie sind mir fremd. Aber tief in mir drin hatte ich dennoch das Gefühl, angekommen zu sein. Es war eine leibliche Empfindung. Als hätte ich auch als körperliches, als biologisches Wesen Wurzeln bekommen, von denen ich weiß, wohin sie reichen.« Es ist keine persönliche, sondern eine im genetischen und überpersönlichen Bereich verankerte Verbindung, die dieser Mann erlebte. Mit seinen sozialen Eltern hingegen fühlte er eine persönliche Verbindung.

Außerhalb, drin oder inmitten des Generationenkontinuums – des familiären oder kollektiven – zu sein, ist eine ganzheitlich leibhafte Erfahrung, die wir etwa als Unruhe, als Spannung, als Versinken oder als zur Ruhe kommen wahrnehmen mögen.

Eingefaßt vom Generationenkontinuum ist das Kontinuum unseres Lebens. Unsere kürzeste biografische Formel heißt: Wir werden geboren, und wir sterben. Was dazwischen liegt, erscheint seit Urzeiten immer wieder im selben, mannigfach abgewandelten Bild: in der Lebensreise. Sie wird als Wanderung, als Weg, als Lebensfahrt zu Schiff, im Zuge dargestellt, hat die Qualität einer Entdeckung, einer Suche, eines Abenteuers, einer Irrfahrt, Flucht, Katastrophe, eines sinnlosen Drehens im Kreis. Das Lebenstempo kann gemächlich, explosiv, überstürzt oder verlangsamt sein. Auch hier geht es um die Frage, welche

Qualität und Dynamik unser Leben hat und wie wir in ihm zu sein vermögen. Gerade literarische Texte verdichten den Aspekt der Lebensreise auf eindrückliche Weise.

Auch in der Therapie tauchen Bilder auf, die zum Ausdruck bringen, wie jemand das Leben und sein Im-Leben-Sein erfährt und leibhaft formt. Hier einige dieser Bilder:

»Das Leben ist ein Fluß. Ich werde von ihm getragen.«

»Das Leben ist ein unpersönlicher Zug, Passagiere kommen und gehen. Ich bleibe allein.«

»Das Leben ist ein großes Wasser. Ich stehe sprungbereit, wage den Sprung aber nicht.«

»Das Leben ist ein buntes Treiben, das vor meinem Fenster vorbeizieht. Ich stehe da und schaue zu, bin durch das Glas von ihm getrennt.«

»Das Leben ist wie ein Rad, das unaufhaltsam auf mich zu rollt, bis es über mich hinwegrollt und mich zermalmt.«

»Das Leben ist eine schillernde Seifenblase. Ich jage ihr nach. Aber wenn ich sie berühren will, zerplatzt sie.«

»Das Leben ist ein Gang durch die Wüste. Ich suche eine Oase als Heimat. Manchmal sehe ich eine Oase und sie entpuppt sich als Fata Morgana, manchmal finde ich eine wirkliche, aber auf ihr ist kein Platz zu leben für mich, ich genieße Gastfreundschaft und tanke Kräfte auf für die Weiterreise.«

Diese Bilder sind kristallisierte Geschichten, die aus den Schichten des eigenen Organismus auftauchen. *Wie* jeder einzelne Mensch sein Drin-Sein in der von ihm erträumten visionshaft erblickten, in Geschichten und Bildern eingeformten Welt verkörpert, bietet einen wichtigen Schlüssel zu seinem Selbstverständnis.[2] Die Frage nach dem menschlichen Drinsein umfaßt also das Lebens- wie auch das Generationenkontinuum. Im je individuellen Leben mag einmal mehr die eine, dann wieder die andere Ebene in den Vordergrund rücken.

In unseren bisherigen Betrachtungen ging es um ein Drinsein, das in der Dimension der Zeit in Erscheinung trat. Doch sowohl auf der individuellen wie auf der kollektiven Ebene zeigt sich diese Qualität auch als eine räumliche. Jeder Mensch trägt in sich Bilder und Erinnerungen, die zum Ausdruck bringen, welches die Welt ist, in der er ›drin‹ ist, sei sie umfangend, eng, sanft, karg, elementar, starr, bewegt, wüst, öde, fruchtbar, weit, wild… Es ist nicht die sogenannte objektive Welt, sondern die existentielle und zugleich organismische Erfahrung dessen, wie wir in einem Größeren drin sein können, welche Atmosphäre ihm zu eigen ist. Kindheitserinnerungen und Träume zeigen diese atmosphärische Qualität besonders deutlich.

Eine über 50jährige deutsche Frau, kehrte als kleines Mädchen in ihre zerbombte Heimatstadt zurück, die so verwüstet war, daß nicht einmal der Weg nach Hause mehr erkennbar war. »Es war wie nach dem Weltuntergang«, sagte sie. Damit drückte sie ihre tiefste Erfahrung aus: Es gab gar keine Welt mehr, sie war zerstört, untergegangen! Zurück blieb ein namenloses Entsetzen. Im Laufe der Therapie hatte die Frau den folgenden Traum: Sie sah sich auf einer Insel an einem Ort, wo sie auf beiden Seiten bis zum Meer blicken konnte. Sie sah die Sonne aus dem Meer aufsteigen und auf der andern Seite wieder in ihm versinken. Sie saß einfach da und schaute. Schaute, wie die Sonne auf- und niederging, fühlte sich in diesem Rhythmus aufgehoben. »Ich tat nichts«, sagte sie, »aber ich war ganz da und wach.« Und wieder ging die Sonne auf als blasse Scheibe, und sie sagte sich am Ende des Traumes: »Auch wenn die Sonne jetzt nur eine dünne, leuchtende Scheibe ist, wird auch sie wieder warm und strahlend werden.« Die Frau war ›angekommen‹, zum ersten Mal angekommen in einer Welt, in der sie drin zu sein vermochte. Drin sein können ist jedoch keine objektive Gegebenheit, sondern eine Qualität, die sich aus ihrem Organismus geformt hatte, eine leibhafte Möglichkeit also, der sie die folgenden Worte gab: »Auch wenn es mir noch so schlecht geht, spüre ich tief innen eine Stelle, die mir Halt gibt, die lebendig ist, und die ich nicht mehr verlieren kann.«

Wenn ich früher durch Museen und Bildergalerien ging, gab es ein Thema, das mich immer wieder faszinierte: die Welten, die Maler verschiedenster Epochen gemalt hatten und wie sie die Menschen in diesen Welten darstellten. Da waren etwa die Figuren des Mittelalters, die vor dem Goldgrund des Ewigen erschienen, ohne individuellen Lebensraum, aber als Menschen, als Geschöpfe umgeben vom leuchtenden Gold, das ihre ›ewige Heimat‹ war. Wo sie inmitten der irdischen Welt erschienen, war diese transparent auf die göttliche Dimension hin. Anders die Menschen der Renaissance. Sie lebten in von Menschen geschaffenen, perspektivisch dargestellten Bauten, die oft den Durchblick in weite Landschaften freigaben. Sie ruhten in dieser doppelten irdischen Welt, schienen sich ihrer eigenen Machenskraft bewußt. Portraits von Menschen zeigten diese erhöht auf Hügeln, von denen aus man weit ins Tal blicken konnte. Sie überblickten die Welt, in der sie zu Hause waren, weil sie sich diese angeeignet und sie gestalterisch durchformt hatten. Die Menschen ruhten in sich und in ihrer Welt. Die barocken Bilder zeigten ähnliche Landschaften und architektonische Gebilde, komplizierter und komplexer ausgebaut. Die Menschen aber erschienen in ruheloser Bewegung, wegstrebend, ohne daß eine Richtung deutlich wurde. Sie waren nicht selbstverständlich drin in ihrer Welt, sondern hingespannt zwischen irdischer und jenseitiger Welt, wie es auch barocke Gedichte so häufig zum Ausdruck brachten. Wieder anders faszinierten mich romantische Bilder, die Menschen in einer magisch belebten Landschaft zeigten, oft beinahe aufgesogen von ihrer verdämmernden, geheimnisvollen Weite. Abgründiges kam ins Bild. Nicht verdämmernd, sondern in unbestimmtes Licht zerflossen erschienen die Landschaften vieler Impressionisten, während die Menschen sich in einem seltsamen, beinahe konturlosen Kontrast von lichtdurchflossener Schwerelosigkeit und gesellschaftlich zelebrierter Etikette in ihr bewegten. Dunkel und geballt modellierte sich die Welt der Expressionisten heraus, magisch-gewaltig aufgeladen wie die Menschen, die hier ihre Nöte und Einsamkeiten, ihre Hoffnung auf einen Durchbruch zum Ausdruck brachten. Und dann erschienen die vielfach gebrochenen, ineinander geschobenen, die perspektivisch verzerrten, traumähnlichen Landschaften der Moderne mit übergroßen, verwinzigten oder von vielen Seiten zugleich gesehenen Menschen, optische Chiffren mehr für das Sehen selbst als für das Gesehene. Chiffren für eine Welt, die es nicht mehr einfach gab, in der oft kein wirkliches Drin-Sein mehr möglich war. Manchmal war es eine montierte Welt aus Versatzstücken von zitierten Wirklichkeiten. Und doch wurde oft gerade diese Darstellung wieder zu einer magischen Beschwörung, in die das Kalkül der Formen umschlug. Der Dialog mit diesen Bildern brachte mich immer wieder in Kontakt mit meinem eigenen Welt-Bild, mit meinem Drinnen-Sein und demjenigen von Menschen in der Therapie.

2. Der verkörperte innere Generationendialog

Wieder sehe ich meinen Kindern zu, wie sie ihre Babuschka auseinandernehmen, Figur um Figur, sie nebeneinander aufreihend. »Das ist die winzige Mirjam«, sagt mein Sohn und weist auf die kleinste Figur. »Und da ist sie schon ein bißchen größer«, identifiziert er die nächstgrößere Figur. »So ist sie etwa heute«, meint er mit einem prüfenden Blick auf seine Schwester und zeigt auf das dritte Püppchen. »Und wenn sie mal lange zur Schule gegangen ist, dann ist sie diese Babuschka, die zweitgrößte. Die ganz große ist Mirjam, wenn sie einmal ist wie die Mama.« In meiner Phantasie führe ich das Spiel der Kinder weiter, stecke die Babuschkas wieder ineinander und sage mir: »Das bin ich heute, und ich trage die anderen Babuschkas in mir, das Kind, das ich war, das jugendliche Mädchen, die junge Erwachsene, die Frau der Lebensmitte, die damals ihre Kinder bekam….« Oder ich phantasiere: »Dies ist die jugendliche Irène, und die kleineren Babuschkas verkörpern die Altersstufen ihrer Kindheit…« Im Bild der Babuschka sehe ich vor mir, was ich auch in mir immer wieder als leibhafte Schichten meiner Person zu spüren vermag. Schon beginnt sich aus ihnen ein innerer Generationendialog zu formen, einer zwischen dem Kind, der Erwachsenen und der älter werdenden Frau.

So gibt es nicht nur einen zwischenmenschlichen Dialog von Generation zu Generation, sondern ebenso einen inneren zwischen den verschiedenen Generationen, die wir in uns geformt und gelebt haben und im gegenwärtigen Leben immer wieder in den Vordergrund bringen (*vgl. Abbildung auf Seite 28*).

Lange bevor ich diesen ›Babuschka-Dialog‹ – der ja nicht nur für Frauen gilt – in meine therapeutische Arbeit einzubeziehen begann, begegnete ich ihm in meinen Beziehungen zu anderen Menschen. Eine dieser Erfahrungen möchte ich hier wiedergeben:

Einmal saß ich spät in der Nacht mit meinem Mann zusammen, in einer innigen und vertrauten Atmosphäre. Wir sprachen miteinander, und dabei schaute ich in seine mir längst vertrauten Gesichtszüge. Er lächelte, seine Augen glitten in die Ferne und plötzlich sah ich ein ganz anderes Gesicht vor mir. Nun ja, es war noch immer seines, vertraut wohl und doch – es war das Gesicht eines ganz jungen Mannes.

Es kam wie aus der Tiefe seines gewohnten Gesichts zaghaft an die Oberfläche. Ich blieb ganz still und schaute. Es war zart, mit unbestimmteren Konturen, etwas verträumt und schüchtern. Freilich kannte ich diesen jungen Mann aus Erzählungen, flüchtig hingeworfenen Erinnerungen, in die ich oft hineinschlüpfte, um den Mann auch ein wenig zu kennen, dem ich nie begegnet war, der vor unserer gemeinsamen Zeit gelebt und geliebt hatte. Und da saß er nun vor mir mit seinem unendlich jungen Gesicht, und ich spürte, wie auch ich entrückte, auch aus mir das junge Mädchen, noch an der Schwelle zur ersten Liebe, an die Oberfläche kam. Wir schauten uns an, beide ein bißchen erstaunt und doch, als müßte es so sein, daß wir uns gerade jetzt begegneten, ohne Liebeserfahrungen im Hintergrund, ein wenig schutzlos und gleichzeitig durch unsere jugendliche Ahnungslosigkeit auch wieder beschützt. Sein Gesicht war jetzt nahe vor meinem, und doch war mir gleichzeitig, als sähe ich es vor mir wie in einem tiefen Wasser, nicht ganz erreichbar. Ob wir lange so blieben, weiß ich nicht mehr. In der Nacht erwachte ich, schaute auf meinen schlafenden Mann und erinnerte mich. Das war es gewesen: sein junges Gesicht, in dem ich nun gleichzeitig das Gesicht seines jugendlichen Sohnes wieder fand. Und als ich ihn jetzt anschaute, faßte mich nochmals ein Schauer. Dieser im Schlaf entspannte Mann war wieder nicht der Mann, den ich kannte. Auch nicht das junge Gesicht von eben. Es war ein Gesicht wie – ich hörte in meinem Innern eine Stimme: »So wirst du einmal aussehen, wenn du alt bist.« Da drehte er sich weg, und die Erscheinung verschwand. Nur für einen Augenblick hatte ich sein zukünftiges Gesicht gesehen… Und als ich ihn vor einem Jahr wiedersah, da kam mir dieses Gesicht entgegen. Ich erkannte es jäh wieder, und damit kam auch die Erinnerung an jene Nacht zurück, in der ich das junge und das alte Gesicht meines damaligen Mannes erlebt hatte. Gleichzeitig tauchte noch eine andere Erinnerung in mir auf:

Ich sah mich wieder am Totenbett meines Vaters sitzen. Ich hatte meinen Mann gebeten, mich mit ihm allein zu lassen. Da saß ich, um von meinem Vater Abschied zu nehmen. Meine Mutter war schon gestorben, meine Halbschwester, die Tochter seiner frühen Erwachsenenzeit, weit fort. Ich schaute ihn an. Zuerst seine Hand, die auf der Bettdecke lag, mit den großen, bläulichen Adern und den vielen Altersflecken. Es war die Hand meines Vaters. Noch vor kurzer Zeit hatte ich sie gehalten und am Handgelenk den Pulsschlag gespürt, der hämmernd und schmerzlich durch mich hindurchgegangen war, weil ich spürte: »Bald nicht mehr.« Und ich hatte ihn in meiner Hand gespürt, bis ich seinen und meinen eigenen klopfenden Puls nicht mehr unterscheiden konnte. Die beiden Pulse jagten sich, und ich erlebte nochmals, wie mein Leben aus dem seinen geworden war, und daß mein Puls bald alleine weiterschlagen würde. Jetzt war es geschehen. Da lag die Hand meines Vaters, und sie sah aus wie diejenige meiner Schwester, die drei Jahrzehnte älter ist als ich. Und noch oft würde mich ihre Hand an seine erinnern. Wenn ich jetzt meine eigene Hand betrachte, mit den anschwellenden Adern, den ersten Anzeichen des Älterwerdens, dann sehe ich wieder die seinen, sehe die Hände seiner Schwestern, Familienhände… Ich schaute zögernd in sein Gesicht. Es war das Gesicht meines Vaters, nur die Stirn war totenblaß. Doch gleichzeitig war es ein entrücktes Gesicht, ein Greisengesicht, mit den Spuren seines persönlichen Lebens. Über seinem Kopfende, in einem ovalen Rahmen, hing groß das Portraitphoto seiner Mutter. Ich erschrak. Im Tod glich mein Vater so sehr meiner Großmutter. Es war dasselbe Gesicht, fast geschlechtslos. Ich blickte hin und her, von meinem Vater zu seiner Mutter, die ich nie gekannt hatte. Franziska Salomé, die Frau, die als 14jährige ihren Bruder an der Hand genommen und mit ihm aus dem Isental ins Bernpiet ausgewandert war, damals, als die Großeltern umgekommen waren – von den Eltern fehlt jede Spur. Jene Frau, die ihre Kinder alleine großgezogen hatte, als ihr Mann an Tuberkulose starb. Aufrecht und streng, auch etwas traurig blickte sie. Und da lag mein Vater mit einem ganz anders gelebten

Leben. Und doch war diese überwältigende Ähnlichkeit, die alles Individuelle wegzuwischen schien. Es war das Gesicht seiner Familie, das mir aus dem toten Antlitz meines Vaters entgegenkam. Es kam mir vor wie eine Rückkehr. Und nun beginne ich dieses Gesicht auch bei meiner Halbschwester wieder zu finden …

So hielt ich wieder und wieder Zwiesprache mit den verschiedenen Schichten, die meine Eltern aus ihrem gelebten Leben zum Vorschein brachten, um schließlich bei meinem Vater auch jenes nicht mehr individuelle, familiäre Gesicht zu entdecken, jenseits seiner persönlichen Lebensgestalt.

Freilich arbeitete ich längst mit Konzepten, die das ›Kind in uns‹ berücksichtigen. Es war mir klar, wie wichtig es ist, dem scheuen, verstoßenen, dem bösen oder abweisenden, dem dicken, häßlichen Kind, als das wir uns empfinden mochten, Anteilnahme zu geben, es zu ›erlösen‹, sich mit ihm zu versöhnen und es beispielsweise nicht mehr mit dem Blick der eigenen Eltern anzusehen, sondern zu spüren, was es wirklich braucht. Hinzu kamen jene Erfahrungen, in denen das kleine Mädchen, der große Junge, der junge Mann, das an der Schwelle zum Erwachsensein stehende Mädchen, die erwachsene Frau oder der Mann nicht nur eine innere, erspürte Dimension waren, sondern – mindestens augenblicksweise – eine sichtbare Gestalt wurden. Ich begann, aufgrund der Arbeit mit Stanley Keleman selber damit zu arbeiten, wie wir das böse, das abgelehnte Kind oder andere Ebenen in uns verkörpern.[1] Ich konnte auch erleben, wie Menschen plötzlich oder allmählich im Therapieprozeß Zugang zu vergessenen Schichten ihrer selbst fanden, zum vitalen Baby, zum fröhlichen, übermütigen Kind und es als eine lebendigmachende Kraft in ihre erwachsene Gestalt zu integrieren vermochten. Dazu möchte ich ein Beispiel geben:

Eine Frau, etwa 36 Jahre, kam zu mir in die Therapie und sah sich in einer Stunde plötzlich am Bein ihrer Mutter hängen. »Ich sehe nur ihre Beine«, sagte sie, »höher hinauf kann ich nicht sehen.« Sie wartete zunächst darauf, daß die Mutter sich mit ihr befassen solle. Doch diese lebte weit oben über sie hinweg. Schließlich wartete sie nur noch darauf, ob etwas für sie abfallen würde, »irgendein Brocken, der von da oben für mich kommen würde.« Am Ende war es ihr egal, ob überhaupt noch etwas käme. »Ich lebe gar nicht mehr«, sagte sie, »und ich kann da nicht mehr raus.« An mich angelehnt, begann sie sich wieder etwas lebendiger zu spüren. – In der nächsten Stunde kam sie mit viel Angst zu mir. Sie war dem ›resignierten Kind‹ in sich begegnet, hatte viel geweint. »Schließlich wurde ich auch wütend«, sagte sie, »wütend auf alle, die mir in die Quere kamen.« Wir spielten die Szene mit der Mutter nochmals. Ich sagte ihr, sie solle alle Impulse ausdrücken, die ihr kämen. Sie begann an mir zu zerren:»Komm, bleib bei mir, spiel mit mir. Ich will dich haben!« Sie packte immer mehr zu und zwang mich zu sich hinunter. Dann saßen wir lange und blickten uns an.»Jetzt sehe ich dich. Es ist wie ein Vorhang weg. Ich kann dich gar nicht genug anschauen. Ja, jetzt sehe ich dich. Du bist da.« Von hier aus konnten wir nochmals zum resignierten Kind, zu seiner leibhaften Gestalt, zurückkehren. Sandra – so nenne ich sie – spürte, wie sie in der Mitte einsackte und damit in die Resignation versank. Als sie sich wieder langsam aufrichtete, bat ich sie, mit dem Kind von vorhin Kontakt aufzunehmen. Sie streckte ihre Arme aus, richtete sich kraftvoll auf.»Ich will…« war der zugehörige Satz. Sandra nannte es das ›lebendige, eigenwillige Kind‹.»Meine Mutter hat mir die Wutanfälle ausgetrieben, wie sie selber sagte.« Als sie diese Haltung intensivierte, kam das ›verzweifelt bittende Kind‹ zum Vorschein. Und Sandra entdeckte den Punkt, an dem die Verzweiflung in Resignation umschlug. – Dies war also die Geschichte, die vom eigenwillig-fordernden zum verzweifelt-bittenden und von da zum resignierten Kind führte. Als Sandra zum eigenwilligen Kind zurückkehrte und diese Haltung etwas auflöste, kam der Satz:»Wenn ich es nicht haben kann, gehe ich halt meinen eigenen Weg.« Es war dies nicht mehr das Kind, sondern die etwa 14jährige trotzige Jugendliche. Und als sie die Haltung noch etwas auflöste, sagte Sandra:»Ich will es haben, und ich kann auch warten. Ich schaue zu, ob *du* es mir geben kannst.« Das war die erwachsene Frau. Aber Sandra spürte, wie kurz der Weg von dieser Frau zum resignierten Kind war. Es ging dabei nicht um die Worte – es mochten dieselben sein – sondern um die leibhafte Gestalt, die sie im jeweiligen Augenblick in den Vordergrund brachte.

Damit begann ein Dialog zwischen den verschiedenen Schichten, den verschiedenen ›Personen‹ aus ihrer Geschichte. Sandra erlebte das Spektrum ihrer Möglichkeiten und wie sie das eigenwillige Kind, die trotzige Jugendliche zu Hilfe nehmen und auch ihrer erwachsenen Form mehr Raum geben konnte, ohne zu resignieren oder trotzig zu verharren und wie sie wiederum die Kraft hatte, eben gerade eigenwillig auf etwas zu bestehen oder ein sanfteres Bitten zu formen, ohne in Verzweiflung zu geraten. Doch war dies ein langer und sorgfältiger Lernprozeß. – In meiner therapeutischen Arbeit tauchte auch immer wieder das Bild von unterwegs vergessenen, liegengebliebenen Schätzen auf, die es aufzuheben und an sich zu nehmen gilt, wie etwa im Beispiel von Sandra das eigenwillige lebendige Kind.

Lange Zeit waren diese verschiedenen Schichten, mit denen ich bei mir und bei anderen Menschen in Berührung kam, etwas Gestaltloses, höchstens in Bildern Erscheinendes, eine rein seelische Qualität gewesen. Die Arbeit mit Stanley Keleman jedoch ließ mich allmählich begreifen und *sehen*, daß diese Schichten eine leibhafte Präsenz darstellen. Wir ›leiben‹ die verschiedenen Qualitäten der im Laufe unserer Lebensgeschichte einverleibten Erfahrungen.[2] Sie sind in unserem Organismus als Bereitschaftsmuster da, auch wenn sie nicht in Erscheinung treten. Wir mögen einen inneren Kontakt zu ihnen haben, sie können jedoch auch völlig unbewußt bleiben.

Über mehrere hundert Formen bilden wir unseren Körper bis zur Geburt aus, formen anschließend die verschiedenen Stadien des kindlichen Körpers, der auf den Erwachsenenkörper ausgerichtet ist, den wir wieder umwandeln von Phase zu Phase bis hin zu unserem ›Sterbekörper‹, um die geformte Gestalt im Tod wieder aufzulösen. Jeder einzelne ›Körper‹ ist zudem gleichzeitig ein biologischer, ein sozialer und persönlicher Körper. Die biologische Dimension können wir bei jeder Pflanze und jedem Tier miterleben. Schon Johann Wolfgang von Goethe hat diese gestaltende Kraft Metamorphose (Umgestaltung) genannt und in seinen Lehrgedichten beschrieben:

> Werdend betrachte sie nun, wie nach und nach sich die Pflanze
> Stufenweise geführt, bildet zu Blüten und Frucht.[3]

Jedes lebende Wesen trägt das innere Ziel seines formbildenden Prozesses, seines genetischen Programms in sich, das in jeder Zelle angelegt ist, um das selbst jeder Same einer Pflanze schon ›weiß‹. Der Mensch aber ist nicht das genetische Programm allein. Vielmehr entsteht seine Gestalt aus dem Dialog seiner individuellen formenden Potenz mit dem, was ihm genetisch mitgegeben und dem, was ihm durch sein Leben in der menschlichen Gemeinschaft begegnet ist. Als Menschen sind wir deshalb Formende und Geformte zugleich – oder in den Worten Goethes:

> Bildsam ändere der Mensch selbst die bestimmte Gestalt.[4]

Etwa hundert Jahre später machte Alfred Adler – ohne von einem organismischen Modell im strengen Sinn auszugehen – diesen Ansatz für das Verständnis der psychischen Dynamik fruchtbar. Auf anderem Weg kam er dazu, im Versuch, sich von den streng deterministischen Anschauungsweisen des 19. Jahrhunderts zu lösen. Er schrieb:

Jedes Individuum stellt gleichzeitig eine einheitliche Persönlichkeit und die individuelle Gestaltung dieser geschlossenen Einheit dar. Auf diese Weise ist jeder Mensch Bild und Künstler zugleich. Er ist der Künstler seiner eigenen Persönlichkeit, aber als Künstler ist er weder ein unfehlbarer Gestalter noch eine Person, die ihren Leib und ihre Seele voll und ganz versteht.[5]

Als erster Psychotherapeut betonte Adler mit dieser Eindeutigkeit die formbildende oder formative Potenz des Menschen. Den Lebensstil verstand er als ›Bewegungsgesetz‹[6] des Menschen, wobei ›Gesetz‹ die ursprünglich selbstgeformte, nun aber unbewußt wirkende ganzheitliche Organisation unseres individuellen In-der-Welt-Seins meint. Stanley Keleman hat diesen ganzheitlichen Ansatz zu einem organismischen Modell verdichtet und ausdifferenziert.[7] Insofern sind die Muster unseres Lebensstils als einverleibte Erfahrungen zu verstehen, aus denen wir unsere Gestalt bilden. In einem strengen Sinn verkörpern wir unseren Lebensstil nicht – diese Formulierung suggeriert noch immer eine Trennung –, sondern wir ›leiben‹ ihn.

Dennoch gehören die einverleibten Erfahrungen den verschiedenen, zeitlich aufeinander folgenden Schichten unseres Lebens an, so wie die Jahresringe eines Baumes seine schichtweise gewachsene Gestalt ausmachen. Nur sind es beim Menschen bewegliche Schichten, die wechselweise zum Vorschein kommen und wieder in den Hintergrund treten können. Hier bietet sich auch das Bild der Babuschka wieder an, die in sich das Geheimnis der vielen weiteren Babuschkas birgt.

Je länger wir leben und uns von Gestalt zu Gestalt weiterbilden, um so vielfältiger werden die hinzugeformten Schichten unserer Existenz. Doch dies ist keine bloße Addition, sondern bedeutet eine stete Veränderung der Gesamtform, aber auch gleichzeitig Veränderung jeder einzelnen Schicht innerhalb der ganzen Gestalt. Wenn wir uns in dieser Weise als einen lebendigen Prozeß sehen können, nähern wir uns einer beweglicheren Perspektive dessen, was Menschsein bedeuten mag.

Es gibt viele Augenblicke in therapeutischen Situationen, in denen die unterschiedlichsten Schichten einer Persönlichkeit wie verschiedene Personen zum Vorschein kommen, oft ohne daß dies unmittelbar bewußt wird.

Diese allgemeinen Überlegungen möchte ich jetzt nochmals durch das Beispiel einer therapeutischen Arbeit konkret werden lassen: Ein Mann Mitte Fünfzig war bei mir eine kurze Zeit in Therapie. Er war ein angestrengter Mann in leitender Postion in einem großen Unternehmen. Alles an ihm war beherrscht und angespannt. Er war gekommen, weil er mit seinem obersten Chef in tiefgreifende Konflikte geraten war. Eigentlich wollte er lernen, sich noch mehr zu kontrollieren, um mit der Situation zurechtzukommen, ohne seine Position zu gefährden. Im Laufe der Zeit erzählte er, wie er schon als kleiner Junge – er war der älteste von fünf Kindern – viel Verantwortung hatte übernehmen müssen. Während des Sprechens kam dieser angestrengte Junge, der den jüngeren Geschwistern gegenüber sogar nach außen hin hatte Elternfunktionen übernehmen müssen, leibhaft zum Vorschein. Als der Mann – den ich Robert nenne – auf die Haltung des angestrengten Jungen achtete, sie körperlich verstärkte und anschließend behutsam etwas auflöste, kam plötzlich ein ganz anderer Junge zum Vorschein, ein scheuer, etwas verträumter Knabe. Doch im Kontakt mit ihm nahm allmählich das Angestrengtsein wieder überhand. »Den kann ich nicht brauchen«, sagte Robert unwillig, »den habe ich mit so viel Mühe überwunden.« Und er begann von seinen inneren Kämpfen, aber auch von seinem Stolz zu sprechen, die Eltern in ihrem schweren Existenzkampf unterstützt zu haben. Der stolze Älteste – ja, mit dem konnte er sich identifizieren. Er saß sehr aufrecht und kraftvoll da. Das Angestrengte hatte wiederum nachgelassen. Es war nicht mehr ein Junge, der vor mir saß, sondern ein Jüngling. »Wie alt sind Sie wohl jetzt?« fragte ich ihn. »Etwa fünfzehn Jahre alt. Damals spürte ich so richtig, daß ich Kraft hatte. Ich konnte mich auch erstmals mit meinem Vater – er war Schreiner – in seiner Werkstatt messen. Nicht daß ich ihn hätte übertrumpfen wollen. Es war kein Machtkampf. Aber ich spürte, daß ich wirklich etwas taugte und zupacken konnte.« Der Mann vor mir begann zu leuchten. Ich hatte bisher nie wahrgenommen, wie kraftvoll er war. Nicht daß er schwächlich gewirkt hätte, doch war seine Kraft bisher vor allem als Anstrengung in Erscheinung getreten. Jetzt war er ›der Kraftvolle‹ – diesen Namen gab er seiner Erscheinung selbst. Dann sah ich, wie Robert sich erneut anspannte, als er weiter erzählte: »Nur eben, Handwerker werden durfte ich nicht. Ich sollte etwas Besseres werden, und das hieß für meinen Vater, mit dem Kopf arbeiten.« Er schaute auf seine Hände, während sein Gesicht einen versunkenen Ausdruck annahm. Da war der Junge wieder sichtbar – aber ich sagte nichts. Seine Hände waren zwar kräftig, wirkten jedoch wenig geformt im Gegensatz zu seinem scharf profilierten Gesicht, dessen Züge jetzt etwas weicher waren. »Ich habe Jura studiert. Das Handwerken habe ich von einem Tag auf den andern aufgegeben.« Dann schwieg er lange, aber es war eine Pause, die so dicht war, daß ich aufmerksam wartete. Mühsam sagte er: »Mein Sohn hat auch studiert, ist Architekt geworden. Ich war dagegen, doch Hauptsache, er studiert. In der Freizeit entwirft und konstruiert er Holz- und Metallplastiken. Die handwerklichen Tips holt er sich bei seinem Großvater. Der hilft ihm, wo er kann. Ich habe das alles immer belächelt und entwertet. Jetzt weiß ich, warum. Eigentlich bin ich wütend auf meinen Vater. Er hat mich vergewaltigt – und ich tue dasselbe mit meinem Sohn. Doch als Enkel darf mein Sohn bei meinem Vater, was ich als Sohn nicht durfte.«

So rückte Roberts Konflikt mit dem Vater in den Vordergrund. Und in der folgenden Zeit begann er sich selbst wieder mit Handwerk zu beschäftigen, zunächst im Kontakt mit seinem Sohn, und schließlich, indem er selbst begann, Konstruktionen zu entwerfen und zu realisieren. Als Robert es schließlich über sich brachte, mit seinem Vater zu sprechen, gestand ihm dieser, wie schmerzlich die Entfremdung für ihn gewesen sei: »Ich hatte gemeint, das Beste zu tun, und als ich dich anschaute, wie du ein Geschäftsmann wurdest, begriff ich meinen Irrtum. Ich sah, daß du nicht glücklich warst und wollte dasselbe meinem Enkel ersparen.« – In der Folge wagte Robert es, in seinem Arbeitsbereich klarer zu handeln. Der ›Kraftvolle‹ war zugleich der ›Handelnde‹, und der ›Jüngling‹ in ihm stärkte den erwachsenen, den reif werdenden Mann, auch wenn die Anstrengung ihn immer wieder einholte. Als wir wieder mit diesem Muster arbeiteten, kam der scheue verträumte Junge, der unter der Anstrengung verborgen war, wieder zum Vorschein. Diesmal mußte er ihn nicht mehr zurückweisen. »Ja, ich habe stundenlang Maschinen erdacht, die meinem Vater die Arbeit erleichtern sollten, habe sogar Pläne gezeichnet. Doch mein Vater hat mich ausgelacht. Dabei wollte ich ihm nur helfen.« – »Dein Vater konnte die Liebe nicht spüren und annehmen, die darin lag«, sagte ich behutsam. »Ach nein, ich war ja eigentlich scheu, konnte meine Welt vor ihm nicht vertreten«, antwortete er. »Deine Liebe, deine innere schöpferische Welt war eine verhaltene«, antwortete ich. »Wie ist es, wenn du mit diesem scheuen Jungen in Kontakt bist?« – »Ich habe ihn immer als Makel erlebt. Entweder hätte ich meine innere Jungenwelt nicht haben dürfen, oder ich hätte sie forsch an den Mann bringen müssen – das war mein Dilemma. Und so habe ich stets verleugnet, was ich nicht so zu zeigen vermochte.« Robert erkannte, daß niemand alle Aspekte seines Selbst auf die gleiche Weise zeigen kann. »Das ist nichts für die Geschäftswelt«, sagte er dann unvermittelt, »aber wenn ich diesen Jungen in mir spüren kann, habe ich auch eine innere Welt für mich, die ich nicht zu veräußern brauche, und die dennoch da ist.« – »Du brauchst sie nicht preiszugeben, sie ist dein«, antwortete ich. »Dieser Junge lehrt mich, daß ich überhaupt eine innere Welt haben darf, die nicht in Effizienz umgemünzt werden muß«, meinte er nachdenklich. »Ich habe auch eine ganz andere Konstitution als mein stämmiger Vater. Und zu ihr gehört dieses Scheue und Verträumte in mir.« Dann kam er auf seinen Enkel zu sprechen. »Bisher glaubte ich, seine Welt nicht ernst nehmen zu dürfen. Der erfindet auch immer solche verrückten Sachen, die längste Zeit erzählt er davon. Er ist sechs Jahre alt. Er erfindet Papier, für das man keine Bäume zu fällen braucht, Maschinen, die keine Umweltverschmutzung machen… Ich habe ihn immer – zwar wohlwollend – belächelt. Er ist eifrig und zugleich scheu, verträumt, versunken in seine Welt und doch unglaublich präsent, nimmt alles in sich auf, was er hört und zieht seine ganz eigenen Schlüsse daraus.« Robert blieb im Kontakt mit diesem Jungen, der er selber war und der in seinem Enkel wieder zum Vorschein kam.

Dies war also eine wichtige Linie in unserem therapeutischen Prozeß, in dem zunächst der ›Angestrengte‹ im Vordergrund war, verbunden mit viel Anspannung, in der Wut und zugleich Trauer eingebunden waren. Doch dann begann der Dialog mit dem Jüngling, dem auf sich stolzen, dem kraftvollen, zugreifenden, der stolz auf sich war, und schließlich auch mit dem scheuen und seine eigene Welt erschaffenden Jungen, Roberts geheimstem Teil. Er entdeckte auch den behutsamen, fürsorgenden jungen Mann wieder, der er für seine Familie gewesen war, aber auch den entschlossen Handelnden. Er weinte um Verpaßtes in seiner Kindheit und in seinem Erwachsenenalter, begegnete seiner Wut und Enttäuschung, die auch viel an Auseinandersetzung mit seinen Eltern brachte. Je stärker der Junge, der Jüngling und der junge Mann in ihm in Erscheinung treten durften, desto klarer bildete sich auch seine neue Gestalt, die des reifenden Mannes, heraus. Älterwerden war nicht mehr nur Verlust der Jugend sondern deren Integration; neue Perspektiven eröffneten sich, die mit dem Älterwerden verbunden waren. Einmal sagte er zu mir: »Erstmals kann ich wirklich nachvollziehen, daß ich alt werde und mein Leben ein Ende haben wird. Das klingt seltsam und so banal, aber es ist ganz wichtig für mich. Und sterben ist nicht das Ende einer Perspektive, sondern ist selbst eine Perspektive, eine erregende und herausfordernde sogar.« Wie er so vor mir saß und mir dies anvertraute, erschien nochmals ein ganz anderer Mann, ein viel älterer. In diesem Augenblick faßte sich in ihm alles zusammen, was er geworden war und was er aus sich gestalten konnte, es war die Form, auf die hin er weiterwuchs und die in diesem ganz kurzen Augenblick schon da war. Ich mußte es ihm nicht sagen, er spürte es selbst.

Er begann spät, das innere Erbe seiner Vorfahren wieder aufleben zu lassen, nachdem er der erfolgreiche Sohn gewesen war und diese Botschaft nochmals an die nächste Generation weitergegeben hatte. »Ich bin kein Außenseiter, im Gegenteil, und dennoch gibt es etwas in mir, was quer steht zu dieser Geschäftemacherei. Jetzt verstehe ich meine geheime Opposition, die auch mein Chef gespürt haben muß. Es gibt also doch den Außenseiter und Sonderling in mir. Ich habe mich mit ihm befreundet. Er ist eine Art geistiges Erbe, das immer stärker in den Vordergrund tritt. Deshalb habe ich auch keine Angst mehr vor der Pensionierung.« So fand Robert mit der Zeit nicht nur sein ›Ahnenerbe‹, sondern auch eine sehr persönliche Form, mit ihm umzugehen, kam immer deutlicher in Kontakt damit, wie er auch Aspekte seiner Mutter und seines Vaters verkörperte und brachte sie schließlich in sich selbst zu einem neuen fruchtbaren Dialog. Robert hat sich frühzeitig pensionieren lassen und arbeitet heute in einer Eingliederungsstätte für Jugendliche, leitet dort den handwerklichen Betrieb. »Ich bin ein Geschäftsmann geblieben«, sagte er, »aber ich arbeite mit denen, die von der Gesellschaft scheel angeschaut werden und versuche, ihnen das Zutrauen in sich, in ihre Hände, ihre Phantasie und ihre zupackenden Möglichkeiten zu geben.«

Wir alle befinden uns gleichzeitig in einem inneren und äußeren Generationendialog. Die Qualität dieses Dialogs verändert sich von Lebensphase zu Lebensphase und gestaltet sich für jeden Menschen wieder anders. Es gibt auch eine innere Dynamik, die unsere Entwicklung und Entfaltung, unseren Wachstumsprozeß ausmacht. Ein Kind setzt – mit der Unterstützung erwachsener Bezugspersonen – alle Kräfte darein, eine erwachsene Gestalt auszubilden. Dies betrifft nicht nur seinen biologischen Körper, sondern seine Person als ganze. Diese erwachsene Form zu erreichen ist eine, sie auszufüllen und zu gestalten eine weitere Perspektive, und schließlich geht es darum, eine reife Gestalt zu finden. Meines Wissens gibt es nur das Konzept von Stanley Keleman, das Reife nicht nur als geistige, sondern als ganzheitlich-leibhafte Qualität versteht.[8] Doch läßt sich diese Dynamik nicht einfach als eine lineare verstehen, so, als könnten wir die vorangehenden Phasen einfach hinter uns lassen oder gar ›hinter uns bringen‹. Am sinnfälligsten zeigt dies der Wachstumsprozeß von Kindern. Sie befinden sich zwar in einer bestimmten Entwicklungsphase, der emotionale und kognitive Fähigkeiten zugeordnet sind, dennoch erscheinen sie immer wieder als ›jünger‹, als Kleinkinder, gar als Babys. Dies gilt vor allem für Augenblicke der Verunsicherung und für Übergangszeiten. Kinder greifen unbewußt auf Schichten ihres Wachstumsprozesses zurück, die ihnen mehr Sicherheit, Vertrautheit und Geborgenheit ermöglichen, wenn Eltern und Erzieher darauf zu antworten vermögen und das Kind nicht auf einen bestimmten Entwicklungsstand festnageln.[9]

So wie Kinder immer wieder ›frühere‹ Schichten ihres Wachstumsprozesses in Erscheinung treten lassen, um Kraft für die gegenwärtige Form zu finden oder um eine noch unausgeformte Schicht zu vollenden, so kommen wir auch als Erwachsene immer wieder in Kontakt mit ›jüngeren‹ Schichten unserer Person. Wir mögen dies als bereichernd erleben, unbekannte Schätze heben, die die gegenwärtige Gestalt weiterformen helfen, wie Robert es erlebt hat. Doch gleichzeitig stehen solche Erfahrungen oft quer zu unserem eigenen – gesellschaftlich untermauerten – Verständnis dessen, was Erwachsensein zu bedeuten habe. Sehr schnell wird das In-Erscheinung-Treten kindlicher und jugendlicher Schichten als Regression denunziert und als pathologisch abgestempelt, als Zeichen fehlender Reife entwertet. Gerade für älter werdende Menschen ist es schwierig, zu spüren, daß die Schicht des Kindes oder des Jugendlichen in ihnen in den Vordergrund drängt, weil sie ungelebt und damit ungeformt geblieben ist und nun ihre Form und Erfüllung einfordert. Wie bewegend dieser Prozeß sein kann, möchte ich jetzt am Beispiel einer älteren Frau zeigen:

Eine über vierzigjährige Frau kam zu mir in die Therapie, die vor allem durch ihre aktuelle Lebenssituation sehr gefordert war. Sie nahm sich jedoch stets zusammen, und kein Mensch sah ihr an, wenn es ihr schlecht ging. Auch von mir forderte sie, daß ich sie hart anfassen, ihr auf die Finger schauen solle. Wenn sie – in sehr zurückhaltend-sachlichem Ton – von ihren Schwierigkeiten sprach und endlich doch Trauer sichtbar wurde, wischte sie mit harten Fingern über ihre Augen und meinte, nun würde sie schon wieder alles dramatisieren und übertreiben. Ihr Dilemma war, daß ihr die eigene Mutter stets alle Gefühle abgesprochen und sie mit dem Vater identifiziert hatte, während diese für sich selbst das Bild einer sensiblen, gefühlvollen Frau in Anspruch nahm. Vom Vater bekam die Frau allerdings ein Beziehungsangebot, an das die Bedingung geknüpft war, tapfer, stark, kurz ›ein Kerl‹ zu sein. Indem sie tapfer und stark war, sich psychisch und physisch überfordern und sich diese Überforderung zudem nicht anmerken ließ, erhielt sie unausgesprochene Bestätigung durch ihren Vater. So litt sie unter ihrer angeblichen Gefühllosigkeit und mußte gleichzeitig alles tun, um diese Gefühle – vor allem auch solche von Schwäche und Hilflosigkeit – zu verbergen. Die Mutter kritisierte sie für die zur Schau getragene Tapferkeit und war doch in ihrer eigenen Hilflosigkeit auf ihre Tochter angewiesen. Die Ehe mit einem oft harten Mann und die Notzeiten in Deutschland hatten sie unglücklich gemacht. Vermutlich hatte sie das Gefühl, um ihr Leben betrogen worden zu sein. Die Klientin, die ich Gertrud nenne, hatte früh gelernt, kein Kind mehr zu sein, keine kindlichen Bedürfnisse und Wünsche zu haben. Sie war es, die in Gefahren – und es waren lebensbedrohende mitten im Krieg – ihre Familie stützte und sich auf einer tiefen Ebene mit der Mutter solidarisierte. Die eigene Angst und Panik kam erst im Laufe der Therapie zum Vorschein. Ihr Leben als erwachsene Frau, als Mutter forderte von ihr nochmals dieselben Qualitäten, dieselbe Stärke, Tapferkeit und Verleugnung. Sie war jedoch eine sehr kluge, differenzierte und intelligente Frau, die in der zweiten Hälfte ihres Lebens noch ein Studium absolviert hatte, wenn dieses Wagnis auch mit größten Selbstzweifeln verbunden war. Sie zeigte vor allem die beherrschte erwachsene Person, hinter der in schwierigen Situationen die tapfere Form aus ihrer Kindheit zum Vorschein kam.

Manchmal erschien auch eine jugendliche Frau, die lachen und frozzeln konnte, wie es vor allem in ihrer Heimat üblich war. Diese Seite konnte hier in der Schweiz kaum jemand aus ihr herauslocken. Doch gab es in ihrem Leben kein junges Mädchen. Gertrud mußte nicht nur erwachsen werden, weil sie schon als Kind Aufgaben von Erwachsenen zu übernehmen hatte, sondern weil sie gleichzeitig von den Erwachsenen für ihr kindliches So-Sein, für ihre Ahnungslosigkeit und Unwissenheit verlacht und ausgespottet wurde. Nur flüchtig und nicht thematisierbar erschien ein paar Mal eine Andeutung eines jungen Mädchens, sekundenweise. Doch da war noch eine andere Gertrud, auch sie lange Zeit kaum an-sprechbar. Manchmal, wenn ich auftauchte, erschien auf Gertruds Gesicht ein Leuchten und Strahlen, das aus ihren Augen brach, ihr Gesicht weicher machte und kindliche Züge in Erscheinung treten ließ. Es waren ebenfalls nur Augenblicke, aber von einer solchen Intensität, als wolle sich hier etwas Gestalt geben, was sich im Innern bereits zu formen begonnen hatte. Immer deutlicher und ausgeprägter wurde diese Erscheinung, obwohl sie gleich wieder schwand, wenn Gertrud mit ihr und mit mir gleichzeitig im Kontakt war. Als sie jedoch anfing, ein innerstes Zentrum zu spüren, dem sie zu vertrauen wagte, bekam dieses strahlende, dieses neugierige und wache Kind eine neue Existenzberechtigung. »In meinem Alter!« sagte sie. Und dennoch konnte sie es annehmen, spürte eine starke Verbindung zu diesem Kind, das nun Gestalt annehmen und in den Vordergrund kommen wollte, das ungelebte Kind, das jahrzehntelang darauf gewartet hatte, ankommen zu dürfen. Ihm galt es nun, Raum zu geben. Freilich hieß das nicht, auf die erwachsene Gestalt zu verzichten. Doch konnte sich die beherrschte Form, die ihr Erwachsensein ausgemacht hatte, allmählich ein wenig auflösen und weicher werden. Die große Überraschung war jedoch dieses Kind, das nun im Leben der älter werdenden Frau seinen Platz einforderte, damit sie schließlich ihre eigene reife Form zu finden vermöchte. Dafür wäre der Ausdruck, Gertrud müsse nun ihre Kindheit nachholen, kaum zutreffend. Vielmehr ging es darum, diese Schicht – genannt das ›wache und neugierige Kind‹ – leibhaft werden zu lassen als Teil der zu erfüllenden reifen Gestalt. Reife und in den Vordergrund-kommen-Lassen jüngerer Lebensschichten können einander bedingen. Der Mut dieser Frau, die Vorbehaltlosigkeit ihrem eigenen Prozeß gegenüber, hat mir diese Erkenntnis nochmals neu geschenkt.

Für ältere Menschen ist es meist schwierig, diese jungen und frühen Schichten ihrer Persönlichkeit so intensiv in den Vordergrund kommen zu lassen und zu akzeptieren, daß das ein Leben lang übergangene Kind nun sein Lebens- und Gestaltungsrecht fordert, das dem Anspruch auf persönliche Reife so entgegengesetzt zu sein scheint. Männer haben mit diesem Prozeß aufgrund ihrer einverleibten Sozialisation meist noch mehr Mühe als Frauen und versuchen oft lange, ihm zu entgehen.

Während des Nachdenkens über dieses Thema taucht die Erinnerung an meinen verstorbenen Vater auf. Erst jetzt begreife ich tiefer, was ich damals gesehen und erlebt und auch zu verstehen geglaubt hatte. Wenn ich mir meinen Vater vergegenwärtige, sehe ich einerseits den Mann in seiner eleganten Berufskleidung vor mir, mit gestärktem Hemd, schwarzem Anzug, goldumrandeter Brille, sich ernst und gleichzeitig mit dezentem Charme im Luxushotel bewegend. Er war der bewunderte Vater, der Mann aus einer fremden Welt, der sich zu Hause oft in den erschöpften Mann verwandelte. Dann gab es den vergnügten, lebens- und sinnenfreudigen, lachenden und singenden Vater an Festen, den ins Schauen versunkenen Vater draußen in der

Natur. Das waren nicht nur verschiedene Erwachsenenqualitäten, das war auch immer wieder ein junger, ja jünglinghafter Mann, der mit Temperament durchbrach und beim Tanzen die Welt vergaß – auch als er schon über achtzig Jahre alt war. Da war aber auch der Junge, der bettelarme, der von der großen Welt fasziniert war und der träumerische Bub, der seine Pflichten vergaß und unter einem Baum an der Aare Mundharmonika spielte. Im älteren, pflichtbewußten und strengen Mann, der zu seiner Hotelwelt gehörte, war immer auch der arme, vom Glanz des Reichtums faszinierte Bub anwesend. Ich habe meinen Vater nur als älteren und vor allem alten Mann erlebt, und ich spürte damals schon, daß mir eigentlich etwas fehlte, spürte es immer deutlicher und wußte nicht, was es war. Heute kann ich dieser Qualität einen Namen geben. Es war der verantwortungsbewußte Vater, der sich mir gestellt hätte, es war der reife Mann, den ich nicht finden konnte. Seine Gestalt behielt etwas Ungeformtes, was mir seiner Vitalität und seines Temperamentes wegen nicht klar wurde. Ich nahm ihm etwas übel, wofür ich keinen Namen hatte. Ich sagte mir als junges Mädchen, er sei feige, aber das war es eigentlich nicht. Er hatte sich in menschliche Bezüge nie ganz einbinden, sich von ihnen nie ganz fordern lassen. Was ihn als Lebensforderung beschweren wollte, gab er an andere ab – vor allem an meine Mutter. So behielt er im privaten Raum etwas Jungen- und Jünglingshaftes. Doch gegen neunzig und als dann meine Mutter starb, muß in ihm eine Wandlung vorgegangen sein. Zwar erschien er mir mit über neunzig Jahren nochmals als verliebter Jüngling mit einem zarten und scheuen Altersglück, das mich tief berührte. Aber tief innen holte ihn sein eigenes gelebtes Leben ein. Er begann, sich mit dem auseinanderzusetzen, was er unterlassen und damit verpaßt hatte – vor allem in der Beziehung zu meiner Halbschwester und deren Mutter. Ein Jahr vor seinem Tode, als er schwer krank war, überfiel ihn ein existentielles Entsetzen und Grauen, das ihn nächtelang peinigte. Nach dieser Krankheit sah ich meinen Vater erstmals als sehr alten Mann. Er war zerbrechlich geworden, hatte einen Greisenkörper bekommen. Und in dem Moment, als sein Körper bereits zu schrumpfen begann, nahmen seine Züge etwas Geschlossenes, Geformtes an. Er war nun, ganz am Ende seines Lebens, auf eine neue Art mein Vater geworden, nicht einer, der noch etwas für mich hätte tun können. Es war die Art seiner Präsenz, die sich gewandelt hatte. »Ich bin bereit zu sterben«, sagte er mir mit Festigkeit und doch sehr schlicht. Ich glaubte es ihm nicht recht, klebte selber am Bild meines früheren Vaters fest, dem Lebensgenuß so viel bedeutet hatte. Ich habe diesen letzten, den uralten und zu einem reifen Mann gewordenen Vater ein Stück weit verpaßt.

Mit diesen persönlichen und therapeutischen Erfahrungen kam ich aufgrund von Stanley Kelemans Arbeit dem Geheimnis der menschlichen Gestalt näher, ob ich sie nun mehr als einen lebendigen zeitlichen Prozeß verstand oder sie von den beweglichen Schichten her begriff, die zum Vorschein kamen und wieder in den Hintergrund traten oder sich auf neue Weise formen wollten. Doch immer waren es gegenwärtige Schichten, im Erscheinen oder Verschwinden begriffen, und wiesen wiederum auf die Lebens-Zeit hin, in der sie sich gebildet hatten. Umgekehrt sind dieses Erscheinen und Verschwinden, das Auflösen und das Neubilden einer Form selbst wieder Ausdruck des lebendigen Prozesses, der wir sind.

3. Leibhafter Familiendialog

Die Familie als Körper

Ich kehre zu unserem Babuschka-Spiel zurück. Meine Kinder haben die Figuren einzeln hingestellt, um mit ihnen ihre Familie zu spielen. So läßt sich mit den verschiedensten Figuren oder mit Steinen, Knöpfen, Flaschen die eigene Familie auf einer Unterlage aufstellen. Kinder wie Erwachsene lassen ihre Familie lebendig werden. Vielleicht stehen alle Figuren ganz nahe – fast ununterscheidbar – beisammen oder sind wie zusammenhanglos über das ganze Feld verteilt, spalten sich in Gruppen auf, haben Außenseiter oder bestehen aus verschiedenen Familien mit Stief- und Halbgeschwistern. Vielleicht ist die Mitte leer, weil die Eltern sich getrennt haben und die Kinder auf Pflegefamilien aufgeteilt oder in Heimen untergebracht wurden, oder es ist im Feld nur die Mutter mit ihren Kindern, und der Vater befindet sich außerhalb… Sichtbar wird, welche Gestalt die ganze Familie hat, aber auch, wie die einzelnen Figuren zueinander in Beziehung sind, etwa so:

Familienkonstellation

»Hier steht der Vater, ganz am Rand des Spielfeldes. Er ist ja meist von zu Hause weg. Und dort gegen die Mitte zu steht die Mutter. Sie muß für alle sorgen, hat den gesamten Raum im Blick. Etwas hinter ihr steht die älteste Tochter. Sie ist die rechte Hand der Mutter, hat von klein auf viel Verantwortung übernommen. Und doch ist sie halb abgewendet, schaut mit sehnsüchtigem Blick dem Bruder nach, der in Vaters Nähe steht, aber auch nicht in direkter Beziehung zu ihm ist, sondern sich nach außen orientiert. Er ist meist mit seinen Spielkameraden zusammen. Der jüngste Bub steht vor der Mutter, nein auch nicht ganz nahe… Eigentlich ist jeder in dieser Familie für sich allein.«

Eine Familie besteht also aus einzelnen, zu ihr gehörenden Menschen und dem Netz von Beziehungen, das sie miteinander verbindet. Sie ist nicht einfach die Summe ihrer Mitglieder sondern selbst ein Ganzes, ob wir es – je nach psychologischem Konzept – als ›Gestalt‹, als ›System‹[1] oder als ›Körper‹[2] bezeichnen. Diese Gestalthaftigkeit können wir unmittelbar erfahren, wenn wir zu Besuch sind. Die eine Familie nimmt uns hinein, als seien wir ein Mitglied der Familie, wir fühlen uns angenommen und lebendig, eine andere läßt uns in einem Vakuum, weil keiner in der Familie mit dem andern in Beziehung zu sein scheint. Vielleicht empfinden wir uns daneben, als Außenseiter oder Eindringlinge. Oder wir beginnen zu frösteln und wissen nicht recht, weshalb. In einer Familie besteht etwa eine dauernde untergründige Spannung, die uns beim Besuch auf den Magen schlägt, oder es breitet sich Schläfrigkeit aus, eine tiefe Trauer mag im Raum liegen… Immer ist es die Wirkung der Familie als eines ›Körpers‹, die wir zu spüren bekommen. Wenn Menschen ihre Familie zeichnen, kommt dieses Gestalthafte oder Körperhafte oft deutlich zum Ausdruck. Da ist vielleicht ein aufgeschwollenes Gebilde, das die einzelnen aufsaugt und als Individuen verschwinden läßt. Oder die einzelnen Menschen befinden sich alle allein in einem Zimmer, so daß das Ganze aussieht wie ein Möbel mit verschiedenen Fächern oder Schubladen, in welchen alle – voneinander abgetrennt – aufbewahrt werden. Diese unterschiedliche Gestalt wird auch erfahrbar, wenn in einer Therapiegruppe die Familie eines einzelnen durch Gruppenmitglieder dargestellt oder gar eine Familienszene gespielt wird. Doch nicht nur die Struktur wird deutlich, sondern auch die familiäre Atmosphäre, und zwar meist mit solcher Intensität, daß alle Anwesenden in das ›Bad‹ dieser Familie hineingeraten. Die Gestalt der Familie liegt als Stimmung buchstäblich in der Luft und wird von allen aufgenommen: »Mir bleibt die Luft weg.« – »Ich werde völlig starr.« – »Ich fühle mich belebt und tatenlustig.« – »Ich spüre mich überhaupt nicht mehr, bin ein namenloser Teil dieses Familienbreis.« Solche Äußerungen zeigen, daß wir auf die Atmosphäre in der Familie in einem leibhaften Dialog antworten und uns in entsprechender Weise verkörpern, sei es als Mitglied der Familie, als Besucher oder Teilnehmer in einem Rollenspiel. Dafür möchte ich nun ein Beispiel geben:

Ich machte in einer Gruppe eine Imagination, in der die Teilnehmenden vor ihrem inneren Auge die Herkunftsfamilie in ihrer Kindheit entstehen lassen sollten. Veronika, eine 40jährige Frau sah ihre Familie auf einer Bühne auftreten, einer hinter dem andern, aber so, daß sie selbst, als hinterste, gar nicht in Erscheinung trat. Sie wurde verdeckt von den anderen Personen ihrer Familie. Die Zeichnung, die sie später machte, läßt die einzelnen gar nicht erkennen. Die Familienmitglieder gehören ununterscheidbar zusammen. So, wie es für Veronika keine eigene Erinnerung gab, gibt es auf dieser Zeichnung keine individuelle Form, sondern nur eine Familienform mit ineinander übergehenden Figuren. »Wenn ich versuche, mich zu erinnern, sehe ich immer nur Kindheitsphotos vor mir«, sagte sie. In der besagten Imagination versuchte Veronika dann ihre Familie so zu drehen, daß sie auch sich selber zu sehen vermochte, was ihr gelang. Auffallend an der daraufhin entstandenen Zeichnung ist vor allem die Selbstdarstellung Veronikas. Sie ist die einzige, die keine klare Form hat. Die anderen Figuren haben zumindest ein Gesicht und einen einigermaßen gestalteten Oberkörper. Sie selbst geht teilweise in die Gestalt des Vaters über, dem sie sich sehr verbunden fühlte.

In Veronikas Erleben erschien die Familie immer als kleine, in sich geschlossene Gruppe. Sie »trat auf«, wie es das Bild von der Bühne zum Ausdruck bringt. Nicht die einzelnen Personen zählten, sondern die übergeordnete Größe, die Familie, die gemeinsamen Normen verpflichtet war. Wie man sich zu benehmen hatte und die sozialen Normen erfüllte, war wichtig. »Den Willen muß man brechen«, erschien als Motto des Vaters. »Noch heute bin ich nie ich selbst, wenn ich nach Hause gehe«, sagte Veronika, »das fällt sogar meiner Tochter auf«.

Obwohl Veronika kaum Zugang zu ihren Kindheitserinnerungen hatte, wurde ein Stück der Geschichte greifbar, die Veronika sich selbst erzählte: »In einer Gemeinschaft muß ich mich aufgeben. Ich werde klein und ordne mich unter.« In einem Workshop konnte ich selber erleben, wie Veronika einfach ›verschwand‹, nicht mehr als Person greifbar war, ganz anders als in der Einzeltherapie. Jetzt wurde deutlich, was für eine Geschichte sie dabei verkörperte.

»Diese Geschichte muß noch einen andern Teil haben«, sagte ich zu Veronika. Sie hatte, früh verwitwet, ihr Kind ganz allein aufgezogen, einen Beruf ausgeübt und ein Studium in Angriff genommen. In der

Therapie erlebte ich sie als Persönlichkeit. Als ich Veronika diese Gedanken mitteilte, lächelte sie und zeigte mir eine andere Zeichnung. Hier ist ein Mädchen im Garten zu sehen, das Boden unter den Füßen hat, sich bewegt, klar erkennbar ist und auch eine Um-Welt hat. Der Unterschied zwischen den beiden Selbstdarstellungen ist offensichtlich. »Wenn ich genug hatte, ging ich weg«, sagte Veronika. Damit wurde die ganze Dynamik und die zugehörige Geschichte greifbar: »Wenn ich mit andern bin, zu denen ich eine enge Beziehung habe, verschwinde ich, werde ich klein und formlos. Irgendwann gehe ich weg. Dann bin ich ich selber, stehe auf eigenen Beinen und fühle mich lebendig.« Der Preis, den Veronika für ihre Eigen-Ständigkeit bezahlte, war Einsamkeit. »Eigen-Ständigkeit und Verbundenheit sind unvereinbar«, war Veronikas Geschichte, auf eine Kurzformel gebracht.

Wir hatten uns bisher gefragt, welchen Grund Veronikas Erinnerungslosigkeit habe. Die Antwort war aus ihren Zeichnungen ersichtlich: Es durfte keine eigene, individuelle Geschichte geben. Auch der Sinn dieser Geschichte, ihre Ausrichtung wurde deutlich: Veronika pendelte zwischen ihren beiden Haltungen hin und her, um Individualität und Verbundenheit wenigstens in einem Hin und Her, wenn nicht gleichzeitig, leben zu können. Anders ausgedrückt: sie gab ihre Form auf, um dazuzugehören und ging wieder weg, um ihre Eigenständigkeit wiederzufinden.

Immer deutlicher wurde für Veronika ihre Einsamkeit inmitten der Familie, die sich als so einheitlich darstellte. Damit wurde es für sie – zwar auf schmerzliche Weise – möglich, sich auch *innerhalb* der Familie in ihrer Erinnerung als individuelles Wesen wahrzunehmen und als erwachsene Frau ihr Drin-Sein in Gruppen anders zu gestalten und nicht so, als ob sie die eigene Familie seien.

Ganz anders stellte sich die folgende Familie dar: Eine Frau sprach in der Therapie immer wieder vom Ausgeschlossensein in ihrer Familie. Sie war das jüngste, nicht mehr erwünschte Kind gewesen. In einer Imagination sah sie die ganze Familie in großem Abstand vor sich hergehen. Keiner schaute zurück. Sie mußte einfach gehen, damit sie ihre Familie nicht aus den Augen verlor. Sie erlebte die andern als zusammengehörig. Alle Erinnerungen drehten sich um ihr Abgekehrtsein. Viel später zeichnete sie einmal ihre Familie. Plötzlich sah sie sie anders. »Wir waren eine Arbeitsgemeinschaft«, sagte sie. »Die Rollen waren klar verteilt: Meine Mutter managte das Ganze, erteilte die Befehle. Mein Vater kümmerte sich um nichts. Meine älteste Schwester war ihre Helferin. Mein ältester Bruder war eigentlich der Ersatz für den

Vater. Deshalb steht er ihr gegenüber. Für mich sah es so aus, als lege er einen Eid ab. Er war es ja auch, der Vaters Stelle vertrat. Die nächste Schwester war die Zudienerin der ältesten Schwester. Die dritte war diejenige, die auch mich in die Familie einbezog. Mein jüngster Bruder ist nahe bei der Mutter. Er ist nicht so in den Arbeitsprozeß einbezogen. Aber er fühlte sich gerade deshalb auch nicht zugehörig.« Die Frau schwieg eine Weile, dann sagte sie: »Ja, wir waren nichts als eine Arbeitsgemeinschaft, die gut funktionieren mußte, damit wir überleben konnten... (Pause) Aber wir wußten eigentlich nichts voneinander. Nichts Persönliches. Wir waren einander alle fremd.« – Die Einsicht in den Familienkörper relativierte für die Frau ihre eigene Position. Nicht mehr *sie* war die große Außenseiterin. Die Form der Familie war so, daß es keine lebendigen Beziehungen gab: Jede und jeder war für sich allein. Diese Einsicht war deshalb auch eine Chance, ein anderes Verhältnis zu ihrer Geschichte zu gewinnen und in ihrer jetzigen Familie mehr Verbundenheit zu erleben und zu wagen. –

Jede Familie muß sich aus ihren innewohnenden Möglichkeiten heraus und in Auseinandersetzungen mit den Umweltbedingungen entwikkeln. Wünschenswert ist jedoch, daß eine Familie jedem einzelnen genügend Spiel-Raum für Wachstum, Entfaltung und Selbstgestaltung und gleichzeitig einen stabilisierenden Rahmen zu geben vermag und damit eine nach den Bedürfnissen des Familienkörpers und der einzelnen Individuen sich wandelnde Form darstellt. In einem gefährdeten Familienkörper hingegen werden die Lebendigkeit und Flexibilität sowie die Entfaltungsmöglichkeiten des Individuums eingeschränkt, entweder zugunsten einer Stabilisierung des familiären Körpers oder zugunsten der Unverbindlichkeit der einzelnen. Dies kommt in vielen spontanen Äußerungen von Menschen in der Therapie zum Ausdruck: »Wenn ich mir meine Familie vergegenwärtige, spüre ich, wie ich mich versteife, den Atem verringere.« – »In meiner Familie fühle ich mich allein. Ich sacke in mich zusammen. Das Fließen in mir ist wie stillgelegt. Ich bin bewegungslos. Resigniert.« – »In meiner Familie schien es keine Grenzen zu geben, meine Körperkonturen sind nicht faßbar.« Es gibt viele Möglichkeiten, die eigene Lebendigkeit einzuschränken. Doch *daß* sie eingeschränkt wird, ist vielen Menschen in bezug auf ihre Herkunftsfamilie oder auch im Kontakt mit der aktuellen Partnerschaft und Familie nachvollziehbar. Ein Mann äußerte nach einer Imagination, in der es darum ging, sich die eigene Herkunftsfamilie zu vergegenwärtigen: »Als ich meine ganze Familie so vor mir sah, dachte ich: »Denen hältst du nicht stand!« Ich merkte, wie ich in der Mitte einknickte und meine Brust einsinken ließ. In dieser Haltung fühlte ich mich wie festgefroren oder wie auf einem toten Punkt. Alle Bewegung in mir hatte ich stillgelegt. »Warten, bis es vorüber ist«, schoß es mir durch den Kopf. Als ich die Haltung wieder auflöste und mich aufrichtete, spürte ich Wärme in der Brust aufsteigen. Ein Anflug von Wut – nein besser von Empörung – war da. Aber ich fand keine Sprache für sie. Ich mußte gleich wieder ein bißchen zusammensinken. Aber ich bin nicht mehr so reglos wie vorher. Ich halte es besser aus, meine Familie anzuschauen, ja sogar, ihr ein bißchen standzuhalten.«

Und ein anderes Beispiel: Eine Frau erzählte, daß sie in der Imagination neben der Mutter stand. Ihr Bruder war beim Vater, die älteren Schwestern standen etwas weiter weg. »Ich spürte, daß die Nähe zur Mutter mit meinem Angepaßtsein zusammenhing. Ich merkte, wie ich meinen Oberkörper etwas vorneigte und leicht nach oben zog und zu lächeln begann. Gleichzeitig spürte ich aber etwas ganz anderes: Tiefer in mir drin zog ich mich zusammen, fühlte mich wie komprimiert. Als ich den Druck innen verstärkte, nahm ich ein Gefühl von Trotz wahr. Dann kam der Satz: «Nein, du kriegst mich nicht, ich tue nur so. Aber du hast keine Ahnung davon. Und ihr andern auch nicht. Ich lasse euch alle am Narrenseil herunter.» Als ich den Druck löste und mich gleichzeitig aufrichtete, spürte ich viel Raum in meiner Brust. Ich konnte tief durchatmen. Gleichzeitig rückte ich von meiner Mutter weg. Ich hatte plötzlich den Eindruck, mehr Spiel-Raum zu haben, innen und außen. Als ich wieder die Erwachsene war und das Kind anschaute, kam mir: ›Schone deine Mutter nicht, sie erträgt dich auch, wenn du stärker bist. Sie soll sich an den Vater halten.‹ Da mußte ich lachen. Ich halte mich oft für so unentbehrlich und fühle mich gleichzeitig mißbraucht und unter Druck.«

Diese Beispiele zeigen, wie wir unser In-der-Familie-Sein verkörpern, leibhaft auf ihre Atmosphäre antworten, aber auch den Beitrag leisten, von dem wir glauben, unsere Familie benötige ihn. Wir leben Konflikte oder untergründige Spannungen als ein verkörpertes Konfliktmuster in uns selber. Dazu sagte eine Frau Mitte Vierzig: »Als erstes Kind schien ich zwischen den unausgesprochenen Konflikten meiner Eltern und einer Tante väterlicherseits keinen Platz zu haben. Natürlich agierten auch sie ihre verwickelten und mit Tabus belegten Familiengeschichten untereinander und aneinander aus, dennoch, für mich standen diese drei im Vordergrund. Mein Vater ist schon lange tot, aber meine Mutter und diese Schwester meines Vaters leben noch. Es fällt mir erst seit kurzem auf, wie ich mich auch heute noch zusammenziehe unter ihrer gegenseitigen Abhängigkeit, unter den Mißverständnissen und Verletzungen, die sie sich zufügen. Sie brauchten räumliche Distanz, da sie immer noch im selben Haus wohnen, aber eine neue Wohnung zu finden ist beinahe unmöglich. Ich habe mich schon ganz früh und eine ganze Kindheit lang zusammengezogen unter ihrem Verstricktsein, niemand ließ den andern wirklich leben, alle schnitten sie einander förmlich die Luft und im übertragenen Sinne auch die Flügel ab, ich aber verstand sie schon als kleines Kind erstaunlich gut in ihren eigenen Begabungen und Fähigkeiten und ihrem Verschiedensein. Gerade darum hatte ich keinen Platz, jedenfalls nicht meinen eigenen, sondern denjenigen, den ich mir auferlegte und der in dieser Konstellation als einziger möglich war: Kranksein, ständiges, verdammtes, einschnürendes Zusammenziehen und Asthma und die Aufmerksamkeit *dafür* – dafür und nicht Anteilnahme an *mir*. In einer fast rücksichtslosen, langen Ablösungsphase verlor ich die Kinderkrankheiten, aber die Chancenlosigkeit, ein Leben nach meinen eigenen Fähigkeiten und Familienwünschen zu leben, zog sich genauso lange hin, wie die zusammengeschnürte Enge in der Kindheit und die nachfolgende grenzenlose Ablösungsphase.« –

Wichtig ist nicht nur, wie wir uns als Teil der gesamten Familie verkörpern. Ebenso geht es darum, wie wir uns die Stellung zwischen unseren Eltern im familiären Dreieck einverleiben und darauf antworten:

Ein Mann sah sich in seiner inneren Vorstellung zwischen seinen Eltern stehen, rechts von ihm war die Mutter, links der Vater. Seine Haltung zeigte er, indem er seine rechte Seite versteifte und von der Mutter wegzog, die so nahe stand, daß sie ihn berührte. Er neigte sich sehnsuchtsvoll seinem Vater zu, der jedoch Abstand von ihm hielt. Als er diese Haltung verstärkte, stand er ganz schief da. Anschließend sagte er: »Ich kenne das. Als Kind versuchte man, meine Haltung durch Turnen zu korrigieren. Jetzt erst verstehe ich deren tiefere Bedeutung. Und immer wieder gerate ich in Beziehungen in solch ein eigenartiges Dazwischen-Sein.«

Die Art und Weise, wie wir unseren Platz in bezug auf die Eltern verkörpern, setzt sich oft in unseren erwachsenen Beziehungen, vor allem in einer Partnerschaft fort, wird zu einem Dauermuster, das ständig wieder an die Oberfläche kommt und unsere Erfahrungen mit anderen Menschen mitbestimmt. Wir haben unser Bewegungsgesetz im Rahmen unserer Familie herausgebildet, indem wir die Erfahrungen mit ihrer Dynamik gleichnishaft als diejenigen mit der Welt schlechthin interpretiert haben: »So wie es in der Familie ist, so ist es für mich in der Welt.« Und wir erfahren durch unsere Muster die Bestätigung, bis es uns gelingt, sie allmählich aufzulösen oder umzugestalten.

Die Stellung im familiären Dreieck hat jedoch oft auch eine Funktion im Hinblick auf die elterliche Beziehung: Eine Frau, die ich Doris nenne, sah sich ständig zwischen ihren Eltern hin- und herrennen, um sie wieder zusammen zu bringen und zu versöhnen. Sie verkörperte die Hast und Not einer verzweifelten Botengängerin.»Ich muß es solange tun, bis die Eltern wieder miteinander reden. Sie vereinen sich und sind dann wütend auf mich, weil ich etwas Verkehrtes gesagt habe«, äußerte sie,»doch ist mir das lieber als zwischen ihrem Streit zu sein. Wenigstens weiß ich dann, daß nun die Mutter nicht mehr davonläuft oder der Vater nur noch schweigt.« Erst als Doris ihr Muster der Hast aufzulösen vermochte, konnte sie sich in einem Rollenspiel aufrecht vor die Eltern hinstellen und ihnen sagen:»Ich kann die Verantwortung für eure Beziehung nicht tragen. Ich gebe sie euch zurück.« Damit nahm sie gleichermaßen Abschied von ihrer kindlichen Ohnmacht sowie von der Machtphantasie, ihre Eltern doch noch endgültig versöhnen zu können.

Der Macht-Ohnmacht-Aspekt der kindlichen Haltung ist jedoch nur eines. Gleichzeitig fühlte sich Doris in unserem Beispiel als Mädchen – und auch noch als Erwachsene – ihren Eltern und ihrer ganzen Familie durch Treue verbunden. Sie leistete einen wichtigen Beitrag zur Stabilisierung der Familie. Diese Treue oder Loyalität ist eine vor-individuelle Form von Beziehung. Deshalb steht dieses Liebesangebot oft quer dazu, wie die Mitglieder einer Familie sie erleben. Das ›mißratene‹ Kind, der ›Sündenbock‹ oder ›Rebell‹ wird vielleicht von den Eltern abgelehnt, oder die Gefühle ihm gegenüber sind ambivalent. Dennoch leisten solche Kinder einen wichtigen Beitrag zur Erhaltung der Familie, obwohl er nicht anerkannt wird.[3]

Kinder haben oft die Aufgabe, vorhandene, aber nie wahrgenommene oder ausgedrückte Aspekte des familiären Organismus sichtbar werden zu lassen. Eine Familie beispielsweise, in der es versteckte Aggressivität gibt, braucht ein Ventil. Eines der Kinder bietet sich meist an, die Aggressionen auf sich zu vereinen. Die Eltern bekommen damit eine Legitimation für ihre aggressiven Impulse. Oder das Kind lebt selbst das untergründige aggressive Potential der Familie aus, indem es dieses verkörpert. Es sind eigentlich nicht ›seine‹ Aggressionen, sondern diejenigen der ganzen Familie – obwohl diese Impulse von der Familie nicht willkommengeheißen, sondern kritisiert und bekämpft werden. Das Kind nimmt also eine Form an, mit der es seine Familie entlastet, ohne daß diese Entlastung für die Beteiligten als solche faßbar wird. In der Therapie allerdings kann sie erlebbar gemacht werden. Zu dieser Dynamik ein Beispiel:

Eine Frau hatte sich als Kind unmöglich und gefühllos erlebt, wie ihm die Mutter ständig vor Augen führte. Die um sieben Jahre ältere Schwester hatte in enger Verbindung mit der Mutter gelebt und »war wie sie«. In dieser Tochter fand die Mutter Bestätigung, spiegelte sich in ihr, sah sie als Verlängerung ihrer selbst. Sie brauchte diese enge Bindung als Trost, weil ihre Ehe mit einem gewalttätigen Mann, von ehernen Moralvorstellungen erfüllt, sehr unglücklich war. Nach sieben Jahren, als die Ehe innerlich zerstört war, bekam sie nochmals eine Tochter. Diese war ›schuld‹, daß sie bei ihrem Mann bleiben mußte, obwohl sie ihn wohl auch sonst nie zu verlassen gewagt hätte. »Mein Vater hätte die Mutter umgebracht.« Die Mutter sagte ihr oft, sie sei wie ein Mann, ohne Gefühle, sie gleiche dem Vater. Die Tochter identifizierte sich damit, verkörperte das, was die Mutter brauchte, um mit ihren ohnmächtigen Aggressionen gegen ihren Mann fertig zu werden. Sie wurde nach außen hart, verlor selbst den Kontakt zu ihren Gefühlen, versteifte sich, währenddem sie – auch körperlich – innen zusammensackte und resignierte. Die Mutter klammerte sich an ihre erste Tochter, benutzte sie als Wall gegen den eigenen Mann. Die zweite Tochter stellte das verbindende Element zwischen den Eltern dar. Sie entlastete nicht nur die Mutter, die ihre Aggressionen auf das Kind übertragen konnte, sondern war gleichzeitig auch ›Vaters Tochter‹ und schaffte ihm so wiederum einen Platz in der Familie. Sie erlebte sich als abgelehntes Kind, das ›zu Recht‹ ungeliebt war, leistete jedoch einen großen stabilisierenden Beitrag zur Familie. Dies war umgekehrt auch die einzige Chance, für sich selbst einen Platz in der Familie zu gewinnen. Aber sowohl sie als auch ihre ältere Schwester hatten wenig Chance, ihre individuellen Möglichkeiten zu entfalten. Das abgelehnte Kind ist meist das notwendig gebrauchte Kind. Doch dieser Widerspruch stört die Möglichkeit lebendiger Selbstgestaltung. Der familiäre Dialog beinhaltet auch, wie wir uns im Zusammensein mit unseren Geschwistern verkörpern, deren Alter, Reihenfolge, Abstand und Eigenart ebenso mitwirkt, wie die Antwort der Eltern auf den ›Geschwisterkörper‹. Dazu ein Beispiel: Vor zwei Jahren arbeitete ich für eine Woche mit einer Gruppe von Studenten. Mir fiel auf, daß eine Studentin sich kaum zu Wort meldete und immer mit einem angestrengten und gleichzeitig staunenden Gesichtsausdruck dasaß. Endlich sah ich, wie sie sich einen Ruck gab und sagte: »Ich möchte schon lange etwas mitteilen, aber ich wage es nicht. Ständig drehe ich die Sätze in meinem Kopf herum, verwerfe sie, bilde neue. Und immer denke ich: ›Das ist noch nicht gut genug. Du wirst die andern langweilen.‹ Und jetzt habe ich es gewagt…« Sie lächelte etwas verlegen. »Wie geht es dir dabei?« fragte ich. »Es macht mir schon Angst, daß jetzt alle auf mich schauen und ich im Mittelpunkt bin.« – »Setz dich in die Mitte«, schlug ich vor. Sie tat es zögernd. »Kennst du diese Gefühle, diese Situation?« fragte ich die Frau. Sie überlegte und sagte dann: »Es ist immer so.« Dann schwieg sie. »Ach, dieser Wunsch, daß mir die andern zuhören, und dann könnte ich mich verkriechen.« – »Spürst du, wie du dasitzest?« fragte ich sie. »Ich komme mir so klein vor. Ich merke, wie ich zusammensinke, den Kopf nach vorne schiebe und in die Höhe schaue, den Atem anhalte. Ich bin so klein und bewundernd. Ihr seid alle so gescheit und könnt so gut reden!« Es wurde deutlich, daß diese Frau es gewohnt war, sich diese Geschichte zu erzählen. »Wer sind wir denn für dich?« fragte ich. Da ging ein erkennendes Lächeln über ihr Gesicht, und sie antwortete: »Natürlich, ich sitze bei meiner Familie. Alle können so gut reden. Ich bemühe mich mitzukommen. Aber alle meine Geschwister sind viel älter als ich. Sie lassen mich nicht zu Wort kommen. Ich bin die Kleine. Und wenn ich etwas sage, lachen alle!«

Dieses Beispiel zeigt, wie die erwähnte Frau sich vor allem in Gruppen immer noch die Gestalt des kleinen Mädchens unter den Großen gab und sich die entsprechende Geschichte dazu erzählte. Das bedeutet, daß auch die Geschwisterfolge einen formenden Aspekt der Selbstgestaltung darstellt. Der ›Geschwisterkörper‹ ist jedoch kein fester, sondern ein durch die Geburt weiterer Kinder sich ständig wandelnder. Dies wurde mir beim Besuch einer Familie augenfällig: Die Mutter lag im Bett, das Neugeborene an der Brust. Der älteste Sohn, bisher im Schatten seines jüngeren charmanten Bruders, wirkte gestärkt, war sehr vernünftig, während der kleinere – jetzt mittlere – Bruder sich bald als Baby, bald als Rebell und Herausforderer seines älteren Bruders profilierte. Er war offensichtlich in Not, verkroch sich nach einem Streit im Zimmer und wies alle Annäherungsversuche von sich, zog aber gleichzeitig alle Aufmerksamkeit an. Der Vater ging ruhig und freundlich auf ihn ein, ohne das Angebot dieser neuen verzweifelten Rolle anzunehmen. Während der älteste Junge seine neue Position wahrzunehmen schien, war der jüngere noch auf der Suche. Der ganze bisherige Geschwisterkörper war ins Wanken geraten, mußte sich neu formen …

Wenn wir vom Familienkörper mit seinen verschiedensten Nuancen sprechen, meinen wir zunächst die Zwei-Generationen-Familie. Diese jedoch ist eng mit der Dynamik der vorangehenden Ahnengenerationen verbunden. Das erkennen wir daran, daß gewisse Grundmuster sich ständig wiederholen.[4] In einer Familie finden sich beispielsweise über Generationen immer wieder die Figuren von Abenteurern, von Ausgestoßenen, von außerehelichen Kindern, von ›Verrückten‹ oder Kriminellen. Schicksale und Themen werden immer wieder aufgegriffen. Sie sind ›unerledigt‹, werden als Mitgift an die nächsten Generationen weitergegeben. Sie werden als Geschichten, als Familienmythen weitererzählt und auch im leibhaften Dialog von der nächsten Generation aufgenommen. Es gibt auch ›Familiengeheimnisse‹, die ganz verschwiegen werden oder als eine Art Bündnis mit einem Elternteil oder auch mit der ganzen Familie geschlossen und eingehalten werden, doch ihre Wirkung ist leibhaft. Das Aufdecken solcher Familiengeheimnisse – wie etwa Schwangerschaftsabbruch, Krankheit, Kriminalität – kann einen Bann aufheben, weil sonst – im Sinne der Loyalität – eine Tendenz oder besser ein Sog entsteht, das verheimlichte Schicksal zu wiederholen. Das bedeutet, daß die Macht der Familie zugleich ihre Ohnmacht ist. Das Wiedererleben und Übernehmen solcher familiärer Aspekte, das meist unbewußt ist, bringt keine Lösung, sondern neue Verstrickung. Wenn diese aufgelöst werden können, wird auch der Zugang zu den Kraftquellen der eigenen Familie möglich:

Eine Frau hatte ein außereheliches Kind. Schon der Vater des Mannes, also der Großvater ihres Kindes, war ein außereheliches Kind gewesen, der Vater seiner Mutter ebenfalls. Auch der Großvater der Mutter auf Vaters Seite war ein außereheliches Kind gewesen. Die Frau sagte in der Therapie: »Ich will nicht in die Opferrolle. Mein Kind soll nicht das Gefühl haben, ich sei zu bedauern.« Es zeigte sich, daß ihre Urgroßmutter für damalige Zeiten »eine extravagante« Frau gewesen war, die »sich nicht hatte unterkriegen lassen«. Dies gab ihr die Kraft, sich der sich anbietenden Opferrolle zu erwehren. Das Muster war also bereitgestellt, aber es gab in ihrer Geschichte auch Quellen, die ihr erlaubten, ihr Schicksal zu bewältigen.

Der weitere familiäre Körper als ›Ahnenkörper‹ beider Familien wirkt vielfältig auf die Nachkommen. Familienmythen, Geheimnisse, Aufträge an die nächste Generation werden also als einverleibte oft im eigenen erwachsenen Leben vollzogen, in der unbewußten Hoffnung, damit die eigene Familie zu ›heilen‹. Wenn die in der Familie einverleibten Erfahrungen in den je eigenen Lebensstil im Sinne des Bewegungsgesetzes eingeformt werden, entsteht im unbewußten Dialog mit dem generationenumfassenden Familienkörper auch ein Lebensplan, der den Vollzug der eigenen Lebensdynamik mitbestimmt. So kann sich ein Mensch etwa versagen, eigene Kinder zu haben, oder über das Sterbealter der eigenen Eltern oder Ahnen hinaus zu leben. Eingeformt werden dabei auch die Schicksale des ›gesellschaftlichen Körpers‹, wie es die Nachkommen von jüdischen Familien oder der Nazigeneration eindrücklich zeigen. Lebensstil und Lebensplan greifen eng ineinander. Ihr Zusammenwirken bezeichne ich deshalb als Lebenskonzept, das die grundlegende Gestaltung des eigenen Lebens bestimmt:

Lebenskonzept

auf dem Hintergrund generationen-
übergreifender familiärer und
gesellschaftlicher Dynamik

Lebensstil
als verkörpertes
Bewegungsgesetz

Lebensplan
als verkörperte Perspektive
für das Lebenskontinuum

Leibhafter Dialog in der Familie

Wir verkörpern jedoch nicht nur unser Drin-Sein im Familien- und Generationenkörper, im familiären Dreieck und im Geschwisterkörper als verschiedene und doch wieder zusammenhängende Aspekte, sondern auch, wie wir mit jedem einzelnen Elternteil in Verbindung sind. Manchmal wird uns dies in der direkten Beziehung mit den Eltern oder in einer Imagination deutlich, oft kommen wir mit diesem Muster auch durch die Art und Weise in Kontakt, wie wir uns im Zusammensein mit Personen aus unserem gegenwärtigen Alltag verkörpern:
Eine jüngere Frau äußerte in der Therapie, sie könne sich ihrem Chef gegenüber nie behaupten, sich nicht wehren, nicht für ihre Anliegen einsetzen. Ich bat sie, sich ihren Chef vorzustellen und gleichzeitig auf die Körperhaltung zu achten. Nach einer Weile regte ich sie an, das Wahrgenommene etwas zu verstärken, um es sich selbst deutlicher zu machen und um zu spüren, *wie* sie es machte. Was sie nachher schilderte, war auch mir zu einem größeren Teil augenfällig: Sie hob ihr

Kinn, blickte in die Höhe, öffnete ihre Augen weit in einer Mischung von Angst und kindlicher Gläubigkeit. Dabei stauchte sie ihr Genick und verengte die Verbindung zwischen Kopf und Rumpf. Dann sackte sie in der Mitte ein, machte den Rücken rund, hob die Schultern und drückte sie etwas nach vorne. Dadurch verringerte sie ihren Atem. Die Arme spürte sie kaum, ebensowenig ihren Bauch und ihre Beine. »Ich fühlte mich dabei völlig ausgeliefert«, sagte sie, »meine eigenen Wünsche verschwanden einfach.« Ich forderte die Frau auf, sich den Chef nochmals vorzustellen und sich dabei auf ihren Atem und den Kontakt ihres Körpers mit der Sitzfläche zu konzentrieren. »Jetzt spüre ich mich zwar sehr gut«, äußerte sie, »aber ich kann dem Chef überhaupt nicht mehr zuhören.« Ich machte ihr den Vorschlag, nochmals in die alte Haltung zurückzugehen, diese zu verstärken und dann langsam aufzulösen und dabei vor allem im Kontakt mit ihrem Rückgrat zu bleiben. Ich sah, wie sie sich langsam aufrichtete, die Wirbelsäule streckte und den Kopf geradeaus richtete, die Atmung vertiefte. »Jetzt kann ich ihm gegenüber sein, fühle mich stärker und kann ihm trotzdem zuhören.« – Ich bat die Frau nun, dieselbe Übung zu wiederholen und mich dabei anzuschauen. Nachdem sie es getan hatte, sagte sie lebhaft: »Es ist völlig verrückt, ich habe zunächst den Eindruck gehabt, daß du mich ganz streng und abweisend, ja hart angeschaut hast. Als ich mich aufrichtete, wurdest du weicher, freundlicher. Ich hatte das Gefühl, daß du mich ernst nahmst.«

Die Frau erlebte, wie sie durch die leibhafte Form, die sie sich gab, ihr Gegenüber mitformte. Ihre Körperhaltung erschuf ein streng-abweisendes oder ein freundlich zugewandtes Gegenüber. Die Art, wie *sie* mich anblickte, machte *mich* in ihren Augen zu einer bestimmten Figur. Das ist jedoch nur die eine Seite des Körperdialogs. Ich erzählte ihr, wie es mir während der Übung ergangen war: »Als du so zusammengesackt vor mir saßest, spürte ich, wie ich mich leicht nach hinten zurückzog. ›Was willst du denn von mir?‹, kam mir als Satz in den Sinn. Als du dich aufgerichtet hattest, spürte ich, wie ich mich auch aufrichtete, meinen Atem vertiefte, mich dir zuneigte. Mir kam der Satz: ›Mit dir rechne ich.‹ Ich hatte das Gefühl, eine lebendige und starke Frau vor mir zu haben.« Das entsprechende Muster hatte die Frau in ihrer Familie im leibhaften Dialog mit ihrem Vater gelernt, dem sie als Kind nicht standzuhalten vermochte und zu dem sie gleichzeitig bewundernd aufschaute.

Doch die Haltung in der Beziehung zum Vater oder zur Mutter – oder zu einer anderen Schlüsselfigur der Familie – ist wiederum nur *ein* Teil des leibhaften Dialogs. Ebenso verkörpern wir Aspekte des Vaters und der Mutter sowie anderer Bezugspersonen, verkörpern in uns den Dialog zwischen dem entsprechenden Elternteil und dem Kind, das wir waren, als gäbe es in uns eine Bühne, auf der sich das ›Drama der Beziehung‹ abspielt. Vielleicht können wir wahrnehmen, daß wir uns als Erwachsene wie die eigenen Eltern verhalten, auch wenn wir uns geschworen haben, nie so werden zu wollen wie sie. Auch diesen leibhaften, nach innen verlegten Dialog möchte ich durch ein Beispiel nachvollziehbar machen: Eine junge Frau namens Katrin nahm wahr, daß sie in ständigen Spannungen lebte und es ihr nicht möglich war, sie aufzugeben. Sie zog ihren Oberkörper hoch und versteifte ihn nach dem Motto: »Durchhalten und nicht nachgeben.« Als wir an der Auflösung dieses Musters arbeiteten, sagte Katrin plötzlich: »So will ich gar nicht dastehen – so jammervoll und depressiv!« Und sie riß sich wieder hoch, obwohl ihre Eigenwahrnehmung sich deutlich von ihrer Erscheinung unterschied. Ihr ›Nein‹ war abwehrend, angstvoll und zugleich wild entschlossen. Es war die eigene Mutter, gegen deren depressive Lebenshaltung Katrin in sich selber ankämpfte. Als Kind war sie die Starke gewesen, hatte Mutter und Geschwister unterstützt und schwor sich, nie so zu werden wie die eigene Mutter. Ich bat Katrin, sich einmal hinzustellen wie die Mutter. Sie tat es mit Widerwillen und sank in sich zusammen. Es war deutlich, wie gut ihr Körper diese Haltung kannte. Katrin begann zu weinen: »Schon immer habe ich Angst gehabt, es würde mich einmal einholen… Und wenn ich nicht ständig wachsam bin, geschieht es auch.« – »Du kannst lernen, dieses Muster aufzulösen, sonst brauchst du all deine Energie, es zu bekämpfen«, antwortete ich. Doch Katrin kam nur aus ihrer depressiven Haltung heraus, indem sie sich hochriß. »So habe ich es als Kind immer gemacht, aber das hoffnungslose Weinen, das tagelange Daliegen meiner Mutter ist mir in Fleisch und Blut übergegangen – ich spüre das jetzt ganz deutlich… Dann habe ich mich stark gemacht – so!« Und Katrin riß sich wieder hoch. »Genau so stand ich vor meiner Mutter und noch heute stehe ich so.« Auf diese Weise war Katrins leibhafter Dialog mit der Mutter zu einem inneren Dialog geworden: Versteckt in sich trug sie das depressive Muster ihrer Mutter, aus dem sie sich ständig nach oben zog und versteifte. Dennoch ahnte sie, daß sie diesen Teil der Mutter noch immer in sich trug. Als es Katrin schließlich in einer anderen Stunde gelang, sich aus dem einsackenden Muster langsam und sorgfältig aufzurichten, staunte sie: »Ich fühle mich so weit in der Brust und stehe fest auf dem Boden. Und zum ersten Mal bin ich aufrecht ohne Anstrengung. Ich stehe einfach da.« In der folgenden Stunde brachte Katrin das Photo einer jungen Frau mit. »Das ist meine Mutter, bevor mein Vater durch einen Unfall starb und sie mit drei kleinen Kindern allein zurückließ. Ich habe mich beim Stehen in diesem Bild wiedererkannt. Es gibt noch eine andere Mutter, eine lebensfrohe. Diese Mutter trage ich auch in mir. Jetzt habe ich sie wiedergefunden, obwohl ich nicht einfach eine Kopie meiner Mutter bin. Ich bin Katrin, aber das Bild meiner jungen Mutter ist wie ein Edelstein, aus dem ich meinen eigenen Schmuck gestalten werde…«

Was wir uns von unseren Eltern einverleibt haben, mögen wir in uns verleugnen, mit unserer von Kind an eingeübten Haltung bekämpfen oder das Kind-Muster mit demjenigen der Eltern kritisieren – doch immer ist es ein innerer Dialog zwischen den verschiedenen Schichten unseres Selbst, den wir auch wieder nach außen verlegen, in dem wir uns andern gegenüber in der Weise der Eltern oder des damaligen Kindes verkörpern. Oft bringt erst die Auflösung solcher Muster die Möglichkeit, eine eigene, persönliche Form zu finden, die sich jedoch von jenen Aspekten nähren kann, die wir als ›Geschenke‹ oder ›Schätze‹ von unseren Eltern – wie Katrin – oder aus unserer eigenen Kindheit wieder aufnehmen können. Dies ist ein abenteuerlicher Prozeß, der oft auch bisher abgelehnte Seiten in den Eltern und in uns selbst in anderem Licht erscheinen läßt. »Ich habe die Willensstärke meines Vaters gehaßt«, sagte ein etwa vierzigjähriger Mann. »Er war so hart und unnachgiebig. Jetzt muß ich mich weder klein machen wie als Kind noch mich verhärten, wie mein Vater. Dadurch kann ich aber die Stärke in mir als ein Geschenk meines Vaters annehmen, ohne sie auf die gleiche Weise einsetzen zu müssen wie er.«

Wir tragen unsere Familie ›in Fleisch und Blut‹, ja in unseren Knochen, im Mark. Dies wurde mir in den letzten Jahren immer deutlicher. Ich sah mit Erstaunen und Erschrecken, wie eine Frau in einer Gruppe ihre geistig und körperlich schwer behinderte Schwester mit ihren unkontrollierten Bewegungen auf eine Weise verkörperte, daß diese uns völlig gegenwärtig war. Die Kontrolliertheit dieser Frau, ihr Mißtrauen gegen den eigenen Körper und seine unwillkürlichen Reaktionen wurden auf diesem Hintergrund verständlich. – Und in einem anderen Beispiel wählte eine Frau in einem Rollenspiel eine Teilnehmerin ihrer Gruppe aus, um ihre geisteskranke Mutter zu spielen. Diese spielte die Mutter so echt, daß alle erschüttert waren. Instinktiv hatte die Frau jene Teilnehmerin ausgewählt, deren Mutter ebenfalls schizophren war… Nochmals wurde sichtbar, wie tief sich beide Frauen ihre Mutter einverleibt hatten, obwohl beide selber nicht krank waren. Doch erst mit dem Auflösen dieses in der Tiefe präsenten Musters entfiel eine Angst vor dem eigenen Innern, ein Verdacht, wie die Mutter zu werden, dessen beide sich vorher nicht bewußt gewesen waren.

Wenn wir davon ausgehen, daß wir uns das ›Drama der Beziehungen‹ in unserer Familie einverleiben, läßt sich die Beziehung zur Familie als ganzer wie zu den einzelnen Personen als verinnerlichter Dialog verstehen. Ebenso nehmen wir jedoch auch die Beziehung der Eltern untereinander in uns auf, verkörpern sie als inneren Dialog und als Modell für eigene zukünftige Beziehungen, ob wir sie bejahen oder ablehnen. Wir können jedoch noch einen Schritt weitergehen. Wenn wir den Dialog zwischen dem damaligen Kind und der Mutter sowie dem Vater verinnerlichen, entsteht auch ein ›Dialog zwischen den beiden Dialogen‹. Ein Beispiel mag verdeutlichen, was ich damit meine:

Eine vierzigjährige, sehr aktive und beruflich kompetente Frau, die ich Dora nenne, sprach von ihrem Perfektionismus, ihren Ängsten, ihrem Gefühl des Ungenügens. Sie erkannte, daß sie dem Leistungsanspruch ihres Vaters folgte, der von ihr verlangte, »immer besser zu sein als die anderen.« Sie war der fordernde Vater und das sich verzweifelt anstrengende Kind, das über die eigenen Grenzen hinaus versuchte, diesen Anforderungen gerecht zu werden. »Ich bin nie zufrieden, gebe mein Letztes her.« Doch nie konnte sie sich über Erreichtes freuen, fand sich nicht nur mit Gefühlen des Ungenügens wieder, die mit dem überhöhten Maßstab zusammenhingen. Vielmehr tauchte auch immer wieder ein im buchstäblichen Sinn ver-nichtendes Gefühl in ihr auf. Schließlich konnte sie es mit der Beziehung zur Mutter in Verbindung bringen. Von ihr wurde Dora ständig entwertet: »Du kannst nichts und bist nichts.« Dora übernahm dieses Muster und sank unter ihren eigenen Entwertungen in sich zusammen. Zwei innere Dialoge führte sie mit sich: Der Vater suchte in der Tochter die Erfüllung eigener nicht gelebter Erfolgswünsche. Die Mutter hingegen – von ihrem eigenen Mann wegen ihrer mangelhaften Schulbildung verachtet und verleugnet – sabotierte unbewußt die Anstrengungen ihrer eigenen Tochter. Da gab es nicht nur zwei verschiedene Dialoge, sondern ebenso einen Loyalitätskonflikt der Tochter auf dem Hintergrund der elterlichen Beziehung. Wie sollte sie also mit diesen beiden inneren Dialogen – einer mit dem Vater und einer mit der Mutter – umgehen? Die Lösung ließ sich auf eine Formel bringen: »Ich leiste, wie mein Vater es will und treibe mich an, wie er es mit mir getan hat. Und ich fühle mich dabei, wie meine Mutter es will und entwerte mich, wie sie es getan hat.« Dazu sagte Dora: »Ich nehme mich wahr wie zwei ineinandergesteckte Personen – eine, die leistet, ist außen, die andere, die resigniert, ist im Innern.« Dies waren zwei ineinander gesteckte verkörperte Babuschkas. So hoch der Preis sein mochte, Dora hatte einen Weg gefunden, aus den einverleibten familiären Mustern eine eigene Gestalt – ihr eigenes Bewegungsgesetz – zu formen. Es umzuformen, um sich als erwachsene und reifende Frau auf eine persönliche Weise zu verkörpern, dies war ein langer Weg, schmerzlich und aufregend zugleich.

Wieder erscheint in diesen Überlegungen und Beispielen das Bild der ineinander verborgenen Babuschkas vor uns. Wir tragen sie in uns als Ebenen des verkörperten Dialogs unserer Herkunftsfamilie – als unsere kindliche Antwort auf unsere Eltern, als unseren gegenseitigen Dialog und unser verkörpertes Zusammensein mit den Geschwistern. Unsere Familie als Schichten unseres Selbst in einem ständigen inneren Dialog in uns zu tragen – dies ist als einverleibte Erfahrung unsere primäre Realität. Diese innere Welt ordnen wir, entscheiden unbewußt, mit welchen Schichten wir uns identifizieren, welche wir ausklammern und als verborgene Muster bekämpfen oder zu welchen wir den Kontakt nicht mehr aufrecht halten können. So bilden wir unsere erwachsene Gestalt aus, um uns in unserem weiteren Wachstums- und Reifeprozeß erneut umzugestalten, eingefordert von den An-Sprüchen, welche Alltagssituationen, Wendezeiten und Lebensphasen an uns stellen. Ziel ist es, eine je persönliche Form zu finden. Vieles an ›Erbe‹, an Schätzen und Reichtümern aus unserer Herkunftsfamilie über Generationen geht in sie ein: es ist Mitgebrachtes, Wiederentdecktes, Neugewonnenes. In einem ständigen Prozeß haben wir die Chance, alte Muster aufzulösen, andere zu differenzieren oder weiter zu entfalten. So vielschichtig unsere innere Welt auch sein mag, wir ordnen und formen sie leibhaft von Gestalt zu Gestalt, und verändern damit auch unseren unbewußten Lebensplan und das umfassende Lebenskonzept.

All die damit verbundenen Auseinandersetzungen gewinnen oft eine neue Intensität und Dringlichkeit durch eigene Elternschaft. Der Dialog mit der einverleibten Geschichte zeigt, daß die eigenen Kinder sich wieder ihre Familie einverleiben. Dies bedeutet Verantwortung dafür, wie wir als Eltern unseren leibhaften Dialog mit den Kindern gestalten. Gleichzeitig antworten Kinder auf ihre Weise darauf und formen als Erwachsene eine Gestalt, die wir nicht voraussehen, nicht steuern können. Dies bedeutet für die Erziehung, Macht und Ver-antwortung nicht zu verwechseln.

4. Der Babuschka-Dialog
in Schwangerschaft und Geburt

Zwiesprache zwischen Mutter und ungeborenem Kind

Wir begegnen jetzt unserem Babuschka-Prinzip auf eine neue und einmalige Weise. Wenn meine Kinder jeweils die große Babuschka öffneten, sagten sie manchmal:»Schau, diese kleine Figur ist das Baby im Bauch der Mama.« Sie machten die Babuschka wieder zu und meinten:»Da drin ist es, und bald kommt es heraus.« Jedesmal, wenn eine befreundete Frau schwanger ist, schauen sich die Kinder hingebungsvoll Photos an, die das Wachsen eines neuen Menschen im Bauch seiner Mutter zeigen. Sie betrachten fasziniert den winzigen Embryo, der kaum die menschliche Gestalt ahnen läßt, schauen bewundernd, wie sich aus ihm ein kleiner Körper ausbildet, wie sich das Gesichtlein formt und wie sich die kleinen Hände und Füße wie aus Knospen entfalten. Es ist immer wieder dieselbe Meditation: zu begreifen, wie wir zu einem ständig sich teilenden und sich vergrößernden pulsierenden Zellbündel werden, das sich auf die Gebärmutter zu bewegt und dort in die Schleimhaut eindringt, sich einnistet. Dann bildet sich über hunderte von Formen die menschliche Gestalt… Es ist das Wunder des Lebens, dem wir begegnen. Es wird sich weiter ausformen bis zur Geburt, sich in der Kindheit zur erwachsenen Gestalt hin entwickeln und sich von Lebensphase zu Lebensphase wandeln. Wir begegnen dem pulsierenden Rhythmus, der mit der befruchteten Zelle beginnt und immer mehr verschiedene Pulsationsmuster entstehen läßt. Ebenso geht eine ununterbrochene pulsierende Welle zwischen mütterlichem und kindlichem Organismus hin und her. So bildet sich im Körper der Mutter, aus seiner Substanz genährt, ein Fremdes, das nicht Teil des eigenen Organismus ist und doch in ihm wohnt. Diese Form der Verbindung ist einzigartig, bedeutet eine Art von Nähe, die nicht eine persönliche Beziehung sondern eine vorpersönliche Tiefenkommunikation ist[1], ob sie der Mutter bewußt ist oder nicht. Mütterlicher und kindlicher Organismus sind in einem ständigen Dialog miteinander, teilen einander Wohlbefinden, Aufregung, Streß oder Krankheit mit. Frauen wissen schon immer, wie es ihrem ungeborenen

Kind geht, auch wenn dieses Wissen die Schwelle des Bewußtseins nicht erreicht. Das wurde mir immer wieder im Kontakt und in der Arbeit mit schwangeren Frauen deutlich. So hatte eine junge Frau eines Nachts einen Traum, in dem sie eine Explosion sah, die einem wundervoll farbigen Feuerwerk glich, das sich schließlich in eine leuchtende Rosette verwandelte, die, sich ständig drehend, immer intensiver zu pulsieren begann. Einige Zeit später träumte sie von einem Polypen mit großen Saugnäpfen, der sich in einer Höhle in die schlamm- und moosüberwachsenen Wände einbohrte und sich festzusaugen versuchte. »Es war faszinierend und doch beinahe brutal, wie er sich mit seinen vielen Armen da festklammerte, um sich wirbelte, die Höhle durcheinander brachte, bis es ihm schließlich gelang, sich festzusaugen. Ich wußte, daß ihn da niemand mehr hinausbringen würde....« Kurze Zeit später erfuhr die Frau, daß sie schwanger war. Die Traumbilder, die aus der Tiefe ihres Organismus aufgestiegen waren, hatten Befruchtung und Einnistung des Eis zum Ausdruck gebracht.

Wir sind es wenig gewohnt, uns auf diese Ebenen eines organismischen Dialogs auch bewußt einzulassen[2]. Doch der Dialog besteht, ob wir ihn spüren oder nicht. Meist nehmen schwangere Frauen zunächst die körperlichen Veränderungen wahr, das Spannen der Brüste, das Ziehen im Unterleib, beginnende Übelkeit. Das ist die erste Ebene des Dialogs mit dem eigenen Körper, die während der ganzen folgenden Zeit anhält und immer neue Erfahrungen mit sich bringt. »Ich war überwältigt, wieviele Veränderungen ich mit meinem Körper erlebte. Er war von Monat zu Monat ein anderer. Kaum hatte ich mich an einen neuen Zustand gewöhnt, war schon wieder alles anders. Meine Körperform, mein Körperempfinden, mein Aussehen, mein Gesichtsausdruck, Gefühle, Wahrnehmung nach außen, Träume und Phantasien waren anders als zuvor und wandelten sich ständig wieder...« So schilderte eine junge Frau ihre Erfahrungen während der ersten Schwangerschaft. Faszinierend, überwältigend und bewegend, aber auch beängstigend, beschwerlich mögen diese Erfahrungen sein, je nach körperlicher Verfassung, Situation und der eigenen Geschichte, die auf verschiedenste Weise an die Oberfläche kommt. Dazu ein Beispiel:

Eine schwangere Frau kam zu mir, die mit dem Wachsen ihres Bauches immer niedergeschlagener wurde. Sie wehrte sich, zog ihren Bauch ein, bis sie begriff, daß sie mit dem kleinen dicken Mädchen in sich in Kontakt gekommen war. »Ich habe gedacht, das sei endgültig überwunden. Mit 17 Jahren machte ich eine Abmagerungskur, und von da an achtete ich peinlich darauf, schlank zu bleiben. Das verspottete, schwerfällige und häßliche Mädchen kam nie mehr zum Vorschein. Und jetzt …« Die Frau verkörperte gleichzeitig das kleine Mädchen, das in sich zusammensank und formlos wurde. »Ich spüre gar nicht, wo mein Körper endet, er ist eine diffuse und schwammige Masse um mich herum. Nur innen, ganz innen ist ein Punkt, den ich spüre und den ich niemandem zeige. Und jetzt ist auch der am Verschwinden.« Nach einer Weile riß sich die Frau hoch und sagte: »Das ist einfach ein furchtbares und bodenlos häßliches Kind!« Sie begann zu merken, daß sie jetzt die kritisierende und ablehnende Mutter verkörperte und einen leibhaften inneren Dialog zwischen beiden führte. Und sie erkannte: »Als junges Mädchen wurde ich endlich das schlanke und hübsche Kind, das ich schon immer hätte sein sollen. Ich verstehe jetzt, daß ich mich selbst als verkörperte eigene Mutter kontrolliert habe, um andererseits die gewünschte Tochter zu sein. In der Realität aber blieb die Anerkennung aus…« Noch immer aber wartete die kleine Tochter in ihr sehnlich auf Zuwendung.

Wir schauten zusammen die Kinderphotos an. Sie zeigten ein dickes Mädchen mit feinen Gesichtszügen und traurigen Augen. Ich beschrieb dieser Frau, wie ich das Kind sah. »Ich mag dieses Kind«, sagte ich. Es wurde deutlich, daß die jetzt 30jährige Frau das Kind mit den Augen der Mutter und seiner Umgebung betrachtet und sich diesen Blick einverleibt hatte. Ihre innere Beziehung zu diesem Kind wurde eine liebevollere. Nicht das dicke Kind, sondern das sehnsüchtige Kind stand im Vordergrund. »Für dich Mutter habe ich versucht, schlank zu sein und du hast mich nicht wirklich sehen können«, sagte die Frau weinend. Während sich allmählich der innere Dialog wandelte, in dem Sehnsucht und Schmerz zum Vorschein kamen, konnte die Frau die Haltung des ›dicken häßlichen Mädchens‹ langsam auflösen. Damit veränderte sich auch die Beziehung zu ihrem schwangeren Körper: »Ich bin eine erwachsene Frau, eine schwangere Frau und nicht als schwangere Frau das dicke Mädchen. Und das sehnsüchtige Mädchen ist ein Teil von mir. Es wartet auf mich. Vielleicht kann ich ihm mit der Zeit geben, was es braucht.« Als die Frau sich aufzurichten begann, ohne sich dabei zu verhärten, wurde es ihr auch erstmals möglich, mit dem Kind in ihrem Bauch in Verbindung zu kommen. Sie erfuhr sich selber als ganz, spürte die lebendige Bewegung, die durch ihren Körper ging, empfand gleichzeitig, daß das Kind auch etwas Eigenes in ihrem Körper war. So wurde überhaupt erst ein Dialog zwischen Mutter und ungeborenem Kind und schließlich auch ein angstfreier ›Geburtsdialog‹ mit den Ausdrucksformen des eigenen Körpers und dem zur Welt kommenden Kind möglich.

Der Dialog mit der eigenen sich wandelnden Körperlichkeit ist nicht nur verbunden mit der ständigen, oft unbewußten Tiefenkommunikation mit dem ungeborenen Kind, sondern zunehmend auch mit einer bewußten Beziehung zu ihm. Die ersten, noch zarten Bewegungen des Kindes leiten meist eine neue Phase des Dialogs ein. Die Gegenwart des lebendigen Wesens im eigenen Körper wird spürbar. »Jetzt wird mein Kind wirklicher für mich«, sagen viele werdende Mütter. Langsam wird das Kind auch in seiner Eigen-Art wahrnehmbar. Die schwangere Frau nimmt den Rhythmus seiner Bewegungen auf, sein Schlafen und Wachen, die Reaktionen auf ihren eigenen Zustand, auf ihr Gehen, Liegen, Singen, Berühren des Bauches… Es ist ein Dialog, der die verschiedensten Färbungen haben kann. »Langsam lernte ich mein Kind kennen und es lernte mich kennen. Das war ein tröstlicher Gedanke für mich: daß auch es spüren mochte, wer ich bin, wer seine Mutter sein würde. Ich stellte mir vor, wie es allmählich mit dem Rhythmus meiner Bewegungen, mit meiner Gestimmtheit vertraut wurde. Ich hatte nicht das Gefühl, mir auf irgendeine Weise Mühe geben zu müssen. Auf einer ganz elementaren Ebene war ich ihm zugemutet mit allen Facetten meiner Person. Ich wußte, daß ich ihm nichts vormachen konnte. Gleichzeitig veränderte ich mich von selbst durch mein Kind, wurde sorgsamer, langsamer, durchlässiger und kam in Kontakt mit Quellen in mir, die mir bis dahin nie bewußt gewesen waren. Lange nahm mich dieses Vertrautwerden, dieses Wachsen aneinander in Anspruch. Doch dann spürte ich auch, wie fremd mir dieses Kind noch war – fremd und vertraut zugleich. Ich begann mich nach ihm zu sehnen, wollte es *sehen*, es berühren.« So schilderte eine fast vierzigjährige Frau ihren Dialog mit dem ungeborenen Kind. So mag das ›Gespräch‹ mit dem Kind im Warten auf die Geburt nochmals eine andere Qualität bekommen, drängend, ungeduldig, neugierig oder ängstlich, von Zweifeln belastet. »Ich dachte immer, ich würde das nie schaffen, so eine Geburt. Dann aber wurde mir allmählich deutlich, daß ich es ja zusammen mit meinem Kind machen müsse. Ich begann mit ihm zu reden, es anzuspornen, um Mittun zu bitten. Das half mir auch während der Geburt. Nicht ich allein habe das Kind geboren, wir zusammen haben uns beide geboren…« Dies erzählte eine junge Mutter nach ihrer ersten Geburt. Eine andere gestand, sie habe während der Geburt gefaucht, geschimpft und gerufen: »So komm doch endlich!« Und diese Wut habe ihr wohl getan. Endlich ging es vorwärts, »als sei ein Bann gebrochen, in dem ich verkrampft versuchte, ›es‹ zu schaffen.«

Der Dialog mit dem wachsenden Kind während der Schwangerschaft kann auch ein schwieriger oder schmerzlicher sein, wenn die Frau kein Kind wollte, mit ihrer Situation allein ist oder von einer Schwangerschaft überrascht wird. Wenig ist die Rede davon, wie es einer solchen Frau zumute ist. So sagte mir eine Werkstudentin: »Ich habe mir immer vorgestellt, einmal Kinder zu haben – aber doch nicht jetzt. Wir haben kaum Geld, auch mein Freund ist noch in einer Weiterbildung. Auf einen Schlag ist alles anders. Ich kann die Zeichen meines Körpers kaum annehmen, die mich auf meine Schwangerschaft hinweisen. Ich möchte einfach alles ungeschehen machen, denn eine Abtreibung bringe ich auch nicht über mich. Das Schwierige ist: es *ist* geschehen, und ich kann es nie mehr aus meinem Leben auslöschen. Ob mein Freund bei mir bleibt, weiß ich nicht…« Als der Freund zu ihr stand und sie beide ihr Leben umzuändern begannen, konnte die Frau ganz langsam einen anderen Dialog mit ihrem Kind aufnehmen, auf seine Gegenwart auch bewußt eingehen: »Jetzt, zwei Monate später, zucke ich nicht mehr zusammen, wenn ich die Bewegungen meines Kindes spüre. Nicht nur von meinen Lebensplänen mußte ich Abschied nehmen, sondern auch von meinen Vorstellungen, wie ich die Schwangerschaft erleben und genießen würde. Es war eine Bilderbuchvorstellung, eine, wie ich sie so oft gelesen hatte. Ich beginne zu akzeptieren, daß meine Realität eine andere ist, und daß ich sie dennoch auch mit anderen Frauen teile. Ich muß mir Zeit lassen, da hinein zu wachsen…«

Ähnliche Erfahrungen machen auch Frauen, die sich zuerst mit der Möglichkeit eines Schwangerschaftsabbruchs auseinandersetzen. Eine Mutter von drei schon älteren Kindern, die mit dem vierten schwanger war, äußerte: »Schließlich habe ich mich nach langen inneren Auseinandersetzungen und Gesprächen mit meinem Mann entschieden. Das gibt mir Kraft, auch wenn ich mich noch nicht freuen kann. Aber ich mag das kleine Wesen. Es ist fast eine Art Bündnis: ›Wir schaffen das schon!‹ Häufig halte ich Zwiesprache mit ihm.«

Hinzu kommt der Dialog jener Frauen mit ihrer Schwangerschaft, mit ihrem ungeborenen Kind, die bis zur Fruchtwasserpunktion und zum positiven Bericht kaum wagen, sich auf eine Beziehung einzulassen oder jene Frauen, die eine Fehl- oder Totgeburt hinter sich haben. Sie warten oft auf den magischen Termin, bei dem sie ihr

Kind verloren hatten, um sich endlich der Freude hingeben zu dürfen. Eine Frau, deren letztes Kind während der Geburt starb, sagte zu mir: »Ich nahm die Lebenszeichen meines Kindes lange als etwas Fremdes, nicht zu mir Gehörendes wahr, bis ich merkte, daß ich noch mit meinem anderen Kind schwanger war. Nie hatte ich von ihm Abschied nehmen können.« Diese Frau feierte mit ihrem Mann zusammen ein Trauerritual und konnte erstmals richtig weinen. Nachher sagte sie: »In dem Augenblick, da ich mich als Mutter eines toten Kindes empfand, spürte ich, wie wirklich auch dieses neue Kind in meinem Bauch ist. Erstmals reicht mein Atem bis zu ihm hin und verbindet mich mit ihm…«[3]

Schmerzliche Erfahrungen machen oft auch jene Frauen, die keinen Partner zur Seite haben. Einige finden ihre Kraft gerade aus dem Entschluß, das Kind trotz allem auszutragen: »Wenn die anderen ihre Bedenken äußerten, horchte ich nach innen, auf die Bewegungen meines Kindes. Das gab mir Mut zum Durchhalten, auch wenn ich oft verzweifelt war…« Heutige Entwürfe zu Schwangerschaft und Geburt lassen häufig gerade jene schwangeren Frauen allein, die es von ihrer Situation her schon sind: »Ich bin in all diesen Büchern einfach nicht vorhanden. Die schöne Schwangerschaft – das ist für Frauen, die sich sowas leisten können. Mit Kursen, Meditationen, Musik, luftigen Wohnungen. Sie müssen nicht arbeiten, wenn sie nicht wollen, haben eine stabile Zukunft und einen rücksichtsvollen Partner, der mit ihnen Geburt übt, atmet, sie massiert… Überall diese Zu-zweit-Bilder. Das macht mich wütend und traurig. Da hilft mir nur mein Trotz. Auch *mein* Bauch wird rund. Auch *mein* Kind strampelt. Und es wird mit meiner Hilfe einen Platz bekommen. Auch ich bin eine richtige Schwangere – ohne mir diesen ganzen Schwangerschaftskult leisten zu können…«

Ich habe einige Stimmen von Frauen eingebracht, die meist stumm bleiben müssen, um das harmonische Bild der Schwangerschaft nicht zu stören. Und doch gibt es unzählige Frauen, denen mindestens *eine* Schwangerschaft eine intensive Auseinandersetzung abverlangt, von Zweifeln, Ängsten, ablehnenden Gefühlen begleitet, die sich auch im Dialog mit dem ungeborenen Kind niederschlägt. –

So gibt es in jeder Schwangerschaft verschiedene Dialogebenen vom körperlichen Austausch zwischen Mutter und Kind bis zum bewußten Gespräch, unterschiedliche Phasen des Dialogs im Laufe der neun Monate und auch immer wieder andere Dialoge von einer Schwangerschaft zur anderen. Oft sind Frauen erstaunlich kreativ im Erfinden neuer heilender Geschichten auch für schwierige Schwangerschaften, die ihnen helfen, ihre innere Kommunikation mit dem Kind umzugestalten. Hierin können Frauen einander unterstützen, wenn sie nicht an einer plakativen Vorstellung, wie es sein müßte, festhalten.

Ich möchte hier den Begriff des ›Schwangerschaftskörpers‹ einführen, der verschiedene Dimensionen hat, die sich als Babuschka-Prinzip darstellen lassen und als ganzheitliche Gestalt und Gestaltung verstanden werden will. Zunächst geht es um die Frage, wie eine Frau ihr Schwangersein, die Beziehung zu ihren eigenen Veränderungen und auch zum ungeborenen Kind verkörpert. Die Schwangerschaft ist also auch auf eine einmalige Weise ein Beziehungskörper, in dem die Mutter und das in ihr wachsende Kind in einer ununterbrochenen pulsierenden Verbindung sind und die Mutter zugleich die ›Wohnung‹, ja die ›Welt‹ des Kindes ist, während sie selbst in ihrem Innenraum nicht nur ihre eigene Welt formt, sondern ein wirkliches menschliches Wesen trägt, an dessen Wachstum sie zwar Anteil hat und das sich dennoch nach eigener Gesetzmäßigkeit entwickelt.

Der innere Dialog mit den familiären Mustern

Der Schwangerschaftskörper, der sich auf den Geburtskörper hin formt, enthält noch eine weitere Dimension: Wir sind dem Babuschka-Prinzip bisher in verschiedenen Zusammenhängen begegnet, haben uns mit den unterschiedlichen, in Kindheit, Jugend- und Erwachsenenalter zugewachsenen und in die gegenwärtige Gestalt eingeformten Schichten unseres Lebens befaßt. Gefühle, geistig-seelische Qualitäten, einverleibte Geschichten gehören ebenso dazu. In den eigenen ›Lebenskörper‹ sind auch die familiären Dialoge aus Kindheit und Jugend mit eingewoben, die Generationendialoge, die über das individuelle Leben hinausgreifen. Umgekehrt ist unsere individuelle Gestalt eingefaßt in vielfältige Beziehungskörper, die wir uns aus den Schichten unserer eigenen Person einverleibt haben.

All diese Babuschka-Dialoge spielen wiederum mit, wenn wir uns mit Schwangerschaft, Geburt und eigener Elternschaft auseinandersetzen. Alte Muster aus der Kindheit, die zum eigenen Lebensstil gehören, Botschaften der Eltern – einschränkende und nährende – tauchen auf, die Geschichte der eigenen Mutter oder gar der Ahninnen in bezug auf Schwangerschaft, Geburt und Kinderhaben werden lebendig. Gesellschaftliche Botschaften, oft durch die Familie vermittelt, holen uns ein. Von diesen Ebenen sprechen Bücher über Geburtsvorbereitung wenig – und doch werden sie immer wieder präsent, auch wenn sie uns unbewußt bleiben mögen und gerade dadurch Besitz von uns ergreifen. In meiner therapeutischen Arbeit habe ich die Chance, mit solchen Mustern zu arbeiten, zu ihrer Auflösung oder Umgestaltung beizutragen, verborgene innere Kräfte zugänglich zu machen, damit Frauen – und werdende Eltern – einen neuen und oft lebendigeren Zugang zu Schwangerschaft und Geburt zu finden vermögen. Dazu möchte ich ein Beispiel geben:

Eine Frau, die erst mit ihren kleinen Kindern Schwierigkeiten bekommen hatte, erzählte mir über ihre Schwangerschaft: »Ich war völlig überrascht, wie gut es mir ging, sobald ich schwanger war, denn von meiner Mutter, die vier Kinder zur Welt gebracht hatte, habe ich nur schlimme Erzählungen über Schwangerschaft und Geburt gehört. Ich verstehe noch heute nicht, warum ich so mühelos geboren habe. Immer habe ich auf eine furchtbare Erfahrung gewartet – und sie kam nicht.« Im Laufe der Therapie erinnerte sich diese 26jährige Frau an ihre Großmutter mütterlicherseits, die Hebamme gewesen war: »Ich war oft bei ihr zu Besuch gewesen, denn sie wohnte im gleichen Dorf wie wir. Sie erzählte mir von den vielen Geburten, die sie begleitet hatte, zeigte mir ein Album mit schon vergilbten Photos von neugeborenen Babys mit ihren Müttern. Sie wußte noch genau, wie das damals gewesen war. Aber das Eigentliche war die Freude und Begeisterung, mit der sie von all den Geburten berichtete, während es im Zimmer langsam dunkel wurde. Ich sehe noch jetzt die schwachen Umrisse meiner Großmutter, die dann auch in der Dämmerung verschwammen, bis ich nur noch die gleichsam körperlose Stimme meiner Großmutter hörte. Es war eine Atmosphäre der Geborgenheit und Wärme. ›Weißt du, mein Kind‹, pflegte sie zu sagen, ›weißt du, jede Frau hat ungeahnte Kräfte in sich, die sie oft erst in der Schwangerschaft und während ihrer Geburt spürt. Sie sind wie ein Engel, der die Frau begleitet.‹ Und ich stellte mir diesen Engel vor, der mit seinen riesigen Flügeln die Frau umfing.« – So erzählte die Frau von ihrer Großmutter, die starb, als sie acht Jahre alt war. »Ich durfte meine Trauer nicht zeigen, denn meine Mutter war eifersüchtig auf diese Beziehung. Sie hatte ein gespanntes Verhältnis zu ihrer Mutter, meiner Großmutter.« Nun aber kam die junge Frau wieder in Kontakt mit dieser Atmosphäre und mit der staunenden Enkelin, die sie damals gewesen war. Und sie spürte, daß dieses kleine Mädchen noch immer in ihr lebendig war, dem die Großmutter eine Perspektive eröffnet hatte, die stärker war als die Erzählungen der eigenen Mutter und die erst zum Vorschein kamen, als die Großmutter schon tot war. »Sie hat mir das Bild vom Engel geschenkt. Jetzt verstehe ich, weshalb ich mich so aufgehoben und geborgen gefühlt habe. Immer sagte ich mir, eine unsichtbare Kraft würde mich begleiten, ohne daß ich das Bild meiner Großmutter darin wieder erkannte.« So war die Frau während ihrer Schwangerschaft und Geburt die staunende Enkelin gewesen, die eine heilende Geschichte als Perspektive empfangen hatte und fühlte sich gleichzeitig als Hebamme ihrer eigenen Geburt. Sie war die Enkelin *und* die Großmutter, deren Zuversicht und Freude sie sich einverleibt hatte, ohne es zu wissen. Nun begann sie auch die Generationengeschichte allmählich zu verstehen. Ihre eigene Mutter hatte sich stets unzulänglich gefühlt im Vergleich zu ihrer eigenen Mutter. »Ich war immer nur die Tochter meiner Mutter – im ganzen Dorf«, hatte sie einmal bitter gesagt, »und als ich Kind war, ging es immer nur um diese fremden Frauen und ihre Geburten.« Als die Mutter ihre eigenen Kinder gebar, ging sie ins Krankenhaus und schloß die Großmutter aus dem ganzen Geschehen aus, obwohl sie dringend Hilfe gebraucht hätte. Das enttäuschte und trotzige Kind und die gekränkte Jugendliche kamen zum Vorschein, als es ums Gebären ging. So hatte die Enkelin von ihrer Großmutter aufnehmen können, was die eigene Mutter mit ihrer Geschichte ausschlagen mußte. »Jetzt kann ich meine Mutter verstehen und muß trotzdem kein schlechtes Gewissen haben«, sagte die Frau zu mir. Und sie begann auch zu erkennen, weshalb sie mit den Kindern Schwierig-keiten bekommen hatte, als diese keine Babys mehr waren. »Da hat mein Engel mich verlassen«, sagte sie spontan, »da begann ich meine gestreßte und unzufriedene Mutter zu sein.« »Zu verkörpern«, sagte ich. Jetzt war sie nicht mehr ›Erbin‹ ihrer Großmutter, sondern ihrer Mutter, oder anders gesagt, sie war Erbin der Großmutter aus dem Erleben der eigenen Mutter als Kind dieser Großmutter, die vor den fremden, schwangeren und gebärenden Frauen hatte zu-rückstehen müssen.

So stellte sich zunächst der innere Dialog dieser Frau mit ihren ein-verleibten Schichten dar, der sich allmählich umzuformen begann. Dadurch wurde auch der Zugang zu jener Mutter wieder möglich, die nicht mehr nur als die unzufriedene, sondern auch als jene phantasie-volle Frau erschien, die neben ihrem Mann so wenig hatte zum Vor-schein kommen können. Schließlich erkannte die junge Mutter, daß all diese Qualitäten zwar zu ihr gehörten, sie jedoch eine eigene Person war und das Übernommene auf ihre Weise zu gestalten vermochte. »Ich bin nicht eine ›bessere‹ Mutter – ich bin einfach die Mutter, die *ich* zu sein vermag.« Als sie wieder schwanger wurde, war es ihr auch möglich, sich den nötigen Raum für sich und das werdende Kind zu nehmen.

Vielleicht ist der Kontakt mit unseren überkommenen Mustern, der Dialog mit einschränkenden und nährenden Aspekten unserer Geschichte mühsamer als die Faszination des ›Neuen‹, das uns in vielen Darstellungen mit ihren wunderschönen Photos entgegentritt. All diese einverleibten Erfahrungen liegen oft als Babuschka-Prinzip im Schatten des üblichen Schwangerschafts- und Geburtsverständnisses, und doch ist der Umgang mit ihnen nicht nur wichtig und entdeckungsreich, sondern oft auch not-wendend. Sonst bleiben auch heute gerade schwangere und gebärende Frauen nur zu schnell wieder allein mit ihren Schwierigkeiten und verstummen[4]. »Ich bin nicht wie die anderen – ich bin verkehrt«, dies ist die altvertraute Minderwertigkeitsgeschichte, die in anderer Form wieder zum Vorschein kommt. Doch gerade im Geburtsbereich bewahrheitet sich die Erkenntnis, daß zwar neue Entwürfe eine schöpferische Perspektive zu bieten vermögen, aber nicht schon deren Einlösung bedeuten, weil diese nicht im Überspringen unserer individuellen und kollektiven Geschichte vollzogen werden kann. Dies zeigt sich etwa dort, wo Frauen sich wünschen, anders als die eigene Mutter gebären zu können. Doch gerade die Perspektive dieser eigenen, nicht das mütterliche Schema erfüllenden Geburt bedeutet einen Lernprozeß. Manchmal kann er nur schrittweise, von einer Geburt zur nächsten vollzogen werden, bis die Umgestaltung von familiären Mustern gelingt. Das folgende Beispiel mag diesen Prozeß verdeutlichen:

Eine junge Frau kam zu mir, die mit dem zweiten Kind schwanger war. »Ich möchte nicht nochmals so gebären wie beim ersten Kind«, sagte sie gleich. »Ich bin so enttäuscht. Ich habe alles daran gesetzt, es nicht zu machen wie meine Mutter, die immer von ihren schrecklichen Erfahrungen erzählt hat, doch dann…« Sie brach ab und begann zu weinen. Es stellte sich heraus, daß die erste Geburt ihrer Mutter unendlich lang gedauert und dann doch mit einem Kaiserschnitt geendet hatte. Die folgenden zwei Kinder, deren erstes die Frau selber war, mußten wieder durch Kaiserschnitt ›geholt‹ werden. »Meine Mutter war in der Folge gesundheitlich sehr beeinträchtigt«, sagte die junge Frau. Sie selber hatte sich intensiv auf ihre Geburt vorbereitet, Kurse besucht und viele Bücher gelesen. Sie wollte ihr Kind in einem Geburtshaus zur Welt bringen. »Ich war wild entschlossen, es zu schaffen«, sagte sie, »doch die Geburt ging einfach nicht weiter. Der Muttermund öffnete sich nur wenig, und die Wehen ließen nach. Ich war verzweifelt, konnte nicht mehr und mußte schließlich doch ins Krankenhaus gebracht werden. ›Jetzt geht es dir doch wie deiner Mutter‹, dachte ich immer wieder. Dann war mir plötzlich alles egal. Sollte es halt so kommen, wie ich es nie gewollt hatte.« Die Geburtsschilderung zeigte, daß genau in diesem Moment die Wehen wieder stärker wurden und die Frau dann doch kein wehenförderndes Mittel brauchte. »Mein Mann stand mir bei. Er zeigte keine Enttäuschung, sondern war einfach froh, daß es vorwärts ging. Ich machte mit, es tat schrecklich weh, und ich hatte vor lauter Enttäuschung keinen Widerstand mehr. Erst bei den Preßwehen konnte ich nicht mehr und hatte ganz am Schluß doch noch eine Vakuumextraktion. Freuen konnte ich mich nicht richtig. Ich fühlte mich als Versagerin. Meine Mutter versuchte mich zu trösten, aber von ihr konnte ich den Trost schon gar nicht annehmen. Und jetzt steht wieder eine Geburt an…« – Es brauchte eine Weile, bis die junge Frau akzeptieren konnte, daß sie ihr Bestes getan hatte. Das war der erste Schritt. Sie sah auch, daß sie durch ihre intensive Mitarbeit im Krankenhaus einem Kaiserschnitt entgangen war, dessen Möglichkeit bereits in Erwägung gezogen worden war. »Es geht nicht darum, daß du es besser gemacht hast als deine Mutter«, sagte ich in diesem Zusammenhang. »Aber das will ich doch gerade!« antwortete die Frau und verkrampfte sich unwillkürlich. »Warum eigentlich?« fragte ich. Sie sah mich empört an. »Meinst du, ich will es so machen wie sie und eine Ruine werden?« Es war deutlich, daß sie ihrer Mutter die Schuld zuschob. Die ganze Wut auf die Mutter, die immer kränklich gewesen war, kam plötzlich zum Vorschein. »Alle haben darunter gelitten, auch mein Vater.« Es war also ein Familienmuster, der Mutter die Schuld zuzuschieben, doch kam schließlich heraus, daß der Vater seit der ersten Schwangerschaft Beziehungen mit anderen Frauen gehabt hatte. »Ich glaubte immer, dies sei die Folge von Mutters Versagen gewesen«, meinte die Frau betroffen, nachdem sie von ihrer Mutter die Wahrheit erfahren hatte. Langsam löste sich dadurch die alte Schuld-Geschichte über die Mutter auf, die noch auf weitere Generationen zurückging, in denen die Frauen stets als schuldige Opfer in Erscheinung getreten waren. Erst jetzt war es auch möglich, das leibhafte Muster aufzulösen, mit dem sich die Tochter krampfhaft von ihrer Mutter abgegrenzt hatte. »Ich bin nicht nur nicht wie meine

Mutter – ich muß mich auch gar nicht so gegen sie anstrengen«, sagte sie erstaunt, »aber ich spüre gleichzeitig, wie tief sich mir ihre Geburtsgeschichten eingeprägt haben, so, als hätte ich sie durch meine eigene Haut erlebt.«

Wir arbeiteten bis zur Geburt mit diesen Mustern der Angst. Zusammen mit einer Hebamme versuchte ich auch, ihr neue Möglichkeiten zu zeigen, die sie vielleicht während ihrer Geburt für sich einsetzen könnte. Das zweite Kind kam im Krankenhaus zur Welt. »Es war eine anstrengende Geburt«, doch es war *meine* Geburt, ich war jeden Moment dabei, kam mit Atmen und inneren Bildern gut zurecht. Nur ganz am Schluß war es wieder schwierig, doch mein Mann hat mich richtig angefeuert – und so kam ich mit seiner Hilfe über die letzte Schwelle ohne Eingriff.« Die Frau konnte akzeptieren, daß diese Geburt, die *ihr* mögliche gewesen war, auf dem Hintergrund ihrer Geschichte, ihrer eigenen Persönlichkeit und der Hilfe, die ihr zuteil geworden war. »Erstmals fühle ich auch Dankbarkeit, daß meine Kinder gesund sind, und ich eine normale, ja eigentlich eine natürliche Geburt erleben durfte. Schließlich hängt ja nicht alles allein von mir ab…« Das dritte Kind bekam die Frau zu Hause. Damit erfüllte sich ihr großer Wunsch, das Kind inmitten ihrer Familie zur Welt zu bringen. »Ich habe so richtig erlebt, wie tief wir alle miteinander verbunden sind«, sagte sie anschließend. Es war deutlich, daß damit ein Generationen dauerndes spaltendes Familienmuster sein Ende gefunden hatte.

Vor allem, wenn die eigene Mutter eine traumatische Geburt erlebte oder gar ein Kind verloren hat, mag dies für eine Tochter eine magische Bedeutung haben, als ob sie der Mutter die Treue halten und ein ähnliches Schicksal erleiden müßte. Dies ist ein Ausdruck dessen, was ich als ›Lebensplan‹ bezeichnet habe. Oft hilft die Anerkennung des mütterlichen Schicksals, die innere Teilnahme, um ihr die eigene natürliche Geburt als Tochter zumuten zu dürfen. So läßt sich oft auch eine neue Geschichte zu einem solchen – zunächst unbewußten – Lebensplan finden. Dies erlebte ich bei einer Frau, die ihr drittes Kind erwartete. Sie sagte mir, daß sie große Angst habe, dieses Kind zu verlieren. »Verstehst du, es ist das dritte«, sagte sie ernst und besorgt. Ich wußte, was sie damit meinte, war doch das dritte Kind ihrer Mutter bei der Geburt gestorben. Ich dachte nach, denn ich spürte, wie schicksalsschwer die Angst im Raum war. Dann ging mir etwas auf, und ich sagte: »Das ist doch gar nicht dein drittes, sondern dein viertes Kind! Das dritte hast du im zweiten Monat verloren.« Diese Aussage schuf eine andere Perspektive. Nach einer Woche sagte die Frau zu mir: »Du hast keine Ahnung, wie erleichtert ich bin. Die Angst ist von mir abgefallen.« – Was immer es mit diesem dritten Kind auf sich hatte, konnte die Frau sich nun eine neue Geschichte erzählen und brachte schließlich ein gesundes Kind zur Welt. – Wieviel bei offensichtlichen Parallelen zwischen mütterlichem und töchterlichem Schicksal Wiederholung oder Zufall ist, wage ich nicht auszumachen. Viel wichtiger ist für mich, die Ängste, die Geschichten und familiären Muster aufzugreifen, wenn sie belastend wirken.

Die Berührung mit der schicksalhaften Dimension, mit Behinderung und Tod, läßt die primäre Unbesorgtheit verschwinden und fordert zu intensiverer Auseinandersetzung heraus. So bleiben Ängste oft bestehen, bis der Termin der letzten Fehlgeburt überschritten oder das Kind gesund zur Welt gekommen ist. Die Erfahrungen selbst lassen sich nicht auslöschen. Sie gehören zu unserem Leben, werden aber in diesem Umkreis deutlicher sichtbar. So bringen gerade Schwangerschaft und Geburt die existentielle Dimension in den Vordergrund und stellen das Allmachtsparadigma unserer Gesellschaft in Frage.[5] Wichtig ist es deshalb, Frauen – und ihre Partner – mit solchen der gesellschaftlichen Illusion von Macht und Kontrolle zuwiderlaufenden Erfahrungen nicht allein zu lassen. Kaum je liegen Freude, Ekstase, Schmerz, Verzweiflung und Dankbarkeit so nahe beisammen wie im Bereich der Geburt. Schmerzliche und traumatische Erfahrungen bleiben – doch die Muster von Angst und Panik können wieder aufgelöst werden. Deshalb liegt mir die Unterstützung von Frauen besonders am Herzen, die mit solchen einverleibten Erfahrungen nicht zurechtkommen können, gerade weil sie ihrem Organismus eingeschrieben sind und der leibhaften Auflösung oder Umgestaltung bedürfen.

Jede Geburt ist nicht nur eine Erfahrung und ein Ereignis – sie will gleichzeitig auch als ein individueller Prozeß gestaltet werden. Vor allem die neuen Entwürfe im Bereich von Schwangerschaft und Geburt vermögen einen Spielraum zu schaffen, in dem eine Frau die ihr jetzt mögliche Geburt erleben kann.[6] Dies setzt jedoch Bedingungen voraus, die den Kontakt zu den instinktiven Kräften, zum eigenen schöpferischen Potential zulassen, der Gebärenden Eigeninitiative gewähren und sie gleichzeitig durch menschliche Begleitung unterstützen. So entsteht ein Raum von Sicherheit, Geborgenheit und Vertrauen. Jede Geburt kann deshalb der gebärenden Frau – und oft auch ihrem Partner – die Chance geben, über sich hinaus zu wachsen, über ihre bisherigen Grenzen zu gehen, obwohl sie auch wiederum ihre ganze Lebenserfahrung – mit ihren Beschränkungen und ihrem Potential – in die

Geburt mit einbringt. Dies ist das Paradox, aus dem Frauen ihre eigene Geburt formen, wenn der ganze ›Geburtskörper‹ eine die Möglichkeiten dieser Frau unterstützender ist.

Meine Kollegin Ruth hat meine Gedankengänge ergänzt und ihre eigene Geburtserfahrung auf dieses Paradox bezogen folgendermaßen ausgedrückt: »Ich habe damals Ende der Siebzigerjahre nicht gewußt, daß ich mich während der Geburtsarbeit hätte bewegen und herumgehen können, obwohl ich das Bedürfnis dazu verspürt habe. Hätte ich es getan, wäre der Blutdruck nicht so stark angestiegen. Andererseits waren Bluthochdruck, Herzflattern, Nichtmehratmenkönnen ein typisches Muster für mich in Streßsituationen, dem ich erst in den letzten Jahren durch Atemachtsamkeit und durch Bewegung und Gehen zu begegnen lernte. Mit dem Valium, das mir die Hebamme nach einer Stunde heftiger und gut eröffnender Wehen gab, sanken die Herztöne des Kindes wieder auf seinen normalen Rhythmus, und ich ›tauchte‹ für die nächsten drei Stunden, aber setzte mich nun endlich, meinem Instinkt folgend, in den Schneidersitz. Das war gut. Die kindlichen Herztöne blieben konstant. Kurz vor der ersten Preßwehe wollte ich aus der Wirkung des Medikaments ›auftauchen‹, und mit dem Preßdrang gelang das, denn er war gewaltig. Drei weitere Preßwehen folgten, ich blieb wach, der Rücken schien auseinanderzubrechen, ich arbeitete schon aus reinem Selbsterhaltungstrieb mit. Es dauerte eine Viertelstunde. Und dann war es plötzlich ruhig und friedlich, wie nach einem großen Sturm, ich war hellwach, und die Zeit stand still in Glück und Staunen. – Also: ich brachte mein ganzes damaliges Vermögen und Unvermögen ein, das Valium war unter diesen Umständen die Rettung gewesen, außerdem kannte ich mich selbst weit weniger als heute, hatte ein anderes Verhältnis zu meinem Körper und zur Sexualität und wußte nicht, wie Wehen sind und wie ich in einen Schmerz bis zu einem gewissen Grad ›hineinatmen-lassen‹ kann. Ich wußte eigentlich gar nicht, wie eine Geburt geschieht und sich gestaltet. Aber es war auch mein Verdienst gewesen und dasjenige meiner Helferinnen, den richtigen Zeitpunkt abwarten zu können, obwohl dieser erst zehn Tage nach dem errechneten Termin kam. Erst da war die Zeit reif gewesen für eine komplikationslose und recht schnelle Geburt. Eine ›bewußte‹ Geburt hätte ich damals sicher nicht gestalten können. Ich spüre auch Eifersucht auf eine bewußt mitgestaltete Geburt, auf das ganze Mitgehenkönnen mit dieser instinktiven Vernunft, von der ich denke, daß sie das größte Vermögen ist. Manchmal lese oder höre ich Geburtsberichte, die mich traurig machen, weil ich nicht reifer

gewesen war bei meiner eigenen Geburt. Es ist beides: Stolz und
Freude, daß ich auf einer unbewußten und vielleicht instinktiven Ebene
so gut und mit soviel Glück geboren habe und Traurigkeit, Enttäuschung, daß mir nicht mehr bewußtes Mitgehenkönnen möglich gewesen war.«

Das jeweilige Geburtsangebot, die je eigenen Möglichkeiten als Frau
zum Zeitpunkt der Geburt und der schicksalhafte Aspekt wirken in
besonderer Weise zusammen, lassen jede Geburt zu gerade *dieser*
Geburt werden.

Eine persönliche Gestaltung von Schwangerschaft und Geburt

Frauen sprechen häufig davon, wie vielen verschiedenen Erfahrungen
und Veränderungen sie im körperlichen Bereich ausgesetzt sind. Auch
diese Veränderungen lassen sich mit unserem Babuschka-Prinzip darstellen:

Jedes Mädchen tritt mit der Menarche in einen Monatszyklus ein, in
dem sich der eigene physische Körper nach einem beständigen Rhythmus immer wieder verändert. Diese rhythmische Gestalt und Gestaltung des Erlebens von Blutung zu Blutung möchte ich jetzt als den
›Menstruationskörper‹ bezeichnen. Er ist bis zum Klimakterium eine
Ebene der weiblichen Gestalt. Der Menstruationskörper gehört jedoch
dem übergreifenden Fruchtbarkeitskörper an, der durch die generative
Potenz der Frau gegeben ist. So geht der Menstruationskörper nach der
Zeugung in den Schwangerschaftskörper über, reift sich zum Geburtskörper aus und führt zum mütterlichen Stillkörper im weitesten Sinn.

Es mag befremdlich klingen, die rhythmische Gestalt des weiblichen
Lebenszusammenhangs auf diese Weise auszudrücken, doch ich
möchte damit deutlich machen, daß wir mit unserem Fruchtbarkeits-
zyklus in ein Kontinuum verschiedenster Erfahrungen einbezogen
sind, die ihre je eigene Dynamik haben. Wir können diese Veränderungen, diese verschiedenen ›Körper‹, die wir sind, zunächst als eine
biologische Gesetzmäßigkeit auffassen. Aber auch hier gilt, daß wir
nicht nur Geformte, sondern auch Formende sind, also diese biologische Ebene auch gestalten – bewußt und unbewußt. Es ist zunächst
die Sozietät, die als organisierende Kraft in Erscheinung tritt und uns
vorgibt, welche Form wir diesem genetischen Programm zu verleihen
haben.

Eine Frau, die erst vor kurzem schwanger geworden war, äußerte: »Ich fühle mich so ausgeliefert an meinen Körper. Er ist einfach schwanger geworden – ohne mein Zutun.« Dies ist die Stimme unzähliger Frauen aus Jahrhunderten, die eine Schwangerschaft nach der anderen ›erduldet‹ haben. »Was willst du«, sagte mir eine alte Frau, »zu meiner Zeit war es einfach so. Man wurde schwanger, zog die Kinder groß. Allen im Dorf ging es gleich. Ich erinnere mich vor allem an Geburten und Beerdigungen. Dazwischen lag das Leben, das nach bestimmten Regeln gelebt wurde. Ob wir uns freuten, danach hat niemand gefragt. Es war uninteressant. Wir brauchten alle Kräfte zum Überleben.«

Diese Frau brachte für mich eine bis in unser Jahrhundert bestehende Haltung zum Ausdruck: Die bestimmende und formende Kraft im Leben der Menschen war die Gesellschaft. In diesem Sinn verkörperten Frauen auch ihre Beziehung zum Körper, zur biologischen Dynamik auf eine allen gemeinsame Weise. Daraus resultierte die Fraglosigkeit, welche diese alte Frau zum Ausdruck brachte: »Keiner von uns wäre es je eingefallen, über Menstruation zu reden oder sich zu fragen, ob sie Kinder haben wolle, wie heutige Frauen es tun.« Und wir erkennen unschwer in der Äußerung der jungen Frau über ihr Ausgeliefertsein an ihre Schwangerschaft eine überkommene Haltung, nun aber nicht mehr einfach hingenommen, sondern in Trotz und Auflehnung beantwortet.

Eine andere Frau erzählte: »Seit ich schwanger bin, habe ich die Tendenz, mich zu verkriechen, im Haus zu bleiben. Ich gehe nie mehr aus – und ich weiß überhaupt nicht, warum. Eigentlich finde ich das gar nicht gut. Nur nützt mir dies eben nichts.« Schließlich stellte sich heraus, daß sie in Griechenland groß geworden war. »Ja, es stimmt, da blieben die schwangeren Frauen im Haus. Es schickte sich nicht, wenn sie hinaus gingen... Erstaunlich, daß ich mich jetzt verhalte wie diese Frauen. Nie hätte ich das erwartet.« Dieses Beispiel zeigt eindrücklich, wie wir uns schon als Kinder die gesellschaftliche Form einverleiben, wie wir Schwangerschaft und Geburt zu begegnen haben. Jede Kultur hat ihre eigenen Formen, mit denen Frauen diesen Prozeß gestalten, welche Rolle dabei der Mann spielt, und wie die Gesellschaft einer Schwangeren begegnet.

In unserer westlichen Gesellschaft haben sich nicht nur diese sozialen Formen in der letzten Zeit sehr verändert, es ist vielmehr eine weitere Gestaltungsebene hinzugekommen. Auch wenn Frauen schon immer ihre Schwangerschaft oder Geburt unterschiedlich erleben mochten, so konnten sie ihre Individualität dennoch nicht geltend machen, ihr keine formende Kraft über den gesellschaftlichen Rahmen hinaus verleihen. Langsam hat jedoch die Gesellschaft in unserem Jahrhundert ihre allgemein verbindliche Formkraft eingebüßt. Dadurch verschiebt sich die formbildende Aufgabe auf die individuelle Ebene und muß von den einzelnen Menschen selbst als persönliche Gestaltung geleistet werden. So hat sich also eine ganz neue formative Ebene – die persönliche – herausgebildet.

In diesem Zusammenhang sind heute Frauen auch zunehmend bestrebt, Schwangerschaft und Geburt – sowie die übrigen Bereiche des Lebens – auf ihre eigene Weise zu gestalten. »Ich möchte meine Schwangerschaft auch genießen können«, meinte eine junge Frau, »ich möchte entdecken, was sie für *mich* sein kann, ohne mir erzählen zu lassen, was sie für mich bedeuten soll. Ich will das alles selbst entscheiden. Weder will ich mich ausgeliefert fühlen wie meine Mutter noch mich technologisch verwalten lassen.« Diese Frau war fest entschlossen, ihrer persönlichen Gestaltung das Hauptgewicht zu geben und nicht die Geburt der Gesellschaft zu leben. Doch umgekehrt sagte mir eine andere Frau verzweifelt: »Nun muß ich entscheiden, ob ich ein Kind will oder nicht. Ich finde das nicht nur schön. Es gibt einen Verantwortungsdruck, den meine Mutter, meine Großmütter noch nicht hatten. ›Du hast es ja gewollt‹, wird es heißen, und wenn ich dann Schwierigkeiten habe? Weiß ich denn überhaupt, was ich da entscheide? Weiß es mein Mann, dem ›beides recht‹ ist? Und wenn ich dann entschieden habe, wer garantiert mir, daß mich nicht das Leben meiner Mutter einholt? Daß ich als moderne Frau entschieden habe, um doch wieder traditionelle Muster zu verkörpern? Werde ich dann nicht noch einsamer sein als die Frauen früherer Generationen?« Dieser Konflikt ist wohl heute weiter verbreitet, als wir annehmen und zur Sprache bringen. Eine persönliche Form ist nicht mit einem Entschluß allein gefunden, sondern läßt sich nur im inneren Dialog mit der biologischen und sozialen Ebene herauskristallisieren. Wir können heute weder von unserer Biologie gelebt werden noch nur das Leben unserer Gesellschaft leben. Die Aussage: »Ich bin einfach an meine Schwangerschaft ausgeliefert«, beinhaltet bereits ein einverleibtes gesellschaftliches Muster und nicht eine biologische Tatsache.

Wir können die biologische, soziale und persönliche Ebene auch als Körper bezeichnen, die wir *gleichzeitig* als verschiedene, in einem Dialog befindliche Babuschkas in uns tragen.[7]

Der Dialog zwischen den werdenden Eltern

Zum geschilderten Babuschka-Dialog gehören jedoch nicht nur die Erlebensweise der werdenden Mutter und ihre Verbindung mit dem ungeborenen Kind, sondern auch der Dialog mit dem Vater des Kindes und sein Dialog mit dem Kind. Alle drei zusammen bilden eine wichtige, umfassende Schicht des Schwangerschafts- und Geburtskörpers, der sich auf diese Weise allmählich zum Familienkörper formt. Viele Männer wünschen sich Kinder, sind stolz auf die eigene schwangere Frau, freuen sich auf die Geburt, andere empfinden unerklärliche Ängste oder werden von Neidgefühlen, von heftigen Aggressionen gepackt, möchten eigentlich gar kein Kind oder haben mindestens zum ungeborenen Kind keine direkte Beziehung. Die Geschichte des werdenden Vaters, seines persönlichen ›Schwangerschaftskörpers‹ ist noch nicht geschrieben. Ich kann hier nur einige Aspekte andeuten. Ein Mann drückte aus, was ich auch von anderen Männern weiß: »Ich fühlte mich auch irgendwie schwanger, wurde dicker, bekam einen richtigen Bauch, der nach der Geburt wieder verschwand. Eigentlich war ich erstaunt, daß man mir ›meine‹ Schwangerschaft nicht ansah. Doch wagte ich es nicht, anderen Männern von meinem intensiven, auch körperlichen Erleben zu erzählen. Es war ein kostbares und liebevolles Geheimnis zwischen mir und meiner Frau…« Die Veränderung, die die eigene Frau in der Schwangerschaft erlebt, kann zu mehr Nähe, zu neuen Formen von Intimität und Erotik führen, kann beide Partner tiefer miteinander verbinden, während sie gemeinsam auf ihre Elternschaft zuwachsen. Ich erinnere mich selbst an viele innige Augenblicke mit meinem Partner während der ersten Schwangerschaft, als alles noch so neu war und eine Art von Verbundenheit Gestalt annahm, die mit keiner anderen zu vergleichen war. Es ist eine Zweisamkeit, die durch die noch unbekannte und immer deutlicher werdende Gegenwart des ungeborenen Kindes ins Leben gerufen wird. Es ist eine Art ›dreisame Zweisamkeit‹, die oft bisher nicht zu ahnende Facetten einer Beziehung zutage treten läßt. So mag eine Verbindung entstehen, die nicht nur das Elternsein nach der Geburt nährt und ihm einen liebevollen Boden gibt, sondern auch die Partnerschaft selber stärkt. Ein befreundeter Mann sagte mir im Gespräch: »Die gemeinsame Erfahrung von Schwangerschaft und Geburt hat uns ganz tief verbunden. Es geht nicht um mehr Liebe, sondern um eine andere Dimension von Liebe. Es ist eine ›erzeugende‹ Liebe, eine, die Neues aus sich werden läßt.« Ein anderer Mann sagte mir, er sei mit dem

Körper seiner Frau erst durch die ganz nahen und elementaren Erfahrungen vertraut geworden und habe sie langsam verstehen gelernt. »Ich bin ihr näher gekommen und habe gleichzeitig gespürt, wo mein Erleben ein ganz anderes ist. Vertrautheit *und* Fremdsein wurden mir selbstverständlicher, und ich verlor die Angst davor, anders zu sein als sie.«

Dieses intensive Sich-Hineinbegeben in unbekannte Dimensionen wirkt verändernd auch auf den Mann, bedeutet Wandlung in der Beziehung. Dafür reicht jedoch das Aufnehmen des Neuen und damit Aufregenden allein nicht aus. Dies hat mir ein junger Vater nochmals deutlich werden lassen, als er seine Geschichte erzählte: »Als meine Frau schwanger wurde, freute ich mich riesig, denn wir hatten uns beide innig ein Kind gewünscht. Ich fand den Körper meiner Frau schön und attraktiv, nahm all seine Veränderungen auf. Das Kind selbst blieb jedoch immer sehr abstrakt für mich, obwohl ich seine Bewegungen spüren konnte. Im siebten Monat starb es. Ich war wohl traurig, weil eine schöne Perspektive ihr jähes Ende fand. Doch um das Kind selbst konnte ich nicht trauern, denn es existierte ja gar nicht wirklich für mich. Dieses unterschiedliche Erleben hat meine Frau und mich für lange schmerzlich getrennt, bis ich begriff, wie es ihr zumute war und sie annehmen konnte, daß ich als Mann nicht diese enge Beziehung zu einem ungeborenen Kind haben kann. Die Unterschiede im Erleben trennten uns noch immer, aber sie zu akzeptieren, brachte uns einander näher und machte uns reifer. Erst jetzt wurde mir auch klar, daß ich während der Schwangerschaft ein nur Genießender gewesen war, sie als neues und attraktives Erlebnis aufgenommen hatte. Das war der Teil von Unverständnis und Weigerung dem Tod unseres Kindes gegenüber, der mit mir zu tun hatte. Ich wollte nichts davon wissen, daß uns gerade mit einem Kind auch unsere Sterblichkeit berühren könnte. Nach vielen Gesprächen fanden wir eine Form von Zusammengehörigkeit, die etwas schicksalhaft Verbindendes bekam…. jetzt ist meine Frau wieder schwanger, und ich lerne, Vater dieses Kindes zu werden. Die Tragfähigkeit unserer Beziehung als Paar hilft mir dabei. Langsam wagen wir auch wieder, die freudigen und verspielten Seiten zu leben…«

Was zu verbinden vermag, kann auch trennen, doch selbst das Trennende läßt vielleicht eine neue Verbundenheit entstehen, wenn es nicht stumm zwischen beiden stehen bleibt. Jedes Paar kann heute nur auf seine Weise den gemeinsamen Schwangerschaftskörper formen. Das ist für Männer oft schwierig, weil sie als Angehörige

unserer Gesellschaft die männliche Beziehungslosigkeit dem Geburtsbereich gegenüber meist noch von ihrer Vatergeneration mitbekommen haben und gleichzeitig mit den modernen Mustern des Konsums
von Neuem und Aufregendem konfrontiert sind. Erst die Auseinandersetzung mit diesen einverleibten Gesellschaftsmustern eröffnet die
Chance, eine persönliche Ebene auch in der Beziehung zu finden
– wie der Mann im letzten Beispiel. Häufig gelingt das nur als
langer – oft schmerzlicher – innerer und gemeinschaftlicher Prozeß
der Partner im Lauf der Familienbildung. So begann ein Mann, der
Vater von zwei Kindern war, erst während der dritten Schwangerschaft zu begreifen, daß es auch auf ihn als Vater ankomme. »Ich
war der Auffassung, daß Erziehung die Sache der Frau sei, wie ich
es in meiner Familie gelernt habe. Dies hieß: Familie ist Verantwortung und Bereich der Frau. Ich fühlte mich auch weder gefragt
noch willkommen, aber auch nicht zuständig. Dadurch hatten meine
Frau und ich auch sehr wenig Gemeinsames.« Nun aber war seine
Frau mit dem dritten Kind schwanger und lag seit über einem Monat
im Spital, weil sie Gefahr lief, das Kind zu verlieren. Es ging zunächst
darum, daß er sich die Aufgabe als Vater zutrauen lernte und die
Kinder Vertrauen in ihn gewannen. Doch war dies nur eine Ebene.
Die Frau, die mit ihrem Mann im Einverständnis über die Zustän-
digkeiten gelebt hatte, nahm sich erstmals als Hilfsbedürftige wahr.
Dies anzunehmen, brauchte einige Gespräche mit ihr in der Klinik.
Sie hatte gelernt, »daß Frauen es allein machen müssen« und nahm
jetzt ganz andere Fähigkeiten an ihrem Mann wahr. »Ich habe ihm
auch keine Chance gegeben, Vater zu werden«, sagte sie einmal
nachdenklich. Die Gefährdung des Kindes in der .dritten Schwangerschaft führte beide durch die gemeinsame Sorge zueinander. »Ich
spüre, daß Lisa meine Unterstützung wirklich braucht«, sagte der
Mann zu mir, »und dies macht mich auch stark.« Lisa hingegen
lernte, um Hilfe zu bitten und diese Hilfe auch anzunehmen. Durch
sein eigenes Eingefordertsein erkannte und anerkannte der Mann
auch, was Lisa bisher stillschweigend geleistet hatte. Kurz vor der
Geburt sagte er zu mir: »Es ist, als ob wir unser erstes *gemeinsames*
Kind hätten. Ich bin nicht nur an seiner Zeugung, sondern auch an
seinem Werden beteiligt.« So war auch die Geburt ein tiefes gemeinschaftliches Erleben.
Oft geben Frauen schnell auf, wenn sich während der ersten Schwangerschaft keine gemeinsame Fürsorge entwickelt und fallen enttäuscht in alte Muster zurück. Doch Männer haben meist kein Modell,

keine Perspektive, wie sie zu Vätern werden oder ihre Partnerschaft schon während der Schwangerschaft gestalten können. Sie haben keine Sprache für ihr eigenes Erleben und kaum eine Legitimation für ihre Gefühle. Ein junger Vater drückte dies so aus: »Mein Vater war ein sehr warmherziger Mann, fast möchte ich sagen, ein ›mütterlicher Vater‹. Doch hat er das nur wenig gelebt, seine Kollegen haben gespottet, und meine Mutter hat seine Beziehung zu uns als Einmischung erlebt. Ich bin froh, daß diese Grenzen nicht mehr so eng sind. Ich habe das Gefühl, ein ›väterlicher Vater‹ werden zu dürfen, ohne daß ›väterlich‹ nur die alte Bedeutung hat. Ich weiß zwar, daß dies heute ein Narren-Freiraum für Männer ist. Aber ich nehme ihn mir.«

Heutige Paare haben oft auch keine Modelle zur Verfügung, wie sie *gemeinsam* Eltern werden können, müssen ihre eigenen Wege finden und sich dabei mit ihrer Geschichte *und* mit den herrschenden Trends unserer Gesellschaft auseinandersetzen. Das bedeutet, daß der Dialog zwischen der biologischen, sozialen und persönlichen Ebene in bezug auf Schwangerschaft, Geburt und den werdenden Familienkörper nicht nur von der Frau oder dem Mann, sondern auch von beiden geführt werden muß. Dabei spielt die Auseinandersetzung mit der einverleibten Geschichte, die beide mitbringen, eine wichtige Rolle. Dazu möchte ich ein etwas ausführlicheres Beispiel geben:

Eine junge schwangere Frau kam ganz verzweifelt zu mir: Ihr Freund wolle nichts mehr von ihr wissen, die Schwangerschaft gehe ihn nichts an. Sie kenne ihn nicht mehr, denn bisher sei er nie so gewesen. Als der Mann zu mir kam, stellte sich folgendes heraus: Er war das älteste Kind einer zahlreichen Familie gewesen. Seine Mutter hatte kurz hintereinander weitere Kinder bekommen. Die Mutter war eigentlich eine offene, körperbetonte Frau gewesen. Sie hatte ihren Ältesten und später auch die andern Kinder ins Geschehen einbezogen. Er durfte den schwangeren Bauch seiner Mutter berühren. »Beim ersten Mal – da war ich drei Jahre alt – fand ich das wunderbar. Doch dann war mein Bruder da, und die Mutter hatte kaum noch Zeit für mich. Vater war damals beruflich die ganze Woche abwesend. Als meine Mutter ein halbes Jahr später wieder schwanger war, beschloß ich, den dicker werdenden Bauch meiner Mutter zu ignorieren. Ich tat, als interessiere ich mich überhaupt nicht dafür. Und das blieb so. Ich schaffte es, die folgenden Schwangerschaften zu übersehen. Sie gingen mich einfach nichts an. Alle schüttelten den Kopf über mich.« Wie der junge Mann so vor mir saß, sah ich Wut und Trauer in seinem Gesicht. Als er sie auszudrücken begann, war es die Wut des entthronten ältesten Kindes, dessen Mutter immer mit den Kleinen beschäftigt war, während der Vater der nie erreichte Abwesende blieb.

Er hatte diesen kleinen, alles ignorierenden Jungen auch seiner schwangeren Frau gegenüber verkörpert. Sie aber spürte in sich die eigene verzweifelte Mutter, die während der Schwangerschaft von ihrem Mann verlassen worden war und identifizierte sich mit dem ungeborenen Kind, das wieder keinen Vater haben würde. In einer gemeinsamen Sitzung ließ ich den Mann den kleinen trotzig-gleichgültigen Jungen und die Frau das alleingelassene Mädchen verkörpern, das sich selbst das Desinteresse seines Vaters anlastete. Der Mann zog sich zusammen, die Frau sank in sich zusammen. Er blickte weg, während sie sich ihm flehend zuwandte. Die zugehörige Botschaft war von seiner Seite: »Laß mich in Ruhe«, von ihrer Seite: »Was hab' ich dir getan?« Er war für sie der abwesende Vater, der sich nie um sie gekümmert hatte, sie für ihn die Mutter, die keine Zeit mehr für ihn gehabt hatte. Als beide ihre Körperhaltung ein bißchen aufgelöst hatten, konnten sie einander anschauen. Da geschah etwas Unerwartetes: Sie lächelten einander zu wie zwei scheue Kinder, blickten sich lange an und hielten sich an den Händen. Sie spürten das Gemeinsame ihrer Kindernöte. Sie nahmen ihre Kinder-Verbindung wahr: »Wir haben uns beide allein gelassen gefühlt. Das hat uns bisher getrennt. Wir sahen jeweils im andern den Elternteil, mit dem wir diese Erfahrung gemacht haben. Aber wir könnten uns auch zusammentun wie Hänsel und Gretel.« So äußerte sich der Mann und die Frau nickte. Bisher waren sie vor allem zwei Jugendliche gewesen, die erstmals ihre Unbeschwertheit leben konnten. Der Mann hatte seine Ältesten-Verantwortung dadurch abgegeben, daß er in eine andere Stadt gezogen war, während die Mutter der Frau einen neuen Partner gefunden hatte. »Wir haben lauter Verrücktheiten miteinander gemacht«, sagte die Frau lachend, »bis ich unerwartet schwanger wurde.« Für die Frau war es undenkbar gewesen, einen Schwangerschaftsabbruch vorzunehmen, »meine Mutter hat auch den Mut gehabt, mich zur Welt zu bringen, sonst gäbe es mich gar nicht. Da kann ich mich doch nicht gegen ein Kind entscheiden.« Damals, in unserer ersten Stunde, als sie dies geäußert hatte, war eine starke, entschlossene Frau zum Vorschein gekommen, mitten aus der Verzweiflung heraus, in der sie sich befand. Da wurde die eigene mutige Mutter sichtbar, nicht nur die bittere, verlassene, obwohl auch diese präsent war.

Eine erste Verbindung war also auf der Kinderebene geschaffen. Doch wie würden die beiden mit dem ungeborenen Kind den Schwangerschaftskörper formen können? Als die Frau ihre eigene Mutter verkörperte, riß sie sich zusammen und als sie dieses Muster weiter verstärkte, sagte sie: »Ich mache es schon! Ich kann es auch allein, das stehe ich schon durch.« Als sie dieses Muster wieder auflöste, kamen Trauer und Schmerz zum Vorschein: »Nun ist mein Leben gelaufen.« Der Mann hingegen war ratlos. Es zeigte sich, daß es eine Ähnlichkeit zwischen dem Jungen und seinem Vater gab: die Abwesenheit. Der zugehörige Satz war: »Das ist nicht meine Sache.« Dazu meinte der Mann: »So passen wir ja bestens zusammen.« Das war bitter und ergab jene Möglichkeit, die sich aus der Verflechtung der einverleibten Erfahrung beider als gemeinsames Muster ergeben hätte.

Der Mann machte sich nun auf die Suche nach seinem verpaßten Vater, sprach mit ihm auch direkt über die Erfahrungen in seiner Kindheit. Der Vater war ein Bauernsohn gewesen, hatte seinen eigenen Vater als stark und gütig erfahren, hatte ihn bei der Arbeit erlebt und wäre am liebsten Bauer oder Schreiner geworden. Doch den Hof erbte der älteste Sohn, und er selbst besuchte auf Wunsch des Vaters eine Handelsschule, wurde Kaufmann. »Ich war eigentlich nie glücklich in meinem Beruf, aber ich wollte für euch eine gute Lebensgrundlage schaffen. Ich war ja immer fort, meinte, das müsse halt so sein und ihr hättet es gut mit der Mutter. Und dann hatte ich das Gefühl, in der Familie ein Fremdling zu sein. Das Vorbild meines Vaters war für mich unerreichbar geworden. Nur sah ich, daß es den andern Männern um mich herum ebenso ging.« So erzählte der Vater seinem Sohn. Erst jetzt, seit die Kinder groß seien, könne er wenigstens im Garten arbeiten und handwerkern. Die Gespräche mit dem Vater brachten neue Dimensionen zum Vorschein. Da war zunächst die verpaßte Beziehung zum Vater, da waren Kinderschmerz und Kinderwut. Und doch entstand erstmals eine Nähe zum Vater. Und auch der Großvater tauchte in der Erinnerung wieder auf mit den Jungen-Erlebnissen auf dem Hof in den Ferien, von denen er zu Hause nie hatte erzählen dürfen, weil der Vater stets unwillig davonlief. Er wußte jetzt auch, weshalb er das tat. Diesen Großvater mit seiner ruhigen, sicheren Art, den er nun ahnungsweise auch in seinem Vater zu entdecken begann, fand er ganz langsam auch in sich selber wieder.

Als seine schwangere Freundin ihr ›Ich-muß-es-halt-allein-Durchstehen‹-Muster aufzulösen begann und ihrer Hilflosigkeit begegnete, bat ich sie, sich langsam ein wenig aufzurichten, bis sie zum Ausdruck bringen konnte: »Bitte hilf mir, ich brauche deine Unterstützung.« Was das Paar auf der Kinderebene erlebt hatte, ließ sich allmählich auf die Erwachsenenebene übertragen: ein gemeinsames Unterwegssein und eine beginnende gemeinsame Verantwortung, die sich auf das nahende Leben zu dritt bezog. Die Frau begann sich auf das Kind zu freuen, nahm es in sich deutlicher wahr, und der Mann machte seine ersten Versuche, mit dem Kind in Kontakt zu kommen.

Die Ebene des gemeinsamen Schwangerschaftskörpers der Eltern begann sich allmählich neu zu formen. Doch im Laufe der Therapie hatte noch ein weiteres Thema Gestalt angenommen: der gesellschaftliche Hintergrund, der die Beziehung dieses Paares mitgeformt hatte. Sowohl die Frau wie der Mann hatten ihren Vater als Abwesenden erlebt. Beide Mütter waren – mit unterschiedlicher Intensität – überfordert gewesen. Die gesellschaftliche Entlassung des Vaters aus der familiären Verantwortung sowie die Halbierung des Lebens mit ihrer Rollenzuweisung hatten die einverleibten Erfahrungen des Paares mitgeformt. Als es der Frau gelang, Unterstützung zu fordern und anzunehmen, geschah dies nicht mehr aus der Haltung des Opfers heraus. »Ich habe mich zuerst so ausgeliefert gefühlt, dachte, mein Freund habe mich nun völlig in der Hand, könne gewähren oder verweigern. Jetzt spüre ich, daß ich ein Recht auf Hilfe und Unterstützung habe, ohne verbittert kämpfen zu müssen. Und doch bleibt auch meine Mutter mit ihrem Notstands-Muster. Diese Erfahrung kann ich nicht vergessen. Sie bleibt eine Realität und nicht nur meine persönliche allein.« Für den Mann war es wieder anders. »Ich spüre meinen Vater und meinen Großvater mehr in meinem Rücken, und doch fühle ich mich oft auch ratlos. Ich spüre zwar eine neue, erwachsene Nähe zu meiner Freundin, aber das Ganze ist noch Neuland für mich.«

Eine gemeinsame Vorbereitung ist nicht möglich, wenn eine schwangere Frau keinen Partner hat. Trotzdem gilt, daß der leibliche Vater Teil des Schwangerschafts- und Geburtskörpers ist. Auch wenn er nicht präsent ist, ist er als ein Abwesender gegenwärtig. Der Dialog zwischen der schwangeren Frau und dem Mann mag ein schmerzlicher, ein verletzender sein oder nur als innere Auseinandersetzung stattfinden. Viele dieser Schwangerschaften mögen unerwartete sein, ohne eine partnerschaftliche Verbindung. Vielleicht hat eine Freundschaft eben begonnen, ist sehr locker, das Engagement von beiden Seiten ungleich. Die eine Frau mag noch sehr jung sein, ohne selbständige Existenz, eine andere erwartet vielleicht spät noch ein Kind… Der eine Mann zieht sich erschreckt aus der Beziehung zurück, will vielleicht eine Abtreibung forcieren, ein anderer erlebt schmerzlich, daß irgendwo ein Kind von ihm wächst, zu dem er keinen Zugang haben kann… Wie der Vater in das Leben des Kindes einbezogen sein wird, zeigt sich oft erst, wenn das Kind auf der Welt ist. Für die werdende Mutter entfällt jedoch die Unterstützung, die Teilnahme an ihrem Erleben, das gemeinsame Bezogensein auf das wachsende Kind. Der Vater hingegen verpaßt – ob gewollt oder ungewollt – die Anfänge einer Beziehung zu seinem Kind.

Zwar läßt sich das Fehlen eines Partners nicht einfach ersetzen, und die Abwesenheit bleibt oft eine mächtige Präsenz. Und doch besteht auch die Möglichkeit, in einem weiteren sozialen Netz wenigstens teilweise aufgehoben zu sein, bei den eigenen Eltern, bei Frauen in einer ähnlichen Lebenssituation, bei befreundeten Menschen. Auch sie können ein aktiver und naher Teil des Schwangerschaftskörpers sein.

An diesem Punkt muß der Horizont nochmals grundsätzlich erweitert werden: Den Schwangerschaftskörper bilden nicht nur Mutter und Kind, nicht nur das Paar mit dem ungeborenen Kind und den bisherigen Kindern. Dazu gehören nicht nur als weiterer Kreis die Herkunftsfamilien, sondern ebenso die Gesellschaft, in der das Paar lebt. Die

Der umfassende Schwangerschaftskörper

Verantwortung für die nächste Generation ist eine ganzheitliche, an der alle beteiligt sind, ob sie nun eigene Kinder haben oder nicht. So sind die Menschen einer Gesellschaft immer schon einbezogen in die formende Dynamik, aus der sich in Schwangerschaft und Geburt der Familienkörper in wechselnden Gestalten bildet.

Der Geburtskörper als menschlicher Beziehungsraum: Gebären in Sicherheit und Geborgenheit

Jede Schwangerschaft ist ein vielschichtiger, unterschiedlich gestalteter Körper und zugleich Übergang und Vorbereitung auf die Geburt. Doch auch die Geburt ist nicht nur eine Erfahrung, sondern ein ›Körper‹, den für Stunden alle an ihr beteiligten Menschen *zusammen* bilden. Insofern ist dieser Geburtskörper etwas Besonderes und Einmaliges, da er oft auch fremde Menschen unmittelbar und existentiell einbezieht. Seinen innersten Kern bildet die gebärende Frau, die dem zur Welt kommenden Kind den Weg bereitet, begleitet von jenen Menschen, die diesen Prozeß unterstützen. Von der umfassenden Gestalt dieses Geburtskörpers, von seinem Werden und seiner Dynamik soll jetzt die Rede sein.

Viele Krankenhausarrangements enthielten früher eine Tendenz zu einem trennenden, unpersönlichen Geburtskörper, der die Frau zur Passivität verurteilte und das Geburtspersonal zu einer Kontroll- und Eingriffsmentalität vereinte. Dem Vater war der Zutritt zur Geburt versagt, und auch als er später mit dabei sein durfte, war ihm nur die Rolle eines Zuschauers zugedacht. Dies ist freilich nur der vorgegebene strukturelle Rahmen, der in Veränderung begriffen ist und dessen Einfluß auf die Geburtsgestaltung nicht unterschätzt werden darf. Der Geburtskörper ist ebenso ein Beziehungskörper, der vom Engagement und der Beziehungsfähigkeit der einzelnen beteiligten Menschen lebt. So erzählen Paare immer wieder von ihrer bewegenden partnerschaftlichen Arbeit, auch während einer schweren Geburt.

Jede Geburt formt ihren eigenen Geburtskörper, der wiederum eine biologisch geprägte, eine soziale und persönliche Ebene hat. Das heute mögliche Spektrum an Gestaltungsmöglichkeiten ist sehr groß. So gebar eine Frau beispielsweise ihr Kind allein auf einer Alp. Ihr Geburtskörper formte sich mit der gewaltigen Natur, die sie umgab, war getragen von der Verbundenheit der gebärenden Frau mit der Kraft der Berge, in der sie ihre eigene Kraft fand. Andere Frauen bringen ihr Kind in der Klinik zur Welt, betreut von Partner, Hebamme und Arzt. Ein Mann erzählte, wie er diesen Geburtskörper erlebt hatte: »Es war vor allem die Unruhe, die mich zunehmend störte. Am Anfang war es ganz nett, mal da, mal dort zu reden, Kontakt aufzunehmen. Doch dann wurden die Wehen immer stärker. Ich empfand das Kommen der Hebamme als Eindringen. Sie schaute nur schnell vorbei und ging wieder. Ich hatte das Bedürfnis, einen magischen Kreis um meine Frau und mich zu ziehen. Lange Zeit gelang es uns, einen Raum zu schaffen, in dem wir uns dem Geschehen ganz hingeben konnten. Dann, gegen Ende, kam die Hebamme hinzu und blieb. Das stärkte den Kreis, nun da meine Frau bereits in den Übergangswehen war. Das Erscheinen des Arztes war ein Einbruch, als bekäme der schützende Kreis einen Riß, der sich nicht mehr ganz schloß… Irgendwann waren wir dann allein mit unserem Kind. Und die Zeit stand still…« Dieser junge Vater hatte ein deutliches Gespür für das Entstehen des Geburtskörpers gehabt, sich darum bemüht, ihm eine schützende Form zu geben.

Wie sich ein Geburtskörper allmählich formt, läßt sich meist sehr eindrücklich bei einer Hausgeburt[8] erleben. Schon Wochen vor der Geburt beginnt das Warten, das eine vor-formende Intensität besitzt, die immer mehr zunimmt, bis der Bescheid kommt: »Jetzt ist es soweit!« Dann treffen meist nacheinander all die Menschen ein, die den Geburtskörper bilden. Es mag noch Raum bleiben zum Kaffeetrinken, zum Plaudern zwischen den Wehen, zum Scherzen. Es ist ein weiter Kreis, der die Beteiligten zusammenhält. Doch dann wird dieser Kreis enger und enger. Wenn Frauen die Wahl haben, ziehen sie sich allmählich in eine geborgene dunkle Ecke zurück, umgeben von den Helfenden, die stützen, halten und ermutigen, vielleicht auch summen oder singen und mitatmen. Der Geburtskörper wird immer kompakter. Das auch nur kurze Weggehen eines Beteiligten wird von der Gebärenden oft als eine körperlich spürbare Lücke empfunden. »Nicht weggehen!« stöhnte meine Freundin Ursula in der Übergangsphase, und auch ich selber wollte alle Menschen nahe um mich haben. Ich sah sie kaum, aber ich spürte körperlich ihre Anwesenheit, ihre Aufmerksamkeit, während ich doch völlig auf den Rhythmus meiner Wehen konzentriert war, bis ich schließlich den Kopf meines Kindes ertasten konnte und es unter den anfeuernden Rufen aller gebar. Noch habe ich die begeisterten freudig-erlösten Stimmen im Ohr, als das Kind da war…

Der Geburtskörper formt sich aus Menschen, welche technischen Mittel auch gebraucht werden. Problematisch wird es dort, wo die Technik die menschliche Hilfe zu ersetzen glaubt. Umgekehrt kann selbst die schwierigste Geburt eine tiefe menschlich unterstützende Qualität haben. Auch ein Kaiserschnitt muß keine negative oder gar traumatische Erfahrung sein. Eine Frau, die ihr Kind mit Kaiserschnitt unter einer Periduralanästhesie gebar, erzählte mir: »Ich war vorbereitet. Mein Mann, der Arzt ist, konnte bei der Geburt dabei sein. Das war mir eine große Hilfe. Ich spürte das Schneiden im Bauch – zwar ohne Schmerzen – und hörte den Arzt sagen: «Jetzt kommt es!» Und daß er dies sagte, ließ den Moment, als das Kind herausgehoben wurde, zu einem wirklichen Geburtserlebnis für mich werden. Ich bin diesem Arzt noch jetzt dankbar für diese Worte. Er hat mir meine Geburt geschenkt.« Mitfühlendes Begleiten kann eine Wende bedeuten, die verborgenen Kräfte einer gebärenden Frau wieder lebendig machen und ihr zu ihrer eigenen Geburt verhelfen – auch wenn medizinische Eingriffe nötig sind.

Alle an einer Geburt beteiligten Menschen machen diese erst zu einem Körper, in dem alle Anwesenden aufeinander bezogen und angewiesen sind. Ganz besonders gilt dies vom – meist unbewußten – leibhaften Dialog zwischen den Partnern. Ein eindrückliches Beispiel erzählte bei einem Geburtskongreß der amerikanische Arzt und Therapeut Lewis Mehl[9], der sich vor allem mit Geburtsvorbereitung und Begleitung befaßt: Er wurde zu einem Paar gerufen, das mitten im Prozeß der zweiten Geburt war. Die vorangehende Geburt war schwierig, ja traumatisch gewesen. Nun hatte sich das Paar entschlossen, zuhause zu gebären – doch die Geburt stockte und drohte in eine ähnlich traumatische Situation zu münden wie beim ersten Mal. »Als ich hereinkam«, erzählte Lewis Mehl, »sah ich sofort, daß der Mann Hilfe brauchte. Er war erstarrt vor Schreck.« Da er ja ein Teil dieses Geburtskörpers war, begann auch dieser zu erstarren. Mehl befaßte sich allein mit dem Mann, machte Atem- und Entspannungsübungen mit ihm, um ihn aus seiner Schreckensstarre herauszuholen. »Als dieser Mann seinen ersten tiefen Atemzug tat und die Luft mit einem Seufzer ausströmen ließ, kam das Kind zur Welt«, erzählte Mehl weiter. – Wir können uns den leibhaften Dialog unter den Gliedern des Geburtskörpers nicht tief und wirksam genug vorstellen – in welchem Geburtsarrangement auch immer.

In jeder Geburt wirken die soziale Form des Geburtsarrangements, die Geburtsperspektiven, die ein Paar für sich entworfen hat, die Verbindung der werdenden Eltern untereinander und zum Kind sowie das von jedem einzelnen abhängige Formen des Geburtskörpers vielfältig zusammen. So erlebte eine Frau, daß ihre Geburt zuhause nach zermürbenden Verzögerungen erst wirklich vorwärts ging, als die Hebamme kurz entschlossen alle Beteiligten wegschickte, die nur als passive Zuschauer da waren. »Mir war, als flösse meine Kraft aus einem Leck einfach von mir weg«, sagte sie, »und erst als ich allein war, spürte ich, daß all die Leute nur von mir gezehrt hatten. Ich war jetzt auf mich selbst angewiesen – es war klar, und ich ergriff die Herausforderung...«

Nicht jeder Geburtskörper vermag dieselbe Qualität zu formen, nicht für jede Geburt braucht eine Frau dieselbe Struktur, dieselbe menschliche Unterstützung, und nicht jede gebärende Frau braucht dieselbe Hilfe. Jeder einzelne bei einer Geburt anwesende Mensch hat als Individuum zudem etwas anderes zu geben. So bleibt die Herausforderung für jede Geburt, einen eigenen, einmaligen Geburtskörper zu bilden. Dies gilt gerade auch für Frauen, die keinen Partner zur Seite haben und um so mehr auf eine menschliche Begleitung angewiesen sind. Eine Frau, die sehr unter der Vorstellung litt, ohne den Mann gebären zu müssen, dem noch immer ihre Liebe galt, zog sich zunehmend auf sich selber zurück. Sie brauchte Ermutigung, sich an ihre beste Freundin zu wenden, die auf ihre Bitte hin die Frau mit Freude ins Krankenhaus begleitete und bei ihr blieb, bis das Kind zur Welt kam. »Es war ein Erlebnis«, sagte die Frau später, »wir sind Freundinnen aus der Kindheit. Sie kennt mich sehr gut, und sie hat mir deshalb gut über alle Schwellen hinweghelfen können, selbst dann, als ich unmittelbar vor der Geburt nicht mehr weiterwollte. Sie hat mich herausgefordert, mit dem letzten Durchhalten eine wichtige innere Schwelle zu überschreiten...« Auch dies ist ein Geburtskörper, ein notwendiger gerade für diese Frau, die sich beinahe in eine tiefe Isolation begeben hätte. Und noch ein weiteres Beispiel: eine junge alleinstehende Frau wagte es, nach langer innerer Auseinandersetzung mit ihr nahestehenden Menschen zu Hause zu gebären. »Diese Geburt hat mir Kraft gegeben, und die Erinnerung an sie begleitet mich auch in schwierigen Augenblicken«, sagte sie rückblickend. – Es braucht oft Mut und den Beistand von Freunden, auch in einer schwierigen Situation einen schützenden und tragenden Geburtskörper bilden zu können.

Die Geburt als Prozeß ist hingeordnet auf den Augenblick, in dem das Kind ›das Licht der Welt‹ erblickt. Die ganze Zeit des Gebärens ist letztlich Vorbereitung. Während der Wehen öffnet die Frau ihren Gebärmuttermund Zentimeter um Zentimeter, bis das Kind in den

Geburtskanal und durch die Vagina nach außen kommt. Auch das Kind erlebt diese mächtige Bewegung: Wände, die auf es eindringen und es vorwärts pressen, wieder weichen und erneut kommen, es massieren, schieben… Dabei ist das Kind nicht passiv, das ist sicher. Für Mutter und Kind ist es ein aufregender Weg – das radikale Öffnen des Innenraumes der gebärenden Frau, das Verlassen einer geschlossenen ›Welt‹ für das Kind durch einen engen, von heftigen Bewegungswellen durchpulsten Tunnel. Die Frau erlebt diese pulsende Bewegung als Wehen, das Kind als Dynamik seiner ›Umgebung‹ und wohl auch als eigenen körperlichen Drang – wie es die Primärtherapie nahelegt.

Und dann ist der letzte – und erste – Augenblick da. Die größte Öffnung des Körpers, das letzte Gedehntwerden im Durchtritt des kindlichen Kopfes. Das Um-stürzende erlebte ich als Teilnehmende, als der zweite Sohn einer Freundin zur Welt kam. Sie hielt ihn auf dem Bauch und sagte nur immer wieder fassungslos: »Ich glaub es ja nicht… nein, ich glaub es nicht…« In ihrem Gesicht war derselbe bestürzt-ekstatische Ausdruck, den ich auf dem ersten Photo von mir gesehen habe und der mich zunächst befremdet hat. Der Ausdruck ›Geburtsschock‹, der oft gebraucht wird, trifft hier nicht. Es ist vielmehr ein Grenzzustand, der ein ekstatisches Element hat.[10] Doch ist das nur *ein* Aspekt. Ich glaube, ich war nie so außer mir und gleichzeitig so bei mir, wie in dem Augenblick, als ich erstmals meine Kinder auf mir spürte und ihr erstes Schniefen hörte. Das Innerliche und Innige der ersten Begegnung gehört ebenso dazu. Ich war nur noch meine Sinne, aber so wach und intensiv, wie vielleicht annähernd in der Liebesbegegnung. All dies hätte ich nach der Geburt nicht in Worte fassen können. Das ist mir erst aus dem zeitlichen Abstand möglich, in dem ich mir die Bedeutung jenes Augenblicks einverleibt habe. Und auch jetzt noch ist es schwierig. Ich sehe auch das weiche Gesicht meiner Freundin mit seinen zerfließenden Konturen vor mir und das anderer Frauen unmittelbar nach der Geburt. Sie drücken denselben Grenzzustand aus, in dem die erste Begegnung mit dem neugeborenen Kind Gestalt annimmt.

Die Phase unmittelbar nach der Geburt ist nichts anderes als die Begegnung zweier Wesen, die sich *beide* in einer Grenzzone befinden[11], in der die bisherigen Muster und Kategorien, in denen wir uns Form und Orientierung geben, oft für Augenblicke entfallen.

Doch nicht nur Mutter und Kind befinden sich in einer Grenzzone – oft ist auch der Vater bis in die tiefsten Schichten in diesen Raum einbezogen. Ein Vater versuchte seine Erfahrung in die folgenden

Worte zu fassen: »Ich wollte bei der Geburt dabei sein, weil es heute dazu gehört und ich mir eine neue Erfahrung versprach. Doch ›etwas erleben‹ war bis jetzt immer zuerst auf mich selbst bezogen – ich konnte mich hinein begeben und wieder distanzieren, hatte es in der Hand. Doch während der Geburt kam ich im wörtlichen Sinn ›auf die Welt‹. Es war eine lange und schmerzhafte Geburt im Geburtshaus, das wir gewählt hatten. Ich bezog mich ein, wie wir es im Vorbereitungskurs gelernt hatten. Doch mit der Zeit wurde ich müde. Alle Glieder taten mir weh vom Halten und Stützen. Eigentlich wollte ich aussteigen, aber das ging nicht. Meine Frau wollte nach Hause, schlafen gehen, war an ihre Grenze gekommen. Ich mußte also einfach durchhalten und sie ermutigen. Mir war, als spüre ich ihre Schmerzen körperlich. Und in den unendlich langen Stunden dämmerte es mir, daß es kein Entrinnen mehr gab, daß ich dabei war, Vater zu werden, und daß dies nicht einfach ein ›Geburtserlebnis‹ war, sondern der Beginn einer Einforderung. Endlich kamen die Preßwehen. Ich saß hinter meiner Frau, hielt sie fest und spürte die Gewalt dieser Wehen, hörte Schreie, die ich nie gehört hatte… Und dann lag plötzlich das Kind auf ihrem Bauch, schmierig und blutig. Wir weinten beide. Mein Körper zitterte – oder war es der meiner Frau? Wir betrachteten unser Kind. Meine Frau begann es zu streicheln, hob es höher zu sich und während die Nabelschnur auspulste, es die ersten Töne von sich gab, begann auch ich es zaghaft zu berühren. Mir war, als habe mich eine gewaltige Kraft hinausgeworfen an ein fremdes Ufer… Da waren wir, drei Neugeborene – meine Frau mit ihrem seltsamen Ausdruck im Gesicht, das Kind, das mit großen Augen blickte und selig zu lächeln schien und ich selbst. Mir war, als schlösse sich ein Raum um uns drei, der pulsierte wie mit Herzschlägen…«

Andere Väter berichteten mir, wie sie ihr neugeborenes Kind hielten, während die Frau nach dem Kaiserschnitt noch in der Narkose lag. »Jedes Detail prägte sich mir tief ein, und später mußte ich meiner Frau alles wieder und wieder erzählen, um ihr den Übergang zu schaffen, den sie selbst nicht erleben konnte.« – Auch das ist ein Geburtskörper, der eine unersetzliche Unterstützung für alle bedeutet.

Die meisten Menschen, die eine Geburt hautnah miterleben, sind von ihrer Intensität, Tiefe, Kraft und auch Zartheit berührt und betroffen. So bilden sie nicht nur den Geburtskörper als Unterstützung für die gebärende Frau, sondern als lebendige soziale Gebärmutter für das Kind, das in diesen Raum hinein geboren wird. Ich möchte diesen Übergang in den poetischen Worten Leboyers wiedergeben:

Vor diesem Augenblick der Geburt, diesem so empfindlichen Moment,
sollten wir die allergrößte Hochachtung haben.
Hier geschieht etwas, das so wenig greifbar ist, wie das Erwachen
am Morgen.
Das Kind ist auf der Schwelle zwischen zwei Welten.
Es zögert.
Um Himmels willen, drängt es nicht.
Laßt es kommen.
Laßt ihm sein eigenes Tempo. seinen Rhythmus, seine Zeit.
(…)
Schau, wie die Wellen es ans Ufer tragen,
Woge für Woge kommt
und schiebt es noch ein wenig höher an Land.
(…)
Es verläßt die Ewigkeit
und springt in die Zeitlichkeit:
Das Kind hat begonnen zu atmen.[12]

Der Geburtskörper bildet einen lebendigen Organismus mit der gebärenden Frau zusammen und ist gleichzeitig ein Raum, in dem sie selber
drin ist, »wie in einer großen Gebärmutter«, sagte mir eine junge Frau.
Auch für das zur Welt kommende Kind ist er die erste menschliche
Gebärmutter, die es in seinem Übergang zu uns unterstützt.

Der Geburtskörper

5. Der ›Familienkörper‹ entsteht

Nach einer langen Vorbereitungszeit wird mit dem Kind die Familie geboren – oder umgestaltet, wenn bereits Kinder da sind. Frau und Mann werden zu Eltern oder zu Eltern eines neuen Kindes. Eine weitere Generation tritt in Erscheinung, eine andere Lebensperspektive entsteht. Eine junge Mutter sagte rückblickend:»Mein Mann saß in meinem Rücken und stützte mich. Auf meinem Bauch lag unsere neugeborene Tochter. Heute ist mir das ein wichtiges Bild unserer Situation. Vorher waren wir ausschließlich aufeinander bezogen. Jetzt habe ich meinen Mann im Rücken – so ganz konkret –, um mein Kind zu halten. Nie habe ich ihn bisher im Rücken gespürt, ihn als Rückgrat für mich, für unsere Familie gebraucht. Doch nun stärken wir uns auch gegenseitig, sind einander Rückgrat, um unserer Aufgabe gewachsen zu sein. Es ist, als seien wir gemeinsam eine Art Wiege für unsere Tochter.«

Die neugeborene Familie

Ein Vater sagte nach der Geburt seines zweiten Kindes:»Auf unserem großen Bett lagen die zweijährige Tochter und der neugeborene Sohn schlafend nebeneinander. Ich schaute sie an und spürte, was für ein Reichtum es ist, diese zwei Kinder zu haben. Und gleichzeitig hatte ich den Eindruck, als würde ich schwerer, als würde das spezifische Gewicht unserer Familie größer... Aber da war noch etwas. Diese zwei Kinder fielen mehr ins Gewicht uns gegenüber. Ich ahnte, daß wir nicht mehr so beweglich sein würden: die Kinder hatten auch uns Eltern gegenüber mehr Gewicht. Sie waren zu zweit.«
Und zur veränderten Lebensperspektive meinte eine Mutter:»Was immer wir planen mögen – für die nächsten zwanzig Jahre wird unser

Sohn da sein, wird unser Leben mitbestimmen – nicht nur wir das seine. Wir können von ihm nicht absehen, das ist gewiß. Doch was dies konkret heißen mag, das wissen wir noch nicht.« Die Geburt ist das Ende des vorbereitenden Schwangerschaftskörpers, ist der Anfang einer Familie und damit auch der Beginn eines langen Gestaltungs- und Lernprozesses für Eltern und Kinder.

Die Mutter-Kind-Verbindung

Frauen sagen von sich manchmal, daß sie nicht nur ihr Kind geboren haben, sondern auch selber als Mutter geboren worden sind. Diese ›Geburt‹ ist verbunden mit dem reichen Spektrum an Körpererfahrungen und den tiefgehenden Veränderungen, die schon mit der Schwangerschaft ihren Anfang nahmen.[1] So geht die Mutter von Körper zu Körper: vom Schwangerschafts- und Geburtskörper zu dem der neugeborenen Mutter, zum Stillkörper. Jeder dieser Körper hat einen biologischen Aspekt. Wenn ich jedoch vom ›Geburtskörper‹ oder vom ›Stillkörper‹ spreche, meine ich die ganzheitliche organismische Gestalt mit den zugehörigen verkörperten Erfahrungen und Gefühlen, von denen bisher die Rede war. Alle diese ›Körper‹ haben einen sehr persönlichen Teil, betreffen jene Erfahrungen, die als ureigene erlebt werden. Gleichzeitig sind sie auch in einem sehr engen Sinne ›Mutter-Kind-Körper‹, beziehen das ungeborene oder schon geborene Kind mit ein. Auch hier gibt es einen entscheidenden Wandel vom Wissen und Spüren, schwanger zu sein über die Erfahrung, das Kind in sich zu spüren bis hin zur Geburt, in der das Kind aus dem eigenen Körper entlassen wird und nicht mehr das Kind ›innerhalb‹, sondern ›außerhalb‹ ist, ein Kind, das nicht mehr automatisch versorgt ist, sondern seine Bedürfnisse hat, die ›gestillt‹ werden wollen. So entsteht nach der Grenzerfahrung der Geburt jene meist enge Beziehung zwischen Mutter und Neugeborenem, welche die intrauterine Geborgenheit noch eine Zeitlang erhält und gleichzeitig neue Formen von Austausch und Gegenseitigkeit einübt, wie sie etwa in der Stillbeziehung erlebbar werden.[2] Heutige Mütter sind oft sehr sensibel für die Beziehung zu ihrem neugeborenen Kind mit all ihren berührenden und schwierigen Erfahrungen geworden, hellhörig aber auch für den Widerspruch zwischen eigenen und kindlichen Bedürfnissen, zwischen gesellschaftlichen oder familiären Botschaften und ihren persönlichen Vorstellungen und

Wünschen für die ersten Phasen der Mutterschaft. Viele Frauen erfahren ihren eigenen Körper als fragil und durchlässig, ganz auf das Neugeborene ausgerichtet. Eine junge Mutter drückte das so aus:»Ich – das gab es damals gar nicht mehr. Ich – das waren mein Kind und ich zusammen. Meist trug ich es auf oder mit mir. Weil ich mein Kind immer im Snuggli unter der Winterjacke hatte, merkten die Leute oft gar nicht, daß ich geboren hatte und fragten mich, wann denn das Kind endlich komme. Das war für mich aber gar nicht so absurd…« Manchmal haben Mütter in der ersten Zeit nach der Geburt auch keine Antennen für die Außenwelt mehr, keine Interessen, die sie sonst empfunden hatten. Das mag auch erschreckend sein. »Was ist mit mir geschehen?« fragen sie sich bestürzt, »versinke ich nun einfach in meiner ›Mütterlichkeit‹, in der Welt mit dem Baby? Ich verstehe mich nicht mehr!« Oft sind Mutter und Kind durch eine Tiefenkommunikation miteinander verbunden, wie sie in vergleichbarer Weise schon während der Schwangerschaft bestand. Manchmal spürt die Mutter auch auf Distanz, wie es ihrem Kind geht, ist ruhig oder unruhig, je nach seinem Befinden. Doch umgekehrt sind auch Babys mit ihren Müttern verbunden. Meine eigenen Kinder haben oft gerade dann zu weinen begonnen, wenn ich unten zur Haustür hereinkam. Oder sie sind genau zu dem Zeitpunkt erwacht, zu dem ich mir vorgenommen hatte, wieder zu Hause zu sein. Einmal wurde ich auf meinem Weg jäh von einer unerklärlichen Unruhe erfaßt und hastete nach Hause – meine Tochter hatte plötzlich hohes Fieber bekommen. Ähnliches haben mir auch andere Frauen berichtet.

Die Grenzerfahrung der Geburt läßt die Begegnung zwischen Mutter und Kind oft zu einer tiefen Verbundenheit werden. Auch die Zartheit, die stille Versunkenheit, die ein Kind in der ersten Zeit nach der Geburt ausstrahlt, ist berührend, läßt die Dimension der Zeit verschwinden: »Ich kann stundenlang dasein und einfach mein Kind anschauen…« Neugeborene Kinder bringen uns eine Existenzform nahe, deren Möglichkeit auch wir noch in uns tragen und im Zusammensein mit einem kleinen Baby wieder berühren können.[3] Diese Versunkenheit in die Gegenwart eines Neugeborenen liegt jenseits dessen, was wir mit all unseren Etikettierungen von Mütterlichkeit erfassen können. Es ist eine existentielle Erfahrung, die ihre Bedeutung meist trotz Übermüdung und Erschöpfung behält. So hatte ich den neugeborenen Sohn einer Freundin nach acht Tagen wiedergesehen. Sein Gesichtlein hatte sich in der Zwischenzeit wie eine Knospe entfaltet, seine Händchen begannen sich zu öffnen. Meine Freundin zeigte mir alle noch so kleinen

Veränderungen, es war wie ein inniges Loblied auf das winzige Wesen... Auch diese Ent-faltung mitzuerleben – vom ersten Augen-blick der Geburt an – ist für viele Mütter und Väter eine berührende Erfahrung. »Jede Stunde, jeder Tag bringt etwas Neues. Ich bin ständig am Entdecken«, sagte eine junge Mutter und drückte damit aus, wie tief uns das Zusammensein mit einem Baby zu er-greifen und zu erfüllen vermag.

Ist die erste Zeit nach der Geburt eine Art ›Übergangskörper‹ in der Mutter-Kind-Beziehung – wie unterschiedlich er auch gelebt werden mag –, so findet nach etwa drei Monaten der Übergang zu einem anderen ›Körper‹, zu einer anderen Identität statt. Mutter und Kind werden ›irdischer‹, der Zustand erster Zartheit geht vorüber. Ein aktives ›Weltinteresse‹ beginnt sich beim Baby zu formen, und auch die Mutter erlebt sich meist wieder außenbezogener. Das Stillen ist selbstverständlich geworden, Interaktionsmuster haben sich geformt.[4] Die unmittelbaren körperlichen Zeichen der Geburt verschwinden allmählich. Das Kind beginnt vielleicht erst zu weinen, wenn es die Mutter sieht. Ich versuche hier allerdings eine Grundstruktur zu beschreiben, die individuell und als Mutter-Kind-Beziehung verschieden gestaltet wird. Damit ist allerdings noch keine Distanzierung verbunden. Doch beginnt das Kind, von seinem Getragen- und Geborgensein aus die Welt zu entdecken. Es liegt bald nicht mehr nur angekuschelt an den mütterlichen Körper, sondern hebt den Kopf, will Rundblick haben. Es will auch anders getragen werden, will ›mit dabei sein‹. Nach etwa einem halben Jahr geht diese weitere Phase des Weltkontaktes eng am mütterlichen Körper zuende, obwohl das Kind weiter ein Säugling und ein Tragling bleibt. Doch das Kind ist nicht mehr so sehr ein Teil der eigenen Körperlichkeit, es wird immer mehr ein Wesen für sich, beginnt zu sitzen, zu robben und zu krabbeln. Erste Ablösungsprozesse fangen an. Die Frau beginnt langsam, neben ihrem ›Mutter-Kind-Körper‹ wieder andere Körperebenen wahrzunehmen. Dem Raum zu geben ist wichtig, wobei stillende Mütter immer noch nicht an freie Tage oder gar an ungebundene Ferien denken können. Eine jüngere Frau formulierte diese Erfahrung so: »Ich empfinde das Stillen nicht als Einschränkung, vielmehr ist es ein Gradmesser dafür, wieviel Distanz und Eigendynamik mir möglich ist. Ich erlebe das als Hilfe. Das Bedürfnis des Kindes und meines Körpers spielen zusammen.« Das bedeutet freilich nicht, daß Gefühle der Einschränkung und das Bedürfnis nach Eigenraum illegitim sind. Wenn Babys die Brust vor allem als Nahrungsquell verstanden haben und wenig nuckelten, beginnen sie jetzt, sich für andere Nahrung zu interessieren. So findet das Stillen in diesem Zeitraum oft sein Ende. Viele Frauen fühlen sich in der Stillzeit müde und angespannt und erleben sich jetzt wieder mehr ›im Besitz ihrer Kräfte‹. Sie begrüßen freudig ihr neues körperliches Bei-sich-Sein, andere Frauen empfinden das – manchmal unfreiwillige – Ende der Stillbeziehung als Verlust.

Ich habe versucht, eine Perspektive, ein mögliches Beziehungskontinuum darzustellen, das ich nicht als angeborene Mütterlichkeit verstehe, höchstens als eine Gestaltungs-Möglichkeit, bei der das körperliche Verwiesensein von Mutter und Kind ein Ausgangspunkt oder eine Basis sein *kann*. Doch vor allem verstehe ich die Begegnung mit der Geburt, mit Neugeborenen und Säuglingskindern als Chance, mit der existentiellen, an unsere Wurzeln reichende Dimension in Berührung zu kommen. Übergänge, das ›Stirb und Werde‹ unseres Lebens, das Geheimnis des Lebendigen, das Wunder der Ent-faltung, die Erfahrung von Endlichkeit, Sterben und Tod, Grenzerfahrungen überhaupt, und tiefe meditative Qualitäten sind in sie eingefaßt.

Es ist weder das Privileg noch die Verantwortung von Müttern allein, solche Dimensionen in den Vordergrund zu bringen, sondern eine grundlegende Frage an unsere Kultur und Gesellschaft, ob sie bereit und fähig ist, diese Dimensionen wahrzunehmen, ja den Kontakt mit ihnen zu ermöglichen und auf sie zu antworten. Dieser An-Spruch läßt sich nicht in einen Mütterlichkeitsmythos umfunktionieren, der mit seinen Programmen existentielle Erfahrungen zu Normen verflacht oder sie verpaßt.

In der Beziehung zu Neugeborenen und Babys überhaupt gibt es jedoch noch eine andere Ebene, auf die viele Mütter nicht vorbereitet sind. Der Vater eines acht Tage alten Kindes – des dritten – sagte mir beim Besuch, als ich das winzige schlafende Baby im Arm hielt: »Gestern hat es viel geweint. Ursula hat es gestillt und herumgetragen. Etwa um elf Uhr habe ich es ihr abgenommen, bin mit ihm umhergewandert, bis es schlief. Dann habe ich es im Tuch gehalten, mich in eine Ecke gesetzt und gedöst, so gut es ging. Zwischendurch mußte es gestillt werden. Um fünf Uhr morgens brachte ich es zu Ursula und ging ein bißchen schlafen. Ja, und dann, um sieben Uhr ging es mit den älteren beiden Kindern wieder los…« Das ist Alltagsrealität, die oft kaum angesprochen wird und viele Mütter einholt – nicht immer auch die Väter wie in diesem Beispiel. Eine junge Mutter formulierte ihre Erfahrung so: »Nichts von dem ist übriggeblieben, was ich als natürliche Rechte jedes Menschen als Selbstverständlichkeit betrachtet habe. Daß es keine Mutterferien gibt, wußte ich, keine Sonntage… Aber daß ich viele Male nachts erwache, weil mein Kind weint, es stundenlang herumtragen muß, daß ich weder ruhig duschen oder essen, ja nicht einmal unbesorgt aufs Klo gehen kann, nicht aus dem Pyjama komme bis elf Uhr, daß alle Haushaltarbeit liegen bleibt, bei uns ein Chaos herrscht – das habe ich nicht erwartet. Alles ist aus den Fugen. Ich sehne mich nur nach Schlaf, bin übermüdet und ausgelaugt, sehe alles wie durch Nebel… Auf diesen 24-Stunden-Job war ich nicht vorbereitet. Von dem redet niemand, es gibt ihn einfach nicht. Und doch ist er eine Realität, die mich ergreift…«

Kaum eine Frau weiß wirklich, was auf sie zukommt, bevor ihr erstes Kind auf der Welt ist. Der Verlust des persönlichen Alltagsrhythmus', Schlaflosigkeit, Stillen und die Anforderungen des täglichen Lebens von älteren Kindern und Partnerschaft bringen Mütter oft an ihre äußersten Grenzen. »Ich dachte, ich würde das nie überleben« – »Ich hatte immer nur einen Gedanken: ›In zwei Jahren bist du tot‹« – dies sind keine seltenen Äußerungen. Daß solche Erfahrungen oft nur die Mütter machen, gehört mit zu den fragwürdigen Konstellationen patriarchaler Gesellschaften, in der nicht nur die Väter so häufig abwesend sind, sondern wo auch oft, vor allem in Städten und Industriegebieten, ein weiteres Beziehungsnetz fehlt. So liegen Erfüllung und Erschöpfung ganz nahe beisammen. Obwohl heutiges Leben in unserer Gesellschaft nicht mit demjenigen früherer Epochen zu vergleichen ist, geraten gerade viele Mütter der jungen Generation an äußerste Grenzen, weil sie den Tendenzen eines strukturierten Zeitplans, früher Entwöhnung und Trennung auf den verschiedensten Ebenen, wie das einige Jahrzehnte lang galt, nicht mehr Folge leisten wollen.

Von diesem Punkt her möchte ich die Frage nach der Qualität des Mutter-Kind-Körpers nochmals neu stellen. Zwar hat er in der nachgeburtlichen Zeit eine biologische Basis, die in organismischen Austauschmustern besteht – sie sind jedoch kein prägendes Programm. Mag es eine ›sensible Phase‹ unmittelbar nach der Geburt geben, in der eine tiefe Mutter-Kind-Bindung entstehen kann, so bedeutet eine erste Trennung, wie sie durch Frühgeburt oder Kaiserschnitt oft notwendig ist, nicht, daß diese intime Beziehung verpaßt ist. Vielmehr kann sie noch immer – häufig mit intensivem Einsatz und einer längeren Phase des Vertrautwerdens – aufgebaut werden. Immer wieder geht es darum, die eigene Beziehung zum Kind im Dialog zwischen biologischer, sozialer und persönlicher Ebene herauszubilden. Gerade deshalb können Mütter nicht einfach ihrer ›Natur‹ oder ihrem ›Instinkt‹

folgen, da es sie in dieser angenommenen Form gar nicht gibt, sondern nur als Bereitschaftsmuster, die *ein* Aspekt dieses inneren Dialogs sind. Dies wird deutlich, wenn wir auf andere Kulturen blicken, in denen etwa Mutter und Kind bis zu vierzig Tage zusammenbleiben, ohne daß die Mutter sich um etwas anderes als ihr Kind kümmern muß. So entstehen Nähe und Vertrautheit, in der beide einander verstehen lernen oder es besteht die Auffassung, daß ein Kind zuallererst in die Gemeinschaft hineingeboren wird und Elternschaft nicht als etwas Privates aufgefaßt wird. Die soziale Gestaltung dieser ersten Beziehungskörper ist eng damit verbunden, welche menschlichen Qualitäten im Hinblick auf die jeweilige Sozietät gefördert werden sollen. Erst die Individualisierung wie sie bei uns heute besteht, läßt die persönliche Ebene so sehr in den Vordergrund treten. Das ist Chance und Verlust zugleich. Was wir – oft schmerzlich – vermissen und vermehrt wieder ausformen müssen, ist das Einbinden in ein gemeinschaftliches Beziehungsnetz, das Bewußtsein dafür, daß eine Gemeinschaft die Verantwortung für den familiären Beziehungskörper und die werdende Generation mitträgt.

Eine intime Beziehung mit einem Baby kann nicht nur die Mutter eingehen, sondern ebenso der Vater oder eine andere Bezugsperson. Auch Adoptiveltern kennen beides: die unmittelbare Begegnung, wie sie sich mit dem ersten Aug-in-Aug nach der Geburt ereignen kann und das langsame, auch innere Fremdheitsgefühle überwindende Kennenlernen und Vertrautwerden über Monate hin. Eine Adoptivmutter verglich das Warten auf ein Kind mit einer seelischen Schwangerschaft. Als sie dann endlich ihr Baby erstmals sah und im Arm hielt, war es Liebe auf den ersten Blick, ein tiefes Gefühl des Zusammengehörens. Mit dem zweiten Kind, das sie völlig unerwartet innerhalb von wenigen Tagen bekam, bildete sich die Vertrautheit allmählich mit dem Zusammensein. Eine ähnliche Erfahrung von Verbundenheit vom ersten Augen-Blick an erzählte mir eine Adoptivmutter, die ihr Kind zum ersten Mal sah, als es zwei Jahre alt war.

Unsere Chance und unsere mütterliche, elterliche und gemeinschaftliche Aufgabe besteht darin, der Gestaltung unserer Beziehung zum Kind von Geburt an Aufmerksamkeit zu schenken, um unsere eigenen Möglichkeiten im Hinblick auf einen fürsorgenden Austausch mit ihm erfüllen zu können.

Viele der Schwierigkeiten, die wir als Mütter haben, stammen aus unserer familiären und gesamtgesellschaftlichen Geschichte. Ich möchte sie zunächst am Beispiel der Stillbeziehung konkretisieren.

Gerade das Stillen bringt die Erfahrung in den Vordergrund, wie ›antworthaft‹ der eigene Körper ist, denn im Stillen formt sich ein komplexes und anfälliges Austausch-Muster. Die vollen Brüste erinnern an das Kind. Die Milch fließt schon durch die imaginierte Präsenz des Babys. Dieses stete Verwiesensein auf das Kind ist die Basis einer Bindung, die jedoch wieder – je nach der eigenen Geschichte – als beglückend oder einengend, oft als beides, erlebt wird. »Ich fühle mich ständig bedrängt, an das Kind gefesselt. Immer will jemand etwas von mir. Jetzt kann ich mich noch weniger dagegen wehren als früher.« – »Ich mag das Stillen. Ich bin einfach mit meinem Kind. Es ist eine so ungestörte und selbstverständliche Zweisamkeit.« – »Seit ich mich nicht mehr zum Stillen zwinge, ist die Beziehung zu meiner Tochter viel entspannter.« Auch eigene körperliche Erfahrungen treten in den Vordergrund. Manche Frauen erleben beispielsweise erstmals ihre Brüste so intensiv, freuen sich über deren Üppigkeit und sind stolz: »Ich habe wenigstens in der Stillzeit einen richtigen Busen gehabt«, oder: »Ich empfand meine Brüste als unheimlich erotisch.« Andere Frauen sehen sich schmerzlich mit der ›Organminderwertigkeit Brust‹ konfrontiert, welche eine überkommene Frauen-Geschichte darstellt. Wie diese Körperwahrnehmungen in der nachgeburtlichen Zeit einverleibte Erfahrungen aus der eigenen Biografie an die Oberfläche bringen und auch die Stillbeziehung mitformen, möchte ich mit dem folgenden Beispiel zeigen:

Eine junge Frau verstand ihre Ablehnung der Stillbeziehung erst, als sie mit den demütigenden Erlebnissen im Zusammenhang mit ihren Brüsten während der Pubertät in Berührung gekommen war. Mit drei älteren Brüdern aufgewachsen, wurde sie aufs grausamste von ihnen gehänselt und verspottet, als ihre Brüste zu wachsen begannen. »Mein Vater grinste eigenartig, und meine Mutter sagte gar nichts.« Sie erfuhr damals, daß der Vater den vollen Busen seiner Frau nicht mochte und sie deswegen oft demütigte, ständig anderen Frauen auf die Brüste schaute. Nun ging ihr auf, daß sie ihre Brüste als junges Mädchen nicht nur vor dem Gespött der Brüder und ihrer Kollegen versteckt hatte. Sie sah wieder den eigenartigen Blick ihres Vaters, die Haltung des Mädchens tauchte auf, das Ekel vor den eigenen Brüsten empfunden hatte. Doch jetzt wurde klar, daß ja der Ekel dem Vater galt, daß sie sich vor ihm schützte. »Als ich mich erstmals nach dem Milcheinschuß im Spiegel sah, packte mich Entsetzen und eine unerklärliche Angst. Ich wollte da gar nicht mehr weiter stillen, und nach ein paar qualvollen Wochen war es auch zuende.« Es war die Angst vor Vaters Blick gewesen, vor dem sie nun diese prallen Brüste nicht mehr verbergen konnte. Und obwohl ihr eigener Mann versicherte, er finde ihre großen Brüste erotisch, war sie besessen vom Verdacht, er würde sich nun sexuell von ihr abwenden. Es brauchte lange Zeit, bis diese noch junge Frau es wagte, ihre eingesunkene Brust anzuheben und somit die Brüste sichtbar werden zu lassen. Eine versehrende Kindheits- und Jugendgeschichte stand dahinter. Nach einiger Zeit sagte sie:»Erstmals fühle ich mich jetzt als erwachsene Frau, auch als sexuelle Frau. Meine Mutter war das eigentlich auch, aber sie resignierte und zog sich zurück. Nie hat sie mich als junges Mädchen unterstützt. Heute habe ich das Gefühl, daß sie verhindern wollte, daß ich eine Frau werde. ›Männer haben nicht gern starke Frauen‹ pflegte sie zu sagen.« Dieses Gefühl bestätigte sich in einem Gespräch mit der Mutter, in dem die junge Frau auch ihre Wut und ihren Schmerz über den mütterlichen Verrat zum Ausdruck brachte. Die Mutter wehrte nicht ab, sondern sagte:»Heute sehe ich das auch anders. Ich habe Bücher gelesen, die mir ein neues Bewußtsein gaben. Ich verstand auch, was ich dir gegenüber getan hatte. Nur hatte ich nicht den Mut, es anzusprechen. Ich dachte noch immer, du seist eine angepaßte und zufriedene junge Frau – keine selbstbewußte zwar. Doch wie sollte ich dich noch beunruhigen, nachdem ich dich so erzogen hatte? Ich bin froh, daß du eine starke Frau geworden bist. Auch ich versuche, meinen Weg zu gehen, so wie es eben möglich ist.«

Die Tochter spürte, daß die Mutter nicht verbittert war und sie ihr zumuten konnte, die erwachsene Frau zu sein, die sie am Werden war. Als sie ihr zweites Kind bekam, konnte sie es mit Freude stillen. »Manchmal tut es auch weh, daß ich das meinem ersten Kind nicht geben konnte. Aber ich habe eben von meiner Mutter gelernt, über Verpaßtes nicht bitter zu werden.«

So gibt es viele einverleibte Erfahrungen aus Kindheit und Jugend, welche die nachgeburtlichen Körpererfahrungen beeinträchtigen oder unterstützen, es entsteht ein vielschichtiger Babuschka-Dialog auch hier. Eine ältere Frau formulierte auch einen gesellschaftlichen Zusammenhang:»Ich hatte als Jugendliche und junge Frau oft eine Wut auf meine Brüste. Sie waren schuld, daß ich meinen Oberkörper nie entblößen durfte wie die Burschen. Immer mußte ich mich verhüllen, mußte die Schultern nach vorne ziehen, durfte mich nicht bücken, damit man mir nicht in den Ausschnitt sehen konnte. Meine Brüste waren nur ein Objekt. Während des Stillens hatten sie plötzlich eine andere Bedeutung. Ich konnte meine Brust sogar entblößen und dem

Kind zu trinken geben – niemand konnte etwas dagegen einwenden. Und ich ließ mich plötzlich auch durch Zurechtweisungen oder genierte Blicke nicht abhalten. Von da an gehörten meine Brüste mir – so komisch das klingt.«

Schwierigkeiten, Probleme im Raum von Schwangerschaft, Geburt und Babyzeit können tief verletzen, das eigene Selbstwertgefühl beeinträchtigen und alte Wunden sichtbar machen. Viele Frauen verlieren das Vertrauen in ihren Körper, in ihre Identität als Mutter und erleben die Beziehung zum Kind als problematisch. Ich habe im Laufe der Zeit mit Betroffenheit gelernt, wie tief Verletzungen in dieser Zeit des ganzheitlichen – auch körperlichen – Ausgesetztseins gehen und wie nachhaltig sie wirken, oft ohne je zur Sprache zu kommen. Die Verarbeitung solcher Verletzungen im perinatalen Bereich ist mir zu einem zentralen Anliegen geworden.

In dieser Zeit der ersten Beziehung zum Kind kommen auch alte Beziehungsmuster zum Vorschein, und zwar als Bereitschaftsmuster, die sich je nach Umständen deutlicher kristallisieren oder in den Hintergrund treten. Dabei geht es etwa um die Angst vor einer Nähe, die als verschlingend erlebt wird wie in der eigenen Kindheit, um den Kontakt mit der Verlorenheit in der eigenen Babyzeit, um die Befürchtung, vom Kind abgelehnt zu werden, wie man sich von der eigenen Mutter abgelehnt fühlte, um die Angst, die eigenen Bedürfnisse nicht mehr haben zu dürfen, wenn man diejenigen des Babys ernst nimmt und sie so gut es geht erfüllt. Wenn es möglich wird, all diese Gefühle und Reaktionen wahrzunehmen, ohne sich dafür schuldig zu fühlen oder rechtfertigen zu müssen, können die mit ihnen verbundenen Muster oft mindestens gemildert oder vielleicht aufgelöst werden.

Die Vater-Kind-Verbindung

Immer wieder taucht die Frage auf: »Und wo bleibt der Vater?« Seine Bedeutung während Schwangerschaft und Geburt ist groß – als ein Anwesender oder Abwesender – umso mehr gilt dies auch für die Zeit nach der Geburt. Wenn ich zuerst vom Mutter-Kind-Körper gesprochen habe, verbindet sich damit die Priorität, die der mütterlichen Fürsorge in unserer Gesellschaft zukommt. Und doch gibt es Väter, die nicht nur die schönen, spielerischen und erfüllenden, sondern auch die mühsamen und erschöpfenden Seiten der Beziehung zum Baby mitleben. Trotzdem stößt die Verwirklichung der Vater-Kind-Verbindung auf erhebliche Schwierigkeiten, die aus unseren gesellschaftlichen Arrangements und der mit ihnen verbundenen Sozialisation von Männern stammen: Hermann Bullinger führt in seinem Buch »Wenn Männer Väter werden«[5] Faktoren an, die das Selbstverständnis der neuen Väter bestimmen: Aktive und bewußte Gestaltung der Rolle als Vater, Mitbeteiligung am Prozeß von Schwangerschaft, Geburt und Säuglingspflege, Engagement an der Kindererziehung durch Reduktion ihrer Berufstätigkeit oder gar Übernahme der Rolle als Hausmann. Doch gerade diese neue Vaterrolle konfrontiert die Männer meist sehr hautnah mit ihrer spezifischen Sozialisation, die mit einem entsprechenden Vatermodell verbunden ist. Bullinger zitiert im genannten Buch Väter, die durch die Neugestaltung ihrer Vaterrolle an Grenzen stoßen:

> Ich war und bin durch das Kind an zwei Punkten meiner Männlichkeit in Frage gestellt worden. Einmal sah ich, wie unsensibel ich bin, zum anderen, welch ein bequemer Mann.[6]

Der Umgang mit den Kindern und der damit verbundenen Arbeit kann jedoch zu einem tiefgreifenden, leibhaften Lernprozeß werden, gerade wenn ein Vater sich nicht auf verdeckte Art wieder der Konfrontation mit Situationen und dadurch mit sich selbst entzieht. Oft sind es die Frauen selbst, die ihre Partner als Väter einfordern. Manchmal gelingt diese Einforderung schon während der Schwangerschaft, manchmal mit der Geburt oder im Laufe der Zeit. Oft engagieren sich Väter nach der Geburt sehr intensiv und lassen sich dann wieder von ihrer eigenen Arbeit vereinnahmen, andere wieder halten die Mitarbeit über Jahre durch. Häufig entstehen Partnerkonflikte gerade aus dem Kampf um die Mitbeteiligung an der Kinderbetreuung. Viele Frauen resignieren nach kürzerer oder längerer Zeit, weil die abgemachten Regelungen nicht eingehalten werden. Sie spüren oft, daß es nicht nur um berufliche Notwendigkeiten, sondern auch um Flucht aus einer Welt geht, die eine Umwertung der bisherigen Werte und damit eine große Verunsicherung auslösen würde. Und doch – wenn die Entwicklung weitergeht, sind Paare in Zukunft vielleicht stärker in einen Prozeß eingefordert, in dem sie ihre Beziehung zu Kindern weniger an überkommene Muster anlehnen können.[7] Zu dieser Auseinandersetzung müssen wir gesamtgesellschaftlich erst heranreifen.
Wir können nur phantasieren, was eine neue, auch auf einer veränderten Väterlichkeit beruhende Elternschaft für die Kinder bedeuten könnte. Sie würde zunächst einige entwicklungspsychologische ›Tatsachen‹ in

Frage stellen. Die eigentliche Funktion des Vaters setzte bisher mit der sogenannten Triangulierung ein. Das bedeutet, daß der Vater während der Zeit des fürsorgenden Beziehungsmodus im Kinderbereich entbehrlich war. Man ging davon aus, daß die Mutter selbstverständlich alle emotionalen Bedürfnisse des Säuglings erfüllen könne – und müsse. Frühkindliche Traumata gingen damit auch zu ihren Lasten.

Durch diese Überlegungen wird deutlich, daß die Beziehung des Vaters zum Baby von den bisherigen entwicklungspsychologischen Modellen her gesehen eine Leerstelle ist. Sie bietet dem Baby-Vater keine eigene Identität an. Emotionale, zärtliche Väter können in der traditionellen Vaterrolle keinen angemessenen Platz finden, ohne ihre ›Männlichkeit‹ zu gefährden. Das bedeutet für den Vater, daß er heute diese Identität selbst kreieren muß. Es kommen dabei zwei grundlegende Schwierigkeiten zusammen: Der Mangel an Modellen vonseiten der ›männlichen‹ Entwicklungspsychologie, die sich an überkommenen Verkörperungen männlicher Identität orientierten und zum zweiten die Grenzen, die durch die männliche Sozialisation selbst gegeben sind.

Der Ansatz für eine andere väterliche Identität liegt zunächst in der Erfahrung, die Väter konkret mit ihren Babys und Kleinkindern machen. Die Beziehung selbst ist es, die eine neue Perspektive freigibt. Voraussetzung dafür ist, daß Väter – aus welcher Motivation auch immer – sich zunächst einmal wirklich auf ihre kleinen Kinder einlassen. Die tägliche Nähe zu den Kindern, das Miteinandererleben im Alltag setzt eine Veränderung bei den Vätern in Gang. Oft haben sich jüngere Männer dazu entschlossen, die alte Vaterrolle zu verlassen. Was zunächst nur eine Bewußtseinsperspektive war, wird im Kontakt mit dem Neugeborenen oft in eine Krise geführt. Doch umgekehrt bringt das Zusammensein mit dem Kind selber neue Dimensionen des Erlebens, die ihre Auswirkungen auf die Selbstgestaltung des Vaters haben. Der Mann, der vielleicht durch die Herausforderung der Partnerin das entsprechende Engagement als eine notwendige und gerechte Sache ansah, kann zu einem Vater aus Bedürfnis werden. Das hat weitreichende Konsequenzen. Ich möchte hier wieder einem Mann das Wort geben:

»Je mehr der Vater sich auf das Kind einläßt, um so mehr erlebt er, wie schön es sein kann, mit einem Kind zusammenzusein und wieviel Anregung und Energie er daraus ziehen kann. Dies möchte er dann in seinem Leben nicht mehr missen. Der Anspruch, sich die Kinderarbeit mit der Mutter zu teilen, wandelt sich in das Bedürfnis, möglichst viel Zeit mit dem Kind zu verbringen.«[8]

So kann ein Beziehungskontinuum entstehen, aus dem sich die Väter nicht mehr ohne weiteres entlassen können. Und doch bleibt eine weitere Aufgabe zu bewältigen: die väterliche Beziehung als eine eigenständige zum Kind zu formen. Dies stellt neue Anforderungen an Mann und Frau. Ist die alleinige Verantwortung für die Kindererziehung für Frauen zunächst eine große Belastung, so stellt sie auch den oft einzigen Zuständigkeitsbereich für Mütter dar, in dem sie ihre Identität behaupten können. Ihn mit dem Mann zu *teilen*, bringt auch Gefühle von Eifersucht und Konkurrenz mit sich. Umgekehrt kann die Mutter den primären Beziehungsbereich mit den Kindern nur auf eine gemeinsame elterliche Form hin öffnen, wenn der Mann sich der neuen Aufgabe nicht mit seinen überkommenen männlichen Machtansprüchen nähert oder quasi den ›Rahm der Beziehung‹ mit den Kindern abschöpft, ohne sich auf den Alltag einzulassen. Das Auflösen der beiderseitigen Machtmuster ist ein wichtiger Schritt zu dieser Form von Elternschaft. Dann muß auch die Einmaligkeit der Mutter-Kind-Beziehung nicht Ausschließlichkeit bedeuten. So entsteht Raum dafür, daß Väter die Einzigartigkeit *ihrer* Beziehung zu den Kindern er-finden können. Männer- und Vätergruppen vermögen hier wichtige und not-wendende Unterstützung zu bieten, denn es läßt sich auch eine Einmaligkeit der Vater-Kind-Beziehung herausbilden.

Wie viele Väter haben ihr Kind als erste im Arm gehalten, wenn die Mutter nach einem Eingriff noch bewußtlos war, haben das Kind gehalten und gepflegt. Väter haben nicht dieselbe körperliche Erfahrung mit ihrem ungeborenen und neugeborenen Kind. Dies kann als Mangel erlebt werden, führt oft zu Eifersucht, Resignation oder Abwendung. Doch sie können ihre eigene Beziehung zum Kind aufbauen, die nicht an der Mutter-Kind-Beziehung gemessen werden muß. Ein Vater sagte mir dazu: »Ich muß nicht mit meiner Frau konkurrieren. Wohl kann ich nicht stillen, aber ich kann meinen Sohn pflegen, ihn herumtragen, liebkosen. Ich habe meine eigenen Möglichkeiten, und die Stillbeziehung kann ich akzeptieren. Da gibt es etwas, was nur meine Frau kann.« Dieser Vater, der mit seiner Frau Berufs- und Hausarbeit teilte, konnte die Besonderheit der Stillbeziehung und die damit verbundene Mutter-Kind-Intimität annehmen, ohne das Gefühl zu bekommen, seine Beziehungsmöglichkeiten seien weniger tragend und weniger bedeutsam.

Fürsorglichkeit auszubilden, ist eine menschliche Qualität des Bezogenseins, eine Form von Liebe. Auch die Fürsorge, die Babys brauchen, ist mit eingeschlossen. Ich halte es für problematisch, hier von

›Mütterlichkeit‹ zu sprechen, weil damit Väter um ihren eigenen Beitrag gebracht werden. Früher gab es Männer, die darunter litten, ihre väterlichen Qualitäten nicht leben zu dürfen, ohne als unmännlich zu gelten. Und trotz aller körperlichen Verbundenheit zwischen Mutter und Kind gab es immer auch Väter, die ihre fürsorglichen Qualitäten müheloser ausbilden konnten als die Mütter. Dies kommt in Redewendungen zum Ausdruck wie:»Mein Mann ist die bessere Mutter als ich.« Viele Väter sind jedoch erst dabei, ihre eigenen Möglichkeiten zu entdecken und sich eine Beziehung zuzutrauen, die als Domäne der Mutter gilt. Manchmal verzichten Mütter auf das Stillen, damit die Väter ebenbürtige Möglichkeiten haben, unabhängig mit ihrem Baby zusammen zu sein. So hängt es auch von der partnerschaftlichen Beziehung ab, wie beide ihre je einmalige Verbindung mit dem Baby gestalten können.

Es zeigt sich, daß es nicht *den* neuen Vater – so wenig wie die neue Mutter – gibt, sondern ein Spektrum von Möglichkeiten, das der einzelne Mann für sich selber ausloten muß. Auf jeden Fall haben heute Männer, die gerne Kinder pflegen, mehr Möglichkeiten, diese Seite ihrer Person wahrzuhaben und zu verkörpern. Doch immer wieder stoßen auch sie auf überkommene Muster.»Ich habe gerne für meine kleinen Kinder gesorgt«, sagte ein Mann in einer Diskussionsrunde. »Ich glaubte aber immer wieder, *der* Vater sein zu müssen, etwa so…«, und er zeigte die zugehörige Haltung, indem er sich aufrichtete und versteifte.»Das war ein Dilemma. Ich habe mich damit gequält, weil ich glaubte, ich müsse das sein.« Das Auflösen der Versteifung braucht nicht in eine formlose Weichheit zu münden, sondern kann durchaus eine kraftvolle Festigkeit bedeuten[9], eine Festigkeit, die vielleicht anders ist als diejenige der Frau. Denn es geht ja auch nicht darum, wieder Festigkeit als männlich, Weichheit als weiblich zu deklarieren. In diesem Zusammenhang ist auch bezeichnend, daß von Männern mit ›mütterlichen Eigenschaften‹ die Rede ist. Wir sprechen ja auch kaum von der ›Väterlichkeit‹ von Müttern. Sofort schleichen sich wieder alte Rollenclichés ein. Unsere Sprache bindet uns schnell an Zustände zurück, aus denen sie sich entwickelte. Es ist noch nicht die Zeit, die Elternqualität von Müttern gegen diejenige von Vätern inhaltlich abzugrenzen. Wir sind erst auf dem Weg, neue Verkörperungsmöglichkeiten zu entdecken.

Von hier aus können wir uns der Frage nach der familiären Beziehung zuwenden.

Eltern, Kind und Partnerschaft

Das Abenteuer Geburt und die folgende Phase ist auch ein partner-
schaftliches Abenteuer, ein reiches, verwirrendes, umstürzendes und
oft überforderndes. Partnerschaft muß neu gelernt und geformt werden[10] – und das ist viel, weil ja auch Elternsein selber nicht eine
Tatsache, nicht in erster Linie etwas Naturgegebenes, sondern ein
Lernprozeß ist. Sich dies auch eingestehen zu können, kann heilend
sein. Mutter und Vater formen ihre je eigene Beziehung zum neugeborenen Kind. Doch die ›Zelle‹ der kindlichen Formwerdung ist das
›primäre Dreieck‹, die Beziehung

Dies gilt für jedes Kind[11], ungeachtet dessen, wieviele Geschwister es
hat. Wird nach gängiger Auffassung das Fehlen des Vaters zu Beginn
des kindlichen Lebens meist noch niedrig veranschlagt, so tritt in der
Therapie dieses Fehlen als Mangel in Erscheinung, auch wenn die meisten Klienten zunächst verinnerlicht haben, daß man nur nach der Mutter rufen kann. Und hier gibt es zwei bedeutsame Ebenen: Die Arme des
Vaters können ebenso entscheidende Geborgenheit vermitteln wie diejenigen der Mutter. Umgekehrt ist es eine andere Erfahrung, in Vaters
Armen zu liegen als in denjenigen der Mutter. Ich bin der Überzeugung,
daß ein Kind eigentlich beides braucht: die frühe Erfahrung der unmittelbaren körperlichen Verbundenheit mit der Mutter wie mit dem Vater
oder vielleicht einer anderen männlichen Bezugsperson. Wir haben bis-
her jedoch nur gesondert von den Beziehungsmöglichkeiten der beiden
Eltern zum Kind gesprochen. Doch ebenso wichtig ist der Eltern-Kind-
Körper, die Erfahrung, mit beiden Eltern als Eltern verbunden zu sein.
Oft habe ich in der Therapie erfahren, wie Menschen eine bisher nie ge-
kannte Ruhe erlebten, wenn sie von beiden ›Eltern‹ – vertreten durch
Therapeut und Therapeutin – gehalten wurden.
Der Prozeß, in dem Paare Eltern werden, ist für die Gestaltung des
Familienkörpers von großer Wichtigkeit. Einige Aspekte möchte ich
darstellen:
Manche Geburtsbücher sprechen die gemeinsame Vorbereitung *beider*
Partner auf die Geburt an. Dies ist früheren Zeiten gegenüber eine neue
Perspektive. Oft erleben Paare eine intensive und glückliche Zeit vor

der Geburt ihres ersten Kindes. Alles ist neu und aufregend. Für das Wahrnehmen dieser Erlebensweisen bleibt genügend Raum. Manchmal aber wird schon hier das Trennende spürbar. Die mitgebrachten Erwartungen sind unterschiedlich, oder die Realität fühlt sich anders an als erwartet. Das sexuelle Erleben der Frau intensiviert sich auf unerwartete Weise oder läßt völlig nach. Der Mann hat ambivalente Gefühle dem schwangeren Körper der Frau gegenüber, oder sie selbst fühlt sich dem eigenen Körper fremd. Hier entstehen häufig tiefe Verletzungen und Entfremdungen, und oft haben beide oder der eine Partner keine Sprache für das eigene Erleben. Dies gilt auch für Ängste, die auftauchen, für Ambivalenzen. Frauen sind oft sehr betroffen und verletzt über die Verweigerungen des Mannes während der Schwangerschaft, hinter der sich häufig Hilflosigkeit verbirgt. Die Ungeübtheit des Mannes, seine Gefühle zum Ausdruck zu bringen, die allgemeine Sprachlosigkeit der Dynamik des Körperlichen gegenüber und das lange geübte Verstummen der Frauen, wo sie kein Echo erhoffen, steigern sich gegenseitig. So entsteht manchmal eine dicke Mauer von Sprachlosigkeit, gekittet durch Mißtrauen und Angst. Paare sind ihr oft ausgeliefert. Männer- und Frauengruppen, Austausch unter betroffenen Paaren stellen hier eine Chance dar, wenn der Druck, das Ganze ›problemlos meistern zu müssen‹, entfällt. Zum Teil werden auch alte Konflikte erst jetzt deutlich spürbar oder werden noch einmal zurückgedrängt, »weil es ja jetzt um die bevorstehende Geburt geht«.

Oft entsteht mit einer Schwangerschaft auch eine neue Nähe, eine Verbundenheit, die durch die Geburt nochmals eine Vertiefung erfährt und Kraft gibt für die Gestaltung des Familienlebens nach der Geburt. Doch immer wieder zeigt sich auch, daß Väter nicht ermessen können, was für ein Einbruch eine traumatische Geburt für die Frau sein kann und gehen über diese Erfahrungen hinweg, während die Partnerin keine Worte für ihr Erleben findet. Eine junge Mutter berichtete: »Unser Kind kam fünf Wochen zu früh auf die Welt. Es wurde gleich auf die Frühgeborenenabteilung gebracht, ohne daß ich es sehen konnte. Das war ein Schock für mich. Ich fiel in eine Depression und weinte nur noch. Mein Mann ließ mich mit dieser Trauer allein und kehrte zu seiner Arbeit zurück. Dann kam ich ohne Kind nach Hause. Ich hatte mich unterdessen daran gewöhnt und fand das noch ganz angenehm. Schließlich konnte ich jetzt ja genügend schlafen. Aber dann merkte ich, wie hilflos ich meinem Kind gegenüber war. Ich wagte nicht einmal, es zu berühren. Stillen kam schon gar nicht in Frage. Mit der Zeit wurde die Beziehung zu meiner winzigen Tochter trotz allem intensiver, die Trennung immer schmerzlicher. Und doch spürte ich eine eigenartige Fremdheit zwischen mir und dem Kind. Ich litt sehr darunter. Mein Mann aber meinte, ich hätte ja keine Probleme, da unsere Tochter gut aufgehoben sei... Ich nahm ihm dies zutiefst übel, ging aber über meine Gefühle hinweg. Als wir unsere Tochter endlich heimnehmen durften, weinte sie viel, fast Tag und Nacht. Ich war völlig fertig und brauchte zudem lange Zeit, bis dieses seltsame Gefühl von Fremdheit verschwand. Mein Mann war in der Zeit beruflich so engagiert, daß er in einem anderen Zimmer schlief, um nicht gestört zu werden. Er kümmerte sich nicht um das Kind, wenn es zu schreien anfing, kaum legte ich es ihm einmal in den Arm... Dies war der Anfang der Entfremdung, die heute, nach einem Jahr, noch immer anhält. Ich fühle mich so verletzt.« Es dauerte ein weiteres Jahr, bis wir gemeinsam diese Verletzungen aufgearbeitet hatten, die nicht nur mit dem Hintergrund des Paares, sondern auch mit der Ahnungslosigkeit und den Schutzmechanismen des Mannes sowie mit der gegenseitigen Sprachlosigkeit zu tun hatte. – Ähnliche Verletzungen können auch in der nachgeburtlichen Phase entstehen. Da wenig über die Veränderungen, die Mütter erleben, gesprochen wird, wissen die meisten Männer zuwenig darüber, können der Schutzlosigkeit und Dünnhäutigkeit ihrer Frauen nicht Rechnung tragen und sind nur befremdet darüber, wie anders die Partnerin jetzt ist. Ein Vater formulierte dies so: »Die Veränderungen während der ersten Schwangerschaft habe ich mit Freuden miterlebt, und auch die Geburt berührte mich. Doch dann hatte ich plötzlich eine ganz andere Frau... Ich erkannte sie nicht wieder und versuchte krampfhaft, ihr altvertraute Reaktionen zu entlocken. Es ging nicht. Ich zog mich zurück, und wir hatten eine Krise, die fast ein Jahr dauerte. Dann wurde meine Frau derjenigen wieder ähnlicher, die ich vorher gekannt hatte. Unsere Beziehung wurde enger, und wir gaben uns Mühe, auch einmal einen Tag nur zu zweit zu sein. Als meine Frau ihr zweites Kind bekam, wußte ich, daß die erste Zeit nur eine Phase von Anderssein ist und war nicht so irritiert. Daß wir uns durch unser Elternsein überhaupt verändert haben – und zwar beide – begann ich allmählich zu akzeptieren.«

Immer wieder äußern Eltern, wie sehr sie die Geburt vor allem des ersten Kindes als Einbruch erlebt hätten. »Wir kämpften, hatten Schwierigkeiten und waren völlig entmutigt. Erst im Gespräch mit anderen Eltern erlebten wir, daß diese Schwierigkeiten eigentlich normal sind. Niemand hat uns das gesagt. Wir waren völlig unvorbereitet«, sagte mir ein junger Vater einmal. Es ist tatsächlich so, daß auch

Geburtsbücher diese Schwierigkeiten kaum oder nur am Rand erwähnen. Als ich vor Jahren in einem Seminar Gruppenarbeiten über die ›Lebensaufgaben‹ machte, fanden sich Studentinnen und Studenten mit dem Thema ›Familie‹ zusammen. Ich war betroffen, daß alle äußerten, ihre Partnerschaft sei eigentlich wegen des ersten Kindes auseinandergegangen, obwohl die meisten noch lange Zeit zusammengeblieben waren. Ich hatte damals noch keine Kinder und erschrak über das ›Ergebnis‹ der Gruppenarbeit. Seither ist mir klar geworden, daß die Partnerschaftsnöte von ›neugeborenen Eltern‹ weithin eine stumme Geschichte darstellen. Sie dürfen wohl nicht zur Sprache kommen, um das Idealbild Familie nicht zu gefährden. Ein Paar geht meist ahnungslos das ›Abenteuer Familie‹ ein. Oft glauben die einzelnen Paare, nur *sie* hätten solche Probleme und fühlen sich hilflos und isoliert. Wir brauchen nicht nur Still- und Krabbelgruppen, wir brauchen auch Elterngruppen, in denen es vor allem um Partnerschaftsprobleme nach der Geburt geht. Es handelt sich um einen vielschichtigen Prozeß: Die Frau wird zur Mutter, der Mann zum Vater, Mann und Frau werden Eltern, und es entsteht ein neuer Organismus: die Familie. Mit der Geburt eines Kindes findet ein tiefgreifendes Umpolen der Schwingungen im leibhaften Dialog statt. Bestand bisher eine intime Wechselseitigkeit zwischen Mann und Frau, ›verteilt‹ sich diese Schwingung jetzt auf drei Menschen. Bis jetzt konzentrierte sich alle Zärtlichkeit, Erotik und Körpernähe auf die Paarbeziehung. Mit Erstaunen und Erschrecken nehmen viele Mütter – und manchmal auch Väter – wahr, wie intim die Beziehung zu einem neugeborenen Kind sein kann. Eifersüchtig stehen Väter oft abseits, fühlen sich Mütter überschwemmt durch die Intensität, die in der Beziehung mit dem Baby besteht. Irritiert berichten mir junge Mütter oft, daß sie durch die Nähe zum Kind, durch die Zärtlichkeit mit ihm, ihren Partner »gar nicht mehr so nötig hätten«. »Liebe ich ihn noch so sehr wie vorher?« fragen sie sich beunruhigt. Solche Gefühle sind jedoch normal – nur ihre Interpretation stellt oft eine Mißdeutung der Dynamik dar. Der intime Austausch zwischen den Eltern befindet sich in einer Umgestaltung. Die Chance, die die Geburt eines Kindes bedeutet, liegt darin, daß ein *neues* Schwingungsmuster entstehen kann, das alle drei Menschen einschließt.

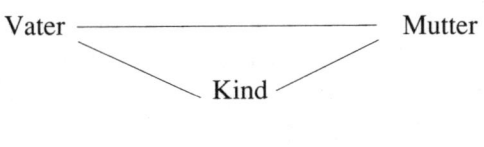

Gleichzeitig braucht auch die Partnerschaftsebene als eigenständiger ›Beziehungskörper‹ eine Neugestaltung. Daß die Partnerschaft nicht mehr sein kann, was sie vorher war, merken fast alle Paare. Dabei sind die verschiedensten Ebenen mit im Spiel. Die erste Zeit mit dem Kind kann eine reiche Zeit sein. Dies vor allem, wenn es gelingt, den Übergang zur Elternschaft zu gestalten, als Mann und als Frau *zusammen*. Doch ist diese Zeit oft zugleich auch verwirrend. Alles gerät aus den Fugen, die Eltern gelangen an die Grenzen ihrer Kräfte. Dazu kommen die Nachwehen der Geburt, die Verunsicherung durch die körperlichen Veränderungen, über die gesprochen werden müßte und wofür meist die Sprache fehlt. Wenn diese Sprache langsam eingeübt werden könnte, fehlt die Zeit. Oder wenn sie endlich da wäre, ist die Erschöpfung übermächtig... Wir brauchen heute mehr denn je ein tragendes Netz von Menschen. Eine große Anfechtung bedeutet, daß vieles, was vorher zur Stabilisierung der eigenen Person und der Partnerschaft beitrug, und ihr andererseits besonderen Reiz verlieh, jetzt wesentlich geschmälert ist, für kürzere oder längere Zeit auch ganz wegfällt, etwa gemeinsame Ausflüge, Konzertbesuche, lange Gespräche und vor allem auch die sexuelle Beziehung. Viele Frauen empfinden zunächst wenig Lust, was zum Teil mit der Geburt, mit dem Stillen, aber auch mit der Beanspruchung durch das Kind zusammenhängt. Oft ist der Partner gekränkt, fühlt sich noch mehr ausgeschlossen... Doch gerade die Sexualität nach der Geburt eines Kindes kann nur in gemeinsamem Austausch, in gemeinsamem Erspüren neuer Möglichkeiten gestaltet werden. Sexualität nach der Geburt ist etwas Fragiles. Die Frau ist verletzlich, der Mann oft verunsichert. Nur eine große Sorgsamkeit für sich selbst und für den Partner läßt Sexualität sich neu formen, ohne daß schwer heilende Wunden zurückbleiben. Die Schwierigkeiten bestehen oft darin, daß Paare von sexuellen Problemen völlig überrumpelt sind, weil sie nie daran dachten und sie vor allem im nachgeburtlichen Bereich eine stumme Geschichte darstellen. Mehr Offenheit, mehr Ausgesprochenes in diesem Themenbereich könnte vielen Paaren ermöglichen, miteinander oder mit anderen zu sprechen. So würde das Bewußtsein deutlicher, daß auch diese Phase begrenzt ist, ja daß es überhaupt eine Phase, ein Entwicklungsabschnitt *ist*, und Sexualität einmal wieder einen größeren Raum einnehmen kann.

Doch die Zärtlichkeit mit dem Kind vermag diejenige zwischen Eltern zu inspirieren und neue Möglichkeiten von Intimität wachsen zu lassen, wenn auch die Sexualität oft eine sanftere, weniger drängende

Gestalt annimmt. »Meine Erotik ist nicht mehr auf den Genitalbereich allein konzentriert. Ich bin jetzt am ganzen Körper erotisch, sanft erotisch. Ich habe ein neues Gespür für die Nuancen von Zärtlichkeit entwickelt«, sagte mir eine Frau, die ein halbes Jahr zuvor ihr erstes Kind geboren hatte. Und ein Vater erzählte etwas Ähnliches: »Ich nehme den Körper meiner Frau durch die Berührung meines Babys anders wahr. Meine Hände sind wie wacher geworden durch die Zartheit, die die Haut meines Kindes hat…«

Vielleicht sind das noch Ausnahmen, doch sind es schöpferische Möglichkeiten in der Gestaltung von Beziehung. Durch die Geburt eines Kindes gewinnt die Paarbeziehung eine neue Dimension: das Eltern-Sein, das heißt die Verbundenheit der Eltern in der Fürsorge für das Kind, aber auch ein neues Wahrnehmen des Partners/der Partnerin als Vater, als Mutter. Das kann wiederum eine Chance sein, die Dynamik zwischen der erwachsenen, ja reifenden Beziehungsform und den eigenen kindlichen Bedürfnissen ins Fließen zu bringen. Auch Wunden aus der eigenen Kindheit können jetzt vielleicht verarbeitet werden. Es geht nicht darum, daß die Frau im Mann jetzt ein ›zweites Kind‹ hat – oder umgekehrt –, aber daß der Kontakt zu den eigenen kindlichen Schichten aufgenommen werden kann und auch in der Partnerschaft eine Resonanz zu finden vermag.

So stellt die Umgestaltung der Paarbeziehung zur familiären Gestalt neben allen Belastungen, die damit verbunden sind, auch eine echte schöpferische Chance dar. Elternschaft ist auch verbindend. Das gegenseitige Aufeinander-Angewiesensein wird größer oder ist überhaupt erstmals deutlich erlebbar. Die Partnerschaft bekommt einen neuen Ernst, der Herausforderung und Chance zu einem Reifungsprozeß darstellt.

Das Formen des primären Dreiecks hängt von verschiedenen, ineinandergreifenden Aspekten ab: Die Lebensart der Eltern, ihre Beziehung zu sich selbst, zu ihren Eltern, zu ihrer Umgebung, ihrer Arbeit, zu Natur, Freunden, zum Leben, die Gestaltung der Liebesgeschichte zwischen ihnen, ihre Botschaften und Modelle für Geburt und schließlich die reale Geburt mit ihren Konsequenzen sind Teil der formbildenden Kraft, die das primäre Dreieck entstehen läßt, das wiederum eine formende Kraft in der Gestaltung des kindlichen leibhaft-emotionalen Bewegunggesetzes darstellt.

Es gibt die verschiedensten Konstellationen in bezug auf das primäre Dreieck. Ich versuche im folgenden, sie etwas zu schematisieren:

Das ausgewogene Dreieck:

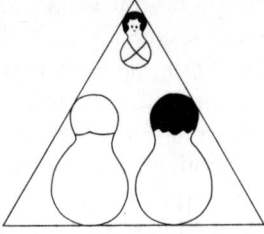

Jeder und jede hat mit jeder und jedem eine eigene Beziehung, und gleichzeitig bilden alle zusammen eine Gemeinschaft.

Die Generationensperre:

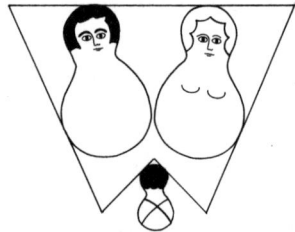

Die Eltern bilden zusammen eine Einheit. Das Kind wird als Eindringling betrachtet.

Das delegierende Dreieck:

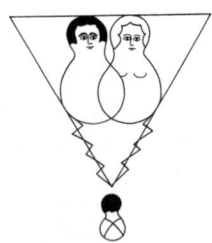

Die Eltern bilden eine Einheit, indem sie die Spannungen dem Kind delegieren. Damit ist oft verbunden, daß Eltern ihre negativen Aspekte auf das Kind projizieren.

Das regressive Dreieck:

Die Eltern – oder ein Elternteil – sind gar nicht Eltern des Kindes, sondern ›Kinder‹ ihres eigenen Kindes und erwarten von ihm die ›Erlösung‹.

Das gespaltene Dreieck:

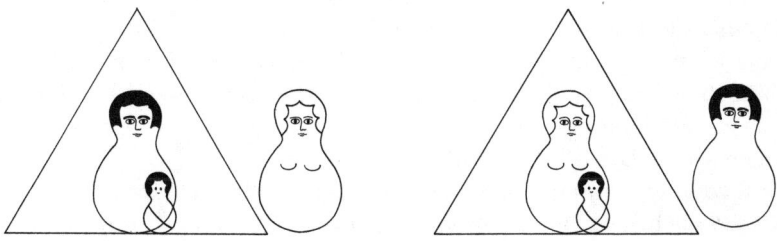

Vater und Kind oder Mutter und Kind bilden zusammen eine Einheit und schließen den Dritten – den anderen Elternteil – aus.

Das isolierende Dreieck:

Keiner ist mit dem anderen wirklich verbunden.

Diese Konstellationen haben meist ihre Wurzeln in der Paarbeziehung und im Zusammenwirken von Mustern aus beiden Herkunftsfamilien sowie in der aktuellen Situation, in der die Familie sich bildet oder umgestaltet.

Dazu ein Beispiel: Eine junge Mutter kam verzweifelt zu mir in die Therapie. Nach einer glücklichen Schwangerschaft und Geburt war sie jetzt völlig aus der Fassung geraten. Ihr Mann war ein sehr hingebungsvoller Vater, nahm das Kind in die Arme, sobald er von der Arbeit heimkam. Seine Frau konnte das kaum ertragen. Sie wurde eifersüchtig auf das Kind und konkurrierte mit ihrem Mann um den Platz in seinen Armen. Er war ratlos, da er sich mit zwei Babys konfrontiert sah. War sie allein mit ihrem Kind, klammerte sie sich an dieses an und suchte Geborgenheit bei ihm, die immer wieder durch seine Bedürfnisse durchkreuzt wurde. Dann war sie hilflos und hatte unerklärliche Aggressionen ihm gegenüber. Erst als sie verstand, daß ihre eigene Baby-Verlassenheit an die Oberfläche kam, lernte sie zwischen der erwachsenen und der kindlichen Ebene unterscheiden. Allmählich gelang es ihr, auch einen Teil an Fürsorge für ihr Kind zu übernehmen. – Ohne Arbeit an ihrem eigenen frühkindlichen Mangel hätte diese Frau wohl die Beziehung zu ihrem Kind umgekehrt und es – wie auch den eigenen Mann – zur Mutter gemacht, wie dies im ›regressiven Dreieck‹ der Fall ist.

Daß auch schon Babys eine Funktion im familiären Dreieck übernehmen können, mag vielen unwahrscheinlich vorkommen. Und doch sind gerade kleine Kinder ›Radargeräte‹, die leibhafte Botschaften ungeschützt aufnehmen. Eine junge Mutter kam verzweifelt zu mir, weil ihre drei Monate alte Tochter nächtelang schrie. Ihr Partner hatte sich, als sie schwanger war, in eine andere Frau verliebt und sich von ihr getrennt. Nach der Geburt war er zwar kurz aufgetaucht, kümmerte sich aber weiter nicht um Mutter und Kind. Sie fühlte sich so verletzt, daß sie »wie eine Schlafwandlerin« lebte. »Ich liebe meine Tochter zwar, aber ich erlebe sie nur wie durch einen Nebel. Alles ist weit weg.« Sie konnte weder ihre Gefühle der Trauer und schon gar nicht ihre Aggression zum Ausdruck bringen. In der zweiten Stunde sagte sie: »Ich habe das Gefühl, daß meine Tochter meine eigene Verzweiflung herausschreit!« Als sie zuerst in der Therapie ihre Gefühle ausdrücken konnte und es schließlich auch wagte, sie ihrem Partner gegenüber zum Ausdruck zu bringen – »in einem denkwürdigen Telefongespräch« –, beruhigte sich die kleine Tochter ziemlich schnell. Die ›Delegation‹ der Gefühle hörte auf, als die Mutter die Verantwortung für ihre eigenen Gefühle übernahm und ihren Partner in die Auseinandersetzung einforderte, die zwar keine neue Verbindung, aber eine Klärung der Situation brachte.

Die Entstehung des Familienkörpers ist also ein wichtiger und vielschichtiger Prozeß, in dem es auf *alle* Ebenen der Beziehung ankommt: auf das primäre Dreieck, die familiären Hintergründe, den Prozeß der Familienbildung und die aktuelle Situation.

Verantwortung und Fürsorge für die nächste Generation

Wenn Kinder zur Welt kommen, rücken die Eltern in die zweite und damit in die fürsorgende Generation, die die formative Aufgabe zu übernehmen hat, bis die jetzt neugeborenen Kinder erwachsen sind. Dies bedeutet auch eine Konfrontation mit der eigenen Geschichtlichkeit und Vergänglichkeit, mit der existentiellen Ebene von Geburt und Tod und der eigenen menschlichen Verwundbarkeit. Oft entsteht ein neuer Bezug zum Generationenkontinuum, in das sich viele neugeborene Eltern wieder mehr einbezogen fühlen, da sie nicht mehr die vorderste, die sich ablösende Generation darstellen. So ergibt sich ein mehrschichtiger Dialog: Durch die Geburt eigener Kinder werden Mann und Frau zu Eltern, zu dem, was ihre eigenen Eltern für sie waren und sind. Ob die jungen Eltern sein wollen wie ihre Eltern oder ganz anders – dies ist eine eigene Form der Auseinandersetzung. Doch rücken sie in die Position, in die ihre Eltern bisher als einzige waren. Dies verbindet – ob positiv oder negativ. Viele Menschen nähern sich durch eigene Kinder ihren Eltern wieder an, meist auf der existentiellen Ebene, die tief und unbewußt verbindet. Ich erinnere mich selbst an den Augenblick, als meine Schwiegereltern am Tag nach Mirjams Geburt zu uns kamen. Die Mutter streckte ihre Arme nach dem Kind aus und hob es empor. Ich sah die tiefe Freude, das Willkommenheißen des Enkelkindes, und ich lag da, war traurig und wußte plötzlich warum. Meine Eltern waren beide schon tot. Doch in diesem Moment hätte ich mir innigst gewünscht, sie bei mir zu haben, damit sie mein neugeborenes Kind begrüßen würden. Es wäre auch ein Stück Geborgenheit zwischen den beiden Generationen gewesen…

Junge Eltern rücken also an eine andere Stelle in der Generationenfolge, wodurch die Beziehung zu den eigenen Eltern und zur Elterngeneration sich wandelt. Die Frau ist nicht mehr nur Tochter ihrer Eltern und der Mann Sohn seiner Eltern – sie sind jetzt zugleich Mutter und Vater eines Kindes, Eltern, die für eine neue Generation verantwortlich sind. Das ist eine persönliche, gesellschaftliche und existentielle Erfahrung zugleich. Sohn oder Tochter zu sein bekommt eine andere Bedeutung durch die Geburt eigener Kinder, gefärbt von den individuellen Erfahrungen mit der Herkunftsfamilie. Eine junge Frau sagte mir kurz nach der Geburt ihres ersten Kindes: »Ich habe eigentlich immer gegen meine Eltern gekämpft, um ein eigenständiges Leben zu führen. Wenn es ernst wurde, habe ich mich jedoch immer wieder nach Hause geflüchtet. Ich probte, eine Erwachsene zu sein und mußte es dennoch nicht wirklich sein. Nun habe ich ein Kind, bin selbst eine Mutter. In den ersten Wochen war es schlimm. Ich holte meine Mutter, schob die Aufgaben meinem Mann zu, wehrte mich gegen die Bedürfnisse meines Kindes, fiel in eine tiefe Depression. Ich wollte nicht erwachsen sein. Da wurde meine Mutter, die allzeit Bereite, krank. Plötzlich waren mein Mann und ich allein. Ich war in Panik, obwohl er nur halbtags arbeitete. Meine Milch ging zurück, das Baby schrie ständig. Eine Freundin sagte mir, ich müsse es halt alle zwei Stunden an die Brust nehmen, bis sich das Stillen eingespielt hätte. Ich kämpfte mit mir, aber niemand konnte mir den Entscheid abnehmen. ›Was hast du getan?‹, fuhr es mir durch den Kopf, ›das hast du nun für die nächsten zwanzig Jahre!‹ Ich begriff, daß ich nur immer Tochter gewesen war. Bequem war es gewesen, gegen meine Mutter zu kämpfen und doch zu wissen, daß sie noch immer einfach da war. Aber sie konnte nicht auch Mutter meiner eigenen Tochter sein. Das war ich, ich war Mutter geworden.«

Eltern zu werden bedeutet, die Verantwortung für die nächste Generation anzunehmen und damit auch, eine andere Position im Generationenkontinuum einzunehmen. Ein Vater formulierte dies so: »Als mein erstes Kind zur Welt kam, änderte sich für mich wenig. Ich genoß die kurzen Kontakte mit meinem Sohn, aber die Sorge um das Kind überließ ich meiner Frau. Ich führte das unbeschwerte Leben weiter, das ich aus der Zeit vor der Geburt zu leben gewohnt war, nur jetzt ohne meine Frau. Ich arbeitete mit Eifer in meinem Beruf, ging meinen Hobbys nach und blieb oft bis lange in die Nacht fort, ging am Wochenende weg. ›Ich brauche das zur Entspannung‹, sagte ich meiner Frau, wenn sie aufbegehrte. Sie mußte ja schließlich nur für das Kind da sein. Ich sah nicht, daß ich mich mit allen Kräften dagegen wehrte, ein Vater zu werden. Ich wollte ein unabhängiger Mann bleiben, nicht ein gequälter Familienvater werden wie mein eigener Vater, der ständig meine überforderte Mutter stützen mußte. Deshalb überging ich auch alle Anzeichen von Depressionen bei meiner Frau. Ich wollte jung bleiben, unbeschwert, wollte die ›erste Generation‹ bleiben, die mit dem Leben vor sich und mit allen ihr offen stehenden Möglichkeiten. Ich weigerte mich, ins zweite Glied zurückzutreten und einer neuen Generation Raum zu geben.

Meine Frau verstummte und ließ mich gewähren. Ich wollte nicht wissen, wie es ihr dabei ging. Oft haßte ich sie. Erst jetzt weiß ich, daß es der kleine Junge in mir war, der seine schwächliche Mutter ablehnte, daß ich mit meiner Frau tat, was ich mir von meinem Vater gewünscht hätte. Ich rächte meinen Vater an meiner Frau. Dann kam unser zweites Kind zur Welt. Aber es ging nicht wie beim ersten. Die Herztöne sanken ab, es kam zu einem Kaiserschnitt, und schließlich hielt ich mein Kind im Arm, während meine Frau noch in der Narkose lag. Man ließ mich einfach allein mit diesem Kind! Und da geschah etwas in mir. Ich kann es schlecht beschreiben, doch ich betrachtete meine winzige Tochter, die mich unverwandt anschaute. Dieser Blick machte mich zum Vater. Ich hielt meine Tochter im Arm, die ich beinahe verloren hätte und wußte, daß jetzt nur ich da war, um sie zu schützen und zu tragen. Ich habe damals geweint – zum Glück sah es niemand. Meine bisherige Härte schmolz weg. Plötzlich begriff ich meinen Vater. Er hatte uns geliebt, hatte seine eigenen Wünsche unseretwegen zurückgesteckt. Er hatte sich einfordern lassen, mehr als andere Väter. Und er hatte auch meine Mutter geliebt, deren Kräfte begrenzter gewesen waren. Daß er sich oft auch zu wenig gewehrt hatte, war nicht mehr im Vordergrund. Ich spürte, daß ich aufgehört hatte, mich gegen die Einforderung als Vater zur Wehr zu setzen. Wir sind erst durch die Geburt meiner Tochter eine Familie geworden.«

Elternwerden bedeutet auch, nicht nur während der Geburt mit der existentiellen Ebene unseres Lebens in Berührung zu kommen. Die 37jährige Mutter eines kleinen Kindes drückte dies so aus: »Ich habe früher ein relativ unabhängiges Leben geführt, habe oft auch Gefahren gesucht, ohne wirklich zu spüren, was es bedeutet, mich zu gefährden. Ich kann es schwer ausdrücken, aber mein Leben war etwas, mit dem ich herumspielen konnte, so etwas wie ein interessantes Spielzeug. Das änderte sich mit der Schwangerschaft, aber vor allem mit der Geburt meiner Tochter. Es war eine schwere Geburt gewesen. Für Augenblicke meinte ich, sterben zu müssen. Erstmals erlebte ich wirklich Todesangst, nicht nur für mich, sondern auch für mein Kind. Ich weiß jetzt, daß ich sterblich bin, so komisch das klingt, und ich bin durch mein Kind verwundbar geworden, wie ich es durch nichts im Leben je war. Das macht das Leben aber auch kostbar. Und meinem Mann geht es ebenso…«

Wie die persönliche, die gesellschaftliche und existentielle Dimension ineinandergreifen, möchte ich anhand einer eigenen Erfahrung darstellen. Vor einiger Zeit besuchte ich das Kloster Madonna del Sasso im Tessin zusammen mit meinen Kindern. Wir traten in die Kirche ein. Aus dem Dunkel leuchtete vorn vom Altar her die wundertätige Madonna mit ihrem Kind. Wir gingen durch das Kirchenschiff nach vorn, setzten uns in die vorderste Bank und schauten. »Sieh doch das kleine süße Baby«, sagte mein siebenjähriger Sohn entzückt und kuschelte sich an mich. Er fand seine eigene Kleinkinderfahrung wieder, sein ganzer Körper erinnerte sich, und eine Weile saßen wir da vorne im Kirchenschiff und schauten uns an. Die Madonna mit dem Kind wurde zum Spiegel, in dem wir unser damaliges Zusammensein nochmals lebten. Es war nicht einfach Erinnerung – die damalige Erfahrung kam als verkörperte wieder zum Vorschein. Dann schauten wir wieder zur Madonna bin. Und plötzlich kamen mir Gretchens Worte in den Sinn:

> Ach neige,
> Du Schmerzensreiche,
> Dein Antlitz gnädig meiner Not!
> Das Schwert im Herzen,
> Mit tausend Schmerzen
> Blickst auf zu deines Sohnes Tod.
> …
> Wer fühlet,
> Wie wühlet
> Der Schmerz mir im Gebein?
> Was mein armes Herz hier banget,
> Was es zittert, was verlanget,
> Weißt nur du, nur du allein![12]

Warum mir bloß diese Worte in den Sinn kamen? Der Marienkult war mir immer fremd gewesen. Ich hatte schon früh aufbegehrt gegen Marias demütige Haltung: »Mir geschehe nach Deinem Wort«, gegen ihre ohnmächtige Gegenwart unter dem Kreuz. Das war kein Frauenbild, dem ich mich als Mädchen und junge Frau hätte anschließen wollen – nein! Plötzlich tauchte eine Szene vor mir auf, und ich hörte

die Worte, die mir damals Angst eingeflößt und gegen die ich mich
mit meinem ganzen Wesen gesträubt hatte:

>... Und aus diesem Tale der Tränen seufzen wir zu Dir...«

Ich hörte den vielstimmigen Chor der betenden Frauen in einer länd-
lichen Kirche. Neben mir kniete meine Mutter und sprach mit. Sie
war mir unendlich fremd, die Frau mit diesen düsteren Worten im
Mund. Doch jetzt begann ich etwas zu begreifen. Mir wurde die
Generation meiner Großmütter gegenwärtig, nicht nur meine Großmutter und meine Mutter, sondern das Leben all dieser Frauen, die
Mütter gewesen, die sich gegen Schwangerschaften, Totgeburten und
frühen Verlust ihrer Kinder, gegen Armut, Schmutz, Krankheit und
Schwerstarbeit nicht hatten wehren können. In der Kirche kamen
sie zusammen und fanden in Maria eine, die ihr Leiden kannte, die
ihre Fürsprecherin war, sie vielleicht gar aus Nöten erlösen, ihre
Kinder heilen würde.

>Bitte für uns, jetzt, und in der Stunde unseres Todes!«

Ich spürte, daß auch in mir dieses Wissen von Frauenschicksalen noch
lebendig war, in einem fernen Teil meiner Selbst, damals über meine
mir fremde betende Mutter von Generationen her in mich eingefleischt.
Ich begriff die schmerzliche Wucht dieser Notgemeinschaft von betenden Frauen. Ich hörte die Gebete, im Wechselrezitieren aus Frauen-
und Männerbänken. Die getrennten Geschlechter, die einander fremden Nöte und die Gemeinsamkeit eines harten Schicksals, das auch
die Männer mit entblößtem Haupt in die Knie zwang.
Die Madonna vor mir wandelte sich. Da war die >Schmerzensreiche<
meiner Ahninnen und Ahnen, die >Mutter mit Kind<, in der ich die
frühe Zweisamkeit mit meinen Kindern wiederfand und Maria, die
>selbstbewußte Göttin<. Und da war auch ein Geheimnis, für das
ich keinen Namen fand. Später sagte mein Sohn David zu mir:
»Weißt du, ich habe wie geschlafen. Und ich war ganz wach, obwohl
ich schlief. Ich war tief innen ruhig. Verstehst du? Ich habe nicht
wirklich geschlafen...« Das war die Erfahrung, für die ich selbst
keine Worte hatte. Die alten Mystikerinnen kamen mir in den Sinn,
die vielen Bilder, die die >Anbetung des Kindes< darstellten, meine
eigenen ersten Begegnungen mit meinen Kindern nach der Geburt.
Es war, als brächten sie ein Geheimnis mit von weit her, und für
kurze Augenblicke tauchte ich selbst als Mutter in die Atmosphäre
dieses Geheimnisses ein.

Auch die existentielle Dimension tauchte auf, wie ich so mit meinen Kindern in der Kirche saß. Ein Lied aus einem Weihnachtsspiel kam mir in den Sinn, das Maria galt:

»Kei Muetter weiß, was ihrem Chind wird gescheh...«[13]

An Davids erstem Geburtstag, zu dem ich alle meine Freunde mit ihren Kindern eingeladen hatte, spielte meine Hebamme mit meinen beiden Kindern Davids Geburt. Und sie sangen dieses Lied. Ich war damals erschrocken und erschüttert gewesen. Noch einmal begriff ich in einem einzigen Augenblick, wie verletzlich ich als Mutter war. Die ›Schmerzensreiche‹ war für diesen einen Augenblick nicht nur Maria im Bündnis mit den geplagten Mütter-Frauen von damals, sondern die Mutter, die um das existentielle Ausgesetztsein weiß, das durch die Geburt eines Kindes gegeben ist, auch wenn wir es heute oft lange zu verdrängen vermögen, als Mutter wie als Vater. Schon immer hatte mich Eichendorffs Gedicht »Auf meines Kindes Tod« angerührt mit all den verschiedenen Gefühlen von Unwirklichkeit, Schmerz, Auflehnung, Ergebenheit und Versöhnung. Nun kam es mir wieder in den Sinn. Plötzlich hörte ich auch die Stimme meiner Mutter, die mir eine eigene frühe Erfahrung erzählte. Sie saß als Mädchen am Bettlein ihres kleinen Bruders, der als Baby Diphterie bekommen hatte. Damals gab es keine Medikamente gegen diese tückische Krankheit. Schon als Kind nahm ich den Unterschied wahr, der mich als Kind einer modernen Gesellschaft von den Gefahren einer früheren Gesellschaft zu Beginn dieses Jahrhunderts trennte. »Ich saß da und schaute auf meinen winzigen Bruder. Sein Atem wurde schwächer und schwächer. Er war unendlich zart und fein. Die Decke hob und senkte sich. Ich liebte diesen kleinen Bruder so sehr, der aussah wie ein kleiner Engel. Ich wußte, daß er sterben würde.« Ich fühlte die Bewegtheit meiner sonst so spröden Mutter, ahnte den Schmerz um das sterbende Brüderlein und zugleich sah ich vor meinem inneren Auge als Kind die engelgleiche Gestalt.

Als ich so an meine Mutter dachte, wurde mir auch ihr Sterben wieder gegenwärtig. Damals hatte ich erfahren, was es bedeutet, ins erste Glied der Generationenfolge zu rücken. Es war, als sei ein schützender Rückhalt weggefallen. Dabei ging es nicht in erster Linie um die persönliche Ebene sondern um überpersönliches Eingebettetsein, das in dieser direkten Form dem Ende zuging.[14]

Geburt und Sterben gehören zusammen, sind einander innerlich verwandt. Eine späte Mutter drückte aus, was auch ich empfand: »Ich

Beziehung zum überpersönlichen Generationen- u. Lebenskontinuum

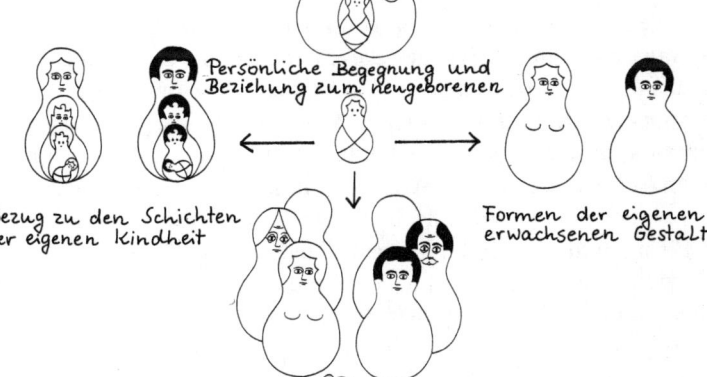

Persönliche Begegnung und
Beziehung zum neugeborenen

Bezug zu den Schichten
der eigenen Kindheit

Formen der eigenen
erwachsenen Gestalt

Eintreten ins zweite Glied des Generationenkontinuums
(in die Position der eigenen Eltern)

Beziehung zum familiären
Generationenkontinuum

spürte, daß die Fürsorge für unsere Kinder, für die nächste Generation überhaupt, uns so einfordern könnte, daß sie uns viel kosten, uns versehren, ja unser Leben fordern könnte. Es ist so etwas wie ein selbstverständliches Lebensgesetz, das für mich als Mutter und für meinen Mann als Vater gilt.«

Der kirgisische Autor Tschingis Aitmatov schreibt in seiner Erzählung »Der Junge und das Meer«[15] von dieser Einforderung. Männer – darunter der Vater des Jungen – sind mit diesem für seinen ersten Fischfang unterwegs und geraten in ein Unwetter. Im dichten Nebel ist keine Orientierung mehr möglich, und die Wasservorräte gehen zu Ende. Ein Mann nach dem andern geht über Bord, zuletzt der Vater, um dem Sohn eine vage Chance zum Überleben zu lassen. Bei aufklarendem Wetter sieht der Junge in der Ferne das Ufer...«

Wir mögen uns innerlich gegen diese Dimension wehren, doch sie geht mit uns und ist mit Elternschaft verbunden. Die Sorge für ihre Kinder läßt manche Mutter und manchen Vater bis zuletzt gegen das eigene Sterben kämpfen. Als meine Mutter nach meiner Geburt erfuhr, daß sie am Sterben sei und die Ärzte sie aufgegeben hätten, sammelte sie nach einem inneren Absturz in tiefste Verzweiflung all ihre Kräfte, um für mich am Leben zu bleiben – und sie überlebte...

Die wichtigsten Aspekte zum Verständnis des Lebens- und Generationenkontinuums möchte ich in der folgenden Darstellung zusammenfassen (vgl. Abbildung auf Seite 121).

6. Eltern und Kinder in der wachsenden Familie

Bis jetzt stand die Beziehung der Eltern zu *einem* Kind im Vordergrund. Doch die Ein-Kind-Familien stellen dennoch nur *eine* Familienform dar. Mit jedem weiteren Kind gestaltet sich der Familienkörper als ganzer um, und es verändert sich auch das Beziehungsnetz innerhalb der Familie auf vielen Ebenen. Die Eltern formen mit jedem der Kinder ein eigenes primäres Dreieck und leben mit den einzelnen Kindern je unterschiedliche Beziehungsqualitäten. Gleichzeitig formt sich die Geschwistergruppe mit den vielfältigen, wechselnden Kontaktmöglichkeiten und Beziehungsmustern der Kinder untereinander. Nicht nur steht jedes einzelne Kind in einer eigen-artigen Beziehung zu Mutter

Der Familienkörper als Dialog mehrerer Beziehungskörper

123

und Vater und zu beiden zusammen als seinen Eltern, es entsteht auch ein Dialog zwischen Mutter und Kindern, Vater und Kindern sowie zwischen dem Elternpaar und den Kindern als Gruppe. So besteht also der Familienkörper aus einem Miteinander und Ineinander mehrerer Beziehungskörper. Wir können mindestens von einem Elternkörper, einem Eltern-Kinder-Körper und einem Geschwisterkörper mit vielfältigen Beziehungseinheiten und Beziehungsformen sprechen.

Sich als Eltern mehrerer Kinder verkörpern

Viele Eltern erleben den Übergang von einem zu mehreren Kindern als einschneidender denn die Gründung der Familie selbst. Eine Mutter erzählte: »Ich war erstaunt, wie leicht ich mich tat mit nur einem Kind. Ich wunderte mich, wie überfordert andere Eltern waren. Der große Schock war die Geburt des nächsten Kindes nach zwei Jahren. Wir waren stolz gewesen, wieviel wir mit unserem Kind noch unternommen hatten – kulturelle Anlässe, Besuche, Reisen –, und nun wußte ich kaum noch, wie ich meine Einkäufe und den häuslichen Alltag bewältigen sollte. Ich fühlte mich als moderner Packesel, ständig am Schleppen, kam mir mit den Kindern im Verkehr wie eine Behinderte vor und erlebte unsere Familie auf Besuchen wie einen monströsen Einbruch in die Geruhsamkeit anderer. Ich war ständig übermüdet, ausgelaugt. Unsere Partnerschaft war auf Eis gelegt...« Viele Eltern empfinden mit mehreren Kindern die schwindende Mobilität, die umfangreichere und vielschichtigere Belastung, die eng begrenzte Möglichkeit, eigene Freiräume zu haben. Die Ein-Kind-Familie kann eine Art ›pocket-family‹ sein, portabel und flexibel, je nach Kind. Mütter von Einzelkindern jedoch beklagen sich auch oft, sie müßten – vor allem wenn diese noch klein sind – den ganzen Tag mit ihnen spielen oder Besuche organisieren. Es besteht nur *ein* familiäres Beziehungsdreieck, doch die Eltern-Kind-Ebene ist 2 : 1. Sobald weitere Kinder kommen, werden die Gewichte anders verteilt.

Eine Mutter von drei Kindern drückte diese Erfahrung so aus: »Ich bin selbst ein Einzelkind gewesen, empfand mich als Zwerg unter Riesen. In unserer Familie war ich wie ein ›Federgewicht‹. Ich wollte deshalb nicht nur ein Kind haben. Als unser zweites, und erst recht als unser drittes Kind zur Welt kam, fühlte ich mich selber beschwerter. Das hatte zwei Seiten: meine eigene Beweglichkeit war eingeschränkt, ich hatte ein Gewicht zu tragen – zunächst ganz körperlich – auf den

Schultern ein Kind, vorn eines im Snuggli und das älteste an der Hand… Ich hatte aber zugleich auch selbst mehr Gewicht bekommen, fühlte mich boden-ständiger. Doch da gibt es noch eine andere Ebene. Die Kinder als eigene Gruppe wurde gewichtiger, auch uns Eltern gegenüber. Das hat mir zunächst sehr viel Mühe gemacht. Ich fühlte mich hilflos, doch da hat mein Mann mir den Rücken gestärkt – bei ihm zu Hause waren sie fünf Kinder gewesen. Eigentlich fand ich es in Ordnung, daß die Kinder zusammenhalten und sich uns gemeinsam auch entgegenstellen können. Das hat uns als Eltern ein angemessenes Gewicht gegeben, und ich habe uns nie als Riesen erlebt. Zunehmend genieße ich es auch, als ganze Familie ins Gewicht zu fallen, denn bei mir waren wir fast immer zu zweit, selten zu dritt.« Es stellte sich heraus, daß die Frau in ihrer Kindheit gelernt hatte, sich schmal zu machen und vom Boden wegzuziehen. »Ich durfte nicht stören und hatte keine Unterstützung in meinem Drang, mich zu bewegen und auszutoben«, sagte sie. In unserem Gespräch entdeckte sie, daß erst ihre wachsende Familie ihr die ›Erlaubnis‹ gegeben hatte, mehr Raum einzunehmen und gewichtiger zu werden. Dies verkörperte sie auch durch ihre Haltung. Hatte sie bisher ihr ganzes Gewicht nach oben gezogen, ließ sie es allmählich hinunter in ihr Becken und weiter bis in die Füße sinken. »Ich spüre jetzt den Boden, habe endlich warme Füße, ein Gefühl, das mir bisher unbekannt war.« Zugleich begann sie ihren Brustraum zu weiten und sich damit als eigene Person ›mit Gewicht und Platzanspruch‹ zu spüren. So gab ihre Familie ihr die Möglichkeit, sich anders zu verkörpern und ihr mitgebrachtes Muster aufzulösen.

Die Art und Weise, wie Eltern sich im Zusammensein mit ihren Kindern verkörpern, hängt also zum Teil mit der eigenen verkörperten Geschichte zusammen. Die Erfahrung mit der Familie kann alte Muster auflösen helfen oder diese weiter verstärken. Eine vierunddreißigjährige Mutter, Karin, kam zu mir, weil sie immer die Fassung verlor, wenn sie sich ihren drei kleinen Buben ausgesetzt sah: »Die haben eine solchen Power miteinander«, sagte sie. Das entsprechende Körpermuster bestand darin, daß sie sich vom Boden wegzog und wegzudrehen begann. »Am liebsten würde ich fliehen, aber ich kann nicht«, sagte Karin. Als sie dieses Muster verstärkte, erkannte sie ihre Kindheitssituation wieder: »Mein Vater kommt auf mich zu, er schreit mich an und will mich bestrafen. Hinter ihm steht die Mutter, die völlig zu ihm hält. Auch mein um viele Jahre älterer Bruder findet mich das letzte….« Die Mutter hatte sich beim Vater über die

Untaten seiner Tochter beklagt und ihn zum Strafen veranlaßt. Als Karin dieses Dilemma-Muster zwischen Fliehen und Bleibenmüssen aufzulösen begann, richtete sie sich unwillkürlich auf und spannte ihren Oberkörper etwas an. »Ich kann standhalten«, war der Satz, der zu ihrer neuen Haltung gehörte, »aber ich bin trotzdem noch etwas unsicher, es könnte gleich kippen. Und ich bin allein.« Es zeigte sich, daß Karin ihren Partner kaum einbezog, weil sie die Konstellation ihrer Eltern nicht wiederholen wollte. Sie konnte sich keine andere elterliche Gemeinsamkeit vorstellen als diejenige, die sie als Kind erlebt hatte. »Ich will keine geschlossene Front machen«, sagte Karin. Nachdem sie einige Zeit mit ihrem Muster gearbeitet hatte, das ihr mehr Standfestigkeit verlieh, wagte sie es, ihren Partner einzubeziehen. Die beiden fanden eine Möglichkeit, einander zu unterstützen. Karin machte die Entdeckung, daß es wichtig für sie war, daß ihr Mann da war. »Ich muß mich nicht auf ihn abstützen aus völliger Hilflosigkeit wie meine Mutter. Es reicht, wenn er einfach dabei ist. Oder ich kann ihm die Auseinandersetzung überlassen, ohne daß ich mich hinter ihm verstecken muß.« Dieses Verstecken war die schrumpfende Haltung ihrer Mutter gewesen, die die Aggression des Vaters angeheizt hatte. Die beiden Eltern – Karin und ihr Partner – lernten auch, einander zu korrigieren, wenn eins von beiden sich verrannt hatte. »Das tut gut«, sagte Karin »ich erlebe das meist nicht als Angriff sondern als Hilfe. Ich kann mehr wagen, wenn ich weiß, daß es ein Gegengewicht gibt, daß ich nicht für alles allein verantwortlich bin und auch nicht alles abgeben muß. Und ich erfahre dabei, daß es nicht nur unter den Kindern eine Gemeinsamkeit gibt, sondern auch zwischen uns als Eltern.«

Die Beziehung zwischen den Eltern und den Kindern als Gruppe ist eine wichtige Ebene des Familienkörpers, die bewältigt werden muß, doch geht es ebenso um die Beziehung zu den einzelnen Kindern. Jede Erfahrung mit einem Kind hat Einfluß auf die Gestaltung der Beziehung mit den folgenden Kindern. So kann etwa die erste Schwangerschafts- und Geburtserfahrung, das Erleben der Babyzeit einen weiteren Kinderwunsch mit beeinflussen, etwa: »Ich möchte das nochmals erleben« oder: »Ich möchte es ganz anders erleben und gestalten.«

Viele junge Mütter geben sich heute beim ersten Kind rückhaltlos in die Beziehung zu ihrem Baby hinein, stillen es nach seinen Bedürfnissen, tragen es ständig mit sich herum. Einige machen das auch bei den folgenden Kindern, selbst wenn sie dabei an den Rand der Erschöpfung geraten. Andere wollen es beim zweiten oder dritten Kind ›ganz anders‹ machen, obwohl das erste Kind prächtig gedieh. Warum? Sie hatten erlebt, daß die Beziehung zum Kind sie über lange Zeit völlig einforderte und das Kind eine Eigendynamik entwickelte, sich nicht mehr ›weglegen‹ ließ, sondern ein waches und anspruchsvolles Kind war. Es wird Müttern manchmal zuviel, nochmals auf diese Weise ›einzutauchen‹.– Zwei Fragen stellen sich hier: »Wie kann ich aus den bisherigen Erfahrungen lernen und mich dennoch nicht von ihnen fixieren lassen?« Und: »Wie bringe ich die Fürsorge für das Kind und die Sorgfalt mit mir selbst in eine Balance?« Eine Mutter formulierte ihre Erfahrung so: »Ich hatte mich beim ersten Kind völlig erschöpft und mir geschworen, das zweite, das unterwegs war, nicht mehr so überhand nehmen zu lassen. Das geht für mich aber nicht, denn schreien lassen will ich es nicht. Doch meine größere Vorsicht hilft mir, für mich noch etwas Raum zu gewinnen, obwohl ich jetzt zwei Kinder habe.«

Es ist ein Abenteuer – und nicht immer ein leichtes – in die Beziehung zum nächsten Kind hineinzuwachsen und diejenige zu den älteren umzugestalten. Dazu erzählte mir eine junge Mutter, Gaby, in einer Therapiestunde folgendes: »Ich wurde wieder schwanger, kurz bevor mein älterer Bub ein Jahr alt war. Ich drängte diese Schwangerschaft in meinem Bewußtsein einfach zurück – ganz anders als beim ersten Mal. Ich war ganz auf mein Baby ausgerichtet. Ich ertappte mich auch dabei, daß ich in der späten Schwangerschaft Gedanken hatte wie ›Du darfst dich nicht eindrängen, mein Sohn darf nicht zu kurz kommen.‹ Er tat mir fast leid, und ich war einfach nicht bereit, mein erstes Kind zurückzustellen. Unsere Beziehung war so innig, und der Kleine wollte auch nicht von der Brust lassen, obwohl ich versuchte, ihn abzustillen. Nicht, daß ich das Ungeborene ablehnte, ich konnte mich einfach nicht so intensiv mit ihm befassen. Ich entschloß mich zu einer ambulanten Geburt, um möglichst schnell wieder zu Hause zu sein. Das zweite Kind, auch ein Bub, war zunächst völlig genügsam, weinte selten und schlief nachts fünf bis acht Stunden, während der ältere Sohn immer zu uns ins Bett wollte. Er war es, der nachts an der Brust trank, ja überhaupt fast nur von meiner Milch lebte. Dem kleinen gab ich den Schnuller, damit er zufrieden war. Nach einiger Zeit bemerkte ich, daß er fast nicht zunahm. Da erschrak ich. Etwas stimmte nicht. Und jetzt weiß ich, daß er einfach so da ist, aber ich glaube, er hat zuwenig Raum bei mir. Was soll ich tun?« Gaby erfaßte ihre Situation erstaunlich klar. Ich konnte mich gut in sie einfühlen, denn ich hatte bei der Geburt meines Sohnes vor ähnlichen Problemen gestanden. Es war eindeutig, daß sie eine Entscheidung treffen mußte. Deshalb sagte ich zu ihr: »Es besteht die Gefahr, daß Sie am Ende das ältere Kind weiter stillen und das kleinere mit der Flasche füttern müssen.« – »Das wäre ja absurd«, sagte die Frau, »aber es stimmt. Das ältere Kind ist eigentlich noch *mein* Baby. Das will ich aber nicht so!« Wie man dem äußerlich Abhilfe schaffen konnte, war klar. Das kleine Baby durfte keinen Schnuller mehr bekommen, damit es an der Brust nuckeln konnte, die Mutter mußte viel Zeit mit ihm verbringen, es tragen. Es ging darum, eine primäre Baby-Beziehung zu ihm zu formen. War Gaby, die übrigens selbst ein ältestes Kind gewesen war, bereit, dies zu tun? Es war keine Zeit mehr zu verlieren. Ich ermutigte sie, ihre eigenen Gefühle des Zu-kurz-gekommen-Seins auszudrücken. Dabei kamen ihr Schmerz und ihre Wut gegen die Mutter und den jüngeren Bruder zum Vorschein. »Ich will nicht, daß mein Sohn dasselbe erlebt«, sagte sie verzweifelt, »er soll nicht zu kurz kommen!« Und schließlich rief sie aus: »Muß denn immer eines der Kinder zurückstehen?« Gaby selbst identifizierte sich völlig mit dem älteren Kind, war selbst dieses Kind, das damals keine Chance hatte: »Ich mußte schon im Alter von zwei Jahren vernünftig sein.« Sie erinnerte sich, wie sie schrie und tobte, als die Mutter nur den Kleinen die Treppe hinauftrug und sie unten stehen ließ. Als wir diese Szene in einer Gruppe spielten, weinte sie verzweifelt. Da sagte die ›Spiel-Mutter‹ zu ihr: »Ich trage jetzt den Kleinen hinauf. Dann komme ich und trage dich hinauf. Und ich singe dir ein Lied, damit du mich hören kannst.« Da wurde sie ruhig und staunte. Sie lauschte dem Lied, bis die ›Mutter‹ wiederkam – wirklich wiederkam – und sie holte. »Ja, so etwas hätte ich gebraucht! Ich fühle mich jetzt gehört und verstanden.« Und nach einer Weile begriff sie plötzlich, daß dies auch ein Modell für sie als Mutter sein könnte. »Ich war von der Forderung besessen, ich müßte beiden aufs Mal dasselbe geben, und weil das nicht ging, gab ich dem älteren Kind nach. Sie verstand, daß beide Kinder Ähnliches brauchten, daß sie dem älteren Kind auch etwas mehr zumuten durfte, wenn sie im Kontakt mit ihm blieb und es nicht überforderte. Durch den Austausch mit den andern Müttern in der Gruppe fand sie auch den Mut, ihren Partner mehr einzubeziehen, der sich vor allem um seinen älteren Sohn zu kümmern begann.

Wie eine Mutter – wie Eltern – das Hinzukommen eines weiteren Kindes erleben, hängt von sehr vielen Aspekten ab, etwa vom Altersabstand, von der Anzahl, der Eigenart der Kinder, von den Erfahrungen mit den älteren Kindern und von ihrer eigenen Erfahrung als Kind. So kam ein Paar zu mir, das sich ständig wegen der Erziehung seiner Kleinkinder stritt. Jeder warf dem anderen vor, das eine Kind ungebührlich zu bevorzugen und in Schutz zu nehmen. Es war ein richtiger Zirkel entstanden. Die Mutter sagte: »Wenn du nicht Thomas so vorziehen würdest, müßte ich Florian nicht so verteidigen.« Und der Vater sagte: »Wenn du Florian nicht so verteidigen würdest, müßte ich Thomas nicht so schützen.« Schließlich stellte sich heraus, daß der Vater das älteste, die Mutter das zweite Kind in der Familie gewesen war. Beide Eltern identifizierten sich mit dem Kind in der gleichen Geschwisterposition. »Als ältestes Kind mußte ich immer die Verantwortung tragen und für den Unfug meiner Geschwister geradestehen. Habe ich sie in den Senkel gestellt, beklagten sie sich bei der Mutter, und ich bekam die Schelte.« So formulierte der Mann seine Kindheitserfahrung. Und dabei blähte er sich ein wenig auf, zog aber die Schultern nach vorne, als erwarte er bereits die Rüge der Eltern. Seine Frau sagte: »Ich mußte meinem älteren Bruder gehorchen, weil er die Unterstützung der Mutter hatte. Er war der Boß. Doch habe ich ihn immer provoziert. Wenn er dreinschlug, konnte ich mich endlich bei der Mutter beschweren. Dann kam er dran.« Sie versteifte sich dabei, während ein aggressives Lächeln auf ihrem Gesicht erschien. Es half dem Paar, als beide einander dabei zuhören konnten, wie es ihnen als Kinder ergangen war. Sie erlebten jedoch auch, wie sie einander aufschaukelten. Die aufgeblähte Haltung des Mannes rief die Versteifung seiner Frau hervor. Und sein Einziehen der Schultern holte den versteckt aggressiven Impuls der Frau an die Oberfläche. So konnten sie erleben, wie sie einander gegenseitig leibhaft tiefer in den bestehenden ›Interaktionszirkel‹[1] hineinmanövrierten. Dabei wurde beiden bewußt, daß sie angenommen hatten, das Kind in der entsprechenden Position müsse sich gleich fühlen wie sie selber. »Das ist nicht unbedingt so«, meinte der Vater einmal. Sie begannen ihre Kinder genauer wahrzunehmen, entdeckten, daß diese anders reagierten als sie sich ausgemalt hatten. Gleichzeitig wurden ihnen auch die positiven Aspekte ihrer Position bewußter. »Ich bin wichtig, kann einen Beitrag leisten, Verantwortung tragen«, sagte der Mann. »Ich bin gar nicht so ohnmächtig, ich durchschaue, was geschieht«, sagte die Frau. Dadurch konnten sie allmählich ihren Kindern eher zumuten, ihre Streitigkeiten allein auszutragen und nur einzugreifen, wenn der Streit eskalierte. Dabei sahen sie auch, daß *beide* Kinder in Not gerieten und beide Anteil am Streit hatten. Der Lernprozeß auf der Paarebene konnte im Umgang mit den Kindern fruchtbar werden.

Das Hinzukommen weiterer Kinder in einer Familie bringt immer wieder neue Themen des Zusammenseins in den Vordergrund – Neues muß gelernt und Mitgebrachtes verändert werden. Zu den wichtigsten Themen gehört die fundamentale und selbstverständlich erscheinende Erkenntnis, daß jedes Kind eigen-artig und einzigartig ist. Es kann nie mit einem anderen Menschen – weder mit einem Elternteil noch mit einer anderen Person aus der Familie – identifiziert werden. Ebenso läßt sich keine Erfahrung, die Eltern mit einem Kind machen, mit einem nächsten einfach wiederholen. Mütter nehmen meist schon in der Schwangerschaft wahr, daß jedes Kind wieder anders ist. Eine Mutter von drei Kindern gab ihre Erfahrung so wieder: »Für mich ist es faszinierend zu sehen, daß meine Kinder von ihrem Temperament und von der Art, mit dem Leben umzugehen, her so sind, wie ihre Geburt war.« Eltern mögen beim Kontakt mit dem Neugeborenen ahnen oder deutlich spüren, daß ihr Kind bereits vieles mitbringt, was sich mit Begriffen wie Konstitution oder Temperament bezeichnen läßt. Es ist dies und auch mehr. »Als meine Tochter auf der Welt war, schaute ich sie oft einfach an«, sagte ein junger Vater, »erstmals verstand ich, was es bedeutet, wenn wir sagen, jeder Mensch sei einmalig. Meine Tochter war ein Wesen ganz für sich, so unausgeformt sie noch war. Erstmals nahm ich auch bis ins Innerste wahr, daß jeder Mensch von Anfang an ein Geheimnis ist.« Dieses Geheimnis zu respektieren, gehört zu den wichtigsten Aspekten von Erziehung, bedeutet auch, daß Kinder von ihrem Wesen her nicht vergleichbar sind.[2]

Eine junge Mutter kam zu mir, weil sie das Gefühl hatte, ihre beiden kleinen Kinder nicht genug zu lieben. »Immer wieder habe ich das Gefühl einer großen Fremdheit«, sagte sie. Dieses Gefühl tauchte auf, wenn sie eines der Kinder nicht zu verstehen, sich in seine Reaktionen nicht einzufühlen vermochte. Dann setzte sie sich unter Druck und wurde schließlich wütend auf das Kind, wandte sich dem andern zu, das ihr nicht diese Erfahrung vermittelte. »Ich werde dann hart und ablehnend«, äußerte sie. Als sie in unserem gemeinsamen Üben dieses Härtemuster etwas mildern konnte, machte sie eine für sie überraschende Erfahrung: »Ich kann jetzt eigentlich ganz gut damit sein, daß ich etwas nicht verstehe. Aber ich sehe, wie wenig ich es aushalten konnte, daß mir die Kinder immer auch wieder fremd werden. Bei uns zu Hause mußte alles harmonisch sein…« Allmählich begann die Frau zu begreifen, daß Liebe nicht nur emotionale Nähe und selbstverständliches Verstehen bedeutet, sondern auch Respekt vor dem Sosein jedes Kindes. »Ich weiß jetzt, warum ich mich so schlecht gefühlt habe. Sobald

Fremdheit entstand, die ich nicht aushalten konnte, habe ich mich zum andern Kind geflüchtet. Damit habe ich eigentlich beide mißbraucht.« Sie konnte das erkennen, ohne in Schuldgefühle zu versinken: »Die Kinder bringen mich dazu, immer weiter zu wachsen.«

Die Einmaligkeit und das Anderssein jedes Kindes zu respektieren, ist die Voraussetzung dafür, als Eltern auch das wahrzunehmen, was die verschiedenen Kinder in ihnen ansprechen und in den Vordergrund bringen. Es gibt Kinder, deren konstitutionelle Basis, deren Temperament einer Mutter oder einem Vater näher sind. Das eine Kind mag sensibel, dünnhäutig sein und auf menschliche Kontakte sehr feinnervig reagieren und braucht Schutz vor zuviel Turbulenz. Ein anderes ist eher gegen außen aktiv, will ständig etwas unternehmen und anzetteln, während ein drittes eine gewisse Gemächlichkeit an den Tag legt, Gemütlichkeit schätzt und mehr in sich ruht. Je nach der Art der Eltern können hier verschiedene Dialoge entstehen, die von den Eltern her auch davon abhängig sind, welche Lebensstil-Muster sie im Kontakt mit der eigenen Konstitution herausgebildet haben. Wenn Eltern sich dieser Zusammenhänge bewußter werden, entfallen sehr viele Mißverständnisse, wird deutlicher, daß es Ebenen in uns allen gibt, die wir nur annehmen und sinnvoll einsetzen können. Damit wird es auch möglich, die Kinder anders zu sehen und ihnen dabei zu helfen, aufgrund ihrer ›Mitgift‹ eine je eigene Lebens-Form auszubilden.

Eine Mutter, die mit ihrem zweiten Kind, dem zweijährigen Sohn, große Schwierigkeiten hatte, fand im Laufe unseres Gesprächs heraus, daß es seine Langsamkeit und Bedächtigkeit war, die ihr Mühe machten. »Meine Tochter ist ein richtig quirliges Ding«, sagte sie. »Manchmal nervt sie mich, aber ich kenne mich da aus, sehe mich selbst in meiner Tochter und weiß auch, was sie braucht.« Doch bei ihrem kleinen Sohn wurde sie schnell ungeduldig, trieb ihn an, schimpfte mit ihm oder lief ihm davon, worauf er mit zunehmender Bockigkeit reagierte. Die Einsicht, daß sie und ihr Sohn ein ganz unterschiedliches Lebenstempo haben, entlastete sie. »Ich wußte einfach nicht, wie mir geschah. Eigentlich habe ich Markus sehr gern, aber etwas in mir reagiert einfach drauflos.« Es ging also darum, ihre eigene innere Resonanz auf Markus ernst zu nehmen. Dabei entdeckte sie etwas, was ihr nicht bewußt gewesen war: »Ich bin zwar sehr aktiv und handlungsorientiert. Und doch gibt es Augenblicke, wo ich einfach dasitzen und in meinem Bauch, besser noch, in meinen Eingeweiden ruhen möchte. Ich habe diese Tendenz immer unterdrückt und auch meinem Mann wenig zugestanden. Jetzt ist dafür bei uns mehr Platz. Das

Schöne dabei ist, daß irgendwie der Raum in unserer Familie größer und weiter geworden ist.«

Sobald mehrere Kinder da sind, braucht jedes Kind – seinem Alter gemäß – eine andere Beziehungsform. Eltern müssen also gleichzeitig mehrere Beziehungsmodi verkörpern. Das heißt: eine Mutter ist beispielsweise zugleich Baby-Mutter und Mutter eines Kleinkindes, das eben seinen Willen, sein Ich entdeckt. Mit dem einen Kind lebt sie in einer engen, Geborgenheit stiftenden Beziehung, das andere bedarf zwar ihrer Fürsorge, will jedoch gleichzeitig eine erste Form von Selbständigkeit lernen. Vielleicht ist ein noch älteres Kind da, das vor allem Anteilnahme an seinen ersten Erfahrungen mit Kontakten außerhalb der Familie braucht, erzählen und mit-teilen will. Oder in späteren Phasen der Kindheit experimentiert das älteste Kind mit der Abgrenzung von den Eltern, beginnt sich aus der Familie hinaus zu bewegen, während die jüngeren Kinder Austausch und Unterstützung in alltäglichen Fragen noch dringend brauchen.

Manchmal ist es schwierig, den Übergang von einem zum andern Beziehungmodus zu finden oder mit der Gleichzeitigkeit so verschiedener – oder noch so ähnlicher – Ansprüche zurecht zu kommen, was immer auch mit der eigenen verkörperten Geschichte – mit der inneren Babuschka – in Zusammenhang steht. Dazu möchte ich ein Beispiel geben: Eine Frau, die selber ein Einzelkind gewesen war und nun zwei Kinder hatte, ein dreijähriges und ein fünfjähriges, kam zu mir mit folgendem Problem: »Ich weiß überhaupt nicht mehr, wer ich bin. Ich fühle mich so zerrissen. Und ich bin keine gute Mutter mehr. Als ich nur ein Kind hatte, ging alles gut. Ich konnte mich ganz auf seine Bedürfnisse einstellen. Da war alles klar. Es ist mir wirklich leicht gefallen… aber jetzt! Immer habe ich das Gefühl, es falsch zu machen. Das eine Kind will dies haben, das andere etwas anderes. Es ist mir unmöglich, auf beide Kinder gleichzeitig einzugehen. Dann versuche ich es doch, bin bei keinem Kind ganz – und am Schluß gehen mir die Nerven durch…« Das Selbstbild dieser Frau als Mutter war völlig zusammengebrochen, und sie war ständig am Rand der Erschöpfung. »Ich könnte schreien«, sagte sie verzweifelt, »ich sehe manchmal ein Bild, auf dem mich meine beiden Kinder einfach in verschiedene Richtungen zerren, mich zerreißen.« Sie war der Überzeugung, daß sie auf zwei Kinder genau gleich eingehen müßte, wie es bei einem einzigen möglich ist. Sie versuchte, eine Ein-Kind-Mutter für zwei Kinder zu sein. »Als ich nur meinen Mann hatte, stellte ich mich ganz auf ihn ein. Als unser erstes Kind kam, konnte ich es so einrichten, daß ich am Abend einigermaßen für meinen Mann frei war. Auch das geht jetzt nicht mehr.« Im Laufe des Gesprächs begann die Frau zu spüren, daß sie etwas Unmögliches versuchte, nämlich ›allen alles zu sein‹, wie sie es bei ihrer Mutter erlebt hatte. »Und ich dachte immer, etwas an mir müsse grundlegend falsch sein, daß ich das nicht fertigbringe.« Sie fühlte sich zunächst von einem großen Druck befreit. Dennoch blieb Ratlosigkeit. Sie hatte eigentlich immer nur Zweierbeziehungen erlebt. Und zwar solche, die wenig Eigen-Raum gaben. »Was möchten *Sie* denn?« fragte ich. »Daß ich allen gerecht werden kann«, antwortete sie spontan. Eigene Bedürfnisse kannte sie eigentlich kaum. Der Konflikt lag also in einer ganz anderen Richtung, als sie ihn gesucht und gesehen hatte. Es ging nun zunächst um die Frage: »Wie kann ich im Kontakt mit meinen Kindern und meinem Mann ich selber sein?« Nach einer Körperübung sagte sie: »Ich spüre in mir einen ruhigen Ort, den die andern nicht angreifen können.« Ich bat die Frau, diese Übung so oft als möglich zu wiederholen und dann auch im Beisein ihrer Kinder auszuprobieren. In der nächsten Stunde erzählte sie, daß sie nicht mehr so oft in Not geraten sei und sich zuerst dem einen, dann dem andern Kind zugewandt habe. »Manchmal gab es ein Geschrei, aber irgendwie lernen sie auch, ein bißchen zu warten. Manchmal hilft auch der ältere Bruder dem Kleineren. Damit habe ich nie gerechnet. Ich meinte immer, *ich* müsse alles machen. Nur wenn sie beide zugleich reden und an mir zerren, oder wenn mein Mann auch noch etwas von mir will, verliere ich mich wieder.« Wir arbeiteten in der nächsten Zeit weiter mit der Form des Zu-sich-kommens und zusätzlich mit Übungen zur Abgrenzung. »Ich begreife zum ersten Mal, was eine Gemeinschaft sein kann«, äußerte die Frau einmal, »und daß die Kinder nur lernen, wie wir aufeinander eingehen können, wenn ich ihnen die Chance dazu gebe und auch Grenzen setze.« Es zeigt sich hier, daß die Verkörperung des Mutterseins auch eine Verkörperung einer Gemeinschaft gegenüber und *in* ihr darstellt, diese Gemeinschaft aber erst von den Eltern gestaltet werden muß. Deshalb wurde nach einer Weile auch der Mann dieser Frau in den Prozeß einbezogen.

Es zeigt sich hier, wie komplex das Formen des Beziehungsnetzes in der Familie ist. Gleichzeitig ist es auch – wenn die Lebenssituation nicht bedrückend ist – ein Reichtum. Eine Mutter von vier Kindern sagte mir: »Ich genieße es, Kinder in so verschiedenen Lebensstadien zu haben. Es ist eine solche Vielfalt, soviel Neues immer wieder, Schwieriges oft auch. Aber wir mögen diese Herausforderung, mein Mann und ich.«
Die innere Erweiterung des familiären Raumes durch das Zusammensein unterschiedlicher Menschen bedeutet nicht nur, jedem als einer

eigenen Persönlichkeit gerecht zu werden sondern auch, eine gemeinschaftliche Form zu finden, die sich jedoch im Laufe der Kindheit immer wieder verändert. Eine Balance zu formen, ist keine leichte Aufgabe. Menschen aus kinderreichen Familien sprechen oft von ihrem Zusammenhalten, das sie gestärkt hat, gerade auch in schwierigen Zeiten. Umgekehrt gab es oft keine Möglichkeit, sich zurückzuziehen, Zeit und Raum für sich zu haben und mit der eigenen Individualität ernst genommen zu werden. Heutige Kleinfamilien haben hingegen meist wenig verbinde Aufgaben mehr, können jedoch oft ihre Individualität besser entfalten. Wir sind erst dabei, Formen der Gemeinschaftlichkeit herauszubilden, die die Balance zwischen Individualität und Verbundenheit neu formen.

Beziehungen unter Geschwistern

Die Kinder einer Familie bilden zusammen eine Gruppe, einen ›Geschwisterkörper‹. Die Geschwisterfolge, die Eigenart der einzelnen Kinder, ihr Geschlecht und die Wechselwirkungen zwischen Eltern und Kindern haben einen formenden Anteil daran, wie jedes Kind seinen Platz unter den Geschwistern und in der Gesamtfamilie innehat. Jedes Kind sucht die subjektiv bestmögliche Form, wie es diesen Platz gestalten kann und mit seinem Beitrag an die familiäre Balance – den wir als Loyalität bezeichnet haben[3] – zu verbinden vermag.

Wir können diese Form jedes Kindes durch eine Art Inventar möglicher verkörperter Rollen andeutungsweise zum Ausdruck bringen. Die einen werden von der Familie – und oft von der Umgebung – als positiv gewertet, die andern als negativ. So ergibt sich eine Skala mit verschiedener Akzentsetzung, wie sie immer wieder in der Schilderung von Familienkonstellationen anzutreffen ist[4]:

Liebling (aller) – Sonnenschein – Clown – Stimmungsmacher – Helfer – unproblematisches (pflegeleichtes) Kind – angepaßter Mitläufer oder:

›schwieriges‹ Kind – Rebell – Querschläger – Sündenbock – Außenseiter – Fremdling

Dabei ist klar, daß der ›Sonnenschein‹ der Familie auch viel Eifersucht bewirken kann, und das entsprechende Kind in seiner Rolle nicht glücklich zu sein braucht. Jede Rolle ist wieder die subjektiv bestmögliche, die jedoch – je starrer die Familie ist – mit einem hohen Preis bezahlt wird. Wenn ein Kind der Sonnenschein sein *muß*, dürfen bestimmte Gefühle, Wünsche und Forderungen nicht zum Ausdruck kommen, ja oft nicht einmal wahrgenommen werden. In den leibhaften Familiendialog übersetzt heißt dies: das, was wir als ›Rolle‹ bezeichnen, ist nicht mehr nur eine Verhaltensmöglichkeit unter vielen, sondern wird zu einem einverleibten Muster, das sich in einem familiären Dialog immer mehr verfestigt, der alle in fixierten Mustern gefangenhält. »Ich habe als Kind immer gestrahlt«, sagte ein Mann, und im Kontakt mit der entsprechenden Haltung erkannte er: »Ich kann nur lächeln und sinke dabei ein. Innen fühle ich mich leer. Nur ganz unten im Bauch ist eine Spannung. Da sitzt die Wut, die ich nie zeigen durfte. Die andern ließen das nicht zu…«

Eltern haben es nicht einfach in der Hand, welche Rollen Kinder auswählen, denn jedes Kind antwortet auch auf *seine* Weise auf den Familienkörper. Doch kommt es darauf an, den Kindern ein Experimentierfeld zu lassen, sie nicht festzulegen – auch nicht mit festnagelnden Wertungen. An diesem Punkt sind wir als Eltern immer wieder zurückverwiesen auf unseren eigenen verkörperten Anteil.

Wie sich die einzelnen Kinder von Geburt an innerhalb der Geschwistergruppe verkörpern, hängt auch mit der Vorgeschichte, die zur Geburt des Kindes führte und sie begleitet, aber auch mit der Dynamik im Bereich der Geburt selbst und der Folgezeit zusammen. Einige, mir wichtig erscheinende Akzente, möchte ich im folgenden ansprechen.

Das erwünschte erste Kind vereinigt auf sich oft alle Hoffnungen und guten Vorsätze bis hin zum Schwur: »Ich will es viel besser machen als meine Mutter/mein Vater!« Oder: »Ich will es ebensogut machen wie meine Eltern!« Das Kind wird oft sehnlich erwartet, alles intensiv vorbereitet. Es steht im Mittelpunkt der Aufmerksamkeit, meist auch im weiteren Kreis der Verwandtschaft. Jeder Entwicklungsschritt wird genau beobachtet und mit Freude begrüßt. Eine schwere Geburt oder anschließende Krisen können jedoch eine tiefe Ambivalenz dem Kind gegenüber aufkommen lassen. Falls sich der Vater nach der Geburt zurückzieht, kann sich die Mutter eng an das Kind anschließen oder es um des Partners willen zurückstellen. Ist das Kind unerwünscht, bekommt es sehr häufig die negativen Projektionen, wird zum Eindringling oder Sündenbock… Dies sind nur einige mögliche Varianten, die mit vielen weiteren Faktoren in Verbindung stehen. Was geschieht, wenn jetzt ein zweites Kind kommt? Es wird in einen schon bestehenden Familienkörper hineingeboren. Die Erfahrungen mit dem ersten Kind zeitigten Vorstellungen, Erwartungen, Verhaltensmuster, auch wenn die Eltern mit ihrer bisherigen Geschichte als Eltern sorgfältig umgehen. Dennoch haben Muttersein und Vatersein bereits eine bestimmte konkrete Verkörperung erfahren.

Das Feld ist also nicht mehr frei. Was macht jetzt das zweite Kind daraus? Es kann zum Beispiel sehr ›pflegeleicht‹ und angepaßt werden, anspruchslos sein. Auf einer – auch den Eltern unbewußten – Ebene kann es die Botschaft mitbekommen: »Du darfst keine Schwierigkeiten machen, wir ertragen es nicht!« Oft rückt dann das ältere Kind in die Rolle des anspruchsvollen, ja ›schwierigen‹ Kindes, das nach der Entthronung um seinen ursprünglichen Platz kämpft. So kann sich beim Kind die Verkörperung der eigenen Position auch für die spätere Zeit verhärten, wenn weitere erschwerende Momente hinzukommen oder die Eltern die Not des Kindes wenig wahrzunehmen vermögen. Manchmal schließt sich das ältere Kind enger an den Vater an, was zu einer familieninternen ›Verteilung‹ der Kinder führen kann.

Vielleicht ging beim älteren Kind auch alles reibungslos, und das nächste Kind braucht alle Kräfte der Mutter, weil es beispielsweise nachts viel schreit, häufig krank ist etc. Auch hier verliert das ältere Kind an Aufmerksamkeit; je nach der übrigen Konstellation kann es zum ›schwierigen‹ Kind werden, während das nächste zum ›armen‹ oder kranken wird. Es kann auch angepaßt und hilfsbereit sein, während das jüngere Kind zum ›schwierigen‹ wird. War das erste Kind ein noch nicht erwünschtes, kann sich nun alle Liebe auf das nächste konzentrieren, und das ältere wird zum Sündenbock, zum schwarzen Schaf. Freilich kann es auch umgekehrt sein: das folgende Kind wird in eine schwierige Ehesituation hineingeboren und ist ›schuld‹ daran, daß die Eltern zusammenbleiben müssen….

An dieser Stelle möchte ich ein Beispiel einfügen, um zu zeigen, was eine verkörperte Erfahrung im Zusammenhang mit der Entthronung durch ein jüngeres Geschwister bedeuten kann: In einer Vorlesung erlebte ich eine Situation, die mich sehr berührt hat. Wir behandelten das Thema ›Kindheitserinnerungen‹, und ich erzählte, daß mir einmal in einem Ferienheim die Kinder meinen ganzen Geburtstagskuchen aufgegessen hatten, als ich den Raum für einen Moment verließ. In der folgenden Vorlesung brachte mir einer der Studenten einen selber gebackenen Kuchen mit. Nach der Pause war eine Studentin den Tränen nahe. Sie sagte, während der ganzen letzten Stunde habe sie auf den Kuchen starren müssen und sich gefragt, für wen er wohl sei. »Sicher nicht für dich«, habe eine Stimme in ihr geflüstert. Dabei sei sie ganz traurig geworden. »Ich lebte wie auf zwei Ebenen, denn mein Verstand sagte mir, das sei doch völlig daneben.« Da kam ihr plötzlich eine Kindheitserinnerung in den Sinn: »Ich sehe mich in der Küche stehen, etwas älter als zwei Jahre. Auf dem Herd ist eine Pfanne, in der meine geliebte Milchflasche steht. Ich schaue sie wie gebannt an. Etwas ist ganz anders. Ich verstehe es nicht. Da ist die Milchflasche, aber ich weiß plötzlich, daß sie nicht mehr für mich ist, sondern für meinen neugeborenen Bruder. Irgendwie bin ich fassungslos, möchte die Hand ausstrecken und sinke doch nur in mir zusammen. Damals habe ich aufgegeben. Und mir bleibt nur der Satz dazu: ›Es ist nicht für dich!‹ Bis heute.« – An dieser Erinnerung kristallisierte sich, wie die Frau als Kleinkind die Entthronung durch den Bruder erlebt, sich die Erfahrung einverleibt und mit einem entsprechenden Muster darauf geantwortet hatte, ohne daß die Eltern bemerkten, was im älteren Kind vorging. Es erschien anspruchslos und vernünftig… Oft ist es die Ahnungslosigkeit der Eltern, die ein Kind auch in ein Muster geraten läßt, das als Antwort auf den veränderten Geschwisterkörper zu verstehen ist. Beanspruchte Eltern nehmen zudem das Angebot eines ›vernünftigen‹ Kindes gerne an und tragen dadurch unbewußt dazu bei, daß ein Kind glaubt, nur mit diesem verkörperten Muster einen Platz in der Familie – und damit auch im Leben – zu haben. Und es nimmt auch an, daß dies *sein* Beitrag zum Wohl der Familie sei.

Die Dynamik, die ich zwischen dem ersten und zweiten Kind beschrieben habe, kann sich auch zwischen Kindern, die später in der Geschwisterreihe geboren werden, ergeben, nur mit etwas anderer Akzentsetzung, weil etwa das erste Kind als ältestes bestimmte Erfahrungen anders macht und sich die Vorstellungen, Gefühle und Erwartungen der Eltern mit einer wachsenden Familie verändern. Je nach Altersabstand grenzt sich das dritte Kind gegen das vor ihm geborene ab, ähnelt vielleicht wieder dem ersten Kind. Oft kümmert sich das älteste Kind nun um das jüngste, das ihm weniger Konkurrenz ist… Auch das zweite Kind ist jetzt mit einem veränderten Familienkörper, mit einer anderen Geschwisterkonstellation konfrontiert. Es mag sich nach innen zurückziehen, sich mehr außerhalb der Familie bewegen, kann mit Rückzug oder Rebellion antworten.

Zur Stellung des mittleren Kindes möchte ich nun ein Beispiel einschieben: Ein junger Mann kam zu mir, weil er Kontaktschwierigkeiten hatte und sich immer mehr in sich selber zurückzog. Er hatte einen drei Jahre älteren Bruder, der von klein auf viel stärker und vitaler gewesen war als er. Der Vater war sehr stolz auf diesen Bruder gewesen, während sich die Mutter ihm, dem zarteren und ein wenig verträumten Jungen zugewendet hatte. Vier Jahre später kam eine Schwester zur Welt. Sie war von Anfang an kränklich gewesen, brauchte die ganze Fürsorge der Mutter. Erst im Laufe der Therapie wurde ihm bewußt, wie einschneidend die Geburt dieser Schwester gewesen war. »Plötzlich stand ich ganz allein da. Niemand hatte mehr Zeit für mich. Ich begann, mir eine eigene innere Welt aufzubauen. So war ich auf niemanden mehr angewiesen. Und jetzt weiß ich auch, weshalb ich mir nicht vorstellen kann, daß eine Beziehung Dauer haben könnte.« Was dieser Mann erzählte, war zu einer verkörperten Erfahrung des Dazwischenseins und des Mißtrauens geworden. Erst als es ihm möglich wurde, sich mehr nach draußen zu wagen, Kontakt aufzunehmen und zu halten, konnte er den Rückzug in eine innere Welt auch als einen Reichtum erleben, als Möglichkeit, sich wieder zu sammeln.

Auch jüngste Kinder haben die verschiedensten Möglichkeiten, je nach Familie, in die sie geboren werden. Sie können sich in ihrer Jüngsten-rolle einnisten, den älteren Geschwistern nacheifern, sich wie Einzel-kinder oder als unzumutbare Nachzügler fühlen. Auch der Altersab-stand spielt in der Gestaltung des Geschwisterkörpers eine Rolle. Wer-den die Kinder eines ums andere in kurzen Abständen geboren, bleibt oft immer weniger Raum für die Bedürfnisse des einzelnen Kindes. »Wenn ich mir meine Mutter vorstelle, sehe ich immer wieder ein neues Baby auf ihrem Schoß«, sagte eine Frau traurig, die selbst das älteste von fünf in kurzen Abständen geborenen Kindern war. Während sie das sagte, sah ich, wie sie resigniert in sich zusammensackte, während ihr Gesicht tiefe Sehnsucht ausdrückte. Sie hatte sich dadurch geholfen, daß sie der Mutter bei der Betreuung der jüngeren Geschwi-ster beistand. So ergatterte sie wenigstens ein bißchen Anerkennung ihrer überbeschäftigten Mutter. »Nur wenn ich meine Bedürfnisse umkehre in ein Stillen der Bedürfnisse anderer, habe ich einen Platz«, heißt hier die Geschichte, die diese Frau sich unbewußt erzählte und in einem Muster des Sich-schmal-Machens zum Ausdruck brachte. »Ich bin immer in Alarmbereitschaft, um wahrzunehmen, wenn je-mand etwas von mir will«, sagte sie.

Bei einem großen Altersabstand mag die Geburt eines Geschwisters als Einbruch erlebt werden, oder die Beziehung kann gerade deshalb eine innige sein, weil dieser Bruder, diese Schwester keine Konkurrenz zu sein vermag…

Der Alterabstand zwischen Kindern hat auch einen Einfluß darauf, wel-che Kinder sich zusammenschließen oder gegeneinander auspolarisie-ren. Je größer die Familie ist, desto autonomer wird meist die Geschwistergruppe. Die älteren Kinder übernehmen Elternfunktionen, die jüngeren erleben sich manchmal umgeben von vielen Elternfiguren.

Auch das Geschlecht der Kinder spielt in der Dynamik des Geschwisterkörpers eine Rolle. Vielleicht wünschen sich die Eltern ein Mädchen oder einen Jungen, sei es, weil sie ein Geschlecht vorziehen oder die Familie nur aus Mädchen oder Jungen besteht. Es kann schwierig sein, das ›falsche‹ Geschlecht zu haben oder die längst erwartete Prinzessin, der längst erwartete Prinz zu sein. Eine Frau sagte dazu in der Therapie:»Ich bin mit fünf Brüdern groß geworden, war die zweitjüngste. Unbedingt wollte ich bei ihnen mithalten können und wurde selber wie ein Bub. Mädchen haben mich nie interessiert. Ihre Spiele waren mir zu langweilig. Und meine Mutter war eine sehr resolute Frau. Das sogenannte ›weibliche Element‹ gab es bei uns einfach nicht. Und jetzt bin ich ratlos, weil mir das übliche Repertoire fehlt. Männer erleben mich auch als Kumpel und nicht als Frau.« Auch hier stießen wir wieder auf einverleibte Muster. Doch gleichzeitig wird ein weiterer Aspekte deutlich, der oft übersehen wird: In der Familie, unter den Geschwistern können bestimmte Qualitäten eingeübt werden, während andere zu kurz kommen und später hinzugelernt werden können.

Die innere Gestaltung einer Familie ist auch von schicksalhaften Aspekten mitbestimmt, die niemand von uns in der Hand hat. Ich möchte hier nur zwei Themen ansprechen: Krankheit und Tod von Geschwistern. Meist ist es für die Eltern sehr schwierig, die Krankheit eines Kindes anzunehmen, sei sie angeboren, während der Geburt oder später entstanden, oder sei sie die Folge eines Unglücksfalles. Es ist ein Unterschied, ob es sich um eine lebenslängliche Behinderung, um eine heilbare oder unheilbare Krankheit handelt. Es gibt über diesen Bereich sehr viele gute Untersuchungen.[5] So möchte ich mich auf einige Aspekte konzentrieren, die in der Therapie immer wieder auftauchen. Ich beschränke mich dabei auf die Situation der Geschwister kranker Kinder.

Ein wichtiger Aspekt ist die Überforderung der gesunden Kinder. Dazu ein Beispiel: Eine Frau war damals drei Jahre alt, als die fünfjährige Schwester an Enzephalitis erkrankte. Sie war in der Folge schwer beeinträchtigt, schrie und schlug oft lange Zeit um sich und konnte nur noch einzelne Wörter lallen.»Es war schlimm«, sagte die Frau,»plötzlich war meine ältere bewunderte Schwester irgendwie kleiner als ich. Ich versuchte, mit ihr zu spielen, aber ich verstand sie nicht… Meine Mutter trug mir auf, sie zu hüten, aber da schlug sie und gab solche Töne von sich, daß ich Angst bekam und mir nicht zu helfen wußte. Und doch liebte ich sie. Als sie dann acht Jahre alt war, kam sie in ein Heim. Ich besuchte sie, bis sie starb. Sie war und blieb meine Schwester.« Viel Schmerz war mit dieser Geschichte verbunden, die einen traumatischen Einbruch ins Leben des Kindes wie der Eltern darstellte. Auch die gesellschaftlichen Kontakte verringerten sich. Die Familie wurde einsam. Bei der Berührung dieses Schicksals kam in der Frau vor allem Schmerz und Trauer hoch, »ich konnte doch der Mutter nicht zeigen, wie traurig ich war«, sagte sie, während ihr die Tränen hinunterliefen. Sie fühlte sich jedoch nicht zurückgesetzt und grob vernachlässigt, nur eben überfordert. Und es tat so weh, die ehemals gesunde große Schwester in ihrer Krankheit zu erleben. Das mag vor allem mit zwei Aspekten zusammenhängen: einerseits war die Behinderung der Schwester so schwer, daß es keine Konkurrenzsituation mehr gab. Überdies hatte die Mutter eine große und tragende Kraft in der Gestaltung dieses Schicksals gezeigt. Die Frau fühlte sich von ihr nie fallengelassen. Dennoch war die Wunde tief und brauchte bei der über fünfzig Jahre alten Frau eine intensive Zeit der Heilung. Zugleich hatte sie in ihrer Herkunftsfamilie auch eine warme, tragende Kraft ausgebildet, die ihrer eigenen Familie mit den fünf Kindern zugute kam.

Eine andere Frau, deren jüngere Schwester Kinderlähmung gehabt hatte, erlebte in einem Workshop, daß sie all ihre lebendigen Impulse ständig abklemmte und ihre Vitalität zu verbergen suchte. Machten wir eine Körperübung, sackte sie sehr bald zusammen und fühlte sich erschöpft. Einmal allerdings ›vergaß sie sich‹, und jetzt wurde für alle Teilnehmenden ihre Kraft und Vitalität sichtbar. Als sie von der Gruppe das entsprechende Feed-back bekam, sackte sie wiederum zusammen und sagte, sie habe Schuldgefühle. Dabei kam die ganze Geschichte aus ihr heraus: Ihr Vater hatte es sich zum Ziel gesetzt, seiner kranken Tochter alles zu ermöglichen, was in seinen Kräften war. Er trug sie beispielsweise in seinen Armen auf die höchsten Berge hinauf, »damit sie am Leben teilnehmen« könne. Es wurde alles getan, das Ausmaß der Beeinträchtigung zu verringern. Die ganze Sorge des Vaters galt seiner kranken Tochter. Wenn sie, die gesunde, einmal pfeifend die Treppe hochrannte, herrschte der Vater sie an: »Hör sofort auf damit! Willst du deiner Schwester etwas vormachen, was sie selber niemals tun kann? Schäm dich!« Als die Frau dies erzählte, weinte sie vor Zorn und Schmerz. Ständig hatte sie zwischen Eifersucht oder gar Haß und Schuldgefühlen hin- und hergeschwankt und ein Körpermuster geübt, mit dem sie jede Erregung automatisch abwürgte, sobald sie diese bewußt zu spüren begann. Es ging darum, daß sie leibhaft lernen konnte, sich selbst und den anderen ihre Lebendigkeit und ihr Gesundsein zuzumuten. Und das war ein sehr schwieriger Weg für sie.

Viele Geschwister kranker Kinder kennen beides: Eifersucht und Schuldgefühle darüber, daß sie gesund sind. Eine Frau, deren Schwester eine schmerzhafte Krankheit hatte, fügte sich jeweils abends im Bett selbst Schmerzen zu, um damit ihrer Schwester zu ›helfen‹, und jedesmal, wenn sie es gut hatte, überfiel sie eine unerklärliche Traurigkeit. Später verstand sie: »Ich durfte das Leben nicht genießen – meine Schwester konnte es ja auch nicht.«

Die wichtigsten Aspekte, die von Geschwistern kranker Kinder zum Ausdruck gebracht werden, sind Verlust an Zuwendung, zu viel und zu frühe Verantwortung, Eifersucht auf das kranke Kind, Schuldgefühle für das eigene Gesundsein. Doch die größte Hilfe für die kranken wie die gesunden Kinder bedeutet es, wenn die Eltern das Schicksal annehmen und gestalten lernen, ohne in Bitterkeit zu verharren, ohne die Krankheit zu leugnen oder das kranke Kind zum ständigen Mittelpunkt der ganzen Familie machen zu müssen. Dann vermag die Familie an diesem Schicksal auch zu wachsen. Dafür brauchen Familien jedoch auch ein tragendes soziales Netz.

Etwas vom Schwierigsten ist es, ein Kind durch den Tod zu verlieren. Immer wieder höre ich Eltern sagen: »Das ist eigentlich das Schlimmste, was ich mir in meinem Leben vorstellen kann, daß ich ein Kind verliere.« Sehr viele Eltern schaffen es nicht oder nur zum Teil, durch den ganzen Trauerprozeß hindurchzugehen, vor allem, wenn sie allein auf sich gestellt sind. In den letzten Jahren wurde immer deutlicher gemacht, wie wichtig dieser Trauerprozeß ist und wie seine Dynamik aussieht.[6] Die offene Kommunikation in der Familie und die Unterstützung durch Freunde und Menschen, die Ähnliches mitgemacht haben, ist etwas vom Hilfreichsten. Wie zentral die Verarbeitung eines solchen Verlustes ist, zeigen die Erfahrungen mit Klienten, die als Kinder ein Geschwister verloren haben. – Ein Mann kam mit dem Problem, daß er stets kopfgesteuert sei, jedoch von Zeit zu Zeit eine blinde Wut verspüre, die er nicht unter Kontrolle halte. Er war der zweite Sohn nach einem »wunderbaren« Mädchen, das mit zwei Jahren gestorben war. Er sagte in der Therapie zur ›Mutter‹: »Unser Geheimnis ist, daß ich eigentlich dein Mädchen war, als Bub verkleidet. Ich habe alle Rollen angenommen, die du wolltest. Meine Schwester war dein erster Götz. Ich war der zweite.« Um dieses Geheimnisses willen war es ihm nicht möglich, Gefühle zu empfinden. Gebunden in die Loyalität der Mutter gegenüber,

erkannte er dennoch, daß er »eine Art Schergen« in sich trage, Aggressionen gegen die Mutter, von der er sich leibhaft mißbraucht fühlte.
Langsam begann er, eine eigene Form zu finden und damit der Mutter ihre eigene Lebensbewältigung zuzumuten.

Vergleichbare Nöte tauchen bei Kindern auf, die ein Geschwister verloren haben:
– Die erstarrte Trauer der Eltern verhindert über Jahre die Zuwendung zu den Lebenden.
– Die toten Kinder werden idealisiert.
– Die lebenden Kinder werden zum Ersatz für das tote Kind.
– Kleinere Kinder haben Schuldgefühle, weil sie ihrem Geschwister früher manchmal den Tod gewünscht haben.
– Das lebende Kind glaubt sich verpflichtet, das Leben des toten Geschwisters auch noch zu leben.

Es ist für die überlebenden Kinder schwer, sich aus dem Bann ihrer toten Geschwister zu lösen, auch wenn es ihnen oft nicht einmal bewußt ist. Als Kinder können sie es nur, so weit die Eltern es zu tun vermögen und ihre Kinder im Trauerprozeß begleiten. Damit sind Eltern allein meist überfordert und brauchen selbst Hilfe. Wenn der Trauerprozeß als Kind nicht möglich ist, benötigen solche Menschen als Erwachsene oft eine Therapie, in der das kindliche Erleben verarbeitet, Schmerz, Trauer und Zorn zum Ausdruck gebracht, aber auch die Abgrenzung vom toten Geschwister vollzogen werden kann, so etwa, wie eine Frau mit zwei toten Geschwistern es in der Therapie formulierte: »Ich lebe. Ich bin ich selbst, nicht euer Doppel. Ihr seid gestorben. Ich gebe es auf, dem Bild von euch nachzueifern. Ich gehe jetzt meinen eigenen Weg. Lebt wohl!«

Es gibt so viele Aspekte, die auf das Abenteuer jedes Kindes, in seiner Familie einen Platz zu finden und ihn durch die Geburt weiterer Geschwister umzugestalten, einen Einfluß haben, daß ich nur einige wenige zur Sprache bringen konnte. Es ging mir vor allem darum, die formbildende Dynamik innerhalb des Geschwisterkörpers und im Dialog mit den Eltern exemplarisch darzustellen.

Bedeutsam ist, wie einerseits die Eltern es lernen, sich als Eltern mehrerer Kinder zu verkörpern. Anderseits gibt es Aspekte, die gegeben sind, etwa das Geschlecht des Kindes, oft Situation und Zeitpunkt seiner Geburt, Eigenart, Gesundheitszustand. Ebenso sind die Eltern diejenigen, die sie bei der Geburt ihres Kindes sind. Sie haben ein bestimmtes Alter, Erfahrungen, eine Lebenssituation mit einem Umfeld. So gesehen hat auch jedes Kind in derselben Familie immer wieder andere Eltern. Und jedes Kind antwortet auf die Situation, in die es hineingeboren wird oder die sich verändert, auf seine individuelle Weise. Es gibt eine Eigendynamik des Kindes und auch des ganzen Geschwisterkörpers. Und wir muten nicht nur uns selbst als Eltern den Kindern immer wieder zu, sondern auch das Leben, die Gegebenheiten, mit denen Kinder konfrontiert sind, muten sich ihnen zu.

Die Geburt eines Geschwisters ist eine Herausforderung. Aber sie ist auch fruchtbar. Es ist ein Reichtum, Geschwister zu haben, auch wenn damit Schmerzen und Einschränkungen verbunden sind. Kinder lernen nochmals auf einer anderen Ebene als mit den Eltern, daß sie einem Menschen ganz verschiedene Gefühle entgegenbringen, ihm nahe und wieder fern sein können. Sie lernen, was es bedeutet, unterschiedlich zu sein, die Fähigkeiten des andern zu akzeptieren und sie einander zur Verfügung zu stellen. Sie lernen, sich abzugrenzen, sich auseinanderzusetzen und wieder miteinander zu verbinden.

Aufgabe der Eltern kann es nicht sein, ihren Kindern ›alles zu ersparen‹ – das ist eine Machtvorstellung. Oft geht es in erster Linie darum, die Situation, die Befindlichkeit der Kinder wahr-zunehmen, sie anzuhören und zu begleiten. Mein Sohn sagte mit etwa sieben Jahren zu mir: »Du weißt gar nicht, wie es ist, eine ältere Schwester zu haben, die immer wieder streitet!« Ich schaute ihn an. »Nein, du weißt es nicht. Du bist ein Einzelkind!« Ich mußte ihm rechtgeben, ich würde mich zwar einfühlen können, aber bis in jede Faser wußte ich es nicht. Ich sagte darauf zu David: »Komm erzähl mir, wie das für dich ist!« Durch das Aussprechen seiner Schwierigkeiten, fühlte er sich entlastet. Dabei wurde mir noch etwas klar: Ich hatte aufgrund meiner Einzel-Kindheit die Geschwisterprobleme meiner Kinder nur schwer als solche anerkennen können. Meine Kinder hätten sich eigentlich so fühlen sollen, wie ich mir als Kind das Zusammensein mit einem Geschwister erträumt hatte. Ich war von meinen Einzelkind-Phantasien besetzt gewesen.

Im folgenden fasse ich jene Aspekte zusammen, die ich als wichtig für die Gestaltung der Position in der Geschwisterreihe und damit auch für die Formbildung des einzelnen Kindes betrachte (vgl. Abbildung Seite 144).

Geschehenlassen, hinhören, unterstützen und annehmen dessen, was ist – dies sind Möglichkeiten, die mit wechselnden Schwerpunkten die Präsenz der Eltern im Familienkörper, den Kindern gegenüber, ausmachen. Wir verkörpern uns als Eltern im familiären Dialog, begleiten und unterstützen den formbildenden Prozeß der Kinder und finden

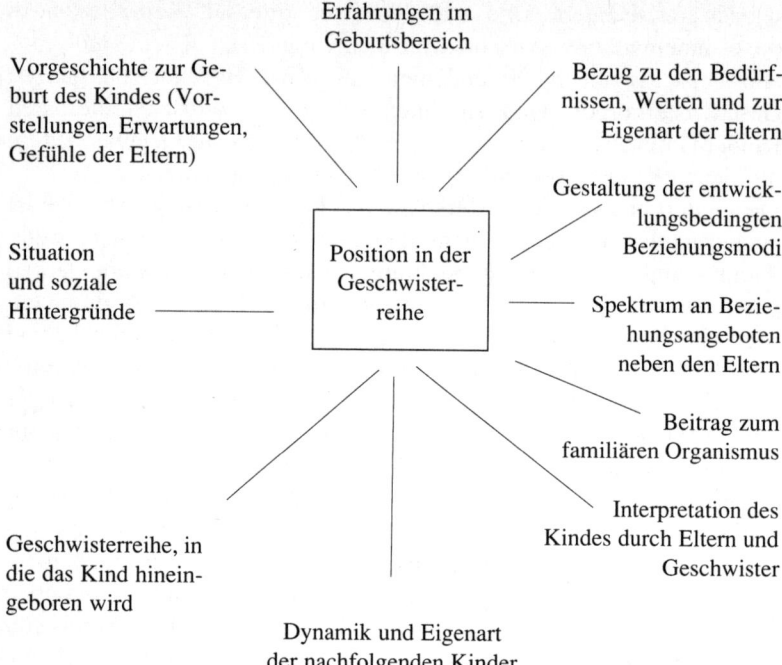

Erfahrungen im
Geburtsbereich

Vorgeschichte zur Geburt des Kindes (Vorstellungen, Erwartungen, Gefühle der Eltern)

Bezug zu den Bedürfnissen, Werten und zur Eigenart der Eltern

Situation und soziale Hintergründe

Position in der Geschwisterreihe

Gestaltung der entwicklungsbedingten Beziehungsmodi

Spektrum an Beziehungsangeboten neben den Eltern

Beitrag zum familiären Organismus

Geschwisterreihe, in die das Kind hineingeboren wird

Interpretation des Kindes durch Eltern und Geschwister

Dynamik und Eigenart der nachfolgenden Kinder

vielleicht eine Form des Drinseins in der Familie, die Raum gibt, daß die Kinder als Geschwister und die Familie als ganze ihr Potential entfalten, ihre Möglichkeiten entwickeln können, die wir nicht in der Hand haben und an denen wir nur teilhaben, wenn wir nicht in Bemächtigungsmuster geraten wollen. So wird es vielleicht immer wieder möglich, eine lebendige Familie zu sein auf der Basis von Gleichwertigkeit und Respekt, von gegenseitigem Mit-Teilen und Zu-sammen-Spiel. Doch müssen wir auch immer wieder neu ansetzen, um konstruktive Lösungen für Beziehungsprobleme zu finden. Das ist wohl die einzige Möglichkeit, auswegloser Einsamkeit, Gleichgültigkeit und Gefühlskälte vorzubeugen, Gewalttätigkeit zu verhindern. Durch Verständnis und Einsicht in die eigenen Bedürfnisse und in diejenigen anderer Familienmitglieder können Beziehungen geheilt und neue, liebevollere, auch lust- und sinnvollere Möglichkeiten des Zusammenlebens gefunden werden. Dafür steht mir das Bild der tanzenden Babuschka vor Augen, eine Art ›Beziehungstanz‹, der bei den Eltern die Beweglichkeit der Babuschka-Schichten im eigenen Innern und eine sie ein-fassende integrierende Form herausfordert.

144

7. Familie und Gesellschaft

Familie und Öffentlichkeit

Bei all unseren Überlegungen zur Entstehung und zum Werden der Familie wurde immer wieder deutlich, daß sie nicht für sich allein bestehen kann, sondern von der Zeit der Schwangerschaft an auf ein soziales Netz bezogen ist. Das bedeutet, daß die Eltern in der Art, wie sie Eltern zu sein vermögen, auch von diesem Netz abhängig sind, denn die Verantwortung für die Kinder, für die nächste Generation kann nicht nur an Eltern, an nahe Bezugspersonen und Erzieher delegiert werden. Diese Verantwortung ist eine gesamtgesellschaftliche und soziokulturelle selbst dann, wenn sie abgeschoben, verneint und dem privaten Bereich überlassen wird. Da es sich um eine fundamentale und existentielle Verantwortung handelt, ist sie nicht delegierbar. So richtet sich an jedes einzelne Mitglied einer Gesellschaft und an sie als ganze immer wieder die Frage, ob sie fähig sei, auf den verschiedenen sozialen Ebenen eine gemeinschaftliche Qualität herauszubilden.

Auch eine Gesellschaft können wir für die folgenden Überlegungen als eine Art Körper verstehen. Sie mag beispielsweise eine umfassende und schützende Form haben, oder die Beziehung zwischen den verschiedenen Bereichen so eng oder so grenzenlos gestalten, daß diese keine Eigenständigkeit oder keine Form haben. Sie mag auch eine aufspaltende Qualität entwickeln und die einzelnen Lebensbereiche voneinander trennen, wie dies in den westlichen technisierten Gesellschaften als Grundtendenz erkennbar ist. Dazu die folgende Situation: Überall, wo wir im öffentlichen Leben unsere Personalien angeben müssen, gibt es die auszufüllende Rubrik ›Beruf‹. Hier steht etwa: Schreiner, Verkäufer, Büroangestellter, Lehrer… Alle Männer haben eine solche Berufsbezeichnung zur Verfügung, die meisten Frauen ohne Kinder ebenfalls. Die offizielle Bezeichnung für das, was ich ›Lebensarbeit‹ nenne, lautet ›Hausfrau‹, so wenig sie auch die Realität dieses Berufes erfaßt. So wählen Frauen andere Bezeichnungen wie ›Familienfrau‹, ›Hausfrau und Mutter‹ oder sie bringen zum Ausdruck, daß sie zur Darstellung all der Berufe, welche die Lebensarbeit ausmachen, mehrere Zeilen bräuchten… Langsam beginnt ein Bewußtsein zu wachsen, daß Lebensarbeit ein voll- und gleichwertiger Beruf sei. Dennoch erscheint ›Hausfrau‹ – Mutterschaft meist eingeschlossen – als Nicht-Beruf, denn unser Verständnis geht dahin, die öffentliche Berufswelt von der Familienwelt abzuspalten. Zudem beansprucht der Beruf einen Menschen zu hundert Prozent. Was sonst an Kraft und Zeit für die Lebensbewältigung eingesetzt werden muß, bleibt streng genommen namenlos und privat. Die Lebensarbeit muß zusätzlich erledigt oder delegiert werden – meist von Männern an die eigene Partnerin. Sie ist vorausgesetzt und auch gebraucht, ohne aber in Rechnung zu stehen. So wird Berufsarbeit höher bewertet als Lebensarbeit, die nur als mindere Hintergrundarbeit erscheint. Lebensarbeit ist Privatsache.[1]

Das aus dieser Tatsache erwachsende Anliegen läßt sich nur paradox formulieren: Einerseits steht die Aufwertung der Lebens- und Familienarbeit zu einem vollwertigen Beruf an, anderseits wird gerade das Verständnis von Beruf, das auf Spezialisierung beruht, dieser Qualität von Arbeit nicht gerecht. Es geht also nicht nur um eine Neuwertung der Lebensarbeit, sondern um eine in Zukunft noch zu leistende Neubestimmung der Beziehung zwischen Berufstätigkeit, Erwerbstätigkeit ohne offizielle berufliche Qualifikation und Lebensarbeit, die ja zum Teil auch als bezahlte Berufsarbeit geleistet wird. Dieses Nachdenken und Entwerfen von möglichen Perspektiven ist auch deshalb wichtig, weil die Halbierung des Lebens[2] in bezahlte und unbezahlte Arbeit, die mit öffentlichem und privatem Lebensraum gleichgesetzt ist, zudem meist die beiden Geschlechter trennt.

Die halbierte Gesellschafts-Babuschka

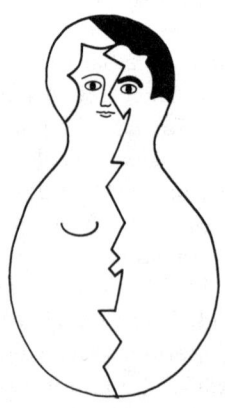

Dies gilt mindestens, sobald Kinder da sind und Mütter den Familienalltag übernehmen. Doch diese Halbierung entfremdet oft die Väter von ihren Kindern und läßt die Spaltung häufig mitten durch ihre Person hindurchgehen. Kaum ein Mann kann seine Übermüdung etwa durch die nächtliche Pflege von Babys oder kranken Kindern rechtfertigen. Das heißt: die ›Kosten‹ des Familienlebens hat das ›private Unternehmen Familie‹ allein zu bezahlen, gleichgültig, wie es dafür aufkommt. Zwar wird einem Paar zur Not das ›Alibi Geburt‹ zugestanden, bewegend, erschütternd und einige Wochen dauernd. Doch mindestens dann soll diese Form von Vaterschaft zu Ende sein, als stimulierendes Ereignis in die angestammten Aktivitäten eingebracht werden. Die gesellschaftliche Superstruktur holt den Vater wieder ein.

Solange das Wohl der Kinder und die Realität der Familie von der gesellschaftlichen Funktionsweise abgespalten bleiben, lassen sie sich allein an sexistischen Argumenten festmachen. Diese Ausschließlichkeit ist jedoch im jetzigen Zeitpunkt eine der größten Täuschungen, denn die Familienrealität ist auch eine gesellschaftliche Realität.[3] Dies nicht nur im Sinne institutioneller Versorgung von Babys und Kleinkindern. Vielmehr geht es um die Frage, wie die familiäre Realität als Alltag einen Platz im gesellschaftlichen, im öffentlichen Alltag gewinnen kann. Daß snugglitragende Väter im Reklametrend liegen und die ›neuen Väter‹ sentimental propagiert werden, bedeutet selbst keine Trendwende, zeugt nur wieder für das Assimilierungstalent unserer Gesellschaft. Eine soziale Gebärmutter zu formen und wachsenden Kindern einen Beziehungsraum zu geben, ist eine der wichtigsten Aufgaben unserer Gesellschaft. Zwar gibt es beleuchtete, sich bewegende Spieldosen, lustig bedruckte Bettwäsche ›für unsere Kleinsten‹, anregende Spielsachen, Sortimente von Baby- und Kleinkind-Accessoires, aber es gibt wenig Arme, die ein weinendes Kind aufnehmen, kaum Verständnis für übermüdete Eltern, für ›Leistungsabfall infolge Familie‹. Die nächste Generation ist zu einem Abstraktum geworden und wird zu werbeträchtigen Phantasien umfunktioniert, und zwar im Hinblick auf die ganze Kinderwelt.

Kinder – auch Babys und Kleinkinder – sind jedoch eine Realität *jeder* Gesellschaft. Wo wir sie abschieben, verleugnen, in eine Marktware umfunktionieren, gibt es keine Zukunft, keine lebendige Perspektive. Wir brauchen eine Integration der Kinder- und Familienwelt in den gesellschaftlichen Alltag, jene gemeinschaftliche Qualität, die die ›Halbierung des Lebens‹ mindestens mildern würde.

Mütter und auch Väter mit Kindern erleben sich oft als eine Zumutung an unsere Gesellschaft – im Wohnblock, beim Einkaufen, beim Zugfahren... Der Raum, den unsere Gesellschaft den Kindern gewährt, wird immer enger. Da gehe ich beispielsweise mit den Kindern über eine stark befahrene Verkehrsstraße. Die Auspuffgase werden auf der Höhe der Kleinkind-Gesichter ausgestoßen. Und die Grünphase der Ampeln ist so kurz, daß wir in normalem Kindertempo nicht hinübergelangen können. Und wenn die Straßenbahn unterdessen nicht abgefahren ist, bleibt das schnelle Einsteigen ein mütterliches Kunststück. Ich erinnere mich, wie ich vor einigen Jahren mit meinen kleinen Kindern gerade auf die Straßenbahn zueilte. Da sah ich einen alten Mann einsteigen. Er war behindert und bewegte sich langsam. Als er den Fuß auf die Stufe stellte, fauchte die automatische Tür und schnappte zu. Und wie ein Blitz traf mich die Erkenntnis: auch du bist behindert! Nicht nur alte Leute, auch Eltern mit kleinen Kindern sind Behinderte und Hindernis unserer Gesellschaft, sie werden häufig in eigens zubereitete, bedürfniskonforme Ghettos verwiesen. Es ist schwierig, ›familienbehindert‹ zu sein. Gleichzeitig ist diese Erfahrung ein Messinstrument für die Arrangements ›modernen‹ Lebens. Sie hat mich hellhöriger gemacht auch für die leisen, diskret isolierenden und unterdrückenden Mechanismen, denen ich täglich begegne. Es kann eine Chance sein, die Reibflächen zwischen dem Leben mit Kindern, wo alles in den Raum der Beziehung integriert sein muß, und der reibungslos sauber funktionierenden Arbeitswelt der Erwachsenen wahrzunehmen. Die Zumutung bekommt plötzlich eine andere Bedeutung: wir müssen als Eltern mit Kindern lernen, uns dieser Gesellschaft zuzumuten, uns präsent zu machen.

Doch die wachsende Hellhörigkeit und Wachheit den spaltenden und gewalttätigen Tendenzen unserer Gesellschaft gegenüber fordert auch mich selber als Mutter ein. Wie gewaltsam die eigenen Gefühle sind, erfahre ich im Augen-Blick meiner Kinder. Jeden Tag bin ich als Mutter mit den eigenen Halbherzigkeiten, meiner Gehässigkeit und verdeckten Gewalttätigkeit konfrontiert. Es gelingt mir nicht, mein Bild zu verschönern. Und gleichzeitig erfahre ich auch meine Weichheit, meine Bereitschaft zu geben, ganz da zu sein. Ich erlebe neben allem andern die fraglose Lebendigkeit der Kinder.

Dies ist eine Chance, sich selber ungeschminkter zu sehen, sich nicht einfach wertend vom Leben ›da draußen‹ abzusetzen, das ja wie in einem Spiegel oft das bisher nicht wahrgenommene Eigene sichtbar macht. Gleichzeitig erfahre ich wiederum nicht nur mich, sondern die mich umgebende Welt im Blick der Kinder. Das sind Erfahrungen, die auch Kräfte zuwachsen lassen. Durch das Leben mit Kindern wandelt sich der Blick auf die eigene Person und auf die gesellschaftliche Realität und kann auch eine andere Wertung mit sich bringen, die die Fürsorge für alles Lebendige in den Vordergrund stellt.

Die Präsenz von Kindern in unserem gesellschaftlichen Alltag kann jedoch ihrerseits eine verändernde Wirkung auf ihn haben. In diesem Zusammenhang tauchen zwei verschiedene Erfahrungen auf, die ich hier einbringen möchte. Als ich vor einigen Jahren den Kongreß ›Gebären in Sicherheit und Geborgenheit‹ besuchte, erlebte ich erstmals, daß in einem riesigen Saal während der mehrere Tage dauernden Veranstaltung Babys bis zum Alter von sechs Monaten dabei waren. Sie waren die ganze Zeit über zu hören, gurrend, plappernd, singend, weinend – ein tönender Hintergrund. Wir gewöhnten uns schnell daran. Es ging jedoch nicht nur um Gewöhnung und schließliches Überhören. Die dadurch entstandene Atmosphäre beeinflußte den Kongreß selbst. Die Vortragenden sprachen langsamer, konkreter, persönlicher, brachten sich selber mit ins Spiel. Wir bewegten uns nicht auf der mentalen Ebene allein. Es gab keinen Profilierungsstreß. Ich begriff plötzlich, was für ein Unterschied bestand zwischen einer Gesellschaft, in der Kinder anwesend und einer, in der sie ausgegrenzt sind. Dazu kommt auch, daß mit den Kindern meist auch ihre Mütter fehlen, deren Stimme eine andere Wirklichkeit einbringen könnte und die Mütter ihrerseits werden dazu angestiftet, den familiären Kreis so hinter sich zu lassen, daß sie im Berufsalltag die Spuren zu tilgen suchen, mit welchen ihr bisheriges Leben sie zeichnete.

Wo Schulkinder auf unseren Straßen und Plätzen erscheinen, wird es oft laut und lebendig. Als ich vor kurzem in der Straßenbahn saß, beobachtete ich die vielen teilnahmslosen, die verkrampften oder leblosen, die in sich gekehrten Gesichter der Erwachsenen. Es waren nur ganz wenige junge Menschen dabei. An der nächsten Haltestelle stieg eine größere Gruppe von Schulkindern ein. Sie waren wie ein Gewitter, das daherfegte. Lachen, Rufen, Bewegung erfüllte den Raum. Und die Dasitzenden fuhren auf, amüsiert, unwillig. Ein Netz aus Blicken entstand. Kaum jemand saß da wie vorher… Die Kinder waren eine lebendige und Bewegung bewirkende Präsenz geworden.

Die bisherigen Überlegungen haben mich zu einer Babuschka-Phantasie geführt, die eine Alternative zur gespaltenen Babuschka unserer Gesellschaft sein könnte: Den innersten bergenden Raum könnte eine familiäre Gemeinschaft – in welcher traditionellen oder alternativen

Gestalt auch immer – bilden. Die nächsten Schichten wären haltende und wieder gehaltene Schichten des gemeinschaftlichen Lebens. Es könnten bewegliche Schichten sein, die es ermöglichen würden, sich in Übergängen von einer zur anderen zu bewegen. Die Schichten selbst würden vertauschbare sein, die je nach der Perspektive einmal eine, dann eine andere Schicht als organisierendes Zentrum erscheinen ließen, doch die aus diesen Schichten sich bildende Form wäre eine alle Bereiche des Lebens, alle Beziehungskörper umfassende. Von den Beziehungsmöglichkeiten her gesehen, wäre diese Babuschka zwar umfassend, aber auch unendlich, wenn ich Alfred Adlers Wort ernst nehme, daß die letzte Form des Gemeinschaftsbezugs ein »Einigsein mit dem All« bedeutet – was auch in vielen versunkenen oder zum Teil noch lebendigen Kulturen dieser Erde zum Ausdruck kommt. Wir können die kleinste Einheit ins Zentrum setzen und ins Unendliche gehen lassen, und umgekehrt diese unendliche Dimension als ein geheimnisvolles Zentrum unseres Lebens verstehen, das sich in immer faßbarere Formen konkretisiert. Wir können jeden Beziehungskörper als eine Einheit und gleichzeitig als Schicht eines nächsten Beziehungskörpers auffassen.

Schwer nachzuvollziehen ist dabei, daß es sich niemals um ein hierarchisch strukturiertes Modell handelt, sondern um eines, dessen Zentrum überall sein kann – je nach Blickwinkel und Situation. Das Babuschka-Prinzip stellt sich jedoch nicht nur in Schichten eines unendlichen Beziehungskörpers dar, sondern auch als ein zeitliches Kontinuum. Nehme ich jetzt das Kind als organisierendes oder formbildendes Zentrum an, so ist der körperliche Raum der Mutter seine erste Welt. Sie selbst lebt in jenen gemeinschaftlichen Bezügen, die sie wie weitere Babuschka-Schichten umgeben. Die Geburt des Kindes bedeutet, daß die es umgebenden Menschen einen Beziehungsraum bilden, der zunächst eine gebärmütterliche Qualität hat. Wiederum ist es nicht die Mutter, nicht der Vater, die Eltern oder die Familie allein, die sie bilden können, sondern in wachsenden Schichten die es bergende Gemeinschaft. Das bedeutet jedoch, daß die Präsenz dieser Kinder sich nicht nur auf den familiären Raum beschränkt, sondern in alle Schichten des umfassenden, auch gesellschaftlichen Körpers reicht.

Durch die ganze Kindheit hindurch würde die beschriebene Babuschka-Struktur bestehen bleiben und gleichzeitig ihre Qualität ändern. Sie wäre nicht nur soziale Gebärmutter, sondern hätte die Funktion, die zur Formbildung benötigten Beziehungsqualitäten zu vermitteln. Die Idee der beweglichen Schichten erhält dadurch noch eine andere Bedeutung. Das

Kind wäre zwar schon immer in allen gemeinschaftlichen Bezügen präsent, könnte jedoch – seiner Entwicklung und seiner Individualität entsprechend – sich in den einen oder anderen Beziehungsräumen bewegen. Vielleicht können solche Phantasien helfen, daß andere Qualitäten, andere Modelle denkbar werden und in den Blick kommen.

Familie und Gesellschaft als bewegliche Babuschka-Schichten

Familienwelt, Berufsalltag und Partnerschaft

Die Erfahrungen mit Elternschaft und Familie im Laufe der letzten Generationen haben uns Gewinne und Verluste sichtbar werden lassen. Indem die Gesellschaft ihre verbindlich formende Kraft in bezug auf das individuelle Leben verlor, mußten und durften die einzelnen Menschen ihre Lebensform als eine persönliche selbst erfinden. Es entstand ein Spiel- und Freiraum für eigene Entwürfe. Dies gilt auch für die Gestaltung des familiären Lebens in all seinen Bezügen. Rollenzuschreibungen beginnen fließend zu werden, Übergänge werden möglich. Umgekehrt nimmt die Isolation von Einzelnen und Familien zu, während sich ihnen die auspolarisierenden und trennenden Muster unserer Gesellschaft auferlegen. Sie haben Einfluß auf die konkrete Lebensgestaltung und auf die Art und Weise, wie Menschen sich im Raum unserer Gesellschaft verkörpern. »Ich verstehe nicht, was in unserem Geschäft eigentlich läuft«, sagte mir ein junger Vater, »da sitzen lauter Männer um mich herum, die selber Väter sind. Doch wenn ich mich gegen die selbstverständlich zugemutete Zusatzarbeit zur Wehr setze, sind alle abweisend, als kennten sie die Familie nur vom Hörensagen…« Von Kindheit an lernen beide Geschlechter, wie sie in unserem Gesellschaftskörper ›mitkörpern‹. Was dies für Erfahrungen mit sich bringen kann, möchte ich in den Worten eines Vaters ausdrücken, der rückblickend sagte: »Die Gründung unserer Familie fiel in die Zeit, in der ich mich im Geschäft besonders anstrengen mußte, um vorwärts zu kommen. Dies allerdings hatte ich auf dem Hintergrund unserer familiären Werte nie hinterfragt. Daß man fleißig war und sein Bestes gab, gehörte selbstverständlich dazu. Nach der Geburt meiner ersten Tochter hatte ich noch einige Abende frei und genoß unser stilles Zusammensein. Immer häufiger wurde ich jedoch unruhig, weil ich etwas vorbereiten mußte. Nachts, wenn meine Tochter weinte, stand ich manchmal noch auf. Am Morgen war ich dann müde. Und das lag eigentlich nicht drin. So kam ich in einen immer größeren Zwiespalt zwischen den Erfordernissen in Familie und Beruf, und selbstverständlich hatte letzterer den Vorrang… Als meine Frau nach einem Jahr wieder schwanger wurde, nahmen die abendfüllenden Sitzungen und Geschäftsreisen ins Ausland zu. Ich sah meine Tochter nur noch wenig und bekam die neue Schwangerschaft kaum mehr mit. Doch daß ich den Zugang zu meiner Tochter mehr und mehr verlor, lag nicht nur daran, daß ich sie so wenig sah. Was ich damals nicht spürte, kann ich heute erkennen und formulieren: Ich mußte mich immer mehr zusammenreißen. Ich wurde hart, abgedichtet. Wenn ich meine kleine weiche Tochter in den Arm nahm, spürte ich fast nichts mehr. Es war, als habe ich Ölzeug über meine Haut gezogen. Sie rührte mich nicht mehr an. Ich nahm meine Familie nur noch auf einem einzigen Kanal wahr: wenn die Kinder zu laut waren oder wenn mich jemand unterbrach, etwas von mir wollte. Die Familie als Störung – das war fast alles, was übrig blieb. Und wieder weiß ich erst jetzt, was damals vor sich ging: die Arbeit im Geschäft erforderte ›eisernen Willen‹« – und der Mann zeigte mir eine Haltung des Versteifens und Verkrampfens – »und wenn man damit jeden Tag konfrontiert ist, lernt man das schnell. Anders ist es gar nicht auszuhalten. Eine solche körperliche Verspannung ist wie eine Rüstung, die schützt und einem andere Menschen vom Leibe hält. Aber dann kommst du mit dieser Rüstung nach Hause. Du dringst wie ein Roboter in eine zarte, lebendige und wieder auch wilde, dich wie eine Springflut anfallende Welt ein. Ich spürte vom Zarten nichts und ertrug die Springflut nicht… Es war mir nicht mehr möglich, meine Spannung beim Nachhausekommen abzubauen. Erst nach einem schweren Unfall kam ich zur Besinnung. Meine Lebens-Wertungen und meine Haltung haben sich sehr verändert. Dadurch fand ich auch den Zugang zu meiner Familie wieder.«

Veränderungen können nicht nur vom privaten Raum ausgehen, und doch bedeutet das Wahrnehmen der eigenen verkörperten Muster eine Chance, für das ›Mitkörpern‹ in unserer Gesellschaft hellhörig und sensibler zu werden. Ein junger Vater kam zu mir in die Therapie, weil er sich seit der Geburt seines ersten Kindes nicht mehr zurechtfand. »Ich blieb nach der ambulanten Geburt meiner Frau für drei Wochen zu Hause. Es war zwar eine Arbeit, die mich an die Grenzen meiner Kräfte brachte. Und doch hatte die Atmosphäre etwas sehr Stilles, Meditatives. Als ich dann wieder zur Arbeit ging, war das wie ein Schock. Ich empfand die Stimmung als gehetzt, ja brutal und war ihr schutzlos ausgeliefert. Doch habe ich mich zusammennehmen müssen und kam bald wieder zurecht. Aber jetzt bin ich zu Hause eigentlich fremd. Meine Frau fühlt sich von mir verletzt – ich kann mir schon vorstellen, weshalb. Aber ich weiß nicht, was ich tun soll.« Als ich den Mann, den ich Claude nenne, bat, sein ›Geschäfts-Ich‹ zu verkörpern, die entsprechende Haltung einzunehmen, zog er den Oberkörper hinauf, als habe er einen Schlag in die Magengegend erhalten, verkrampfte die Schultern und zog sie nach vorne, biß die Zähne zusammen und spannte Bauch und Gesäß an. Ich bat ihn nun, nur den ersten Impuls zu dieser Haltung wahrzunehmen. Nachdem Claude dies eine Weile ausprobiert hatte, sagte er: »Es ist, als hörte ich meinen Vater mit den Worten ›Nimm dich zusammen!‹ Er war sehr streng und darauf bedacht, daß wir Buben unsere Pflichten ohne Ausflucht erfüllten. Meinem Chef, ja allen Autoritäten gegenüber reagiere ich genauso.« Nun ließ ich Claude seine Haltung Stufe um Stufe intensivieren und wieder auflösen. Es brauchte viel Zeit, bis er überhaupt diese Verstärkung dosieren konnte. Immer war er gleich in einem Extrem, »als ob mein Körper noch immer einem Befehl gehorchte.« Als Claude das Verstärken und Lösen allmählich gelang, wurde es ihm möglich, das Muster beim Nachhausekommen etwas abzubauen. »Ich kann wieder etwas weicher werden, aber es kostet mich sehr viel Kraft und Aufmerksamkeit«, sagte Claude, »und jedes Mal, wenn ich an die Arbeit gehe, versteife ich mich wieder.« – »Wir können herausfinden, wieviel Spannung du wirklich brauchst, um dich in deiner Berufswelt zu bewegen«, schlug ich vor. Wir gingen von der Extremform seiner ›Arbeitshaltung‹ aus. Er nahm sie in ganz kleinen und langsamen Veränderungen zurück. »Es tut gut, in mein eigenes Becken zu sinken«, meinte er, »aber ich falle dabei immer auch etwas in mich zusammen.« Als ich ihm vorschlug, das Brustbein etwas anzuheben, ohne ins hohle Kreuz zu gehen, machte ihm dies anfänglich große Mühe. Mit viel Üben gelang es schließlich. Claude spannte dabei seine Brust ein wenig an. »So kann ich in meiner Arbeit bestehen«, meinte er. Claude machte die Erfahrung, daß er sein Vater-Muster, das er zugleich als gesellschaftlich anerkanntes Arbeitsmuster erlebte, zurücknehmen konnte. Gleichzeitig realisierte er auch, daß er imstande war, einen Übergang von seiner neuen, modifizierten Arbeitshaltung zu einer weicheren Haltung im intimen Raum der Familie zu finden und umgekehrt. Es war für Claude ein intensiver Prozeß, der viel Geduld brauchte. Doch zum Schluß sagte er: »Ich bin davon ausgegangen, daß man immer der gleiche sein könne. Das ist eine Illusion. Aber ich erfahre die beiden Haltungen nicht mehr als unvereinbare Gegensätze, sondern kann Übergänge finden, mich selber regulieren, ohne in ein Entweder-Oder zu geraten. Manchmal brauche ich Zeit, bis ich zu Hause wirklich ›ankomme‹. Aber meine Frau unterstützt mich, weil sie sieht, daß ich nach einer Weile wirklich da zu sein vermag. Auch meine Arbeit kann ich gelassener nehmen.« So lernte Claude, mit der Halbierung seines Lebens in Familienwelt und Beruf anders umzugehen, in sich selbst die beiden Bereiche näher zu bringen.

Doch nicht nur Väter, auch Mütter sind mit entsprechenden Formen ihres Mitkörpers in unserer Gesellschaft konfrontiert. Sie erleben oft ein Abgeschnittensein vom bisherigen gesellschaftlichen Leben, eine Isolation im Kinder-Alltag. Nicht nur die partnerschaftliche Beziehung muß umgestaltet werden, sondern auch die freundschaftlichen Kontakte. Schon kleine Kinder wollen mitreden, Erwachsenengespräche werden auf den späteren Abend verschoben. Mütter leben in ständigen ›Wackelkontakten‹ und meist auf den verschiedensten Ebenen gleichzeitig. Schule und Ausbildungen bereiten uns jedoch auf eine ganz andere Art des Denkens und der Kommunikation vor. Wir lernen, uns zu konzentrieren, ohne Zeitverlust auf ein gesetztes Ziel hin zu arbeiten, uns nicht ablenken zu lassen... Dieses Training gilt für Menschen beider Geschlechter. Es läuft jedoch dem Beziehungsalltag vor allem mit Babys und Kleinkindern zuwider. Selbst das bisher ›speditive Erledigen‹ der Hausarbeit ist nicht mehr möglich. Wie tiefgreifend die innere Umgestaltung in Wahrnehmung, Kommunikation, Denken und Arbeit mit der Geburt von Kindern ist, habe ich selbst erfahren. Sie kann meines Erachtens gar nicht hoch genug veranschlagt werden. Das Telefon mit der Freundin muß abgebrochen werden, der Besuch bei der Nachbarin kann nicht stattfinden, weil deren Kind krank geworden ist. Das Fazit aus unserer gewohnten Optik: Kein Ziel erreicht! Fast alles angefangen, knapp das Allernötigste erledigt. Die Kinder aber haben einen ereignisreichen Tag hinter sich …

Oft geraten Mütter auch in die Klemme zwischen ihrem Bedürfnis nach einer Arbeit außerhalb der Familie und dem Einverständnis mit gesellschaftlichen Maßstäben, die bezahlte Berufstätigkeit zwar höher werten als die Lebensarbeit, sie Müttern jedoch vielerorts nicht zugestehen möchten.[4] Auf den ersten Blick läßt sich manchmal schwer ausmachen, ob eine Frau gern zu Hause bleibt, sich als Familienfrau versteht, ob sie einem ehelichen Harmoniezwang erliegt oder ihre Schwierigkeiten verbirgt, weil sie glaubt, sich sonst als Mutter zu disqualifizieren. Eine Frau, die eben ihr zweites Kind bekommen hatte, sagte dazu: »Als unser erstes Kind zur Welt kam, wollte ich unbedingt berufstätig bleiben. Trotz der Mithilfe meines Partners fühlte ich mich jedoch ständig zerrissen und ausgelaugt. Ich begann zu spüren, daß ich mein Kind verpaßte, das wir uns so sehr gewünscht hatten. Als es einmal ernstlich krank wurde, entschied ich mich, beim Kind zu bleiben. Ich hatte entdeckt, daß mir der Familienberuf viel mehr Befriedigung gab, als ich erwartet hatte. Ich bin aber zunächst auf die Einwilligung meines Mannes in meine Berufstätigkeit angewiesen gewesen, um jetzt loslassen zu können. Wie es später sein wird, weiß ich noch nicht. Doch eines ist gewiß: ich möchte mich für die Aufwertung der Familienarbeit einsetzen und mich nicht vom ideologischen Geschwätz über die Wichtigkeit der Familie betäuben und über die wirklichen Lücken hinwegtäuschen lassen.« Diese junge Frau ist nicht die einzige, die ein neues Selbstverständnis und Selbstbewußtsein als Mutter an den Tag legt. Doch diese Position läßt sich wiederum nicht ausspielen gegen die Einsicht von Frauen, daß sie keine Vierundzwanzig-Stunden-Mütter zu sein vermögen. Eine ältere und beruflich qualifizierte Mutter von zwei noch kleinen Kindern sagte: »Ich bin einen Teil der Zeit berufstätig, weil ich das für mich selbst brauche. Und ich habe akzeptieren gelernt, daß ich so auch eine bessere und ausgeglichenere, eine erfülltere Mutter sein kann, als wenn ich den ganzen Tag zuhause wäre.« Es war ein schwieriger Weg dahin, der viele Auseinandersetzungen mit dem Partner, mit den Einstellungen der Umgebung und den Möglichkeiten sinnvoller Betreuung für die Kinder, die der Mann nicht voll übernehmen konnte, mit sich brachte. Hilfreich für diese Frau war jedoch die Erkenntnis, daß das von ihr gewählte Arrangement es ihr ermöglichte, den Kindern ihre ganz persönlichen Qualitäten zu vermitteln. Die Frau hatte ihre ganze Existenzberechtigung aus der Berufsarbeit bezogen, bevor sie Kinder hatte. Dabei fühlte sie sich jedoch wie ein Drahtgestell, das einfach funktionierte. Als sie zu Hause blieb, sank sie immer mehr in sich zusammen – »wie ein Schlagrahm, den man lange stehen läßt.« Sie hatte sich jedoch auferlegt, bei den Kindern zu bleiben. Ihre ›Drahtgestell-Existenz‹ war ihr ja ebenfalls fragwürdig geworden. Als sie wieder stundenweise arbeitete, erlebte sie, daß die Arbeit für sie eine nährende Quelle war, spürte auch den Punkt, an der der Umschlag in ein reines Funktionieren stattfand. Die Arbeit an den entsprechenden leibhaften Mustern war eines, doch die Balance zwischen Berufs- und Lebensarbeit ließ auch die befruchtenden Aspekte beider zutage treten. »Die Verbindung von Berufs- und Familienfrau ist für mich eine heilende Lebensform geworden. Eine reine Berufsfrau hätte ich mühelos sein können, ohne zu merken, was für ein marionettenhaftes Leben ich führte. Als Mutter wäre ich einfach untergetaucht. Ich bin froh, daß mein Mann dies versteht, auch wenn wir jetzt auf fremde Hilfe angewiesen sind.«

So bietet unsere heutige Lebensweise auch die Chance, individuelle Gestaltungsmöglichkeiten zu finden. Dennoch bleibt es schwierig, eine auch nur begrenzte Berufstätigkeit zu realisieren, vor allem, wenn die Kinder noch klein sind oder der Partner voll berufstätig bleibt.

Es sind meist die Mütter, die trotz der bestehenden Schwierigkeiten sehr kreativ gemeinsame Lösungen mit anderen Frauen finden, in Genossenschaftssiedlungen, Haus- und Wohngemeinschaften, wo alle ein praktisches Interesse an alternativen Lebensprojekten haben. Doch solche sozialen Netze lassen sich nicht immer finden und aufbauen. Viele Paare sind auf bezahlte fremde Hilfe angewiesen. Das Engagement Fremder ist meist störanfälliger, labiler, und doch ist es gerade für berufstätige Mütter besonders wichtig, ihre Kinder in guten Händen zu wissen. Und wenn der Babysitter ausfällt? Wenn die Kinder krank sind? »Die meiste Energie brauche ich dafür, das Betreuungsproblem zu lösen und nicht für meine Arbeit«, erklärte mir eine junge Mutter von zwei kleinen Kindern, die ein begrenztes Berufspensum übernommen hatte. Und eine Mutter von drei fast erwachsenen Töchtern äußerte: »Zehn Jahre lang habe ich immer an der Grenze meiner Kräfte gelebt. Es war eine stete Gratwanderung, und dennoch war meine Berufsarbeit für uns alle wichtig – und schwierig. Ich habe dabei gelernt, mein Planungs- und Kontrollbedürfnis zu verringern, und je zuversichtlicher ich war, desto eher fielen mir Lösungen zu. Wenn ich loslassen konnte, sah ich plötzlich unerwartete Möglichkeiten. Das war jedoch ein langer Weg, und meine neu gewonnene Haltung war alles andere, als was ich gelernt hatte und was mir als übliche Haltung in unserer Gesellschaft entgegenkam.« Gerade berufstätige Mütter müssen oft mit ihrem Gefühl, es nirgends ganz recht zu machen, zurechtkommen und die innere Spannung zwischen der Hinwendung zu Familie und Beruf aushalten. In vermehrtem Maß gilt dies für alleinerziehende Mütter.

Vor allem berufstätige Mütter suchen für ihre Kinder früh Gruppenlösungen, die bei entsprechender Qualität den Kindern im Sozialisationsprozeß helfen. Die Kinder sind mit verschiedenen Menschen unterschiedlicher Auffassungen konfrontiert, erwerben sich eine größere Rollenflexibilität und erweiterte Beziehungsmöglichkeiten zu Erwachsenen. So wird die emotionale Überfrachtung der Kleinfamilie abgebaut. Die Kinder sind oft selbstbewußter als in traditionellen städtischen Kleinfamilien von heute. Allerdings haben alleinerziehende Mütter häufig nicht den Spielraum, eine gute Gruppenbetreuung zu wählen. Hier müßte für einen bewußteren sozialen Ausgleich gesorgt werden.

So lassen sich auch Gewinne und Konflikte für die Kinder nicht auf einen allgemeinen Nenner bringen. Ich kann nur einige Faktoren nennen: Da sich berufstätige Mütter trotz allem meist weniger an ihr Muttersein ausgeliefert fühlen, mögen die Kinder auch weniger an ihre Mütter ausgeliefert sein, die auch andere Menschen als Bezugspersonen ihrer Kinder gelten lassen können. Und auch jene Mütter, die aus persönlicher oder partnerschaftlicher Entscheidung zu Hause bei den Kindern bleiben, gehen oft freier mit der Mutterschaft um. Und dennoch lassen sich nicht alle Bedürfnisse der Beteiligten immer auf einen Nenner bringen. Es gibt nicht nur die Schuldgefühle aus der traditionellen Frauen-Geschichte, die sich auflösen lassen, sondern auch die Entscheidungen, die zu einem oft schmerzhaften Verzicht führen können und dennoch eine innere Richtigkeit haben. Es sind dies nicht nur Verzichte um der Anpassung und der partnerschaftlichen Verbundenheit willen, sondern auch solche, die ›in der Zeit‹, in der Lebenszeit als ganzer abgewogen und entschieden werden. Eine alleinerziehende Mutter erzählte ihre Erfahrung auf folgende Weise:

»Ich war dreiunddreißig und in einer Ausbildung. Ich träumte monatelang in starken Bildern von einem Kind, und nach einer unruhigen, schweren und langen Zeit spürte ich, daß ich in Erwartung war. Freude und Schmerz waren gleichzeitig in mir: ein Kind, das ich mir im Grunde schon immer gewünscht hatte, und gleichzeitig das ahnungsvolle Wissen, daß ich mich nicht in einen Mann verliebt hatte, der Vater sein wollte. Ich gab die Ausbildung auf und suchte einen Halbtagsjob. Es gelang mir, eine gute Stelle zu finden. Dennoch war es ein irritierendes, verunsicherndes Gefühl, wieder auf einem Sekretärinnenstuhl zu sitzen und eine zudienende Arbeit zu tun, aber sie gab mir und meinem Kind die Existenz. Den Krippenplatz in meinem Wohnquartier hatte ich früh reserviert. Bis wenige Tage vor der Geburt arbeitete ich, und als die Kleine acht Wochen alt war, brachte ich sie morgens um halb neun in die Krippe und ging zur Arbeit. Sie war noch ganz winzig. Im Büro kam eine Kollegin mit einem herrlichen Blumenstrauß auf mich zu – und da heulte ich los! Sie verstand nichts, und ich auch nicht. Ich hatte doch eine gute Geburt gehabt, war Mutter, hatte es auch sehr gut getroffen mit dieser Stelle, ich wußte, ich hatte es besser als unzählige Mütter, die ihre Kinder frühmorgens abgeben müssen und spät abends erst abholen können, von ihrer Arbeit ganz zu schweigen, dennoch… Allmählich gewöhnte ich mich an den neuen Tagesablauf: das Kind abgeben, ins Büro gehen, am frühen Nachmittag das Kind abholen. Ich würde meine Träume aufgeben, mich anpassen, noch dreißig Jahre lang ins Büro gehen, eine unbefriedigte, müde Halbtagsmutter sein. Nein! Eigentlich gewöhnte ich mich gar nicht an diesen Gedanken! Der Kleinen ging es zwar gut in der Krippe, bis sie mit einem dreiviertel Jahr zu den größeren Kindern und damit in einen größeren Raum kam und von da an keinen Mittagsschlaf mehr machte. Sie begann auf Milchprodukte mit Durchfall zu reagieren, verlor an Gewicht, ich erschrak, denn sie war ohnehin ein zartes Kind. Die Krippe war nicht ›schuld‹, es war eine gute und familiäre Krippe, es war bloß weder für sie noch für mich die richtige Lebensweise. Wenn die Kleine am Wochenende oder in den Ferien zu Hause war, schlief sie mehr und begann dann hingebungsvoll, ganz versunken oder auch fröhlich mit allem und nichts zu spielen, währenddem sie während der Woche in der Krippe zwar recht zufrieden, aber nachmittags quengelig und müde war.
Manchmal wagte ich verrückte Tagträume, nämlich von einem befriedigenden Beruf und davon, viel Zeit zu Hause sein zu dürfen mit meinem Kind. Als die Kleine etwa ein Jahr alt war, träumte ich einen Traum, der mir etwas Lebenswichtiges zu sagen schien. Ich trug ihn

mit mir herum, nein, ich zerlegte ihn nicht, ich ›ging einfach mit ihm‹. Monatelang. Und einmal traf ich eine Freundin von früher, die ich immer für ihre Begabungen und ihr Selbstbewußtsein bewundert hatte, und sie sagte mir einen Satz, der irgendwie an denselben Ort in meinem Innern fiel, wo auch der Traum war. »Geh durch alles hindurch«, sagte sie, »versuche nirgends zu mogeln, mach keine Umwege aus Angst oder Feigheit, schau dir genau in die Augen – und dann wirst du dorthin kommen, wo es für dich richtig sein wird!« So etwa sprach sie, wir hatten uns zufällig auf der Straße getroffen. Als die Kleine zwei Jahre alt wurde, mußte ich den Schritt wagen, ich dachte, ›schwimmen kannst du, jetzt spring!‹. Ich kündigte meine gute Stelle – alle Welt hielt mich für verrückt, und von außen betrachtet hielt ich das selbst für verrückt! Aber nun durfte ich zu Hause sein, die Kleine fing jetzt viel mehr zu plaudern an, sie war zufrieden. Ihre Nahrungsmittelallergie begann langsam zu heilen. Ich war glücklich, mit ihr zu sein, Geld hatte ich zu dieser Zeit zwar fast keines, das war auch schwierig. Jedoch etwas anderes wurde wichtig: an meiner Fehlerhaftigkeit als Mutter, meinem Zorn und Unverständnis, meiner Ungeduld war nun nichts und niemand mehr ›schuld‹ außer ich selbst, denn jetzt war ich endlich bei meinem Kind. Einen Beruf hatte ich zwar noch nicht, aber für mein elterliches Unvermögen war nun ich allein zuständig, und das war heilsam. Wenn ich etwas tat, wofür ich mich vor mir selber schämte, lag es an mir, das zu ändern. Das gab mir Kraft… Es war richtig so. Ich könnte meine große Tochter jetzt nicht loslassen und ihr ihren eigenen Weg zugestehen, ihr den meinen zumuten, wenn da nicht ein tragendes Vertrauen in sie und in unsere Beziehung wäre.«–

Viele Frauen sind heute wenigstens teilweise berufstätig, haben jedoch oft ein schlechtes Gewissen. Sie können sich des Gefühls nicht erwehren, daß ihre Kinder ›zu kurz kommen‹. Wenn ihnen etwas fehlt, wenn sie Schwierigkeiten haben, fühlen sie sich schuldig, schreiben es sogleich ihrer Berufstätigkeit zu: »Würde ich nicht arbeiten gehen, ginge es den Kindern besser«, denken und fühlen sie und bekommen dies von ihrer Umwelt auch gespiegelt. Sie versuchen ständig ›gutzumachen‹, sei es durch materielle Angebote, durch erzwungene Zuwendung, durch mangelnde Abgrenzung gegen die Ansinnen der Kinder. Sie können ja oft auch die wirklichen Bedürfnisse der Kinder nicht mehr wahrnehmen.

Diese Emanzipation bringt ihre Umkehrung: die Mütter finden nicht zu sich selbst, sondern landen in einer neuen Entfremdung. Die Kinder bekommen eine Macht über ihre Mütter, mit der sie nicht umgehen können und fühlen sich ebenfalls schuldig. Sie leben in einer Spannung zwischen dem Mangel, den sie nicht ausdrücken dürfen, weil sie ihre Mütter damit kränken würden und einer uferlosen Erfüllung von Wünschen, deren Erfüllung sie aber nicht sättigt. Und sie können am Ende mit ihren Wünschen und Bedürfnissen nicht umgehen, wesentliche von unwesentlichen nicht unterscheiden, weil es die von Schuldgefühlen geplagte Mutter auch nicht kann.

Nun ist also doch die Mutter schuld – weil sie sich schuldig fühlt? Hier geraten wir in einen Teufelskreis. Mütter können zwar lernen, ihre Schuldgefühle durch Stärkung ihrer Identität abzubauen und auch dadurch, daß sie ihre Schwierigkeiten als Teil einer überkommenen Geschichte verstehen, in der die Frauen immer stärker die Verantwortung für die Familie und damit auch die Schuldübertragung auf sich genommen haben. Doch erst wenn es gelingt, diese von der Gesellschaft angelasteten Schuldgefühle aufzulösen, können Frauen lernen, mit der eigenen Unzulänglichkeit, mit dem menschlichen Schuldzusammenhang sinnvoll umzugehen, die ein Teil jedes gelebten Lebens sind.

Wie wir als Frauen – und als Männer – unseren Bezug zur Familienwelt, unser Drinsein, das Hin und Her zwischen Familien- und Berufswelt sowie gesellschaftliche Botschaften gestalten, läßt sich wiederum im Sinne verkörperter Muster verstehen. Manchmal lasse ich beispielsweise Frauen den Satz sagen: »Ich muß eine gute Mutter sein« und ermutige sie, dabei zu erspüren, welche körperlich-emotionale Resonanz sie darauf geben. Die meisten erleben, wie sie sich versteifen, zusammenziehen oder in sich zusammensinken. Als ich eine jüngere Frau bat, dieses Muster körperlich zu verstärken und anschließend wieder aufzulösen, machte sie eine entscheidende Erfahrung: »Je mehr ich eine gute Mutter sein *mußte*, desto mehr verkrampfte ich mich, zog die Schultern hoch, verlor den festen Stand und schränkte meinen Atem ein. Beim Auflösen spüre ich mich fest stehen und werde gleichzeitig weit, spüre Wärme in mir aufsteigen. Ich sehe meine Kinder vor mir – und ich *sehe* sie zum ersten Mal wirklich. Ich spüre viel Nähe zu ihnen. Ich bin ganz bei mir und gleichzeitig mit ihnen… Bis jetzt erlebte ich das als ein Entweder-Oder. Aber ich habe mich mit meinem Muster selber zweigeteilt.«

Frauen mögen sich oft als Opfer unserer Gesellschaft erleben, auch als Mütter. Dies ist jedoch nur ein Aspekt. Und doch gibt es häufig einen – meist verschwiegenen – Gewinn, der nicht gern beim Namen genannt wird: materiellen Wohlstand. Als ein Vater von drei kleinen Kindern für sich eine andere, weniger gut bezahlte Stelle suchen wollte, um sich vermehrt seiner Familie widmen zu können, wurde seiner

Frau klar, wie sehr sie ihrem Mann die gesellschaftliche Problematik zugeschoben und ihn mit dieser identifiziert hatte. Dabei hatte sie übersehen, wie sehr sie vom erarbeiteten Wohlstand und Ansehen mitprofitierte: »Ich habe das eigentlich nicht gesucht, bin einfach hineingeschlittert und merke jetzt, wie viel Mühe es mir bereitet, zurückzustecken.« Hier wird deutlich, wie sehr Männer und ihre Partnerinnen in unserem profitorientierten Gesellschaftskörper ›mitkörpern‹ – beide Geschlechter auf je unterschiedliche Weise. Eine Frau äußerte zu diesem Gesichtspunkt: »Immer habe ich uns Frauen als Opfer, als Außenseiterinnen unserer Gesellschaft erlebt. Doch auf einer Reise durch Entwicklungsländer der ›Dritten Welt‹ sah ich mich als Angehörige der Ersten Welt – und dadurch änderte sich mein Blickwinkel. Und erst jetzt kann ich sehen, was ich vorher nie bemerkt habe: Ich habe einen wesentlichen Anteil an der Realität unserer Gesellschaft, bin nicht nur eine Randfigur, sondern Mit-Verantwortliche, Mit-Handelnde, indem ich an den Errungenschaften unserer Gesellschaft, den Energien und Ressourcen, die sie sich er-rungen hat, teilhabe und von ihnen profitiere.«[5]

Ebenso bleibt für viele Paare und Eltern eine andere, ganz besondere Weise des ›Mitkörperns‹ verdeckt: Es geht darum, daß sie im privaten Raum ihre Beziehungsprobleme als persönliche ausfechten und durchleiden, die in erster Linie – oder mindestens teilweise – keine privaten sondern gesellschaftliche sind.[6] Solange Eltern diese Delegation einfach hinnehmen und sie eine unbewußte ist, bleiben die bestehenden Strukturen unangetastet. Oder anders ausgedrückt: Das Akzeptieren dieser Delegation ist eine Form der Mitverkörperung und damit der Mit-Täterschaft, die nicht als solche greifbar wird.– Die Problematik des halbierten Lebens macht sich oft an der Einforderung der Väter in die Familie fest. Meist geht sie von den Frauen aus, aber auch Männer leisten nicht nur Widerstand, sondern fühlen die Zerrissenheit gerade in der Baby- und Kleinkindphase besonders deutlich. Wenn Männer ihr Bedürfnis nach Nähe zu den Kindern leben wollen, entstehen manchmal ebenfalls Konflikte, da dies meist die Berufstätigkeit der Mütter zur Folge hat. »Ich habe mir das Engagement meines Mannes gewünscht«, sagte eine junge Mutter, »doch als ich realisierte, daß ich nun aus meiner Verpflichtung zur Berufstätigkeit aus finanziellen Gründen nicht mehr einfach aussteigen konnte, wurde es mir schwer. Eigentlich wollte ich mit meiner Berufstätigkeit ernst genommen werden – und doch bin ich selbst jener Auffassung verhaftet geblieben, die den Beruf als eine Art freiwilliges Hobby für Mütter betrachtet. Jetzt aber bin ich mit den

Familienbedürfnissen meines Mannes konfrontiert, der eine tiefe und nahe Beziehung zu unseren Kindern entwickelt hat.«

Freilich sind diese Paare in der Minderzahl, doch an solchen Nahtstellen, wo mit neuen Formen experimentiert wird, kristallisieren sich die Probleme, die unsere gesellschaftliche Struktur und die mit ihr verbundenen überkommenen Muster hervorruft, besonders deutlich, und zwar nicht nur für die Väter.

Wo Rollenzuweisungen nicht mehr selbstverständlich sind, bekommt die Fähigkeit zur Auseinandersetzung zwischen ebenbürtigen Partnern Bedeutung. Bedürfnisse und Begabungen sowie ihre Umsetzung in eine konkrete Lebensgestaltung müssen zwischen den Eltern ausgetragen werden. Dies kann als Übergang von einem patriarchalen, auf Harmonie und Anpassung beruhenden zu einem Ebenbürtigkeit und Gleichwertigkeit verwirklichenden partnerschaftlichen Beziehungskörper verstanden werden. Vielleicht ist der Mann begabter für die Lebensarbeit oder der Frau liegt sie näher. Vielleicht sind es beide, die sie sich wünschen oder beide möchten sich nicht in nur in den einen Lebensbereich verweisen lassen. Mindestens ansatzweise lassen sich die Rollen auch vertauschen oder teilen. Es gibt Hausmänner wie auch Hausfrauen, Job-sharing, Tausch der Arbeitsbereiche auf Zeit. Die Experimente mit neuen Modellen, die mit den gesellschaftlichen Trennungstendenzen anders umgehen, können als privates Wagnis gelingen, auch wenn die gesellschaftliche Realität gegen Mann oder Frau stehen, die nicht in das umfassende berufliche Anforderungsprofil passen. Dennoch bleiben viele Probleme bestehen. »Wir geben uns nur noch die Tür in die Hand«, sagen Baby- und Kleinkind-Eltern oft, oder: »Wir treffen uns nur noch zum Besprechen von organisatorischen Problemen.« Oft sind beide Partner übermüdet und erschöpft, weil sie das gewählte Arrangement alleine tragen müssen, ohne weiteres soziales Netz. Für das Leben der Partnerschaft bleibt häufig kein Raum, denn die meisten Eltern, die eine flexiblere Familienform suchen, wollen auch beide für die Kinder präsente und nahe Eltern sein.

Damit taucht ein weiteres wichtiges Thema auf: Es gibt für heutige Eltern nicht nur die Spannung zwischen dem Anliegen, eine persönliche Form für die Familiengestaltung zu finden und dem normierenden Leistungsdruck der Berufswelt, die die Familie ins Abseits drängt. Die Individualisierungstendenzen unserer Gesellschaft, mit dem Zauberwort Autonomie belegt, lassen oft eine Balance zwischen individuellen Wünschen und Gemeinsamkeit oder Verbundenheit der Eltern schwierig werden. Die traditionelle Anpassung der Frauen an das Lebenskonzept des Mannes und der Versuch, dieses Partnerschaftsmodell zu verlassen, bringt viel Konfliktstoff. Gerade weil Mütter hellhörig geworden sind für übernommene Muster, schlägt die neue partnerschaftliche Auseinandersetzung und Konfliktbereitschaft oft in Machtkampf um.

So sehr sich die trennenden Strukturen unserer Gesellschaft Müttern und Vätern auferlegen, so wenig nimmt sie ihnen die eigentliche Gestaltung des Lebens ab. Sie müssen ihre je eigene Form finden, wie sie die familiäre Welt, die Beziehung zwischen Familie und Beruf und deren Aufteilung zwischen den Partnern gestalten wollen – und können. Das ist Chance und Herausforderung zugleich. Es gibt – um es paradox zu sagen – keine Norm mehr, um mit den sich auferlegenden Strukturen unserer Gesellschaft umzugehen. Wie dies für eine Mutter in unserer Gesellschaft aussehen kann, hat mir heute nach einer Supervision eine berufstätige Mutter von zwei Schulkindern formuliert: »Weißt du«, sagte sie, »da kämpfe ich schon seit Jahren mit meinen eigenen Mustern, die mich in Konflikt zwischen Beruf und Muttersein bringen. Mühsam gewinne ich Boden für mich. Und dann ist mein Mann da, der noch mehr Schwierigkeiten damit hat, daß ich einen neuen Weg gehe. Ich bin es, die ihn auf diese Weise herausfordert, auch eine neue Möglichkeit für *sein* Leben mit der Familie zu finden. Das ist eine doppelte Aufgabe: meine Lebensform zu finden und ihn in seinen Schwierigkeiten zu begleiten und nicht nur für mich zu kämpfen. Aber es lohnt sich auch. Schritt für Schritt geht es weiter.« Und bevor sie verschwand, sagte sie lachend: »Vielleicht haben es unsere Töchter einmal leichter…«

Dieses »zärtliche Tempo«[7] mag an ein überkommenes weibliches Muster anknüpfen. Doch kann es in diesem Zusammenhang helfen, sich als *eine* Generation im Generationenkontinuum zu verstehen. Wir können nur ein paar Schritte tun – die weiteren müssen und können wir den Nachkommenden überlassen. So gesehen ist es hilfreich, Partnerschaft und Familie und ihre Beziehung zur Gesellschaft auch als Generationendialog zu verstehen.

Wir leben in einer Übergangszeit, in der sich ein neues Verständnis von Partnerschaft entwickelt und flexiblere Formen von Elternschaft gelebt werden, die auch die Halbierung des Lebens mindestens zu mildern suchen. Dies mag auch eine Chance für heutige Kinder darstellen. Oft entsteht eine größere Beziehungsflexibilität in der Familie. Die Kreativität im Umgang mit den Kindern kann sich erhöhen, da die alltäglichen Abnutzungserscheinungen nicht jene Intensität erlangen wie dann, wenn immer nur ein Elternteil – meist die Mutter – rund um die Uhr für die Kinder zuständig ist. Die Kinder profitieren von der Verschiedenartigkeit der beiden Eltern. Zudem sind beide immer wieder erreichbar, nicht zuletzt, um Einseitigkeiten wieder auszugleichen. So kann auch eine größere Geschlechterflexibilität entstehen, wie sie etwa von Walter Hollstein in seinem Buch »Nicht Herrscher, aber kräftig« als Forderung erhoben wird. Das Beispiel von Mutter und Vater in der neuen Elternschaft zeigt Rollenflexibilität zunächst in bezug auf das Verhalten. Doch dies ist nur der äußerste Ring dieser Flexibilität. Entscheidend ist, ob es den Eltern gelingt, ihre eigene Verkörperung überkommenen Frau- und Mannseins aufzulösen. Dann würde sich in der Familie Walter Hollsteins Forderung erfüllen lassen: »Jungen muß gestattet sein, ihre Verletzlichkeit, ihre Traurigkeit, ihre Ängste, aber auch ihre Leidenschaftlichkeit auszuleben; Jungen müssen lernen, kooperativ, kommunikativ und solidarisch zu sein. Jungen sollten Wege finden, ihre Aggressionen positiv zu besetzen.«[8]

Die Umformung der emotionalen Qualitäten, das Schaffen eines größeren Spektrums und damit größerer Lebendigkeit scheint eine der wichtigsten Chancen zu sein – für beide Geschlechter.

Mit der Geschlechterflexibilität ist auch eine neue Geschlechtsidentität verbunden. Es zeigt sich, daß Mädchen nicht nur über ihre Mütter ein neues Selbstbewußtsein, eine liebevollere Beziehung zu sich selbst und mehr Solidarität mit Frauen gewinnen, sondern auch durch die größere Nähe zum Vater jene Bestätigung bekommen können, die nur das andere Geschlecht zu geben vermag. Auch Buben gewinnen so durch ihren Vater eine andere Geschlechtsidentität, die nicht mehr einen destruktiven Umgang mit sich selbst nach sich zieht. Sie müssen die weibliche Welt außerhalb und in ihnen selbst nicht mehr als minderwertig sehen und bekämpfen oder kompensieren. Umgekehrt ist der Junge nicht mehr fast ausschließlich in Gemeinschaft mit Frauen, sondern die beiden Geschlechter halten sich in der Präsenz bei den Kindern die Waage. Dadurch besteht auch die Chance, daß ein solches Kind »als Erwachsener in Mann-Frau-Beziehungen besser und angstfreier mit dem Problem von Nähe und Distanz umgehen kann. Das kann ein wichtiger Schritt hin auf eine menschlichere Gesellschaft sein«.[9] Mit anderen Worten: Der Mann wäre nicht mehr der emotional allein Versorgte und gleichzeitig sich Abgrenzende, sondern es gäbe einen emotionalen Austausch, der Autonomie mit einschlösse. So gesehen bietet die ›neue Elternschaft‹ eine Möglichkeit zu einer anderen, lebendigeren Beziehung zwischen den Geschlechtern.

8. Erziehung als formbildender Prozeß

Wechselseitigkeit zwischen Eltern und Kindern

Wir sind es gewohnt, Kinder vor allem als ›Beziehungsempfänger‹ zu verstehen, sprechen davon, was Kinder bekommen müssen, was ihnen zuviel oder zuwenig gegeben wurde. Doch geben und empfangen ist nicht nur eine geistig-seelische Haltung, sondern ein leibhafter Grundrhythmus von Wechselseitigkeit. So ist die Kommunikation zwischen Mutter und Baby schon ein eigentlicher ›Beziehungstanz‹, in dem beide die feinsten Regungen des andern aufnehmen und darauf antworten.[1] Wie sensibel abgestimmt dieser Dialog ist, läßt sich anhand von Filmanalysen im Detail wahrnehmen. Diese Wechselseitigkeit – die uns bei so kleinen Kindern überraschen mag – möchte ich als ›Beziehungskörper‹ bezeichnen, um das enge Verwiesensein aufeinander zum Ausdruck zu bringen. So schreit ein Baby immer wieder seinen Hunger hinaus, ist auf antwortendes Nähren angewiesen. Wenn die Mutter ihr Kind stillt, ist sie selber auf sein Trinken bezogen. So formt sich hier Gegenseitigkeit auf der Basis eines biologischen Rhythmus und ist eine spezifische Form der Mutter-Kind-Beziehung, für die sich der Ausdruck ›Stillkörper‹ anbietet, wobei ich damit nicht ein Ideal meine, sondern alle unterschiedlichen Dialoge, die zwischen Mutter und Säugling entstehen können. Vielleicht hat das Neugeborene Mühe, die Brust zu finden, es schreit weiter, obwohl die Mutter zum Stillen bereit ist. Sie nimmt das Unvermögen des Kindes auf und hilft ihm oder versteht sein Schreien als Abweisung und antwortet selbst als Abweisende, als Irritierte. Eigene alte Erfahrungen mögen sich hier einschleichen. Im einen Fall mag sich das Kind beruhigen, beginnt zu trinken, im andern vergrößert sich die gegenseitige Not und findet vielleicht ihr Ende in Erschöpfung oder damit, daß das Kind die Brust doch noch findet, hastig, gierig oder stockend trinkt.... So bildet sich der jeweilige Stillkörper als Form der Gegenseitigkeit aus, es spielen sich bestimmte Muster ein, die als Grundmuster von Hunger und Sättigung bestehen bleiben, sich später differenzieren und auf anderen Ebenen ausdrücken.[2]

Nicht nur die Stillbeziehung wandelt sich, wenn das Baby größer wird und findet schließlich ein Ende, sondern jede Beziehung zwischen Bezugsperson und Kind verändert sich mit seinem Wachsen. Vergegenwärtigen wir uns deshalb eine andere Situation: Ein dreijähriger Bub steht vor seiner Mutter. »Ich will....« sagt er. Und dabei ist nicht wichtig, *was* er will, sondern *wie* er dasteht: so ganz angespannt, seine Hände zu Fäusten geballt. Nichts ist mehr von dem weichen, anschmiegsamen Kind sichtbar, als das die Mutter es auch kennt. Jetzt ist er ganz der ›Wollende‹, der diese leibhafte Form immer deutlicher in den Vordergrund bringt. Er steht vor der Mutter – es könnte auch der Vater sein –, er schaut sie an. Und sie nimmt diese Haltung ihres Sohnes auf, ihre Kraft und Herausforderung, sie richtet sich selber auf, spannt sich an und zeigt, was sie auch im Wort zum Ausdruck bringt: »Nein!«, und nun profilieren sich die beiden in steigender Deutlichkeit gegeneinander aus, die Spannung wächst, beginnt in einen Machtkampf umzuschlagen. Da nimmt sich die Mutter etwas zurück, löst ihre gespannte Härte auf, bleibt fest und schaut ihren Sohn an. Er aber nimmt das Angebot nicht mehr auf, verharrt in seinem nur noch kämpferischen Wollen. Da faßt ihn die Mutter an, bleibt fest, ohne sich zu verhärten, macht ihm nochmals ein Angebot. Er spürt das Entgegenkommen in der Haltung seiner Mutter und läßt selber ein wenig Spannung los. Das ›Nein‹ der Mutter ist jetzt wie eine schwingende Membran und nicht wie eine starre, unnachgiebige Mauer, ist eine verkörperte Möglichkeit, die eigene Form zu regulieren. Jetzt kann der kleine Bub diese Möglichkeit aufnehmen. So entsteht ein leibhafter und auch verbaler Dialog von Mutter und Kind, der eine neue Grenze zwischen »ich will« und »nein« ausfindig machen kann. – Auch diese Szene ist Ausdruck des Beziehungskörpers, den Mutter und Sohn hier miteinander ausformen. Er hat eine dem Alter des Kindes entsprechende Gestalt, deren Motor die Abgrenzung mit ihren verschiedenen Möglichkeiten und Intensitätsgraden ist.

Beziehung ist ein leibhafter Dialog in Geben und Empfangen, eine verkörperte Form: so gibt sich ein Baby als Hungriges, ins Trinken Vertieftes oder Sattes, ein älteres Kind vielleicht als das Wollende, als sich Verweigerndes. Es ist darauf angewiesen, daß die Bezugspersonen dieses kindliche Sich-Geben aufnehmen und darauf antworten, indem sie sich als Nährende, Grenzensetzende, Helfende, manchmal auch als Ungeduldige, Abweisende geben. Dialoge können fließend, flexibel, sich immer neu differenzierend, aber auch verhärtet oder hilflos sein, sich in Extremen bewegen. Es geht also nicht primär darum, ›etwas‹ zu geben – vielmehr kommt es darauf an, *wie* wir uns selber geben, *wie* wir empfangen, *wie* sich unser Gegenüber – das Kind – gibt, und *wie* wir mit unserer Haltung darauf antworten. Diese grund-legende Wechselseitigkeit ist der innerste Kern von Erziehung. In der Beziehung mit Kindern bilden sich bestimmte Grundmuster aus, die die Eigen-Art gerade dieses bestimmten Beziehungskörpers ausmachen, der jedoch im Laufe der Kindheit immer wieder neue Ebenen hinzugewinnt, während andere in den Hintergrund treten. So bilden auch die verschiedenen, ineinander übergehenden Ebenen des Beziehungskörpers eine Art Babuschka, in der jede Beziehungsgestalt die vorangehenden enthält und zugleich eine neue Form verwirklicht.

Zwischen erwachsenen Bezugspersonen und Kindern besteht eine grundlegende Wechselseitigkeit, die jedoch für Kinder eine umfassende formbildende Bedeutung hat. Kinder lernen in jeder Entwicklungsphase Neues hinzu. Sie richten sich auf, um stehen und gehen zu können, lernen, wie sie später etwa Abgrenzung und Verbundensein, Aggression und Wirkmächtigkeit ausbilden und ausdrücken können. Dies geht nicht von selbst oder von Natur aus. Kinder brauchen ihre Eltern, die menschliche Gemeinschaft überhaupt, die ihrem sich formenden Organismus Unterstützung geben. Gleichzeitig sind Erwachsene auch leibhafte Vorbilder, die dem Kind zeigen, wie es sein eigenes In-der-Welt-Sein gestalten kann. Diese Möglichkeiten kann das Kind sich einverleiben. Verstehen es Eltern beispielsweise nicht, sich selber abzugrenzen, finden Kinder keinen Halt an der Grenze Erwachsener und können selber keine Grenzen ausbilden lernen, anderseits werden Kinder an verhärteten Grenzen oft selbst hart oder resignieren schließlich.

Unterstützung ist also beides: direkte Hilfe und vorbildhaftes Modell. Dazu kommt ein weiterer formbildender Aspekt. Jedes Kind lernt durch Beziehung auch, wie es selber in Beziehung zu sein vermag. So lernt ein Baby, wie es seinen Hunger, sein Unwohlsein, sein Bedürfnis nach Nähe ausdrücken kann, um Antwort zu bekommen. Babys von Gehörlosen weinen beispielsweise lautlos, weil sie erfahren, daß auf akustische Signale keine Antwort kommt. In der Beziehung mit den Eltern lernen Kinder jedoch nicht nur einen zwischenmenschlichen Dialog, sondern verleiben sich ihn als Dialog mit sich selber ein. So ist Aufgehobensein nicht nur eine Beziehungsform zwischen Mutter oder Vater und Baby, sondern wird zu einer Qualität des eigenen

Organismus, bedeutet, bei sich selber Geborgenheit zu finden und zu erfahren, daß der eigene Organismus trägt und hält, um später anderen Geborgenheit zu geben.[3]

Die Liebes-Erfahrung in der Beziehung mit den Eltern und auch anderen Bezugspersonen legt den Grund dazu, wie ein Kind sich selbst als liebens-wert erfährt. »Liebe ist die Erfahrung, lebendig zu sein«.[4] Lebendig sein heißt zu wachsen, sich von Form zu Form weiterzuentwickeln. Liebe als Bezug zur eigenen Lebendigkeit ist jedoch nicht nur Selbstliebe, sondern Liebe zum Lebendigen überhaupt. Elterliche Liebe in einem umfassenden, nicht nur für leibliche Eltern geltenden Sinn bedeutet auch, für andere Sorge zu tragen und Leben zu fördern und ist ebenso ein Engagement für die Zukunft, für Leben, das im Werden ist.

Die formative Aufgabe der Eltern

Die Wechselseitigkeit zwischen Eltern und Kindern läßt sich aufgrund unserer bisherigen Überlegungen als ein formbildender, ein ›formativer‹ Dialog verstehen.[5] Es ist die Aufgabe der Eltern, der wichtigen Bezugspersonen überhaupt, ihre Kinder in ihrer Selbstgestaltung auf die erwachsene Form hin zu unterstützen. Eltern formen ihre Kinder nicht, sondern tragen dazu bei, daß sie aufgrund der einverleibten Erfahrungen sich selber eine Form geben können. Kinder wiederum tragen durch ihr Sosein, durch ihren Appell viel dazu bei, daß Erwachsene Eltern werden – Baby-Eltern, Eltern von kleinen und größer werdenden Kindern. Eltern und Kinder ›erziehen‹ einander gegenseitig. Die formative Erziehungsaufgabe ist ein lebendiger Prozeß, der von einer Beziehungsgestalt in die nächste hinüberführt.

Das Kontinuum, das über Schwangerschaft und Geburt zum Familienkörper führt, läßt sich nun weiter differenzieren. Der Familienkörper ist ein sich ständig wandelnder, vor allem durch die Geburt weiterer Kinder und durch den Wachstumsprozeß aller Kinder. Das bedeutet, daß auch Eltern ihre Beziehung zu den Kindern immer wieder umgestalten. So ist der Familienkörper im Hinblick auf das Baby ein Fürsorgekörper. Doch jeder dieser Körper hat einen doppelten Aspekt. Einerseits stellt er eine leibhafte Beziehungsqualität dar – hier die Fürsorge –, andererseits ist er eine Unterstützung des kindlichen Organismus für jene Ebenen, die das Kind noch nicht aus sich selbst zu formen vermag, sondern sich mit Hilfe seiner Eltern einverleiben lernt. Im ersten Stadium ist dies Aufgehobensein, Geborgenheit oder Urvertrauen. Wenn ein Kind stehen und gehen lernt, bekommt Fürsorge die Qualität des Beistandes. Der kindliche Organismus wird unterstützt durch den erwachsenen Bei-Stand, damit das Kind seinen eigenen Stand formen kann, und sich damit diesen Beistand einverleiben lernt. Beistand als Beziehungsqualität bedeutet, eine sichere Präsenz zu bieten und das Kind gleichzeitig gehen lassen zu können, ihm den Raum für Trennung, für das Erkunden der Umwelt und für seine Rückkehr in Sicherheit und Geborgenheit zu geben.

Mit der Zeit formt das Kind nicht nur seinen Stand, sondern lernt, wie es sich willentlich zusammenziehen und damit seine Grenzen kompakter und dichter machen und sie auch wieder auflösen kann. Seine Lieblingswörter in dieser Phase sind meist ›nein‹, ›ich‹, ›selber‹. Das sind nicht nur Wörter, sondern leibhafte Formen der Abgrenzung, die es einzuüben beginnt, um anschließend wieder neue Verbindung aufnehmen zu können. Wenn das Kind sich auf diese Weise als ein eigenes und auch eigen-ständiges und eigen-williges Kind zu formen beginnt, braucht es nicht mehr in erster Linie einen fürsorgenden Beziehungsmodus, sondern eine neue Qualität von Beziehung, die die Eigen-Art des Kindes respektiert. Wir können von Anteilnahme und Interesse, von Austausch sprechen. Auf diese Weise bekommt ein Familienkörper selbst eine neue Qualität. Indem das Kind mit Abgrenzung experimentieren darf und zugleich auch den Wider-Stand, den eigenen Willen der Eltern als verkörperte Form erfährt, kann es sich diese Form im Sinne der Unterstützung einverleiben und lernt, was es bedeutet, ein Individuum und gleichzeitig mit anderen verbunden zu sein. Es lernt, sein Nein zu formen *und* wieder aufzulösen, seine Grenzen zu wahren und zu überschreiten. So werden alle neuen Formen im Laufe der Kindheit eingeübt und differenziert, das Spektrum der Möglichkeiten erweitert, wenn die liebevolle Anteilnahme bestehen bleibt. Im Laufe der Kindheit bezieht sich diese Anteilnahme auf die verschiedensten Aspekte der kindlichen Selbstgestaltung. So bildet das Kind seine Wirkmächtigkeit aus, baut Erregung auf und löst sie wieder, formt eine eigene Innen-Welt mit ihren Geheimnissen, lernt bei sich behalten und mit-teilen, was es möchte, erweitert seine Perspektive räumlich und auch zeitlich in Vergangenheit und Zukunft, lernt zwischen intimen, vertrauten und gesellschaftlichen Beziehungsräumen zu differenzieren und sich entsprechend preiszugeben und zu schützen. Es entwickelt ein Spektrum von Gefühlen, von Handlungsmöglichkeiten, lernt die Polaritäten von Geben und Empfangen, von Nähe und Distanz gestalten, eine Balance zwischen eigenen und fremden Bedürfnissen zu finden. Immer geht es jedoch um das Ausbilden von leibhaften Formen, die Unterstützung durch den erwachsenen Organismus brauchen und gleichzeitig neue Beziehungsqualitäten erschließen.

Mit dem Eintritt ins Jugendalter verändert sich der familiäre Körper nochmals tiefgreifend. Der neue Beziehungsmodus beinhaltet zunächst, das jugendliche Kind mit seiner sich ausbildenden Geschlechtlichkeit und geschlechtlichen Identität zu bejahen und zu unterstützen. Gleichzeitig beginnt aber auch jener Prozeß, den wir als Ablösung bezeichnen und der darauf ausgerichtet ist, eine erwachsene Gestalt zu formen. Dies bedeutet für das jugendliche Kind, auf die Unterstützung durch den elterlichen Organismus verzichten zu lernen, um von jetzt an die Selbstgestaltung ohne kindliche Abhängigkeit vollziehen zu können. Alle Aspekte der kindlichen Formbildung werden nochmals aufgenommen, um sie in die erwachsene Gestalt einzubringen.[6]

Von hier aus gesehen ist jede kindliche Wachstumsphase eine neue Stufe im formbildenden Prozeß, braucht eine je andere Art der Unterstützung und ein unterschiedliches Beziehungsangebot vonseiten der Eltern. Der sich auf diese Weise ständig wandelnde Familienkörper hat also eine ausgeprägte durchgehende Qualität: er ist ein formativer, das heißt die Formbildung des Kindes unterstützender Körper. Diese formative Aufgabe endet mit dem Erwachsenwerden der Kinder. Auch wenn eine familiäre Loyalität die Familienglieder weiter miteinander verbindet, besteht jetzt im besten Fall eine auf der Erwachsenenebene von allen Beteiligten getroffene Wahl, wie sie miteinander in Beziehung sein wollen und können.

Der formative Prozeß ist jedoch nicht nur auf das wachsende Kind ausgerichtet. Auch Eltern bilden immer neue leibhafte Ebenen ihres Elternseins heraus. Viele Menschen lernen erst als Eltern, die umfassende Form des Besorgtseins für andere auszugestalten und Verantwortung als antworthafte Beziehung zu leben und insbesondere die nächste, heranwachsende Generation zu unterstützen, damit die Kinder als Erwachsene unsere Welt weitergestalten können. Der formative Prozeß ist also kein einseitiger. Auch Kinder formen ihre Eltern, als Eltern und als erwachsene Menschen, die ihre erwachsene Gestalt erfüllen und daran reifen können, wenn sie diese Herausforderung anzunehmen vermögen.

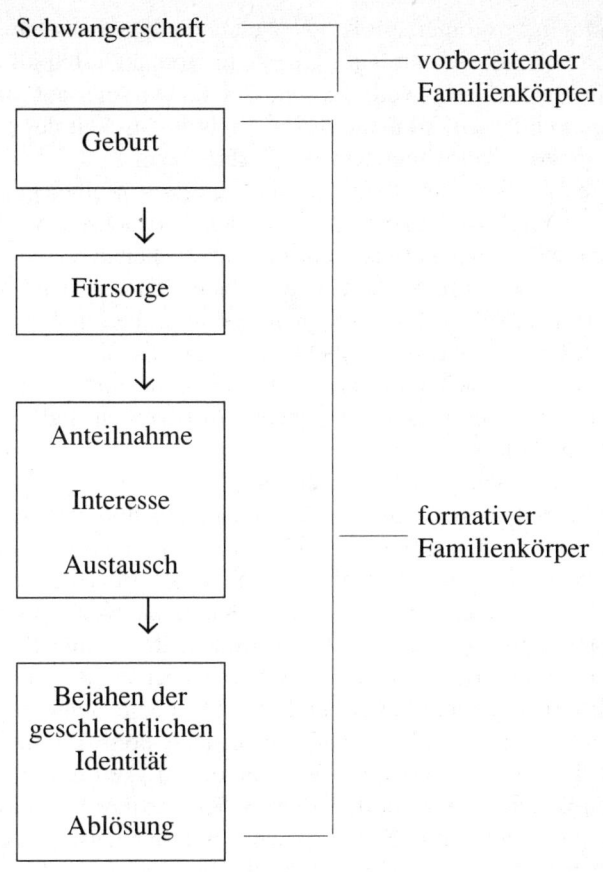

erwachsene Beziehung

Eltern zu sein ist nicht nur eine dialogische Babuschka-Gestalt nach außen, sondern auch nach innen, mit den Schichten der eigenen gelebten Geschichte. Die letzten Kapitel haben gezeigt, daß wir immer auch das Kind, das jugendliche Mädchen oder den Burschen, die junge erwachsene Gestalt leibhaft in uns tragen, aber auch verkörperte Aspekte unserer Mutter, unseres Vaters oder anderer Bezugspersonen. So ergeben sich eine Reihe spannender Fragen, etwa: »Wie verbinde ich mich als erwachsene Person mit meinem Kind, wie als Mutter oder Vater, und wie verkörpere ich dabei Seiten meiner eigenen Eltern? In welchem inneren Dialog stehen die Frau, die ich bin und die Mutter, die ich am werden bin? Wie verbindet sich das Kind in mir mit meinem Kind? Welche Seite meines inneren Kindes ist mit welcher Seite meines Kindes in Kontakt?« Ich könnte diese Fragenreihe beliebig weiterführen. Sobald wir uns auf diese Art von Fragen einlassen, können wir die Vielschichtigkeit des leibhaften Dialogs von Eltern und Kindern wahrnehmen.

Der Familienkörper bedeutet also einen beiderseitigen, ja einen gegenseitigen formativen Prozeß, in dem das Kind seine erwachsene Gestalt ausbildet und die Eltern ihre erwachsene Gestalt erfüllen und vielleicht schon eine reife Lebensform gestalten lernen. Zugleich kommen Eltern auch mit den früheren einverleibten Schichten ihres Lebens in Kontakt, haben oft die Chance, unerfüllte Aspekte ihres Lebens zusammen mit den Kindern auszuformen und vergessene nährende und kraftvolle Schichten ihrer früheren Geschichte wieder zu berühren und in Erscheinung treten zu lassen.

Wenn heute auch viele Eltern nur ein Kind haben, so gelten die bisher geschilderten Prozesse für das Zusammensein mit jedem neuen Kind. Eltern formen deshalb zur gleichen Zeit oft mehrere Beziehungsmodi, sie lernen, in sich einen vielschichtigen Beziehungskörper auszuformen, immer wieder, je nach Kind, zu wechseln und gleichzeitig Beziehungsmöglichkeiten zu finden, in die alle Kinder eingefaßt sind. Jedes Kind ist als Individuum aber auch einmalig, fordert die Eltern je anders heraus und spricht andere Schichten in ihnen an. Zudem gilt es, eine gemeinschaftliche Form zu finden, die verbindlich ist und dennoch die Verschiedenartigkeit der einzelnen Familienmitglieder akzeptiert. So lernen Kinder ihre Form nicht nur durch Unterstützung ihrer Eltern bilden, sondern ebenso im Kontakt mit älteren und jüngeren Geschwistern. Hier sind so viele Qualitäten möglich, daß ich nur einzelne herausgreifen kann: Konflikte untereinander bewältigen, miteinander teilen, von älteren Geschwistern unterstützt werden und jüngere selbst unterstützen, die Eigenart der anderen anerkennen. Doch auch für diesen Lernprozeß brauchen Kinder wiederum die Unterstützung ihrer Eltern, damit sie ihren ›Geschwisterkörper‹ immer wieder neu zu formen und gleichzeitig eine Gemeinschaft mit den Eltern zu bilden vermögen.

In der Gestaltung des familiären Beziehungskörpers wirken auch Beziehungsangebote mit, die sich als grundlegende ›Verbote‹ oder ›Erlaubnisse‹[7] formulieren lassen:

– Du darfst sein.
– Du darfst du sein.

– Du darfst wachsen und dich entwickeln.
– Du gehörst zu uns.

Diese Botschaften sind ein Gestaltungselement der Beziehungsmodi. Zunächst geht es um die Frage der eigenen Existenz überhaupt: »Meine Mutter starb bei meiner Geburt.« – »Meinetwegen mußten die Eltern heiraten.« – »Nachdem ich geboren war, bekam meine Mutter Multiple Sklerose.« – Menschen mit solchen Geschichten, die mit dem Beginn ihres Lebens verbunden sind, können den Schluß ziehen, daß sie eigentlich gar nicht sein dürften. Freilich formen sie daraus verschiedene Fortsetzungen, etwa: »Ich muß mich immer nützlich machen, um das Unheil gutzumachen.« – »Ich muß möglichst unauffällig sein, als gäbe es mich gar nicht.« Als Erlaubnis formuliert, würde es heißen: »Du darfst sein.«

Die zweite Frage betrifft unsere Eigenart: »Ich hätte ganz anders sein sollen, meine Eltern waren enttäuscht von mir.« – »Mein Vater haßte mich, weil ich seinem eigenen Vater ähnlich sei.« – »Ich hätte ein Bub sein sollen, mein Vater kam nie über die Enttäuschung hinweg.« – In diesen Formulierungen drückt sich ein Verbot aus: »Ich darf nicht die Person sein, die ich bin.« Oder als Erlaubnis formuliert: »Du darfst die Person sein, die du bist.« – »Du bekommst für dein So-Sein Aufmerksamkeit und Anteilnahme.«

Die dritte Frage betrifft das eigene Wachstum, die Entwicklung. »Mein Vater konnte mit kleinen Kindern nichts anfangen. Ich versuchte, möglichst schnell groß und vernünftig zu werden.« – »Meine Mutter hatte Freude an mir, solange ich ein süßer kleiner Bub war – dann war plötzlich nichts mehr recht an mir.« – »Als ich in die Pubertät kam und die erste Menses bekam, begann meine Mutter mich zu hassen.« – In all diesen Aussagen liegt ein Verbot in bezug auf die eigene Entwicklung und ihre innere Gesetzmäßigkeit, die heißt: »Du darfst dich nicht entwickeln« oder als Erlaubnis: »Du darfst wachsen und dich entwickeln.«

Die vierte Frage betrifft die Zugehörigkeit zur Familie: »Ich war ganz anders als die andern und wurde immer belächelt.« – »Ich war das Kind aus erster Ehe und war immer ein Hindernis für meine Mutter.« – Hier kristallisiert sich ein weiteres Verbot: »Du gehörst nicht zu uns« oder als Erlaubnis: »Du gehörst zu uns.«

In den geschilderten Meinungen und Verboten oder Erlaubnissen verdichtet sich die familiäre Liebes-Geschichte, in der es um das Sein, um das Sosein, um die individuelle Selbstgestaltung und die Zugehörigkeit zur Familie geht. Damit stellt sich für Eltern die Frage, ob sie ihr Kind annehmen, seine Individualität gutheißen, den Übergang von einem Beziehungsmodus zum andern gestalten und einen Beziehungskörper ausbilden können, zu dem alle sich zugehörig zu fühlen vermögen.

Der liebende Wandel der Beziehungsmodi vonseiten der Bezugspersonen, ermöglicht den Kindern also, eine erwachsene Gestalt zu finden. Ursprünglich sind wir geworden, umfangen von der bergenden ›Welt des Uterus‹, um als Erwachsene eine Welt *in* uns zu bergen. Erwachsensein bedeutet, diese Welt mit anderen Menschen zu teilen, eine intime Beziehung zu formen und dabei bei uns selbst zu sein, auf eigenen Füßen zu stehen und gleichzeitig das fundamentale Angewiesensein aufeinander zu bejahen.[8] Diese Dynamik läßt sich nur paradox formulieren, etwa als ›eigen-ständige Abhängigkeit‹, als Form von Individualität und Verbundenheit auf der Basis einer existentiellen Gleichwertigkeit.

Dies bedeutet gleichzeitig, daß wir fähig werden, alle bisherigen Beziehungsmodi als Möglichkeiten von Beziehung mit uns selbst und anderen in unsere erwachsene Gestalt zu integrieren. Von daher ist auch die Fähigkeit gegeben, mit den eigenen Kindern die Wandlung von einem Beziehungsmodus zum andern zu vollziehen und sie dadurch in ihrem formenden Prozeß liebevoll anteilnehmend zu begleiten.

Im familiären Wachstumsprozeß sind Eltern gerade hier nicht nur formbildend in der direkten Beziehung zu den Kindern, sondern auch durch ihre eigene gelebte Elternschaft und Partnerschaft, die ein Modell für die Gestaltung der paradoxen Einheit von Individualität und Verbundenheit bildet. Dieses Modell wird einerseits als direktes für die eigene Gestaltung einverleibt, anderseits auch als Perspektive für die spätere erwachsene Lebensform.

Jede Familie formt sich zudem aus einem Generationenkörper zweier Familien heraus, unterstützt die nächste Generation in ihrem Wachstumsprozeß bis hin zur erwachsenen Gestalt. Damit ist die formative Aufgabe dieser Familie beendet. Die Eltern treten zurück ins zweite Glied, die Familie wird zur ›Herkunftsfamilie‹, während die Kinder vielleicht einen neuen Familienkörper zu bilden beginnen, der nun in den Vordergrund tritt.

9. Fürsorge: Von der tragenden Beziehung zum Bei-Stand

Aufgehobensein in der ›sozialen Gebärmutter‹

Die Arme von Mutter und Vater, ihr Körper und ihre Stimme sind der Lebens- und Beziehungsraum eines kleinen Babys, sind seine ›Welt‹. Es ist auf dieses Getragenwerden völlig angewiesen, erfährt so, daß es in der elterlichen Welt auf-gehoben und geborgen ist. So bildet sich das Vertrauen in den Grund des Daseins, darein, in einem größeren und umfassenden Ganzen aufgehoben zu sein. Doch ist es auch ein Vertrauen nach innen: in die eigene Tragfähigkeit, in die Fähigkeit, sich selbst be-gründen zu können. Dies ist jedoch nicht nur ein Gefühl, sondern eine einverleibte Qualität, eine vom gesamten Organismus des Kindes in dieser Beziehungserfahrung gebildete Form.[1] Wenn in der frühen Kindheit Bezugspersonen fehlten, die diese fürsorgende und bergende Beziehungsqualität auszubilden vermochten, haben Menschen auch als Erwachsene Mühe, sich selbst zu tragen und aufgehoben zu fühlen. So bemerkte eine junge Frau in einer Körperübung, daß sie ihren Kopf kaum halten konnte, wenn sie ihre Muskeln nicht völlig anspannte, »als sei ich ein Ballon, der nur an seinem dünnen Ende gehalten, hin und her wackelt.« Als ich ihr meine eine Hand sanft in den Nacken, die andere ins Kreuz legte, um sie zu stützen, ließ die Anspannung allmählich nach. Das Bild eines ganz kleinen Babys, dessen Kopf haltlos hin und her baumelte, tauchte auf. Nach langer Zeit sagte sie: »Jetzt kann ich mich etwas besser halten. Mir ist, als habe ich deine Berührung in mich aufgenommen.« Die Frau brachte in ihren Worten zum Ausdruck, was auch ein Baby tut, wenn es gehalten, gewiegt und liebkost wird: es nimmt diese Berührungen, ihre Qualität des liebevollen Haltens in sich auf, um dabei allmählich zu lernen, wie es sich selbst halten und tragen kann. Aus dieser einverleibten Grund-Erfahrung beginnt es dann allmählich, sich aufzurichten und Stand zu gewinnen. Hier zeigt sich, daß die sich entwickelnde physische Fähigkeit nicht dasselbe ist wie die ganzheitliche organismische Qualität des Sich-Haltens, sondern in einem Wechselspiel stehen. Dasselbe gilt auch für alle anderen Möglichkeiten, die sich Men-

175

schen schon als Babys einzuverleiben beginnen. Einige Aspekte möchte ich zur Sprache bringen.

Ein wichtiges rhythmisches Muster formt sich durch die Stillbeziehung in ihrer weitesten Bedeutung: Hunger – Rufen – Er-füllung – Sattheit – Hunger. So entsteht das Vertrauen, daß der eigene Hunger nährende Antwort findet. Dabei geht es zunächst um das eigentliche Saugmuster, das über verschiedene Intensitätsgrade zum gelösten Sattsein führt. Wird dieser Rhythmus gestört, so bleibt beispielsweise das Saugmuster ohne Möglichkeit einer Auflösung bestehen, wie sich dies in einer Suchtproblematik als ›Verewigung des Hungers‹ zeigt oder führt zu Verweigerung alles Nährenden. Ein solches Muster wurde mir deutlich, als eine Alkoholikerin mir zeigte, wie ihre Haltung aussah, mit der sie unaufhaltsam und grenzenlos ihre Getränke in sich hineinsog. Auf dieselbe Weise können wir auch Bilder, Wissen, ja die ganze Welt einsaugen wollen. Gleichzeitig geht es auch um das Vertrauen, daß auf die Trennung von den Bezugspersonen wieder neue Verbindung folgt, um einen Rhythmus, den sich kleine Kinder erst allmählich einverleiben lernen. Wird dieser Rhythmus von Distanz und Verbundenheit nachhaltig gestört, können Kinder in einem Sehnsuchtsmuster hängen bleiben, resignieren oft oder überformen diese Resignation später mit dem unbewußten Schwur, sich nur auf sich selbst zu verlassen. Viele Menschen haben noch als Erwachsene Angst, das Unterbrechen von Nähe bedeute endgültigen Abbruch.

Eine Frau, deren Mutter völlig mit dem zwei Jahre älteren kranken Bruder beschäftigt gewesen war, zeigte sich als selbständige, aktive Frau, die alles, was auf sie zukam, selbst bewältigte. Doch in all ihren Beziehungen erlebte sie, daß die Menschen, die sie gern hatte oder liebte, unerreichbar blieben. »Immer habe ich nur Sehnsucht nach irgend jemandem«, sagte sie. Ich bat sie, mit einer Geste ihre Sehnsucht auszudrücken. Sie streckte die Arme aus, begann ihren Oberkörper und Kopf emporzurecken, die Augen zu weiten. Als ich sie anregte, diese Haltung zu intensivieren, sank sie in sich zusammen und knickte ihren Kopf nach hinten ab. Tränen kamen ihr in die Augen. »Es nützt ja doch nichts«, sagte sie, »ich könnte jetzt einfach nur vor mich hin weinen, wie ich es früher manchmal getan habe!« Sie erkannte in dieser Haltung ihr Sehnsuchtsmuster wieder, mit dem sie bisher auf alle Menschen zugegangen war, »ohne sie wirklich zu sehen.«

Baby-Eltern mögen immer wieder mit ihren eigenen Beschränkungen, mit den aus ihrer Geschichte mitgebrachten Mustern konfrontiert sein. Und doch erfahren sie die Beziehung zu ihrem Kind bei allen Schwierigkeiten oft als eine Art ›Verliebtheit‹. So kommen sie in Kontakt mit den tiefsten, oft bisher unerkannten Seiten ihres Selbst. Die kosenden Laute, das verzauberte Lächeln und Gurren, die wiegenden und tanzenden Bewegungen, das unverwandte Aug-in-Aug wirken auf die Umgebung rührend oder närrisch. Die Eltern lieben alle Möglichkeiten aus ihrem Kind heraus, das erste Lächeln, das freudige Strampeln und später das Ausstrecken der Ärmchen. Aber auch das Kind liebt die elterlichen fürsorgenden, Geborgenheit gebenden, zärtlichen Gefühle aus den Eltern heraus. Jeder Tag bringt neue Entdeckungen, sei es das erste Lächeln, das Anheben des Kopfes, das erste Greifen nach bunten Kugeln… Ein junger Vater sagte zu mir:»Ich habe Schwierigkeiten, den ganzen Tag zu arbeiten. Immer kann ich etwas mit meinem Kind nicht mitbekommen. Und ich möchte doch alles miterleben, jede Veränderung. Noch nie in meinem Leben habe ich so deutlich erfahren, was es bedeutet, etwas zu verpassen. Nur einmal kommt das erste Lächeln – und da will ich dabei sein…« Diese immer neuen Möglichkeiten, die das Kind entwickelt, formen diesen ersten Raum der Beziehung mit. Und jede dieser neu erworbenen Fähigkeiten ist zugleich auch ein Geschenk an die Eltern.

Das Beziehungskontinuum hat viele, ineinander übergehende Ebenen. Während sich beispielsweise die Form der Stillbeziehung während des ersten Jahres ständig wandelt, kommen auch neue Qualitäten hinzu. Das erste Lächeln bringt das Erleben, vom Kind wahrgenommen zu werden, selbst wenn es noch nicht um die Eltern als Personen geht. Im suchenden Blick eines ganz kleinen Babys, das die Umrisse eines Gesichts ›von Ort zu Ort‹ abtastet, bildet sich langsam das Gesicht der Eltern als eine Gestalt heraus, auf die es zu antworten beginnt. Später folgt das vertiefte Aug in Auge, das unverwandte Schauen. Und in diesen ersten Augen-Blicken, in dieser Zwiesprache bildet das Baby seine eigene Form des Blickens heraus. Wenn wir als Erwachsene unseren eigenen Blick verändern, können wir wahrnehmen, wie wir mit unserem Schauen die andern, die Welt um uns mitgestalten. Wir beginnen zu ahnen, daß wir uns unter den liebevollen Blicken der Menschen um uns wertschätzen lernten, abweisende Blicke das Verkrampfen der Augen und des ganzen Körpers bewirken können und Gleichgültigkeit uns vielleicht dazu brachte, nicht mehr richtig hinzuschauen oder später einen mißtrauischen Blick zu formen.

Allmählich beginnt das Baby, seine Bezugspersonen ganzheitlich als unverwechselbare wahrzunehmen, obwohl es bereits von Anfang an den Geruch der mütterlichen Milch ›erkennt‹, Stimme und Berührung der nahen Menschen aufnimmt. Doch jetzt bildet sich eine klare Grenze zwischen vertrauten und unvertrauten Personen, die meist die Angst, das Fremdeln vor unvertrauten Menschen mit einschließt. Zwar mag ein drei Monate altes Baby erst nach der Brust zu rufen beginnen, wenn die Mutter in Erscheinung tritt, doch der erregte Freudentanz, den ein älteres Baby beim Erblicken eines vertrauten Menschen beginnt, hat nochmals eine andere Qualität des Erkennens.

Im liebenden Blick seiner Bezugspersonen, in der nährenden Zuwendung lernt das Baby allmählich auf einer zunächst vorbewußten Ebene sich selber ›erkennen‹, lange bevor ihm dafür sein Name und das Wort ›ich‹ zur Verfügung stehen. Daß dieses Erkennen ein subtiles Beziehungsgeschehen ist, zeigt später auch der erste erkennende Blick des Kindes in einen Spiegel, der immer von der eigenen Gestalt im Spiegel zu den sie begleitenden Blicken der Mutter im Spiegel und wieder zurück zu dieser Gestalt wandert.[2]

Jeder neue Entwicklungsschritt formt sich aus dem Zusammenspiel aller Wahrnehmungsebenen des Kindes im Dialog mit der Zu-Wendung und Antwort der ihm nahen Menschen. Auf diese Weise formt sich der erste, fürsorgende Beziehungskörper zwischen Eltern und Kind in einem vielschichtigen, sich ständig und allmählich wandelnden Dialog.

Die Bedeutung dieses Dialogs möchte ich mit Hilfe eines Beispiels zeigen, das die Kindertherapeutin Rita Nentwich für mich aufgeschrieben hat: »Ich nenne sie Marie. Sie ist sieben, und wir kennen uns seit beinahe zwei Jahren. Marie wurde mir vorgestellt, weil sie innerhalb weniger Wochen mehr und mehr verstummt war, bis sie schließlich nur im engsten familiären Rahmen überhaupt noch sprechen konnte. Unsere Bekanntschaft begann mit endlosen Stunden gemeinsamen Dasitzens und Schweigens, in denen Marie manchmal in sich selbst versunken, erschütternde Bilder verlassener und verlorengegangener kleiner Tiere malte und sorgsam vermieden hatte, mich zu berühren oder etwa von mir berührt zu werden. Nach jetzt fast zwei Jahren wagt sie, mit mir in Kontakt zu treten und ich möchte im folgenden über eine kurze Sequenz aus einer der letzten Spielstunden berichten: Nach einer eher chaotischen Anfangsphase, wo Marie nicht recht zu wissen scheint was tun, holt sie die Babypuppe aus dem Bettchen, möchte sie baden. Wir sitzen nah beieinander am Tisch. Marie hält das Baby auf ihrem Schoß und beginnt wortlos und wenig behutsam, ihm Schühchen und Mütze auszuziehen. Ich schaue ihr zu, spreche derweil beruhigend auf das Baby ein. Marie beachtet mich nicht. Sie reißt am Strampler, und als es nicht so recht gelingt, wie es soll, stellt sie das Baby auf den Kopf, zieht und zerrt an ihm herum. Auf ihrem Gesicht liegt ein Ausdruck verbissener Anstrengung, Ungeduld und Wut. Schließlich sitzt die nur noch mit Windelhöschen und einem Hemdchen bekleidete Puppe zwischen uns. Ich berühre mit dem kleinen Finger meiner Hand ganz behutsam eines ihrer Händchen und spreche sie liebevoll und zärtlich an. Marie schaut auf mich, schaut auf das Baby, berührt ihrerseits vorsichtig und zart sein anderes Händchen, schaut wieder mich an, lächelt glücklich und sagt: ›Die will mich gar nicht mehr loslassen…‹ In diesem Augenblick spüre ich eine starke Verbundenheit und ein großes Einvernehmen zwischen Marie und mir: Mütter unter sich, wir verstehen uns! Marie beginnt, die Windelhose auszuziehen, hat Mühe mit dem Verschluß. Sie faßt nun meine Hand, führt sie dorthin, wo es hakt und bedeutet mir, was ich zu tun habe. Während ich den Verschluß öffne, läßt Marie meine Hand nicht los, gibt sich große Mühe, meinen Bewegungen zu folgen und mich in meinem – eigentlich unserem – Tun nicht zu behindern. Während der ganzen Aktion schaut sie mir intensiv ins Gesicht, und ich spüre zugleich ihr Angezogensein wie ihre Scheu, ihre Sehnsucht und Angst. Es sind Momente großer Intimität…, die Marie dann abrupt beendet, indem sie mich zur Buddelkiste zerrt und meine eben noch so benötigte Hand im Sand vergräbt. Dann soll ich sie vorsichtig herausziehen und Marie erkundet ausdauernd die so entstandene ›Höhle‹.

Marie begegnet in dieser kurzen Sequenz – kaum mehr als fünf Minuten – Verkörperungen unterschiedlicher Schichten ihrer selbst. Das beinahe siebenjährige Mädchen tritt in Kontakt mit seinem inneren Baby, mit dem eigenen Ungeborgensein und der eigenen erfahrenen Nichtzumutbarkeit. Zugleich verkörpert sie die ihr einzig zugängliche, weil ›am eigenen Leib‹ erlittene Mütterlichkeit ihrer Mutter und, wie diese, verbindet auch Marie sich mit ihrem Baby ohne Gespür für seine Bedürfnisse, nimmt sie ihm gar übel. In Erscheinung tritt also Maries antizipierte innere Mutter im Dialog mit dem inneren Baby: beide so bedürftig, beide so voller ungestillter Sehnsucht.

Über das auch leibhafte Sich-Verbinden mit mir, erfährt Marie eine ihr neue – zunächst befremdliche – Qualität von Bemutterung, samt den damit korrespondierenden Gefühlen, die mir in der Gegenübertragung deutlich spürbar sind. Der innere Dialog wird ein anderer über den äußeren Dialog mit mir. Marie nimmt zunächst An-Teil an meiner Mütterlichkeit, um Aspekte davon zu ihrer antizipierten Mütterlichkeit hinzu- und in sich hineinzunehmen. Und je mehr Maries innere Mutter

179

sich diese zu eigen macht, sie selber an haltender und stützender Kompetenz gewinnt, desto ›annehmbarer‹ wird das innere Baby mit seiner Not und desto annehmender und liebe-voller das Mädchen.«

Der innere Dialog verändert sich über den äußeren Dialog

Eine tiefe Bindung entsteht oft nicht nur zu den Eltern, wenn sie eine tragende Beziehung eingehen können, sondern auch zu andern Menschen, die einem Kind schon früh nahe sind und ihm Geborgenheit geben. Sie hält sehr oft über Jahre hin als selbstverständliche Vertrautheit an, auf die das Kind auch nach längerer Trennung ohne Mühe zurückgreifen kann. Oft unterschätzen wir auch die Beziehungen zwischen Kindern, die im Baby- oder Kleinkindalter beginnen. Meine zehnjährige Tochter sucht immer wieder Kontakt zu ihrer ersten Freundin, mit der sie schon als älteres Baby sehr oft zusammen war. Die Verbindung überdauerte die spätere geographische Trennung der beiden grundverschiedenen Mädchen. Wir mögen diese frühen Kinderbeziehungen zwar entzückend finden – wie tief sie einverleibt werden, ermessen wir oft kaum und übergehen gerade die noch sprachlosen Freundschaften des frühen Kindesalters. Wir nehmen sie vielleicht deshalb nicht ernst genug, weil sie sich noch wenig zu artikulieren vermögen.

Früh beginnende und dauerhafte Beziehungen zu Menschen verschiedenster Altersstufen – nicht nur zu den Eltern und den eigenen Geschwistern – geben uns die Möglichkeit, uns zu verwurzeln. Das Zusammensein mit Gleichaltrigen, das Nachahmen älterer Kinder, die Unterstützung durch Erwachsene – durch junge und ältere – Beziehungen zu Großeltern, zu Nachbarn, dieses Spektrum macht das frühe kindliche Beziehungskontinuum aus.

Wenn Erwachsene in Gruppen einmal den Kosmos früher kindlicher Beziehungen rekonstruieren und inszenieren, erfahren Menschen oft, wie ihnen eine neue Kraft aus diesem vergessenen Beziehungskosmos zuwächst. Dies gilt natürlich nicht nur für die ganz frühe Kindheit, sondern auch für die spätere. Ein Mann meinte nach einer solchen Rekonstruktion in der Gruppe: »Ich wußte nicht mehr, daß es so viele Menschen gab, die mir bedeutungsvoll waren. Sie sind wie ein warmes Bad, in dem ich mich bewege. Die Erinnerung an sie verbindet sich mit Einzelheiten, mit Erinnerungsinseln. Da sind Bewegungen, Gesten, Muster von Kleidern, Momentaufnahmen, verbunden mit Gerüchen, mit Farben. Es sind Orte, die niedrige Küche etwa, rauchig geschwärzt, die Waschküche, die kleine Stube meiner Großmutter, der Platz unter der großen Linde....« Die Erinnerung füllt oft alle Sinne, schafft eine Atmosphäre, eine Welt, die sich als einverleibte noch immer vergegenwärtigen läßt. Sie stellt, als oft spät im Erwachsenenalter wiederentdeckte, einen inneren Reichtum dar. Eine 60jährige Frau äußerte betroffen: »Ich wußte gar nicht mehr, wie viele Menschen es schon in meiner frühen Kindheit gab, von denen ich viel bekommen habe und an deren Leben ich teilnehmen durfte. Es ist dies eine Kraftquelle, die mich wenigstens jetzt im Alter begleiten wird.«

Die vielschichtige soziale Gebärmutter bildet also den ersten tragenden Beziehungskörper, den das Kind im beginnenden zweiten Lebensjahr durch seine Entwicklung zur Umgestaltung in einen fürsorglich beistehenden herausfordert.

Stand gewinnen

Im Laufe der Baby-Zeit erweitert sich der Gesichtskreis des Kindes, die Welt wird verlockend, es schaut umher, greift nach Gegenständen, untersucht sie. Die Dynamik zwischen inniger Zugewandtheit zu Mutter oder Vater und Zuwendung zur Welt beginnt – zunächst noch vom Körper der Eltern aus –, bis es sich auch robbend und kriechend von ihnen weg auf die Welt hin zu bewegen beginnt. Es braucht jedoch die Sicherheit der elterlichen Gegenwart für die Entdeckung der Welt. So entsteht langsam ein neuer Dialog zwischen körperlicher Verbundenheit und Trennung, umfangen von der elterlichen Gegenwart. Innerhalb dieses Dialogs beginnt sich das Kind schließlich aufzurichten, lernt stehen und macht einmal seinen ersten Schritt hinaus in den Raum. Wer je das jubelnde Entzücken eines Kindes in diesem Moment miterlebt hat, beginnt zu verstehen, wieviel Freude im Hinzugewinnen neuer organismischer Möglichkeiten liegt. Kindliche Selbstgestaltung ist immer Gestaltung im Beziehungsraum und von ihm ausgehend in die Welt hinaus. Wie wir als menschliche Wesen lernen, unseren Stand und unser Gehen zu gewinnen, hat Stanley Keleman in seinem Buch ›Verkörperte Gefühle‹ eindrücklich dargestellt: »Drei Bewegungsmuster führen uns von einfacher animalischer Beweglichkeit hin zur menschlichen Fortbewegung, zum Aufrichten und Gehen: die Fähigkeit auszugreifen, zu sich heranholen und von sich wegstoßen zu können. Diese Muster sind Schwimmbewegungen ähnlich, ihr kombiniertes Zusammenspiel macht Fortbewegung möglich.«[3]
Keleman sieht die ganze Entwicklung als Umgestaltung dieser ›Schwimmbewegung‹, die schon in der Gebärmutter beginnt, mit deren Hilfe das Kind »in einem gigantischen Drehmuster« aus dem Mutterleib ›hinausschwimmt‹ und sie nach der Geburt fortsetzt.[4] »Nach und nach lernt das Kind seine Hände, Arme, Beine und Füße zu gebrauchen und koordiniert diese neue Meisterschaft beim Kriechen und Krabbeln. Diese frühen Stadien der Fortbewegung ähneln horizontalen Schwimmbewegungen: Ausgreifen, Zurückziehen, Wegstoßen.«[5] Darauf folgen die Bewegungsmuster, die »über das Kriechen zum Krabbeln, zum Hocken mit ausgestreckten Armen, zum Hochziehen, zum Stehen und endlich zum freien Stand führen.«[6] So wandelt sich das horizontale in ein aufrechtes Schwimmen: »Der gesamte Organismus verlängert sich, dreht sich um die eigene Achse, rotiert, beugt sich und zieht sich wieder zusammen. Um gehen zu können, müssen Wirbelsäule, Becken, Schultern und Kopf sich dre-

hen können, und wir müssen in der Lage sein, die Glieder auszustrecken und wieder zurückzuziehen.«[7]

Sich in die Vertikale aufzurichten bedeutet, einen anderen, labileren und flexibleren Stand zu gewinnen, die weiche und verletzliche Seite den Menschen und der Welt zuzuwenden und Überblick, Perspektive zu gewinnen. Es muß eine erregende Erfahrung sein, wenn ein Kind sich erstmals in die Höhe zieht und die Welt sich anders darbietet, wenn es dann erlebt, wie die eigenen Füße, die eigene Wirbelsäule es tragen. »Mir ist, als könnte ich an meinem eigenen Rückgrat anlehnen«, sagte mir einmal eine Frau nach einer Übung. Nicht nur auf dem Boden stehen, sondern sich in dieser Haltung, mit dieser Welt-Sicht zu bewegen, ist nochmals eine überwältigende Erfahrung. Vielleicht bekommen wir eine Ahnung davon, wenn wir uns aus dem Liegen oder Sitzen langsam ganz aufrichten. »Mir ist, als würde ich wachsen und wachsen. Und schließlich stehe ich da, spüre wie groß und wie fest ich mit dem Boden verbunden bin. Wenn ich jetzt die ersten Schritte mache, ist der Raum so weit. Ich gehe in ihn hinein, wie in ein schwingendes und lebendiges Element und fühle mich selber als ein kraftvolles Zentrum. Es ist wie ein Gespräch zwischen mir und dem Raum. Ich dringe ein und werde durchdrungen.« So hat seine Erfahrung einmal ein junger Mann zum Ausdruck gebracht. Etwas Ähnliches mögen Kinder erleben, wenn sie ihren Stand, ihr Gehen zu formen beginnen.

Richtet sich ein Kind aus der Erfahrung des Aufgehobenseins heraus auf, hat dieses Aufrichten eine andere Qualität, als wenn es sich Verlorenheit und Antwortlosigkeit seiner Umwelt einverleiben mußte und buchstäblich ›am Boden‹ bleibt.[8] Freilich lernen alle gesunden Kinder stehen, doch *wie* sie diesen Stand ausbilden, hängt sowohl mit den bisher einverleibten Möglichkeiten wie mit der Unterstützung im Stand-Gewinnen selbst zusammen.

Als Erwachsene können wir mit der Qualität unseres Standes in Kontakt kommen. So sagte ein Mann in einer Gruppenübung: »Ich stehe, als müßte ich mich gegen einen Sog hochreißen«, während ein anderer meinte, er stehe so schwer auf dem Boden, als habe er Pflöcke an den Füßen. Eine Frau äußerte: »Ich stehe fest auf dem Boden und habe gleichzeitig den Eindruck, daß mir vom Boden her eine Kraft zuströmt, die mich trägt.« Immer steht hier eine einverleibte Geschichte im Hintergrund, deren Kristallisationspunkt zwar die Eltern sind, die jedoch immer auch in weitere soziale Bezüge hinaus weist. Ich erinnere mich an eine Frau, die als jüngstes von sieben Kindern und als unerwarteter Nachzügler alter und sozial benachteiligter Eltern von Anfang an ›zuviel‹ war. Die Mutter brachte keine Kraft mehr auf, sich auf das kränkliche Baby einzulassen, und es mußte immer wieder weggegeben werden. Es resignierte und weinte stundenlang völlig monoton vor sich bin. Später riß es sich in die Aufrechte hoch, indem es sich versteifte und schwor: »Nie mehr abhängig sein!« Jedesmal, wenn dieses Kind auch noch als erwachsene Frau Zeichen von Abhängigkeit bei sich bemerkte, geriet sie in Angst. Sie überformte das kleine hilflose Kind in sich durch eine äußere, versteifte Selbständigkeit. »Damit bin ich zurechtgekommen, aber es erfordert so viel Kraft«, sagte sie und zeichnete sich als ein kleines Mädchen, umschlossen von einer erwachsenen Frau, die aber so winzige Füße und dünne Beine hatte, daß ein Gerüst von Stäben sie halten mußte. Es brauchte viel Zeit, bis diese Frau einen inneren Halt fand, aus dem heraus sie sich aufzurichten vermochte, ohne sich dabei hochreißen zu müssen.

Nicht nur das Kind beginnt aus dem Säugling-Tragling-Körper seine aufrechte, stehend-gehende Form und neue Dimensionen der Beziehung herauszubilden, sondern auch Mutter und Vater formen einen neuen Beziehungskörper im Austausch mit der kindlichen Entwicklung. Eltern sind jetzt schützend-unterstützende Präsenz für den kindlichen Organismus, eine andere Art von Aufmerksamkeit formt sich. Wenn das Kind gehen lernt, braucht es den Bei-Stand der Eltern, die Reaktionsfähigkeit ihres Organismus. Oder pointiert gesagt: aus der Trag-fähigkeit bildet sich der Bei-stand heraus, die Spiel-Raum gewährende und Grenzen bildende neue Präsenz.

Das erste und allmähliche Auflösen des bergenden und fürsorgenden Beziehungsmodus bringt oft auch ein Mehr an Unsicherheit für seine Bezugspersonen mit sich. Solange die Mutter ihr Kind in den Armen hält, ist sie seiner sicher. Sobald es seine ersten Schritte hinaus in die Welt wagt, wird das Risiko größer. Die Mutter ist es gewohnt, ihr Kind zu halten. Nun wird die Eigendynamik seines Organismus immer intensiver. Eine Mutter sagte dazu: »Seit mein Kind zu gehen begonnen hat, empfinde ich oft Angst. Ich spüre stets den Impuls, es zurückzuhalten, es an seinen Bewegungen zu hindern. Wenn es irgendwo hinauf- oder hinunterklettern will und ich nicht in Griffnähe bin, schreie ich auf – und mein Kind fährt erschrocken zurück. Ich weiß aber, daß dies nicht gut ist.« Diese Frau konnte den Übergang vom Umfangen zum schützenden Begleiten nur schwer gestalten. Ich bat sie deshalb, die Geste des Bergens zu machen und sie dann langsam aufzulösen. Ich konnte sehen, daß die Hände nach dem Öffnen der Arme ganz gespannt blieben, als wollten sie das Kind weiter festhalten. Deshalb regte ich die Frau an, diese Spannung erst zu verstärken und dann langsam zu lösen. Dabei richtete sie sich auf und formte eine Geste der Bereitschaft und Aufmerksamkeit ohne ängstliche Anspannung. Anschließend sagte sie: »Es war so schwierig, die Arme zu lösen. Ich hatte das Gefühl, mein Kind entschwinde mir, und ich wollte es zurückhalten. Mir war, als könnte ich es wenigstens noch mit den Händen tun. Beim Verstärken hatte ich den Eindruck, mich am Kind festzukrallen. Jetzt spüre ich etwas ganz anderes. Ich stehe da und folge meinem Kind innerlich. Ich nehme seine Bewegungen wahr, freue mich daran, bin in Verbindung mit ihm und spüre, wenn es meine Reaktion braucht…« Hier erlebte die Frau erstmals den Übergang zu einer anderen möglichen Beziehung mit ihrem Kind. Freilich hatte die Angst vor dem ›Entschwinden‹ auch Wurzeln in der eigenen Geschichte der Frau. Doch zeigt sich, daß auch dieser Übergang verkörpert werden muß und zu neuen Möglichkeiten hinführen kann, die nicht unbedingt schon vorgegeben sind. Eindrücklich war mir in diesem Zusammenhang die Äußerung eines befreundeten Vaters, der seine Kinder halbtags betreute: »Ich verbiete meinem Sohn nie, hierhin oder dorthin zu gehen. Ich schreie auch nicht ›nein‹ oder ›halt‹. Dann bekommt er nur eine Wut auf mich, weil ich etwas verboten habe, das er gar nicht begreift. Seine Erfahrung ist nur das Verbot. Deshalb stehe ich einfach bereit, um ihn im letzten Moment, wenn er stürzt, aufzufangen, aber so, daß er die Gefahr noch erleben kann, sich vielleicht auch etwas anstößt. Und ich helfe wirklich nur so viel, wie unbedingt nötig ist.« Ich habe auch oft gesehen, wie dieser Vater mit größter Ruhe und Aufmerksamkeit dastand und blitzschnell reagierte, wenn die Situation es erforderte. Er verkörperte genau das, was ein Kind in dieser Phase braucht: die Unterstützung des noch ungeübten kindlichen Organismus dann, wenn er an seine Grenzen kommt. So ist der Spiel-Raum für den formenden Prozeß gegeben, aber auch die Möglichkeit, in den schützenden Raum unmittelbarer körperlicher Nähe zurückzukehren.

Zur Sprache finden

Im Laufe dieser ersten Kleinkindphase bewegt sich das Kind nicht nur auf eine neue Weise in unserer Welt, sondern artikuliert sich auch in den Raum unserer Sprache hinein. Dadurch formt sich eine weitere Beziehungsebene.

Das Erfassen der Welt durch Sprache stellt einen Entwicklungsschritt dar, hinter den wir uns nicht zurückdenken, ja kaum zurückfühlen können, da auch jede körperliche Erinnerung immer vom Horizont der Sprache umgeben ist. Wie erregend das Hinzugewinnen der Sprache ist, erlebte ich eindrücklich, als vor Jahren meine kleine Tochter ihr erstes Wort fand und mit-teilte. Sie zeigte im Wohnzimmer auf den Ofen und plötzlich hörte ich, wie sie leise sagte: »Heiß«. Und nochmals »heiß«. Sie schaute mich erwartungsvoll an. Hatte ich richtig gehört? Wieder kam das feine singende Stimmchen: »heiß« – ganz deutlich. »Ja«, rief ich aus. »Heiß. Der Ofen ist heiß.« Mirjam sah meine Freude, und ihr Gesichtchen glühte und sie freute sich, daß ich verstand. »Heiß«, sagte sie nochmals, sah mein begeistertes Lachen und geriet in einen richtigen Rausch. Es war eine Kostbarkeit, dieses »heiß«. Mirjam wiederholte das Wort singend. Wir lachten uns an, sie warf mir das Wort zu, erlebte wieder und wieder, daß ich es auffing, verstand, ihr zurückspielte. »Heiß« war das Zauberwort, die neue mächtige Brücke zwischen uns beiden.

Dieses ›musikalische Duett‹ hatte ich mit meiner Tochter schon gesungen, als sie noch ein kleines Baby war und die ersten Laute von sich gab. Gleichzeitig war es eine Totalität von rhythmischen Lauten, Berührungsspielen und Augenkontakt gewesen. Man weiß heute, daß die Sprachentwicklung mit allen Wahrnehmungsebenen zusammenhängt, sich nicht nur aus dem Hören, sondern auch aus Berührung und vielfältiger Anregung zu eigenen Bewegungen speist.[9] Auch die eben geschilderte Szene des ›ersten Wortes‹ war nicht ein isolierter Sprechvorgang, sondern ein ›Beziehungstanz‹, an dem alle Sinne und Ausdrucksebenen beteiligt waren. Und doch hatte meine Tochter eine Ebene hinzugewonnen.

Aus dem Fluß der ständig wiederholten Laute und vertraut werdenden Lautkombinationen hatte sie eine Lautfolge herauskristallisiert, die ihr das Geheimnis menschlichen Sprechens erschloß. Sie fand die Verbindung zwischen Lautfolge und Gegenstand und erlebte, daß ich sie verstand, daß sie über dieses Wort eine neue Verbindung zu mir herstellen konnte. Von nun an war es möglich, Dinge zu benennen. Ein wahrer Rausch des immer neuen Zeigens und Artikulierens entstand. Nochmals wurde die Welt im Horizont der Sprache entdeckt und neu geordnet, so geordnet, wie es unserem gemeinsamen sprachlichen Weltbild entsprach.

Auf diese Weise gewinnt die Welt auf neue Weise Kontur. Es ist eine verbindliche und verbindende Kontur. Das Kind kann sich mitteilen und nimmt Mitgeteiltes auf. Gleichzeitig läßt sich die Welt in der Sprache auch unabhängig beschwören – die innere wie die äußere. Das eigene Wünschen und Wollen nimmt eine auch sprachliche Form an, und umgekehrt wird das Wünschen und Wollen der andern Menschen sprachlich faßbar.

So entsteht allmählich die Fähigkeit, Geschichten zu bilden, sich im Fluß der Ereignisse zu ›orten‹ und dem, was geschieht, diese Bedeutung zu geben, ein Kontinuum von Erfahrungen zu erfassen, Geschehenes bewußt zu behalten und zu strukturieren. Das Bilden einer Perspektive, wie es durch das Aufrichten ins Stehen möglich wird, muß in engem Zusammenhang mit der sprachlichen Möglichkeit gesehen werden, Zeiten – Vergangenheit, Gegenwart und Zukunft – auszudrücken.

Sprache ist – das erfahren wir immer wieder deutlich – nicht nur inhaltliche Kommunikation, sondern auch ›musikalische‹, mimische, gestische und haltungsbezogene. Jedes Kind bildet seinen eigenen Sprachrhythmus, seine eigene unverkennbare ›Sprachmelodie‹ heraus, die mit seinem Temperament und seinem verkörperten In-der-Welt-Sein zusammenhängt, das seinerseits aus dem leibhaften familiären Dialog entsteht. Ein noch so kleines Kind nimmt sprachlich Mitgeteiltes im Kontext der ganzen Haltung seiner Bezugspersonen wahr. So kann ein ›Nein‹ nur gleichsam ›Lippenbekenntnis‹ sein, ein scheinbar freundliches Wort, die versteckte Ungeduld nur schlecht verhehlend, aber auch eine steinharte Grenze oder ein liebevolles starkes ›Nein‹. Stehen sprachliche Mitteilung und verkörperte Haltung des Erwachsenen in Widerspruch zueinander, gerät das Kind in Verwirrung, weil es die beiden Ebenen nicht zusammenbringt und in eine Falle gerät, denn jede seiner Antworten auf einer der Ebenen ist falsch. Sagt die Mutter freundlich: »Komm zu mir!« und drückt dabei Distanz oder Ablehnung aus, ist das Kind unbewußt hin und her gerissen oder muß selbst ein widersprüchliches Muster ausbilden. Es geht vielleicht zur Mutter hin, nimmt jedoch nicht direkten Kontakt auf, sondern beschäftigt sich mit irgendeinem Gegenstand, um auszudrücken: »Ich komme dir nicht zu nahe.«

Wie sehr Sprache mit dem ganzen leibhaften Dialog verbunden ist, läßt sich etwa an der Bedeutung des eigenen Namens konkretisieren. Da gibt es Menschen, die einen ganzen ›Namenkosmos‹ erinnern, mit unzähligen Varianten, Kosenamen, Übernamen. Der Reichtum an Namen oder die Kargheit, ja Namenlosigkeit fällt ins Gewicht, aber auch die musikalische Umsetzung. Hierzu gibt es eine berührende Übung, die darin besteht, sich hinzusetzen, die Augen zu schließen und die verschiedenen Namen und Klangfärbungen des Gerufenwerdens aufsteigen zu lassen, sie zu sagen und als ›Namensgesang‹ zu intonieren, zu wiederholen und in die Melodie, die entsteht, einzutauchen. Dabei wird nochmals erfahrbar, wie wir uns im Genannt- und Gerufenwerden verkörpern – weit und weich werden, uns zusammenziehen, versteifen, erschreckt hochfahren oder in freudige Erregung übergehen, in uns zusammensinken oder uns gestärkt aufrichten. Dasselbe geschieht, wenn wir uns Botschaften unserer Eltern vergegenwärtigen, die sie uns verbal vermitteln. Wir können auch die Melodie dieser Sätze herausfiltern, intonieren und auf uns wirken lassen oder uns die Haltung der Eltern vergegenwärtigen. Ebenso hilfreich ist es, mit dem eigenen Sprachrhythmus und seiner Melodie in Kontakt zu kommen. Dadurch bekommen wir eine Ahnung davon, wie wir als Kinder Sprache formen lernten und welche Erfahrungen wir mitbringen, wenn wir die eigenen Kinder im abenteuerlichen Prozeß des Sprechenlernens begleiten und – eingebettet in den leibhaften Dialog – eine neue Kommunikation mit dem Kind gestalten, die es darin unterstützt, seine Hilflosigkeit zu überwinden, indem es sich auf einer durch allgemeine Verbindlichkeiten vorgeformten Ebene immer präziser und differenzierter ausdrücken lernt. So kann das Kind seine innere Bewegtheit mit-teilen und auch im Medium der Sprache ausgreifen, heranholen und wegstoßen.

10. Aus-tausch und Auseinandersetzung

Erste Autonomie: »Ich will selber!«

Die Entwicklung des Kindes, die es schließlich sich aufrichten läßt, ist als seine zweite, seine emotionale Geburt zu verstehen.[1] Von Anbeginn bestehen wir aus inneren pulsierenden Wellen, die durch die »Grundgefühle wie Freude, Güte, Lebendigkeit und Erregung« entstehen. Diesen inneren Bewegungsfluß als ›Motilität‹, unterschieden von Handlungs- und Fortbewegungsmustern, hat Stanley Keleman ausführlich dargestellt.[2] Für unser Verständnis des Kindes ist es wichtig zu verstehen, was der Übergang von Motilität zu willkürlicher Bewegung bedeutet. Vor allem »entsteht ein Dialog zwischen Spontaneität und Kontrolle. Innere Reflexbewegungen werden allmählich durch äußere, dem Willen unterworfene Kontrollstufen ersetzt.«[3] Wir neigen heute dazu, die Spontaneität überzubewerten, die uns jedoch von inneren Impulsen überschwemmt sein läßt, wenn wir sie nicht gestalten können, während das kontrollierte Leben unserer Gesellschaft uns den Kontakt mit dem inneren Bewegungsfluß verlieren läßt. Gerade im Umgang mit Kleinkindern geht es darum, das Abenteuer dieses sich formenden Dialogs zwischen der Spontaneität innerer Bewegung und der Möglichkeit willkürlicher Kontrolle zu erfassen und zu fördern, ohne den einen oder den anderen Pol zu verabsolutieren. Das folgende Zitat von Keleman bringt dieses Anliegen, das die Selbstgestaltung des Menschen ausmacht, auf den Punkt: »Diese Weiterentwicklung von schwebender freier Beweglichkeit zu willentlicher Interaktion umfaßt Gefühle wie Angst, Freude, Entbehrung, Zielgerichtetheit, Verspieltheit und Kontaktbedürfnis. Die psychologische und emotionale Geburt verläuft parallel zur motorischen Entwicklung, ebenso unser wachsendes Ich-Gefühl, ein Gefühl der Selbstbehauptung und das Wissen, wie wir uns organisieren müssen, um die pulsierende innere Peristaltik in gewollte Aktion übersetzen zu können. Darin besteht das ganze erregende Geschehen.«[4]

In diesen Worten kommt nochmals zum Ausdruck, daß die formative Aufgabe der Eltern jetzt darin besteht, diese Übersetzung des inneren Bewegungsflusses in gewollte Aktion und Interaktion zu unterstützen und zu fördern.

Dies bedeutet, daß im Laufe des zweiten und beginnenden dritten Lebensjahrs der Übergang vom fürsorgend tragenden und beistehenden Beziehungsmodus zu demjenigen von Austausch, Anteilnahme und Interesse stattfindet. Die neue Möglichkeit, die das Kind allmählich hinzugewinnen lernt, läßt sich durch die drei magischen Wörter ›nein – ich – selber‹ kennzeichnen.

Das Szenario des Übergangs zu dieser neuen Phase kennen wir alle: Das Kind bringt zum Ausdruck, daß es Durst hat. Die Mutter fragt: »Willst du Milch haben?« – »Nein!« – »Willst du Sirup?« – »Nein!« – »Willst du Saft haben?« – »Nein!« – (verärgert): »Ja, was willst du denn?« – »Milch!« Das Kind will offenbar haben, was es will. »Ja, aber ich habe ihm doch das gerade angeboten«, antwortet die Mutter ratlos. Das Kind will aber haben, was es *will* und nicht, was es *angeboten* bekommt. Das ist oft schwer zu verstehen. – Oder der Vater hilft seinem Kind die Schuhe anzuziehen. Doch es wird wütend und schiebt die Hand des Vaters weg. »Selber«, ruft es und kommt doch mit seinem ›Handwerk‹ nicht zurecht, beginnt zu weinen. Und noch immer will es ›selber‹, wütend und verzweifelt… Oder ein Kind soll vor dem Weggehen seine Jacke anziehen. »Nein«, ruft es, wehrt sich, zieht sich zusammen. Wenn die Mutter insistiert, beginnt es zu schreien, stampft oder wirft sich auf den Boden und schlägt um sich.

Was geht hier vor sich? Das Kind ist dabei, einen neuen Umgang mit seinem eigenen Pulsieren zu entwickeln. Haben Sie einmal zugeschaut, wie ein Kind sein »Nein« ausdrückt? Wenn nicht, tun Sie es selbst einmal. Sagen Sie innerlich ein entschiedenes »Nein« und achten Sie darauf, wie Sie es körperlich gestalten. Zur Erleichterung können Sie sich einen bestimmten Menschen vorstellen, dem gegenüber Sie Ihr »Nein« zum Ausdruck bringen wollen. Wie gestalten Sie es körperlich? – Sie können anschließend noch ein weiteres Experiment machen: Stellen Sie sich vor, daß Sie ein kleines Kind sind und Ihrem Vater oder Ihrer Mutter »nein« sagen. Sagen Sie es jetzt laut und deutlich, und wenn ein Impuls kommt, dieses »Nein« mit einer Geste zu verdeutlichen, dann tun Sie es. Erspüren Sie wieder, wie Sie es leibhaft formen, wie Sie sich dabei fühlen. Ist es ein kraftvolles Nein, ein zaghaftes, trotziges? – Lösen Sie jetzt diese Form wieder auf. Wie ist Ihnen jetzt zumute? Können Sie jetzt dazu übergehen, ein »Ja« auszudrücken? Tun Sie es! Wie gestalten Sie dieses »Ja«? Ist es ein zugewandtes, ein weiches, ein verhaltenes Ja? Ist es ein »Jaja« oder ein »Ja – aber«? Wechseln Sie hin und her zwischen der Gestaltung von »Nein« und »Ja«. Wie formen Sie den Übergang?

Wie individuell auch die Form für das »Nein« sein mag, sie hat mit Sich-Zusammenziehen zu tun. Die körperliche Gestalt wird kompakter, stärker umrissen – bis wir das »Nein« wieder auflösen. Viele Menschen stampfen unwillkürlich dabei. Das bedeutet, daß die Verbindung mit dem Boden intensiver wird. Manchmal ballen sie die Fäuste dabei, das gibt ein Gefühl von Kraft. Durch diese Form, die sich im »Nein« ausdrückt, und die sich als Grundfähigkeit des Organismus zum Zusammenziehen verstehen läßt, grenzt sich das Kind von seiner Umwelt ab. Es *will* – und es will *anders*. Und bald lernt es verbal sagen: »*Ich* will!« Mit dieser willentlichen Kontraktion und Abgrenzung erfährt es, daß es ein Wesen für sich ist. Und es erfindet Handlungsmuster, um dieses »ich will« zu gestalten und wirksam zu machen. Wenn die Situation vorbei ist, löst es die leibhafte Form des »Nein« wieder auf – bis zum nächsten Mal. Viele Kinder werden sehr anschmiegsam, zärtlich, wenn die entsprechende Situation beendet ist. Sie gehen über zu einer Form des »Ja«, der Zu-Neigung. Das Kind lernt, ein Kontinuum von »Nein« zu »Ja« schaffen, von Abgrenzung und Auflösung der starken Ichgrenze. Die Form des Ich-Ausdrucks kann verschiedene Intensitätsgrade haben, bis zu Wutanfällen oder zu dem, was wir Trotz nennen.

Ausbilden der eigenen Grenzen und Auflösen ist jedoch nicht etwas, was das Kind plötzlich kann. Mit Schrecken erleben viele Eltern, wie ihr Kind sich mit anderthalb Jahren oder etwas später immer wieder in diesem »Nein« verliert, wie es dabei schreit, stampft, immer dieselben Wörter und Sätze wiederholt, offensichtlich ›von Sinnen‹ ist und nicht mehr aus seiner Verkrampfung zurückfindet. Ich erinnere mich an meine eigene Hilflosigkeit, als meine Tochter in dem Alter erstmals so entschieden ihr »Nein« zum Ausdruck brachte und es unendlich lange dauerte, bis ich sie ›zurückholen‹ konnte. – Es hilft uns zu denken, daß das Kind nicht nur die Gestaltung, sondern auch die Auflösung des »Nein« erst erlernen muß – wie jede neue Form. Die Hauptsache ist, daß das Kind nicht in dieser Form zu verharren braucht, wenn wir es nicht hineinfixieren.

Auch für diesen neuen Entwicklungsschritt gilt, daß er die vorangehenden voraussetzt. Ein Kind, das ›keinen Boden unter den Füßen‹ hat, sich nur mit Mühe halten kann, vermag nur schwer, eine abgrenzende Form zu finden. Wenn umgekehrt Erwachsene die Fähigkeit des Kindes, sich zusammenzuziehen, mißbrauchen, kann es diese Form nicht mehr ganz auflösen. Sie ist nicht länger eine neu gewonnene Möglichkeit, sondern Abwehr. Das ›Nein‹, der Trotz werden zur bleibenden Form, oft bis ins Erwachsenenalter. So kann ein ständiger Machtkampf entstehen. Einmal kam eine Frau zu mir in die Therapie, die ständig lächelte, Bereitschaft zum Mitmachen ausdrückte – und doch kam ich nicht an sie heran. Schließlich zeigte sich, daß sie als Kind ein Trotzmuster gebildet hatte, um ihren sehr strengen und autoritären Eltern Widerstand zu leisten. Doch da sie sich nicht durchzusetzen vermochte, stülpte sie über ihr ›Nein‹ eine angepaßte Haltung. Sie faßte dies in die Worte: »Ich tue so, als ob ich einverstanden wäre – und mache, was ich will.«

Unsere Gesellschaft hatte bis vor kurzem die Tendenz, die trennenden Aspekte zu fördern – die Kinder schnell zu entwöhnen, reinlich zu machen und abzusondern. So lernten sie früh, ihre eigenen Bedürfnisse zu bekämpfen. Genügsamkeit war gefragt, nicht aber der Ausdruck des eigenen Willens. So entstand eine Widersprüchlichkeit der Botschaften, die an das Kind gerichtet wurden. Es soll getrennt, aber doch nicht selb-ständig sein. Es gibt viele Kinder, die zwar in der frühesten Phase nicht tiefsten Mangel litten, aber erst mit wachsender Selbständigkeit die Anerkennung ihrer Eltern bekamen. Meist versuchen sie dann, ihre Schwächen zu verdecken oder vor sich selbst zu verleugnen. Ein älterer Mann äußerte dazu: »Meine Mutter hatte noch vier weitere Kinder, das erste, als ich ein Jahr alt war. Für mich blieb keine Zeit. Sie sagte das selber. Sie habe auch gedacht, ein Baby spüre sowieso noch nicht viel. Bald konnte ich meiner Mutter helfen, da war sie froh. Und mein Vater gab sich mit mir ab, sobald ›man mit mir etwas Rechtes reden konnte‹. Ich weinte nie und versuchte, möglichst vernünftig und groß zu sein. Erst als meine Frau sich beklagte, daß ich immer unwirsch werde, wenn sie traurig oder schwach sei, wurde mir dies bewußt. ›Man kann doch über alles vernünftig reden‹, sagte ich ihr jeweils. Es fällt mir schwer, Schwäche anzunehmen – bei andern und auch bei mir selbst.«

Eine Frau, die als ältestes Mädchen eine ähnliche Familienkonstellation gehabt hatte, träumte wiederholt davon, daß sie gezwungen werde, viel zu große Schuhe zu tragen, in denen sie kaum gehen konnte. In der frühen Phase hatte sie wenig Fürsorge erlebt, und später stand nicht die liebevolle und ermutigende Anteilnahme im Vordergrund, sondern ihre Selbst-Ständigkeit wurde forciert, wie der Traum deutlich zeigte. Später machte sie die innere Unsicherheit in bezug auf ihre Bodenständigkeit durch Härte und Strenge wett.

Dieses Beispiel zeigt, daß die in der Phase des Autonomwerdens erworbenen Fähigkeiten überfordert werden können. Die Füße müssen gleichsam größer sein, als sie es wirklich sind. Je früher die Überforderung beginnt, desto krampfhafter fällt der Versuch aus, auf eigenen Füßen zu stehen. – Heute haben die so erzogenen Eltern oft Mühe, ihr eigenes ›Nein‹ zu bilden und damit dem Kind Grenzen zu setzen, die es sich als eigene einverleiben kann.

Doch Präsenz der Mutter oder des Vaters bedeutet Rückversicherung und Gewähren von Bewegungsraum auf der Beziehungsebene, aber ebenso ›Gegen-Stand‹, um daran den eigenen Willen zu formen. Heraus-Forderung ist ein wichtiger Aspekt dieser Phase. Gewährenlassen oder Härte und Machtkampf entziehen dem Kind die Chance zu diesem formenden Schritt. Freilich bedeutet dies vor allem für die Mutter oft einen schwierigen Übergang. Nicht nur die Ablösung aus der umfangenden Phase macht Mühe, sondern auch das Formen von Bei-Stand und Wider-Stand. Die eine Mutter kann nur ein hilfloses, eine andere ein hartes ›Nein‹ formen, oder sie wird hin- und hergerissen zwischen beiden. Und das Kind lernt so keine eigene Verkörperung von ›Nein‹, von Abgrenzung. Oder sie hat Mühe, das fließende Spektrum von ›Ja‹ zu ›Nein‹ auszubilden. Eine jüngere Mutter, die ein fast dreijähriges Mädchen hatte, berichtete: »Ich habe in letzter Zeit so viele Machtkämpfe mit meiner Tochter. Ich sage ›nein‹, und sie macht einfach weiter. Ich werde dann so wütend auf sie, schreie sie an. Aber auch das nützt nichts.« – »Wie fühlen Sie sich dann in Ihrer Wut?« fragte ich sie. »Ohnmächtig. Eigentlich ist meine Tochter stärker als ich. Manchmal ist mir, als hätten sich unsere Rollen umgekehrt. Sie ist die Mutter und ich die Tochter.« Als sie ihr ›Nein‹ zeigte, sah ich, wie sie sich zunächst aufblähte, sich dann aber immer mehr zusammenzog. Am Schluß sackte sie resigniert zusammen. »Das ist genau wie zu Hause als Kind«, sagte sie. Ich schlug ihr jetzt vor, sich nochmals aufzublähen, diese Haltung etwas zu verstärken und langsam aufzulösen, ohne sich zusammenzuziehen. Sie blieb aufrecht stehen und sagte: »Ich spüre jetzt mein Rückgrat ganz deutlich. Es ist mir, als werde mein Nein durch meinen Rücken gestärkt. Nur kann ich das nicht lange halten.« Es folgte eine Arbeit mit verschiedenen Körperübungen und den auftauchenden Erinnerungen aus ihrer Kindheit. Nach einiger Zeit sagte sie mir: »Jetzt kann ich mein ›Nein‹ halten. Es gibt weniger Machtkämpfe. Ich kann meine Tochter mehr gewähren lassen, weil ich erfahre, daß mein Nein Kraft hat. Und ich erlebe es nicht mehr als persönlichen Angriff, wenn meine Tochter nicht gehorcht. Ich setze die Grenzen dort, wo ich sie für mich selbst brauche oder wo ich spüre, daß meine Tochter sich verliert oder auch dort, wo ich sie in einem sozialen Rahmen für sinnvoll halte. Ich kann jetzt besser differenzieren.«

Ein Kind braucht Grenzen, um sie sich einzuverleiben und aus sich selbst formen zu lernen. ›Autorität‹ bedeutet nichts anderes als Hilfe für den kindlichen Organismus, neue eigene Formen durch das Erleben von außen her einzuüben. Die zentrale Frage ist: ›Was will sich jetzt im Kind formen, und wie kann ich das unterstützen?‹

Im Machtkampf zwischen einem Kind und seiner Bezugsperson läßt sich die leibhafte Dynamik klar sehen. Würde man eine solche Szene filmen und in Zeitlupe laufen lassen, so könnte man sehen, wie etwa das Kind sein Nein-Muster zu bilden beginnt und auch verbal zum Ausdruck bringt. Der Vater – oder die Mutter – zeigt nun ebenfalls sein eigenes verkörpertes Nein, worauf das Kind das seinige verstärkt und wiederum der Vater seines…. Es ist ein gegenseitiges Aufschaukeln. Vielleicht enden am Schluß beide in einem Trotzmuster, das sie beibehalten, selbst wenn eines von beiden weggeht. Die stete Verstärkung des Nein-Musters bis ins Extrem kann jedoch auch zu einer Explosion der unerträglich werdenden Spannung führen, sei es, daß der Vater das Kind anschreit oder daß ihm ›die Hand ausrutscht‹, sei es, daß das Kind sich schreiend auf den Boden wirft und um sich zu schlagen beginnt, ohne aufhören zu können. In all diesen Varianten hat der Erwachsene oder das Kind – oder beide – die ›Fassung‹, die aufgebaute Form und damit die Kontrolle verloren und wird von seinen Impulsen und Gefühlen überflutet.

Es ist hilfreich, wenn Eltern sich diese Dynamik vergegenwärtigen können, mit ihrem eskalierenden Muster in Kontakt kommen, bevor sie die Kontrolle verlieren. Es geht darum, innezuhalten und das Muster wenigstens ein Stück weit lösen zu können. Dies kann dem Kind den Impuls geben, den es braucht, um seine Haltung ebenfalls zu mildern. Oft genügt das allein nicht, und Mutter oder Vater können das Kind umfassen, bis es wieder zu sich zurückfindet, weil es den körperlichen Widerstand erfährt und an ihm seine eigenen Grenzen wieder spürt.[5] Unsere Gesellschaft verwechselt oft Autonomie mit Macht über andere. Autonomie bedeutet, Grenzen zu bilden und sie wieder zu lösen. Kinder lernen diese Übergänge zunächst im Dialog mit ihren Eltern. Machtmuster bedeuten jedoch, auf den Grenzen zu beharren, das eigene Pulsieren einzuschränken und sich gegen andere – auch gegen Kinder – zu verhärten, sie zu beherrschen oder zu überwältigen. Das Dilemma vieler Eltern heute ist, daß sie versuchen, ihre Grenzen den Kindern zuzumuten, jedoch nicht Stand halten können und nachgeben, bis sie schließlich aus der Fassung geraten.

Das ganze Spektrum bisher angesprochener Schwierigkeiten gilt für die Beziehung zu Buben *und* Mädchen. Doch können wir beobachten, daß Jungen auch heute noch oft gewisse Formen von Autonomieäußerungen erlaubt sind, die bei Mädchen abgewehrt werden. Jungen wird das Streiten, werden Kampfspiele, Chef-spielen eher erlaubt als Mädchen. Viel eindeutiger wird Mädchen ihr ›Nein‹, werden ihnen ihre Wildheit, ihre vitalen Äußerungen verboten – oder sie werden als ›Buben‹ etikettiert. Viele bilden ›weibliche‹ Anpassungsmuster aus oder finden ihren festen Stand, ihr Nein nicht, andere schaffen ein Muster, das von Adler als ›männlicher Protest‹[6] bezeichnet wurde. Wann soll es aber männlich sein, auf dem Recht, ein ›Nein‹ oder eine Grenze zu formen, zu beharren? Das weibliche Kind gerät auf eine Seite, die nur dem Männlichen vorbehalten ist, das ist alles. Und die Jungen? Ihre Autonomie findet meist die Grenze an der Autorität des Vaters. Er bleibt der Starke, der Unantastbare. Und wenn vom Mädchen Anpassung verlangt wird, so soll der Junge tapfer sein, keine zarten Regungen zeigen, die Tränen hinunterschlucken, die Zähne zusammenbeißen. Daß dies vom Mädchen nicht erwartet wird, soll seinen Minderwert besiegeln. Doch auch der Junge soll sich dem Stärkeren unterordnen – um einmal selber stark zu werden. Durch Vergewaltigung seiner selbst kann er hoffen, einmal selber ge-waltig zu werden.[7]

In die Gestaltung der einzelnen kindlichen Entwicklungsphasen spielen also auch die gesellschaftlichen Normen hinein. Sie tragen zudem dazu bei, daß Mädchen und Jungen schon im Laufe ihrer Kindheit eine spezifische und unterschiedliche Form herausbilden, die dann als ›weiblich‹ oder ›männlich‹ identifiziert wird. So wird der Umgang mit den verschiedenen Entwicklungsphasen und der entsprechende Beziehungsmodus zwischen Eltern und Kind zum ›Ingrediens‹ seiner späteren geschlechtlichen Identität.

Nicht nur Abgrenzung wird in der Autonomie-Phase eingeübt, sondern auch deren Auflösung. Damit werden immer deutlicher auch individuelle Formen für Zärtlichkeit ausgebildet, wenn von den Eltern und den Bezugspersonen Raum dafür gegeben wird. Das Kind streckt nicht nur die Arme aus, um gehalten zu werden, es umarmt die Menschen auch, zu denen es Zuneigung empfindet, streichelt und küßt sie. Ichbildung ist also von der gestaltenden Dynamik her gesehen das Hin und Her zwischen Abgrenzung und Zu-Neigung. Zärtlichkeiten werden auch nicht mehr nur hingenommen, sondern gegeben oder auch verweigert: »Ich will dann, wenn ich will!«

Die beiden Pole bedingen einander. Wer kein klares »Nein« formen kann, dessen »Ja« ist grenzenlos und damit manipulativ – »Ich sage immer Ja, damit du mir nichts entgegensetzen kannst« – oder »ich forme ein Ja, hinter dem sich ein Nein verbirgt.« Fehlt das Grundgefühl des Getragenseins durch Störungen in der vorangehenden Phase, so ist es viel zu gefährlich, sich auf die Form des »Nein« einzulassen. »Wenn ich mir vorstelle, ›Nein‹ zu meinen Eltern zu sagen, riskiere ich die totale Ablehnung. Dann bin ich allein auf der Welt«, sagte ein Mann nach der ›Nein-Übung‹. Das ist etwas qualitativ anderes als Scham oder Zweifel. Es ist ein Gefühl, das an die Wurzeln der Existenz greift. Auch die Intensität des Ausdrucks zeigte mir in diesem Beispiel, daß es sich nicht um einen nur für diese Phase typischen Konflikt handelte, sondern um einen schon früher angelegten. Diese Unterschiede herauszuhören, und in der leibhaften Gestalt zu sehen, ist wichtig.

Grenzen bilden und Grenzen auflösen ist ein formbildender Aspekt dieser Phase. Ein anderer, mit diesem zusammenhängender, wird in der Literatur als ›analer‹ im Gegensatz zum früheren ›oralen‹ bezeichnet. Leibhaft bedeutet dies, daß das andere Ende des dreiteiligen ›Körperschlauches‹ ins Bewußtsein tritt. Damit ist der leibhafte Zusammenhang zwischen ›Hineinnehmen‹ und ›Ausscheiden‹ gegeben. Das Kind erlebt, daß etwas ›aus ihm kommt‹, nicht nur, daß es etwas ›hineinnimmt‹ und daß es diese beiden Formen gestalten kann. Das ist die Wurzel von Kreativität: Hineinnehmen – verdauen und assimilieren – hergeben. Für das Kind ist dieses – zunächst in Form von Kot – Hergegebene nicht das Unnütze, sondern das von ihm Geschaffene, und es wird begeistert begrüßt und bewundert. Das Kind erlebt, was es bedeutet, etwas festzuhalten und loszulassen, hineinzunehmen und herzugeben.[8]

»Ich bin nicht du« – getrennt und verbunden sein

In der Baby-Zeit, vor allem in der ›verliebten‹ Phase, können sich Mütter und Väter oft kaum vorstellen, daß sie eines Tages durch ihr Kind verletzt sein oder daß sich Gefühle von Fremdheit einstellen könnten. Wohl ist von Geburt an das Kind als ein individuelles Wesen wahrnehmbar. Viele Mütter spüren schon während der Schwangerschaft das unterschiedliche Temperament der Kinder. Doch mit dem Formen des

196

eigenen Willens beginnt sich das Kind abzugrenzen, nimmt sein Getrenntsein nicht nur wahr, sondern besteht immer wieder darauf. Es bekundet das Recht auf seine Eigen-Art, spielt sie aus. Obwohl schon von Beginn an Beziehung die Polarität von Verbindung und Trennung beinhaltet, wird sie jetzt als eine persönliche Ebene bedeutsam. Es heißt nicht nur: »Ich *will* anders als du«, sondern auch: »Ich *bin* anders als du.« Es gibt Momente von Mißverständnissen, Momente des Fremdseins. Es wird bedeutsam, der Eigen-art des Kindes zur Entfaltung zu verhelfen. Das mag mit Staunen und manchmal auch mit Erschrecken verbunden sein. Eine junge Mutter drückte dies so aus: »Wie meine kleine Tochter so vor mir stand, wütend, mir ihre Wut entgegen schreiend, empfand ich einerseits Freude an der Kraft und Vitalität, die sie zum Ausdruck brachte. Diese Kraft sprang auf mich über. Wir standen beide da, und der Raum zwischen uns war dicht erfüllt durch die Spannung, die uns gleichzeitig trennte und verband. Ich sah mich selbst als kleines Mädchen, spürte dieses Mädchen in mir, realisierte auch, wieviel weniger ich selbst gewagt hatte. Und doch war sie mir auch fremd, diese kleine Tochter mit einem Ausdruck im Gesicht, den ich bisher so noch nie wahrgenommen hatte. Sie war mir einerseits nahe, weil ich mich in ihr wiederfand, und sie war so getrennt von mir durch ihr wütendes Nein, war mir fremd, weil dies nicht mehr das Mädchen war, das ich bisher gekannt hatte. Ich begann zu ahnen, daß es noch Vieles geben würde, mit dem ich immer aufs neue vertraut werden müsse und Vieles auch, in dem meine Tochter so ganz anders sein würde, anders als ich, anders als mein Mann. Ich verstand plötzlich, daß sie eine Persönlichkeit für sich war, an deren Geheimnis ich bei allen Ähnlichkeiten nie würde rühren können.«

Das Erleben von Fremdsein hat die Aspekte von zeitweiligem Getrenntsein, von Unvertrautsein durch Neues, von wesensmäßigem Anderssein, das auf der tiefsten Ebene das Geheimnis der unverwechselbar eigenen Persönlichkeit betrifft. Auch das Kind selbst erfährt jetzt viel deutlicher diese Grundpolarität von Getrennt- und Verbundensein, einerseits als eigenen Entscheid, als eigene willentliche Inszenierung, aber auch als Erfahrung, nicht immer verstanden zu werden, als Gefühl des Fremdseins. Es ist wohl eine aufregende und beängstigende Entdeckung, die sich etwa in die Worte fassen läßt:

»Ich bin nicht du.«

»Ich bin unterschieden von dir – gleichzeitig mit dir verbunden und von dir getrennt.«

»Ich bin anders als du.«

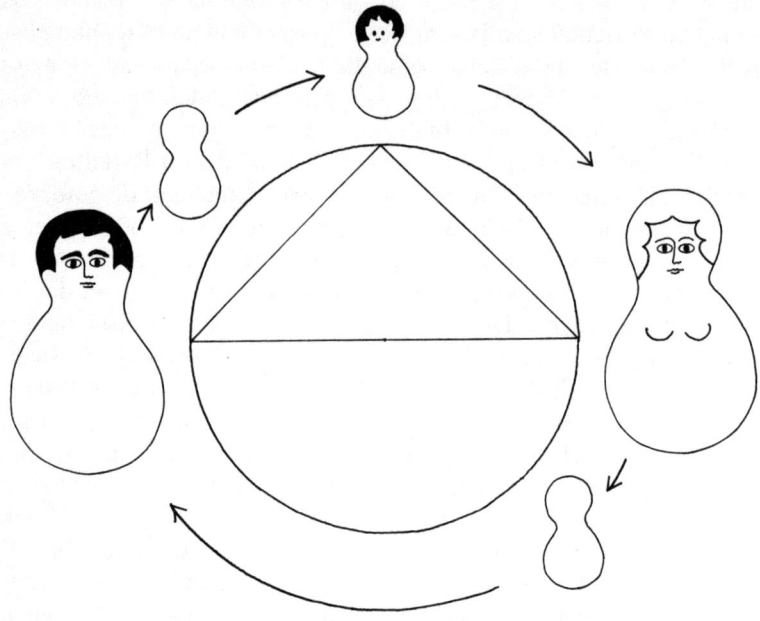

Damit wird auch die Beziehung zu *beiden* Eltern auf eine neue und andere Weise wichtig. Sie werden deutlicher als je eigene Personen wahrgenommen, mit denen auch unterschiedliche Beziehungsqualitäten gelebt werden können. »Papa ist so und Mama ist anders.« – Diese Erfahrung ist deshalb wichtig, weil Eltern ihre Kinder nicht auf allen Ebenen verstehen, nicht auf alle gleich intensiv zu antworten vermögen und das Kind nicht auf dieselbe Weise im formbildenden Prozeß unterstützen können. Vor allem das Wagnis, sich selber abzugrenzen, kann nur gelingen, wenn ein Kind sich nicht auf Gedeih und Verderben auf eine einzige Person angewiesen erlebt. Die Erfahrung, in einem Konflikt niemanden mehr zu haben, ist bedrohlich, während die Präsenz eines anderen Menschen zu einer einverleibten Zuversicht wird: »Ich bin nicht allein gelassen.« So können Abgrenzung und Verbindung allmählich zu einem Kontinuum werden, in dem das Kind sich bewegen lernt und zugleich erfährt, daß es einmal der Mutter nahe und dem Vater ferner, dann wieder mehr mit dem Vater verbunden sein kann, wenn es sich mit der Mutter auseinandersetzt. Unter diesen

Bedingungen darf ein Kind auch wahrnehmen, daß die Eltern nicht nur ›lieb‹ sind, sondern einmal ›lieb‹, dann wieder ›böse‹. Diese einverleibte Erfahrung bedeutet, nicht nur nach außen, sondern auch im eigenen Innern beide Seiten als Pole eines Spektrums wahrhaben zu dürfen. Als ich meine damals fünfjährige Tochter scherzhaft fragte, ob sie möchte, daß ich immer lieb sei, setzte sie sich kerzengerade auf und sagte: »Nein, niemals«, und fügte dann schelmisch hinzu: »Ich bin ja auch nicht immer lieb!« – Da es heute viele Ein-Eltern-Familien gibt, ist es von größter Wichtigkeit, daß diese Kinder mit anderen Menschen eine nahe Beziehung aufbauen können, die ihnen erlaubt, sich die geschilderten Erfahrungen einzuverleiben.

Zur Polarität von Verbunden- und Getrenntsein gehört auch die Entdeckung, dem einen oder dem andern Geschlecht anzugehören. »Ich bin ein Mädchen« heißt: »Ich bin nicht wie mein Bruder, werde nie sein wie mein Vater. Ich bin wie meine Schwester, werde sein wie meine Mutter.« Damit ist die Erfahrung von Grenzen verbunden, die einerseits einschränken, aber auch die eigene Gestalt deutlicher werden lassen.

Aus der Beziehung zum gleichgeschlechtlichen Elternteil empfängt ein Kind das Vertrautwerden mit seinem Mädchen- oder Bubenkörper, findet Unterstützung in seinem Sosein, aber auch eine erste Perspektive: »Einmal werde ich sein wie Mama/wie Papa.« Immer wieder greifen Kinder in ihren Rollenspielen diese Perspektiven auf. Auch wenn sie sich immer Aspekte beider Eltern einverleiben, wird die eigene, sich allmählich bildende geschlechtsbezogene Identität durch Nähe und Austausch mit dem gleichgeschlechtlichen Elternteil genährt und gestärkt, um von hier aus auch einen eigenen Weg zu finden. Diese Stärkung ist wichtig als Boden für die Beziehung zum andersgeschlechtlichen Elternteil, für das Vertrautwerden mit ihm. So lernt jedes Kind, wie es mit dem eigenen und dem anderen Geschlecht in Verbindung sein kann – nach innen und nach außen. Zugleich bildet auch die elterliche Beziehung eine Perspektive für das kleine Kind: »Ich werde mit einer Frau/einem Mann sein, wie Papa und Mama«, wobei jedes Kind die elterliche Beziehung auf seine Weise wahrnimmt und darauf antwortet. Der Schwur, es gerade nicht so zu machen wie sie, entsteht meistens später und bedeutet eine andere Form von Gebundensein.

In unserer Gesellschaft sind Väter – für kleine Kinder meist Männer insgesamt – weniger präsent oder gar abwesend. Es gibt viele Theorien über die Auswirkungen dieser unterschiedlichen Präsenz. Sie bringt sicher eine Einseitigkeit auf der Beziehungsebene, besonders im Hinblick auf den verinnerlichten Geschlechterdialog und bedeutet für Mädchen etwas anderes als für Buben.[9]

Ich möchte mögliche Schwierigkeiten hier nur in groben Zügen darstellen. Kleine Mädchen lernen oft Beziehungsmuster – wie etwa Warten, Sehnsucht, Bewunderung – um mit der Ferne des Vaters zurechtzukommen und bringen sie später häufig in die Verbindung mit einem Mann ein, während die Identifikation mit dem eigenen Geschlecht durch die ständige mütterliche Anwesenheit eine Abgrenzung und Identitätsbildung für Mädchen schwierig werden läßt. Gerade deshalb sind die Auseinandersetzungen zwischen den Müttern und ihren Töchtern oft so heftig.[10]

Wichtige und notwendige Auseinandersetzungen zwischen Vätern und ihren Söhnen wären zu gewissen Zeiten nicht minder heftig, wenn Väter sich der Beziehung stellten. Jungen hingegen müssen sich sehr oft mit dem – fernen – Vater identifizieren, der ihnen wenig Gelegenheit zu dieser Identifikation gibt und ihnen zugleich die Perspektive des Fernseins anbietet.[11] Darum erscheint die Mutter oft als die allzu nahe, vor der man sich zurückziehen oder sich ihr anpassen muß. So bietet sich nochmals das Muster des Fernseins an, das jedoch mit der mütterlichen Hintergrund-Präsenz rechnet. Zudem lernen oft schon kleine Mädchen und Jungen, daß ein Wertgefälle zwischen den beiden Geschlechtern besteht. Die oft allzunahe und minder gewertete Mutter und der allzuferne höher gewertete Vater bringen als Eltern die je spezifischen eigenen Nöte und Verluste in die Beziehung zu den Kindern ein, die jedoch *immer* zusammengesehen werden müssen. Heutige Eltern haben vielleicht eher die Chance, eine gewisse Balance herzustellen und ihre eigenen Muster in Frage zu stellen. Dennoch bleibt es auch eine Aufgabe unserer Gesellschaft, Männer in ihrem Sosein und ihrem Tun, in der Beziehung und mit ihrer Arbeit präsenter zu machen, um die bisherige Vater- und Männerlosigkeit für die nächste Generation zu mildern oder aufzulösen.

Der innere Babuschka-Dialog von Eltern

Eine Mutter sagte vor kurzem zu mir: »Ich bin so alt wie meine Kinder.« Sie meinte damit zunächst, daß sie sich mit jeder Wachstumsphase ihrer Kinder vertraut macht und sie aus ihr heraus immer wieder neu verstehen lernt. Gleichzeitig rühren Kinder auch unsere eigenen Erfahrungen an, die wir als Kinder in der entsprechenden

Phase gemacht haben, bringen das Kind von damals an die Oberfläche. Es ist eine bereichernde und herausfordernde Erfahrung, nochmals durch alle unsere eigenen Schichten hindurch zu wachsen. Dies kann vieles bedeuten. Wir können vergessenen Qualitäten wieder begegnen und sie neu und anders beleben, uns mit Aspekten unserer selbst versöhnen, vielleicht auch die Schwierigkeiten der eigenen Eltern verstehen lernen, Verpaßtes betrauern, Ungelebtes in der Anteilnahme an den Kindern zum Vorschein kommen lassen. Ich bin selbst in meinem Sohn jenen zarten, innigen und verträumten Seiten wieder begegnet, die ich vor allem nach innen und nur in ganz nahen Beziehungen gelebt habe, ließ sie mir von ihm nochmals schenken. Meine Tochter spiegelt mir meine eigene Wildheit, mein Temperament, und läßt es mich besser annehmen, während ich gleichzeitig die Reaktionen meiner Eltern verstehen lerne, ihr An-die-Grenze-Kommen versöhnlicher annehmen kann. Und beide Kinder zeigen mir Möglichkeiten auf, mit ihrer Eigenart umzugehen, die ich bisher nicht gekannt habe. Und doch falle ich immer wieder in Muster, meinen Kindern gegenüber, unter denen ich selbst als Kind gelitten habe, erfahre schmerzhaft, wie ich den Kindern auch einschränkende Muster weitergebe und herausgefordert bin, mich weiter zu entwickeln.

Die Vielschichtigkeit dieses Prozesses möchte ich nun an einem Beispiel zum Umgang mit der ersten Autonomie des Kindes zeigen: Einer jungen Mutter – ich nenne sie Marianne – wurden ihre eigenen Erfahrungen anhand der Schwierigkeiten mit ihrer dreijährigen Tochter bewußt, die sie als willensstark und eigensinnig erlebte. Sie selbst war als Kind sehr gefügig gewesen, und hatte sich ihrer als mächtig erlebten Mutter unterworfen. Obwohl sie sich vorgenommen hatte, es anders zu machen, erlebte sie nun, wie die kleine Tochter sie in größte Wut brachte. Es stellte sich heraus, daß Marianne sich als Kind das Versprechen gegeben hatte, auch einmal so mächtig zu werden wie die Mutter: »Wenn ich auch jetzt klein und ohnmächtig bin – einmal werde ich groß und mächtig sein.« Jetzt war sie auf einer tiefen, ihr kaum bewußten Ebene darüber enttäuscht, daß ihr das Erwachsensein und die Mutterschaft nicht die erhoffte Macht brachte. Oder anders gesagt: Indem sich die junge Frau mit ihrer Mutter identifizierte, sah sie sich von ihrer Tochter um ihre Macht betrogen. »Ich bin manchmal erschreckend hart zu meiner Tochter, finde in mir die Mutter wieder, die ich nie sein wollte – so!« Und sie versteifte und verhärtete sich. »Wenn meine Tochter darauf nicht reagiert, sacke ich in mich zusammen. Dann bin ich das kleine Mädchen, und meine Tochter wird zu meiner

Mutter, der ich mit ohnmächtiger Wut und schließlich mit Resignation begegne.« In der Verarbeitung dieser Kindheitserfahrungen entdeckte sie, was für ein Abenteuer es ist, sich als kleines Kind abzugrenzen, das eigene Nein zu wagen, wie schwierig es aber auch ist, es wieder aufzulösen: »Das ist ja etwas, das man richtig lernen muß«, sagte sie erstaunt. »Ich habe immer gemeint, ein Kind könne das von Natur aus. Es ist sogar dann schwierig, wenn die Eltern wohlwollend sind. Dabei habe ich immer gemeint, das gehe nur nicht, wenn sie ablehnend reagieren.« Marianne spürte auch den Neid auf die eigene Tochter. Das zu kurz gekommene Mädchen in Marianne empfand die eigene Tochter als die Bevorzugte, als die, die das bekam, was ihr versagt geblieben war. So waren drei Verkörperungen präsent: Marianne als ihre eigene Mutter, als die ohnmächtige kleine Tochter dieser Mutter und als das eifersüchtige Mädchen, das die eigene Tochter wie eine Konkurrenz-Schwester erlebte. In einer längeren Arbeit lernte sie, das kleine Mädchen in sich anzunehmen und aufzurichten. Als sie gleichzeitig das Muster der ›harten Mutter‹ aufzulösen begann, konnte sie als erwachsene Frau und Mutter ihrer Tochter gegenüber be-stehen. Die drei von Marianne verkörperten Muster lassen sich grafisch dar-stellen, vgl. die Abbildung auf Seite 203.

Es war deutlich geworden, daß die kleine Tochter Mariannes im ersten Dialog zusammenschrumpfte, wie sie selbst es als Kind getan hatte. Einerseits gab dies der Mutter Schuldgefühle, anderseits lehnte sie ihr Kind auf diese Weise ab, da sie dieses Kind in sich selbst nicht mochte und stets bekämpfte. Reagierte die Tochter auf die verhärtete Mutter-Verkörperung nicht, dann wurde sie selbst zum Kind. Damit entzog Marianne ihrer Tochter Halt und Widerstand, den diese brauchte, um ihre eigene Autonomie in der unterstützenden Konfrontation mit der Mutter einzuüben. Sie wurde grenzenlos, verlor sich in ihrer Auflehnung als ›Feuerteufel‹, im verzweifelten Bemühen, doch noch die Mutter als ein Gegenüber herauszulocken. Was Marianne als ›Mutter-Gespenst‹ vor sich sah, war in Wahrheit ein verzweifeltes kleines Mädchen, das den Kontakt zu seinem formenden Prozeß verloren hatte. In die eigenen Nöte verstrickt, konnte die Mutter jedoch die Not ihrer Tochter nicht mehr als solche wahrnehmen. Im dritten Dialog bewunderte sie die Stärke der eigenen Tochter, der sie aber wiederum nicht standhalten konnte und beneidete sie, was zu erneuten Kämpfen führte, in denen die Mutter der Tochter den Platz streitig zu machen suchte. »Du bist wunderbar« wechselte mit »den Platz gönne ich dir nicht«.

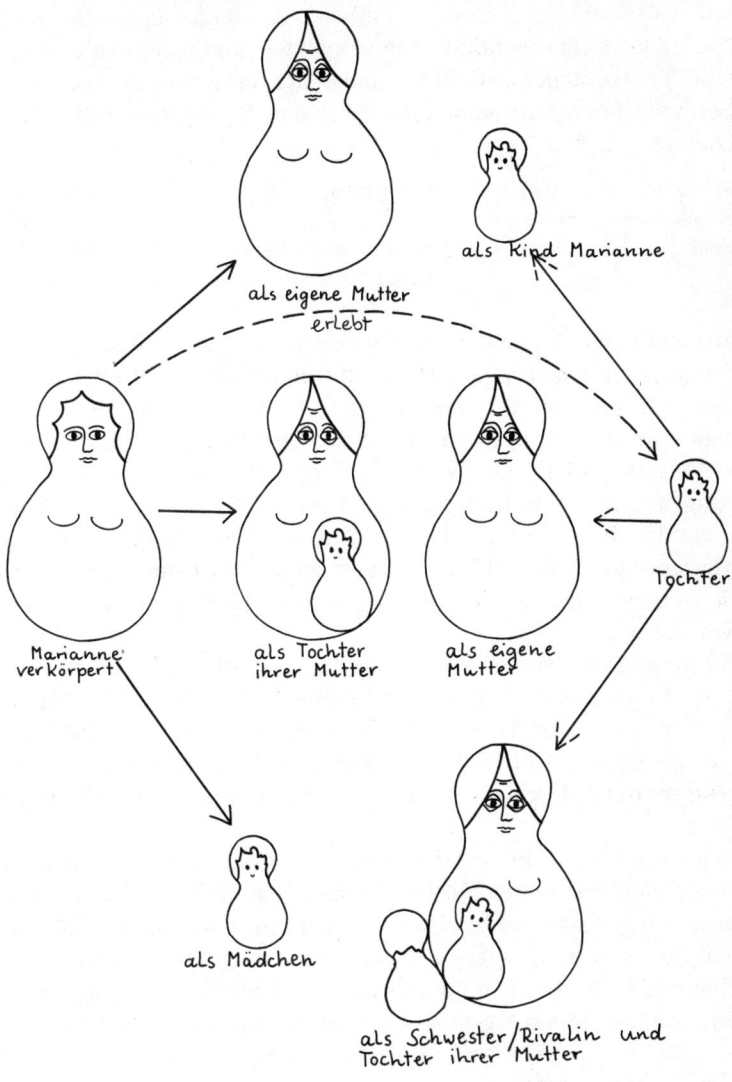

als eigene Mutter
erlebt

als Kind Marianne

Marianne
verkörpert

als Tochter
ihrer Mutter

als eigene
Mutter

Tochter

als Mädchen

als Schwester/Rivalin und
Tochter ihrer Mutter

Auf diese Weise bekam die Tochter eine Bedeutung und Macht, mit der sie nicht umzugehen fähig war.

Die Auflösung der Muster ermöglichte es Marianne, mit der eigenen kindlichen Experimentierlust in Kontakt zu kommen, ›Nein‹ und ›Ich will‹ als Abenteuer zu erfahren und gleichzeitig auch eine erwachsene Form für ihre eigene Autonomie zu finden. So ergab sich der folgende Dialog:

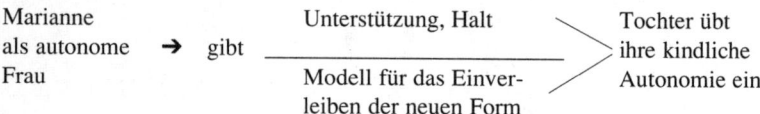

So vermochte Marianne der doppelten Aufgabe – ihre Tochter im Einüben der neuen Form zu unterstützen und ihr ein Modell zu geben, das sie sich einverleiben konnte – gerecht zu werden. Der Kontakt zum experimentierfreudigen Mädchen in sich schuf gleichzeitig eine gemeinsame spielerische Ebene, die die oft schwierigen Auseinandersetzungen wieder entschärfte und die Lust am Abenteuer in den Vordergrund brachte. So ergab sich ein fruchtbarer Wechsel, in dem einmal Marianne als Frau und Mutter, dann wieder Marianne das experimentierfreudige Mädchen im Vordergrund und im Dialog mit der kleinen Tochter war.

So werden die eigenen Kinder zur Herausforderung, die alte verkörperte Muster an die Oberfläche kommen läßt, aber auch neue Möglichkeiten freisetzt wie etwa das ›experimentierfreudige Mädchen‹ als eine bisher ungelebte Schicht der eigenen Persönlichkeit. Das eigene schöpferische Reservoir ist meist viel größer und tiefer als wir annehmen.

In der Rückbesinnung auf die verkörperten Aspekte der eigenen Eltern lassen sich bestimmte Muster allmählich auflösen und dadurch auch bisher ungenutzte Möglichkeiten freilegen. So entdeckte Marianne, daß sie viel von der konstitutionellen Art ihrer Mutter hatte und fand eine eigene Weise, damit umzugehen. Als der innere Kampf aufhörte, fand sie auch die ruhig-gelassene Art des Vaters als die andere Seite in sich, die ihr Temperament nicht mehr ausschloß, sondern ihm gleichsam ein Gefäß gab.

So intensiv jedoch der innere leibhafte Dialog zwischen den verschiedenen Schichten des eigenen Selbst sich gestalten mag, so groß ist die Herausforderung, die eigene erwachsene Gestalt auszufüllen. Eltern erleben dann ihre erwachsene Gestalt als ein Gefäß, in dem die früheren Schichten ihrer Person gehalten und aufgehoben sind. Ein Mann mit zwei kleinen Söhnen sagte in diesem Zusammenhang: »Ich begreife erst jetzt, daß Erwachsensein keine statische Größe ist sondern eine bewegliche Form, die jedoch da ist, stabil genug, um im Alltag zu halten.« – Viele Eltern erleben es als befreiend, mit den Kindern die eigenen Kind-Seiten wieder zu entdecken und zu leben. Und sie sind enttäuscht, wenn diese Experimente im Chaos enden, fühlen sich zurückgezwungen in die gestrenge Elternposition, werden zu bestrafenden ›bösen‹ Eltern, vertrieben aus dem Kinderparadies. Es ist eine unabweisbare Tatsache, daß Eltern Erwachsene bleiben, auch wenn sie andere Schichten in sich an die Oberfläche bringen mögen. Kinder müssen sich immer wieder ihrer Eltern als erwachsener Personen rückversichern können. Sie mögen wohl Spielkameraden sein, vielleicht eigene ungelebte Möglichkeiten ein Stück weit nachholen, doch wenn sie sich in diesem Kind verlieren, verlieren auch die eigenen Kinder den Halt, den sie brauchen. Für Kinder ist Spiel Lust und Freude, gleichzeitig aber auch das Einüben neuer Möglichkeiten, neuer leibhafter Formen, in dem sie die Unterstützung der Erwachsenen auch als Erwachsene brauchen. Sie müssen das Vertrauen haben können, daß sie diesen Erwachsenen auch im momentanen Spielkameraden wieder herausrufen und einfordern können. Ein Vater machte einmal mit seinem Sohn ein gemeinsames ›Nein-Spiel‹. Eine Weile war alles lustvoll, bis der Kleine begann, zunächst mit Kissen, dann mit harten Gegenständen nach dem Vater zu werfen. »Halt, halt«, rief er, »du tust mir weh!« Doch der Sohn hörte nicht auf ihn und gebärdete sich immer wilder. Einen Moment lang fühlte sich der Vater wie damals seinem um vier Jahre älteren Bruder gegenüber, der ihm körperlich überlegen war, und den er nur entweder kratzen und beißen oder bei der Mutter verklagen konnte. »Dann spüre ich den Drang, meinen Sohn zu schlagen.« Doch bald kam er auf die erwachsene Ebene zurück. Er faßte seinen kleinen Sohn und hielt ihn fest. »Hör auf, es tut weh! Du kannst Kissen nehmen, aber nichts Hartes. Ich will nicht, daß du mir weh tust! Es ist gefährlich.« Der Kleine wurde wütend und sagte: »Jetzt bist du wieder der böse Papa. Ich will spielen, laß mich los!« Der Vater hielt den Sohn weiter fest: »Ja, ich bin der Papa. Wir spielen weiter, aber nur mit den Kissen!« Es dauerte eine kurze Weile, dann war der Kleine einverstanden. Sie erfanden weitere Kissen-Spiele, bei denen der Vater genaue Anweisungen bekam, wie er spielen durfte, nämlich auf den Unterschenkeln sitzend, »du bist sonst zu groß.« – Hier waren beide Pole gegenwärtig, die zum Spiel mit Kindern gehören: die haltende, schützende und deshalb auch Grenzen setzende Erwachsenen-Position und das Sich-Einlassen auf die begrenzten kindlichen Möglichkeiten, die die Kinder davor bewahrt, vom erwachsenen Organismus überwältigt zu werden. Als Eltern und Erzieher können wir uns mit Kindern auf die kindlichen Schichten in uns einlassen, solange wir mit unserer erwachsenen Ebene im Kontakt bleiben.

Viele Eltern machen in dieser Entwicklungsphase ihrer Kinder oft erstmals eine weitere Erfahrung von Überwältigtsein, die heute meist tabuisiert oder nur in ihren extremsten Formen zur Sprache gebracht wird: das Überwältigtwerden von der eigenen Wut und vom Impuls zuzuschlagen. Nur wenigen Menschen sind sie ganz fremd, kommen jedoch häufig im Alltagsstreß mit Kindern mit einer nie erlebten Heftigkeit zum Vorschein. »Nie hätte ich es für möglich gehalten, daß solche Gefühle in mir auftauchen können«, sagen Eltern immer wieder. Schon nächtelanges Schreien von Babys kann Eltern an die Grenze führen, aber ebenso das Bewältigen-Müssen von schwierigen Situationen, wie Krankheit und Existenznot. Auch die Selbstbehauptung von Kindern vermag überfordernd zu wirken. Meist passen diese Gefühle und Impulse gar nicht zum Selbstverständnis von Eltern. Ich selber habe größte Mühe gehabt, mich mit ihnen zu konfrontieren. Da ich inzwischen weiß, wieviele Eltern darunter leiden, möchte ich sie an dieser Stelle ansprechen.

Wenn ein nicht zu unterschätzender Faktor überfordernde Situationen sind, so ist ein anderer die Herausforderung durch die kindliche Autonomie. Die meisten Eltern kommen dabei in Kontakt mit ihren eigenen, in der Kindheit eingeübten Mustern und mit dem Fehlen eines Modells, den Dialog mit den Kindern anders als im Gegensatz von Gehorsam – Ungehorsam zu erleben. Wenn sie diese Sicht verwerfen, bleibt oft nur Hilflosigkeit, gepaart mit ›häßlichen Gefühlen‹. Oft enden diese Erziehungsversuche in Kontrollverlust, in Anschreien, Toben, manchmal in Gewalttätigkeit, die von den heftigsten Schuldgefühlen begleitet sind. Ich möchte die innere Dynamik dieses Problems anhand eines Beispiels zeigen, um ein Verständnis für mögliche Zusammenhänge und eine Änderung des Eltern-Kind-Dialogs zu zeigen, die nicht allein von der Ebene des Verhaltens ausgehen kann:

Die Mutter eines einjährigen und eines dreijährigen Kindes, eines Buben und eines Mädchens kam zu mir. Ich nahm als erstes wahr, daß sie völlig erschöpft und entmutigt war. Es dauerte lange, bis sie trotz ihrer Scham- und Schuldgefühle mir sagte, daß sie ihre beiden Kinder – vor allem die ältere Tochter – häufig schlage. »Ich bin verzweifelt«, sagte sie, »oft gerate ich in eine Wut, die ich mir nie hätte träumen lassen. Was mich am meisten erschüttert, ist die Tatsache, daß ich nie vermutet hatte, einmal mit Kindern dieses Problem zu haben. Selber bin ich nie geschlagen worden. Es ist für mich auch keine Erziehungsmaßnahme. Ich verliere einfach die Beherrschung, und deshalb ist mir jedes Selbstvertrauen abhanden gekommen.« Als erstes versuchte ich, dem Teufelskreis auf die Spur zu kommen. Dabei stellte sich heraus, daß die Frau, die ich Lilian nenne, eine ganz bestimmte Vorstellung von Muttersein hatte. »Ich wollte großzügig sein, meine Kinder nicht einengen, sie nicht so kontrollieren wie meine Mutter mich kontrolliert hat. Ihre unerbittliche Rechthaberei brachte mich als Kind zur Verzweiflung. Ich schrie jeweils und warf mich zu Boden, aber meine Mutter hat mich nie geschlagen, sie wurde nie laut, sondern war nur versteckt aggressiv.« Die wirklichen Probleme begannen, als ihre Tochter anfing, ihren Willen durchzusetzen. Lilian hielt an ihrer Vorstellung, großzügig und gewährend sein zu wollen, fest. Sie wollte möglichst wenig Grenzen setzen, die Impulse des Kindes nicht unterdrücken. Damit überforderte Lilian jedoch sich und ihre Tochter: »Da geschah es zum ersten Mal. Meine kleine Tochter provozierte mich, wollte einfach ihren Willen durchsetzen. Es war aber von der Situation her nicht möglich. Sie schrie und schrie, warf sich auf den Boden und schlug um sich, während auch mein Sohn zu weinen begann. Es war das völlige Chaos, und meine Tochter hörte mit Schreien nicht mehr auf. Da gab ich ihr eine Ohrfeige. Sie schaute mich erschreckt an und schrie dann weiter. Ich schlug sie nochmals.« Lilian schämte sich, hatte Schuldgefühle und schwor sich, das sollte ihr nie mehr passieren. Sie nahm sich noch mehr zusammen, war noch gewährender – bis es ihr nach ein paar Wochen wieder passierte. Diesmal waren die Schuldgefühle unerträglich. Sie befürchtete, alle würden merken, daß sie ihr Kind schlage. So begann ein nie endender Kampf, der immer wieder mit ihrer Niederlage endete. »Die Abstände zwischen den Szenen, in denen ich ausraste, werden ständig kürzer«, sagte Lilian verzweifelt.

Der Teufelskreis war deutlich. Er bestand darin, daß Lilian all ihre Impulse, eine Grenze zu setzen, fortwährend selbst unterdrückte, sich mehr und mehr kontrollierte, bis sie vor Spannung und unter dem Druck schwieriger Situationen diese Kontrolle nicht mehr halten konnte und ›explodierte‹, von ihren Gefühlen, ihrer inneren Erregung überflutet wurde, die sich in vehemente Schlagimpulse umsetzten. Die

Angst vor erneutem Überflutetwerden brachte Lilian zu noch mehr Selbstkontrolle, die Schuldgefühle zu noch grenzenloserem Gewährenlassen…. Und die kleine Tochter hatte keine Möglichkeit, sich Kontrolle und Grenzen einverleiben zu lernen. Ihr ›Nein‹ stieß kaum auf Widerstand, und wenn er einmal kam, war er so ohne Form, daß sie davon überwältigt wurde. Das Geschlagenwerden verstärkte die Erfahrung des Überflutetwerdens nochmals. Mutter und Tochter kämpften also beide darum, einen sinnvollen Dialog zwischen innerer Bewegung und Kontrolle zu finden, sich selbst zu behaupten, Grenzen zu setzen und diese Dynamik zu regulieren, was auf diese geschilderte Weise mißlingen mußte.

Lilian brauchte zunächst eine klare Erlaubnis, Grenzen setzen und sich selbst behaupten zu dürfen. Für sie hatte dies bisher geheißen, wie ihre Mutter zu werden. Gleichzeitig wurde es Lilian auch klar, daß sie sich von ihrer Tochter so überwältigt fühlte wie einst von der Mutter, die ihr den eigenen Willen aufgezwungen hatte und sich in ihrer Tochter selbst mit all dem wiedersah, was sie in sich selbst ablehnte und was sie einst zur ›bösen Tochter‹ gemacht hatte. »Das schlimme ist aber, daß ich nun wirklich dreinschlage.«

Ich ließ Lilian nun ihren Impuls zu schlagen aufbauen. Sie hob die geballte Faust und verzerrte dabei ihr Gesicht. Doch ließ ich sie den Schlag nicht ausführen, sondern die Geste ohne Bewegung halten und verstärken bis zum Punkt, an dem der Impuls übermächtig zu werden drohte. Dann löste sie das Schlag-Muster ein wenig auf, verstärkte es wieder, um die Schwelle zu spüren und zu erfahren, daß sie sich wieder zurücknehmen konnte, ihrer Wut nicht einfach hilflos ausgeliefert war. Wir übten das immer wieder, während Lilian mit vielen Kindheitserinnerungen in Kontakt kam. Dann machte sie eine weitere wichtige Erfahrung: Als sie ihr Schlagmuster zurücknahm, blieb sie aufrecht stehen, die leicht geballten Fäuste auf Zwerchfellhöhe. Sie bewegte ihre Fäuste auf und nieder, und es war sichtbar, wie sie sich etwas mehr Spannung gab und mit ihrer Kraft in Kontakt kam. Es war eine Geste ruhiger und sicherer Selbstbehauptung. Zum ersten Mal war Lilian in Berührung mit ihrer inneren Bewegung und Erregung, konnte sie in eine Haltung umsetzen, die ihr erlaubte, sie zu halten und zu kontrollieren, zu regulieren. »So kann ich bestehen«, sagte Lilian, »und ich habe den Eindruck, von hier aus auch auf meine Tochter eingehen zu können, ohne mich zu verlieren.«

Das war ein längerer Prozeß, mit viel Üben verbunden, von den Versuchen begleitet, das Erfahrene in die Alltagsrealität umzusetzen. Da auch der Mann sich in diese Arbeit einbeziehen ließ, konnten sich beide Eltern gegenseitig unterstützen. Lilian begann früher, der Tochter ihren Unmut mitzuteilen und zog sich aus dem Konfliktfeld in ihr Zimmer zurück, wenn sie spürte, daß der Punkt kam, an dem sie die Kontrolle verlieren würde. Sie sagte ihrer Tochter auch, daß sie dies tue, um sie zu schützen. Da sie immer besser fest bleiben konnte, ohne sich zu verhärten, wurden die Szenen kürzer. Die Tochter fand Halt an der Festigkeit der Mutter und auch des Vaters.

Dabei machten beide Eltern nochmals eine wichtige Entdeckung. Sie verstanden, daß das ›Nein‹ ihrer Tochter nicht ›Ungehorsam‹ und meist auch nicht direkter Widerstand gegen die Eltern war sondern ein Entscheid für sich selber. Sie wollte nicht verweigern, zum Essen zu kommen sondern wollte weiterspielen, wollte sich in ihrer Versunkenheit nicht stören lassen oder ihre Entdeckungsreisen fortsetzen. Sie lernten auch sehen, ob die Tochter, ihre wirklichen Bedürfnisse zum Ausdruck brachte oder selber nicht mit sich im Kontakt war. »Dies gibt uns einen anderen Zugang zum Kind, der Wut viel weniger aufkommen läßt«, sagte Lilian am Schluß. – Wenn Eltern einen anderen Umgang mit ihren Wut-Mustern finden können, wird auch der Blick auf die Realität des Kindes frei.[12]

11. Berührung, Zärtlichkeit und Erotik – die Anfänge eines Beziehungsspektrums

In der Beziehung mit den Eltern geschieht allmählich die Ich-Bildung, das Erkennen anderer Menschen in ihrer Eigenart, ihrem Spektrum an Möglichkeiten und ihren Begrenzungen, aber auch in ihrer Zugehörigkeit zu einem der beiden Geschlechter. So bilden sich neue Formen, sich selbst und andere wahrzunehmen, heraus. In der Beziehung mit den Eltern lernen Kinder nicht nur, sich selbst zu behaupten, sich abzugrenzen, sondern auch, sich mit Menschen auf vielfältige Weise zu verbinden.

Zärtlichkeit empfangen und geben

Zärtlichkeit ist eine Ausdrucksform der Intimität, der Vertrautheit und Zuneigung. So können wir einen Blick, eine Stimme, eine Berührung als zärtlich erleben. Allen Ausdrucksformen, die wir als zart, zärtlich, innig und liebevoll erfahren, liegt eine leibhafte Haltung zugrunde, in der wir mit unserem inneren Bewegungsfluß, unserem lebendigen Pulsieren in Verbindung sind, unsere festen Grenzen auflösen, ›schmelzen‹ lassen. Wir können uns selbst gegenüber Zärtlichkeit empfinden und uns anderen zuneigen und hingeben. Vielleicht kommt unsere Zärtlichkeit wenig zum Ausdruck, scheint nur in unserem Gesichtsausdruck auf oder äußert sich nicht in Berührung, läßt sich nicht in Worte fassen. In früheren Elterngenerationen war es nicht üblich, Kinder zu berühren, mit ihnen zu schmusen, schon gar nicht vonseiten der Väter. Und doch nahmen auch diese Kinder das Vermögen oder Unvermögen ihrer Eltern, zärtliche Gefühle zu haben, wahr. Ein etwa dreißigjähriger Bauernsohn sagte dazu:»Ich sah, wie manchmal die Augen meines Vaters eine große Zärtlichkeit für mich ausstrahlten. Sein Gesicht wurde für Augenblicke weich. Er murrte etwas Liebevolles vor sich hin, gab mir einen Klaps und ging schnell weg. Dann wurde ich jeweils ganz warm und tief innen glücklich.«
Durch die Zärtlichkeit, die wir schon als Babys und Kleinkinder empfangen, lernen wir selber, zärtlich zu sein. Menschen, die nie eine

solche Form von Zuneigung erfahren haben, können sie sich nicht einverleiben und kommen oft erst später, als Erwachsene mit ihrem Mangel oder ihrer Unfähigkeit in Kontakt. Aber auch dann ist es nicht zu spät:

Ein Mann, etwas über dreißig Jahre alt, kam zu mir in Therapie; er war als Kind sehr viel geschlagen worden und hatte nie einen anderen Körperkontakt erlebt. Seine Frau mit den beiden kleinen Kindern wollte sich von ihm trennen. Im Laufe einer langen Therapie begann er, seine starken Verhärtungen langsam aufzulösen, Verhärtungen, die er in einer kargen Kindheit, in der es auch materiell ums nackte Überleben gegangen war, aufgebaut hatte. Einmal erzählte er, wie es ihm im Kontakt mit seinen Kindern ergangen war: »Als ich auf das Haus zukam, sah ich die Kinder vor dem Haus spielen. Ich blieb stehen und schaute ihnen zu. Da spürte ich plötzlich eine nie gekannte Wärme aufsteigen. Meine Brust weitete sich und wurde weich. Ich hatte das Gefühl zu schmelzen. Fast kamen mir die Tränen. Erstmals erlebte ich wohl das, was Menschen zärtliche Gefühle nennen. Und zum ersten Mal wußte ich auch eindeutig, daß ich meine Kinder liebte… Als ich mich gefaßt hatte, ging ich auf sie zu. Es muß anders gewesen sein als sonst, denn sie sprangen nicht weg, sondern kamen, wenn auch zögernd, auf mich zu. Wir schauten einander an und lächelten. Es dauerte nur einen kurzen Moment. Ich konnte sie noch nicht umarmen, aber es war eine vertraute Atmosphäre, die den ganzen Tag über blieb. Manchmal unterwegs hatte ich den Impuls, die Kinder zu berühren, und zwei- oder dreimal ›passierte‹ es mir auch, bevor die Kontrolle einsetzte. Es war schön, und die Kinder zuckten nicht zurück, wie ich es erwartet hatte.« Da hatte etwas begonnen, etwas Zartes und Zärtliches. Und es war nicht die Berührung selbst, sondern der Ausdruck, die ganze Haltung dieses Vaters, als er sich seinen Kindern näherte.

So ist Zärtlichkeit eine Qualität, die sich ganz verschieden äußern kann, eben auch in einer Berührung. Doch nicht jede Berührung ist eine zärtliche und liebevolle. Dies zu verstehen ist eine entscheidende Voraussetzung, bevor wir von der Wichtigkeit der Berührung Kindern gegenüber sprechen können.[1]

Kinder beginnen ihre Lebenserfahrung mit Gehaltensein. Sie nehmen mit ihrem Organismus die Qualität und Intentionalität elterlicher Berührung wahr. Lebenswichtiges ist für ein neugeborenes Kind und für ein Baby mit Hautkontakt verbunden. Pflegen, Baden, Wickeln können ebenso zärtlich ausgeführt werden wie Stillen, Tragen, Streicheln, Schmusen und die vielfältigen Körperspiele, zu denen Mütter und

Väter durch das freudige Strampeln, Lachen, Gurren und Quietschen ihrer Babys eingeladen werden. Viele Menschen erinnern sich aber auch an vereinnahmende, harte, abweisende Berührungen, die nur einem äußeren Zweck dienten. Hier beginnt ein Körperdialog, in dem das kleine Kind sich versteift, sich zusammenzuziehen beginnt, resigniert oder Angst vor Nähe entwickelt, oft gekoppelt mit Sehnsucht. Manche Menschen empfinden Berührung nur als Druck, können sie nur nehmen und nicht geben – oder umgekehrt.

So bringt es die eigene Geschichte manchmal mit sich, daß Eltern die Zeit der Nähe verpassen und die heranwachsenden Kinder später Zärtlichkeit nicht mehr annehmen können. Eine etwa 40jährige Frau sagte betrübt: »In meiner Herkunftsfamilie gab es so etwas wie Zärtlichkeit gar nicht. Es war mir einfach fremd. Ich konnte meinen Kindern auch keine Nähe geben. Dann begann ich eine Therapie und merkte, was mir und den Kindern fehlte. Ich begann mein Bedürfnis nach Berührung wahrzunehmen. Aber jetzt ist es zu spät. Mein Kinder wollen nichts mehr wissen davon. Das tut mir sehr weh.«

Es ist in diesem ganzen Spiel-Raum wichtig, als Eltern einen Bezug zu eigenen Berührungen zu finden, zu erfahren, wie verschieden sie zu sein vermögen: hart – aggressiv – vereinnahmend – zupackend – zögernd – unsicher oder fest – haltend – zärtlich – verspielt. Wir alle berühren unterschiedlich. Zu zärtlichem Kontakt gehört der entsprechende Raum, der die zärtliche und innige Atmosphäre ermöglicht. Babys antworten mit aller Hingabe auf die zärtlichen Blicke, Töne und Berührungen. Sie leben in dem Spektrum, das von Innigkeit bis Verspieltheit reicht.

Mit der Zeit beginnen Babys, den mütterlichen oder väterlichen Körper zu erkunden – zu berühren, zu patschen, zu beißen. Da sie erst lernen, wie Berührung sich formen läßt, ist dies nicht immer nur angenehm. Es gibt Eltern, die dabei aggressiv oder ablehnend werden. Ein Vater fand heraus, daß er sich an die Berührungen der eigenen Mutter erinnert fühlte: »Ich wurde so gereizt, wenn mich meine Tochter ins Gesicht patschte, mir die Brille herunterriß, an den Haaren zupfte… Es war unverhältnismäßig, denn schließlich strahlte sie dazu. Ich hätte sie schlagen mögen, mitten in ihr vergnügtes Gesicht. Ich war so erschrocken. Nach unserer letzten Stunde merkte ich plötzlich, daß mich diese Berührungen, die sich nicht darum kümmern, was *ich* will, an diejenigen meiner Mutter erinnern. Seit ich das weiß, kann ich es besser voneinander trennen. Nun kommen mir immer mehr Erinnerungen, wie ich Berührungen, sogenannte ›Zärtlichkeiten‹, über mich ergehen lassen mußte. Meine Mutter packte mich, ob ich wollte oder nicht, setzte mich auf ihren Schoß und knutschte mich. Und dann kamen noch all die Tanten zu Besuch. Ich mußte herhalten – und wehe, wenn ich zu weinen begann. Von meinem Vater dagegen bekam ich überhaupt nichts, fast nichts. Nur wenn er mich irgendwo hinunterhob, spürte ich seine festen Hände, die ich sehr mochte.«

Früher – und zum Teil noch heute – werden Babys und kleine Kinder manchmal wie Spielzeugpuppen behandelt und auch von wenig vertrauten oder gar fremden Personen einfach angefaßt. Kinder, die zu weinen beginnen oder um sich schlagen, gelten als ›nicht lieb‹. Und doch ist hier zweierlei zu bedenken: Vereinnahmende, überschwemmende, gar erotisierende Berührungen überfluten den kindlichen Organismus. Das gilt schon für die ersten Kontakte mit Babys. Immer deutlicher geht es nicht allein um die Qualität der Kontakte, sondern darum, wann und ob ein Kind sich darauf einlassen möchte. In der Straßenbahn kann ich manchmal entzückende Szenen beobachten. Da ist etwa eine alte Frau, die einem kleinen Kind auf dem Arm der Mutter zulächelt. Es lächelt – dreht sich weg, guckt wieder, lächelt. Dieses Spiel kann eine ganze Weile gehen. Vielleicht rückt die alte Frau dann näher, beginnt mit dem Kind leise zu sprechen, wenn die Blicke der Mutter auch dazu ermuntern. Die Frau streckt schließlich einladend ihre Hand aus – das Kind zieht sein Händchen zurück, wendet sich halb ab und patscht dann vergnügt in die Hand der Frau. Sie streichelt die kleine Hand. Vielleicht machen die beiden Handspiele miteinander. Und die Frau winkt beim Abschied noch lange. Das kleine Kind lächelt… So lernt ein Kind, wie gegenseitiges Annähern möglich ist, erfährt, daß seine Antworten ankommen, aufgenommen werden und Beziehung ein feines, sorgfältiges Wechselspiel und ein Schwingen zwischen Nähe und Distanz bedeutet. Auch hier fand wohl ein leiser Babuschka-Dialog statt, in dem die alte Frau vielleicht mit der Baby-Mutter, die sie einmal war, und mit dem kleinen Mädchen in sich selbst in Berührung kam und in ihre großmütterliche Qualität einzubringen vermochte.

Babys kuscheln, schmelzen in der Geborgenheit, etwa beim Stillen. Später zupfen sie an der Mutter herum, gurren, gucken verschmitzt und erweitern das Stillen zu einem vielfältigen Kontakt- und Schmuseritual. Und irgendwann einmal beginnt das Kind, seine Ärmchen um den Hals der Mutter oder des Vaters zu legen, fängt an zu streicheln, Küßchen zu geben. – Ich erinnere mich noch genau an die ersten Zärtlichkeiten meiner Tochter. So sehr ich die Stillbeziehung genossen hatte, kam mir jetzt eine neue Tochter entgegen, die *mich* umfaßte, mir zärtliche Gefühle entgegenbrachte und mich mit ihren Berührungen meinte. Eine neue Qualität von Gegenseitigkeit war entstanden, die oft von großer Innigkeit war. – So lernen kleine Kinder selber streicheln, liebkosen und zärtlich sein, indem sie sich die Zärtlichkeit ihrer Bezugspersonen einverleiben und sie in einem Raum der Nähe und Geborgenheit selbst zu formen und auszudrücken beginnen. Kinder brauchen nicht nur Zärtlichkeit, sie brauchen es ebenso, daß wir die ihre spüren, annehmen und erwidern. Kinder möchten nicht nur empfangen, sie möchten auch geben dürfen und in ihrem Geben bei andern ankommen. Doch Zärtlichkeit kann nicht befohlen werden. Ein Kind möchte selber entscheiden, wann es nahe, zärtlich und innig sein will, weich zu werden vermag und sich wieder trennen möchte. Eltern können ihm ihre Zu-neigung anbieten und ihr Bedürfnis nach einer anderen Beziehungsform ausdrücken, doch ein Kind braucht auch den Raum für sein eigenes Angebot. Erst so entsteht ein fließender Dialog, ein Beziehungstanz. So kann die gelebte Zärtlichkeit mit Kindern unsere Fähigkeit zärtlich zu sein, zu geben und zu empfangen, vertiefen. Wir können diese Form von Beziehung zu uns auch auf andere Weise finden, doch das Leben mit Kindern ist *eine* Chance, es zu lernen.

Lebendigkeit und Erregung

Lebendigkeit ist Ausdruck des inneren pulsierenden Bewegungsflusses. Wir mögen in uns dieses Strömen und Fließen spüren, wir können vielleicht – die Hand auf unsere Herzgegend gelegt – mit unserem Lebenspuls in Kontakt kommen und seine Qualität erspüren. Wir können unsere eigenen Erregungswellen wahrnehmen, sie aufsteigen und sich ausbreiten lassen, sie halten und zum Ausdruck bringen. Beeinträchtigende Erfahrungen schränken das eigene Pulsieren ein – die einen Menschen sind ständig übererregt, andere fühlen sich unlebendig, gelähmt, abgestorben und leer.
Eltern sind immer auch mit der Lebendigkeit der eigenen Kinder in Berührung, die sie gleichzeitig in Kontakt bringt mit der Art und Weise, wie sie gelernt haben, mit ihr umzugehen. Die einen Eltern finden verlorengegangene Qualitäten ihrer Kindheit wieder, andere realisieren erstmals, was ihnen selbst als Kind verwehrt geblieben war. Sie mögen sich vornehmen, mit ihren Kindern nicht dasselbe zu tun,

und vielleicht gelingt dies auch. Anderseits besteht die Gefahr, das einstmals Verbotene und Unterdrückte unbewußt in den eigenen Kindern zu unterdrücken, sich zu versteifen, hart zu machen und die Erregung der Kinder abzublocken – aus Schmerz über die eigenen verlorenen und verpaßten Möglichkeiten. Wenn wir mit unserer eigenen Erregung umgehen können und ein Spektrum verschiedener Möglichkeiten von stiller Seligkeit bis ausgelassener und überschäumender Fröhlichkeit zu gestalten imstande sind, können wir auch den Kindern den nötigen Halt geben, damit sie selbst mit ihrer Erregung umzugehen vermögen. Umgekehrt ist die Lebendigkeit der Kinder wiederum eine Herausforderung, mit unseren eigenen Möglichkeiten – den bereitliegenden und den verschütteten – in Kontakt zu kommen.

Eine Mutter schilderte in der Therapie die folgende Szene: Sie saß draußen auf dem Balkon mit ihrer eigenen Mutter und ihrer siebenjährigen Tochter, während ein Gewitter losbrach. Es begann heftig zu regnen. »Meine kleine Tochter lief zum Geländer, ließ sich vom Regen überströmen und fing an, ausgelassen zu tanzen. Ich freute mich über die Kraft und Vitalität, die meine Tochter ausstrahlte. Sie genoß es mit all ihren Sinnen. Das war ansteckend. Ich spürte in mir selbst wieder ein Stück dieser Lebendigkeit. Es war auch schön, mit meiner Mutter und meiner Tochter zusammen zu sein. Ich fühlte mich geborgen.« Während des Erzählens kam auch Traurigkeit auf. »Ich bin nicht mehr dieselbe«, sagte die Frau. »Mir kommt mein Hochzeitsphoto in den Sinn. Da habe ich so strahlende Augen, blicke erwartungsvoll dem Leben entgegen. Jetzt sagt mein Mann oft, meine Augen hätten das Strahlen verloren.« Während des Sprechens kamen die Tränen. »Heute fühle ich mich so beschwert.« Ich bat die Frau, mit dieser jungen Frau in ihrem Innern Kontakt aufzunehmen. Da erschien ein zaghaftes Leuchten auf ihrem Gesicht. »Sie hat noch so vieles vor sich, die junge Frau. Sie ist lebendig und sinnlich.« – »Und wie steht es mit dem kleinen Mädchen in dir, das deiner Tochter verwandt ist?« frage ich. »Ja, die gab es schon, nur nicht so ausgelassen wie meine Tochter. Um die Zeit der Heirat herum war ich eben dabei, dieses Mädchen in mir zu entdecken, das ich so nie habe leben dürfen.« – »In der jungen Frau begann also dieses Kind lebendig zu werden und sich zu entfalten?« – »Ja, und indem ich es entdeckte und lebte, wurde ich auch die Frau mit den strahlenden Augen.« So war also damals ein fruchtbarer Dialog zwischen der Frau und dem Mädchen entstanden, der ihr erlaubte, diese Gestalt einer jungen erwachsenen Frau zu finden. »Ich habe sie allmählich vergessen und verloren«, sagte die Frau traurig.

215

Sie blieb lange still, dann sagte sie, während ihr Gesicht zu leuchten begann: »Aber sie ist noch da, ich spüre es. Sie will wieder mehr Raum gewinnen.« – »Welchen Namen würdest du dem Mädchen geben?« fragte ich. »Ach, das ist die Temperamentsnudel«, antwortete sie übermütig lachend. »Und die junge Frau?« – »Das ist die Strahlende!« – »Und die Frau von heute?« Sie überlegte eine Weile und sagte dann ernst: »Das ist die Tiefe.« – »Also hat auch sie dir etwas zu geben?« – »Ja, eigentlich schon, auch wenn sie beschwerter ist. Wenn ich den anderen beiden in mir auch Raum geben kann, ist es viel leichter….« Und nach einer Weile: »Ich muß mir Zeit lassen, sie wieder zu finden.« – »Sie sind schon da!« sagte ich. Es folgte ein langes Schweigen, dann sagte die Frau: »Ich spüre, daß sie da sind! Das Mädchen kommt durch meine Tochter wieder zum Vorschein. Es ist jetzt leichter, es in mir zu spüren. Die junge Frau, die habe ich einfach vernachlässigt… Ich will es wieder lebendig werden lassen. Dann kann ich auch besser die Frau sein, die ich heute bin. Ich bin reifer geworden, das stimmt.«

Da war also die reifende, die ernste, beschwerte und ihr Leben vertiefende Frau, die die Verantwortung als Mutter erlebte und über Jahre in sich entfaltet hatte. Da war aber auch das lebendige Mädchen, das mit der eigenen Tochter in Verbindung war, nicht nur die Mutter. Und da war die junge Frau, die Frau mit ihrer Lebenssehnsucht, ihrem Staunen und Strahlen, welche das Beschwertsein zu erleichtern vermochte, eine neue Perspektive zu bilden half. Und da war noch die Tochter, die sich in ihrem Muttersein von der eigenen Mutter unterstützt fühlte und eine Perspektive für ihr eigenes Älterwerden spürte. Ebenso war da die Großmutter, die ihr Großmutter-, ihr Muttersein und ihr eigenes Kindsein in sich erlebte. Ein vielschichtiger innerer und äußerer Generationendialog, ein Babuschka-Dialog, in dem erfahrbar wurde, daß Lebensphasen und Generationen vergehen und doch als Schichten der eigenen leibhaften Existenz präsent sind, in Erscheinung treten und eine fruchtbare Beziehung stiften können. Und für alle drei war mindestens in diesem Moment wohl das Aufgehobensein im Generationenkontinuum spürbar.

Wir formen als Erwachsene unsere eigene Lebendigkeit und Erregung in immer neue Ausdrucksformen ein und bilden einen vielschichtigen Dialog mit unseren verschiedenen hinzugewonnenen Möglichkeiten heraus. Von ihm her antworten wir auf die lebendige Erregung unserer Kinder.

Kinder lernen erst allmählich mit ihrer eigenen Erregtheit umzugehen. Oft werden sie von ihr völlig gepackt und überflutet und können sich kaum beruhigen. Wer kennt nicht die freudige Erregung von Kindern bei einem bevorstehenden Ereignis, wie ein Fest oder eine Reise sie darstellen. Sie zappeln, schlafen kaum, fragen immer wieder, wann es endlich soweit sei. Alle beruhigenden bis gereizten Interventionen helfen wenig… Kinder bilden langsam ein ›Gefäß‹ für ihre Erregung, lernen allmählich, sie zu halten, regulierende Formen für ihren Ausdruck zu finden und die aufgestaute Erregung wieder zu lösen. Rituale – vor dem Essen oder vor dem Schlafengehen etwa – können diesen Prozeß unterstützen. Umgekehrt mag die spontane Ausdrucksweise von Kindern uns eine Ahnung davon geben, wie sehr wir innerhalb unseres Erwachsenenlebens uns nicht nur zu regulieren, sondern auch zu beherrschen und zurückzuhalten gelernt haben. Ständiges abruptes Eingreifen, aggressive Reaktionen vonseiten Erwachsener können bewirken, daß ein Kind nur lernt, seine Erregung aufzubauen und dann abzublocken. Kinder, deren Erregung massiv unterdrückt wird, beginnen oft, sich völlig still zu verhalten und in sich zurückzuziehen.

Einmal arbeitete ich mit einem Mann in einer Therapiestunde. Plötzlich saß er völlig bewegungslos da. Er hätte wohl endlos lange so dasitzen können. Als ich ihn nach seinen Impulsen fragte, stürzte er sich blindlings in meine Arme. Anschließend sagte er: »Je stiller ich zu Hause war, desto besser. Eigentlich sollte ich mich gar nicht bemerkbar machen. Aus diesem Zustand kann ich nur herausspringen – doch damit überspringe ich alles. Damals war dies jedoch meine einzige Rettung.« Dieser Mann konnte Erregung nur aufbauen, um sie in sich festzuhalten und dann auf einen Schlag in eine unkontrollierte Aktion umzusetzen. Erst allmählich gelang es ihm, sie nicht *fest*zuhalten, sondern nur zu halten und in eine von ihm gestaltete Aktivität überzuführen. – In einer übererregten oder kämpferischen Atmosphäre gelingt es einem Kind oft kaum, seine Erregung wieder abzubauen und sich beruhigen zu lernen. So ist es wiederum das Verständnis der Eltern für den formbildenden Prozeß des Kindes und der leibhafte Dialog in der Familie, der darüber entscheidet, wie ein Kind mit seiner Lebendigkeit und Erregung umgehen lernt.

Doch sind es oft nicht nur die mitgebrachten Muster der Eltern, die diesen Lernprozeß behindern. Oft macht auch die Lebendigkeit der Kinder die eigenen gegenwärtigen kräftemäßigen Grenzen bewußt. Eine Mutter von drei noch kleinen Kindern sagte dazu: »Ich weiß ja, daß die Kinder das Austoben, das Herumrennen, den Übermut brauchen. Aber ich bin so erschöpft, daß ich es oft einfach nicht aushalte. Ich schreie dann herum oder nehme mich mit letzter Kraft zusammen.

Aber Freude spüre ich nicht. Manchmal ist mir, als rolle die Lebenskraft meiner Kinder einfach über mich hinweg. Ich empfinde dann die Kinder wie kleine Monster und habe auch nicht die Kraft, ihnen Grenzen zu setzen. Und mein Mann kann mir auch nicht helfen, wenn er ausgelaugt von der Arbeit heimkommt.« – Hier wird ein Konflikt deutlich, den viele Eltern kennen, aber auch er ist eine ›stumme Geschichte‹. Denn der Konflikt ist nicht nur ein individueller, sondern auch ein gesellschaftlicher. Unsere Kinder haben keinen Raum, in dem ihre überschäumende Energie eingebettet werden kann. Den ganzen Tag allein mit den Kindern zu sein, sei es in einer Stadtwohnung, weit weg von Wiesen und Wäldern, sei es in sterilen Satellitensiedlungen, damit ist eine Mutter oft körperlich überfordert und verliert ihre eigene Lebendigkeit. Ein tragendes Netz fehlt, und der Mann wird in seinem Beruf aufgerieben. »Ich habe es mir anders vorgestellt«, sagte eine Mutter, »ich wollte mit meinen Kindern fröhlich sein. Ich war selbst ein frohes Kind. Und jetzt bin ich meist müde. Ich lache selten – und das tut mir weh. Ich muß eigentlich froh sein, wenn meine beiden Kinder sich nicht um meinen Unmut, um meine Gedämpftheit kümmern.« Die eigene Erfahrung ist dann vor allem die des Versehrtseins, der Erschöpfung. Der Unterschied zur kindlichen pulsierenden Lebendigkeit wird schmerzhaft bewußt. Eine Chance besteht darin, den Kindern die eigenen Grenzen als *momentane* deutlich zu machen, ohne die kindliche Erregung als solche zu verurteilen. Vielleicht können Eltern hier füreinander einspringen oder sich für eine kurze Zeit zurückziehen, den Kindern einen eigenen Raum für ihren Bewegungsdrang und ihre Erregung zuweisen. Dies ist eine Form sozialen Lernens, in der Kinder erfahren, daß sie mit ihrer Lebendigkeit nicht unzumutbar oder gar schlecht sind, daß sie aber an Regeln des Zusammenlebens gebunden sind und nicht uneingeschränkt expandieren können. An dieser flexiblen und konkreten, situationsgebundenen Grenze können Kinder lernen, ihre Erregung zu regulieren, indem sie diese etwas zurücknehmen oder in Distanz zu den andern ausleben.

Hier kommt noch eine weitere Ebene ins Spiel: Die Lebendigkeit und Frische der kindlichen Körperlichkeit verweist auf das eigene Älterwerden. Junge Mütter mögen dies weniger deutlich wahrnehmen als ältere. Ein ganzes Spektrum von Gefühlen, eine Art Babuschka-Erfahrung, kann hier in den Vordergrund treten: die Freude über das Wiederkehren der eigenen Jugend in den Kindern, aber auch Neid, Wut, Schmerz und Wehmut im Hinblick auf die Vergänglichkeit der Jugendkraft, je nachdem, was für Geschichten wir mit uns tragen. »Der

218

Tag, an dem meine Kinder schneller wurden als ich, war für mich eine Art Schock«, sagte mir ein Vater. »Sie haben mich überholt. Ich spürte, daß ich nicht mehr jung bin. Zuerst versuchte ich zu rivalisieren, ›es ihnen doch noch zu zeigen‹. Dann begann ich, mich damit auseinanderzusetzen, daß die nächste Generation den Platz einzunehmen beginnt, den ich bis jetzt so selbstverständlich innehatte.« Körperliche Kraft und Ausdauer sind jedoch nicht identisch mit Lebendigkeit. Sie will im Laufe des erwachsenen Lebens transformiert werden, während anderseits der Dialog mit der eigenen körperlichen Vitalität in den Horizont der Vergänglichkeit gerät. Dies ist ein Abschied, der kein bitterer, zorniger oder resignierter sein muß. Wenn wir als Eltern die eigene, unserer Lebensphase und unserer Eigenart gemäße Form für unsere Lebendigkeit finden, können wir mit der Herausforderung durch die kindliche Lebendigkeit freier umgehen.

Beziehung der Eltern zur kindlichen Erotik und Sexualität

Schon als Babys beginnen Kinder, ihren Körper zu erkunden, mit ihm zu spielen und ihn allmählich als ihren eigenen zu entdecken. Je mehr ein Kind versteht, daß es einen umrissenen Körper hat, sein ›Körperschema‹[2] ausbildet, desto deutlicher nimmt es Empfindungen und Impulse, die aus seinem Innern kommen, als eigene wahr und unterscheidet sie von denen, die von außen auf es zukommen. Hingebungsvoll erforschen kleine Kinder alsbald ihren Körper, erfahren ihn als Quelle von Lust und Unlust, entdecken ein breites Spektrum von Empfindungsqualitäten. Die liebevolle körperliche Nähe der Bezugspersonen, ihre Berührungen, ihr Streicheln und Kosen, ermöglichen es dem Kind, mit seinen eigenen Körperentdeckungen liebevoll umzugehen, ja überhaupt erst gewisse Wahrnehmungsqualitäten in bezug auf seinen Körper zu entwickeln. So erzählte mir eine Mutter, wie ihr kleiner Sohn einmal die Wange an seine eigene Schulter schmiegte und sagte: »Oh, wie schön, meine Haut ist ganz fein und weich.« Die Entdeckung des eigenen Körpers beinhaltet ein ganzes Spektrum von Erfahrungen: die eigene Haut spüren, die Gefühle und Empfindungen, die von innen kommen und ausgedrückt werden wollen, die eigenen Bewegungen wahrnehmen, den hautnahen Austausch mit anderen Menschen und der Umgebung aufnehmen.
Die Wahrnehmung des eigenen Körpers verändert und differenziert sich auch durch die Verlagerung des Schwerpunkts. Nach der unun-

henen Verbindung von mütterlichem und kindlichem Organis-
er die Nabelschnur, ist nach der Geburt nicht mehr der Nabel
tigste Zentrum sondern der Mund, mit dem der Säugling seine
..u.ende Verbindung zur Mutterbrust findet.[3] In dieser Zeit befindet
sich der Schwerpunkt des Kindes im Kopf. Wenn diese orale Verbindung, die den Mund zum energetischen Zentrum macht, allmählich
nachzulassen beginnt, verlagert sich schließlich auch der Schwerpunkt
ins Kreuzbein-Beckendreieck.[4] Damit wird auch dieser Bereich ener-
getisch aufgeladen.

Das Spielen mit dem eigenen Körper weckt schon früh auch erotische
Gefühle, und bald wird deutlich, daß sie dem eigenen Körper zugehören und immer wieder hervorgerufen werden können durch Betasten,
Kitzeln, Streicheln. Die verschiedenen Körperstellen geben auch ganz
unterschiedliche erotische Sensationen her. So betasten Kinder auch
ihre Genitalien, die durch die energetische Aufladung des Beckens
intensiver spürbar werden.

Dabei zeigt sich, daß der anale, uretrale und genitale Bereich eine
diffuse, kaum unterscheidbare Einheit bilden und auch in ihrer Bedeutung gegeneinander austauschbar sind. ›Po-zeigen‹ etwa ist oft eine
Mischung aus entsprechenden hüft- und powackelnden Bewegungen
und Vorzeigen oder Berühren des eigenen Genitals – bei Mädchen und
Jungen. Kinder experimentieren – wenn man sie läßt – mit den erotischen Empfindungen für sich, mit Gleichaltrigen und vertrauten Erwachsenen gegenüber. Da kommt etwa ein nackter Bub und sagt zu
seiner Mutter: »Ich pinkle dich an« und meint dies durchaus nicht nur
als Drohung, sondern als Angebot. Auch die Genüßlichkeit, mit der
anale Wörter verwendet, rhythmisiert, in Verse gekleidet werden, hat
etwas Lustvolles, auch genital Getöntes, und ist einige Jahre lang
äußerst reizvoll. Unbewußt nehmen die Bilder und Handlungen von
Kindern, die mit Pinkeln oder Kacken verbunden sind, erotisch-sexu-
elle Handlungen vorweg. Es ist wichtig, den diffusen, experimentie-
renden, die Körperlandschaften nicht endgültig unterscheidenden Charakter kindlicher Erotik und Sexualität zu sehen.

Gerade für die heutige Elterngeneration ist es oft nicht leicht, mit der
Erotik ihrer kleinen Kinder umzugehen. Viele Eltern sind sich ihrer
eigenen einschränkenden Geschichte bewußt und versuchen, sie nicht
an die nächste Generation weiterzugeben.[5] Sie haben kein Modell zur
Verfügung und mißtrauen ihren eigenen Reaktionen und Impulsen. Oft
haben sie noch die Botschaft mitbekommen, körperliche Nähe zu den
Kindern sei schädlich, Sexualität schlecht, oder sie haben – vor allem

Mütter – selbst Übergriffe erlebt. So haben sie oft nur die Möglichkeit, ihre Kinder gewähren zu lassen und sich selbst rauszuhalten. So sagte mir eine Mutter, die in einem streng religiösen Milieu groß geworden war: »Ich muß mich innerlich zusammennehmen, wenn ich sehe, wie unbekümmert meine kleinen Mädchen ihre erotischen Gefühle leben.« Sie schaut meistens weg: »Meine Kinder sollen nicht sehen, wie irritiert ich bin. Doch mein Wegschauen ist eben auch eine Botschaft. Das schmerzt mich, und doch ist es die einzige Lösung, die ich im Moment habe«, meinte sie. Und eine andere Frau sagte: »Die Kleine war etwa zwei Jahre alt, sie saß auf dem Töpfchen und streichelte sich. Meine erste Reaktion war: ›das tut man nicht‹ – und im selben Augenblick sah ich ihre Natürlichkeit und spürte, wie ich sie mit diesen Worten verletzen würde, und hielt sie zurück. Ich gab die Botschaft, die ich selbst erhalten hatte, nicht weiter, sondern versuchte klarzukommen, mit dem, was ich für das kleine Mädchen fühlte, das ich liebe und nicht verletzen will und meinen Impulsen. Ich machte mir keine Vorsätze, manchmal – nicht immer – gelang es auf diese Weise, die Situation klarer zu sehen und meine verschiedenen Gefühle auseinanderzuhalten.«

Dies sind mindestens ehrliche Möglichkeiten und drängen uns die Erkenntnis auf, daß die entsprechenden Probleme nicht von *einer* Elterngeneration bewältigt werden können. Das Babuschka-Prinzip zeigt, daß wir auch hier die verschiedenen Schichten unserer Biographie – unsere eigenen Erfahrungen und die unserer Elterngenerationen – in uns tragen. Vielleicht gelingt es mit dem bewußten Hinspüren auf die eigenen Muster und Geschichten, einige allmählich aufzulösen. Manche Eltern genießen es auch, daß ihre Kinder anders mit ihrem Körper und ihren ersten sexuellen Gefühlen umgehen als sie damals. Es mag sich darein auch Wehmut und Schmerz mischen, doch »ist es schön zu sehen, wieviel Freude ein Kind an sich haben kann, wenn es nicht abgeblockt wird. Ich kann es wenigstens an meinen Kindern erleben, auch wenn es mir selbst verwehrt war«, meinte ein Vater.

Auch viele Kinderspiele haben eine erotische Färbung. Dazu gehören die berühmten ›Doktorspiele‹. Wovor Kinder jedoch geschützt werden müssen, sind unfreiwillige sexuelle Spiele. Eine Frau erzählte, daß sie von einem älteren Mädchen ins WC eingesperrt wurde und dort eine Untersuchung ihrer Genitalien mit kleinen Gäbelchen über sich ergehen lassen mußte. »Ich wollte das nicht, hatte Angst und wagte nicht, mich zu wehren. Es tat auch weh.« Da Schmerz und Lust oft nahe beisammen sind, haben Erwachsene die Aufgabe, Kinder vor Schmerz bereitenden Spielen und solchen, die sie aus Abneigung nicht mitspielen wollen, zu bewahren und sie zu ermutigen, sich selbst zu wehren oder Hilfe zu holen. Hier findet das neugierige und lustbetonte Entdecken von Kindern untereinander eine Grenze, mit der sie nicht ohne weiteres von alleine umgehen können. Sie müssen nicht nur lernen, sich gegen Übergriffe anderer Kinder zu wehren, sondern auch deren Grenzen zu respektieren. Dazu brauchen sie die Unterstützung der Erwachsenen.

Wenn Eltern ihre eigene erwachsene Sexualität zu gestalten gelernt haben, können sie auch mit den erotischen Erforschungen ihrer Kinder umgehen, sie annehmen, die Neugierde in bezug auf ihren eigenen Körper aushalten und Grenzen setzen, ohne dabei zähe Abwehr, Entrüstung, Erschrecken ausdrücken zu müssen. Ich habe oft mit Müttern gearbeitet, die durch das Zusammensein mit ihren kleinen Kindern auf ihre eigenen schmerzlichen Kindheitserfahrungen stießen und durch deren Verarbeitung ihre entsprechenden Muster den Kindern gegenüber vermindern konnten. Dabei erlebten sie deutlich, daß die einverleibten Erfahrungen zu verkörperten Mustern ihrer Körperlichkeit und Sexualität gegenüber wurden. Die nonverbalen Mißbilligungen oder Verbote dem erotischen Erproben gegenüber sind oft nachhaltiger als verbale Ermahnungen: »Abends kam meine Mutter zu mir ins Zimmer. Energisch zog sie die Decke glatt, fixierte das Leintuch auf beiden Seiten unter der Matratze und legte meine beiden Arme entschieden *über* die Decke. Nie hätte ich gewagt, sie wieder unter die Decke zu stecken oder gar mich an gewissen Stellen zu berühren. Das Verbot war eindeutig.« So lernte diese Frau schon als kleines Kind, vor der Berührung ihrer Scheide, ja ihres ganzen Unterleibs zurückzuzucken, erotische Gefühle abzublocken und den Blick vom eigenen Körper wegzuwenden. So kommt es später zu Aussagen wie: »Ich mag mich nicht.« – »Ich spüre mich nicht.« – »Ich hasse meinen Körper.« – »Ich traue meinem Körper nicht.«[6] Es schmerzt und ist doch eine Chance, als Eltern die eigenen Beeinträchtigungen wahrzunehmen, um mit sich selbst und den Kindern sorgfältig umgehen zu können. Dabei bleibt oft die schmerzliche Spannung zwischen den Grenzen, die die eigene Geschichte auferlegt und dem, was die Kinder für die Entwicklung der Beziehung zu ihrem Körper, ihrer Erotik und geschlechtlichen Identität brauchen.

Auf dem Hintergrund von kindlicher Erotik und Geschlechtszugehörigkeit ist es hilfreich, über die Beziehungsqualitäten nachzudenken, die zwischen Eltern und Kindern in diesem Bereich gelebt werden können. Zunächst sind Eltern jene Menschen, die den Kindern helfen, sich auf eine erwachsene Form hin zu entwickeln. Sie unterstützen den kindlichen Organismus dort, wo er Unterstützung braucht, bis er gelernt hat, die eigenen Möglichkeiten einzusetzen und zu gestalten. Das bedeutet, daß sich der Beziehungsmodus von Phase zu Phase wieder wandelt. Eine Ebene ist diejenige der geschlechtlichen Identität im Sinne auch der körperlichen Integration. Es handelt sich dabei nicht nur um eine Phase, sondern um *eine* Beziehungsebene, die einmal mehr im Vordergrund ist und dann wieder in den Hintergrund rückt. Das Mit-teilen körperlicher Erfahrungen und Empfindungen und der damit verbundenen Gefühle braucht einen Raum der Intimität, der Nähe und Vertrautheit, der in unserer Kultur vor allem durch die Mutter gewährleistet ist. Deshalb beziehen sich viele der Körpererfahrungen, auch der erotischen, auf den mütterlichen Beziehungsraum. Dies ist also kultur- und nicht naturgegeben. Die Äußerung: »Wenn ich groß bin, werde ich dich heiraten«, bedeutet also Verschiedenes in einem. Es bedeutet: »Ich kann mir nicht vorstellen, mich je von dir zu trennen«, aber auch den Vorgriff auf die elterliche Gemeinschaft, auf eine Zukunft, die nicht immer nur als sexuelle, sondern einfach auch als erwachsene vorgestellt wird, meint aber auch den Wunsch, mit dem liebsten Menschen des andern Geschlechts erotisch verbunden zu sein.

Vieles von dem, was als Problematik des ›Objektwechsels‹[7] gesehen wird, ist wiederum soziokulturell gegeben, entspricht unserem ›halbierten Leben‹, unserer gespaltenen Gesellschafts-Babuschka. Der Vater ist häufig der Unvertrautere, auch körperlich nicht erreichbar. Es gibt weniger spielerischen Austausch, weniger Anerkennung der eigenen Geschlechtlichkeit für das Mädchen als sie ein Junge von der Mutter bekommt. Oder das Mädchen wird schon als kleines ›Weibchen‹ gesehen. So richtet sich ein Mädchen auch früh ein, emotionale Zuwendung eher zu geben als zu bekommen und erlebt einen deutlichen Widerspruch zwischen dem Wunsch nach Nähe und demjenigen nach Autonomie.[8] Nur wenn die fast ausschließliche frühe Nähe zur Mutter als naturgegeben verstanden wird, bekommt der Objektwechsel die schmerzliche Dimension, die wir ihm zuschreiben.

Damit kommen wir nochmals zu einem grundsätzlichen Punkt. Freilich bedeutet Geschlechtlichkeit immer schon Trennung und Einschränkung: So wie ich nur dem einen Geschlecht angehöre, ist geschlechtliche Beziehung vor allem Verbindung mit dem andern Geschlecht. Wir vergessen dabei oft, daß Trennung auch neue Verbundenheit bringt. Wir pflegen anzunehmen, daß es für ein Kind schlimm sei, sich von der frühen Beziehungsform mit der Mutter zu trennen. Die Erfahrung mit Kindern zeigt eine andere Realität. Weiterwachsen und neue Beziehungsmöglichkeiten formen ist ein Verlangen des Kindes. Sein Bedürfnis ist es *nicht*, im Alten zu verharren, außer es habe die frühere Beziehung nicht er-füllen können. Unsere Interpretationen sind also wiederum aus der erwachsenen Perspektive gesehen und speisen sich aus Projektionen ungestillter Sehnsucht, wobei diese Sehnsucht offenbar ein Kulturphänomen darstellt.

So ist die Verkörperung geschlechtlicher Identität in der Kindheit ein vielschichtiges Phänomen. Körperliche Integrität entsteht im Raum einer Beziehung, die das Sosein des Kindes, das Formen neuer Möglichkeiten annimmt und anerkennt, ohne sie im Sinne erwachsener sexueller Interessen umzudeuten und zu benutzen. Doch gerade hier stoßen wir auf die schmerzlichsten und beeinträchtigendsten Erfahrungen im Beziehungsraum der Sexualität.

Mißdeutung und Mißbrauch kindlicher Sexualität in der Familie

Kinder entdecken ihren Körper, seine Empfindungen, sie brauchen Anteilnahme und Bestätigung für ihre Entdeckungen, und die Eltern bilden jenen emotionalen Beziehungsraum, in dessen Schutz die erste Berührung mit der eigenen Geschlechtlichkeit, dem eigenen Jungen- oder Mädchensein stattfindet. Kinder wünschen sich unbewußt die absolute Verläßlichkeit dieses elterlichen Beziehungsraums. Die Entwicklung körperlicher Integrität bedeutet also, daß ein Klima da ist, das die Körperlichkeit des Kindes in all seinen Ausdrucksformen annimmt, unterstützt und beläßt. Umgekehrt ist es auch für Eltern wichtig, die eigenen Grenzen zu spüren, zu akzeptieren und dem Kind gegenüber zu vertreten. So gibt es einerseits die je persönlichen Möglichkeiten und Grenzen, die mit der eigenen Geschichte zusammenhängen und anderseits auch Grenzen, mit denen wir die Kinder vor ihren eigenen – wenn auch spielerischen – Übergriffen bewahren müssen, wenn diese Spiele plötzlich eine Qualität annehmen, die den kindlichen Organismus überfordern und dem Erwachsenen nahelegen könnten, seine eigene Sexualität mit ins Spiel zu bringen. Gleichzeitig muß auch klar werden, daß auf der Beziehungsebene Papa und Mama als Paar zusammengehören und der Junge oder das Mädchen ihre Kinder sind, damit auch die Generationenschranke gewahrt bleibt.

Zwischen zu engen und zu weiten Grenzen, zwischen Zurückschrecken und Gewährenlassen, zwischen großer körperlicher Distanz zu den Kindern und Distanzlosigkeit, zwischen dem Wunsch, die Kinder möchten freier aufwachsen und der Angst, sie könnten mit zuviel Nähe, zuvielem Zulassen von Spielen und Berührungen ihren Kindern schaden, zwischen Vorstellungen, was sich Kinder auch von Kameraden gefallen lassen müßten und wo und wie Kinder untereinander Grenzen setzen sollen – zwischen all diesen Extremen pendeln viele Eltern hin und her. Oft reicht es nicht, solche Eltern auf ihr eigenes Gefühl zu verweisen, wenn die eigenen kindlichen Erfahrungen so ganz anders waren – vielleicht streng-moralisch oder auch inzestuös. Hier kann oft eine Klärung in einer Beratung weiterhelfen.

In den letzten Jahren sind wir aufmerksam und hellhörig dafür geworden, wie viele Kinder in unserer Gesellschaft sexuellen Übergriffen von Erwachsenen ausgesetzt sind. Der kindliche Organismus kann jedoch die sexuelle Erregung und sexuelle Handlungen von Erwachsenen nicht aushalten. Alle sexuellen Übergriffe auf Kinder bringen deshalb größte körperlich-emotionale Schädigungen hervor, die oft lebenslänglich bestehen bleiben.[9] Die Forschungen der letzten Jahre sowie meine eigenen therapeutischen Erfahrungen haben gezeigt:

– Die sexuellen Regungen des Kindes sind qualitativ etwas völlig anderes als erwachsene Sexualität.
– Werden Kinder mit erwachsener Sexualität konfrontiert, kann der kindliche Organismus sie nicht aushalten, und es entstehen daraus Störungen und Traumata, die sich bei unmittelbaren sexuellen Übergriffen zu einem ›Foltersyndrom‹[10] ausweiten können.
– Selbst wenn frühe Inzesterfahrungen verdrängt werden, sind sie, als unbegriffene organismisch-emotionale Muster vorhanden und kommen immer wieder an die Oberfläche.
– Die spätere erwachsene Sexualität ausgebeuteter Kinder ist meist tief beeinträchtigt.[11]

Gerade das Problem inzestuöser Beziehungen hat viele Ebenen und ist in sich sehr komplex. Da in den letzten Jahren viele gute Bücher dazu erschienen sind, möchte ich nur einige mir wichtig erscheinende Aspekte von Inzest ansprechen.

An den Anfang stelle ich die Aussage, daß eine inzestuöse Atmosphäre, entsprechende Blicke, Berührungen und sexuelle Handlungen von den Kindern jeden Alters einverleibt werden und als beeinträchtigende, traumatisierende Muster im Organismus bleiben und immer wieder – meist unverstanden – an die Oberfläche kommen. An diesem Punkt

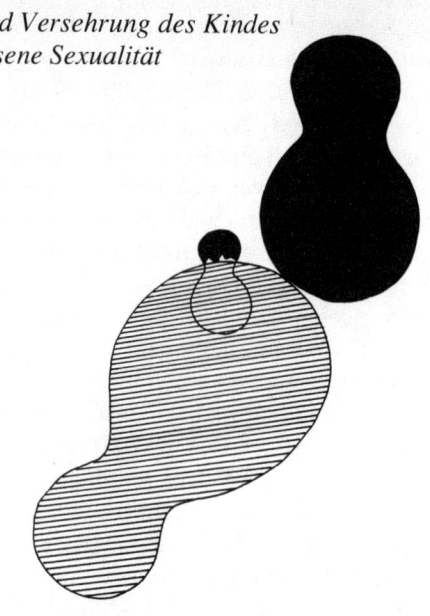

jedoch gilt es, die Bedeutung von ›erinnern‹ zu klären. Die meisten Menschen wissen später, als Erwachsene, nichts mehr von ihrem frühen sexuellen Mißbrauch, sie haben ihn verdrängt. So gesehen bedeutet Erinnerung: Bewußtes, mit Bildern und Szenen aus der Kindheit und vielleicht auch mit Gefühlen verbundenes Kontaktnehmen mit vergangenen Erfahrungen. In der Therapie habe ich jedoch schon mit vielen Menschen – vor allem Frauen – gearbeitet, die irgendwann, oft im Liegen auf einer Matratze, begannen, sich zusammenzukrümmen und in panischem Schrecken ihre Beine anzogen, die Schenkel zusammenklemmten, um ihre Genitalien zu schützen. Meist spürten sie kaum, was sie taten, so, als geschehe es außerhalb ihrer selbst. Deutlich wird vielleicht das Gefühl von Bedrohung, einer alles überflutenden Panik. Oft dauert es lange, bis verschwommene und sich allmählich konkretisierende Bilder auftauchen, stets von Zweifeln begleitet. Vielleicht zeigt sich das Kleid, die Hand der bedrohlichen Person, ein isolierter Penis – nur für Sekunden, als sei es ein Traum gewesen… Solche Erfahrungen machen deutlich, daß Erinnerung zuerst und vor allem Körpererinnerung ist, aus gespeicherten motorischen Mustern besteht, die immer wieder an die Oberfläche kommen, sei dies etwa Panik, Lähmung, Ekel. Es gilt, diese untrüglichen organismischen Erinnerungen ernst zu nehmen, sich darüber klar zu werden, daß der Körper

›weiß‹ – auch ohne Bilder und szenische Erinnerungen. Diese Erkenntnisse verweisen nochmals darauf, daß Kinder sexuelle Übergriffe jeder Art als eine fundamentale Bedrohung erfahren, die ihnen buchstäblich in Fleisch und Blut übergeht.

Im Bereich sexueller Übergriffe gibt es ein weites Spektrum von Möglichkeiten, das von begehrenden Blicken bis zu grausamster Gewaltanwendung reicht. Oft finden wir in einer Familie eine diffus inzestuöse Atmosphäre, die keine Worte hat, sich nicht in Berührungen äußert und höchstens in Blicken greifbar wird, und doch nehmen Kinder sie unbewußt auf, versteifen sich gegen sie, ziehen sich zusammen, ohne später den Ursprung ihrer Reaktionen zu verstehen. Diffus erotische Berührungen nehmen schon Babys als solche wahr, antworten darauf mit entsprechenden Körpermustern und merken vielleicht als Erwachsene, daß sie leichte, zarte und unspezifische Berührungen nicht ertragen können und leiden in einer Liebesbeziehung unter ihrem Unvermögen.

An diesem Punkt möchte ich eine allgemeine Überlegung anschließen. Sexuelle Übergriffe können grundsätzlich von beiden Geschlechtern ausgehen und das andere oder das gleiche Geschlecht betreffen. Doch haben sie von Frauen oder von Männern ausgehend eine unterschiedliche Qualität. Frauen sind sich oft dessen nicht bewußt, wenn ihr Kontakt mit den Kindern eine erotische Komponente enthält, haben dabei keine eindeutig identifizierbaren erotisch-sexuellen Gefühle. Die Grenzen zwischen überbehütendem, sich aufdrängendem Beschützen, Festhalten und erotischem Betasten sind fließend und schwer bestimmbar. Dies gilt zunächst für die Beziehung zum eigenen Sohn, dessen Nähe für die fehlende emotionale Zuwendung und Zärtlichkeit des Partners entgelten soll. Sich an die Kinder zu klammern, wenn der eigene Partner nicht verfügbar ist, stellt einen häufigen Ausweg aus diesem schmerzlichen Defizit dar. Und manchmal schleicht sich hier eine erotische Komponente ein, die eine eindringende und beeinträchtigende Qualität hat – nicht nur kleinen Söhnen, sondern manchmal auch Töchtern gegenüber. Identifizierbar ist für Mütter jedoch meist nur die emotionale Bindung und Überbehütung, während der erotische Aspekt nicht bewußt ist, jedoch in den alltäglichen Berührungen ausagiert wird. Zugleich ist es eine heikle Gratwanderung, zwischen den denunzierenden gesellschaftlichen Bildern von der klammernden und fressenden Mutter, die die frühe Mutter-Kind-Beziehung belastet, und den tatsächlichen Übergriffen zu unterscheiden. Entsprechende Körpermuster von Kindern und Erwachsenen geben hier ein Kriterium her und zeigen die Versehrung auch durch unterschwelligen Mißbrauch.

Übergriffe von Vätern, Brüdern und anderen männlichen Bezugspersonen können auch eine diffuse atmosphärische Qualität haben, sind jedoch sehr oft eindeutig sexuelle Berührungen und Handlungen. Vielen Männern war es bis anhin nicht klar, wie tief und nachhaltig sie Kindern damit schaden. Sie mißverstehen oft die kindlichen Ausdrucksformen von Erotik als Angebot an ihre erwachsene Sexualität. In patriarchalen Kulturen, in der die Frau auch heute oft als Sexualobjekt erscheint, liegt es nahe, auch das Mädchen als ›kleine Frau‹ zu verstehen und sein Gebaren als Einladung zu mißdeuten. »Es hat ja mitgemacht«, »es hat ja selbst gewollt«, ist eine häufige Argumentation. Viele Kinder – vor allem Mädchen – machen jedoch mit, weil die väterliche sexuelle Annäherung die einzig mögliche Form von Liebe und Zuneigung zu sein scheint. »Mein Vater war herrisch und brutal. Nur wenn er mich streichelte und von mir gestreichelt sein wollte, war er lieb«, sagte eine Frau. Ähnliche Äußerungen kenne ich von vielen Frauen. Die Grenze zwischen väterlicher Liebe und Sexualität verwischt sich. Zudem ist die Grenze zwischen Ekel und erotisch-sexuellem Kitzel diffus. Kinder sind durchaus ansprechbar für sexuelle Stimulation, halten aber die erwachsene Erregung nicht aus und beantworten sie mit Ekel und Angst. Meist liegen sexueller Ausbeutung keine kindlich-erotischen Spiele zugrunde, die als Einladung mißverstanden werden könnten. Kinder werden überrumpelt oder über ihre erotische Ansprechbarkeit verführt und unter Druck gesetzt, wenn sie auszuweichen versuchen. Etwas vom Schlimmsten ist für Kinder die Tatsache, daß die sexuellen Berührungen unter anderem auch lustvoll waren. Viele mißbrauchte Kinder sagen später: »Ich habe ja mitgemacht«, und nehmen damit die Schuld und Verantwortung auf sich, verurteilen sich, fühlen sich schmutzig und schlecht.[12] Dadurch versuchen Kinder, den eigenen Vater, Bruder, Onkel etc. zu ›retten‹. Dies ist einerseits tiefe familiäre Loyalität, die der Erhaltung der eigenen Familie dient und anderseits unbewußter Schutz vor der Erkenntnis des eigenen kindlichen Ausgeliefertseins. Selbst wenn Kinder nur Drohungen, Schläge und brutale Überwältigung erlebt haben, schützen sie den Vater oder eine andere Bezugsperson, geben ihr Geheimnis nicht preis und nehmen die Schuld auf sich.

An dieser Stelle möchte ich nochmals die wichtigste Erkenntnis der Inzest-Forschung betonen: Jede sexuell getönte Berührung ist ein schädigender Übergriff, für den allein die erwachsene Person die Verant-

228

wortung trägt. Diese Verantwortung und Schuld auf sich zu nehmen, das Unrecht einzusehen und um Verzeihung zu bitten, ist der erste Schritt, der in Familientherapien mit einer Inzestproblematik gefordert wird.[13] Dadurch wird die Ordnung der Bezüge wieder hergestellt und das betroffene Kind von seiner ›Schuld‹ befreit. Erst dann – und nur dann – kann es auch um die Nöte der Täter-Person gehen. Viel häufiger jedoch müssen Mädchen – und auch Buben – als Erwachsene ihre Erfahrungen ohne dieses Eingeständnis bearbeiten und brauchen eine therapeutische Person, die das Recht des Kindes als Anwältin oder Anwalt bedingungslos vertritt.

Sexueller Mißbrauch ist jedoch oft ein Familienmuster, das als Babuschka-Prinzip von Generation zu Generation weitergegeben wird. Manche Täter sind als Kinder von ihren eigenen Vätern oder von anderen Männern sexuell ausgebeutet worden oder haben miterlebt, wie diese sich an anderen Familienmitgliedern vergangen haben. Oft wird der Übergriff auf die eigenen Töchter auch mit der sexuellen Verweigerung der Partnerin gerechtfertigt. Allerdings ist dies kein Grund für Übergriffe auf Kinder. Doch viele Mütter leben mit einer eigenen Mißbrauchsgeschichte. Eine Mutter sagte verzweifelt: »Ich bin als einst mißbrauchtes Mädchen zu einer normalen sexuellen Beziehung zu meinem Mann nicht fähig. Und dabei habe ich immer Angst, er könnte sich an meinen Töchtern vergreifen. Das Schlimme ist dabei, daß unsere Situation so etwas noch fördern könnte.« Umgekehrt nehmen oft Mütter die Inzestbeziehung ihres Partners zur eigenen Tochter oder zum Sohn deshalb nicht wahr, weil sie selbst ausgebeutet worden sind und die entsprechenden Erlebnisse verdrängen mußten. Diese Zusammenhänge werden dann erst im Lauf einer Therapie deutlich.

In der Problematik sexuellen Mißbrauchs darf nicht beschönigt, dürfen die Schädigungen nicht verharmlost werden. Es braucht meist eine lange therapeutische Begleitung, bis Betroffene mit den zugefügten Wunden leben können und die einverleibten Muster von Panik, Horror, Lähmung, Dissoziation und Ekel zu mindern vermögen. Die heutige Chance besteht jedoch darin, daß Erwachsene schneller in Kontakt mit ihren früheren Mißbraucherfahrungen kommen, seit sie in unserer Gesellschaft keine stummen Geschichten mehr sind. Dadurch kann die oft Generationen dauernde Mißbrauchsgeschichte zu einem Ende kommen.

12. Initiative und Wirkmächtigkeit

Während der ersten Lebensjahre wandelt sich die Beziehung der Eltern über die tragende und Beistand gebende Fürsorge zur Anteilnahme an der Persönlichkeit des Kindes. Gleichzeitig gewinnt es im familiären Beziehungsraum immer neue Möglichkeiten seines In-der-Welt-Seins hinzu, übt und differenziert die bisher erworbenen und verbindet sie miteinander. So erweitert sich das Spektrum der Formen nochmals und bringt wiederum neue Qualitäten mit sich.

Wenn die Standfestigkeit solider, das Gehen selbstverständlicher und die Bewegungen entschlossener und differenzierter werden, verdichtet und kristallisiert sich die Individualität des Kindes. Voraussetzung dafür ist die Autonomiebildung und die Entdeckung der Geschlechtszugehörigkeit. Der Kontakt mit anderen Menschen, die ›Eroberung‹ der Welt wird dadurch kraftvoller und gezielter. Für die sich allmählich bildende neue Qualität verwende ich die beiden Begriffe ›Initiative‹ und ›Wirkmächtigkeit‹.[1] Initiative bezieht sich auf die ausgreifende und zupackende Möglichkeit, Wirk-Mächtigkeit bedeutet, daß ein Kind seine Machenskraft ausformt. Das französische Wort ›pouvoir‹ beinhaltet die beiden wichtigen Aspekte, nämlich ›machen‹ und ›können‹. Das bedeutet, daß ein Kind seines eigenen Machens mächtig wird und erlebt, daß es etwas zu bewirken, zu gestalten und zu schaffen vermag. Auch das eigene Lernen bekommt auf diese Weise eine andere Qualität als früher und ruft in den Bezugspersonen des Kindes die ›Lehrenden‹ hervor, die dem Kind etwas beibringen, ihm die Welt und den Umgang mit ihr zeigen sollen.

Die Welt erkunden

Kinder lernen, wie sie Kontakt mit den Dingen und Phänomenen unserer Welt aufnehmen können. So ergibt sich ein Spektrum von ertasten – greifen – angreifen – anpacken und von bewirken – verändern – gestalten – erschaffen.

Schon früh – bereits im Babyalter – beginnen Kinder zu tasten, zu greifen und Dinge heranzuholen, sie zu untersuchen. Auch der eigene Körper, Gesicht und Körper der Eltern und Geschwister werden ertastet, vertraut gemacht, angeeignet. Das Erkunden und Er-greifen der Welt ist das allmähliche Einüben von Formen der Aggression[2], des ›Angehens‹ und ›Zulangens‹. Der Begriff ›zulänglich werden‹ hängt mit dieser primären Formbildung zusammen. Auch Wörter wie begreifen, er-fassen weisen auf dieselbe Dynamik hin. Wird sie gestört, so lernen Kinder, sich zurückzuhalten, Impulse des Ausgreifens zu unterdrücken, oder sie bemächtigen sich der Welt in zerstörerischem Zupacken.[3] Kinder gehen auch allmählich dazu über, Dinge dieser Welt umzugestalten, selbst Gebilde zu erfinden und herzustellen.

Die eigenen Muster der Eltern sind wesentlich daran beteiligt, wie sie mit dem Greifen und Zupacken auch ihrer noch kleinen Kinder umgehen. Ich erinnere mich noch genau an eine Szene, als meine Tochter etwa ein Jahr alt war. Wir saßen an einem Steintisch vor einem Tessiner Grotto, ich hielt sie auf meinen Knien. Begeistert und mit kleinen Entzückensschreien griff sie nach allem, was auf dem Tisch stand. Die alte Frau, mit der ich plauderte – eine Frau, die selbst fünf Kinder großgezogen hatte – rückte geflissentlich alle Gegenstände aus der Reichweite des Kindes. Mirjam strengte sich an, doch noch an die sich entfernenden Kostbarkeiten heranzukommen, wurde schließlich wütend und begann zu schreien. Ich konnte den Frust meiner kleinen Tochter nachfühlen. Viele von uns haben über Jahre erlebt, daß alle interessanten Dinge von ihnen weggerückt wurden, daß ihre ausgreifenden Impulse mit »psst, nimm deine Finger weg«, beantwortet wurden.[4] Noch viel schlimmer war es, wenn etwas beim begeisterten Ergreifen kaputtging. In diesem Zusammenhang möchte ich ein etwas ausführlicheres Beispiel geben:

Eine Mutter mit zwei Kindern im Alter von anderthalb und drei Jahren erzählte mir, wie erschöpft sie jeweils am Abend sei. »Diese ewige Aufpasserei, daß nichts kaputtgeht – ständig renne ich den Kindern hinterher.« Monika war vor allem damit beschäftigt, den Kindern alles aus dem Weg zu räumen. Ich fragte sie, ob sie sich erinnere, was ihre Mutter damals gemacht habe. »Vor allem weiß ich, daß ich ein artiges Kind war. Meine Mutter betonte immer, wie sorgfältig ich mit den Dingen umgehe, so ganz anders als mein jüngerer Bruder. Ich war aber nicht sorgfältig, sondern eher zaghaft – bin es heute noch. Und ich werde ärgerlich, wenn andere einfach zupacken.« Ich bat Monika, sich etwas Schönes vorzustellen und mir in Zeitlupe zu zeigen, wie sie danach greifen würde. Ich sah, wie sich ihr Körper vor Erregung spannte, sie eine verlangende Geste machte, doch in dem Moment, als der Impuls zum Zugreifen kam, zuckte sie zurück, sank etwas in sich zusammen und langte dann zaghaft, nur mit den Fingerspitzen nach dem imaginären Gegenstand. Sie sagte anschließend:»Ich habe erstmals so deutlich gespürt, wie groß eigentlich mein Verlangen ist. Aber im gleichen Moment hörte ich eine innere Stimme: ›Nicht!‹ Und dann war das Verlangen weg.« Wir übten mehrmals miteinander diese Geste des Verlangens, intensivierten sie und schwächten sie wieder ab. Da kam plötzlich eine Erinnerung:»Ich muß noch klein gewesen sein. Auf einem niedrigen Tisch stand ein wunderschönes, dunkelrotes Glas. Es leuchtete in der Sonne auf, die plötzlich genau auf den Tisch schien. Es erschien mir als der Inbegriff aller Herrlichkeiten. Ich lief auf den Tisch zu und streckte meine Arme nach dem Glas aus. ›Nicht, laß das!‹ schrie da plötzlich meine Mutter mit scharfer Stimme. Ich erschrak und blieb wie angewurzelt stehen, ohne mich zu rühren. Vor mir stand immer noch das Glas. Aber es leuchtete nicht mehr. Die Sonne war wohl verschwunden. Wie von weit her hörte ich die Stimme meiner Mutter, die mit mir schimpfte, und mir sagte, ich dürfe niemals etwas vom Tisch nehmen, schon gar nicht ein Glas…« Nach einer Weile sagte Monika sinnend:»Wenn ich nach den Dingen greifen will, verlieren sie ihren Glanz. Dazu paßt auch ein weiterer Satz meiner Mutter: ›Nur mit den Augen, nicht mit den Händen schauen!‹« Ich schlug ihr nun vor, sich dieses leuchtende Glas zu vergegenwärtigen. Wir übten wieder die Geste des Verlangens, die Frau zuckte zurück und wurde dann wütend auf ihre Mutter. Wir spielten die Szene jetzt so, wie Monika es sich von ihrer Mutter gewünscht hätte. Ich begleitete sie zum Tisch und sagte:»Nimm das Glas mit beiden Händen, ganz zart. Es ist ein feines Glas.« Dann setzten wir uns zusammen auf den Boden und schauten es an. Sie betastete es, während ich meine Hände schützend darunter hielt. Nach einer Weile schaute sie mich lachend an:»Ich muß ja schließlich erst lernen, *wie* ich das Glas anfassen soll. Dazu brauche ich deine Unterstützung. Woher soll ich wissen, daß es zerbricht, wenn ich fest zupacke?« Sie konnte nun auch die Verbindung zum Verhalten ihren Kindern gegenüber machen:»Sie kommen mir vor wie mein Bruder. Ich habe nur abgewehrt, weggeräumt und geschrien. Ich begreife erst jetzt, daß ich ihnen das alles beibringen muß. Dabei wird auch einiges kaputtgehen. Schließlich kommt ja niemand ohne Erfahrung aus.« Die einfache Szene hatte ihr ein Modell gegeben. – Als Monika in der nächsten Stunde wiederkam, erzählte sie, es sei ihr oft gelungen, die Kinder in ihrem Erproben und Experimentieren zu begleiten. »Manchmal gab es aber einfach ein Chaos und dann habe ich geschimpft. Und doch ist es anders. Zudem habe ich angefangen, viel mehr Dinge einfach anzufassen, zu Hause und auch in Geschäften. Ich habe daheim eine in Stein gehauene Wildente, die ganz fein geschliffen ist. Immer wieder habe ich sie in meine Hände genommen und mit geschlossenen Augen gestreichelt.« Damit war ein anderes Thema angeschnitten, das später zum Tragen kam: berühren, streicheln, zärtlich sein. Monika brachte jedoch noch eine andere wesentliche Erfahrung mit. Sie war bei einer Freundin auf Besuch gewesen, die ebenfalls kleine Kinder hatte:»In der Küche hatte einer der Buben ein Trinkglas zu fassen gekriegt, ein ganz feines, und es aus Versehen an der Tischkante angeschlagen. Noch immer hielt er das zerbrochene Glas in der Hand. Meine Freundin ging auf ihn zu und sagte ganz ruhig: ›Laß ganz langsam los, komm, laß los‹, während sie das Glas faßte. Es ist eine ganz einfache Begebenheit. Wichtig war mir nicht nur die Reaktion meiner Freundin. Ich habe etwas Wichtiges erfaßt: der Kleine hielt das Glas fest in den Händen, packte immer fester zu vor Verzweiflung. Er wußte nicht, daß und wie er überhaupt loslassen sollte. Als die Mutter ruhig blieb, wurde auch er ruhiger und konnte seine Finger wieder lösen. Ich sehe erst jetzt so richtig, daß Kinder nicht nur lernen müssen, etwas zu greifen und loszulassen. Sie können zunächst gar nicht richtig dosieren. Es gibt ja eine ganze Variationsbreite von zart anfassen bis zupacken – und wieder loslassen. Und dann wissen, welche Dinge man wie anfassen muß! Überhaupt all die vielen Berührungsmöglichkeiten! Ich erlebe das Experimentieren meiner Kinder ganz anders, verstehe auf einmal, was sie eigentlich wollen und ausprobieren. Und irgendwie hole ich selbst nach, wie es ist, die Welt zu entdecken und zu ergreifen.« So entstand ein liebevoller und fruchtbarer Babuschka-Dialog nach innen und nach außen.

Monika hatte verstanden und ausgedrückt, was der kindliche Lernprozeß bedeutet: nicht nur Bewegungsabläufe lernen, sondern allmählich auch, sie zu differenzieren, ein Spektrum an Möglichkeiten, an Qualität und Intensität auszubilden. Erkunden der Welt, das mit Greifen anfängt, wird allmählich zum Be-greifen, und immer intensiver möchten Kinder auch die Zusammenhänge von Dingen er-fassen, sie auseinandernehmen, um in ihr Inneres vorzustoßen und zu sehen, wie sie funktionieren. Differenziert werden dabei nicht nur die motorischen Fähigkeiten, sondern die ganzheitlichen körperlich-emotionalen Muster wie greifen, ergreifen, anpacken. Viele erwachsene Menschen haben keine Form für ergreifen und anpacken, können nicht handelnd auf die Welt zugehen oder zögern an der Schwelle lange, bis sie eine zagende oder gar verzagende Geste formen können. Wieder andere halten ihren Impuls zum Zugreifen lange zurück, um dann jäh anzupacken, ohne auf die Beschaffenheit der Dinge achten zu können. Wenn Eltern mit ihren eigenen Mustern des Greifens in Kontakt kommen, können sie langsam verstehen lernen, worum es beim Lernen des Kindes geht und wie sie es konkret unterstützen können.[5]

Im Umgang mit den Dingen dieser Welt erfährt das Kind allmählich auch seine Wirkmächtigkeit. Es kann nicht nur Dinge fallen lassen, sie aufheben, nehmen oder die Eltern zu Handlungen veranlassen. Es beginnt auch, Dinge zu verändern, umzugestalten und aus Elementen neue Gestalten zu bilden. Dabei muß es lernen, die Eigen-Art der Dinge und Materialien einzubeziehen, deren Grenzen zu beachten und in ein gestaltendes Tun einzubeziehen. Auch dafür braucht es immer wieder das unterstützende Begleiten seiner Eltern, das dem Kind jedoch seine Erfahrungen nicht vorweg nehmen darf. Einverleibte Erfahrung kann nicht durch Anweisungen ersetzt werden, denn Anweisungen sind nicht greif-bar.

Immer intensiver setzen Kinder ihre Kreativität, ihre Phantasie und ihre Fertigkeiten ein, um sich eigene Dinge zu erschaffen, eigene Welten aufzubauen. Verwegene Konstruktionen aus Holzklötzen und anderen Materialien entstehen, Burgen, Türme werden erbaut. Aus Kissen, Matratzen und anderen geeigneten Möbeln entstehen Hütten und Höhlen. Meine Kinder haben im Vorschulalter die ganze Wohnlandschaft immer wieder entsprechend umfunktioniert. Eine Zeitlang wurde unser großes Bett mit Tüchern und Überwürfen, abenteuerlich an Büchergestellen und Bildern festgemacht, zu einem Piratenschiff, auf dem man gemütlich picknicken oder sich Geschichten erzählen lassen konnte, wenn nicht gerade eine Schatzsuche oder ein Überfall angesagt war. In der gleichen Zeit begann sich unsere kleine Wohnung mit ausgedienten Apparaten zu füllen, die bis ins letzte zerlegt wurden. Bretter lagen in den Ecken, aus denen ›Kinderkunst‹ genagelt wurde, und schließlich fehlten auch Urzeitkrebse, Kaulquappen und Schnecken nicht, während unsere Katze unter dem Sofa ihre ersten Jungen warf... Zum ersten Mal sah ich mich in diesem Zeitraum Kindern gegenüber, die mir die Fluchtburg wohlwollenden pädagogischen Verständnisses für ›harmloses‹ kindliches Tun hartnäckig versperrten – ich hatte mich ihnen mit dem Einsatz meiner ganzen Person zu stellen. Ihr Handeln betraf mich, meine und unsere gemeinsame Welt auf einer viel grundsätzlicheren Ebene als früher und forderte mich zur Auseinander-Setzung heraus, wenn ich nicht einfach meine elterliche Macht ausspielen wollte.

Vielleicht mögen Eltern eines dreijährigen Kindes seine Entdeckerlust noch bejahen und Freude an ihr haben. Doch wenn der Aktionsradius sich erweitert, das ›Machen‹ entschlossener wird, wenn es nicht mehr nur um erste Autonomie, sondern um dieses handelnde Eingreifen in die Welt geht, bringen Eltern oft kein Modell mit, wie sie mit dieser Qualität von Auseinandersetzung umgehen können. Freilich braucht ein Kind auch jetzt Grenzen, doch geht es von nun an vor allem darum, sich Formen dialogischer Standortbildungen einzuverleiben.[6] Dies setzt für Eltern oft einen eigenen Lernprozeß voraus, sich nicht auf eine Position zu verhärten, sondern die Qualität von Zuhören, von Respekt vor der Sichtweise des Kindes auszubilden, um auf dieser Basis mögliche Lösungen auszuhandeln.

Wenn zu früh und zu viele Strukturen vorgegeben werden, kann das Kind keine eigenen formen und fühlt sich eingeengt. Der Bezug zum eigenen Tun wird dann von den Maßstäben der Erwachsenen her verstanden und die Verbindung zu den eigenen Fähigkeiten und inneren Impulsen dadurch abgebremst. Dadurch geht die Kreativität des Kindes verloren, oder es lernt, ihr zu mißtrauen. Auch das ist eine leibhafte Form der Zaghaftigkeit oder gar Verzagtheit. Wohl braucht ein Kind Anleitung und auch Begrenzung, aber nur, um seine eigene Form klarer ausbilden zu lernen. Bekommt es gar keine Anregung und Unterstützung oder findet eine Welt vor, die nicht angreifbar ist und auch die Wohnräume unantastbar bleiben, bildet ein Kind keine Initiative aus, oder sie erlahmt im Laufe der Zeit. Dies ist die größte Gefahr für Kinder in unseren modernen Großstädten. Für ihre Initiative brauchen Kinder also auch eine Welt, die an-greifbar und be-greifbar ist – im konkreten wie im übertragenen Sinn.

Alle Initiative, die das Kind ergreift, ist ernst. Wenn es damit etwas anrichtet, erschrickt es – und versteift sich. Wie nahe liegt uns der Ausruf: »Um Gottes Willen, was hast du da gemacht!« – und der glühende Eifer, die Erregung werden jäh abgebrochen. Das Kind zuckt zurück. Es fühlt sich ertappt. Wird ein Kind in seiner Initiative immer wieder unterbrochen, beginnt die zurückhaltend-versteifende Form zu überwiegen. Es ist auf der Hut. Seine kreative Initiative ist mit Schuldgefühl durchwirkt. Es hält sich oft zurück, explodiert, wird dafür gerügt oder bestraft, hält sich wieder – noch mehr – zurück. So entsteht ein Teufelskreis zwischen Zurückhaltung und Explosion. Die Intensivierung dieses Gefühls ist das Schuldgefühl: »Ich habe es falsch gemacht.« Umgekehrt gewinnt das Kind aus dem Gelingen seines initiativen Tuns und aus der teilnehmenden Freude seiner Umgebung die Kraft, immer mehr und in vielfältigen Formen, die Welt zu erfassen und etwas in ihr zu bewirken.

Das Selbstgestaltete ist für ein Kind kostbar. Als ich meiner fünfeinhalbjährigen Tochter ein kleines Stofffäfflein, das ich zum Photographieren für ihre Kindergeschichten brauchte, nicht einfach überlassen wollte, erklärte sie:»Jetzt mach ich mir selber eines!« Das Tierlein, das mit meiner Mithilfe entstand, fand sie viel schöner als meines und pflegte es hingebungsvoll. – Durch die Intensität, mit der ein Kind etwas erschafft, etwas pflegt und betreut, macht es eine wichtige Werterfahrung: ›Lieb wird mir etwas, an das ich viel gegeben habe, in das ich mich selbst hinein gegeben habe.‹

Wie die erste Autonomie, so sind auch Initiative und Wirkmächtigkeit geschlechtsspezifischen Rollenvorstellungen vonseiten der Erwachsenen unterworfen. Buben dürfen – oder müssen – nach bisher geltenden Normen ausgreifender, zupackender, kämpferischer sein. Ihnen soll einmal die Welt ›gehören‹, während Mädchen diese initiativen Qualitäten weniger in den Vordergrund stellen dürfen. Entsprechen Kinder dem Gesellschaftsschema nicht, werden die entsprechenden Ausdrucksformen beim Mädchen schnell als ›jungenhaft‹, beim Jungen als ›mädchenhaft‹ bezeichnet.[7]

Diese Normen sind jedoch nicht nur Vorstellungen, nach denen sich ein äußerlich zu verstehendes Verhalten der Kinder beider Geschlechter zu richten hat, sondern ebenso einverleibte Muster, mit denen etwa ›ausgreifen‹, ›zupacken‹ oder ›erkunden‹ und ›bewirken‹ verkörpert werden. So wirkt der geschlechtsspezifische Aspekt als Ingrediens oder Färbung im gesamten formativen Prozeß mit. Deshalb ist es auch im Erwachsenenalter oft schwierig, einen neuen Entwurf der Geschlechtsidentität und der Beziehung zwischen den Geschlechtern im Alltag einzulösen. Wenn Eltern sich jedoch mit ihren eigenen einverleibten Mustern auseinanderzusetzen beginnen, kann dies eine Chance für die eigenen Kinder darstellen, selbst ein breiteres Spektrum von Möglichkeiten auch im Bereich von Initiative und Wirkmächtigkeit auszubilden.

Lernen als Abenteuer

Das Wichtigste im Leben eines Kindes ist, daß es wachsen, sich weiterentwickeln und seine erwachsene Gestalt ausbilden will. Wenn Alfred Adler einerseits die Erfahrung von Unzulänglichkeit als mächtigen unmittelbaren Motor für seine Entwicklung gesehen hat, betonte er zunehmend auch die ursprüngliche Freude am Lernen als weiteren wichtigen Antrieb: »Ich bin überzeugt von der freien schöpferischen

Kraft des Individuums in der ersten Kindheit und seiner gebundenen Kraft später im Leben, sobald das Kind sich ein festes Bewegungsgesetz für sein Leben gegeben hat.«[8]

An diesem freudvollen, abenteuerlichen und kreativen Prozeß können Eltern von Tag zu Tag teilnehmen. Ein Kind wird sich auch zunehmend seines eigenen Lernens bewußt, wobei die elementare Freude an neu erworbenen Fähigkeiten schon sehr früh beginnt. Eltern kennen die unglaubliche Ausdauer, mit der schon Babys üben, ihren Kopf zu heben, einen Gegenstand zu ergreifen, sich zu drehen, zu sitzen und zu kriechen. Wer je das Strahlen eines Kindes, seine Freude beim ersten Stehen, seine Begeisterung beim ersten Wort, das mit Bedeutung verbunden ist und mit-geteilt werden kann, erlebt hat, wird es nicht mehr vergessen. Wir mögen von Freude, von Lust oder von Stolz sprechen – immer ist es eine elementare Erregung, die hier zum Ausdruck kommt und sich als Leuchten im Gesicht des Kindes zeigt. Noch etwas später beginnen Kinder, dieser elementaren Freude auch sprachlichen Ausdruck zu verleihen. Sie haben das Bedürfnis, ihre neuen Errungenschaften mit den Eltern zu teilen, sich im ›Bad‹ ihrer Freude zu stärken. »Schau, was ich schon kann«, ist eine Zauberformel, die jede neu erworbene Fähigkeit ankündigt. Alles wird gezeigt – noch einmal und noch einmal. Die Anteilnahme und Bestätigung der Eltern stellt jene Ermutigung dar, die Kinder brauchen, um weiter zu experimentieren, zu üben und aus ihren Fehlern zu lernen. Diesen Zusammenhang hat Alfred Adler durch die Begriffe ›Mut‹ und ›Training‹ zum Ausdruck gebracht.[9] Kinder brauchen zunehmend auch die unmittelbare elterliche Anregung für ihr lernendes Erproben. Es gilt, das Tun der Kinder zu fördern, ohne es zu steuern oder jäh einzugreifen – außer in Gefahr. Schon Martin Buber hat zwei erzieherische Haltungen unterschieden, die erschließende und die auferlegende.[10] Die Grenze ist schnell überschritten, wo Unterstützung, die den Möglichkeiten des Kindes zur Entfaltung verhilft, in auferlegende Meinungen, Strukturen und Eingriffe umschlägt. Oft müssen wir als Erwachsene diese teilnehmende und erschließende Haltung erst selber lernen, da wir sie in unserer Kindheit nicht erfahren haben. Diesen Prozeß möchte ich anhand eines Beispiels illustrieren:

»Ich kann einfach kaum zusehen, wie umständlich mein dreijähriger Sohn an das Bauen mit Bauklötzen herangeht«, sagte ein junger Vater zu mir, »immer habe ich den Impuls einzugreifen, ihm zu zeigen: ›So macht man das!‹ Aber häufig will er nichts davon wissen, oder ich baue selber weiter. Er schaut zu und läuft dann einfach weg, oder er macht mein Gebilde kaputt und fängt von neuem an – auf seine eigene Weise.

Manchmal gibt es einen richtigen Machtkampf.« Ich ließ diesen Mann seinen zupackenden Impuls ausprobieren. Er erlebte die Spannung, die damit verbunden war. »Ich bin richtig auf dem Sprung«, sagte er, und dann muß ich einfach eingreifen. Ich regte den Mann an, diesen Impuls bis an jene Schwelle zu verstärken, wo er nicht mehr an sich halten konnte. So machte er neue Erfahrungen im Umgang mit seinem Sohn. Zunächst mußte er sich noch mühsam beherrschen, bis diese Zurückhaltung in Gleichgültigkeit und Desinteresse umschlug. Doch als er das Spektrum der Möglichkeiten leibhaft zu üben begann, bekam er ein Gespür dafür, wann sich ein neuer Lernschritt abzeichnete, bei dem er seinem Sohn eine Lösungsmöglichkeit zeigen konnte. »Ich bin jetzt nicht mehr beleidigt, wenn er meine Hilfe ausschlägt. Ich habe entdeckt, daß es für ihn manchmal wichtiger ist, es ganz lange selber zu probieren. Oft findet er auch eine eigene Lösung. Dann wieder ist er wütend und schreit dennoch ›selber, selber!‹ Gestern habe ich einfach Klötze genommen und dasselbe gebaut wie er. Plötzlich interessierte es ihn, wie ich es bloß machte, daß es bei mir funktionierte. Ich sagte zunächst nichts und ließ ihn einfach zuschauen. Er probierte es auch – und siehe, es ging. Da war er ganz glücklich – er hatte es ja eigentlich doch selbst herausgefunden.« Langsam verringerte sich der Machtkampf zwischen den beiden, und der Sohn konnte auch Hilfe annehmen, um etwas fragen, ohne Gefahr zu laufen, von seinem Vater überrumpelt zu werden. Hinter dieser Arbeit kam die Geschichte des Mannes mit seinem eigenen Vater zum Vorschein. »Mein Vater konnte so vieles, aber er hat es nie an mich weitergegeben. Er hatte eine richtige Werkstatt, aber ich durfte nie selber etwas machen, oft nicht einmal dabei sein, weil ich so viel fragte… Und wenn ich für mich etwas ausprobierte, kam er, nahm mir das Ganze aus der Hand und sagte: ›*So* macht man das!‹ Er machte es auch, aber ich kam nicht dahinter, *wie* er es gemacht hatte. Er hatte nicht die Geduld, es mir zu erklären. ›Das weiß man doch. Und sonst schau gefälligst genau hin!‹ So schnitt er jedes Mal meine Fragen ab, bis ich es schließlich aufgab. Aber ich habe das Gefühl mit mir getragen, mein Vater habe mir sein Können vorenthalten… Ich habe mir immer wieder Ersatzväter gesucht, die mir etwas von ihrem Können, ihrem geheimen Schatz an Wissen mitteilen sollten. Kaum einer hat begriffen, was meine Sehnsucht war.«

Der junge Mann war ganz traurig geworden. In seinen Augen waren Tränen. »Er hätte mir so viel geben können«, wiederholte er leise, »und dann ist er früh gestorben, ohne daß ich je mit ihm hätte darüber sprechen können. Wir haben einander verpaßt.« Die Trauer um diese verpaßte Beziehung nahm in unseren Sitzungen viel Raum ein. Sie half dem Mann schließlich, auch zu seinem eigenen Vatersein eine neue Beziehung zu finden. »In diesem eingreifenden Impuls finde ich eine Seite meines Vaters in mir wieder«, sagte er. »Ich sah das nicht klar, wollte es auch nicht wahrhaben. Ich hatte mir ja geschworen, es einmal ganz anders zu machen.« Mit seinem Sohn zusammen war er in Kontakt mit seinem eigenen Vater-Muster gekommen, das er nun langsam aufzulösen begann, berührte jedoch auch die eigenen Buben-Sehnsüchte seinem Vater gegenüber, die so schmerzlich unerfüllt geblieben waren. Gleichzeitig entdeckte er, daß er die Freude am Handwerklichen und das Geschick dafür mitbekommen hatte. »Indem ich meinen Sohn bei seinem spielerischen Bauen begleite, erfülle ich mir selbst einen Wunsch.«

Immer deutlicher wird die lehrende Qualität von Eltern herausgelockt. Sie sind es vor allem, die Welt vermitteln, Zusammenhänge aufzeigen und in den Umgang mit ihr einführen, den Impulsen und Interessen des Kindes folgend. Dabei geht es auch um die Freigebigkeit, mit der Eltern ihr eigenes Können – gleichsam als Geschenk – an die Kinder weitergeben, ohne es ihnen aufzuerlegen. In der Arbeit mit dem jungen Mann kam noch eine weitere Dimension in den Blick. Einmal sagte er unvermittelt: »Ich beginne eigentlich erst jetzt das Lernen zu lernen – durch meinen Sohn.« Lernen ist ein ganzheitlicher Prozeß und nicht einfach das Beibringen von etwas, von möglichst etwas ›Nützlichem‹. Es ist zunächst das Er-finden neuer Möglichkeiten, das Schaffen neuer Formen, wobei der Prozeß und das Erreichte für ein Kind gleichermaßen wichtig sind. Es gibt für das Verständnis von Lernen jedoch eine noch viel fundamentalere Ebene. Die entscheidende Frage, die ich bei Stanley Keleman gelernt habe, lautet: »Wie kann ich mich selber nutzen und einsetzen, um zu lernen?«[11] Dies bedeutet, daß Lernen in erster Linie die Fähigkeit ist, die eigenen Anlagen und Möglichkeiten, seine Eigen-Art kennenzulernen und einzusetzen, um dann Bestimmtes zu lernen. Doch die meisten von uns haben vor allem gelernt, wie man ›es‹ macht, und was man zu welchem Zeitpunkt lernen und können muß, wofür man sich zu interessieren hat. Darin, daß Lernen eine individuelle Kunst ist, haben wir wenig Erfahrung. Die eigenen Kinder können eine Chance sein, zunächst selbst das Lernen zu lernen, indem wir als Eltern von ihnen lernen, wie sie selbst lernen möchten und können.

Dennoch ist Lernen kein gradliniger sondern ein fließender Prozeß, ein Vortasten und Zurückgreifen auf vertraute Formen. In Krisensituationen und vor großen Schwellen wird diese Dynamik besonders deutlich. Wenn ein neuer Entwicklungsschritt bevorsteht, werden Kinder oft unruhig und ungeduldig, sind unzufrieden mit ihren Möglichkeiten, meist ohne zu wissen, was mit ihnen geschieht. Umgekehrt wollen sie plötzlich wieder klein sein. ›Regredieren‹ heißt hier nichts anderes, als durch den Rückgriff auf frühere Ebenen Sicherheit und nährende Kraft für das Wagnis des Neuen zu gewinnen. Ich konnte dies bei meiner Tochter vor dem Schuleintritt deutlich erleben, als sie nochmals ganz intensiv alle vertrauten Spiele durchspielte, selbst klein sein wollte und gleichzeitig ihrem Bruder erklärte, sie sei jetzt schon groß und werde bald nicht mehr solche Kleinkinderspiele machen. – Beim Einschlafen und im Schlaf kommen auch bei älteren Kindern oft wieder Baby-Muster zum Vorschein, die auch bei Mutter und Vater altvertraute Reaktionen hervorrufen.

Auf der andern Seite erleben wir als Eltern meist deutlich, wenn ein Kind erstmals eine neue Form wagt oder eine neue Beziehungsqualität anbietet. Ich erinnere mich an den Abend, an dem sich mir meine kleine Tochter erstmals gegenübersetzte, nachdem ihr Bruder bereits eingeschlafen war, mich klar anschaute, sich aufrichtete und zu mir sagte: »Mama, ich will mit dir reden.« Ich konnte sehen, wie sie eine neue Körperhaltung und eine entsprechende Kontaktform herauszubilden begann. Gleichzeitig nahm ich wahr, wie auch ich eine andere Körperhaltung einnahm. Ich empfand dieses Gespräch wohl ebenso als Abenteuer wie meine Tochter selbst. Anschließend entspannte sie sich und kuschelte sich in meinen Arm. Beide waren kurz nacheinander präsent: die ›große Tochter‹, die erstmals einen Austausch auf neuer Ebene forderte und lebte und das kleine Mädchen, das sich babyhaft bei mir einnistete.

Es handelt sich hier um die typische Dynamik von Wandlung mit den Phasen des Abschieds, der Unsicherheit und der Neugestaltung, die wir auch als Erwachsene kennen. Aus ihrer Unsicherheit heraus, die mit dem Risiko des Neuen zusammenhängt, wollen Kinder plötzlich wieder getragen, gefüttert, fürsorglich behandelt werden. Hier brauchen sie sowohl Rückversicherung wie Ermutigung zum Neuen. In diesem Vor- und Zurücktasten wird eine auch für das Erwachsenenalter wichtige Fähigkeit eingeübt: Groß und wieder klein, stark und wieder schwach, bedürftig und selbständig sein zu dürfen. So haben also regressive Tendenzen eine doppelte Funktion: Sie erleichtern Übergänge von einer Phase zur andern oder bieten in Krisenzeiten die Möglichkeit, den verlorenen Schutz wieder zu erleben; und sie erlauben dem Kind und dem späteren Erwachsenen, zwischen verschiedenen Ebenen ihrer formenden Dynamik hin- und herzufließen.

Dieser Wechsel zwischen verschiedenen Schichten oder Altersstufen bei Kindern, der auch als eine Art Babuschka-Prinzip aufgefaßt werden kann, hat für deren Verständnis weitreichende Folgen. Habe ich es etwa mit dem siebenjährigen Kind zu tun oder ist es jetzt jünger, ist es gar ein Kleinkind oder ein Baby? Viele Reaktionen lassen sich gar nicht mit dem realen Alter in Verbindung bringen. Die Antwort: »Dafür bist du doch zu groß!« fixiert das Kind auf eine ganz bestimmte Verkörperung, in der es sich vielleicht gerade *nicht* befindet und gibt ihm ein deutliches Verbot, jünger und kleiner zu sein, als es ist. Ein Vater sagte zu mir: »Etwas vom Schwierigsten für mich ist es herauszufinden, mit welchem Kind ich es gerade zu tun habe, damit ich angemessen antworten kann. Der Wechsel ist oft jäh und überraschend. Manchmal kann ich kaum folgen. Ist mein Sohn gerade ›groß‹, reagiert er beleidigt, wenn ich ihn als klein behandle, ist er jedoch klein, verletze ich ihn mit Ansinnen, die ich nur an meinen ›großen Sohn‹ stellen kann.«

Wenn wir hinhören lernen und uns allmählich auf diesen hin- und herschwingenden Formungsprozeß der Kinder einlassen können, wird vieles einfühlbar, was vorher ein Rätsel war oder uns verärgert hat. Eine Mutter erzählte beispielsweise, daß die kleine Tochter sich »wie ein Feuerteufel« wehrte und auf ihrem Willen beharrte, um anschließend mit ausgestreckten Armen auf sie zuzugehen. Sie wollte schmusen, in den Arm genommen und gewiegt werden, »wie ein ganz kleines Kind«. Und sie sagte empört: »Das fehlte gerade noch. Da will sie kämpfen, sich durchsetzen, und wenn sie genug davon hat, spielt sie Baby. Und darauf soll ich mich einlassen. Aber so lasse ich mich nicht versetzen! Wenn sie schon so groß tut, soll sie es auch haben.« Die Mutter erlebte dies als Trick ihrer Tochter, um *alles* zu kriegen – ihren Willen und die Zuwendung. Die Erinnerung an die eigene Mutter kam zum Vorschein. Wenn sie als kleines Mädchen einmal wagte, ihren eigenen Willen kundzutun und für ihre Bedürfnisse zu kämpfen, pflegte die Mutter zu sagen: »Gut, wenn du schon so groß sein willst und alles durchsetzt, dann kannst du auch die Arbeit von Großen tun.« Auf diese Weise mußte sie Konsequenzen tragen, durch die sie sich völlig überfordert fühlte. Der Preis für ein bißchen Autonomie war unendlich hoch. In der Verarbeitung dieser Kindheitserfahrungen entdeckte sie, was für ein Abenteuer es ist, sich als kleines Kind abzugrenzen, das eigene Nein zu wagen. Gleichzeitig entdeckte die Frau auch das Bedürfnis des kleinen Mädchens in sich, von diesem Abenteuer auszuruhen, sich sicher zu fühlen und das ganz kleine Mädchen zu sein, das Anspruch auf Schutz und Fürsorge hat, um sich neu gestärkt wiederum dem Abenteuer des

Groß-Seins zuzuwenden. Auf dem Hintergrund dieser Erfahrungen in der Therapie gewann die Frau ein anderes Verständnis für den Wachstumsprozeß ihrer kleinen Tochter.

Wenn Überforderung des Kindes in seinem Großsein die eine Schwierigkeit darstellt, so wird das Kind anderseits durch einseitiges Nachgeben geschwächt, etwa durch die Botschaft: »Es macht nichts, wenn du es nicht schaffst, *ich* habe dich trotzdem lieb.« Das Kind *will* ›es‹ schaffen. Es braucht das Vertrauen seiner Eltern in seine Kräfte – in jeder Phase und vor allem in Übergangszeiten. Es braucht, daß die Eltern die Wandlung mitvollziehen. Ein Mann erzählte mir empört: »Bei Bubenspielen unterlag ich meist. Wenn ich heulend nach Hause kam, nahm mich meine Mutter in den Arm und tröstete mich: ›Du hast ja mich!‹ Zum Kuckuck, das war so erniedrigend… Sie bestätigte meine Schwäche. Ich wollte nicht einfach ›ihr kleines Kind‹ bleiben. Und mein Vater tat gar nichts!« – »Was hätte er denn tun sollen?« frage ich. »Er hätte mir zeigen können, wie man sich wehrt – er konnte das nämlich. Er hätte mich boxen lehren können. Er hätte mir sagen sollen: ›Das kannst du!‹ Er hätte *da* sein sollen!« Eltern sind manchmal in Gefahr, unbewußt die ›Schwellenangst‹ ihrer Kinder auszunützen, um einen Beziehungsmodus zu verlängern, vielleicht weil sie sich den nächsten nicht zutrauen, selbst eine ähnliche Geschichte erlebt haben oder sich innerhalb der Partnerschaft einsam fühlen.

Der Lernprozeß, in dem wir uns als Eltern immer wieder befinden, fordert uns deshalb auch heraus, Übergänge selbst neu wahrzunehmen und zu gestalten – für uns und in der Beziehung mit den Kindern. Er bedeutet, von bisherigen Formen, die uns vertraut geworden sind, Abschied zu nehmen, uns dem Risiko des Unbekannten auszusetzen und neue Möglichkeiten einzuüben, uns selbst und auch den Kindern das Vor- und Zurücktasten zu gestatten, ohne die vorwärtsdrängende Kraft aus den Augen zu verlieren. Schließlich bietet das Zurücktasten auch die Chance, mit dem Kind eine nicht voll ausgeformte frühere Phase zuende zu leben, es vielleicht nochmals zu tragen, zu wickeln oder es im Buggy spazieren zu fahren. Meist lassen sich Phasen des ›Nachholens‹ auf bestimmte Zeiten am Tag festlegen. Dieses Bedürfnis ist etwas anderes als die regressiven Wünsche von Kindern, die etwa ein jüngeres Geschwister erhalten und überzeugt sind, nur als Baby sich die Aufmerksamkeit und Liebe der Eltern erhalten zu können. Hier gilt es, eine schwebende – nicht leicht zu findende – Balance zwischen dem Erfüllen solcher Wünsche und der Bestärkung, Aufmerksamkeit und Ermutigung auf der entsprechenden Altersstufe herzustellen.

13. Innen und außen: Formen des Bezogenseins ausbilden

Neue Formen stehen immer im Mittelpunkt des kindlichen Lernens und Übens und werden auch von der Umgebung besonders deutlich wahrgenommen. Diese neuen Möglichkeiten erscheinen als verdichtende und zentrierende Organisations-Formen und legen eine Einteilung der kindlichen Entwicklung in entsprechende Phasen nahe.[1] Doch gibt es jeweils nicht nur ein einziges Zentrum. Als wichtig erscheinen solche, die Qualitäten in den Vordergrund bringen, die von einer Kultur und Gesellschaft aufgegriffen, vertreten und gefördert werden. So sind heute jene formbildenden Aspekte im Vordergrund, die Autonomiebildung und Individualisierung im Sinne des Individualismus betreffen. Weniger Beachtung finden dagegen die auszubildenden Möglichkeiten, bei denen es um das innere Bezogensein auf sich selbst, andere Menschen und die Welt sowie um Wechselseitigkeit oder um Übergänge von innen nach außen geht. Auch für diese Aspekte beginnt der formbildende Prozeß schon früher und führt dann zu den Qualitäten des Bezogenseins, die im Vorschul- oder Spielalter eine Gesamtgestalt hervorbringen, die ich als ›Gemeinschaftskind‹ bezeichne. Im folgenden möchte ich einige hierzu gehörende leibhafte Formen in ihrer Dynamik ansprechen.

Nehmen, geben und empfangen

In den Prozeß des fortschreitenden Erkundens einbezogen ist die Art und Weise, wie wir ›nehmen‹ lernen. Die früheste Form ist das Aufnehmen und Einverleiben, das der Säugling über seinen Mund erlebt, indem er saugt. Noch lange werden Gegenstände nicht nur betrachtet, sondern mit Mund und Zunge abgetastet. Selbst das Anschauen von Dingen und Landschaften kann noch vom Erwachsenen als ›Einsaugen‹ erfahren werden.[2]
Hereinnehmen lernen Kinder durch all ihre Sinne. So entsteht ein Rhythmus von ›in die Welt ausgreifen, sie an sich heranholen und

wieder von sich stoßen‹. Selbst das Gehen folgt diesem Grundrhythmus.[3] Greifen ist immer schon aus-greifen und er-greifen. Menschen sehen sich in der Therapie etwa nicht nur mit ihrer Unfähigkeit konfrontiert, ausgreifen und zulangen zu können, sondern ebenso mit der Erfahrung, nichts ›in den Griff‹ zu bekommen. Ein Mann erinnerte sich, daß ihm alle Kostbarkeiten, die er sich als kleiner Knirps ergattert hatte, sogleich wieder aus den Händen genommen wurden. »Ich greife nur immer zu und habe dann doch nichts«, brachte er seine Erfahrung auf eine Formel. Die zugehörige leibhafte Form sah so aus, daß er mit Spannung zupackte, um an einem bestimmten Punkt, wenn er die Geste intensivierte, in sich zurückzusinken, während die Hände schlaff wurden. So unterbrach er stets selber den Rhythmus von ausgreifen und heranholen, und die Welt blieb ihm so lange unerreichbar und ungreifbar, bis er lernte, den Übergang von ausgreifen zu heranholen umzugestalten. – Andere Menschen lernen erst allmählich, daß sie nicht zu raffen brauchen. Auch die Geste des Raffens kann sich auf unterschiedliche Erfahrungen beziehen: »Ich muß es an mich reißen, bevor es weg ist« oder »ich muß es packen, bevor andere mir zuvor kommen.« Wörter wie ›an sich reißen‹, ›wegschnappen‹ oder ›zusammenraffen‹ weisen auf verkörperte Handlungsmöglichkeiten hin, die auf kindliche Erfahrungen antworten. Dies zeigt, daß Kinder auch für ihr ›nehmen‹ und ›heranholen‹ erst eine Form finden und ein Spektrum ausbilden lernen, daß sie sich aber auch auf eine bestimmte Ausdrucksform fixieren können, wenn sie immer wieder dem gleichen einschränkenden Antwortmuster ihrer Umwelt begegnen.

Wir pflegen jedoch einen weiteren Gegensatz einzuführen, denjenigen zwischen nehmen und geben. Doch der Grundrhythmus von ausgreifen und nehmen ist ein fundamental anderer als derjenige, der mit ›geben‹ zusammenhängt. Zum Geben gehört nicht in erster Linie das Nehmen, sondern das Empfangen. Dies wurde mir erstmals deutlich, als ich vor Jahren einer Kollegin ein Geschenk brachte. Ich streckte ihr es hin, um es ihr zu geben. Doch als ich mitten in dieser Geste war, nahm sie es mir weg. Sie packte es förmlich und riß es mir aus der Hand. In diesem Augenblick war ich nur irritiert und wußte eigentlich nicht, warum. Erst später begriff ich, daß sie den Rhythmus von geben und empfangen unterbrochen und uminterpretiert hatte. Sie nahm das Geschenk einfach an sich, ging also vom Ausgreifen und Zupacken aus, das zum Heranholen führte, konnte sich also das Geschenk nicht wirklich geben lassen. »Ich bekomme nur, was ich mir nehme«, war der Grund-Satz, den sie verkörperte.

Kinder lernen erst allmählich, was geben und empfangen bedeutet. Wiederum handelt es sich um eine ganzheitliche körperlich-emotionale Haltung.[4] Ich erinnere mich hier an eine Szene mit meinen Kindern. Meine damals fünfjährige Tochter hatte ein Geschenk für mich gebastelt. Sie kam strahlend auf mich zu, das Päcklein in ihren Händen und streckte es mir hin. Ihre ganze Haltung drückte dieses Geben aus. Ich streckte ebenfalls meine Hände aus und nahm es in Empfang. Es war ein kleiner Beziehungstanz, eingefaßt in ein Ritual, bei dem ich meine Neugierde ausdrückte und raten mußte, was wohl im Papier drin sei… Unterdessen hatte mein dreijähriger Sohn Spielsachen in Geschenkpapier gepackt und brachte sie mir. Ich mußte seine Päcklein ebenfalls öffnen. Kaum hatte ich seine ›Geschenklein‹ ausgepackt, nahm er sie wieder an sich und trug sie zurück in seine Spielzeugkiste. »Aber David«, meinte seine Schwester, »das sind doch gar keine Geschenke.« Der kleine Knirps schaute auf – in seinem Gesicht war eine namenlose Enttäuschung. Ich mußte ihn gleich beschwichtigen… Natürlich hatte Mirjam erkannt, daß David noch keine Form für geben und empfangen ausgebildet hatte, sondern gerade dabei war, das entsprechende Ritual nachzuahmen, um sich mit seiner Hilfe schließlich die entsprechende Haltung einzuverleiben, der er auch sonst in seinem Alltag immer wieder begegnete.

Kinder spüren schnell, ob ihre Gabe in Empfang genommen wird oder ob ihre Geste ins Leere geht. Oft hängt das damit zusammen, daß auch Eltern nicht gelernt haben, sich etwas schenken zu lassen. So merkte eine junge Mutter, daß sie immer wieder die Angebote ihrer kleinen Kinder übersah und dessen erst bewußt wurde, wenn sie ihre Gesichter buchstäblich erlöschen sah. In der Haltung des Empfangens, mit der wir arbeiteten, realisierte sie, daß sie sofort anfing, ihren Oberkörper nach oben und hinten zu ziehen und den Impuls hatte, mit den Händen eine abwehrende und wegstoßende Bewegung zu machen. Der zugehörige Satz lautete: »Meinst du es wirklich so?« Sie erinnerte sich, als Kind immer wieder die Botschaft bekommen zu haben: »Ich gebe dir etwas, aber eigentlich hast du es gar nicht verdient!« Im Laufe dieser Arbeit, in der es darum ging, das abwehrende Muster aufzulösen, merkte die Frau auch, daß sie beim Geben ebenfalls Mühe hatte. »Ich mache es eigentlich wie meine Eltern, obwohl ich es immer sorgfältig vermieden habe, meinen Kindern etwas Derartiges zu vermitteln.« Jetzt verstand sie, daß nicht die Worte das Entscheidende waren, sondern ihr ungeübtes Muster des Gebens, das darin bestand, den Oberkörper zu versteifen und zurückzuhalten, während ihre Arme und

Hände mechanisch die Geste des Gebens ausführten. »Es ist mir, als gehörten meine Hände gar nicht dazu«, bemerkte die Frau. Ihre Haltung war ein erster Impuls zum Geben, der dann in ›Zurückhalten‹ überging. »Mit dieser Zurückhaltung konnte ich mich schützen«, meinte sie. Jetzt ging es darum, geben und zurückhalten zu unterscheiden und von einem zum andern übergehen zu lernen. Dies alles zusammen mit den Kindern zu üben, war für diese Mutter eine Chance, ihre neuen leibhaften Möglichkeiten einzuüben. – Wir kommen als Eltern immer wieder auf unsere Weise in Kontakt mit dem ursprünglichen formbildenden Prozeß und damit an die Wurzeln unserer eigenen Selbstgestaltung und können von daher wiederum das Lernen unserer Kinder besser begreifen – mit allem Schwierigen und Abenteuerlichen. So stellt sich auch hier ein vielschichtiger Babuschka-Dialog ein.

Als meine kleine Tochter mir ihre ersten selbstgebastelten Geschenke brachte, kam sie in Verbindung mit dem, was die innere Qualität von geben ausmacht: Es war etwas, das von ihr selber kam, an das sie Mühe und Sorgfalt gegeben hatte – das Geschenk war ein Teil ihrer selbst. Sie sagte einmal zu mir: »Weißt du, in meinem Geschenklein ist so viel Liebe drin. Ich habe sie richtig hineingetan, und jetzt darfst du sie haben. Es ist soviel drin, daß mein Geschenk nie leer wird.«

Geben bedeutet immer, sich selbst zu geben. Indem wir unsere Haltung – der Zuneigung, Weichheit, Wut, Abgrenzung etc. – in Erscheinung treten lassen, geben wir uns.[5] Doch wenn wir damit nicht angenommen werden, bilden wir Muster ständiger Zurückhaltung und des Versteckens aus. Oder wir lernen nur, uns auszuliefern, uns wegzugeben oder gar wegzuwerfen. Auch hier müssen Eltern oft erst lernen, eine Haltung des Respekts und der Achtung auszubilden, die es ermöglicht, wirklich Empfangende sein zu können. Oft ist es auch Unachtsamkeit, die uns jene kostbaren Augenblicke verpassen läßt, in denen unsere Kinder sich geben. Es tut weh, dies zu realisieren, den Schmerz des abgewiesenen Kindes plötzlich zu sehen, denn diese kostbaren Augenblicke sind auch verletzbare. – In den Zusammenhang von nehmen, geben und empfangen einbezogen ist auch das ganze Spektrum von ›Bitten‹[6], das bis zum ›Betteln‹ auf der einen Seite und zum ›Möchten‹, ›Wollen‹ und ›Fordern‹ auf der andern Seite reicht. Wie Kinder dieses Spektrum ausformen, hängt mit der Qualität elterlicher Antworten und mit ihren eigenen Bitt-Formen zusammen.

Als wir in einer Gruppe mit diesem Thema arbeiteten, entdeckte eine Frau, daß sie eigentlich immer nur bettelte. Sie streckte ihre Arme aus, indem sie die Schultern hochzog und ihre Brust einsinken ließ. Den

Kopf knickte sie nach hinten und blickte auf, als sähe sie eine viel größere Gestalt vor sich. Ihre ganze Haltung hatte etwas Flehendes. »Ich bekam als Kind nur etwas, wenn ich ganz klein und hilflos war«, sagte sie. Als sie diese bettelnde Haltung langsam auflöste, wurde die Frau sichtbar größer, sie wuchs immer mehr, bis sie ihre volle Größe erreicht hatte. Waren ihre Hände bisher so steif gewesen, daß sie nichts hätten aufnehmen können, war jetzt die Geste klar, drückte Bitte und Bereitschaft zum Empfangen aus. Auch ihr ›bitte‹ tönte gefestigt. »Ich kann jetzt mein Bitten den anderen zumuten«, sagte sie. Doch dann schlug sie die Brücke zum Zusammensein mit ihren eigenen Kindern. »Ich weiß jetzt, warum mir meine eigene Tochter so auf die Nerven geht. Sie hat ein ähnliches Muster wie ich. Und wenn sie so daherkommt, verhärte ich mich völlig. Und dann bettelt sie noch mehr.« Mit einer Teilnehmerin zusammen spielte sie in der nächsten Sitzung eine entsprechende Szene, in der es um die Bitte nach Versöhnung bei einem Streit ging. Es wurde sichtbar, wie beide einander immer mehr ins Extrem trieben. Ich bat die Frau nun, ihre Verhärtung etwas aufzulösen, die mit einem Einsinken einherging, das ebenfalls eine Art Betteln ausdrückte, das sich in die Worte fassen ließ: »Bitte hör doch auf mit deinem Betteln.« Sie stand endlich aufgerichtet vor ihrer kleinen Tochter, faßte sie bei den Händen und schaute sie voll an. Da richtete sich auch ihre ›Tochter‹ langsam auf. »Ich habe dich lieb«, sagte sie, »und du brauchst nicht zu betteln.« Dann sagte sie noch: »Ich brauche ein bißchen Zeit, bis ich mich beruhigt habe, aber du kannst bei mir sitzen bleiben.« Auf ähnliche Weise konnte die Frau schließlich zu Hause mit ihrer Tochter umgehen, der sie half, ihr Betteln aufzugeben.

Oft fällt es Eltern auch schwer, mit forderndem Bitten umzugehen. Die einen geben hilflos nach, andere können nur in einen Kampf übergehen. So erzählte mir ein Vater, daß er beim fordernden Gebaren seines Sohnes gleich wütend wurde und sich dann abwendete. Er selber hatte nie fordern gelernt, während er seinen eigenen Vater als nur fordernd erlebt hatte. »Nie werden wie er«, hatte er sich geschworen und sah nun in seinem eigenen kleinen Sohn den Vater wieder. »Jetzt bin ich so wütend, wie ich eigentlich dem Vater gegenüber hätte sein wollen«, meinte er im Laufe unserer Arbeit. Ich bat ihn nach einiger Zeit, erst eine Geste und Haltung von ›ich möchte‹, dann von ›ich will‹ einzunehmen. Es dauerte eine Weile, bis ihm dies gelang. Dann regte ich ihn an, noch einen Schritt weiterzugehen zur Haltung von ›ich fordere‹. Als ihm dies zu schwierig wurde, ließ ich ihn zwischen den beiden anderen Formen hin- und herpendeln, bis er nochmals zu ›ich fordere‹ zurückkehren konnte. In der nächsten Stunde sagte der Mann: »Ich habe begriffen, daß es nicht um ein Entweder-Oder geht, sondern um verschiedene Möglichkeiten, je nach Situation. Es gibt Momente, wo ich bitten kann, und solche, wo ich fordern will.« Dies bezog sich auf verschiedene Beziehungs-Zusammenhänge. Doch in dem Maß, wie er seine eigenen Forderungen zu stellen wagte, konnte er sich auch dem fordernden Verhalten seines Sohnes stellen. »Er fordert mich heraus«, sagte der Vater, »und manchmal hat er recht, manchmal nicht. Ich kann jetzt auf seine berechtigten Forderungen eingehen und mich gegen nicht erfüllbare wehren. Doch brauche ich einen Spiel-Raum für meine Entscheidung.« – In dem Maß, wie er als Vater differenzieren lernte, konnte er seinem Sohn beibringen, daß Fordern nur *eine* Möglichkeit war, mit den eigenen Wünschen umzugehen.

So ist auch Bitten und Geben ein leibhafter Dialog, eingebunden in ein Spektrum von Möglichkeiten, die je nach Situation und Dringlichkeit variieren. Der Kontakt mit den eigenen eingeübten Formen ermöglicht es jedoch den Eltern, den Kindern dieses Spektrum leibhaft vorzuleben und auf deren Bitten und Fordern angemessen zu antworten.

Die eigene innere Welt: Geheimnisse bewahren und mit-teilen

Immer deutlicher fangen Kinder auch an, eine eigene innere Welt zu bilden. Sie beginnen etwa, Erwachsene auszuschließen: »Mami, komm jetzt nicht ins Zimmer«, heißt es etwa. Der Sinn für den Eigen-Raum wächst. Das Wort ›Geheimnis‹ bekommt Bedeutung: »Ich habe ein Geheimnis, ich sage es dir nicht!« oder »Ich flüstere dir etwas ins Ohr – die anderen dürfen es nicht hören!« Was für ein erregendes Abenteuer ist es gerade, vor den nächsten Bezugspersonen etwas geheim zu halten, auch wenn das Kind dieses Geheimnis dann doch vor der Zeit – ebenfalls im Vertrauen – preisgibt. In diesem Zusammenhang erzählte mir eine Mutter folgendes: Ihr vierjähriger Sohn hatte ein Eis für sie als Geschenk und verbarg es unter seinem Bett. Doch das Eis begann zu schmelzen und kam von allein ›zum Vorschein‹. Dies war für das Kind eine Katastrophe, weil das gehütete Geheimnis ihm selbsttätig entrann. – Ausdruck für diese Entwicklung ist auch, daß Schatztruhen gemacht, geheime Ecken gebaut werden. Das Kind lernt, etwas ›für sich zu behalten‹ und auszuwählen, wem es sein Eigenstes zeigen, mit-teilen will. Umgekehrt werden Dinge verschenkt oder ausgeliehen. Das bedeutet nichts anderes, als daß Erregung differenzierter geformt wird, ›drinnen‹ behalten werden kann, gestaut und entladen wird. Kinder sind verletzt, wenn in ihren Eigenraum eingedrungen, ihre Geheimnisse verraten, ihre Aufregung belächelt, ihr Geschenk mißachtet wird.

Eine jüngere Frau beklagte sich in der Therapie, sie könne überhaupt nichts für sich behalten, und im übrigen sehe man ihr auch alles an. Sie fühlte sich dadurch schutzlos und ausgeliefert. Auf die Frage, ob sie als Kind Geheimnisse gehabt habe, Dinge für sich habe behalten können, erzählte sie: »Meine Mutter hat mich immer kontrolliert. Ich war ja ihr einziges Kind. Sie sagte mir, ich solle nie versuchen zu lügen, sie würde es mir sogleich ansehen – und so war es auch. Überall kam sie herein, auch wenn ich protestierte: ins Badezimmer, ins WC, in mein eigenes Zimmer. Als Mutter habe sie das Recht zu wissen, was ihre Tochter mache, sagte sie. Zudem konnte sie vom Balkon aus in mein Zimmer sehen. Sie beobachtete, ob ich schön spiele, später, ob ich meine Aufgaben mache und kam herein, wann immer ich nur einen Augenblick innehielt. Wenn ich bei Tisch in Gedanken versunken war, fuhr sie mich an: ›Was machst du auch für ein Gesicht! Was denkst du? Was ist mit dir?‹ Sie hörte meine Telefone ab, las mein Tagebuch und meine Briefe – ich konnte mich nicht dagegen wehren. Ging ich schlafen, kam sie mehrmals wieder ins Zimmer, um mich zu kontrollieren.« Diese junge Frau saß mit ängstlichem Ausdruck vor mir, die Brust zwischen den schmalen hochgezogenen Schultern einfallen lassend. Als ich sie bat, sich langsam etwas aufzurichten und die Schultern sinken zu lassen, schaute sie mich erschreckt an und zog sich ganz zusammen: »So bin ich noch mehr ausgeliefert«, sagte sie. Sie hatte das Gefühl, zwischen innen und außen gebe es überhaupt keine Grenze. Nur mit hochgezogenen Schultern, zwischen denen sie den Brustbereich nach innen zog, fühlte sie sich etwas sicherer. »Ich kann nicht offen sein«, klagte sie, »und dennoch bin ich ungeschützt.« Damit kam ihr Dilemma zutage. »Du brauchst nicht einfach offen zu sein, du darfst dich schützen. Schutz ist wichtig für uns alle«, antwortete ich ihr. Sie sah mich erstaunt an. »Wir wollen sehen, wie du dich aufrichten und schützen kannst.« Es brauchte sehr lange, bis sie es wieder wagte, sich langsam aufzurichten.

»Geh bis an die Schwelle, wo du dich als ungeschützt erlebst«, schlug ich ihr vor. Als sie die Schultern zögernd senkte, sagte sie: »Jetzt.« Ich bat sie nun, ihren Brustkorb etwas anzuspannen. Sie konnte es nur mit Mühe tun, blieb aber eine Weile so. »Darf ich das?« fragte sie, »ich habe wie einen Schild vor der Brust.« Ich nickte. Sie versuchte es noch einige Male. Die folgenden Stunden übten wir weiter. Immer wieder kamen ihre Ängste zum Vorschein. Körperübungen waren darauf ausgerichtet, ihren Brustraum zu weiten und ihn gleichzeitig anzuspannen, ebenso den Beckenraum. Ich ließ ihr auch die Wahl, ob sie mir mitteilen wolle, was sie erlebt hatte. »Bist du mir nicht böse, wenn ich dir etwas verschweige?« – »Nein, es ist dein Recht, und ich respektiere dein Schweigen. Deine Erfahrungen gehören dir. Du kannst entscheiden, was du mir mitteilen willst!« antwortete ich. Es brauchte Zeit, bis sie überhaupt herausfand, was sie für sich behalten wollte. Eines Tages, als die Frau aufgerichtet vor mir saß, sagte sie unvermittelt: »Ich spüre plötzlich, daß ich in mir drin, in der Brust einen Raum habe. Er ist weit und warm und bewegt sich. Wie ein Zittern. Es ist, als fließe da eine Welle hindurch.« Sie begann also, ihren eigenen Innenraum als einen bewegten und lebendigen Raum zu spüren. Die Erfahrung wurde immer deutlicher und intensiver. Gleichzeitig begann die Frau, ein eigenes Gefühl dafür zu entwickeln, was sie nach außen geben und drin behalten wollte. »Am Anfang war es nur so etwas wie Trotz. Ich wollte einfach etwas behalten. Jetzt spüre ich besser, *was* ich behalten und was ich mitteilen will!« sagte sie mir lächelnd. So lernte sie, sich zu schützen, wenn sie es brauchte, drin zu halten, was sie als ihr Eigenstes erlebte und weicher zu werden, Inneres mitzuteilen, wenn sie sich aufgehoben fühlte. Zum ersten Mal erlebte sie so Qualitäten wie Vertrauen und Innigkeit. »Meine innere Welt ist ganz tief«, sagte sie einmal, »so tief, wie ich mir nie hätte träumen lassen. Und vieles davon spüre ich erst, wenn ich mit Menschen bin, die ich gern habe. Und ich kann auch viel Tieferes von mir sagen – wenn ich will.« Dabei lachte sie verschmitzt.

Was diese Frau in der Therapie erlebte, lernen Kinder, wenn sie in diesem Lernprozeß unterstützt werden. Sie können aufgerichtet sein und langsam genügend Spannung bilden, um ein Gefäß für ihre innere Welt zu haben, um ein Geheimnis leibhaft zu halten. Das ist zunächst gar nicht so einfach. Dazu fällt mir folgende Szene ein: Mein kleiner Sohn kam zu mir und sagte: »Ich habe ein Geheimnis.« Nach einer Weile: »Willst du es wissen?« – »Ich muß es nicht wissen, du darfst es für dich behalten.« Ich sah, wie schwer es ihm fiel, aber er ging wieder weg und kam nach einer Weile zurück. »Willst du es wirklich nicht wissen? Bist du nicht neugierig?« – »Doch, es muß etwas Wichtiges sein. Aber ich finde es schön, daß du allein darum weißt.« Ich sah, wie er kämpfte. Dann konnte er nicht mehr an sich halten. »Ich sage es dir, aber du mußt es gleich wieder vergessen!« Die Erregung war also zu mächtig geworden, sein kleiner Organismus konnte sie nicht mehr halten. Er mußte sie loswerden. Dabei ging es nicht darum, daß er sein Geheimnis mir wirklich mitteilen wollte, er hielt es einfach nicht mehr aus und fand eine Lösung, bei der er seine Erregung loswerden und das Geheimnis doch wahren konnte. *Ich* mußte ihm den Konflikt abnehmen. Es ging nämlich um ein Geschenk, das er für mich gebastelt hatte und eine solch stolze Freude darüber empfand, daß er sie ausdrücken *mußte*, das Geheimnis aber bis zu meinem Geburtstag wahren wollte. Da wurde mir erstmals ganz deutlich, was für ein Abenteuer es ist zu lernen, wie man etwas für sich behält, und sei es auch nur für kurze Zeit.

Es gibt viele Möglichkeiten, wie Kinder lernen und üben, etwas für sich zu behalten und etwas anzuvertrauen. Geheimnisse werden der Mutter ins Ohr geflüstert, der Bruder/die Schwester darf es nicht wissen, der Vater wird beiseite gezogen, die Kinder haben ein Geheimnis miteinander. In dem Maß, wie sich der Sinn für die eigene innere Welt und für Geheimnisse ausbildet, wächst das Gefühl dafür, daß Mitteilen auch ein Geschenk darstellt. »Ich vertraue es nur dir allein an«, ist ein Vertrauensbeweis, dessen Mißbrauch verletzt. Freilich entsteht auch ein Machtgefühl: »Ich sage mein Geheimnis, wem *ich* will – dir nicht!« Doch das Entscheidende ist, daß von der Reaktion der Eltern abhängt, ob das Kind in seinem Empfinden, seine innere Welt sei wichtig und kostbar, bestätigt und unterstützt wird. Dies bedeutet einerseits, das kindliche Geheimnis, anderseits das Mitgeteilte zu respektieren und es nicht weiterzusagen. Wir mögen die kindlichen anvertrauten Dinge geringfügig finden – Kinder können jedoch tief gekränkt sein, wenn sie etwa hören, wie Eltern etwas einem Verwandten, im Freundeskreis oder einer Nachbarin erzählen, mag auch noch so viel Wohlwollen dahinter stecken.

Es gibt tiefe Erfahrungen und Gefühle, die Kinder – vor allem, wenn sie etwas älter werden – nicht mehr ohne weiteres ausdrücken können. Sie brauchen einen intimen, geborgenen Raum, um mit dieser Ebene in sich in Kontakt zu kommen, um sie zu spüren und Worte für sie zu finden. Zuneigung und Liebe kann noch einmal inniger ausgedrückt werden, Erlebnisse tauchen auf, was das Kind vielleicht bedrückt hat, findet zur Sprache, Nöte, Schwierigkeiten werden bewußt. Und auch tiefe Erkenntnisse finden in ihrer kindlichen Form Ausdruck. So lernen Kinder, wie verschieden Zusammensein gestaltet werden kann, erfah-

251

ren, was Intimität, innige Vertrautheit bedeutet, und werden fähig, sie selber zu formen. Sie kommt zustande, wenn die alltäglichen Muster, mit denen wir uns schützen, sich verringern oder sich auflösen dürfen und durch die geborgene Atmosphäre die Verbindung zu den tiefsten inneren Schichten möglich wird.[7] So entsteht eine Durchlässigkeit, in der es einfach ist, sich von innen nach außen zum anderen vertrauten Menschen hin zu bewegen und sich auch wieder zurückzunehmen.

Übergänge mit Hilfe von Ritualen gestalten

Mit allem, was ein Kind lernt und tut, übt es seine Formen des In-der-Welt-Seins ein. Traditionelle Gesellschaften haben Strukturen – gerade in der Form von Ritualen – angeboten, um daran jene Formen auszubilden, die jedes Individuum für das Leben in der Gemeinschaft an seinem Platz brauchte. Heute gibt es nur noch wenige allgemein verbindliche Rituale. Und doch dienen sie gerade in der kindlichen Entwicklung dem unmittelbaren Lernprozeß. Sie bilden einen Bezugsrahmen, der dem Kind Halt zu geben vermag. Die stete und zuverlässige Wiederholung vieler dieser Rituale gibt Sicherheit, Vertrauen und damit wiederum die Möglichkeit leibhaften Einübens. Es sind jedoch vor allem die Eltern, denen es überlassen und anheim gestellt ist, alte Rituale zu übernehmen, umzugestalten oder neue zu erfinden.

Ich möchte die leibhaft unterstützende Qualität von Ritualen anhand der Gestaltung von Übergängen zeigen, die wir alle in unserem Alltag immer wieder erleben – Übergänge von Handeln zu Nichthandeln, von Erregung zur Ruhe, vom Tag zur Nacht, die Gestaltung von Abschied und Begrüßung, ›große‹ Übergänge von einem Lebensabschnitt zum nächsten.[8]

Wer kennt nicht jene Szenen vor dem Schlafengehen, wo Kinder in der Wohnung herumrennen, ihren Bewegungsdrang nochmals ausleben und ihre Müdigkeit überhaupt nicht spüren. Irgendwann kommt der Befehl: »So, jetzt aber ab ins Bett!« Von Nichtbeachtung bis zu Protest und Streit reicht die ganze Skala der Reaktionen. Die Kinder sind überdreht, die Eltern in ihrer Sehnsucht nach dem Feierabend gefangen. Nicht nur das Prinzip der beweglichen Grenze kann hier hilfreich sein, sondern das Angebot von Ritualen, die dem Kind helfen, zur Ruhe zu finden. Zu ihnen gehören gemeinsame Gespräche oder Spiele vor dem Zubettgehen, Baden und Massieren und schließlich Singen, Geschichtenerzählen vor dem Einschlafen. Die Rituale können sich hier auf drei Phasen beziehen: die Zeit vor dem Zubettgehen, das Zubettgehen und die Zeit vor dem Einschlafen. Sie können schon im Babyalter eingeführt und je nach Alter der Kinder variiert werden. Dabei kommt es nicht nur auf die Kinder, sondern ebenso auf die Eigenart der Eltern an. Es spielt auch keine Rolle, wenn die entsprechenden Bezugspersonen unterschiedliche Rituale anbieten.

Als meine Kinder noch sehr klein waren, rieb ich sie oft nach dem Baden mit Öl ein und massierte sie. Dann löschte ich das Licht und legte mich aufs Bett, in jeden Arm kuschelte sich ein Kind. Ich sang ihnen leise die vielen Abendlieder, die ich kannte, summte sie dann, bis die Kinder eingeschlafen waren. Dann legte ich sie in ihre Bettchen oder ließ sie bei mir schlafen. Später wollten sie im Dunkeln, bei mir liegend, selbsterfundene Geschichten hören oder selber welche erfinden. Jahrelang blieb ich bei ihnen, bis sie eingeschlafen waren. Dann kamen Geschichten aus Büchern zum Zug, und ich blieb noch etwas im Zimmer, nachdem ich das Licht gelöscht hatte. Allmählich lernten die Kinder, ohne mich einzuschlafen. Dabei gab es immer wieder schwierige Phasen, in denen sie mehr brauchten. Schließlich wechselten Geschichten mit Gesprächen über Probleme des Tages, Fragen des Lebens, und so ist es noch heute. Meist konnte ich sehen und spüren, wie die Kinder ihre Spannungen mit Hilfe dieser Rituale zu lösen begannen, doch auch mir halfen sie zur Ruhe zu kommen; und im Wechselspiel, im leibhaften Dialog mit den Kindern entstand eine Atmosphäre der Geborgenheit und Nähe. Gleichzeitig sind diese abendlichen Rituale auch eine Hilfe, den Übergang vom ›Tagesleben‹ zur ›Nachtexistenz‹ zu finden. Das ist mehr als nur ›Einschlafen‹. Es ist eine Zeit, in der wir – nicht zuletzt durch Träume – einen Zugang zu den tieferen Schichten in uns bekommen. Je nach Temperament fällt es Kindern leichter oder schwerer, diesen Übergang zu finden. Die unterstützenden Rituale sind von Eigenart und Bedürfnissen der Eltern und Kinder abhängig und entwickeln sich oft aus den jeweiligen Gegebenheiten.

Andere Rituale stehen im Zusammenhang mit Abschiednehmen und Wiedersehen. Auch hier sind das Alter und die Eigenart der Kinder sehr wichtig. Gerade für kleine Kinder ist es oft schwierig, sich von vertrauten Menschen – vor allem von den Eltern – zu trennen. Abschied ist ebenfalls ein leibhafter Dialog, der viel damit zu tun hat, wie Eltern selbst gelernt haben, mit Abschied umzugehen.

Eine Mutter, die ihren Sohn mit vier Jahren in einen Kindergarten gab, hatte auch nach der Eingewöhnungszeit große Mühe, ihn dort zu lassen, obwohl er gern mit den Kindern spielte. Nur der Abschied gestaltete sich stets sehr schwierig. Der Kleine weinte, und die Mutter ging immer wieder zu ihm zurück, nahm ihn in die Arme, riß sich dann ungeduldig los und konnte doch nicht weggehen. Als ich die Frau ihre typische Haltung darstellen ließ, streckte sie die Arme mit einer hilflosen Geste nach dem Kind aus, fiel dabei in sich zusammen und sah selbst aus wie ein Kind. Beim Losreißen vom Sohn hingegen versteifte sie sich und machte sich hart, um wenig später wieder in die vorige Haltung zurückzufallen. Es stellte sich heraus, daß sie als Kind oft im Kinderheim gewesen war und sehr unter den langen Trennungszeiten gelitten hatte. »Ich sehe mich noch dastehen, meine Hände nach der Mutter ausstrecken, die sich einfach abrupt umdrehte und wegging.« In der Szene mit ihrem Sohn waren beide abwechselnd präsent – das verlassene Mädchen, das sie war und die eigene Mutter. Aus diesem Konflikt heraus konnte sie mit der Kindergartensituation nicht umgehen und war unsicher, ob sie den Sohn nicht überfordere. Als sie ihre eigenen Trennungsszenen etwas verarbeitet hatte, gelang es ihr, die zugehörigen Muster langsam aufzulösen. Bei einem erneuten Abschied von ihrem kleinen Sohn konnte sie als erwachsene Frau auf ihn zugehen, ihn in die Arme nehmen, ihm etwas Zeit lassen und dann gehen. Dabei blies sie ihm von der Hand Küsse zu – und dies wurde zu einem lustigen und spielerisch-innigen Ritual, das das Weggehen überbrückte. So konnte sie mit dem Kind Trennung langsam einüben und genau spüren, was es zu bewältigen vermochte, und wo es überfordert war.

Die Arbeit mit dieser Frau erinnerte mich an meine eigenen Rituale – an das Duett von »Ciao – ciao…«, bis ich außer Hörweite war, oder daran, daß ich meinen Kindern jeweils Küßlein in die Handinnenfläche gab, sie die Hand schließen mußten, damit die Küßlein drin blieben und sie eine ›Ration‹ für die Zeit meiner Abwesenheit hatten. Manchmal mußte ich auch noch Kuscheltiere ›vollküssen‹…

Auf eine andere, weniger spielerische Weise, löste eine andere Frau das Problem: »Die Kleine weinte jeweils bei meinem Weggehen am Morgen in der Krippe. Da war sie noch nicht zwei Jahre. Es lag wohl auch an mir, ich wäre lieber zu Hause geblieben. Ich wußte, daß sie bald nach meinem Weggehen aufhörte zu weinen und interessiert am Geschehen um sie herum teilnahm. Man sagte mir, sie werde sich daran gewöhnen und nicht mehr weinen, wenn ich weggehe. Aber das wollte ich gar nicht, nicht in diesem Alter. Ich drehte die Sache für mich innerlich um, indem ich mir sagte, sie wird sich darauf verlassen lernen, daß ich ganz regelmäßig wiederkomme. Und das tat ich. Außer bei der Beerdigung meiner Großmama bin ich jeden Tag nach der Arbeit am frühen Nachmittag sie abholen gegangen. Allerdings blieb der Tag wie entzweigerissen für beide. Später dann, wenn sie in die Ferien oder in ein Lager ging, weinte sie am Vorabend – bis sie etwa zwölf war – aber sie konnte schon als kleines Mädchen gleichzeitig sagen: »Weißt du, ich bin vor Heimweh traurig und will weinen, aber ich habe trotzdem Lust, in die Ferien gehen.«

Abschiedsrituale helfen einerseits, den Übergang zur Trennung zu gestalten, als Mutter oder Vater eine Form zu finden, an der sich das Kind orientieren kann und gleichzeitig auf seine Möglichkeiten des Abschiednehmens einzugehen. Anderseits können Rituale bei der Überbrückung während der Trennung helfen, indem sie die innere Vergegenwärtigung der abwesenden Person erleichtern und unterstützen. Wenn ich einmal über Nacht weg war – das Schwierigste für kleine Kinder – nähte ich ihnen ein kleines Täschlein mit einem Stoffherz drin, das sie um den Hals hängen konnten. Auch dieses Herz enthielt Küsse und mein Parfum. Später hinterließ ich einen Guten-Morgen-Brief mit Zeichnungen. Auch selbsterfundene Geschichten zu Abschied und Wiedersehen können in diesem Prozeß helfen.

Wie der Abschied, so ist auch das Wiedersehen und die Begrüßung eine verkörperte Form und ein Übergang, der als solcher gestaltet und eingeübt werden muß. Da kann man sehen, wie kleine Kinder jubelnd in die weit geöffneten Arme ihrer Eltern laufen, aufgefangen und hochgehoben werden. So stellen wir es uns meist vor. Doch kann es auch ganz anders sein, vor allem nach einer längeren Trennung. Da kommt eine Mutter vielleicht erwartungsvoll zur Türe herein, und das Kind tut nichts dergleichen. Es läßt sich Zeit. Die Mutter ist enttäuscht, wendet sich ab oder herrscht ihr Kind an. Doch die Mutter hat sich vielleicht innerlich lange vorbereitet, auf der Fahrt schon gefreut, während das Kind vom Erscheinen der Mutter überrascht ist, sich erst einstellen muß. Wenn man Kindern vorher sagt, daß jetzt dann Mutter oder Vater kommen, können sie sich mit ihrer ganzen Haltung darauf vorbereiten. Doch auch dann braucht es manchmal ein Ritual sorgfältiger Annäherung. Eine Frau erzählte mir dazu: »Als ich etwa fünf Jahre alt war, mußte meine Mutter für drei Wochen ins Krankenhaus, und ich kam zu Onkel und Tante aufs Land. Ich war dort nicht unglücklich, aber etwas in mir zog sich zusammen. Dann hieß es, meine Mutter würde mich abholen kommen, aber ich spürte keine Freude, es war einfach unwirklich. As sie dann vor mir stand, war sie mir zuerst

wie eine fremde Frau, vor der ich zurückschreckte. Sie wollte mich küssen, aber ich war wie erstarrt. Ich ging meine Spielsachen zusammenpacken und fühlte mich dabei wie ein aufgezogenes Spielzeug, das automatisch seine Tätigkeiten verrichtet. Als ich herunterkam, hörte ich, wie mein Onkel sagte: »Sie braucht doch einfach Zeit, um sich wieder an dich zu gewöhnen.« Ich spürte, daß er recht hatte. Und plötzlich kam eine Wut in mir hoch. Warum war meine Mutter bloß so lange krank gewesen? Ich knallte meinen kleinen Rucksack in die Stube und rannte wieder hinaus, warf Holzscheite in der Gegend herum. Dann ging ich mit meiner Mutter weg. Sie drang nicht in mich, las mir im Zug eine Geschichte vor. Ich tat, als sei mir alles gleich, hörte aber dennoch zu. Zu Hause begrüßte ich auch meinen Vater kaum und ging in mein Zimmer. Am Abend blieb meine Mutter an meinem Bett sitzen, als das Licht schon gelöscht war. Sie legte sanft ihre Hand auf meinen Arm. Da löste sich endlich der Krampf in mir, und ich begann zu weinen. Meine Mutter nahm mich in ihre Arme und nach der Wut und dem Schmerz kam auch die Freude… Noch heute bin ich meiner Mutter dankbar, daß sie mir Zeit gelassen hat. Ich kann die Stufen des Wiedersehens wahrnehmen und auch bei meinen Kindern akzeptieren.« Verstehen, was in Kindern beim Wiedersehen passieren kann, ist die Basis auch für mögliche Begrüßungsrituale, die wiederum nur der persönlichen Beziehung entspringen können. So erzählte mir dieselbe Frau: »Mein Mann und ich haben das folgende kleine Ritual ersonnen: Wenn wir nach Hause kommen und die Kinder uns nicht einfach entgegenrennen, fragen wir: ›Ist dein Häuschen offen? Darf ich eintreten?‹ Manchmal sagen sie ja, und dann gehen wir zu ihnen, lassen uns die imaginäre Tür aufmachen. Ansonsten warten wir, fragen wieder nach, bis sie uns gestatten einzutreten. Dadurch haben sie es mit in der Hand, Distanz und Annäherung zu bestimmen und fühlen sich weniger an unsere Willkür ausgeliefert.«
Rituale für Kinder zu erfinden, braucht Einfühlungsvermögen und Phantasie. Doch Kinder geben auch Zeichen, aus denen Rituale entwickelt werden können. Schließlich haben sie auch eigene Ideen für Rituale, mit denen sie sich holen können, was sie brauchen. So zeigen sie etwa, wie sie getröstet werden wollen, die Möglichkeit finden, ihre Gefühle auszudrücken, sich versöhnen können. Wenn meine Tochter und ich Streit hatten und ich noch nicht in friedlicher Stimmung war, brachte sie mir ihren Teddybären. Ich mußte ihn in den Arm nehmen und streicheln. So half sie mir und sich selber, einen Übergang zu finden und zeigte mir gleichzeitig, daß es nicht nur die große, kämp-

fende Tochter gab, die sich mir entgegenstellte, sondern auch die kleine, die sich wieder nach Geborgenheit sehnte. Meine Tochter bildete auch ein Ritual, mit dem sie sich Willkommen und Begrüßung von mir holte: Sie kroch unter die Bettdecke und sagte mir, ich müsse sie ganz lieb hervorholen. Ganz langsam zog ich die Decke zurück, zeigte meine Überraschung, daß da Haare und dann ein winziges Mädchen zum Vorschein kam, bewunderte und liebkoste es.

Es gibt viele weitere Übergangsrituale. Zu ihnen gehört etwa der Geburtstag, gehören Eintritt in Kindergarten und Schule und individuelle Übergänge. Einige der Rituale vollziehen Kinder für sich allein, andere mit ihren Eltern, ihrer Familie zusammen oder in einer größeren Gemeinschaft. Wir haben heute nicht mehr viele Gemeinschaftsrituale, vor allem wenige, mit denen Kinder sich in übergreifende und überpersönliche Rhythmen einüben können, wie sie Feste im Zusammenhang mit der Natur oder religiöse Feste darstellen. Sie können jedoch Kinder darin unterstützen, sich in einem Ganzen – in der Gemeinschaft und im größeren Ganzen der Welt und des Lebens – ›drin‹ zu fühlen. Wir können heute die formbildende Aufgabe nicht mehr nur an Rituale und gesellschaftliche, kulturelle Strukturen des Zusammenlebens delegieren, haben jedoch die Möglichkeit, sie als unterstützende Möglichkeiten wahrzunehmen und einzubeziehen.

Spiel als Existenzform der Kinder

Wir sind eine Arbeits-Freizeitgesellschaft geworden. Arbeit hat den Charakter von leistendem, ziel- und ergebnisorientiertem Tun – ›es muß etwas herausschauen‹ – Freizeit bedeutet dagegen genießen und ›etwas erleben‹. Es gibt – und vielmehr gab – jedoch Kulturen, die diesen Unterschied nicht kennen.[9]

Wenn wir hingegen vom Spiel der Kinder sprechen, meinen wir damit, daß es kein Ergebnis bringt oder positiv ausgedrückt: daß es ›zweckfrei‹ ist. Doch dies ist gar nicht das eigentliche Kriterium. Wenn Kinder spielen, üben sie damit all ihre motorischen, emotionalen und geistigen Fähigkeiten, je nach Altersstufe ein. Das ist der Zweck des kindlichen Spiels, und insofern ist es niemals das, wofür wir es halten mögen, also weder Erholung noch Genuß – was nur auf dem Hintergrund unserer Arbeitsgesellschaft als Wert erscheint. Doch was uns wohl unbewußt anspricht und anrührt, ist die ›Einheit von Tun und Erleben‹.[10] Dies wird dann besonders deutlich, wenn kleinere Kinder bei einer Arbeit mithelfen sollen. Da verwandelt sich die Szenerie plötzlich. Gegenstände werden umfunktioniert, Handlungen in Geschichten eingebaut, den einzelnen Dingen Töne entlockt. So sehe ich meine beiden damals noch kleinen Kinder vor mir, wie sie in den Ferien die nasse Wäsche auf der Veranda aufhängen. Nochmals wird sie ausgewrungen, in der Luft geschleudert wie ein Propeller, bis beide Kinder klitschnaß sind. Sie quitschen vor Freude und sehen mit Vergnügen den Wasserbächlein nach, die in kleine Rinnsale sich verzweigend, schließlich über den Balkon tropfen. Statt über dem Wäscheständer hängt die bunte Wäsche schließlich überall – auf Stühlen, am Geländer, an Nägeln… »Wie bei einem Fest«, meint mein kleiner Sohn schließlich begeistert. – Die Kinder organisieren ihre Arbeit so, daß sie mitten drin sind und ihr Tun aus sich selbst erschaffen, auch wenn sie damit gleichzeitig erwachsene Handlungsabläufe imitieren. Sie folgen Gesetzmäßigkeiten, die nicht von rationellen Gesichtspunkten geleitet sind, sondern von Möglichkeiten, die sich aus den Tätigkeiten entwickeln lassen sowie von den Phänomenen, die mit ihnen verbunden sind. In unserem Beispiel ist es etwa das Wasser, sind es die Farben der Wäsche, die Möglichkeit, dabei sinnliche Aspekte auszuleben, der Eigendynamik von Bewegungen zu folgen, indem man sich von der auszuschwingenden Wäsche rundum drehen läßt oder die skurrile Form eines ausgewrungenen Wäschestücks belacht und zu einer Schlange oder einem Kobold macht und den dekorativen Aspekt des Wäscheaufhängens entdeckt. Die Aussage, daß hier die Arbeit zum Spiel werde, ist irreführend. Vielmehr ist die Aufmerksamkeit jüngerer Kinder wesentlich breiter, allen möglichen Erscheinungsformen zugewandt, weniger focussiert auf die lineare Strukturierung eines Ablaufs. Der heutige künstlerische Umgang mit den Phänomenen unserer Alltagswelt bringt vieles von diesen Qualitäten wieder zutage.

So leben Kinder – mindestens vor dem Schuleintritt – eine Ganzheitlichkeit von lebendigem Drinsein in dem, was sie tun, das, was wir Erwachsenen eigentlich nur als Zusammenfügen von für uns schon getrennten Aspekten verstehen können. Im Kontakt mit den eigenen Spiel-Erfahrungen, die wir als Kinder gemacht haben, mögen wir wieder in Kontakt kommen mit der Existenzform des Spielens, vielleicht auch mit schmerzlichen Kindheitserfahrungen, die unsere Haltung dem kindlichen Spiel gegenüber – oft unbewußt – mitbestimmen, seien dies Muster des Abwehrens, Eingreifens, des Fixierens auf Nützlichkeit und Leistung. Da auch das leibhafte Muster sind, können wir ihnen nachspüren und an ihrer Milderung arbeiten.

Oft ist es Eltern auch nicht mehr deutlich bewußt, daß es verschiedene Qualitäten von Aufmerksamkeit gibt, weil wir gelernt haben, Aufmerksamkeit mit Konzentration gleichzusetzen. Zunächst lernen Kinder überhaupt, was es bedeutet, aufmerksam zu sein. Leicht lassen sie sich von ihren Impulsen, von Erscheinungen lenken und beeindrucken. Und doch ist Konzentration nur das eine Ende des Spektrums, das andere ist die breite, nicht focussierte Aufmerksamkeit, die nichts mit Zerstreutheit zu tun hat, sondern eine andere Art von Da-Sein ist, die die vielen Dimensionen alles Erscheinenden aufnimmt und sich von ihnen inspirieren läßt. Wenn wir selber mit diesem Spektrum zu experimentieren beginnen, wird uns vielleicht nachvollziehbar, daß wir auch unsere ganze leibhafte Haltung, je nach der Art unserer Aufmerksamkeit verändern. Dann mag es leichter fallen, im Kind die verschiedenen Möglichkeiten zu unterstützen und zu fördern.

Das Spiel der Kinder zeigt noch eine weitere Qualität, die ebenfalls zu diesem Spektrum gehört: das Vertieftsein ins eigene Tun. Werden Kinder gerufen, unterbrochen oder gerügt, schrecken sie auf und werden jäh aus ihrer Versunkenheit herausgerissen, in der sie ganz bei sich und ganz bei ihrem Tun waren. Es ist dies in Wirklichkeit Meditation, im Tun oder im Betrachten, und eine völlig andere Qualität als die angespannte Konzentration vieler Erwachsener. Kinder brauchen Raum, um sich in ihr Tun versenken und wieder auftauchen, zurückkehren zu können. Eine mögliche Botschaft ist: »Hör sofort auf, wir müssen gehen«, eine andere: »Es ist jetzt Zeit zum Gehen. Bist du bald fertig?«

Eine junge Studentin kam zu mir, weil sie Mühe hatte, sich auf ihre Arbeit zu konzentrieren. Sie schilderte den Ablauf so: »Ich setze mich hin, um zu arbeiten. Kaum habe ich begonnen und mich ein wenig vertieft, fahre ich wieder hoch, weil mir in den Sinn kommt, daß ich etwas anderes nicht erledigt habe. Oder ich schrecke auf und meine, jemand komme zur Türe herein.« Als ich sie bat, ihre Haltung bei der Arbeit einzunehmen, bemerkte sie nach einer Weile: »Tief in mir bleibt eine Spannung bestehen, als sage mein Körper ständig: Achtung, sei auf der Hut! Die Spannung verstärkt sich ständig, bis ich aufstehen muß.« Bei der Arbeit mit dieser tiefen latenten Spannung tauchte die Kindheitssituation wieder auf: »Kaum hatte ich mit Spielen angefangen, wurde ich unterbrochen. Eines meiner Geschwister tauchte auf und nahm mir meine Spielsachen weg. Da ich die Jüngste war, fanden sowieso alle blöd, was ich machte. Oder meine Mutter kam, rüttelte mich und sagte: ›Hast du nicht gehört, wir müssen sofort gehen, komm

endlich!‹ Mein Vater hatte schon gar keine Geduld. Seinetwegen mußte alles aufgeräumt sein, bevor er nach Hause kam, sonst fuhr er uns
an, wir sollten ihm sofort Platz machen. Er ließ diese hektische, ner-
vöse, gestreßte Atmosphäre entstehen. Ständig mußte man darauf gefaßt sein, unterbrochen zu werden.« Die junge Frau erkannte den
Zusammenhang zwischen ihrer Familienatmosphäre und ihrer Arbeits-
störung, aber es brauchte Zeit, bis sie ihr inneres ständiges Angespannt-
sein auflösen konnte. Als es ihr erstmals wirklich gelang, sagte sie:
»Ich hatte den Eindruck, tief innen in meinem Körper ganz sanft nach
unten zu sinken in meine Eingeweide hinein, ohne aber von der Haltung her zusammenzusacken. Gleichzeitig streckten sich mein Rücken
und Nacken ein wenig. Ich war versunken und gleichzeitig ganz wach.
Und ich hatte keinen Impuls hochzufahren.« Was diese Frau zum
Ausdruck brachte, ist die Form für jene ›versunkene Aufmerksamkeit‹,
der wir bei Kindern so oft begegnen. Gehen die Erwachsenen nicht
sorgsam mit ihr um, lernen Kinder oft erst gar nicht, sich zu vertiefen,
sondern bilden Abbruchmuster heraus wie diese Studentin oder sie
versinken vielleicht unbemerkt in einer Traumwelt, wo niemand sie
erreichen kann.

Nur wenn wir uns als Eltern des Spektrums von focussierter zu nicht-
focussierender, breiter Aufmerksamkeit und von Oberflächenkonzen-
tration zu Vertiefung, Hingabe und Versunkenheit bewußt sind, können wir den formenden Prozeß des Kindes in diesem Bereich unterstützen. Dabei kommen wir nicht nur mit unseren eigenen, in der
Kindheit erlernten Mustern in Kontakt, sondern ebenso mit den Mustern des Erwachsenenlebens in der Gesellschaft, in der wir leben. Der
Kontakt mit spielenden Kindern kann hier auch für uns selbst nochmals
zu einem Lernprozeß werden. Immer wieder bin ich selbst mit meiner
Ungeduld, meinem Anspruch auf möglichst störungsfreie Abläufe
konfrontiert. Mühsam mußte ich lernen, daß meine Kinder nicht einfach ›umschalten‹ können, daß sie Zeit brauchen, um aus ihren Spielen
›aufzutauchen‹ und ich sie darin unterstützen muß, und daß ihre Wich-
tigkeiten nicht die meinen zu sein brauchen. Wenn sie nicht sofort auf
mein Geheiß mit Spielen aufhören, sind sie nicht gegen mich, sondern
für ihr Spiel und in ihm. Die Kategorie Gehorsam-Ungehorsam taugt
hier nicht. Strukturierende Hilfe ist etwas anderes als Gehorsam, ist
eine schwingende Membran zwischen der Realität meines Kindes und
meiner eigenen.

Die Eigenart des kindlichen Spiels hängt auch damit zusammen, wie
Kinder Erfahrungen aufnehmen und die Welt verstehen. Einen wich-

tigen Aspekt bezeichnet man als Tendenz zum ›Anthropomorphismus‹, zur Vermenschlichung. So ist etwa das Haus traurig, weil es jetzt allein bleiben muß, die Tischkante böse, weil das Kind seinen Kopf an ihr angeschlagen hat. Die übliche Erklärungsmöglichkeit ist, daß das Kind emotional nicht zwischen ›belebt‹ und ›unbelebt‹ unterscheiden kann. Man könnte statt dessen sagen, daß für ein kleines Kind noch alles, was ist, eine lebendige, emotional durchwirkte Einheit bildet und der Übergang von innen nach außen ein fließender ist. Ich erinnere mich an ein Gespräch mit meiner zweieinhalbjährigen Tochter. Wir gingen am Abend spazieren. Die Sonne stand als roter Ball am Himmel. Wölkchen umgaben sie rosarot, bildeten einen leichten Schleier über sie. »Warum ist die Sonne so rot?« fragte sie. »Sie hat einen roten Schleier angezogen«, antwortete ich. »So wie mein Nachthemd?« – »Ungefähr so.« – »Geht sie jetzt schlafen?« – »Ja, sie geht schlafen.« – »Ist sie müde?« – »Sie hat den ganzen Tag geleuchtet, jetzt möchte sie ausruhen.« – »Kommt sie wieder?« – »Gewiß kommt sie wieder. Du gehst auch bald schlafen, und wenn du aufwachst, ist sie auch wieder da.« – »Hat sie auch ein Bettchen?« – »Ja, ein ganz weiches aus lauter Wolken.« – »Und die Mama deckt sie zu?« – » Sie deckt sich selber zu, aber der Mond und die Sterne singen ihr ein Lied, wenn es Nacht wird.« – »Gut, dann ist sie nicht ganz allein.« Meine Tochter war zufrieden – die Welt war in Ordnung, die Sonne aufgehoben wie sie selbst. Und sie würde wiederkommen. Es ist wichtig zu spüren, was Kinder mit ihren Fragen wirklich wissen möchten. Auf jeden Fall möchten kleine Kinder alle Dinge an die ihnen bekannten Abläufe, Bedürfnisse und Beziehungszusammenhänge anschließen. Sie können vor allem die Ausrichtung auf einen Zweck verstehen... Wenn mich ein kleines Kind fragt, warum es regnet, kann ich ihm keine rationale Deutung geben, sondern etwa antworten: »Es regnet, damit die Bäume, Sträucher und Blumen zu trinken haben.« Als mein Sohn mit fünf Jahren wissen wollte, warum Bäume wachsen, grub ich sorgfältig ein Pflänzlein aus und zeigte ihm die feinen Würzelchen. »Alle Pflanzen haben solche Wurzeln, die Bäume ganz große und dicke, die graben sie tief in die Erde und halten sich fest.« – »Sind das die Füße der Bäume?« – »Ja, genau, nur gehen Bäume ja nicht. Sie bleiben ihr Leben lang stehen. Und mit diesen Wurzeln saugen sie das Wasser aus der Erde, damit sie wachsen können.« Mein Sohn schaute sich die Wurzeln genau an. »Und dann saugt die Pflanze das Wasser hinauf?« – »Ja, durch den Stengel bis in die Blätter. Siehst du, durch diese feinen Kanäle.« – »Und wenn es regnet, haben sie ganz viel zu trinken?« – »Ja, ohne Regen können die Pflanzen und Bäume nicht leben.« – »Dann soll es jetzt ganz schnell regnen!« – »Die Erde ist noch feucht, schau!« Ich grub ein wenig tiefer, und mein Sohn wühlte in der Erde. Er war zufrieden. »Jetzt mußt du das Pflänzlein wieder in die Erde tun, damit es trinken kann«, meinte er dann. Ich reichte es ihm und half ihm dabei, es wieder einzugraben. Mit meinen Kindern zusammen lernte ich die Natur nochmals neu zu sehen und erfuhr die Intensität, mit der sie alle Dinge in liebevolle Zusammenhänge eingebettet wissen wollten, genauso, wie sie Dinge auch zerpflückten, zerteilten, um zu erfahren, wie sie ›drinnen‹ aussehen.

Da alles Erscheinende von der Einheit alles Existierenden her erfahren wird, sind jene Kräfte, die Veränderungen bewirken, auch nicht lokalisierbar oder begrenzbar. Alles kann in Bewegung kommen, und aus den Dingen können auch beschützende Kräfte herausgerufen werden: »Kommt der Roboter die Treppe herauf?« – »Nein, sicher nicht!« – »Und wenn er doch kommt?« – »Er kommt aber nicht!« – »Aber ich meine, wenn er doch kommt, ist dann mein Krokodil stark genug, ihn wegzujagen?« – »Gewiß, es wird dich beschützen.« – »Was sagt es dann, das Krokodil…«

Diese von der Einheit ausgehende und in diesem Zusammenhang verlebendigende und vermenschlichende Tendenz bleibt lange bestehen, auch wenn das Erfahrungswissen wächst. Das Hin und Her zwischen Sachwissen und magisch ganzheitlichen Be-Deutungen geschieht völlig spontan und selbstverständlich. Diese Ebene ermöglicht es Kindern vor allem, Beziehungserfahrungen auszudrücken: »Gell, die kleine Nicole (Lieblingspuppe) ist lebendig, die anderen nicht.« – »Warum ist sie lebendig, meinst du?« – »Weil ich sie so fest liebhabe.« – Damit bewahren sich Kinder eine tiefe und reiche Ausdrucksform, die vor allem in nahen Beziehungen Vertrautes, Zartes und Inniges zur Sprache bringen kann. Mag diese Ebene auch mit beginnendem Jugendalter für viele Kinder als unzulässig kindlich erscheinen, taucht sie oft – verwandelt in poetische Bilder – in Tagebüchern und Texten Jugendlicher auf oder kommt in nahen Beziehungen als Zurückgreifen auf die Kindheit und als Ausdruck für Beziehung zum Vorschein. Ob sich Erwachsene diese Deutungs- und Erlebensform erhalten, hängt von der je individuellen Entwicklung ab. Eltern haben die Chance, durch die eigenen Kinder wieder mit ihr Kontakt aufzunehmen.

So hat das Spiel auch eine verwandelnde Kraft, läßt die innere Welt sich an magisch ›verzauberten‹ Gegenständen und Räumen manifestieren. Ein Holzschuppen wird zum Schloß, ein Fels zur Burg, eine

Wiese zur weiten Prärie. Gegenstände werden mit immer neuen Bedeutungen aufgeladen. Ein Stuhl läßt sich einmal als Thron, dann als Kutsche, als Webstuhl oder als Rennauto verwenden. Alle Materialien wie Steine, Holz, Sand können Bedeutungen annehmen, die wir nicht einmal erahnen. Damit wird auch die Fähigkeit eingeübt, die innere Welt zu ver-wirklichen und Gegenstände zu Zeichen dieser inneren Welt zu machen, die Dimensionen ineinander übergehen zu lassen.

Kinder brauchen deshalb vor allem Spiel-Räume und Materialien, die sich einsetzen, verwandeln, umfunktionieren lassen, aus denen sie ihre eigene Welt aufbauen können. Je spezifischer und perfekter Spielsachen sind, desto weniger geben sie für die Kreativität kleiner Kinder her. Was sich von alleine bewegt oder nur ganz eingeschränkte Handlungsmöglichkeiten bietet, wird bald langweilig oder – oft zum Entsetzen der Eltern – entfremdet eingesetzt oder auseinandergenommen. Eigentlich ist die Welt der Spielraum von Kindern. Wo dieser Raum schwindet, werden Ersatzräume mit Ersatzgegenständen geschaffen, die oft mehr den Träumen Erwachsener oder deren Absichten nach Profit entspringen als kindlichem Bedürfnis.

Kinder spielen für sich, mit sich, allein, mit Spielsachen und mit anderen Kindern und mit Erwachsenen zusammen. Sie lernen auf diese Weise grundlegende Formen des Zusammenseins, etwa sich durchsetzen und auf andere Rücksicht nehmen, teilen und mit-teilen. Mit der Zeit erwerben sie auch die Fähigkeit, mit Spiel-Regeln umzugehen. Es sind dies zum einen Interaktionsregeln, zum anderen solche, die mit der Eigenart von Spielen zusammenhängen. Warten, bis man an die Reihe kommt, Verlust hinnehmen, nicht mogeln oder in Spielen draußen seine kämpferischen Impulse regulieren – all dies sind leibhafte Aspekte, die allmählich erlernt werden müssen. Wenn wir als Erwachsene den Prozeß im Bereich von Regelspielen als einen notwendigen und für das Kind anspruchsvollen betrachten, bringen wir das nötige Verständnis für die sich ergebenden Schwierigkeiten auf.[11]

Wenn kindliches Spiel auch das Einüben von Fertigkeiten ist und Imitation erlebter Handlungen darstellt, wo leibhafte Möglichkeiten eingeübt werden, beziehen sich diese Aspekte in besonderem Maß auf das, was wir als Rollenspiele bezeichnen. Alle Alltagshandlungen kommen in ihnen vor, aber auch alle Aspekte unseres In-der-Welt-Seins, die in ihren verschiedenen Nuancen erprobt und eingeübt werden: Autonomie und Verbundensein, Standfestigkeit und Widerstand, erkunden und gestalten, geben und empfangen, zurückhalten und veräußern, Geheimnisse bewahren und mitteilen, Erregung zulassen und zur Ruhe kommen, Streit und Versöhnung... Oft geschieht dies auf zwei Ebenen: auf derjenigen der Interaktion zwischen den spielenden Kindern und innerhalb der Rollen, die sie spielen. Auf beiden Ebenen kommen sie immer wieder auch an ihre Grenzen und sind herausgefordert, Neues zu lernen, Gewünschtes zu realisieren. Als ich einmal im Kindergarten mit den Kindern spielte, mußte ich Mutter Bärin sein und hatte viele Junge, die sich an mich kuschelten, weil sie schlafen wollten. Da legte sich ein Mädchen zu mir, das sonst niemand im Kindergarten anfassen durfte. Es kuschelte sich als kleines Tier bei mir ein und wollte gestreichelt werden. Lange Zeit dauerte dieses Tierspiel, bei dem das Mädchen hingebungsvoll dalag und wohlige Tierlaute von sich gab. Es legte sich sogar auf den Rücken, damit ich es am Bauch kraulen konnte. Immer wieder griff es auf dieses Spiel zurück und wurde allmählich zugänglicher.

In Kinderspielen werden die bisherigen Formen geübt, gefestigt, neue hinzugewonnen, dabei aber auch ›Notmuster‹ weiter zementiert, aus denen die Kinder nicht ohne weiteres herausfinden. »Peter will immer nur der Anführer sein, sonst spielt er nicht mehr mit«, klagte mein Sohn öfters. Dieser Junge hielt zäh an seinen Rollen des Überlegenen fest, ließ sich im Kindergarten nur allmählich dazu bewegen, eine Führerrolle nicht nur als Unterdrückung, sondern auch als Hilfe zu interpretieren. Dadurch wurde er von den übrigen Kindern auf eine neue Weise angenommen, fühlte sich selbstverständlicher zugehörig und konnte deshalb in den Spielen seine ›Heldenrolle‹ auch einmal an andere abtreten. Auch hier zeigte sich, daß es sich nicht nur um ein Verhalten handelte, sondern um die Erweiterung des Spektrums, wie der Junge leibhaft mit anderen in Verbindung sein konnte.

Schließlich spielen Kinder all ihre Alltagserfahrungen in Familie und weiterer Umwelt durch. Dadurch können sie mit Umkehrungen experimentieren, etwa nicht nur das hilflose Kind, sondern auch die mächtigen oder fürsorgenden Eltern sein. So können beispielsweise die einverleibten elterlichen Muster an die Oberfläche kommen und ausgelebt werden, und die Skala erweitert sich vielleicht durch die gespielten Möglichkeiten anderer Kinder. Kinderspiele bieten im gleichen Zusammenhang auch die Chance, zukünftige Rollen zu antizipieren und vorzuüben – familiäre und gesellschaftliche.

Damit ist nicht nur die übende – vorübende –, sondern auch die erweiternde, die verarbeitende und heilende Dimension der Kinderspiele angesprochen, die auch in der Spieltherapie zum Tragen kommt. Kinder spielen ja auch Szenen wieder, die sehr belastend für sie waren.

Als meine sechsjährige Tochter von ihrem vierwöchigen Krankenhausaufenthalt nach einer Brandverletzung zurückkam, spielte sie ein Jahr lang ständig ›Spital‹. Sie ließ sich verbinden und verband alle, die sich darauf einließen, ging bald in die Rolle des kranken und Schmerzen erleidenden Kindes, bald in diejenige der Schwestern und Ärzte, die ihr weh taten. Sie tat anderen an, was ihr angetan worden war, mit all den Reaktionen, die sie zusätzlich verletzt hatten. Daraus ergaben sich wiederum Gespräche mit mir, und wir spielten mögliche Alternativen durch. So konnte sie ihre Schrecken immer wieder durchstehen und sie allmählich zusammen mit den entsprechenden einverleibten Mustern etwas mildern. Sie durfte auch ihre Wut ausdrücken, indem sie in die Gegenrollen schlüpfte und fähig wurde, die Reaktionen, die sie verletzt hatten, als solche wahrzunehmen und ihre Wahrnehmung im Gespräch zu überprüfen: »Gell, Mama, das war doch gemein. Das darf man nicht tun…«

Dieselben Funktionen, wie die eben geschilderten, haben auch Phantasiespiele, das Nachspielen von Geschichten und Märchen, die immer auf bildhafte Weise Grundthemen des Lebens vermitteln. Gerade Stadtkinder tauchen auch in Welten ein, die sie nur noch in Spielen leben können. Noch jetzt leben meine Kindern, die nun acht und zehn Jahre alt sind, in der Freizeit mit einer Gruppe anderer Kinder in ihrer Phantasie auf einem Bauernhof, haben entsprechende Namen und ein Leben mit Tieren, Natur und Abenteuern.

Im Kontakt mit spielenden Kindern zu sein, könnte auch für uns Erwachsene bedeuten, einer ganzheitlichen Lebensform wieder näher zu kommen, in der die Dinge dieser Welt uns neue Seiten, neue Qualitäten erschließen und uns auch zu einem kreativeren Umgang mit ihnen inspirieren könnten.

14. Der Lebensstil: Grundformen des In-der-Welt-Seins

Der Entwurf des Lebensstils als Babuschka-Prinzip

In den ersten fünf bis sechs Lebensjahren bildet jedes Kind wichtigste Grundformen seines In-der-Welt-Seins aus und verdichtet sie zu einer Art Babuschka-Komposition, die durchgängige individuelle Leitmotive und ein ihnen entsprechendes Strukturprinzip hat. Alfred Adlers Begriff *Lebensstil*[1] bezeichnet dieses leibhafte Kompositionsprinzip. Mit Adlers zweitem dynamischen Begriff *Bewegungsgesetz*[2] wird betont, daß die geformte Komposition auch einen festlegenden Aspekt hat, eine ›gebundene Form‹[3] darstellt. Jedes Kind bildet aus den verschiedenen Gestaltungsmöglichkeiten eine je eigene Form heraus, die eine ordnende, strukturierende und Halt gebende Funktion hat:

Lebendige Form ist jedoch kein statisches Prinzip, sondern ›verlangsamte Bewegung‹[4], ist die Art und Weise, wie ein Kind lernt, mit entsprechenden verkörperten Haltungen und Handlungsweisen auf die Herausforderungen seiner inneren Gegebenheiten und diejenigen der Umgebung zu antworten. Alfred Adler hat schon im ersten Drittel dieses Jahrhunderts darauf hingewiesen, daß wir als Kinder nicht von unserer Umgebung und der eigenen genetischen ›Mitgift‹ *geprägt* werden, sondern auf eine je individuelle Weise auf sie *antworten*, indem wir eine eigene – nicht vom Bewußtsein her geleitete – Stel-

266

lungnahme oder Meinung herausarbeiten[5], die dann unseren Lebensstil ausmacht. Er braucht dafür das Bild der Bausteine – Anlage und Milieueinflüsse –, aus denen ein Kind sein ›eigenes Haus‹ gestaltet. Dieses Haus jedoch ist das verkörperte In-der-Welt-Sein, ist das, was wir mit dem Bild der Babuschka zu erfassen suchen.

Wir bringen neben unserer je eigenen Konstitution ebenso für alle Menschen gültige angeborene und vorgegebene Handlungs- und Ausdrucksmuster mit.[6] So gehören zu Ärger und Wut die Muster von Weinen, Schreien und Schlagen. *Wie* wir mit diesen vorgegebenen Mustern umgehen, wie wir sie gestalten und einsetzen, hängt vor allem mit der Umwelt in unserer Kindheit zusammen. Wir lernen beispielsweise, wie wir unseren Ärger unterdrücken, unsere Tränen zurückhalten können. Die vorgegebenen Muster und die konstitutionellen Aspekte gehören zu den Bausteinen, aus denen wir unseren individuellen Lebensstil formen.

Ein weiteres gestaltendes Element liegt in den Erfahrungen, die wir machen und leibhaft ›beantworten‹. Wird ein Kind nur dann akzeptiert, wenn es möglichst tapfer ist, so wird es lernen, die Ausdrucksformen von Schmerz und Trauer auf irgendeine Weise, zum Beispiel mit ›es macht nichts‹ oder mit Ärger zu unterdrücken; ist Wut und Zorn nicht akzeptabel, bleibt vielleicht nur Weinen übrig, sind Freude oder Liebe unerlaubte Gefühle, dann wird es lernen, auf andere Möglichkeiten auszuweichen. Sind in einer Familie – oder gar in einer ganzen Nation oder Kultur – Ausdrucksformen verpönt, die mit der Konstitution eines Kindes zusammenhängen, lernt es womöglich, ihnen zu mißtrauen und erfährt sie als eine Art ›Organminderwertigkeit‹ oder sonstige ›Abnormität‹. Ein lebhaftes, leicht beeindruckbares Kind, ein von starken Handlungsimpulsen oder Gefühlen geleitetes oder eher auf Gemütlichkeit ausgerichtetes Kind erlebt sich so als ›nicht in Ordnung‹ und bildet entsprechende Antwortmuster aus.

Zur Gesamtkomposition des Lebensstils gehören auch Erfahrungen, die den lebendigen pulsierenden Organismus des Kindes fördern oder beeinträchtigen. Auf Unbekanntes antworten wir alle mit erhöhter Aufmerksamkeit, auf Gefahr mit dem angeborenen Schreckreflex-Muster, das wir automatisch wieder auflösen, wenn die Situation vorüber ist, die es hervorgerufen hat. Häufen sich solche Erfahrungen jedoch oder nehmen sie eine große Intensität an, vertieft sich das Schreckreflex-Muster. Es läßt sich nicht mehr vollständig auflösen, bleibt also im Organismus haften und nimmt intensivere Formen an, die einer Gesetzmäßigkeit folgen, die Stanley Keleman als Schreckreflex-Kontinuum herausgearbeitet hat.[7] So reagiert ein Kind vielleicht auch auf solche Situationen mit Panik, die dies unverständlich erscheinen lassen. Es geschieht, weil Panik eine einverleibte Erfahrung darstellt, als Bereitschaftsmuster im Organismus immer vorhanden bleibt und in Situationen zum Vorschein kommt, die unbewußt an die ursprünglichen Erfahrungen erinnern. Eine einzige, den kindlichen Organismus überwältigende Erfahrung – etwa körperliche Bedrohung – kann ausreichen, diese Dynamik hervorzurufen. Ebenso kann Panik eine Folge wiederkehrender Erlebnisse sein.

Es ist einem Kind unmöglich, von beeinträchtigenden Erfahrungen nicht beeindruckt zu werden, doch wie es mit solchen Einschränkungen umgeht, entspricht der individuellen Ausformung seines Lebensstils. Dazu kommt, daß Erfahrungen je nach Alter und Eigenart des bisher vorgeformten Lebensstils unterschiedlich aufgenommen und verarbeitet werden, ob sie nun mit der familiären Realität, mit dem weiteren Umfeld oder schicksalhaften Aspekten wie Krankheit, Todesfällen, Katastrophen oder Krieg in Zusammenhang stehen.

So ist der Lebensstil eine vielschichtige und komplexe Komposition, die auch angeborene Aspekte wie Konstitution, Handlungs- und Ausdrucksmuster im Hinblick auf äußere und innere Erfahrungen individuell beantwortet. Das genetische Programm legt die Entwicklungsschritte fest, denen ein Kind in seinem formbildenden Prozeß folgt. Ein Beispiel dafür ist das Einüben des aufrechten Gangs. *Wie* dieser Gang geformt wird, ist wiederum personspezifisch und verbunden mit den bisher vom Kind einverleibten Erfahrungen. Es werden also bereitstehende vorgegebene Muster im Lernprozeß des Kindes individuell ausgeformt und eingeübt.

Doch dies ist nicht alles. Die Ausdrucksformen – etwa zu ›Ärger‹, werden weiter in einem individuellen Spektrum von Möglichkeiten ausdifferenziert, das von Unmut bis Empörung reicht. Beeinträchtigende Erfahrungen können das Kind veranlassen, sein Spektrum klein zu halten, nur die extremen Formen zur Verfügung zu haben oder keine Kontrolle über die entsprechenden Impulse ausüben zu können.[8] Die einzelnen geformten und eingeübten Muster werden zugleich auch miteinander zu einer immer vielfältigeren Gesamtkompostion verbunden. Dies heißt auch, daß bestimmte eingeübte Muster zusammenwirken, um neue Möglichkeiten entstehen zu lassen, wie ich dies im Zusammenhang mit erster Autonomie und Erregung zu zeigen versuchte.

Einzelne Muster und ganze aus ihnen gebildete Formen – wie Autonomie – werden im Laufe der Entwicklung nicht nur ausdifferenziert, sondern den einzelnen Phasen entsprechend auch umgewandelt. So bedeutet die kleinkindliche Autonomie etwas anderes als die jugendliche oder erwachsene. Ein gutes Beispiel für diesen Wandlungsprozeß ist die sich verändernde Form von Trennung und Verbindung während der verschiedenen Entwicklungsphasen[9]. Für die gemeinte Bewegung bietet sich das Bild der Spirale an, die immer wieder dasselbe Thema auf einer nächsten Ebene aufnimmt und dadurch auch in einen neuen Bedeutungszusammenhang stellt. Damit folgt auch diese Spiralbewegung schließlich dem Babuschka-Prinzip:

Das Babuschka-Modell läßt sich auf die gesamte und ganzheitliche Lebensstil-Komposition anwenden. In jedem Alter stellt der bisher ausgeformte Lebensstil eine Form dar, die die bisherigen Schichten in sich enthält. Die Entwicklung des Kindes gleicht insgesamt einer ›Wachstums-Babuschka‹, in der es sich über viele ›Körper‹ – den vorgeburtlichen, den Baby- und Kleinkindkörper, den Körper der mittleren Kindheit und Jugend – zum erwachsenen formt.

Diese Wachstums-Babuschka läßt sich über die verschiedenen kindlichen Entwicklungsphasen definieren, und ihre einzelnen Schichten lassen sich nach deren Organisationsprinzip benennen. In Anlehnung an Eriksons[10] Modell geht es etwa um das Formen von Aufgehobensein und Tragfähigkeit, von Standfestigkeit und Perspektive, von erster Autonomie, von Geschlechtszugehörigkeit, von Initiative und Wirkmächtigkeit, von Bezogensein nach innen und außen. Es kommt vor allem

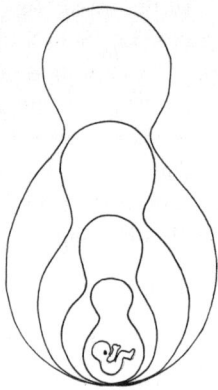

darauf an, daß Eltern und andere nahe Bezugspersonen eines Kindes seinen formbildenden Prozeß je nach Altersstufe unterstützen, ihm gleichzeitig Raum geben und ihn geschehen lassen. Der leibhafte Dialog zwischen Eltern und Kindern kann das Wagnis, einen neuen Aspekt des In-der-Welt-Seins hinzuzugewinnen, fördern oder beeinträchtigen, kann den Übergang zu einem nächsten Beziehungsmodus unterstützen, forcieren oder bremsen. Diese Dynamik läßt sich als formative Aufgabe beschreiben: Jedes Kind muß in seinem eigenen schöpferischen Bemühen, Schicht um Schicht seine Wachstums-Babuschka zu formen, unterstützend und ermutigend begleitet werden.

Der leibhafte Dialog, in dem Kinder mit ihrer Familie und ihrer weiteren Umgebung stehen, hat jedoch Qualitäten, die nicht nur mit dem kindlichen Entwicklungsprozeß in Verbindung sind. Er kann liebevoll, mißbrauchend, ablehnend oder gleichgültig sein und wirkt in Form dieser Beziehungs-Erfahrungen auf den kindlichen Organismus und ruft eine entsprechende organismische Antwort hervor. Ein Kind beginnt sich aufgrund solcher beeinträchtigender Erfahrungen zu versteifen, zusammenzuziehen, anzuschwellen oder zu schrumpfen.[11] Die Tiefenpsychologie geht davon aus, daß ein Kind den Lebensstil bis etwa zum Abschluß des Vorschulalters prototypisch ausgebildet hat. Dies ist nicht absolut, sondern dahin gehend zu verstehen, daß ein Kind grundlegende Formen seines In-der-Welt-Seins ausgebildet, zu einer individuellen Komposition verdichtet hat und dabei einem ganzheitlichen Gestaltungsprinzip folgt. Damit ist es ein Stück weit an seine eigene – von ihm geschaffene – Form gebunden. Dies gibt ihm einerseits Halt und Struktur, beschränkt jedoch gleichzeitig den Spielraum weiterer Möglichkeiten. Ein Kind ist deshalb immer deutlicher aufgrund seiner Haltung, seiner Art, sich auszudrücken und zu handeln, identifizierbar und wiedererkennbar. – Die Qualität des Lebensstils auf dieser Altersstufe liegt also in der fortschreitenden Verdichtung zu einer faßbaren individuellen Form – nicht mehr. Damit ist auch diese Entwicklungsstufe *eine* Schicht in der Wachstums-Babuschka, die ein Kontinuum bis hin zur erwachsenen Gestalt darstellt.

In der folgenden Phase, die mit dem Beginn der Schulzeit zusammenfällt, werden die bisherigen Lebensstilaspekte weiter differenziert und modifiziert, während gleichzeitig neue Qualitäten des In-der-Welt-Seins hinzugewonnen werden. Mit anderen Vorzeichen gilt dies auch für das Jugend- und das Erwachsenenalter. Der Prozeß geht weiter, führt zu immer neuen Formen, zur Reife und endet damit, daß wir im Sterben unsere geformte Gestalt loszulassen bereit sind. Dieses Wandlungskontinuum schließt mit ein, daß schon Kinder nicht nur neue Formen herausbilden, sondern auch lernen müssen, Übergänge von einer Phase zur nächsten zu gestalten.

Kinder als Spiegel ihrer bisherigen Erziehung

Wenn sich der Lebensstil zu verdichten beginnt, tritt die kindliche Persönlichkeit mehr und mehr als ein geformter Organismus mit einer Eigendynamik in Erscheinung. Dies hat vor allem auf Eltern oft eine Spiegelwirkung. Sie erkennen sich in ihren Kindern wieder – mit ihrem Temperament, mit eigenen Charakterzügen und Verhaltensweisen, seien es anerkannte oder abgelehnte, gar bekämpfte. Sie hören sich durch ihre Kinder selber sprechen. So sagt die kleine Tochter vielleicht zu ihrer Puppe:»Wenn du nicht endlich zu schreien aufhörst, sperre ich dich im Zimmer ein…«Oder sie singt und wiegt ihr eigenes ›Baby‹ in den Schlaf. Eltern erfahren die Resonanz ihrer eigenen Zuwendung, ihrer Bemühungen, sehen sich aber auch mit schmerzlich Versäumtem konfrontiert, stellen gar ihre Erziehung in Frage. Viele Eltern müssen sich damit auseinandersetzen, was individuelle, gesellschaftliche und schicksalhafte Aspekte zur bisherigen Formbildung ihrer Kinder beigetragen haben und erfahren, daß sie trotz ihres Engagements nicht alles in der Hand haben. Was ihnen sinnvoll erschien, mag jetzt zweifelhaft erscheinen, und was als Mangel definiert war, zeigt sich jetzt vielleicht auch als Gewinn. Der elterliche ›Blick in den Spiegel‹ mag ein unbewußter sein und als solcher einfach ausagiert werden, oder er kann bewußt geschehen,

Freude, Schmerz oder Schuldgefühle bewirken. Auch wenn Eltern – vor allem Mütter – nicht ›an allem schuld‹[12] sind, lassen sich der eigene und der familiäre Beitrag nicht übersehen. Und es ist auch entscheidend für die folgende Zeit, ihn wahrzunehmen. So erlebte ich, wie meine Tochter sich immer wieder in Situationen zu kurz gekommen fühlte, die eigentlich keinen Anlaß dazu gaben. Ich argumentierte zunächst – umsonst –, bis ich wahrhaben mußte, daß sie aus ihren einverleibten Erfahrungen als ältestes Kind einen verkörperten Lebensstilaspekt, eine Haltung herausgebildet hatte, die sich im Leitsatz verdichtete: »Immer *ich* komme zu kurz!« Mir fielen Szenen aus der Zeit nach der Geburt meines Sohnes ein, als meine Tochter, noch keine zwei Jahre alt, wütend oder verzweifelt um meine Aufmerksamkeit gekämpft hatte und ich ihre Appelle oft aus eigener Überforderung oder aus Unverständnis nicht beantwortet hatte. Im Rückblick wurde mir deutlich, wie phantasiearm ich manchmal auf die Bedürfnisse der Kleinen geantwortet hatte. Dies wurde mir bewußt, während ich mit meiner nun älter gewordenen Tochter um den Realitätsbezug kämpfte – und diesen Kampf ebenso verlor wie sie. Es tat weh, und ich floh zunächst in jene Schuldgefühle, die ein altbekanntes Muster aus meiner eigenen Kindheit waren. Doch den Kampf Schuldgefühle – Rechtfertigung verlegte ich nach außen, in die Beziehung zu meiner Tochter und vertiefte damit nur wieder ihr Muster. Ein entscheidender Schritt war es, als ich es wagte, die aufsteigenden Erinnerungen wirklich wahrzunehmen. Dieses Zulassen tut allerdings weh, alles in einem möchte nicht hinsehen und sagen: »Ja, aber…« Ich begegnete ebenso meinen damaligen körperlichen Grenzen, meiner Erschöpfung, meinem Ausgelaugtsein wie meiner engherzigen Abgrenzung, aber auch den Lebensbedingungen, die mir Grenzen gesetzt hatten. Dadurch wurde ich oft ruhiger und gelassener. Anzuschauen, was ist, bedeutet Klarheit. Schuldgefühle hingegen – immer auch als verkörperte Muster – lassen alles in einem Nebel verschwinden, vor allem das Kind, dessen Selbstausdruck und Verhalten eine liebevolle Antwort erfordern würden. Ich begann, meinen eigenen Anteil zu verstehen, aber ebenso die Grenzen meines Einflusses und meiner Macht. Und damit wurde auch die Wahrnehmung dessen möglich, was meine Kinder dadurch an Reichtum gewonnen hatten, daß sie zu zweit waren, einander hatten und eine Gemeinsamkeit zu entwickeln vermochten, die mir, die ich als Einzelkind aufgewachsen war, gefehlt hatte.

Eine Mutter zweier Kinder, Rosmarie, deren älteres die erste Klasse besuchte, machte eine Entdeckung, die für sie sehr schmerzlich war:

»Bis jetzt habe ich mich vor allem mit dem beschäftigt, was meine Eltern mir an Belastungen mitgegeben haben, mit dem, was sie mir nicht geben konnten. Jetzt wird mir immer deutlicher, wo meine eigenen Schwächen liegen, was ich meiner Tochter zumute und ihr nicht zu geben vermag. Meinem Mann geht es ähnlich. Ich kann das jedoch kaum ertragen.« Rosmarie erlebte, was auch in Gruppen immer wieder zum Ausdruck kommt. Da findet beispielsweise ein intensiver Prozeß statt, in dem es um schmerzliche Erfahrungen mit Eltern in der Kindheit der Teilnehmenden geht, und plötzlich sagt eine Frau: »Mir ist so beklommen zumute. Ich kann das Ganze nicht einfach aus der Position der Tochter hören. Ich muß immer daran denken, was ich als Mutter wohl meinen Kindern angetan habe.« Meist drücken Mütter diese Ängste und Befürchtungen eher aus als Väter, und doch ist es ein Thema, das für die meisten Eltern einmal an die Oberfläche kommt. Es bringt zum Ausdruck, was es bedeutet, erwachsen und verantwortlich zu werden. Rosmarie fand dafür eine genaue Formulierung: »Bis jetzt verstand ich mich in erster Linie als Tochter. Ich blickte zurück und konnte damit vor allem die Verantwortung meiner Eltern sehen und spüren, wie sie diese mir gegenüber wahrgenommen oder verpaßt hatten. Jetzt ist es anders. Ich bin selbst eine Mutter, bin verantwortlich für die nächste Generation. Früher war es ganz einfach für mich. Ich schwor mir, es mit meinem Partner zusammen ganz anders zu machen als meine Eltern. Wir glaubten beide, daß wir Fehler und – ja Schuld – vermeiden, daß wir aus diesen Verstrickungen völlig aussteigen könnten. Freilich sagte ich vom Kopf her immer, daß alle Menschen Fehler machen – aber zutiefst hatte ich eine völlige Vollkommenheitsphantasie. Ich weiß jetzt, daß auch wir gewöhnliche Eltern sind und uns unserer Tochter so zumuten müssen, wie wir sind.« Diese Erkenntnis ist wiederum etwas anderes als die vernichtenden Schuldgefühle. Vielmehr geht es um eine existentielle Ebene, um das Anerkennen, daß wir mit dem Übernehmen erwachsener Verantwortung – vor allem auch durch Elternschaft – schuldig werden, als Individuen, als Elternpaar und als Angehörige unserer Gesellschaft. Damit sind meist Schmerz, oft auch Auflehnung oder Selbstzweifel verbunden, und doch kann diese Auseinandersetzung auch zu einer reifen Versöhnung mit dem Leben führen. So wie Eltern durch die Geburt der Kinder mit der existentiellen Dimension der Vorläufigkeit und Vergänglichkeit konfrontiert sind, begegnen sie jetzt auch der eigenen Begrenztheit und Fehlerhaftigkeit als Eltern. Es ist wohl eine lebenslängliche Aufgabe, sich damit auseinanderzusetzen und sie anzunehmen.

Dazu kommt eine weitere Ebene: Eine Mutter äußerte mir gegenüber einmal: »Wenn ich jetzt meine Kinder sehe, bin ich manchmal einfach enttäuscht und resigniert. Ich wollte es so gut machen – und nun sehe ich, was ich alles versäumt habe, was mein Mann und ich als Eltern den Kindern aufgebürdet haben. Die Kinder zeigen uns das oft so deutlich. Und dann kommt dieser wahnsinnige Wunsch, nochmals von vorne beginnen zu können, die eingeprägten Erfahrungen und das daraus kommende Verhalten auszuwischen wie eine Kreidespur an der Wandtafel. Ja, ich möchte manchmal das Rad der Zeit einfach zurückdrehen. Ich wüßte jetzt besser, worauf es ankommt.« Vielen Eltern mag es mindestens zeitweise so gehen wie dieser Mutter. Die Wahrheit, daß wir an der Formbildung unserer Kinder beteiligt sind, läßt sich nicht wegargumentieren. Eltern können angesichts dieser Tatsache in Schuldgefühle fliehen oder ihre Kinder etikettieren: »Mein Sohn ist halt egoistisch«, »meine Tochter ist rechthaberisch«. Auf diese Weise läßt sich der Dialog mit Kindern auf bestimmte familiäre Muster hin stilisieren und stabilisieren. Von nun an ›wissen‹ die Eltern – und Erzieher –, wie die Kinder sind, und die Kinder wissen ebenfalls, was man von ihnen erwartet. Sie werden auf ihren Lebensstil festgelegt, und die im Spiegel der Kinder erscheinenden eigenen Eigenschaften können so bekämpft und zugleich weiter gezüchtet werden. Die meisten Familien kennen mindestens zeitweise dieses Pendeln zwischen Schuldgefühl und Festschreibung.

Doch die Wahrnehmung der geformten Lebensstilaspekte in ihrem Gewordensein, im Kontext der gelebten familiären Geschichte, bietet die Chance, einen neuen Dialog zu stiften. Kinder können lernen, verhärtete Muster aufzuweichen, anders mit ihrer Geschichte umzugehen. Eltern können ihre Kinder ermutigen, die Kräfte, die sie durch ihre Geschichte gewonnen haben, deutlicher zu spüren und mit den gebildeten Fähigkeiten in Kontakt zu kommen.

Die Auseinandersetzung mit dem bisher Geformten ist also die eine wichtige Aufgabe für Eltern und andere Erziehende.

Entwicklung und Entfaltung im Verborgenen – die Latenzphase

Als ich mich mit meiner Kollegin Ruth, die selber eine jetzt vierzehnjährige Tochter hat, darüber unterhielt, wie schwierig es sei, über die sogenannte Latenzphase zu schreiben, die oft als Stiefkind der Entwicklungspsychologie erscheint, schrieb sie mir dazu: »Das Wort laut

274

Duden ›versteckt‹, ›verborgen‹, ›ruhend‹, ›gebunden‹ schafft eine Vorstellung, als ob das Kind zwischen ungefähr dem fünften und zwölften Lebensjahr so sei und dann unter mehr oder weniger großen Schwierigkeiten ›pubertieren‹ müsse. Ich bin der Auffassung, daß durchaus nicht viel ›ruhend‹ sei zwischen dem Kleinkindalter und der Pubertät, sondern daß dies im Gegenteil eine Zeit ständiger schmerzlicher, lustvoller, anstrengender, aufregender Gärungsprozesse sei. Wenn diese Zeit als eine Zeit häufiger Auseinandersetzungen angenommen werden könnte, eine Zeit immer neuer Standortbestimmungen, Standpunktvertretungen, Hinterfragungen, wenn schon hier streiten und kämpfen gelernt würde, ohne die Zärtlichkeit der Kleinkinderzeit zu vergessen, dann würde die Pubertät in einem andern Licht erscheinen, sie wäre eine zusätzliche Metamorphose und weniger das schlechthin Neue. Kinder und Jugendliche hassen es, wenn ihnen schon von neun an, oder noch früher, bei jeder Unebenheit das Wort ›Pubertät‹ angehängt oder übergestülpt wird. Es braucht nicht so viele Kategorien und Etikettierung, sondern Anteilnahme und Unterstützung, viel Zuhören, Sich-zurückhalten und Sich-einbringen, eine seelische und physische Anwesenheit der Erwachsenen in dieser Zeit der Entwicklung, die so aufreibend alltäglich sein kann.«

Es geht jetzt darum, die Schicht der Wachstums-Babuschka zu verstehen, die auf die Verdichtung des Lebensstils folgt. Wenn wir von der bisherigen vehementen Entwicklungsdynamik ausgehen, könnte jetzt die Geschlechtsreife folgen. Doch nun beginnt sich dieses Tempo zu verlangsamen. Die Latenzphase, die von Freud ihren Namen bekam, weil die Geschlechtlichkeit im Hintergrund bleibt, die diesbezügliche Reifung ruht, ist deshalb eine Zeit des Aufschubs. Damit begegnen wir einer weiteren bemerkenswerten Veränderung des genetischen Programms im Vergleich mit den höheren Säugetieren. Eine erste zeigte sich uns mit der Tatsache, daß das Menschenkind eine ›physiologische Frühgeburt‹ ist, also noch weitere neun Monate im Mutterleib hätte bleiben müssen, wenn es bis zur Geburt einen den Tieren vergleichbaren Entwicklungsstand hätte erreichen sollen, der sein Überleben hinreichend gewährleistet. Statt dessen wird es in die soziale Gebärmutter hineingeboren, die es nachhaltig und von Kind zu Kind, von Familie zu Familie und Kultur zu Kultur in unterschiedlicher Weise beeindruckt und dadurch individuelle Vielfalt fördert. Wenn sich jetzt in der Latenzphase die biologische Entwicklung verlangsamt, wird der Aspekt von Differenzierung und Individualisierung – Sozialisierung – auf einer neuen Ebene bedeutsam.

Säugetiere sind in ein artgemäßes Programm eingebunden. Ihr Lernen ist spezifischer und begrenzter. Die menschliche Ausrüstung ist unspezifisch und ermöglicht dadurch ein weites Spektrum von Hand-Werk. Auf diesem Hintergrund wird der formbildende Prozeß in dieser Phase begreifbar. Das bisher Ausgebildete wird weiter geübt, vertieft und differenziert. Dies gilt für alle in den letzten Kapiteln angesprochenen Aspekte. – Aus den Mustern des Erkundens und der Wirkmächtigkeit bildet sich eine neue Qualität des Weltbezugs. Ein Kind ahmt nicht mehr nur auf spielerische, oft phantastische Weise erwachsenes Tun nach. Vielmehr bekommt es immer deutlicher einen Zugang zu dem, was Hand-Fertigkeit bedeutet, wie sie auf Beschaffenheit und Funktionalität von Dingen zu beziehen ist. So entsteht eine neue Form des Realitätsbezugs, die Erikson treffend als ›Werksinn‹ bezeichnet hat.[13]

Durch diesen in den Vordergrund tretenden Werksinn, durch das Trachten danach, Dinge zum Funktionieren zu bringen, bekommt auch Lernen eine neue Dimension. Ein Kind braucht Anleitung dazu, ›wie man es macht‹, wird zu einem ›Lernkind‹[14], das freigebige Lehrende braucht, die bereit sind, ihm das Geheimnis ihres Könnens und Wissens beizubringen. So werden Lehrende gleichzeitig zu Vorbildern, an denen ein Kind seinen weiteren formbildenden Prozeß orientiert und eine Perspektive für zukünftige Werk-Meisterschaft und erwachsenes In-der-Realität-Sein gewinnt.

Hat ein Kind bis zum Schulalter grundlegende Beziehungsformen ausgebildet, so kommt es von nun an mit den unterschiedlichsten Gesellschaftskreisen in Berührung und lernt die erforderlichen sozialen Rollen. Es beginnt zu experimentieren und zu unterscheiden, welche Verhaltensnormen in einem bestimmten sozialen Kontext gelten. Dafür muß eine größere leibhafte Flexibilität in bezug auf Haltung und Verhalten eingeübt werden.

Diese Entwicklung der Kinder ›im Verborgenen‹ ist oft eine in ihrer Bedeutung zu wenig wahrgenommene Kindheitsphase. Eltern mögen sie manchmal als die problemloseste Zeit preisen, eingefaßt von der kräfteaufreibenden, arbeitsintensiven Säuglings-, Kleinkinder- und Vorschulzeit und von der konfliktgeladenen Pubertät und Adoleszenz. Jetzt, in dieser Zwischenphase, werden Kinder selbständiger, sie haben viele Aktivitäten außerhalb der Familie. Oft kommen sie nur nach Hause, um ihre Schulmappe hinzuwerfen und wieder nach draußen zu verschwinden. Kinder in diesem Alter lassen sich zunehmend besser in den erwachsenen Alltag einordnen. Im Vergleich mit der Babyzeit, die den Lebensrhythmus mindestens der Mutter vierundzwanzig Stunden am Tag bestimmt, ständig umkrempelt und über den Haufen wirft, herrschen jetzt geradezu paradiesische Zustände. Die Kinder sind in der Schule, sie schlafen nachts, spielen mit anderen Kindern, vieles kann man mit ihnen aushandeln… Kurz und gut, Kinder gelten im Schulalter als pflegeleicht, wenn sie nicht schwerwiegende Schulprobleme haben oder als verhaltensauffällig eingestuft werden. Viele Eltern berichten, daß sie diese Zeit mit den Kindern ›richtig genossen hätten‹: »Wir konnten viel miteinander unternehmen, hatten es friedlich zusammen – ohne große Probleme. Das wurde dann mit der Pubertät ganz anders…« Unüberhörbar ist oft der Seufzer der Erleichterung von seiten der Eltern, deren Kinder ›aus dem Gröbsten heraus‹ sind, selbst da, wo dieselben Eltern auch mit einer gewissen Wehmut an die endgültig vergangene Kleinkinderzeit zurückdenken. Die kindlichen Entwicklungsschritte sind nicht mehr so offensichtlich, so spektakulär wie in der früheren Zeit und wieder in der folgenden Pubertät. Eltern scheinen sich oft zu ›erholen‹ und innerlich für die erwarteten Schwierigkeiten des Jugendalters zu wappnen. Einerseits ist dies ein individuelles Erleben der Eltern, anderseits ein gesellschaftlich vermitteltes Bild, das auch hervorruft, was es als Tatsache zu vermitteln glaubt. Die Entdeckung der Kleinkinderzeit ist eine Errungenschaft unseres Jahrhunderts, diejenige der Babyphase, ja der vorgeburtlichen Entwicklung eine der letzten Jahrzehnte! Dasselbe gilt auch für den Bereich von Pubertät und Adoleszenz – mindestens in unserer westlichen Gesellschaft. Der Entwurf einer zusammenhängenden Entwicklungspsychologie bedeutet einen wesentlichen Beitrag zu einer Sicht, die das Leben als ein sich wandelndes Kontinuum versteht. Doch die Faszination – ob positiv oder negativ –, die für die heutige Generation von Erziehern vor allem von der frühen Kindheit und vom Jugendalter ausgeht, hat viel mit Bedürfnissen und Projektionen der Erwachsenen zu tun, ob sich diese auf das Geheimnis der Existenz im Mutterleib beziehen, das Paradies der ersten Kindheit, die Unschuld und Reinheit kleiner Kinder oder auf die Machtphantasie, ›das glückliche Individuum‹ durch eine entsprechende Kindheit garantieren zu können, schließlich auf das Jugendalter, das nicht so sehr die Jugendlichen selbst meint als vielmehr die eigenen Jugendträume und die Besessenheit hinsichtlich ›Jugendlichkeit‹ von seiten Erwachsener. Kindheit als ganze steht oft unter dem Vorzeichen einer letzten Insel, die noch Lebendigkeit, Frische und Spontaneität symbolisiert. Die Inszenierung der Kindheit ist von daher gesehen – dies ist freilich nur *eine* Ebene – an den Bedürfnissen Erwachsener in unserer vermarkteten Gesellschaft orientiert. In diesem Kontext ist die Latenzphase bisher nicht so ergiebig gewesen, gibt nicht so viel Projektionsraum her außer dem pauschalisierenden Bild ›der Kindheit‹.

Da es vor allem um Differenzierung, um Erweiterung und Vertiefung geht, ist die formative Aufgabe der Erziehenden zwar nicht kleiner, jedoch leichter zu übersehen und gar zu übergehen als während früherer Entwicklungsschritte. Es kann zu einer schleichenden Entfremdung kommen, die für Eltern manchmal erst spürbar wird, wenn die Kinder in die Pubertät kommen. Kinder brauchen während der Latenzphase eine flexible Begleitung, die von einer Hintergrundpräsenz bis zu einer klaren Führung in vielen Situationen reicht. Anteilnahme bezieht sich nicht mehr nur auf die Eigenart, auf das Sosein des Kindes, sondern wesentlich auf die neuen Bereiche und Welten, in die es hineinwächst. Oft geschieht eine indirekte Teilnahme durch die immer wichtiger werdenden Gespräche, in denen Erlebtes verarbeitet und Neues vorbesprochen wird. Eltern sind selber eingefordert, in *ihre* je persönliche Auseinandersetzung mit den verschiedenen Ebenen von Gesellschaft und Umwelt einzutreten. Spätestens an dieser Stelle taucht ein weiteres Thema auf, das in den Gesprächen mit Ruth Obrist Raum gewann. Wir sprachen miteinander von der Kluft zwischen Lebensbedingungen von Kindern im schulpflichtigen Alter hier in unserer Gesellschaft und in anderen Teilen der Welt. Ruth meinte dazu: »Das Kind, in allen Kulturen und Gesellschaften, dürfte nicht mithelfen müssen, den Lebensunterhalt zu verdienen. Seine Tätigkeit wäre sinnvoll gebraucht als Mithilfe in der Familie, daneben braucht es Spiel und Lernen. Für Mithilfe in der Familie bietet jedoch die hochzivilisierte Gesellschaft kaum mehr Raum, Natur ist für viele nicht mehr vorhanden, und Lernen ist oft einseitig auf Ansammeln von Fakten und Wettbewerbsverhalten ausgerichtet. Anderseits bleibt Kindern in weiten Teilen der Welt nichts anderes übrig, als ihre Arbeitskraft und ihr Leben für ein Nichts zu verkaufen. So wird in Asien ein großer Teil der weltweit verkauften Teppiche von Kindern geknüpft, die häufig wie Sklaven gehalten werden. Millionen sind es auch, die vom Sextourismus ausgebeutet werden oder in den Straßen der Großstadtslums versuchen, ihr nacktes Überleben zwischen Brutalität, Hunger und Gewalt zu sichern.« Untergründig geht immer die Frage mit, wie wir mit dem Wissen um das Schicksal von Kindern in von Armut, Elend, Ausbeutung und Krieg bedrohten Ländern leben. Sie bleibt auch für mich selbst als Anfechtung bestehen, begleitet mich, während ich über die Kinder in unserer Gesellschaft weiterschreibe.

15. Kinder zwischen Familie und Schulalltag

Den neuen Lebensabschnitt, den wir oft als Latenzphase bezeichnen, erfahren Eltern meist hautnah, wenn ihre Kinder zu Schulkindern werden.[1] Dieser Übergang bedeutet, daß Kinder den familiären Raum verlassen, um sich mit dem Leben in unserer Gesellschaft auf neue und selbständige Weise – unabhängig von den Eltern – vertraut zu machen. Eingeübte familiäre Muster werden einem neuen Lebenszusammenhang ausgesetzt, bewähren sich, geraten in Krisen und stellen andere Herausforderungen für die Eltern dar. Schulisches Leben bedeutet für Kinder, daß sie neue leibhafte Muster lernen, bringt aber auch Eltern und Lehrende immer wieder in Kontakt mit eigenen einverleibten Mustern aus ihrer Geschichte. Auch hier zeigt sich deshalb die Bedeutung des Babuschka-Prinzips.

Übergänge zwischen Familien-Welt und Außen-Welt

Die Kinder unserer Gesellschaft beginnen ihr Leben meist in der engeren Familie und lernen hier, wie sie ›in der Welt‹ sein können. Gleichzeitig bilden sie auch Möglichkeiten aus, wie sie innerhalb der Familie und außerhalb zu sein und wie sie von einem Bereich in den anderen überzugehen vermögen. Diese ›Übergangsmuster‹ sind besonders bedeutsam, wenn es gilt, die Familie zu verlassen, um in den Kindergarten und anschließend in die Schule zu gehen. Wie Kinder diese Muster zu formen beginnen, möchte ich nun aufzeigen.

Jede Familie bildet einen eigenen Raum, erfüllt von der Atmosphäre, die zu ihr gehört und die mit dem leibhaften familiären Dialog in Zusammenhang steht. Die Grenzen dieses Raumes werden durch die Eigenart des jeweiligen Familienkörpers gebildet. Sie mögen durchlässig, flexibel, starr, hermetisch nach außen abgeschlossen oder unbestimmt und vage sein. Es gibt Familien, die für ihre Mitglieder als eine geformte und gleichzeitig lebendige Gemeinschaft greifbar sind, die sich auch nach außen öffnen und bereit sind, Menschen in ihren Kreis aufzunehmen, ohne dadurch ihre Grenzen zu verlieren. Familiäre Umstände, soziale Veränderungen oder schicksalhafte Einbrüche können den Dialog zwischen Innen und Außen erschweren. Viele Mittelstandsfamilien identifizieren sich vor allem mit der gültigen sozialen Norm. Aspekte, die dem nach außen getragenen Bild nicht entsprechen, müssen verleugnet oder verdrängt werden, weil sie als Gefährdung erlebt werden. In solchen Familien ist der Kontakt nach außen kontrolliert und vermindert, damit das Bild der Familie, bei der ›alles in Ordnung ist‹ aufrechterhalten werden kann. Meist tritt die Familie nach außen als Kollektiv auf, als ein ›Wir‹. Dies gilt auch, wenn fremde Menschen den familiären Raum betreten. Andere Familien bilden eine starke oder starre Grenze nach außen, indem sie sich in einen Vergleich mit der Gesellschaft setzen. Sie geben sich vielleicht eine elitäre Form, setzen Maßstäbe, die sie als ›besser‹, ›höher‹, ›richtiger‹ empfinden, und setzen sich auf diese Weise von den ›anderen‹ ab. Oft wird diese elitäre Form als Schutz gegen Kontakt und Austausch aufgerichtet, manchmal aus Angst oder Schuldgefühl. Feste Grenzen bilden oft auch Familien, die sich weniger wert fühlen, die sich zurückziehen, weil sie sich schämen, weil sie glauben, nicht bestehen zu können oder tatsächlich von außen diskriminiert sind. Dies betrifft vor allem Familien, die zu Randgruppen gehören, also häufig Ausländerfamilien, mit welchem Hintergrund auch immer. Viele dieser Familien leben in Isolation oder schließen sich mit anderen zu einer Art Ghetto zusammen, um sich Zugehörigkeit zu verschaffen. Manchmal gelingt es ihnen, ihre eigenen Werte zu erhalten und sich dadurch eine positive Identität zu geben. Auch Familien, die aus der gesellschaftlichen Norm fallende Mitglieder – wie etwa suchtkranke, straffällige oder psychisch kranke – haben, kapseln sich oft ab und halten nach innen zusammen. Es gibt jedoch auch Familien, die keine Form zu bilden und keine Grenzen zu setzen vermögen. Sie können sich gegen Einflüsse von außen, gegen das Eindringen von Menschen in den Familienkreis, nicht wehren, weil sie keine eigene Identität haben. Diese Gefahr besteht etwa bei Ein-Eltern-Familien, in denen der alleinerziehende Elternteil mit Erziehungsaufgaben und Lebensbewältigung oft überfordert ist. Umgekehrt können solche, dem traditionellen Familienbild weniger entsprechende Familien auch häufig ein kreatives Potential haben, um neue und lebendige Gemeinschaftsformen zu erfinden. Grenzen sind auch dann schwer zu setzen, wenn der Beruf der Eltern in die Familie hineinspielt wie beispielsweise im Gastgewerbe.

Im Nachdenken über die Beziehung zwischen Familienraum und außerfamiliären Bereichen fallen die bisher genannten erschwerenden Aspekte mit ins Gewicht, die, wenn oft auch in abgeschwächter Form, für viele Familien zutreffen mögen. Kinder antworten darauf in unterschiedlicher Weise. Die einen Kinder ziehen sich auf sich selbst, andere auf den Familieninnenraum zurück oder stehen sehnsüchtig an der Grenze, wieder andere fliehen nach außen in Beziehungen zu Erwachsenen oder Gleichaltrigen. Ein jugendliches Mädchen sagte rückblickend:»Meine Familie war für mich der schützende Raum, wie eine gemütliche warme Stube, während mir die Außenwelt kalt wie eine Winterlandschaft im Sturm erschien, in die ich mich kaum hinausgetraute. Immer wieder floh ich ›an den Herd‹ zurück. Innen war es geschützt, außen bedrohlich. Schon als Kind und noch heute fällt es mir schwer, mich in fremden Familien oder in Gruppen zu bewegen. Auch in der Schule war ich ein scheues Mädchen, das von den andern einfach übersehen wurde.« Ein dreißigjähriger Mann hingegen bekam Schwierigkeiten am Arbeitsplatz, weil er von den anderen als arrogant und unzugänglich erlebt wurde:»Meine Eltern betrachteten sich immer als ›etwas Besseres‹. Am Tisch wurde stets verächtlich über andere gesprochen. Auch auf die Auswahl meiner Freunde nahmen die Eltern großen Einfluß. Im Gegensatz zu meiner Schwester habe ich die Wertungen meiner Eltern nicht in Frage gestellt. In den letzten Jahren allerdings ist mir die elitäre Haltung meiner Familie zum Bewußtsein gekommen. Sobald ich mich jedoch nicht als voll akzeptiert erfahre oder mein Gegenüber andere Meinungen vertritt, ertappe ich mich dabei, die andern innerlich abzuwerten und mich dadurch zu distanzieren. Mir ist, als habe ich noch immer den hermetischen Ring meiner Familie um mich, den ich schon als Kind vor allem in der Schule gespürt habe.« Es zeigte sich bald, daß dieser ›Ring‹ nicht nur ein Bild, sondern eine verkörperte Haltung war, die sich in Versteifen und Zurückziehen äußerte. Dagegen sagte eine ältere Frau über ihre Kindheit:»Zu Hause bei uns war immer Streit. Und Beziehungen nach außen hatte meine Familie kaum. Sie führten stets zu Unstimmigkeiten und zum anschließenden Bruch. Ich selber lebte in anderen Familien und in der Schulgemeinschaft auf. Dort war ich beliebt, war ein hilfsbereites, offenes und vergnügtes Kind. Wenn ich dann nach Hause ging, wurden meine Beine schwer und schwerer. Bis ich ankam, war ich verstockt und trotzig. Ich bestand aus zwei Kindern in zwei getrennten Welten.« – Es war eindrücklich zu sehen, wie diese Frau den Übergang von einer Welt in die andere verkörperte. Ging sie in ihrer Vorstellung von zu Hause weg, richtete sie sich auf, hob das Brustbein an und ließ dabei ihre Schultern fallen. Sie wuchs vor meinen Augen, und ihre Gesichtszüge verloren das Angespannte. Kehrte sie jedoch zurück, preßte sie sich in sich zusammen, zog den Nacken ein und die

Schultern hoch, drückte den Kopf nach hinten, bis das trotzige Mädchen erschien, von dem sie gesprochen hatte. Sie erkannte das Übergangsmuster wieder, mit dem sie auch im aktuellen Leben das Hin und Her zwischen familiärer und außerfamiliärer Welt gestaltete. Wir alle lernen in unserer Kindheit, wie wir uns ›innerhalb‹ und ›außerhalb‹ verkörpern, wie wir vom einen zum anderen übergehen können. Wir mögen uns zu Hause weich und ungeschützt geben und nicht wissen, wie wir auf diese Weise ›draußen‹ bestehen können. Wir versteifen uns oder schrumpfen im familiären Raum und tragen diese Haltung nach außen, oder wir sind zwei verschiedene Menschen im einen und im anderen Bereich. Auch hier gilt also das Babuschka-Prinzip, das uns auf frühere Muster zurückgreifen läßt und verschiedene ›kindliche‹ Möglichkeiten ins Spiel bringt.

Sich ›innerhalb‹ und ›außerhalb‹ verkörpern

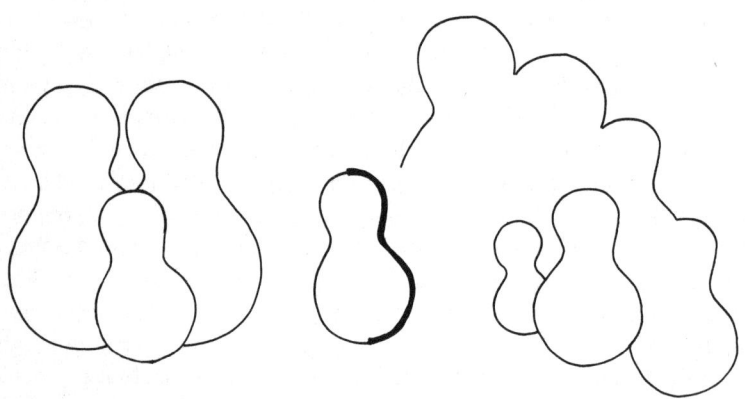

Kinder können mit Unterstützung lernen, daß sie nicht überall die gleichen sein können, daß es Bereiche gibt, in denen sie sich mehr schützen müssen, und solche, die mehr Weichheit, Fröhlichkeit zulassen. Dies bedeutet, daß sie ihrer Wahrnehmung trauen und sich Zeit lassen dürfen, erst mit Neuem vertraut zu werden und ihren eigenen Übergang zu formen. Dies ist in Kindergarten und Schule besonders wichtig.
Eltern können schon ihren kleinen Kindern behilflich sein, Kontakt zu Menschen außerhalb der Familie aufzunehmen. Dabei erinnere ich mich an folgende Szene: Ich kam auf Besuch zu einer Familie. Die Kinder waren noch sehr klein. Der Vater nahm seinen zweijährigen Sohn an der Hand, kam mit ihm auf mich zu: »Schau, das ist Irène.

Sie bleibt bei uns zum Mittagessen.« Ich kauerte mich zu ihm nieder. Er schaute mich aufmerksam an, lächelte dann, machte kehrt und ging wieder spielen. Die Sorgfalt, mit der der Vater die Brücke zu anderen Menschen schlug und seinem Sohn Zeit ließ, sie wahrzunehmen, berührte mich. Der kleine Bub kam öfters her, ohne sich krampfhaft Geltung verschaffen zu müssen, doch er lud mich zum Spielen ein, schien Besucher nicht als Eindringlinge, sondern als Bereicherung, als Freunde für sich selbst zu betrachten. Er führte mich auch zu seiner Schwester, die noch ein winziges Baby war, stellte mich ihr vor, wie er es von seinem Vater gelernt hatte. Dieser Bub hatte bereits begonnen, eine Form für den Übergang von vertraut zu unvertraut zu finden und fähig zu sein, sich Fremdes vertraut zu machen.

Das eine ist also, wie Kinder Kontakt mit Menschen bekommen, die den Raum der Familie betreten, ein anderes, wie sie selbst ihren Beziehungskreis außerhalb der Familie zu formen beginnen. Auch hier ist es wichtig, wie schon die Eltern kleiner Kinder eine Brücke bilden, ihnen Raum lassen, in ihrer schützenden Nähe fremde Menschen zu betrachten und langsam auf sie zuzugehen. So sehe ich Kinder, die sich ängstlich hinter ihren Eltern verstecken und hervorgezogen werden, sich dabei jedoch versteifen oder sich gleichsam in sich selbst verkriechen. Läßt man ihnen jedoch Zeit, gucken sie schließlich hinter dem Rücken der Eltern hervor und kommen allmählich zum Vorschein, ohne in ein einengendes Muster fallen zu müssen. Sie mögen verhalten, unsicher, abwartend sein. Doch ist es eindrücklich zu beobachten, wie sie langsam eine Haltung finden, mit der sie sich zeigen und Kontakt aufnehmen können. Sie mag etwas gespannt, vielleicht auch forsch oder in sich gekehrt sein – ihre je individuelle Form, mit der sie unvertrauten Menschen vorerst entgegenzutreten vermögen. Es ist wichtig, einem Kind *seine* Möglichkeit zuzugestehen, die nicht nur mit dem familiären Dialog, sondern auch mit seinem Temperament und seiner Eigenart zusammenhängen. Erst wenn es seine Form, Kontakt aufzunehmen, gefunden hat, kann es auch mit entsprechenden sozialen Ritualen sinnvoll umgehen. Kleine Kinder reagieren auf ihr Gegenüber meist viel unmittelbarer als Erwachsene, haben keine gesellschaftliche Maske, hinter der sie sich schützen und ihre Gefühle verbergen können.

Kinder bauen auch ihre eigenen Beziehungen auf, beginnen selbständig zu wählen, schließen Freundschaften mit Erwachsenen und Kindern außerhalb der Familie, bewegen sich in fremden Milieus, müssen sich mit der Eigenart anderer Menschen auseinandersetzen. Eltern haben oft die Neigung, die Wahrnehmungen ihrer Kinder zu negieren

oder beschwichtigend zu korrigieren: »Mama, dieser Mann ist blöd!«
– »Hör auf, das sagt man nicht!« – »Er hat aber gar nicht richtig
zugehört, sondern immer nur bös geschaut und ›ja, ja‹ gesagt…«
Dieses Kind hat eine Reaktion erfahren, die es beschäftigt und vielleicht zurückgeschreckt hat. Mögen die Äußerungen auch zunächst
etikettierend sein, so können wir umgekehrt darüber staunen, wie
genau Kinder wahrnehmen. Sie brauchen unsere Anteilnahme, wollen
ernstgenommen sein. Dann läßt sich mit ihnen auch über ihre Ausdrucksweise diskutieren, darüber, daß sie verletzend sein kann. Durch
unser Vorbild, durch Ernstnehmen der kindlichen Wahrnehmung und
Gefühle lernen Kinder mit der Zeit auch, daß es einen fundamentalen
Respekt vor anderen Menschen gibt, der immer auch in bezug auf die
Person des Kindes eingelöst werden muß.

Der formbildende Prozeß, der sich auf Kontakt und Beziehung mit
anderen Menschen und auf das Gestalten von Übergängen ausdehnt,
beginnt früh und setzt sich lange fort, bekommt jedoch eine besondere
Bedeutung, wenn Kinder in den Kindergarten und vor allem in die
Schule eintreten. Dieser Übergang hat zugleich den Charakter einer
Initiation in die weitere soziale Welt. Die Vergesellschaftung des
kindlichen Lebens beginnt. Das Täschlein und später der Schultornister
sind die wichtigen Zeichen dieses Übergangs. Schon Monate vorher
beginnen die meisten Kinder unruhig zu werden, sind oft widerborstig,
betonen einerseits, daß sie bald zu den ›Großen‹ gehören werden, und
sind anderseits auch wieder klein und anhänglich. Sie üben dabei eine
neue leibhafte Haltung ein, die sie bald mit Stolz erfüllt, bald auch
wieder ängstigt und sie auf Bekanntes zurückgreifen läßt. Ruth, meine
Kollegin, erinnerte sich hier an die folgende Geschichte: »Meine damals kleine Tochter hat das In-den-Kindergarten-Gehen vorher einige
Wochen lang gespielt. Da sie selbst ohne Geschwister ist, hat sie im
Spiel ihre um ein Jahr jüngere Cousine hinzuphantasiert, die dann bei
mir zu Hause bleiben würde, während sie, die Große, in den Kindergarten ginge. Sie spielte dasselbe Spiel Tag um Tag, verabschiedete
sich fröhlich von der kleinen Giulia und mir und wußte uns in der
Zwischenzeit sicher zu Hause. Plötzlich, etliche Tage vor dem ersten
Kindergartentag, hält sie mitten im Spiel inne und meint: ›Es ist ein
lustiges Gefühl, so wie in einem Traum, wenn es zu hell geworden
ist… Und von da an spielte sie dieses Spiel nicht mehr.« Es war schon
zur vor-greifenden Realität geworden.

Ich selbst erinnere mich noch genau an den Tag, an dem ich meine
Tochter erstmals zur Schule begleitete und alle die anderen Mütter und

zum Teil auch Väter sah, die mit ihren Kindern daherkamen, und spürte wieder, wie wunderlich mir dabei zumute war. Ich fühlte Abschied und Neubeginn zugleich und sah plötzlich ein dünnes, langbeiniges Mädchen vor mir, das aufgeregt der Mutter vorausrannte. Ja, das war ich, vor über vierzig Jahren. Und doch war es mir jetzt so gegenwärtig, daß ich die Spiegelung von Generationen sah und gleichzeitig die Erzählung meiner Mutter über ihren eigenen ersten Schultag hörte. Ich hörte sie als Mädchen von damals und als Mutter, die die kleine Hand ihrer Tochter in der eigenen fühlte. Sie ging so aufrecht neben mir her, so erregt und auf eine neue Weise selbstbewußt. Es war mein Kind, das ich kannte und gleichzeitig auch ein anderes, mir noch unbekanntes Kind, das zum Vorschein kam. Ich begriff, daß ich erst lernen würde, mit ihm umzugehen, ja überhaupt mit ihm vertraut zu werden. Meine Tochter hatte diesen Übergang lange vorbereitet – und nun war sie ein Schulkind. Und ich mußte mich erst daran gewöhnen, Mutter dieses ›neuen‹ Kindes zu sein.

Mütterlicher Babuschka-Dialog
am ersten Schultag

Und dann saßen wir im Schulzimmer, das ähnlich nach Kreide und Holz roch wie meines damals. Die Bilder schlugen ineinander um. Bald sah ich meine Lehrerin vor mir und hörte mich meinen Namen sagen, bald sah ich meine Tochter, wie sie sich selbst mit kecken Strichen auf ein Blatt zeichnete. Wieviel zögernder war ich damals gewesen... Die Mutter neben mir hatte Tränen in den Augen. Es war nicht eigentlich Trauer. Sie war einfach bewegt, nahm Abschied. Ich sah auf meine Tochter, die ganz auf das Neue ausgerichtet war, und sah wieder mich selbst, wie ich, gefangen von all dem Neuen, kaum bemerkte, daß die Eltern das Zimmer verlassen hatten... Ich überließ mich meinem inneren Dialog und gab den Raum frei, in dem Mirjam sich in ihre neue Welt vortastete.

Durch den Übergang in eine staatliche Institution geschieht Einschneidendes: Bisher waren die Sozialkontakte der Kinder persönlich initiierte gewesen und mit Menschen, die den Eltern vertraut oder mindestens bekannt waren. Auch Tagesablauf und Lebensrhythmus wurden weitgehend von den Eltern und von den kindlichen Bedürfnissen bestimmt. Doch von jetzt an leben Kinder in zwei Welten, die relativ unabhängig voneinander sind. Sie verbringen einen Teil der Zeit mit anderen Kindern, die weder sie selbst noch deren Eltern ausgewählt haben, machen Erfahrungen, an denen Eltern nicht unmittelbar teilnehmen und die nicht mehr mit der Familie zusammenhängen. Nicht alles, was sie erleben, können und wollen sie direkt ausdrücken. Eltern haben auch keine Macht mehr darüber, was den Kindern widerfährt. Sie vermögen zu unterstützen, zu trösten, bestärken und ermutigen, und mit dieser elterlichen Anteilnahme können Kinder all die freudvollen und schmerzlichen Erfahrungen im Umgang mit der Schule und mit andern Kindern im Schulalltag besser verarbeiten. Oft tauchen erst zu Hause Konflikte auf, die ihren Grund und Ursprung gar nicht in der Familie selbst haben, sondern in der Schule, auf dem Pausenplatz, dem Schulweg – aber nur in der Familie können sie, in oft umgewandelter Form, ausgedrückt und ausgelebt werden.

Der indirekte Bezugskreis erweitert sich auch für die Eltern. Kinder bringen neue Normen heim, die anders sind als die familiären. Ein Dialog zwischen diesen Welten beginnt, ein Engagement der Eltern, ihre eigenen Maßstäbe zu überprüfen und sich nochmals mit gesellschaftlichen Normen und Rollen auseinanderzusetzen. Gleichzeitig auferlegt die staatliche Institution der Lebensgestaltung der ganzen Familie klare Strukturen und Grenzen.

Familiäre Beziehungs- und Ausdrucksmuster im Schulalltag

In einer Schulklasse zeigen sich die vielfältigsten Möglichkeiten, Beziehung aufzunehmen, sich bemerkbar zu machen und sich zu zeigen. Da sind eifrige Kinder, die kaum warten können, bis sie an der Reihe sind, andere, die zögernd und scheu antworten, solche, die nur etwas sagen, wenn man sie aufruft und dann erstaunliche Dinge sagen können oder von weither zurückzukommen scheinen. Es gibt jene schweigenden Kinder, die leicht übersehen werden, als könnten sie sich unsichtbar machen. Temperament und Konstitution bestimmen die Ausdrucksmuster, aber auch die Beziehung zum eigenen Wert als Person. Nicht immer ist es leicht, mangelndes Selbstwertgefühl als solches zu erkennen. Es mag etwa durch Geltungsstreben überspielt werden oder sich in einen eher hochnäsigen Rückzug verkleiden. Doch meist sind diese Muster bei Schulkindern noch nicht so verhärtet, daß sie nicht durch Ermutigung wenigstens ein Stück weit aufzulösen wären. Alfred Adler war ein Meister im Erkennen kindlicher Minderwertigkeitsgefühle und im Vermitteln von Möglichkeiten, sie durch Ermutigung ihre eigenen Möglichkeiten entdecken zu lassen.[2] Kinder in diesem Prozeß zu unterstützen, ist eine gemeinsame Aufgabe von Eltern und Lehrenden.

Bis zum Schuleintritt bilden Kinder jene Beziehungs- und Ausdrucksmuster aus, mit denen sie zum Teil auch den schulischen Alltag zu bewältigen suchen. Umgekehrt bringt die Schule auch völlig neue Situationen, mit denen Kinder noch umgehen lernen müssen. Oft erfahren Eltern erst im Spiegel dieser Gemeinschaftssituation, wo ihre Kinder Schwierigkeiten haben, welchen Aspekten dieses Zusammenseins sie – noch – nicht gewachsen sind. Vieles läßt sich im Dialog zwischen Eltern und Lehrern ausgleichen. Wo beide nur für sich weiteragieren, vertieft sich oft die Entmutigung im Laufe der Jahre.

All die genannten Beziehungs- und Ausdrucksformen sind wiederum auch verkörperte Muster. Ich erinnere mich dabei an eine 16jährige Seminaristin, die zu mir in die Jugendberatung geschickt wurde, weil sie im Unterricht nie etwas sagte. »Es war immer so«, meinte sie, »schon in der Primarschule.« Ob sie denn kein Bedürfnis habe, auch einmal etwas zu sagen? »Nein, ich höre gerne zu. Mich interessiert, was andere sagen. Das reicht mir.« Daß sie aufmerksam war, ließ sich unter anderem an ihren schriftlichen Arbeiten und Noten ablesen. Wie es denn zu Hause sei, wollte ich wissen. »Oh, genau gleich. Die anderen reden – ich höre zu. Die reden so viel, da muß ich doch nicht auch noch etwas sagen.« Sie war das mittlere Kind in einer sehr lebhaften Familie, in der viel diskutiert wurde. »Die anderen haben schon immer alles erzählt – und dann war das Essen vorüber.« Offenbar kam Marisa schon als kleines Mädchen nicht zu Wort. Der Vater war Lehrer an einer höheren Schule und sprach viel von seinen Erfahrungen, die Mutter von politischen Aktivitäten, die Brüder von der Schule. Marisa selbst war beliebt, weil sie so gut zuhören konnte. Und Marisa wollte nichts anderes. »Sollen sie doch reden, wenn sie es brauchen«, sagte das Mädchen lächelnd zu mir. Ich bat die Lehrer, nicht in Marisa zu dringen, denn ich spürte, daß ihre Stummheit eine Art von Verweigerung war, mit der sie gegen ihre Familie und gegen die Schule zu bestehen und ihre Selbstachtung zu bewahren versuchte. Sie würde sich dagegen wehren, ihr Schweigen als Mangel aufzufassen, wie sie es schon seit der ersten Klasse getan hatte. Wegen ihrer guten Noten hatte man ihr nie etwas anhaben können. Zwei Jahre später kam Marisa wieder zu mir – diesmal freiwillig. Sie habe es nun doch satt, immer nur zu schweigen. Sie hätte nämlich auch etwas zu sagen… Und jetzt gehe es einfach nicht. Marisa begann zu verstehen, daß sie sich schon als Kind hatte entmutigen lassen, daß für sie einfach kein Raum zum Sprechen geblieben war. »Es war den anderen nur recht, daß ich nicht auch noch etwas sagen wollte«, bemerkte sie wütend. Sie begegnete ihrem resignativen Muster, aus dem sie sich langsam aufzurichten begann. Als sie ihre Haltung allmählich veränderte, kam das Bedürfnis, sich Raum zu nehmen, immer deutlicher zum Vorschein. »Ich muß jetzt nicht immer nur gehetzt etwas anfügen, wenn irgendwo eine Pause entsteht«, sagte sie, »ich kann mir allmählich auch Gehör verschaffen.« Zur gleichen Zeit fing Marisa auch an, lauter und bestimmter zu sprechen und erlebte dadurch, daß sie ernstgenommen wurde, daß ihre Stimme ins Gewicht fiel.

Es gibt immer wieder Kinder wie Marisa, die kein Gefühl für ihren Eigenraum entwickeln können. Oft ist es für Eltern nicht leicht, ihre Kinder hier zu unterstützen. »Es war ein schwieriges Stück Arbeit«, meinte ein Vater von drei Kindern, daß unser mittlerer Sohn nicht ständig unterging in unseren Gesprächen, weil er bedächtiger ist als wir anderen. Wir haben ihm oft geholfen, sich Raum zu nehmen. Doch muß er jetzt auch lernen, sich selbst zu wehren.« Die Herausforderung der Eltern führte eher dazu, daß er sich zurückzog. Der achtjährige Junge glaubte, nur zur Geltung zu kommen, wenn er die anderen durch Schweigen auf sich aufmerksam machen konnte. Da ihm dies in der Schule nicht gelang, wurde er immer schweigsamer. Hier zeigte sich für mich eine Schwierigkeit: Mit Kindern läßt sich nicht auf dieselbe Weise an ihrer Körperhaltung arbeiten wie mit Erwachsenen oder mit Jugendlichen. Der Vater hatte jedoch beobachtet, daß der Junge seine Brust einsinken ließ und die Arme meist fest an seinen Körper drückte. Ich riet dem Vater, mit seinem Sohn zu rangeln, und zwar so, daß sie ihre Handinnenflächen gegeneinander hielten und in einer Art Wettkampf gegeneinander drückten. Der Vater mußte dazu sitzen, während sein Sohn stehen durfte. Der Junge lernte bald, daß er mehr Kraft entwickeln konnte, wenn er seinen Oberkörper aufrichtete und nicht nur die Kraft in seinen Armen mobilisierte. Umgekehrt half ihm das Stoßen mit den Armen, Spannung in seinem Brustbereich zu entwikkeln. Zwischendurch klopften die beiden einander Brust und Rücken mit flachen Händen oder Fäusten ab. Da dies eine sportliche und spielerische Note hatte, ließ sich der Junge darauf ein. Gleichzeitig bekam er dadurch die Beachtung, die er sich so sehr wünschte und die ihn ermutigte. Schließlich bemerkte er selber den Unterschied zwischen seiner bisherigen und der neuen Haltung. »Ich habe jetzt einen richtigen Brustkorb wie du, Papa«, meinte er. Und etwas später: »Wenn ich so auf den Peter zugehe, der mich immer durchgehauen hat, habe ich keine Angst mehr. Ich bin selber stark. Und jetzt läßt er mich meist in Ruhe.« Auch im Klassenverband traute er sich eher, etwas zu sagen. Die spielerische Arbeit mit der Körperhaltung hatte also die Ermutigung unterstützt und dem Jungen geholfen, sein altes Muster etwas aufzulösen.

Manchmal gelingt es in der Schule oder zu Hause, diese Muster zu mildern, wenn deutlich wird, was diese Kinder wirklich brauchen. So hatte ein neunjähriges Mädchen, mit Abstand das jüngste unter vier Geschwistern, die Angewohnheit, sich bald als Clown, bald durch Stören in der Klasse, zum Mittelpunkt zu machen. Als die Lehrerin einmal eine Geschichte von einem traurigen Clown, der immer lustig sein mußte, erzählte, zeichnete das Mädchen einen Clown und schrieb darunter: »Dieser Clown ist traurig.« Als die Lehrerin fragte, ob sie nicht dazu schreiben könne, warum er traurig sei, malte sie mit Sorgfalt den Satz: »Weil ihn die anderen nur mögen, wenn er lustig ist.« – »Was möchte er denn tun, dein Clown«, fragte die Lehrerin. Da schaute das Mädchen auf und begann zu lächeln: »Er möchte mithelfen, das Zelt aufzustellen und mit den anderen in der Manege reiten. Dann fühlt er sich nicht mehr so klein.« Die Lehrerin verstand das Angebot. »Mitmachen wie die anderen und dabei ernstgenommen werden«, war der Schlüssel. Da dieses Bedürfnis von den Eltern unterstützt wurde, konnte das Mädchen ihr altes Verhalten aufgeben, durfte aber ab und zu seine Clownerien vor der Klasse zum besten geben. So wurde dieses lange geübte Muster zu einer integrierten Fähigkeit des Mädchens.

Oft erfahren Kinder auch, daß die bisherigen verkörperten Muster für die Bewältigung der Schulsituation ungeeignet sind. Sie werden für ihre Ausdrucksweise verlacht, oder sie erfahren, daß ihre Anpassung an Lehrerin oder Lehrer sie bei den anderen Kindern unbeliebt macht. Ein junger Mann erzählte mir, daß er für seine Sprache ausgelacht wurde.

»Bei uns zu Hause sprach man sehr gepflegt und gewählt. Doch die meisten Kinder in der Schule gehörten einer anderen sozialen Schicht an. Ich konnte nicht sprechen wie sie. Da bin ich einfach verstummt. Das geht mir bis heute nach. Mein Bruder war geschickter. Er war einfach ein ›Schulbub‹ und ein ›Zuhause-Bub‹. Ich brachte das nicht fertig.« Dieser Mann lernte aufgrund seiner Andersartigkeit im Vergleich mit den Klassenkameraden, daß er nicht annehmbar, daß er lächerlich sei. Er entwickelte deshalb in der Schule ein Muster des Versteifens, bei dem er seinen Kehlkopf drückte, und erlebte nun in der Körperarbeit, wie er sich dadurch leibhaft zum Verstummen brachte.

So können familiäre Muster einerseits durch die ganze Kindheit und Jugend hindurch auch als schulische Muster erhalten bleiben oder zu einem Konflikt mit dem in der Schule Geforderten werden. Nicht nur Lehrer, sondern vor allem auch Mitschüler können zu einem solchen Konflikt beitragen. Kontaktmuster, Schichtzugehörigkeit oder eine belastende familiäre Situation beeinträchtigen oft schulisches Lernen. »Ich konnte in der Schule nie aufpassen, weil ich immer an unsere Streitigkeiten zu Hause denken mußte. Ich hatte solche Angst, mein Vater könne der Mutter etwas antun«, sagte ein 25jähriger Mann in der Therapie. Doch die Schule kann auch zu einer Oase, zu einem Zufluchtsort werden. »Zu Hause war ich immer kontrolliert und trotzdem allein. In der Schule fand ich es einfach spannend. Da ich leicht lernte, mußte ich mich nicht so sehr anstrengen. Zu Hause galt ich als schwieriges Kind, in der Schule war ich fast ein Musterkind. Trotzdem konnte ich mich mit den anderen Kindern austoben!« So erzählte eine 35jährige Frau, die selbst eine begeisterte und engagierte Gymnasiallehrerin geworden war.

Das Leben in der Schule hängt auch weitgehend mit dem Selbstwertgefühl des Kindes zusammen. Viele Kinder erleben schon früh, daß sie den Erwartungen der Eltern nicht zu entsprechen vermögen. »Ich kann nicht…« oder »Ich darf nicht…« werden oft zu einverleibten Erfahrungen. Was ein älteres Geschwister so prima kann, daran wird sich das jüngere kaum wagen. Oder das ältere Kind sieht sich vom jüngeren Geschwister überholt. Vor allem familiäre Wertmaßstäbe spielen dabei eine entscheidende Rolle. So kommen manchmal Kinder in die Schule, die ein verkörpertes Muster von »was ich mache, ist nicht gut genug« mitbringen.

Ich erinnere mich hier an eine Mutter, deren älteste achtjährige Tochter entmutigt war, weil die nächstjüngere Schwester schon im Kindergarten lesen und schreiben konnte. Die ganze Verwandtschaft bewunderte dieses Mädchen. »Mir ist das gar nicht recht«, meinte die Mutter, »beide Kinder sind irgendwie überfordert.« Ich bat die Eltern, das jüngere Kind nicht einfach zu bremsen, sondern ihm mehr altersgemäße Spiele anzubieten, ihm hier auch Beachtung zu schenken, da es wohl glaubte, nur mit den Mitteln seiner Schwester Anerkennung zu finden. Anderseits galt es, das Interesse dieses Kindes zu respektieren. Die achtjährige Tochter hingegen mußte als die größere zu ihrem Recht kommen. Auf spielerische Weise sprach die Mutter mit den Kindern über die Vorteile von ›groß‹ und ›klein‹ sein. So fanden die beiden Mädchen je eine ›heilende Geschichte‹ für sich. Die Auspolarisierung verlor allmählich an Brisanz. Dennoch konnte sich die ältere Tochter nicht wirklich von ihrem ›ich kann es ja doch nicht‹ lösen. Die Mutter erzählte ihr daraufhin, daß es ihr als Kind ähnlich ergangen sei. »Und was hast du gemacht, daß es aufhört?« fragte das Mädchen interessiert. »Ich habe immer wieder zu mir gesagt: ›Du kannst es!‹ Meine Mutter hat es mir geglaubt. Da konnte ich es auch allmählich eher glauben.« – »Wie macht man das?« wollte die Tochter wissen. Da schlug ihr die Mutter ein Spiel vor, dem eine Übung aus unserer Therapie zugrunde lag. Sie stellte sich in Grätschstellung mit gebeugten Knien hin, stützte die Hände auf die Oberschenkel, sprang in die Höhe und sagte beim festen Aufprall der Füße auf dem Boden: »Ich kann es!« Die kleine Tochter machte mit, und so riefen sie einander diesen Satz um die Wette zu. Fast jeden Tag wiederholten sie die Übung, die beiden Spaß machte. »Gell, das nützt bei dir?« wollte die Tochter wissen. Die Mutter bestätigte dies, und die kleine Tochter meinte: »Mir hilft es auch.« Die Mutter gab der Tochter noch einen ›Geheimtip‹: »Wenn du in der Schule Schwierigkeiten hast, kannst du dir innerlich vorstellen, wie du auf die Fersen springst und diesen Satz sagst.« Diese Mutter hatte von sich aus verstanden, daß es möglich ist, über innere Vorstellungen eine Haltung wieder hervorzulocken. Die Entschärfung der Geschwisterkonkurrenz, die Festigung der Mutter-Tochter-Beziehung mit ihrem Geheimnis und die spielerische Übung halfen dem Mädchen über sein verkörpertes Minderwertigkeitsgefühl hinweg. Unterdessen nahm sich der Vater mehr der jüngeren Tochter an, bastelte und spielte mit ihr.

Viele Kinder erleben mit dem Eintritt in die Schule auch einen Bruch innerhalb der familiären Beziehung. Plötzlich – oder allmählich – tritt der elterliche Ehrgeiz in den Vordergrund. Die Zuneigung der Eltern – oder eines Elternteils – wird abhängig von den schulischen Leistungen. Oft stabilisieren Kinder auch ihren Platz in der

Familie durch schulische Erfolge, andere – durch die familiäre oder schulische Dynamik entmutigt – werden zu Schulversagern. Wie relativ solche Einstufungen sind, erfahren wir etwa an späteren Klassentreffen, wo oft gerade die ›schlechten‹ Schülerinnen oder Schüler einen eigenen Weg im Leben gefunden haben. Kinder, die alles daran setzen, gute Schüler zu sein, erfahren später oft schmerzhaft, daß die guten Noten nicht das alleinige Fundament für die Bewältigung der Lebensaufgaben darstellen.

Bisher war vor allem von der Unterstützung der Schulkinder durch Eltern und Lehrer die Rede, doch gerade im Bereich von Leistungsmustern sind viele Eltern auch mit ihrer eigenen Lerngeschichte – bewußt oder unbewußt – wieder konfrontiert. Oft ist es sehr hilfreich, sich als Eltern mit den eigenen einverleibten Erfahrungen auseinanderzusetzen. Dazu möchte ich ein Beispiel geben: Eine Mutter Mitte Vierzig erzählte mir – enttäuscht über sich selbst – von den Schwierigkeiten mit ihren Schulkindern:»Ich war früher in der Erwachsenenbildung tätig. Damals wurde mir die Fähigkeit nachgesagt, die Studierenden gut ermutigen zu können. Ich spürte den unausgeschöpften Möglichkeiten nach und half mit Geduld, sie zu entfalten. Ich hatte ein Selbstbild, in dem Toleranz, Ermutigung und Verminderung von Leistungsdruck an oberster Stelle standen. Ich bekam spät Kinder und wollte es besonders gut machen. Dabei bin ich mit meinem Selbstbild oft ins Gehege gekommen – jedoch nie so wie jetzt.« Anna senkte den Kopf. Ich sah, daß sie sich schämte. Und ich wußte, wie sich das anfühlt.»Ich verstehe, daß es dir schwerfällt weiterzusprechen«, sagte ich leise.»Ja, du…«, antwortete Anna, und ich wußte, was sie erwidern wollte. »Ich weiß, daß es weh tut, dem eigenen Unvermögen zu begegnen«, antwortete ich. Anna schaute mich lange an und schien endlich meinen Worten Glauben zu schenken. »Jetzt gehen beide Kinder zur Schule, die ältere Tochter in die dritte und die jüngere in die erste Klasse. Meine ältere Tochter ist eigentlich eine gute Schülerin. Sie macht auch ihre Aufgaben von selbst. Das war für mich immer selbstverständlich. Wenn sie jedoch für mein Gefühl nicht lange genug liest oder rechnet, werde ich ungehalten. Und es kam einfach so aus mir heraus: ›Was ist das für ein Pfusch! So wirst du nie einen guten Beruf lernen können!‹ Ich hörte mich sprechen, und es war mir, als sei es jemand anders. Ich konnte kaum mehr aufhören. Bis meine Tochter sagte: ›Mama, für mich ist das genug. Ich bin selber verantwortlich für meine Aufgaben.‹ Sie hatte recht, und ich schwieg. Aber in mir blieb eine Unruhe. Und wenn ich sie abfrage, und sie weiß es nicht gleich, werde ich richtig gehässig. Also lasse ich sie möglichst in Ruhe. Schließlich sind ihre Noten ja auch in Ordnung, die Lehrerin ist mit ihr zufrieden. Etwas anderes hatte ich auch nicht erwartet. Die Beunruhigung über meine eigenen Reaktionen schob ich beiseite...« Anna schwieg. Einen Augenblick lang hatte ich eine strenge, fast harte Frau gesehen, als sie ihre eigenen Worte wiedergab. Jetzt aber saß sie zusammengesunken da. »Nun ist meine zweite Tochter in der Schule. Sie lebt in einer eigenen Welt voller Phantasien. Ich erkenne mich darin wieder, aber meine Aufgaben hatte ich noch genauer gemacht als Melanie, meine ältere Tochter. Die kleine aber vergißt ständig ihren Schulranzen in der Schule, schreibt husch husch ihre Aufgaben und verschwindet in Spielen, in ihrer Traumwelt. Ich begann, bei all ihren Aufgaben dabei zu sitzen. ›Was für ein Pfusch! Nein, so geht es nicht‹, sagte ich wütend, riß Julia das Heft weg und radierte die häßlichen Buchstaben, die ständig von der Reihe fielen, aus. ›Nochmals‹, befahl ich. ›Nein, was machst du jetzt wieder! Was fällt dir ein. Gib her!‹ So ging es eine Weile, bis meine Tochter zu weinen begann und ihr Heft von sich schob. ›Ich kann es ja doch nicht. Ich bin einfach dumm!‹ Als Julia dies hervorschluchzte, kam ich wieder zurück. Ich entschuldigte mich bei meiner Tochter. Doch in Ansätzen passiert es mir immer wieder. Ich verstehe diese Reaktionen einfach nicht.«

Ich ließ Anna die Szene zwischen ihr und Julia spielen. Als sie mit ihrer Tochter schimpfte, fragte ich sie, ob sie ihre Haltung, in der sie vor Julia steht, spüren könne. Sie nickte, und sie verstärkte das Kritik-Muster langsam, um es anschließend wieder aufzulösen. »Ich stehe ja da wie meine eigene Mutter«, sagte Anna plötzlich. »Ich schaue genau so kritisierend drein, mit schmalen Lippen. Und ich werde ganz steif und eng. Dabei kommt so ein grausames, kaltes Gefühl in mir hoch. Ich verstehe jetzt auch, warum ich als Kind so viel Angst hatte.« Anna war erschüttert darüber, daß sie das Muster ihrer Mutter übernommen hatte, »obwohl ich doch ganz anders werden wollte!« Sie kam in Kontakt mit dem Babuschka-Prinzip.

»Es geht uns allen ähnlich«, sagte ich, »wir tragen die ganze Familienbühne in uns.« Anna wiederholte die Übung und sagte anschließend: »Beim Auflösen wurde ich immer weiter und wärmer. Ich habe jetzt den Impuls, mich neben Julia zu setzen und zu sagen: ›Du kannst es schon. Und schließlich hast du auch noch Zeit.‹ Ich fühle mich ihr viel näher.« Als Anna Julias Haltung beim Aufgabenmachen einnahm, spürte sie, wie sie immer mehr zusammensank, »als könnte ich unter Mutters Blick wegschrumpfen.« Anna wurde nachdenklich. »So ähnlich ging es mir als Kind. Aber ich riß mich dann hoch – so –, um meiner Mutter doch zu genügen. Es kommen mir Szenen beim Aufgabenmachen und beim Briefeschreiben in den Sinn. Ich mußte alles so oft wiederholen, bis es ganz schön geschrieben und fehlerlos war.« Als wir mit Annas Kind-Muster arbeiteten, kamen Trauer und Wut zum Vorschein. Die Auseinandersetzung mit der eigenen Mutter nahm eine längere Zeit in Anspruch. Es fiel Anna nicht mehr so schwer, das eigene verkörperte Mutter-Muster anzunehmen und allmählich aufzulösen. Es brauchte allerdings eine gewisse Zeit, bis Anna zwischen Härte und Grenzen setzen von ihrer Haltung her zu unterscheiden vermochte. Sie entdeckte auch, daß sie in ihrem eigenen Kind-Muster Melanie beneidete. »Du wagst es, dich zu widersetzen«, sagte sie zur innerlich vorgestellten Tochter, »ich kann das nicht.« Anna spürte, daß sie ihrer älteren Tochter gegenüber die Haltung des neidischen Mädchens annahm und den damit verbundenen Schmerz dadurch abwehrte, daß sie zum Muster ihrer strengen Mutter überging. »Ich hätte Melanie eigentlich kleinkriegen wollen«, sagte Anna betroffen, »sie sollte mit der Schule nie umgehen dürfen, wie ich es selber nicht konnte.« – »Und Julia?« fragte ich. »Auch in ihr habe ich etwas Vertrautes wiederentdeckt. Sie hat eine innige Phantasiewelt, zu der ich selber den Kontakt weitgehend verloren habe. Das tut fast noch mehr weh. Sie steht aber dafür ein wenig quer zur Schule.« In dem Maß, wie Anna die von den Kindern gespiegelten eigenen Qualitäten wieder entdeckte, mußte sie diese nicht mehr bekämpfen. Sie sah auch, wie verschieden die Kinder schulisches Lernen erlebten, und konnte sie besser unterstützen, ihren eigenen Weg zu finden.

Wir sind eine Generation erziehungsbewußter Mütter und Väter und kennen meist die neueren pädagogischen Anliegen. Um so schwerer ist es, die eigenen einverleibten Muster vorangegangener Generationen zu spüren. Der eigenen Härte, den entmutigenden Reaktionen, den Entwertungen zu begegnen und ihnen ins Auge zu schauen, sie wirklich wahrzuhaben, ist sehr schmerzhaft. Ich habe wenige Eltern erlebt, die sich mit diesen Verhaltensweisen identifizierten. Sie spüren die Diskrepanz zwischen dem, was sie gutheißen und anstreben, und den Mustern, denen sie sich ausgeliefert fühlen. Zum Schmerz kommt meist die Scham. Das eigene Unvermögen wird geheimgehalten, und es entsteht der Eindruck, die andern Eltern würden es mühelos schaffen. So wird elterliches Versagen eine stumme Geschichte. Verschärft ist der Konflikt bei Eltern, die selber im pädagogischen oder psychologischen Bereich arbeiten wie Anna in unserem Beispiel. Und ich

weiß selber nur allzu gut, wie weh dieser Konflikt zwischen Ange-
strebtem und Eingelöstem tut, vor allem, wenn kein Wegschauen mehr
möglich ist.

Gleichzeitig ist es mir ein Anliegen, nicht einfach die letzte Generation
zu denunzieren, Wut und Schmerz den eigenen Eltern gegenüber zwar
auszudrücken, nicht aber in Anklagen und Schuldzuweisungen stek-
kenzubleiben. So ließ ich Anna einmal phantasieren, wie ihre eigene
Mutter wohl als Kind gewesen sei. »Ich sehe meine Mutter vor mir,
wie sie heimlich auf dem Estrich saß und alte Bücher und Zeitungen
las, was streng verboten war. Ich kann erahnen, wie verzaubert sie von
den fremden Welten war, die sie geheimhalten mußte. Es gab in ihrer
Kindheit nur Arbeit und wieder Arbeit, denn die Familie war arm und
hatte viele Kinder.« Die ebenfalls phantasiebegabte Mutter mußte
selbstverständlich eine gute Schülerin sein, ohne lange lernen zu dürfen. Und eine Lehre konnte sie erst machen, als sie erwachsen war und
für sich selbst aufkommen konnte. »Sie hat wohl das unerbittliche
Muster ihres eigenen Vaters übernommen, gepaart mit dem Ehrgeiz
für mich, damit ich all das zu werden vermöchte, was ihr versagt war.
Sie förderte mich im Bereich der Leistungen, doch alles andere bekämpfte sie in mir. Meine Großmutter war eine sehr fleißige Frau, die
sich ihrem Mann unterordnete. So wollte meine Mutter wohl nicht
werden.« Anna bekam auf diese Weise Kontakt zu den Schichten ihrer
Mutter, die meist verborgen geblieben waren und die auch sie als
Tochter nicht leben durfte, »das hätte ihr viel zu sehr weh getan.« Jetzt
konnte sie jedoch diese Qualitäten als Geschenk annehmen. »Ich verdanke meiner Mutter immerhin meine gute Ausbildung. Mein Vater
hat sich nie darum gekümmert. Er hatte selbst keinen Ehrgeiz und war
ein solider Angestellter. Er konnte gut malen, tat es auch zuweilen,
aber ihm genügte es, einfach zu sein, die Natur zu genießen. Ich fühlte
mich ihm als Kind nahe, nahm ihn aber nicht so ernst. Er hatte ja nichts
vorzuweisen… Jetzt spüre ich aber zunehmend auch meinen Vater in
mir.« Anna verstand in diesem Prozeß auch, daß sie einen Mann
gewählt hatte, der in vieler Hinsicht ihrem Vater ähnlich war. »Auch
ihn liebe ich und – verachte ihn auch. Erst jetzt sehe ich seine Qualitäten und beginne sie zu schätzen – auch im Hinblick auf die Kinder.«
Doch in dem Maß, wie Anna ihre alten Muster auflösen konnte,
entstand ein neuer Konflikt. »Wenn ich meinen Mann ernst nehme,
muß ich ihn auch als Vater stärker einfordern.« Die oft schwierigen
Auseinandersetzungen führten schließlich dazu, daß er sich in Fragen
der Erziehung, vor allem auch der Schule, stärker engagierte und sich

dadurch besser in die Familie integriert fühlte. »Ich habe auch meinem Mann viel zuwenig zugetraut und zugemutet«, sagte Anna am Ende ihrer Therapie.

In der Arbeit mit Anna begegnete ich Aspekten meiner eigenen Geschichte. Und ich erlebte hautnah, wie sehr wir als Mütter und als Väter einen leibhaften Dialog inszenieren, der auch im Hinblick auf die Schule mit unseren in der eigenen Kindheit und Jugend einverleibten Mustern zusammenhängt, indem wir unsere Eltern und das eigene ›innere Kind‹ verkörpern. Dieser Dialog läßt sich über Generationen zurückverfolgen, bekommt jedoch vor allem für Frauen in den letzten zwei bis drei Generationen neue Akzente. Anna verstand den harten Ehrgeiz ihrer Mutter für sie als Tochter auf dem Hintergrund der ihr versagt gebliebenen Entfaltung der intellektuellen Fähigkeiten. So ergibt sich auch hier oft ein vielschichtiger Babuschka-Dialog für Eltern wie für Lehrerinnen und Lehrer. Auf dem Hintergrund der Auseinandersetzung mit den eigenen einverleibten Mustern können wir einen klareren Bezug zu den Beziehungs- und Ausdrucksformen der Kinder gewinnen.

Einverleibte Muster schulischen Lernens

Wenn ich Erwachsene unterrichte, habe ich immer wieder das Gefühl, eine Schulklasse von Kindern oder Jugendlichen vor mir zu haben. Ich begegne derselben angestrengten Aufmerksamkeit, dem beflissenen Haschen nach Information, den alten Prüfungsängsten, den verweigernden Mustern, und immer wieder höre ich Äußerungen wie: »Seltsam, sobald ich in einer Schulbank sitze, benehme ich mich wie eine Schülerin, wie ein Schüler – als sei ich nicht vierzig, sondern zehn bis zwölf Jahre alt.« All diese Reaktionen zeigen, daß auch die schulische Initiation in unserer Gesellschaft mit dem Einverleiben bestimmter Muster verbunden ist. Kinder lernen ›aufmerksam sein‹, ›sich konzentrieren‹, aber auch ›aufpassen‹, ›still sitzen‹. Es ist hilfreich, als Eltern oder Lehrende mit den eigenen Mustern in Kontakt zu kommen und etwa herauszufinden, wie wir je individuell ›aufmerksam sein‹ formen und wie wir von da zu ›Konzentration‹ übergehen oder wie wir ›still sitzen‹ verkörpern.

Ich möchte jetzt mit dem Beispiel ›still sitzen‹ beginnen. ›Sitz still‹ ist zunächst eine Aufforderung, den eigenen Organismus irgendwie in eine Form der Bewegungslosigkeit nach außen hin zu bringen. Jedes

Kind muß also herausfinden, wie es mit seinen Bewegungsimpulsen fertig wird, wie es sie anhalten, unterdrücken oder in Scharren der Füße, Klopfen oder Schaukeln umleiten kann. Es gibt viele Muster für Stillsitzen – um zunächst bei diesem Beispiel zu bleiben. ›Zur Ruhe kommen‹ ist qualitativ etwas anderes als nur ›still sitzen‹. Still sitzen können wir, während unser ganzes Inneres in Aufruhr ist, uns tausend Gedanken durch den Kopf jagen. Kinder kommen aus der Pause, von wilden Spielen, Spaß, Schlägereien, Streit – und plötzlich sollen sie ruhig sein. Die einen versteifen sich, sitzen mit hohlem Kreuz da, andere rutschen fast unter den Tisch, versinken in Passivität, andere schaukeln mit dem Stuhl, wieder andere werden ganz still und gleiten unbemerkt weg in eine andere Welt, und ein Teil wartet ungeduldig oder neugierig auf den Beginn des Unterrichts. Kinder lernen nicht von alleine, wie sie in der Schule den Übergang zur Schulstunde gestalten und wie sie zur Ruhe kommen können. Nicht für jedes Kind ist die Aufgabe ›still sitzen‹ dieselbe, je nach Temperament, Konstitution, Erfahrungshintergrund, Lebensumständen stellt sie das Kind vor unterschiedliche Probleme. Wenn es beispielsweise dasitzt, als müßte es gleich vom Stuhl aufspringen, ist es anders, als wenn es auf seinem Stuhl sitzt, als würde es mit ihm verwachsen oder in ihm versinken oder es sich darauf bequem machen. Übergangsrituale mögen hier helfen. Kinder können auch durchaus lernen, daß es verschiedene Arten von Sitzen gibt – sich schwer machen, sich anspannen, loslassen. Kinder erfahren, daß tiefes Atmen beruhigt etc. Mit Kindern lassen sich nicht dieselben Übungen machen wie mit Erwachsenen, sie brauchen Bilder, spielerische, szenische Impulse wie etwa: »Setzt euch wie ein schwerer Kartoffelsack hin.« – »Setzt euch, als müßtet ihr im nächsten Augenblick aufspringen.« Auch anfängliches Sitzen im Kreis, Erzählen von den eigenen Erlebnissen bilden einen Übergang, der nicht die Struktur jähen Stillsitzens mit fixiertem Blick bis zur Pause auf Lehrer, Heft und Wandtafel hat. Die einen Kinder brauchen mehr Bewegung zwischendurch als andere. Es gibt Lehrerinnen und Lehrer, die auch in der Schulstunde dem Bewegungsdrang von Kindern Rechnung tragen, indem sie entsprechende Bewegungsspiele oder Imaginationen mit ihnen machen.

Es geht auch in der Schule um einen formativen Prozeß, der vielen Lehrenden nicht bewußt ist – ebensowenig wie den Eltern. Wir setzen die elementaren, leibhaften Formbildungen, die die Voraussetzung oder besser die Basis inhaltlichen Lernens sind, weitgehend voraus. Ich erinnere mich, wie ich aus meinem Plaudern auffuhr, wenn die

Lehrerin sich hinstellte, um den Unterricht zu beginnen, wie ich hoch-schnellte, wenn wir uns im Gymnasium zu erheben hatten, sobald der Fachlehrer eintrat. Ich erinnere mich aber auch, wie meine eigenen Seminaristinnen angeregt sprachen, wenn ich die Klasse betrat. War ich da, brachen die einen abrupt ab, andere kamen allmählich zur Ruhe, während diejenigen, die einfach weitermachten, schließlich mit einem ›psst‹ der Kameradinnen zum Schweigen gebracht wurden. Es brauch-te etwas Zeit, bis alle verstummten und mir ihre Aufmerksamkeit zuwandten. Ich konnte sehen, wie unterschiedlich die Schülerinnen mit diesem Übergang umgingen. Doch schließlich entstand ein ›Klas-senkörper‹, der mir den Raum bot, in den hinein ich mit meinem Unterricht anfangen konnte. Freilich war es zu Beginn für die Schü-lerinnen irritierend gewesen, daß ich wartete, nicht eingriff, nicht zur Ruhe mahnte. Die Schülerinnen begriffen langsam, daß ich die Ver-antwortung dafür, wann ich beginnen sollte, nicht einfach selber über-nahm und daß ich ihnen Zeit ließ. Ich wußte, daß sie Zeit brauchten, um anzukommen, sich zu setzen oder aus ihren Gesprächen aufzutau-chen, um sich zu sammeln und aufmerksam zu werden. Sie lernten, nicht nur sich selber zu regulieren, sondern einander zu helfen, um einen gemeinsamen ›Körper der Aufmerksamkeit‹ und dann von ge-genseitigem Mitteilen und Zuhören, von Auseinandersetzung mit The-men zu formen.

Die verschiedenen erwachsenen Muster von Aufmerksamkeit sind mit der eigenen Schulgeschichte meist eng verknüpft. So gibt es ein Spek-trum von aufmerksam sein bis zu verkrampftem oder versteiftem Auf-passen, oft mit der Angst verbunden, etwas zu verpassen. Es gibt auch eines von Ungeduld und Neugierde bis zu passivem Über-sich-erge-hen-Lassen, von wirklicher Aufmerksamkeit bis zum Vorspielen von Präsenz, während man innerlich weit weg ist, von der Anstrengung, etwas mitzukriegen bis zu resignativem Nicht-Verstehen. All dies sind leibhafte Muster, die wir einst eingeübt haben.

Für Lehrerinnen und Lehrer – wie auch für Eltern – ergibt sich eine doppelte Aufgabe: Es geht darum, die eigenen vielfältigen Muster für die verschiedenen Ebenen von Lernen wahrzunehmen. Dies ermög-licht, im Kontakt mit den eigenen Mustern zu begreifen, wie wir uns die Forderungen unserer Eltern und Lehrpersonen einverleibt haben, um selbst zu lernen und zu lehren. Wir tragen in uns einerseits die alten ›Schülermuster‹, anderseits aber auch die ›Lehrermuster‹, mit denen wir uns selbst und andere zum Aufpassen und Lernen bringen möchten. Oder es entsteht ein Zwiespalt zwischen der Art, wie wir uns selber antreiben und kritisieren, und derjenigen, wie wir mit anderen – in Abgrenzung von eigenen leidvollen Erfahrungen – umgehen möchten. Dies kann uns als Lehrende zu ›Gegenmustern‹ führen oder auch eine fruchtbare Umorientierung ermöglichen. Dazu möchte ich wiederum ein Beispiel geben:

Eine junge Lehrerin war bei mir in Therapie. Ein Thema waren ihre Schwierigkeiten im Schulunterricht. Sie sagte einmal: »Ich werde innerlich wütend, wenn die Kinder nicht aufpassen. Irgendwie ist es übertrieben, da es Erstkläßler sind. Aber wenn ich sehe, wie sie einfach weiterschwatzen oder in den Tag hinein träumen, kann ich mich nicht mehr halten. Ich schreie sie an und stelle die Wildesten immer wieder vor die Tür. Doch dadurch wird es nicht besser. Ich fühle mich ohnmächtig, zeige es aber nicht. Ich bereite viel vor, um einen interessanten Unterricht zu bieten. Ich müsse die Kinder motivieren, hat man mir geraten. Aber das ist ein Staffettenlauf, der mich nicht weiterbringt. Und ich bin einfach gekränkt und beginne, einige Kinder abzulehnen.«

Als Kind mußte die junge Lehrerin, die ich Lea nenne, eine gute Schülerin sein, »stets aufmerksam«. Sie machte aktiv mit im Unterricht, wußte stets, welche Antworten die Lehrer hören wollten. Zu Hause durfte sie nicht reden. Sie war gezwungen – wie die Geschwister auch –, vor allem zuzuhören. »Wenn der Vater etwas sagte, mußten wir aufpassen und das Gesagte anschließend wiederholen. Widerrede gab es keine. Später bestanden unsere Gespräche darin, daß unser Vater uns lange Vorträge hielt. Da ich die Aufmerksamste war, hatte ich eine Vorzugsstellung und genoß das Vertrauen des Vaters.« Ich bat Lea, ihr Haltungsmuster für ›aufmerksam sein‹ zu zeigen. Sie ließ ihre Brust einsinken, dann ihr Becken. Der Rücken wurde rund. Ihr Kopf knickte ein bißchen nach hinten, während sie die Augen weitete. Sie war vor meinen Augen geschrumpft, ein kleines, hingebungsvoll staunendes Mädchen geworden. Als sie die Haltung verstärkte, brachte sie Bewunderung zum Ausdruck. Ich sah, wie sich ihr Atem verringerte und die Körperräume voneinander abgetrennt waren. Als sie diese Haltung wieder auflöste, wuchs sie vor meinen Augen in die Aufrechte und schaute mich einen Moment lang mit einem kritischen Anflug an. Dann sank sie wieder ein und lächelte. Ich machte sie darauf aufmerksam. Zögernd richtete sie sich wieder auf. Dann wurde ihr Gesichtsausdruck immer forscher, bis sie plötzlich zu lachen begann und sagte: »Ha, ich glaub dir doch nicht alles, schließlich sind wir nicht in der Kirche. Und ich hab auch etwas zu sagen.« Zum ersten Mal spürte sie kritische Distanz zu einer Autorität, wie ihr Vater für sie eine war. Sie erlebte, daß sie auch *so* aufmerksam zu sein vermochte. »Im übrigen habe ich die Wahl, wie lange ich aufmerksam sein will. Ich kann mich auch abwenden.« Die Botschaften zu ihrem Muster hatten hingegen eine ganz andere Qualität. Zunächst war es »Ich nehme alles auf, was du sagst«, dann »ich bewundere dich, du weißt alles, und ich glaube dir alles.« Sie fühlte sich wie ein Gefäß, aber ohne sich dabei selbst deutlich zu spüren. »Ich bin dann ganz beim anderen, jetzt aber kann ich auch ein wenig variieren. Ich kann mehr Aufmerksamkeit geben oder weniger. Ich kann kritische Distanz haben oder aufnehmender werden. Aber ich entscheide das selbst.« Wir machten ab, daß sie mit ihrem neu bewußten Aufmerksamkeitsmuster bis zum nächsten Mal üben sollte.

Eine Woche später erzählte Lea, die Übung sei ihr nachgegangen. An der Lehrersitzung habe sie sich erstmals kritisch geäußert. »Dies ist zwar erfreulich, aber für mich nicht die Hauptsache. Ich habe plötzlich die Idee gehabt, meine Schüler und Schülerinnen müßten ja auch ihre eigenen Aufmerksamkeits-Muster haben – wie ich.« Und sie begann zu beobachten. »Ich bemerkte dabei meine Schwarz-weiß-Malerei, die nur die beiden Etiketten ›aufmerksam‹ – ›unaufmerksam‹ kannte.« Das erste, was die junge Lehrerin sehen konnte, war, daß Kinder Zeit brauchen, bis sie zur Ruhe kommen und ihre Aufmerksamkeit der Schulstunde zuwenden können. »Nicht alle brauchen gleich lang.« Wir sprachen darüber, daß Kinder schulische Aufmerksamkeit erst lernen müssen. »Einige Kinder setzen sich hin und sind gleich ruhig. Vor allem ein Mädchen erinnert mich jetzt an mich selbst. Ich habe es bisher immer ein wenig bevorzugt – jetzt weiß ich, weshalb. Ich spürte seine Bewunderung, aber es sitzt auch so eingesunken da wie ich. Ein anderes Kind sitzt ganz artig da, schwatzt nicht mehr. Es scheint aufzupassen, aber seine Augen schauen durch mich hindurch. Ich glaube, es hat gelernt zu gehorchen und so zu tun ›als ob‹. Ich habe immer mehr solcher Haltungen entdeckt – und all diesen Kindern habe ich das Etikett ›aufmerksam‹ verliehen. Die Kinder mußten eigentlich vor allem ruhig sein und mich anschauen.« Lea stellte fest, daß sie mit den zappeligen, den eifrigen und lebhaften Kindern am meisten Mühe hatte. »Ich kann gar nicht recht hinschauen, sondern werde einfach wütend.«

Ich regte Lea nun an, die Haltung einzunehmen, die sie diesen Kindern gegenüber hatte. Sie versteifte sich und zog den Oberkörper aus dem Unterleib heraus, so daß sie größer erschien. Dabei versteifte sie ihren Nacken und beim Verstärken den ganzen Schulter- und Brustbereich.

Sie preßte die Kiefer aufeinander und kam schließlich in eine solche Spannung, daß sie am liebsten zugeschlagen hätte. »Ich schlage mit Worten und Strafen zu«, sagte sie, und jäh klappte sie in sich zusammen in jene Haltung, mit der wir in der vorangehenden Stunde in Kontakt gekommen waren. Sie richtete sich wieder auf und verstärkte nochmals ihre Haltung angesichts ihrer ›unaufmerksamen‹ Schüler, und zwar bis an jene Schwelle, bei der der Impuls, zuzuschlagen, kam. Dann löste sie diese Haltung behutsam wieder auf. »So fühle ich mich nicht stark genug«, sagte sie, »aber mir ist etwas aufgegangen, was ich lieber nicht wahrhaben möchte: Diese Haltung ist diejenige meines Vaters, nur bläht er noch seinen Brustkorb auf.« Die junge Frau nahm wahr, daß sie *beides* verkörperte: das Muster des kleinen Mädchens, das sie im Kontakt mit ihrem Vater gelernt hatte, und dasjenige ihres Vaters, mit dem er ihr begegnet war. »Eigentlich wollte ich in meinem Vater-Muster, daß die Kinder so seien, wie ich einst gewesen bin. Und wenn dies nicht gelingt, sacke ich in meine Kinder-Haltung zurück und fühle mich schwach und ohnmächtig – auch den Kindern gegenüber. Und dann herrscht Chaos in der Klasse!«

Diesen Wechsel zwischen eigenen Eltern- und Kindmustern oder den inneren Konflikt zwischen beiden zu entdecken, kann für Lehrende und Eltern eine wichtige Hilfe im Umgang mit den Kindern sein. Die junge Lehrerin konnte sich zunächst nicht vorstellen, ohne ihr ›Vater-Muster‹ vor der Klasse zu stehen, »ich fühle mich dabei schutzlos«, sagte sie. Ich ließ Lea daraufhin Fäuste machen und die dadurch entstehende Spannung im Körper spüren. Sie hob die Brust ein bißchen an, ohne sich nach oben zu versteifen. So lernte sie durch Verstärken und Lösen dieser Form von Spannung ein Spektrum bilden: Sie erfuhr, daß es eine Haltung für Entschlossenheit gibt, die nicht identisch war mit ihrer früheren Versteifung, die den Kontakt mit dem Boden verminderte und sie über die Wut in Hilflosigkeit geführt hatte. Dies freilich war eine längere Arbeit. Doch zur gleichen Zeit machte Lea immer neue Entdeckungen im Zusammensein mit ihrer Klasse. So sagte sie einmal: »Ich habe Aufmerksamkeit immer mit Stillhalten gleichgesetzt. Drei meiner Schüler haben mich geärgert, weil sie ständig dreinredeten und auf ihren Stühlen hin- und herrutschten. Jetzt sehe ich, daß sie ja ganz eifrig dabei sind. Sie platzen förmlich vor Eifer, merken gar nicht, daß sie andere überfahren. Doch ich kann ihren Eifer anerkennen. Ich muß nicht mehr wütend mit ihnen kämpfen, um sie abzustellen. Daß sie kaum ruhig sitzen, stört mich weniger. Viel eher versuche ich, ihnen zu helfen, daß sie warten lernen, damit andere auch zum Zug kommen. Bisher war ich besetzt davon, daß die Kinder *meinen* Erklärungen, *meinem* Unterricht gegenüber aufmerksam sein sollten – still sein und aufpassen. Sie sind ja aufmerksam und wollen mitmachen – dies ist das eine. Doch vergessen sie dabei oft die Aufmerksamkeit anderer gegenüber. Da gibt es eine Gemeinsamkeit: Auch ich hatte nur Augen und Ohren für meinen Vater, nur kam ich nicht mit eigenen Vorschlägen und Ideen. Aufmerksamkeit bezieht sich jedoch mit wechselndem Schwergewicht auf das Thema, auf mich als Lehrerin, auf sie selbst und auf die anderen Kinder in der Klasse. Jetzt beginnen die Kinder auch, einander mehr zuzuhören und einander Raum zu lassen, weil auch ich es besser kann.« Lea begann ein Gespür für die leibhaften Haltungen der einzelnen Kinder, für ihr unterschiedliches Temperament und ihre Äußerungsformen zu gewinnen.

Die Arbeit mit Lea zeigt deutlich, daß das Gefangensein in eigenen Mustern die Wahrnehmung anderer – hier vor allem der Kinder – einengt und auf gewisse Schemata reduziert. So ist es schwierig, den formbildenden Prozeß von Kindern zu verstehen und jedes Kind in seiner Eigenart zu unterstützen. Je mehr es uns gelingt, solche Muster zu vermindern und neue Haltungen zu wagen, desto differenzierter können wir – als Eltern oder Lehrende – das Potential und die Schwierigkeiten von Kindern aufnehmen und verstehen.

Da auch Eltern aufgefordert sind, sich mit ihren Mustern schulischen Lernens auseinanderzusetzen, füge ich jetzt einen Ausschnitt aus einer Arbeit mit einer Mutter an, die mit ihren beiden Buben, die in der ersten und dritten Klasse waren, nicht mehr zurechtkam. Sie waren zu Hause und in der Schule zappelig und unkonzentriert. Nach einiger Zeit fragte ich die Frau, die ich Elsa nenne, danach, was sie selbst für ein Kind gewesen sei. Sie seufzte und sagte dann: »Eigentlich war ich ganz ähnlich. Am liebsten wollte ich herumrennen. Mein Bruder hingegen war ein ›Stubenhocker‹. Er zog sich gerne zurück, bastelte, las. Ständig wurde er, der Jüngere, mir als Vorbild vorgehalten. Ich konnte kaum still sitzen, und das wurde mir auch in der Schule zum Problem.«

Stillsitzen war für Elsa ein versteifendes Muster, das sie langsam auflösen lernte. Die Übungen unterstützten sie darin, in sich selbst hinuntersinken zu können, ohne in sich zusammenzusacken. Doch dabei kam ein weiteres Thema zum Vorschein: »Es ist gut, einfach mit mir zu sein. Aber schließlich muß ich ja auch auf so vieles aufmerksam sein.« Zur Ruhe kommen, in sich zu sein, ist eines, von dieser

Haltung her Aufmerksamkeit zu formen ein anderes. Wir kehrten zurück zur Schulsituation, die für diese Fragestellung modellhaft war. Elsa zeigte mir, wie sie aus ihrem ›Stillsitz-Muster‹ heraus aufmerksam war. Sie hob den Oberkörper noch etwas an und zog ihn dabei nicht nur nach oben, sondern auch nach vorne, indem sie den Hals reckte und anspannte und dabei die Zunge an den Gaumen drückte. Sie atmete nur noch ganz oben und sehr flach. »Ich spüre mich gar nicht mehr«, sagte sie, »ich bin nur damit beschäftigt, zu verstehen, was der Lehrer sagt und die richtige Antwort auf seine Fragen zu finden.«

Ich fragte Elsa, ob sie versuchen könne, aus der in sich ruhenden Haltung heraus eine neue Haltung für Aufmerksamkeit zu finden, doch sie endete wieder in ihrem alten versteifenden Muster. Diese Erfahrung war für Elsa deshalb wichtig, weil sie zu verstehen begann, daß auch Kinder solch elementare Formen ihres Da-Seins erst lernen müssen. Sie erfaßte, daß der Organismus zwar Grundmuster von Spannen und Lösen bereitstellt ebenso wie Antworten auf Unbekanntes, auf Gefahr und Bedrohung, daß er aber nicht einfach ›weiß‹, wie er die vielfältigen Formen unseres In-der-Welt-Seins bilden kann. »Ich dachte immer, daß dies nur für die kleinen Kinder gelte und die größeren bei genügender Einsicht es automatisch richtig machten. Dabei ist es ein ständig neues Abenteuer, ein Lernprozeß.«

Da Elsa keine Möglichkeit fand, aufmerksam zu sein, ohne sich zu versteifen, bat ich sie, in ihrer Haltung des ruhigen Bei-sich-Seins ihren Beckengürtel buchstäblich wie einen Gurt etwas anzuziehen,[3] indem sie die Muskulatur anspannte. Sie spürte, wie sie sich dabei unwillkürlich aufrichtete, die Schultern sinken ließ und den Brustraum weitete, ihm aber dennoch eine gewisse Spannung gab. »Das ist eigentlich das, was ich für meine alltägliche Aufmerksamkeit brauche. Es gibt ja so viele Ebenen, auf denen gleichzeitig etwas passiert.« Als Elsa noch etwas mehr anspannte, sagte sie: »Jetzt ist es wieder anders. Ich bin nicht mehr nur aufmerksam. Ich konzentriere mich. Ich verlängere auch meinen Hals ein wenig, fasse etwas Bestimmtes ins Auge und halte es mit ihnen. Wenn die Situation oder Aufgabe schwierig ist, muß ich noch etwas mehr anspannen.« Elsa erfuhr im Experimentieren mit der unterschiedlichen Intensität dieser Haltung, daß sie für vieles nicht mehr als nur diese primäre Form von Aufmerksamkeit brauchte und daß es möglich ist, mit einer minimalen Änderung von ›Aufmerksamkeit‹ zu ›Konzentration‹ überzugehen, um wieder zur Aufmerksamkeit und schließlich zum In-sich-Ruhen zurückzukehren. Einmal sagte Elsa: »Ich beginne zu verstehen, weshalb man sagen kann: ›Ich

schenke jemandem meine Aufmerksamkeit‹, ›ich leihe ihm mein Ohr‹.
Es hat wirklich etwas mit ›geben‹ zu tun.« Diese Erkenntnis gewann
sie aus der Erfahrung mit ihrer Haltung. »Wenn ich hinhöre, ist es
zunächst eine Art von Konzentration. Doch wenn ich jetzt meinen Hals
verlängere, kommt mein ganzes Gesicht wie aus sich heraus, als ob es
dabei größer würde. Beim einfachen Zuhören wird es weicher, und
wenn ich Mühe habe zu folgen, spanne ich es etwas an. Ich gebe mein
Gesicht und all meine Sinne dem anderen.« Elsa erinnerte sich dabei
an den aufmerksam-hingebungsvollen Gesichtsausdruck ihrer Kinder
beim Geschichtenerzählen, an deren freudige Erregung, die sie jetzt
auch in sich selber wiederfand. »Manchmal haben mich die Kinder
einfach angesteckt, aber sonst war ich angespannt, vor allem auch beim
Zuhören.«

Als Elsa diese Haltung von ›zuhören‹, ›zusehen‹ in ihrem Alltag weiter
übte, kam sie in der folgenden Stunde mit einer Entdeckung: »Ich bin
an einem Vortrag gewesen und habe das versucht, was ich zu Hause
geübt habe. Doch nach einer Weile habe ich gespürt, wie ich, bewegt
vom Gehörten, ein wenig in mich hineinsank, als sinke das, was ich
gehört hatte, mit in mich hinein. Dann kam ich wieder in die Haltung
von ›mein Gehör schenken‹ zurück… So ging es immer weiter. Es
war eine Art Rhythmus, der sich ohne mein Zutun bildete.« Was Elsa
erfahren hatte, war der Rhythmus von ›geben‹ und ›empfangen‹, von
›schenken‹ und ›geschenkt bekommen‹. Elsa formulierte das so: »Indem ich jemandem ›Gehör gebe‹, empfange ich das Gehörte. Es ist
wie eine Welle, in der ich mich bewege.«

Doch daß diese Welle auch vom andern zerstört werden kann, wurde
Elsa ebenfalls deutlich, als sie bei einem Besuch einem befreundeten
Paar zuhörte. »Der Mann sprach so schnell und kompliziert, daß ich
kaum mehr zu folgen vermochte, so sehr ich mich auch anstrengte.«
Dieses verkörperte Muster von ›sich anstrengen‹ war eine extreme
Verstärkung von zuhören – »als würde mein Zuhören erstarren« – und
ging einher mit einem Muster von ›nehmen‹, das ein ›Packen‹ war, in
dem sich Elsa zusammenzog und wiederum die Zunge an den Gaumen
drückte, als wolle sie ihr Hirn pressen, um endlich zu kapieren. »Ich
versteife mich, um zu folgen, und ziehe mich zusammen, um zu
erhaschen. Es ist eine Art Jagd. Eigentlich bleibt mir nur die Möglichkeit, aus dieser Jagd auszusteigen.« Auch hieraus gab es Konsequenzen
für den Umgang mit den Kindern, denn es handelt sich ja um einen
leibhaften Dialog zwischen Sprechendem und Hörendem, um einen
aufeinander bezogenen Rhythmus von Geben und Empfangen. »Wenn

ich etwas mit-teile, gebe ich nicht nur das, was ich als artikulierte Gedanken vermittle. Zwar unterscheidet sich meine Haltung des Sprechens von derjenigen des Zuhörens, doch ich befinde mich in einem ähnlichen Rhythmus von ›Mitteilen‹ und ›das Zuhören geschenkt bekommen‹. Dabei verstehe ich jetzt, daß dies auch ein leibhafter Vorgang ist. Auf beiden Seiten ist dieser Rhythmus da, wenn es stimmt, und er ist nicht nur eine innere Welle, sondern zugleich ein Rhythmus, eine Welle des Hin und Her«, so formulierte Elsa ihre Erfahrung und Erkenntnis. Dabei wurde deutlich, daß Kinder ihren eigenen Rhythmus von Geben und Empfangen vor allem auch dadurch bilden lernen, daß Erwachsene so mit ihnen in Kontakt sind, daß ihr Mit-teilen eine Form hat, die dieses Zuhören überhaupt ermöglicht.

16. Individualität und Verbundenheit: Aspekte des sozialen Lernens im Schulalter

Individualisierung und Sozialisierung als verkörperter Lernprozeß

Kinder verdichten ihren Lebensstil im Beziehungs-Alltag zu Hause und im Austausch mit dem sozialen Umfeld, bilden aber auch in der Schule auf dem Hintergrund ihrer bisherigen Selbstgestaltung Muster schulischen Lernens aus. Von großer Wichtigkeit ist dabei die Beziehung zur Lehrerpersönlichkeit, die wesentlich mitbestimmt, wie Kinder sich als ›Schul-Kinder‹ verkörpern. Doch Lehrende sind wiederum eingebunden in die in einer Gesellschaft geltenden Schulstrukturen, in die ihnen zugrundeliegenden Konzepte, die den pädagogischen Auftrag bestimmen.[1] Auch sie beeinflussen den Prozeß, in dem Kinder sich Lern-Haltungen einverleiben. Obwohl es immer Lehrer und Lehrerinnen gab, die sich den Spielraum pädagogischer Möglichkeiten eigenverantwortlich zunutze machten, möchte ich im folgenden mögliche Zusammenhänge zwischen vorgegebenen Strukturen und verkörperten Mustern ansprechen, die für die ganze Schulzeit gelten.

Die herkömmliche Schule ist vor allem eine Informations- und Wissensschule, deren organisierendes Zentrum die ›Wissensleistung‹ darstellt. Mit diesem Ansatz ist eine Grundhaltung verbunden, die nicht nur die Schule bestimmt. Bereits Alfred Adlers Begriffe ›Minderwertigkeitsgefühl‹ und ›Kompensation‹[2] erfaßten die Dynamik, die den ganzen, auf Leistungswettbewerb beruhenden Gesellschaftskörper durchformt. Gemeint ist damit ein wertender, hierarchisch strukturierter Vergleich eines Menschen mit einem anderen – »ich bin besser oder mehr wert als der andere« – in bezug auf einen äußeren oder inneren Maßstab. Obwohl in der Schule die Leistung als solche bewertet wird, überträgt sich diese Wertung unbesehen auf das Kind als Person, das aus dem ›ich kann weniger‹ sehr schnell den Schluß zieht ›ich bin weniger wert‹. Die innere Antwort eines Kindes darauf kann sich in erhöhtem Leistungsdruck, in Geltungsstreben oder Entwertung anderer, aber auch in Rückzug, Ausweichen, Entwertung seiner selbst äußern – in Über- oder Unterkompensation[3] also. Diese Verhaltensweisen stehen wiederum mit entsprechenden verkörperten Haltungen in Verbindung:

Ein Jugendlicher mit Lernstörungen erzählte mir beispielsweise, wie er als Kind voller Freude seinen ersten Aufsatz schrieb. »Ich fühlte mich groß, da ich ja jetzt schon richtig schreiben konnte.« Als er seinen Text zurückbekam, war er voller roter Striche – falsch, falsch, falsch – und darunter stand eine unglaubliche Zahl, die die Fehler bezifferte. »Ich weiß noch heute, wie mein ganzer Stolz in sich zusammenbrach. Ich begann zu weinen. Doch der Lehrer sagte: ›Du mußt dir halt mehr Mühe geben‹. Er sagte es gar nicht böse, sondern eher aufmunternd. Aber ich hatte mich doch so sehr angestrengt! Ganz genau weiß ich, daß ich damals den Schluß zog: Wie sehr du dich auch anstrengen magst – es reicht nie. Du bist nicht gut genug!« Der Jugendliche war beim Berichten zuerst in eine aufrechte Haltung übergegangen und kam mit dem freudig erregten Jungen von damals in Kontakt. Dann zog er sich in sich zusammen, als ob er sich ducken müßte. In der weiteren Erzählung kam auch der angestrengte Junge zum Vorschein, der sich nach oben versteifte, als müßte er etwas Unerreichbares greifen können. Es war eine leibhafte Form für ›Un-zulänglichkeit‹ im Wortsinn. In unserer gemeinsamen Arbeit ging es darum, die verkörperten Muster von Entmutigung und Minderwertigkeitsgefühl zu verändern und den Zugang zur eigentlichen ›Lernlust‹ wiederzufinden. Freilich war dieser Junge auch durch seine familiäre Geschichte für entmutigende Erfahrungen empfänglich gewesen, doch die Schule hatte seine Minderwertigkeitsgefühle mindestens entscheidend vertieft.

Da in der bisherigen Wissensschule die Einzelleistung im Vordergrund steht, sind die Beziehungen der Kinder untereinander mindestens tendenziell von Konkurrenz und Rivalität geprägt. Ein dreiundzwanzigjähriger Mann erzählte mir, er habe als Junge neben dem Klassenbesten gesessen, während er selber ein schlechter Schüler gewesen sei. »Nimm dir ein Vorbild!«, hieß es. Der Mann erzählte: »Ich erinnere mich noch genau, wie das war, wenn wir reihum lesen mußten. Ich kam immer nach diesem Jungen dran, der jedesmal für seine Leistung sehr gelobt wurde. Schon während er las, litt ich Qualen, weil ich nur allzugut wußte, was auf mich zukam... Noch heute erfassen mich Angst und Scham, wenn ich nach jemand anderem zu sprechen beginnen muß, und ich höre mich so verzerrt, wie auf einem kaputten Tonband!« Im Kontakt mit der erinnerten Situation wurde wiederum die Haltung greifbar, die einen äußeren, vor Spannung versteiften und verkrampften und einen inneren beschämten und verzweifelten Jungen darstellte. Der junge Mann erkannte darin das Muster wieder, das ihm in allen Team- und Gruppensituationen in die Quere kam. – »Ich fühlte mich in meiner Klasse so isoliert«, erzählte ein jugendliches Mädchen, »denn ich mußte eine sehr gute Schülerin sein, um meinem Vater zu gefallen und ihn zufriedenzustellen. Doch meine Kameraden haben mich als ›Schmeichlerin‹ und ›Streberin‹ ausgeschlossen. Seither verstecke ich meist, daß ich etwas weiß, melde mich im Unterricht wenig und zeige meine Noten nicht. Ich will doch auch mit dabei sein...« Dieses Mädchen hatte sich entschieden, die Verkörperung der ›guten Schülerin‹ in sich zu verstecken. Erst als sie die damit verbundene Anspannung etwas zu lösen vermochte, wagte sie es, sich den andern auch mit ihren Fähigkeiten zuzumuten. Die gefürchteten Reaktionen blieben aus. »Ich habe mit meiner ganzen Haltung Rivalität auch provoziert«, meinte sie am Schluß.

Beide – die ›schlechten Schüler‹ und die ›Klassenbesten‹ – leiden häufig unter einschränkenden Mustern, die auf dem Hintergrund von Entmutigung entstehen. Doch auch im ganzen ›Klassenkörper‹ überwiegen oft die trennenden Aspekte, wie das letzte Beispiel gezeigt hat, weil Kooperation und Solidarität keine ins Gewicht fallenden Qualitäten sind. Leistungs- und Konkurrenzdenken in der Schule bringen oft Vereinzelung und innere oder äußere Einsamkeit mit sich, fördern jedoch individuelle Gestaltung nicht, da sie von einer für alle geltenden Norm – auch im Hinblick auf den Lernvorgang – ausgehen.

Diese Norm zeigt sich auch in der einseitigen Ausrichtung auf ein Ergebnis hin, während der Arbeitsprozeß als solcher wenig ins Gewicht fällt.[4] Diese Aussage möchte ich durch eine Schlüsselerfahrung verdeutlichen, die ich als junge Seminarlehrerin machte. Ich hatte neu Gruppenarbeiten eingeführt, war jedoch über die in der Klasse vorgetragenen ›Ergebnisse‹ enttäuscht, sie waren banal und langweilig. Beim nächsten Mal setzte ich mich zu den einzelnen Gruppen hinzu und nahm jeweils an einem spannenden Prozeß mit vielen Ideen und wesentlichen Fragestellungen teil. Ich war begeistert von dem, was ich mitbekommen hatte – doch die Schlußberichte in der Klasse hatten wieder dieselbe skelettartige Qualität. Da begann ich zu verstehen, daß die Schülerinnen aufgrund ihrer bisher einverleibten Lernmuster eine unbewußte Zweiteilung vorgenommen hatten: Auf der einen Seite war die aufregende Entwicklung von Gedanken, begleitet von Haltungen, in denen Lebendigkeit und Freude bei den meisten vorherrschten. Gingen sie dann zur Formulierung der Ergebnisse über, konnte ich zusehen, wie viele der Jugendlichen sich anspannten oder gar verkrampften, andere einfach wegtauchten – die typischen ›Schülermuster‹ traten in Erscheinung. Dadurch wurde das ganze weite Spektrum von Fragen und Zweifeln, von unterschiedlichen Perspektiven und dialogischen Auseinandersetzungen ausgeblendet. Die Schülerinnen brauchten Ermutigung und Unterstützung, um ihren Prozeß selber wertschätzen zu lernen. Seither arbeite ich mit Jugendlichen und Erwachsenen daran, wie sie zwischen einer freieren, kreativen Aufmerksamkeit und einer konzentrierteren Haltung des Formgebens und Ausformulierens hin- und herwechseln können.

Wenn der Schwerpunkt des Unterrichts auf dem Prozeß liegt, darf auch der Weg von individuellen zu regulären Ausdrucksformen – also etwa von der eigenen Schreibweise eines kleinen Schülers zu regelrechter Orthographie – ein stufenweiser sein. Diesem Anliegen versuchen neue Projekte gerecht zu werden.[5] Doch auch früher haben einzelne Lehrer solches gewagt. Ein fast sechzigjähriger Mann erzählte mir, daß er als junger Lehrer die Kinder mit nur wenigen strukturellen Vorgaben schreiben ließ, wie sie wollten und konnten – groß, klein, krumm oder gerade. Dazu meinte er: »Meine Erfahrung war, daß nach zwei Jahren jedes Kind seine eigene persönliche Schrift hatte, die jedoch leserlich genug war, daß sie der Regularität gerecht wurde.« Die Grundlage dafür, daß ein Lehrer sich auf dieses Wagnis einlassen kann, ist einmal das Vertrauen in die formbildenden Kräfte des Kindes, zum andern seine Fähigkeit, das Kind im Spannungsfeld zwischen singulärer, individueller Kreativität und Allgemeinverbindlichkeit – die immer auch einen kommunikativen Aspekt hat – zu begleiten.[6] So wird schulisches Lernen als Prozeß verstanden und der Weg jedes einzelnen Kindes begleitet, und die Kinder werden gleichzeitig darin unterstützt, wie sie als je eigene Person am besten zu lernen und ihr eigenes Potential einzusetzen vermögen. Was es bedeuten kann, diese Möglichkeit nicht zu haben, möchte ich anhand des folgenden Beispiels zeigen:

Eine junge Frau sagte mir, sie könne zwar im Freundeskreis so erzählen, daß alle ihr interessiert zuhörten, doch sobald sie vor einem Blatt Papier sitze, seien alle guten Einfälle wie weggeblasen. Schriftlich formulieren könne sie schon gar nicht. Sie erinnerte sich, daß sowohl in der Grundschule wie im Gymnasium ganz genaue Vorschriften bestanden hatten, wie ein Aufsatz abgefaßt werden mußte, und zwar oft zu Themen, die sie überhaupt nicht berührten. »Ich saß dann da und überlegte, was der Lehrer wohl erwarte. Es kamen mir zwar Ideen, ich verwarf sie jedoch alle wieder. Zuletzt blieben nur noch dürre Sätze übrig.« Ich ließ Karin ihre Haltung vor dem leeren weißen Papier einnehmen. Sie bemerkte erstmals, daß sie sofort ihre Zunge an den Gaumen drückte, die Zähne aufeinander biß, bis sie einen starken Druck im Kopf verspürte, als müsse sie ihr Gehirn pressen. Dabei drückte sie den Kopf nach hinten, bis sich ihr Nacken versteifte. »Mein Kopf ist völlig vom Körper abgeschnitten«, meinte Karin. Gleichzeitig zog sie die Schultern nach vorne und ließ zwischen ihnen die Brust einsinken. »Meinen Bauch und die Beine spüre ich gar nicht«, sagte sie. Beim Verstärken kam der Satz: »Ich denke, daß ich denken sollte.« Es war jedoch nicht mehr möglich, nur einen einzigen Gedanken festzuhalten. Auch der Kontakt zu den Armen und Händen war abgeschnitten. Beim Auflösen dieses Musters ließ der Druck auf den Kopf und damit die ›Gedankenmühle‹ nach. Ideen tauchten auf. »Sie kommen jetzt nicht einfach aus dem Kopf, sondern auch aus dem Innenraum meiner Brust und meines Bauches. Aber eben – sie taugen höchstens fürs Sprechen…« Und dabei tauchte das vorherige Muster wieder auf. Die Vorstellung, daß Schreiben etwas ganz anderes sei als Sprechen, rief es wieder hervor. »Wenn ich nachdenke, spreche ich in Gedanken mit Menschen, die ich kenne, höre ihre Antworten, ihre Widersprüche und forme meine Worte in diesem imaginären Dialog.« – »Was ist daran nicht in Ordnung?« fragte ich. »Das ist ein Zick-Zack von Meinungen. Das ist nichts für einen vernünftigen Text.« Die schulischen Einschränkungen hatten also zu dieser Überzeugung geführt, die auch ein entsprechendes leibhaftes Muster erzeugt hatten. So konnte Karin ihre eigene Funktionsweise gar nicht nutzen und nicht einmal als ihre persönliche erleben. Der entscheidende Punkt war ja, daß sie ihre Gedanken in diesem inneren imaginären Dialog entwikkelte. Ich riet Karin deshalb, einen Text als Dialog zu verfassen – als Protokoll ihres inneren Gesprächs. Zuerst sollte sie ihre gewohnte Haltung einnehmen und sorgfältig wieder auflösen. Dabei machte sie die Erfahrung, daß ihr zwar überraschend viele Ideen kamen, der Impuls zum Schreiben jedoch völlig fehlte. »Ich sitze da und bin ganz in meine innere Welt versunken, vergesse alles um mich herum – wie so oft als Kind.« Ich bat Karin, diese Übung noch eine Weile fortzusetzen, ohne schreiben zu wollen. Dadurch kam sie immer intensiver mit ihrem inneren Reichtum in Kontakt. »Es ist, als würde ich nach Hause kommen«, meinte Karin einmal. Schließlich bat ich sie, im Brustbereich etwas mehr Spannung zu erzeugen und sie in die Arme und Hände gehen zu lassen. So fand Karin die Schwelle, bei der der

Impuls zum Schreiben aufkam. Als sie mir ihren ersten Text brachte, sagte Karin: »Du hast gesagt, ich solle das alles einfach aufschreiben. Ich habe das zwar gemacht, es ist jedoch nichts Rechtes...« Ich aber staunte über das Geschriebene. Es war eine lebendige, originelle Auseinandersetzung, die mich fesselte. Die Brüche, wo Karin wieder glaubte, den verinnerlichten Anforderungen Genüge leisten zu müssen und in ihr altes Muster zurückfiel, waren im Text genau erkennbar – auch für sie selber. Allmählich entdeckte sie ihre persönlichen stilistischen Möglichkeiten und ihren eigenen Weg des Schreibens.

Die Arbeit mit Karin zeigt, wie Kinder schulische Normen übernehmen und entsprechende Haltungen ausbilden. Dadurch wird der Zugang zur je eigenen Gestaltungsweise in den verschiedensten Fachbereichen verringert oder blockiert. Die Ressourcen bleiben ungenutzt oder kommen nur in Situationen zum Vorschein, die nicht an einschränkende Erfahrungen gebunden sind, wie etwa bei Karin die Gespräche unter Freunden. Wo jedoch ein Kind auf der Suche nach seinem eigenen Arbeitsweg unterstützt wird, kann es entdecken, wie es sich und seine Eigen-Art am besten zunutze macht. Diese Art des Begleitens bedeutet, daß nicht die Lehrenden, sondern die Lernenden im Zentrum stehen. So bekommen Schüler und Schülerinnen – bereits auf der Grundschulstufe – die Chance, Selbstverantwortung und Selbstkritik einzuüben.

Mit jugendlichen Schülern habe ich beispielsweise eine ›Schreibwerkstatt‹ gebildet, in der sie Abgabetermine selber bestimmen und Erzählformen, stilistische Möglichkeiten bewußt wählen und ihren eigenen Aufsatz kommentieren konnten. So entstand im Zusammenhang mit ihrem geformten Text ein – meist schriftlicher – Dialog mit mir über alle möglichen Aspekte und über den Schreibvorgang selbst.[7] Neuere Ansätze versuchen dies auch mit kleinen Schülern zu realisieren.[8] Werkstattunterricht und Projektarbeit sind auch Lernformen, die dem späteren Berufsleben und vor allem den Kompetenzen, die in Zukunft gefragt sein werden, eher entsprechen als bisherige Lernformen. Teamarbeit, Kooperation und Solidarität, gegenseitige Unterstützung sind weitere Qualitäten, die auf diese Weise gefördert werden. In unserer Schreibwerkstatt verloren viele Schüler ihre Hemmungen und ihre rivalisierenden Tendenzen zusehends. Nicht *ich* entschied, welche Texte ›vorlesenswert‹ seien, sondern die Jugendlichen bestimmten selber, was sie den andern mit-teilen wollten und welche Anliegen und Fragen sie damit verbanden. Sie bekamen zu hören, wie das Vorgelesene die anderen bewegte, wie es sie ansprach. Kollegen konnten auf

Unstimmigkeiten hinweisen, Vorschläge machen. Wir diskutierten gemeinsam über mögliche Stilmittel und deren Wirkung... Daß eine anregende und lebendige ›Werkstatt‹ sich auch in der Grundschule realisieren läßt, erlebe ich hautnah mit meinen Kindern.

In einer solchen Atmosphäre verbinden sich sachbezogene und persönliche Aussagen, können Schülerinnen und Schüler erfahren, was mitteilen und an-vertrauen bedeutet, und daß Verantwortung mit ›Antwort geben‹ zu tun hat. Gruppenarbeiten, die zu dieser Art Unterricht gehören, vermitteln auch allmählich die Erkenntnis, daß eine gemeinschaftliche Arbeit nicht einfach die Summe aller einzelnen Beiträge, sondern etwas qualitativ anderes und Neues ist. Kinder lernen, Ideen zu entwickeln, sie mit anderen zu teilen, sich zu exponieren und wieder zurückzunehmen, um anderen Raum zu geben. Wenn wir die wechselnden Haltungen von Kindern in einer Gruppe beobachten, sehen wir eine Art ›Beziehungstanz‹, den sich Kinder auf diese Weise allmählich einverleiben können. Der Eifer kleiner Schüler hat etwas Mitreißendes. Sie können mit dem Mitteilen ihrer Ideen nicht warten. Wenn dieser Eifer gerügt wird, kann das ebenso zur Entmutigung und zum Rückzug führen wie das Übergehen jener Kinder, die ein langsameres Tempo haben. Sich einerseits zu engagieren, Ideen beizutragen, und andererseits darauf zu achten, daß niemand untergeht und verstummt, ist ein wichtiger Aspekt sozialen Lernens, der Kindern je nach bisherigem biographischem Hintergrund schwerer oder leichter fällt. Klassengespräche, in denen über diese Schwierigkeiten gesprochen wird, unterstützen diesen Prozeß. So wird schon für junge Schüler bald deutlich, daß etwa ›Störenfriede‹ für sich keine andere Möglichkeiten sehen, als sich durch Störaktionen einzubringen. Kinder sind machmal sehr kreativ im Erfinden neuer Beziehungsangebote an ihre Kameraden, wenn solche Gespräche eingeübt werden. Daß dies schon bei kleinen Schülern möglich ist, habe ich bereits vor zwanzig Jahren erfahren, als in den USA Kinder aller Rassen und Hautfarben zusammen in ihren Klassen selbständig – fast ohne Eingreifen Erwachsener – über Beziehungsfragen miteinander gesprochen haben.[9] Solche Erfahrungen haben meine Arbeit mit Jugendlichen nachhaltig beeinflußt. Viele Kinder verstehen das Verhalten von anderen Kindern, wenn wir es ihnen mit Beispielen, die sie nachvollziehen können, erklären, oder durch Rollenspiele erlebbar machen. »Ich erinnere mich«, ergänzte meine Kollegin Ruth an dieser Stelle, »daß mir meine Tochter in der fünften Klasse von einem eindrücklichen Rollenspiel erzählt hat. Die Kinder hatten zu einer Bildergeschichte den Text zu schreiben. Die Geschichte war einfach: Zwei Kinder machen ein drittes zum Außenseiter, weil es ein anderes Kleidungsstück als die anderen zwei trägt. Die Lehrerin ließ jedoch die Kinder die Geschichte zuerst spielen, in Dreiergruppen und mit wechselnden Rollen, so daß jedes Kind fühlen konnte, was in diesem Stück geschah und wie es darauf reagierte. Diese Lehrerin konnte die Kinder immer wieder für Interesse und Anteilnahme an sich selbst, an anderen Kindern, am Schulstoff wecken, und ich dachte seufzend an meine eigenen ach so langweiligen und eindimensionalen Schulerfahrungen zurück.« Manchmal braucht es viel Geduld und Zeit, bis Kinder diese Erfahrungen auch in eigenes Handeln umzusetzen vermögen – und vielleicht wächst die Frucht lange im Verborgenen.

Ein prozeß- und schülerorientierter Unterricht vermindert die Schwierigkeiten, die sich auch als einschränkende leibhafte Muster zeigen. Was die neuen pädagogischen Konzepte in Zukunft zu bewirken vermögen und welche anderen kommenden Verhaltensweisen in ihrem Schatten entstehen können, wird erst die Zukunft erweisen. Es gibt nicht nur keine idealen Modelle, sondern ebensowenig die Garantie, vorhandene immer adäquat einlösen zu können. Junge Lehrerinnen und Lehrer sind zunehmend hellhörig geworden für die Diskrepanz, die sie zwischen ihren Idealen und ihren persönlichen Möglichkeiten erleben. Ein sechsundzwanzigjähriger engagierter Lehrer – Leo – kam zu mir, der im Laufe unserer Arbeit auch seine beruflichen Schwierigkeiten ansprach. Aus der Rückschau sagte er einmal: »Die Beziehungen der Kinder waren wie eine Einbahnstraße zu mir hin. Ich war das Zentrum des Geschehens und hatte die alleinige Verantwortung. Natürlich habe ich Begriffe wie ›Sozialisation‹ und ›Interaktion‹, ja selbst entsprechende Techniken gelernt. Aber alles war angelernt und abstrakt.« Wir hatten damit gearbeitet, wie er seine Position verkörperte, wie er sich anspannte und versteifte. Als er diese Haltung zu vermindern vermochte, nahm er die Kinder und sich selbst anders wahr: »Es ist ein Abenteuer, wie die Kinder – jedes einzelne – hereinkommen, jedes aus seiner Welt, Kontakt aufnehmen oder sich zurückziehen, sich hinsetzen, um schließlich – jeden Morgen neu – ihre Gruppe wieder zu bilden und als Gruppe sich dem Unterricht zuzuwenden. Da sind diese einzelnen Kinder mit ihren unterschiedlichen Beziehungen zueinander – Freundschaften, Spannungen, Rivalitäten –, ihrer Beziehung zu mir und zu dem, was wir ›Schule‹ und ›Stoff‹ oder ›Thema‹ nennen.[10] Aber daraus entsteht die Gruppe, in die ich auf meine Weise einbezogen bin, indem ich einfach da bin, einmal führend,

313

dann Raum gebend oder im Hintergrund stehend.« In der Arbeit tauchte dann für die ursprüngliche Beziehung zwischen den Kindern und ihm noch ein anderes Bild auf: »Am Anfang war meine Klasse wie ein Haus, wo in jedem Zimmer ein Kind für sich war, nur gleichsam per Telefon mit mir verbunden. Vielleicht gab es ein paar Zimmer, in dem einige zusammen wohnten. Ich dachte, dies müsse so sein – wie in meiner eigenen Familie. Jetzt sind meine Klasse und ich wie ein offenes Haus mit einer großen Wohndiele, aber auch mit Zimmern, in die man sich zurückziehen kann. Allmählich begreifen die Kinder, daß sie nicht nur von mir, sondern auch voneinander lernen können, daß viele Aufgaben nur *miteinander* zu lösen sind. Ich gestalte auch Lernen zunehmend so, daß es nicht auf einzelne, sondern auf dieses ›Miteinander‹ ankommt. So entwickeln auch die Kinder ein Gespür dafür, daß unterschiedliche Begabungen einander ergänzen können und sie dadurch eine Aufgabe zu bewältigen vermögen, bei der es auf jedes einzelne ankommt, ohne daß der individuelle Beitrag als solcher in Erscheinung treten muß.« Leo lernte auch, anders mit Grenzen umzugehen. Bisher hatte er sie durch Kämpfen so gesetzt, wie er es von seinem Vater übernommen hatte. In diesem Zusammenhang erzählte er eine Erinnerung: »Unsere Lehrerin in den ersten drei Schuljahren war genau gleich. Da ich Linkshänder bin, hatte ich mit dem Schreiben anfangs Mühe. Doch für die Lehrerin gab es keine Unterschiede. ›Das sind faule Ausreden‹, pflegte sie zu sagen. Sie hatte die Gerechtigkeit der von ihr aufgestellten Norm. Dann bekamen wir einen Lehrer, der so ganz anders war. Er setzte auch Grenzen, aber sie waren nicht so messerscharf. Und man konnte auch mit ihm reden. Er sagte sogar: ›Da habe ich mich geirrt‹ oder ›der Fehler liegt bei mir‹. Manchmal wurde er auch wütend, aber meist begriffen wir, warum. Ich hatte diesen Lehrer fast vergessen, aber jetzt sehe ich, daß ich damals eine ganz wichtige Erfahrung gemacht habe.« An sie konnte Leo jetzt anschließen, als er mit seinen Grenzen zu experimentieren begann: »Ich bin erstaunt, wie ruhig und gefaßt ich bleiben kann, wenn ich mich nicht versteife.« In diesem Prozeß entdeckte Leo auch sein gebrochenes Verhältnis zum Handeln: »Handeln hieß für mich immer reden – überall in meinem Leben. Ich glaubte, durch Argumentation allein überzeugen zu können. Gelang dies nicht, wurde ich wütend. Jetzt gilt es für mich – von meiner Haltung her – ein Spektrum zwischen Zuhören, miteinander Suchen, Führen und Entscheiden anzubieten.«

Die Arbeit mit Leo zeigte mir nochmals deutlich, daß es nicht genügt, neue Konzepte zu entwerfen und sie in der Ausbildung vorgesetzt zu bekommen. Selbstkritische Lehrende sehen sich sehr oft in der konkreten Situation wieder mit ihren überkommenen Mustern konfrontiert. Ebenso läßt sich jedoch an ermutigende eigene Erfahrungen anschließen. Ressourcen nutzen bedeutet, eigene – oft verschüttete – Quellen wieder zugänglich zu machen. Lehrer brauchen jedoch auch die Unterstützung der Eltern, die sich ihrerseits mit ihrer eigenen Lerngeschichte auseinandersetzen müssen, und beide brauchen gegenseitigen Austausch, um die Kinder in unserer heutigen Übergangszeit zu begleiten.

Elterliche Anteilnahme und Unterstützung im Prozeß des ›Sozialen Lernens‹

Nicht nur der Bereich der Schule stellt Eltern vor neue Fragen und Aufgaben, sondern auch die direkte Begleitung der Kinder im häuslichen Alltag und die indirekte, im Sinne eines Austausches über Erfahrungen, die Kinder in den vielfältigen außerfamiliären Beziehungen machen. Eltern können nur bedingt die Modelle brauchen, die ihnen selber vermittelt worden sind, und befinden sich in einem großen Ausmaß im ›Zwischenraum‹ unserer Gesellschaft. Die Anforderungen, die Schulkinder an die formative Kompetenz ihrer Eltern stellen, sind meist unauffälliger, subtiler, liegen weniger auf der Hand als diejenigen kleiner Kinder. Ein Vater dreier Kinder sagte dazu: »Als die Kinder klein waren, dachte ich, das große Engagement würde bald vorübergehen. Ich stellte mich auf eine Arbeitsreduktion von einigen Jahren ein, damit auch meine Frau den Anschluß an ihren Beruf nicht ganz verlieren sollte. Wir haben uns gründlich getäuscht, und das nicht nur wegen des unmöglichen Stundenplans der Schulen hier in der Schweiz. Die Auseinandersetzungen, die Gespräche sind so wichtig und zeitintensiv, und es gibt vieles, womit wir uns als Eltern zuerst selber befassen müssen. Bei Übermüdung schwindet aber auch die Fähigkeit zur Präsenz. Und unseren Kindern können wir nicht einfach unsere ›Abfallzeit‹ geben – die Zeit der Erschöpfung nach dem Berufsstreß. Zum Glück sind wir finanziell nicht so unter Druck wie andere Eltern. Das ist ein Privileg, das wir nutzen möchten. Aber wir fühlen uns oft sehr allein mit unseren Entscheidungen…«

Familien sind heute – vor allem, wenn Kinder größer werden – häufig keine intensiven ›Erlebnisgemeinschaften‹[11] mehr, teilen oft wenig all-tägliche Erfahrungen miteinander. Das Zusammensein muß oft sorgfältig geplant und ›inszeniert‹ werden. Manchmal arbeiten beide Eltern – mindestens zeitweise – außer Haus oder sind Alleinerziehende. Die Kinder gehen nicht nur zur Schule, sondern zu verschiedensten Freizeitveranstaltungen, die an entfernten Orten liegen. Vor allem in den Städten sind auch nachbarschaftliche Gemeinschaften nicht mehr selbstverständlich tragende Beziehungsnetze. Und doch brauchen Kinder, gerade wenn sie älter werden, immer wieder eine intensive elterliche Begleitung auf verschiedenen Ebenen.

Das Kind zwischen verschiedensten Beziehungseinheiten und -orten

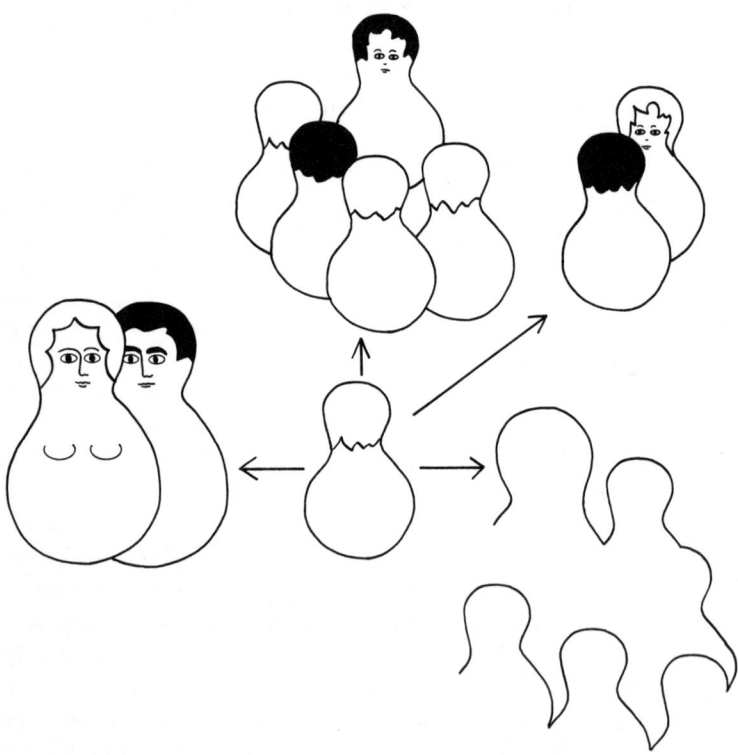

Eine wichtige Qualität ist das ›Da-Sein im Hintergrund‹, das Kinder sich immer wieder wünschen und einfordern. Dies zeigt sich in vielen kleinen alltäglichen Begebenheiten. So rufen etwa meine acht- und zehnjährigen Kinder beim Nachhausekommen schon unten im Hausflur ihr vertrautes »Mama!«. Sie wollen sich vergewissern, daß ich vorhanden bin, auch wenn sie wissen, daß ich noch arbeite. Sie möchten meine Stimme, meinen Gruß, vielleicht ein liebes Wort hören. Und es ist nicht immer leicht, voll darauf einzugehen. Doch diese Hintergrundpräsenz und Ansprechbarkeit eines nahen Menschen bietet den Halt, den Kinder immer wieder brauchen, während sich ihr Aktions- und Beziehungsradius mehr und mehr nach außen ausdehnt. Wenn ein Kind wegkriecht und gehen lernt, vergewissert es sich ständig wieder der physischen Präsenz seiner Eltern. Dasselbe gilt – in anderer Form – auch für Schulkinder; damit sie es wagen können, sich wieder zu entfernen, sich Neues anzueignen, ist es gut, gleichzeitig zu wissen, daß ihr ›Beziehungs-Zuhause‹ noch immer da ist. Es gibt Phasen in der persönlichen Entwicklung eines Kindes, wo diese Rückversicherung wichtiger oder entbehrlicher ist. Wenn ständig ein Elternteil oder eine andere vertraute Bezugsperson zu Hause ist, bietet dies keine Schwierigkeit, sind jedoch beide Eltern außer Haus berufstätig oder lebt ein Elternteil mit den Kindern allein, läßt sich dieses Vor- und Nachgeben oft nur mit großen organisatorischen Kunststücken realisieren, meist unter Zuhilfenahme eines weiteren sozialen Netzes. Um so wichtiger sind dann feste ›Beziehungsinseln‹ mit Mutter oder Vater. Viele berufstätige Mütter halten sich beispielsweise den ganzen Mittwochnachmittag frei, um sich ganz ihren Kindern widmen zu können. Doch diese kommen nach Hause mit Abmachungen für den Rest des Tages – und verschwinden. Hie und da kommt ein Telefonat, oder sie tauchen für kurze Zeit auf, manchmal mit einer ganzen Gruppe anderer Kinder. Wie eine Springflut dringen sie ein, wollen etwas erzählen, etwas zu essen haben oder irgendein Requisit für ihr Spiel ausfindig machen. Dann sind sie wieder weg. Wehe aber, wenn die Mutter diesen Nachmittag für sich verplant. Es ist der Nachmittag, der den Kindern gehört. Ich habe selber einige Zeit gebraucht, um die Bedeutung und Wichtigkeit dieser Art von Präsenz zu verstehen und mich auf diese Verfügbarkeit einzulassen. Dies bedeutet jedoch nicht, sich rund um die Uhr präsent zu halten, sondern die gegenseitigen Abmachungen auch in eine Form beiderseitiger Verbindlichkeit einzubringen. Wieviel an Hintergrundpräsenz ein Kind braucht, läßt sich nur im konkreten Beziehungsalltag herausspüren. Kinder sind auch in dieser Hinsicht verschieden.

Doch das Vertrauen in eine verläßliche Präsenz wird mit der Zeit ebenfalls zu einer einverleibten Sicherheit. Ein junger Mann hatte die Schwierigkeit, daß er jedesmal beim Nachhausekommen von einem

Gefühl der Verlassenheit überfallen wurde. »Es ist mir, als warte ich beim Aufschließen der Türe darauf, daß jemand mir entgegenkommt, und dann ist die Wohnung einfach leer.« Es stellte sich heraus, daß seine Mutter nach der Scheidung zu arbeiten angefangen hatte. Der Mann war damals sieben Jahre alt gewesen. »Sie kam dann immer später heim als ich. Manchmal fand ich das auch toll, aber oft war ich randvoll von Erlebtem und wollte es erzählen – aber niemand war da. Es ließ sich ja nicht ändern, meine Mutter *mußte* zur Arbeit gehen...« In dieser unumgänglichen Situation hatte sich der Junge ein Muster einverleibt, das von freudiger Erregung jäh in Enttäuschung und Verlorenheit umschlug. Erst mit der Zeit lernte er, diesen Übergang von seiner Haltung her anders zu gestalten und neue Lebensarrangements zu wagen.

Eine weitere Beziehungsqualität möchte ich als ›Dabeisein und Mittun‹ bezeichnen. Auch sie ist oft schwer umzusetzen. Ein kurzer Blick in die Geschichte mag dies veranschaulichen. In früheren Zeiten – vor der ›Erfindung der Kindheit‹[12] – wurde zwischen Kindern und Erwachsenen weder in Kleidung, Spiel und Arbeit, aber auch nicht in der Rechtsprechung unterschieden. Die Privatisierung der Familie brachte mehr Abgrenzung nach außen. Doch auch innerhalb der Familie begann sich der Unterschied zwischen Erwachsenen und Kindern herauszudifferenzieren. Für Kinder wurde zunehmend eine pädagogisch durchdachte Welt eingerichtet, mit eigener Lektüre, Kleidung, eigenen Spielen. Es bildete sich ein erzieherischer Auftrag heraus. Damit wurde vielen uns unvorstellbaren Grausamkeiten ein Ende gesetzt – ausgenommen in den untersten sozialen Schichten. Kinder bekamen Schutz, waren aber auch dem pädagogischen Willen der Erwachsenen unterworfen.

Die Trennung von Kinder- und Erwachsenenwelt war jedoch keine durchgängige, und sie wurde nochmals größer durch die Industrialisierung im 19. Jahrhundert, in deren Folge familiäre Betriebe durch Fabriken ersetzt wurden. Die Ausbeutung der Kinder in den Fabrikbetrieben führte schließlich im 20. Jahrhundert zu einem neuen sozialen Bewußtsein, das sich den Schutz der Kindheit zur Aufgabe machte. Freilich blieb die Mithilfe von Kindern bei der Arbeit in Bauernbetrieben und in den unteren Schichten unabdingbar. Noch mein Vater, Ende des letzten Jahrhunderts, und meine Mutter, geboren zu Beginn dieses Jahrhunderts, hatten eine harte Kindheit, erfüllt von Armut und Not und von Arbeit, die wir eigentlich nur von Erwachsenen zu fordern gewohnt sind.

Dennoch gibt es auch Lebensqualitäten, die im Laufe dieses Jahrhunderts immer seltener geworden sind. Zu diesen gehört das ›Dabeisein‹. Die noch nicht hochtechnisierten Tätigkeiten im Bereich der ›Lebensarbeit‹ waren für Kinder nachvollziehbar. Da gab es viel zu sehen, und es gab auch meist mehrere Menschen, die sich auf die Kinder beziehen konnten. Vieles wurde auch in Gemeinschaftsarbeit getan, wie etwa Waschen, Backen, Korn dreschen. So waren viele Tätigkeiten soziale Ereignisse, in die Kinder eingeschlossen waren. In bäuerlichen und in Handwerksbetrieben war den Kindern die Arbeit *beider* Eltern zugänglich. Sie konnten – und mußten – ›mittun‹. Sie wuchsen in Alltagsarbeiten selbstverständlich hinein. Ich meine nicht die überfordernde Arbeit, die es auch immer gab, ich spreche von der Erfahrung, mit dem eigenen Tun einen – wenn auch noch so kleinen – Beitrag zur Gemeinschaft leisten zu können. Eine Frau Mitte Dreißig, großgeworden als Bauerntochter, erzählte von ihren Gemeinschaftserlebnissen als Kind. Da ging es beispielsweise darum, das Heu noch vor dem Regen einzubringen: »Wir alle mußten mittun. Jede Handreichung war wichtig. Welch ein Erlebnis, wenn wir es gerade noch geschafft hatten, bevor der erste Regentropfen fiel. Es war die Arbeit *aller* gewesen. Niemand konnte sich dabei hervortun. Es war nicht wichtig, wer am meisten oder am besten gearbeitet hatte. Wir taten es einfach miteinander und waren froh, daß wir es geschafft hatten. Dies war eine ganz andere Art von Leisten, als ich es in der Schule und später im Beruf kennenlernte. Leistung war keine individuelle Kategorie, es gab keine Auszeichnung dafür. Daß wir die Arbeit gemeinsam – jeder nach seinen Möglichkeiten – getan hatten, das war unser gemeinsamer Lohn, unsere Genugtuung.« Während die Frau erzählte, saß sie aufrecht da, in sich ruhend und verkörperte die Erfahrung, durch dieses Mittun in sich und in der Gemeinschaft aufgehoben zu sein. Tragend war für sie auch die Zuversicht, daß Menschen, wenn sie lebensnotwendig aufeinander angewiesen sind, einander die erforderliche Unterstützung geben können.

Selbstverständliches Dabeisein und Mittun ist eine wichtige Lebensqualität von frühester Kindheit an. Die Erfahrung, in einem Kreis von Menschen, die miteinander tätig sind, geborgen zu sein, mittun zu können, sich dabei neue Fertigkeiten anzueignen, die das Gefühl eigenen Könnens geben, aber auch einen Beitrag zum allgemeinen Wohl zu leisten – dies sind Erfahrungen, die Kinder sich für ihr weiteres Leben einverleiben, wie es diese Frau zum Ausdruck brachte.

Solche Möglichkeiten heute zu realisieren, ist fast ausschließlich Aufgabe der Eltern geworden, die herausfinden müssen, in welcher Form sie eine Erlebens- und Mittun-Gemeinschaft formen können. Häufig sind es Ferien, die einen Raum bieten, gemeinsame Erfahrungen zu machen und mit größeren Kindern etwas zu unternehmen. Das ›Mittun‹ im Lebensalltag hingegen ist manchmal schwer zu verwirklichen, da es sehr oft vor allem ein pädagogisches Arrangement ist, das von Kindern kaum als wirklicher Beitrag erlebt wird. Doch auch Kinder, die sich etwa mit der Hilfe im Haushalt schwertun, sind ansprechbar, wenn es auf sie ankommt und sie etwas tun können und dürfen, was für alle notwendig ist. Vielleicht geht es für Eltern vor allem darum, das Anliegen mit sich zu tragen und den Kindern Formen des Mit-Tuns zuzutrauen.

Anteilnehmendes Begleiten

Eine weitere wichtige Qualität im Leben mit Schulkindern ist das anteilnehmende Begleiten ihrer persönlichen Entwicklung und ihrer Erfahrungen mit Beziehungen innerhalb und außerhalb der Familie. Wie intensiv diese Anteilnahme sein soll, ist eine ständig neu zu beantwortende Frage. Da wird ein Kind beispielsweise plötzlich krank und braucht eine Zeitlang viel Pflege. Häufig holt es sich auf diese Weise eine Zuwendung, die es gerade dringend braucht, möchte wieder ›wie früher‹ umsorgt werden, um sich auf den nächsten Entwicklungsschritt vorzubereiten oder um sich von der Konfrontation mit Neuem auszuruhen. Manchmal geschieht dies in dem Augenblick, wo Eltern – vor allem die Mütter – etwas Wichtiges für sich selbst geplant haben. Hier gibt es trotzdem kein Ausweichen. Dies habe ich gerade jetzt, als ich mit der Überarbeitung meines Manuskriptes beginnen wollte, hautnah erlebt.

Wenn Kinder im Lauf ihrer Entwicklung intensivere Anteilnahme und Begleitung brauchen, wächst oft ihr Mitteilungsbedürfnis, vielleicht auch der Wunsch, mit Mutter oder Vater allein zu sein, nur mit ihnen sprechen zu wollen. Viele Eltern kennen die abendlichen Situationen, wo plötzlich ein Kind, das sie schlafend wähnten, wieder auftaucht und ins Licht blinzelt: »Mama, ich möchte mit dir reden. Aber die andern dürfen es nicht hören…« Vielleicht hat das Kind ein Problem, das ihm den Schlaf raubt, oder es möchte ein ganz persönliches Erlebnis erzählen oder nur nochmals zusammensein. ›Liebe auftanken‹, wie meine Tochter manchmal sagt. Manchmal können Kinder ihr Bedürfnis auch nicht verbal ausdrücken. Vielleicht ist es ihnen selber nicht bewußt, oder wir sind als Eltern zu sehr besetzt von Eigenem. Dann mögen Krankheit, Auffälligkeiten, Schulschwierigkeiten oder Träume die Sprache sein, in der Kinder auf sich aufmerksam machen. So gibt es nicht nur den Wandel der Beziehungsmodi im Laufe des kindlichen Wachstums, sondern auch verborgenere wellenartige Veränderungen, bei denen von den Eltern eine wechselnde Intensität von Präsenz und Anteilnahme benötigt wird.

Zur Beziehungsqualität des Begleitens gehört auch die indirekte Anteilnahme. Von den frühen Lebensphasen an war das Mit-teilen des ›draußen‹ Erlebten eine wichtige Form der Verarbeitung. Doch je vielfältiger das Beziehungsnetz der Kinder wird, desto größer wird meist das Bedürfnis nach Austausch. Sehr häufig geht es dabei um Aspekte des sozialen Lernens. So kommt ein Siebenjähriger ganz betrübt nach Hause, weil sein Freund ihn in der Schule ausgelacht hat. Den eigenen Kummer anvertrauen zu können, lindert ihn schon ein wenig. »Was möchtest du tun?« fragt die Mutter. »Ich werde ihn auch auslachen, jawohl!« sagt der Bub unter Tränen. »Das verstehe ich«, sagt die Mutter, »es ist mir auch schon so gegangen, daß ich mich am liebsten gerächt hätte! Nur – dann gibt es am Schluß zwei Buben, die traurig sind. Möchtest du ihn denn nicht weiter zum Freund haben?« Der Bub nickt. »Was soll ich denn tun?« Die Mutter schlägt vor, dem andern Jungen zu sagen, wie traurig er ist. Der Bub strahlt und geht zum Telefon. Was die beiden miteinander gesprochen haben, weiß die Mutter nicht. Sie weiß nur, daß die Buben sich versöhnt haben. Durch dieses begleitende Anteilnehmen haben die beiden Freunde eine ermutigende Erfahrung gemacht: Wenn man über Verletzungen miteinander redet, gibt es die Möglichkeit der Versöhnung. Und vieles entpuppt sich als Mißverständnis. Manchmal verstricken sich Kinder auch in Verhaltensweisen des Kämpfens oder der Ablehnung, aus denen sie ohne Hilfe nicht wieder hinausfinden. Ein Gespräch mit den beteiligten Kindern kann diesen ›Bann‹ brechen. Oft möchten die einzelnen Kinder Frieden machen, glauben jedoch, damit den Freund oder die Freundin zu verlieren, die mit ihnen im Bund waren. Wenn solche Befürchtungen ausgesprochen werden, ist eine neue Basis für Beziehungen gewonnen – wie es auch bei Erwachsenen der Fall ist.

Es sind oft elementare Fragen der Beziehung zu Erwachsenen, zu anderen Kindern, die in solchem Erzählen auftauchen. »Was kann ich tun, wenn meine Banknachbarin immer mit mir flüstern will und mir droht, mich nicht mehr zu mögen, sobald ich nicht mitmachen will?« – »Die Lehrerin hat mich vor die Türe geschickt, aber ich habe gar nicht geschwatzt. Und sie glaubt es mir einfach nicht!« – »Der Vater von John nimmt immer nur sein Söhnlein in Schutz und schimpft mit uns. Er will uns gar nicht anhören.« – »Peter hat mich einfach verhauen, weil ich ihm seinen Radiergummi weggenommen habe. Ich wollte ihn aber gar nicht klauen, sondern nur etwas Geschriebenes auswischen…« All dies sind alltägliche Probleme, erscheinen den Erwachsenen oft als harmlos, und doch geht es in all den angeführten Beispielen um die Frage von Kommunikation und Verständigung. Eltern können hier helfen, andere und neue Möglichkeiten auszuprobieren und manchmal auch die Hintergründe von Verhaltensformen zu verstehen, um sich angemessen und vielleicht sinnvoller wehren zu können. Einerseits unterstützt das Vorbild in der eigenen Familie das kindliche Handeln als ein mögliches Modell. Und doch braucht es auch viele Gespräche, in denen Reaktionsweisen durchdiskutiert und ausprobiert werden können: »Was soll ich ihr sagen?… Was ist, wenn sie dann nicht will?… Was soll ich machen, wenn sie mir nicht glaubt?…« Die Fragen sind oft ganz konkret. Sie kommen wieder und wieder. Viele Konflikte habe ich mit meinen Kindern in den verschiedensten Varianten durchgesprochen. Und schon hieß es wieder: »Aber was ist, wenn…« Kinder eignen sich so ein Repertoire von Möglichkeiten an, lernen jedoch auch, daß es für eine sinnvolle Lösung die Bereitschaft aller braucht. In begrenztem Ausmaß müssen Kinder auch darauf vorbereitet werden, mit schwierigen Menschen einen Weg zu finden, ohne den Boden unter den Füßen zu verlieren. Doch schließlich sind Kinder Erwachsenen gegenüber immer die Ohnmächtigen, mögen sie sich auch als Übermacht gebärden. Sie lernen verhärtende oder resignative Muster, die ihnen tief eingehen und durch die sie in ihrer Formbildung beeinträchtig werden. Dies ist die Grenze der Konflikt-Zumutung an Kinder, jenseits derer sie den direkten Schutz und das Handeln der Eltern brauchen.

Kinder haben auch eine immer deutlichere Selbstwahrnehmung, die sie ausdrücken können, wenn ihnen dafür Raum gegeben ist. Ich staune oft über die Präzision der eigenen wie auch fremder Kinder. So sagte mir ein Bub: »In mir drin ist ein ganz anderer Peter als außen. Den kennt niemand, und den zeige ich auch nicht. Er hat nämlich eine ganz durchsichtige Haut.« Peter drückt mit seinem Bild eine Form des Babuschka-Prinzips aus, teilt mir mit, daß die Selbstwahrnehmung nach innen eine andere ist als nach außen und daß der ›innere Peter‹ sehr verletzlich und schutzbedürftig ist. Ich fragte den Jungen: »Kennst du niemanden, der ganz zart mit diesem durchsichtigen Peter sein könnte?« Peter schaute mich lange nachdenklich an. »Wie kann ich das so sicher wissen?« – »Vielleicht kannst du jemandem ein kleines bißchen zeigen, dann siehst du, ob er sorgfältig genug ist.« – »Dann will ich es bei dir und bei meinem Papa versuchen.« Und so kam allmählich dieser zarte und sensible ›innere Peter‹ auch zum Vorschein…

Kinder lernen nicht nur, wie sie mit dem Verletztwerden durch andere umgehen können, wie sie aufrechter und ›aufrichtiger‹, fester oder weicher sein können. Sie müssen auch lernen, wie ihr eigenes Tun auf andere wirkt und womit die Wirkung eigenen oder fremden Tuns zusammenhängt. Dies ist einerseits eine Frage der Menschenkenntnis, die Kinder lernen können, andererseits wiederum eine Frage der Verkörperung. Die mögliche Qualität eines solchen Gesprächs mag ein Gesprächsausschnitt aus einem Dialog zwischen einer Mutter und ihrem fast neunjährigen Sohn zeigen: »Warum hat denn der kleinste in der Klasse gleich dreingeschlagen, als ihm ein anderer sagte, er sehe aus wie ein Zwerglein?« – »Wie wäre dir zumute, wenn man dir sagen würde, du sehest aus wie eine aufgestellte Packschnur?« – »Ach, die anderen haben mir schon gesagt, ich sei ein Geripplein, weil ich so dünn bin!« – »Wie war dir dabei?« – »Ich hab auch dreingeschlagen, aber eigentlich war ich traurig. Ja, ich verstehe jetzt, was du meinst.« – »Schau, wenn du sehr groß oder sehr klein bist, wenn du etwas an dir hast, womit du anders bist als die anderen, fühlst du dich verletzt, wenn andere es ansprechen. Auch wenn es Spaß ist.« – »Ja, oft ist es nur Spaß. Aber einige lachen die andern auch richtig aus. Das ist gemein.« – »Ich kannte einen Buben, der immer der kleinste war. Es machte ihm gar nichts aus. Und plötzlich begann einer in der Klasse ihn auszulachen. Andere machten einfach mit. So bekam der Bub das Gefühl, er sei nicht in Ordnung, es sei etwas Schlechtes, so klein zu sein. Davon sagte er aber nichts, sondern begann mit allem Möglichem zu prahlen und erfand immer mehr Dinge, die er hatte und die anderen nicht. Da sagten alle, daß er lüge…« – »Eigentlich verstehe ich das. Er wollte doch zeigen, daß er nicht schlechter ist als die andern.« – »Genau das, und weil er sich so schlecht fühlte, wollte er immer noch besser sein, wollte als der Klügste und Reichste erscheinen. Und niemand verstand, daß der kleine Junge eigentlich unglücklich war.« – »Ich wäre sicher lieb zu ihm gewesen.« – »Das hätte ihm vielleicht geholfen. Aber manchmal ist es ganz schwierig zu merken, was jemand für ein Gefühl hinter Prahlen und Angeben versteckt.« – »Dann kann es sein, daß Herbert in unserer Klasse auch nur angibt, weil er unsicher ist? Er scheint immer so stark. Aber weißt du, ich habe auch einmal angegeben, ja, einfach, weil ich Eindruck machen wollte. Das war, als alle nur den Bert bewundert haben, sogar mein Freund. Aber als ich Thommy sagte, er sehe aus wie ein Mädchen mit seinen langen Haaren, da hat er nur gelacht. Er war gar nicht verletzt!« – »Siehst du, wahrscheinlich findet er selber seine Haare schön. Und er läßt sich das von niemandem ausreden.« – »Ja, wenn es mir gutgeht, dann macht mir auch alles viel weniger aus…«

In einem solchen Austausch können wir als Eltern vielleicht sehen, welche unterschiedlichen verkörperten Möglichkeiten zum Vorschein kommen – wie sich ein Kind in Erinnerungen an bestimmte Situationen versteift oder zusammenzieht, wie es sich schmal oder weit macht, oder wie Zu-neigung leibhaft wird. Auch ›Einfühlung‹ ist eine verkörperte Qualität. In einem abendlichen Gespräch im Bett sagte mir meine neunjährige Tochter unvermittelt: »Du, Mama, ich kann jetzt spüren, was jemand anderer fühlt. Ich kann wie in ihn hineinschlüpfen. Auch wenn er nichts von sich sagt. Kannst du das auch? Ist es das, was du meinst, wenn du sagst, daß du mich verstehst? Und ist es das, was du machst, wenn Leute zu dir in die Therapie kommen?« Meine Tochter hatte sichtlich Freude an ihrer Entdeckung, an der neu erworbenen Fähigkeit, für die sie nun auch eine Sprache gefunden hatte, und sie richtete sich dabei in ihrem Bett auf, stolz, selbstbewußt und gleichzeitig weich und zärtlich.

In diesem Dialog erschien noch eine andere Qualität, die im Austausch mit Schulkindern wichtig ist: die Polarität zwischen Probe-Identifikation mit Mutter oder Vater und der abgrenzenden Eigen-Definition, die etwas anderes ist als die frühere Imitation elterlichen Tuns oder der rollenbezogenen Perspektive: »Ich werde einmal sein wie Mama oder Papa.« Vor einigen Monaten sagte meine zehnjährige Tochter zu mir: »Mama, du bist zwar manchmal ungehalten, aber du kannst gut Gespräche mit mir führen. Ich mag das.« – »Ich rede auch gern mit dir.« – »Hast du das in deinem Beruf gelernt?« – »Ich habe es da mindestens geübt. Aber vielleicht habe ich den Beruf auch gewählt,

Probe-Identifikation
und Eigen-Definition

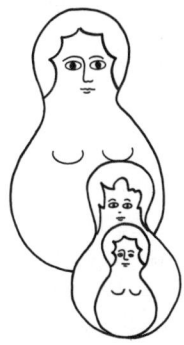

weil ich das gern tue und kann.« – »Dann könnte ich ja auch einmal deinen Beruf haben?« – »Ich denke schon!« – »Gut, daß ich das weiß. Das heißt aber noch nicht, daß ich das auch will.« – Das war zunächst eine Anerkennung dafür, daß ich eigene Fähigkeiten in die Beziehung zu meiner Tochter einbrachte und die ›Lehrende‹ in mir in Erscheinung treten ließ. Gleichzeitig gab ihr dies die Chance, mit Identifikation zu experimentieren und sie gleichzeitig in der Schwebe zu lassen, sich einen eigenen und persönlichen Weg vorzubehalten. »Nähen liebst du nicht«, sagte sie mir später. Sie wußte, daß meine Mutter dies sehr gut konnte. »Vielleicht hast du es gerade deshalb nicht gemocht«, meinte sie und fügte hinzu: »Das mache ich halt mit meiner Patin. Mit dir kann ich stricken und Geschichten machen oder spielen.« Hier kam zum Ausdruck, daß Identifikation auch ein weiter gehender Generationendialog sein kann, daß Kinder andere begleitende Menschen für ihren Austausch und als Lehrende brauchen und daß sie sich diese auch heranholen.

Wenn Kinder einerseits oft vermehrte Anteilnahme brauchen und auch immer wieder andere Qualitäten des Begleitens wichtig sind, gibt es auch solche, die plötzlich fast ganz zu verschwinden scheinen. Eltern erfahren, daß sie als ›Erlebnisbegleiter‹ weniger gefragt sind, uninteressant werden. Manchmal beginnt ein Staffettenlauf, in dem Eltern ihren Kindern immer attraktivere Unternehmungen anbieten und trotzdem oft auf Abwehr stoßen. Das Fahrradfahren mit Kameraden ist spannender als die geplante Schiffahrt oder der Ausflug in die Berge. In unserer Konsumgesellschaft ist es oft schwierig, eine Balance zwischen Angebot, Einforderung und Gewährenlassen zu finden.

Hart trifft häufig diese zunehmende Orientierung auf eigene Gestaltung der Freizeit den getrennt lebenden Elternteil. Kinder wollen nicht mehr übers Wochenende zu ihm auf Besuch gehen, sondern mit Freunden zusammensein, haben ihre eigenen Abmachungen. Das kann sehr weh tun, ist meist nicht persönlich gemeint und bedeutet dennoch einen Verlust, auch wenn die Kinder trotzdem kommen. Die zusammenlebenden Familienmitglieder haben im Unterschied zu den abwesenden immer noch ein gemeinsames ›Alltagspolster‹, wie es eine meiner Freundinnen nannte. Dieses federt viele Schwierigkeiten auch wieder ab. Es gibt noch genügend Augenblicke der Intimität, des Begegnens und Einander-Spürens. Deshalb ist es besonders wichtig, daß auch getrennt lebende Eltern in diesen Phasen sorgfältig miteinander umgehen können und dieses ›Ich-will-nicht-zu-Papa/Mama gehen‹ nicht auszuspielen brauchen. Eltern machen meist die Erfahrung, daß Kinder, bei denen es um die Ausrichtung auf ihre Kameraden-Welt geht, später von sich aus ihre eigene Form der Beziehung zum getrennt lebenden Elternteil finden. In den Zwischenphasen kann auch eine Veränderung des Besuchs-Arrangements weiterhelfen.

Wenn Eltern sich mit den verschiedenen Beziehungsebenen, ihren unterschiedlichen Qualitäten und der wechselnden Intensität von Begleiten und Anteilnahme auseinandersetzen, begegnen sie auch hier wieder ihrer eigenen einverleibten Geschichte, stehen in einem bewußten oder unbewußten Babuschka-Dialog mit ihr. Sie sind herausgefordert, eigene Muster in Frage zu stellen, Neues hinzuzulernen oder zu merken, daß sie Signale oder Angebote ihrer Kinder überhört oder mißverstanden haben. Doch zunehmend gibt es auch die Möglichkeit, mit Kindern darüber zu sprechen – auch über die eigenen Fehler und Grenzen. Kinder sind oft erstaunlich nachsichtig und großzügig, wenn sie sich gemeint fühlen und gehen auf Angebote ein, es nochmals neu zu versuchen oder machen selbst Vorschläge. ›Familienkonferenzen‹[13], in denen solche Themen besprochen und neue Möglichkeiten des Zusammenlebens herauskristallisiert werden, können eine große Hilfe sein.

Kinder zwischen innerem Entwicklungsplan und Anforderungen der Sozialisation

Viele Erfahrungen, die wir als Eltern oder Lehrende mit Kindern machen, lassen uns mit dem Abenteuer des Wachsens und der Selbstgestaltung hautnah in Berührung kommen. Oft sind sie kostbare Geschenke an uns. Wir müssen uns jedoch auch mit ihrem Ausprobieren-Wollen und ihrer Schlitzohrigkeit, ihren Provokationen und Grenzüberschreitungen, mit ihrer Widerständigkeit und Wut auseinandersetzen. Die Grenze zwischen Gewährenlassen und berechtigtem, ja notwendigem Eingreifen ist oft schwer auszumachen. Einerseits stellt sich die Frage, wann Kinder in irgendeiner Form Schaden nehmen oder zufügen, anderseits diejenige, womit wir selber als je individuelle Mütter und Väter leben können, aufgrund unserer Lebenssituation und unserer eigenen Geschichte mit ihrem Babuschka-Dialog. Es gibt keine allgemeinverbindlichen und endgültigen Antworten, sondern nur die Möglichkeit, eine bewegliche Balance herzustellen und im Kontakt mit den Kindern herauszufinden, worum es geht und wo sie mit sich und anderen Menschen stehen. Manchmal ist es auch nicht ganz leicht zu spüren, welches die echten Bedürfnisse der Kinder und was Herausforderungen sind.

Ein Lernprozeß, der schon früher beginnt, im Schulalter jedoch durch den freieren und größeren Aktionsradius eine neue Bedeutung erhält, betrifft den Zusammenhang zwischen dem Handeln und seinen Konsequenzen. Wenn Kinder etwas tun, was sie nicht tun sollten, bewegt sich die elterliche Antwort darauf oft zwischen bestrafen und ›zaubern‹. Die meisten Eltern neigen eher zur einen oder zur anderen Reaktion, wobei zaubern heißt, den Kindern die Folgen zu ersparen oder bei ihren Ansinnen Unmögliches möglich zu machen. Kinder lernen jedoch, indem sie Realitäten erfahren, sich an ihnen reiben, wenn sie mit den unmittelbaren und logischen Konsequenzen ihres Handelns konfrontiert sind. Strafe hingegen bezieht sich nicht auf diesen Zusammenhang, sondern setzt eine eigen-mächtige Folge fest. Dadurch rückt die Person des Strafenden in den Mittelpunkt und nicht die Dynamik des Geschehens, und die Wut auf sie kann den eigenen Anteil an der Situation verwischen: »Du bist böse, weil du mich bestrafst.« Strafen sind deshalb ungerecht, weil sie Zusammenhänge kreieren, denen das Kind ausgeliefert ist, während logische Folgen mit der anzuerkennenden Eigengesetzlichkeit der Dinge zu tun haben. Und doch haben wir dieses ›und wenn du nicht – dann...‹ schnell auf den

Lippen. Manchmal ist es einfacher, selbst etwas zu setzen, als die Reibung der Kinder mit der Realität auszuhalten – ihre Auflehnung, ihre Tränen, ihr Quengeln.

Das Handeln der Kinder wird auch durch Abmachungen strukturiert. Mit Schulkindern können Bedingungen und Grenzen gemeinsam diskutiert und dann verbindlich gemacht werden. Doch solche Familiengespräche brauchen viel Zeit und Geduld. In einer plötzlich auftauchenden Situation etwas aushandeln zu müssen, ist oft kaum möglich, wenn es keine Grundregeln gibt, die als Ausgangsbasis auch für Ausnahmen gelten. Doch konkrete Situationen haben es auch in sich, daß Kinder etwas fragen, um Erlaubnisse bitten – und an den Bedingungen vorbeihören, weg sind, bevor alles klar ist. Ich habe gelernt, daß es sich lohnt, Kinder herbeizurufen, Augenkontakt mit ihnen aufzunehmen, damit sie selbst in eine Aufmerksamkeits- und Austauschhaltung übergehen können. So läßt sich eher eine Form von Verbindlichkeit gewinnen, auf die wir später zurückgreifen können. Die Art und Weise unserer Kommunikation und die Einsicht in Zusammenhänge sind grundlegende Voraussetzungen, um Alltags-Strukturen zu bilden, die immer auch in unmittelbarer Beziehung zum gemeinschaftlichen Leben in der Familie stehen. Kinder können nicht alle Folgen ihres Tuns übersehen und stellen deshalb auch Dinge an, die ungute Konsequenzen für sie und für andere mit sich bringen und von denen Eltern erst hinterher erfahren. Hier braucht es zusätzlich ausführliche und klare Gespräche über die Tragweite von Handlungen, manchmal auch Anleitung darin, wie Dinge wieder in Ordnung gebracht werden können. Schließlich geht es auch um die Frage, ob ein Kind – vor allem, wenn sich Situationen wiederholen – einen unbewußten Zweck verfolgt, etwa unter Profilierungszwang anderen gegenüber steht oder einen Protest ausdrücken will, der gar nicht denjenigen gilt, die von seinem Tun betroffen sind.

So muß immer auch das Umfeld kindlichen Handelns mit einbezogen werden: die Umstände, der Beitrag der Erwachsenen und das innere Ziel des Handelns. Geschieht dies nicht, kann auch der noch so logische Zusammenhang zwischen Tun und Folgen letztlich den Charakter einer Strafe bekommen, wenn das, was ein Kind durch seine Aktionen ausdrückt, nicht ernstgenommen wird.

Ein schwieriges und heikles Thema in diesem Zusammenhang stellen für viele Eltern die Aggressionen, Grobheiten, ja die gewaltsamen Aktionen der Kinder dar. Vieles, was auf den ersten Blick als gewalttätig erscheint, ist es gar nicht. Kinder suchen ja nicht nur zärtlichen

Körperkontakt, sondern wollen ihre Kräfte messen, wollen an den Erwachsenen herumklettern und mit ihnen rangeln. Es ist gut zu spüren, daß die Eltern stärker sind, daß man gegen sie alle eigenen Kräfte einsetzen kann. Doch oft mißverstehen Eltern dieses Angebot, werden grob, überwältigen die Kinder, weil bei ihnen die eigene unbewußte Aggression durchbricht. »Mein Vater packte mich einfach, hielt mich mit eisernem Griff fest und lachte mich aus. Da verging mir mit der Zeit die Lust, mit ihm zu kämpfen. Ich ging auf andere Kinder los. Erst jetzt sehe ich, daß ich es ihnen gegenüber machte wie mein Vater mit mir.« So äußerte sich ein junger Mann. Kinder ihrerseits müssen erst lernen, ihre Impulse zu kontrollieren und zu regulieren. Sie sind oft grob nicht aus Wut, sondern weil sie die Wirkung ihrer Aktionen nicht abzuschätzen vermögen. Kinder, die Gelegenheit haben, ihre Kräfte mit Erwachsenen zu messen und zu erfahren, wann sie weh tun, bekommen ein Gespür für kämpferische Möglichkeiten, die lustvoll und herausfordernd, aber gewaltfrei sind. Die sogenannten ›Friedenskämpfe‹ unter Kindern eskalieren oft nur deshalb, weil Kinder ihre Griffe, ihre Faustschläge nicht zu dosieren vermögen. So erscheint als Angriff, was keiner war – und die Antwort ist ein wütender Gegenangriff. Wenn man mit Kindern über diese Form von Mißverständnissen und die Notwendigkeit, körperliche Impulse regulieren zu lernen, spricht, sie in direktem Rangeln anleitet, bekommen sie allmählich ein Gespür für ihre Kräfte, für deren Grenzen und die Skala der Möglichkeiten, sie einzusetzen. Andere Kulturen haben einen hochritualisierten Umgang mit Kampf und Aggression entwickelt. Auch Kinder können ihre Kämpfe ritualisieren, wenn sie darin unterstützt werden. Vor einigen Tagen haben meine Kinder mit anderen gekämpft, indem sie Kissen zum Schlagen benutzten. Das war die erste wichtige Übereinkunft. Doch immer wieder kam eines weinend daher, weil die anderen grob mit ihm waren. Fragen wie »Wohin darf man schlagen?« oder »Wie fest darf man schlagen?« tauchten auf und führten zu neuen Regelungen, zum Ausprobieren und zu wiederholten Pannen. Mit der Zeit konnten die Kindern einander besser helfen, die Kontrolle zu behalten, einander zurückzuhalten oder zu korrigieren, ohne daß es gleich zum Streit kam. Das war ein schwieriger und auch spannender Prozeß.

Kinder merken jedoch auch, daß sie manchmal eine Wut haben, die sie dann an irgend jemandem abreagieren, genauso, wie sie auch realisieren, wenn man an ihnen eine Wut ausläßt, die gar nicht ihnen gilt. Wenn die Eltern versuchen, dies nicht zu tun, sind auch Kinder dafür zu haben, ihre Wut an einem Kissen, einer Matratze oder einem Punchingball auszulassen, wenn sie die Wut nicht ›an den Mann‹ bringen können. Eine Freundin meinte dazu: »Meine Kinder können mich mit meinen wirklichen und tatsächlichen Gefühlen konfrontieren, indem sie mir, meist sehr wütend, mitteilen, ich sei schlecht gelaunt oder böse oder abweisend. Wenn ich damit ›in mich gehe‹ und realisiere, daß meine Laune nichts mit ihnen zu tun hat, sondern – ja womit denn? Sind es Ängste, Sorgen, Wut? Worüber? Auf wen? Dann löst das manchmal Probleme, manchmal auch nicht, jedoch den Streit, der nichts mit uns zu tun hat, brauchen wir dann nicht als Ersatzventil.« Es kann für Kinder auch bedrohlich sein, wenn sie eine ›Riesenwut im Bauch‹ haben und fürchten müssen, von ihr überschwemmt zu werden. Ein Junge sagte mir: »Ich habe in mir eine rote, heiße Flamme, die züngelt oft bis zum Hals hinauf. Aber sie darf nicht raus.« Hier ging es darum, ihm zu zeigen, wie er sie ausdrücken konnte, ohne die Kontrolle zu verlieren. Die sichere Begrenzung durch die erwachsene Stärke und das Übernehmen der rituellen Struktur können dem Kind helfen, mit seiner Wut in Kontakt zu sein und zu erfahren, daß es mit ihr umgehen kann. Erwachsene ihrerseits sollten ihre eigene Wut in eine Form bringen können, in der der kindliche Organismus sie aufnehmen kann, ohne unter ihrer Wucht sich verkrampfen oder zusammensacken zu müssen. Insgesamt geht es wohl vor allem darum, in Familie und Schule mehr Gewicht auf den formativen Prozeß auch im Hinblick auf das Aggressions-Spektrum zu legen.

Dazu kommt ein weiteres, schwerwiegendes Problem. Wieder bin ich ihm sehr hautnah durch die eigenen Kinder begegnet. Mir kam eines Tages zu Ohren, daß einige Mädchen der vierten Klasse auf einen siebenjährigen Jungen losgegangen waren. Ich entnahm dem Bericht, daß meine eigene Tochter dabei gewesen sein mußte. Als ich sie empört stellte, brach sie in Tränen aus. »Soll ich mich denn einfach treten und mir Sand in die Augen werfen lassen, ohne mich zu wehren?« Die Mädchen waren aber zu mehreren gewesen und viel größer. Mein Sohn mischte sich ein und sagte: »Mama, ich habe versucht, mit dem Jungen freundlich zu sein, aber im nächsten Augenblick geht er auf mich los.« Natürlich waren die Kinder unter Rechtfertigungsdruck. Wie man als derartige Übermacht auf andere losgehen kann, war das eine Thema. Wir sprachen darüber, daß Gewalt in der Gruppe anonymer ist, und wie gefährlich es sein kann, sich von ihr mitreißen zu lassen. »Es ist dann wie eine Art riesige Sammelwut, und man weiß hinterher gar nicht mehr, wer es eigentlich war«, meinte meine Tochter.

Gruppendruck spielt überhaupt eine Rolle, denn eine Gruppe kann ein sehr machtvoller, erdrückender ›Körper‹ sein. »Wenn du nicht mitmachst, bist du ein Feigling« oder »dann spiele ich nicht mehr mit dir«. Dies sind einschüchternde Drohungen. Die Angst, einen Freund oder eine Freundin zu verlieren, von der Gruppe nicht mehr akzeptiert zu sein, ist ein mächtiger Motor für Handeln. Und in der Gruppe ist man stärker als allein. Kinder möchten ›dazugehören‹, und das heißt in diesem Alter vor allem auch sein ›wie die anderen‹, von der Kleidung angefangen bis zu Sprache und Verhalten. Noch gibt es auch keine ausgeformte persönliche Identität, auf die ein Kind zurückgreifen und sich abstützen könnte. Deshalb muß dieser Wunsch nach ›Gleichsein‹ auch respektiert werden. Kinder sind jedoch ansprechbar auf das Problem von Unrecht und Ungerechtigkeit. Und dieser kindlich-moralische Sinn kann als Gegengewicht dienen. Und doch ist es auch dann nicht einfach, sich anderen entgegenzustellen. Ich erinnere mich hier an eine eigene Kindheitssituation: Meine Freundin in der ersten Klasse war ein dickes, linkisches Mädchen. Es hatte armselige Kleider und log mir auch oft vor, was es alles besitze. Ich wußte jedoch, daß es log und verstand, daß es dies tat, um uns anderen ähnlich oder womöglich noch besser zu sein. Meine Mutter, selbst Kind einer armen Familie, hat mich in diesem Verständnis unterstützt. Einmal wollten wir in der Pause zusammen ein Spiel machen. Doch meine Freundin sollte nicht mitspielen dürfen. Ich war zu dieser Zeit beliebt und stellte mich vor die Gruppe hin. »Dann mache ich auch nicht mit«, kam es aus mir heraus. Ich war erstaunt über meine Festigkeit. Ein bißchen erschrak ich auch, doch siehe da, die anderen Mädchen gaben nach... Dies war meine erste Berührung mit sozialem Mut, aber auch mit der Möglichkeit, durch die eigene Position Macht auszuüben. Noch spüre ich leibhaft meine damalige Entschlossenheit, die ich wohl in dieser Situation zum ersten Mal verkörpern konnte. Es ist manchmal möglich, Kindern diesen Zusammenhang von Stand-Festigkeit und Stellung-Nahme zu vermitteln.

Kinder sind in ihrem Gerechtigkeitssinn ›rigoros‹ und in den Augen Erwachsener auch unbarmherzig. Doch die Möglichkeit, in ihrer leibhaften Haltung und ihrem Denken differenzieren zu können, lernen Kinder langsam im Laufe ihrer Kindheit. Dies zeigt sich etwa an der Frage, wie Kinder mit Wut und Grobheiten ihrer Kameraden umgehen können. »Warum ist dieser Junge nicht netter, dann würden wir ihn auch besser mögen?« fragte mein Sohn einmal und stellte damit klar eine Frage der Menschenkenntnis. »Er fühlt sich offensichtlich bedroht, vielleicht abgelehnt. Er hat wohl nicht die Zuversicht, daß ihr mit ihm freundlich sein würdet, weil er möglicherweise schon zu oft das Gegenteil erfahren hat, und da könnt ihr nichts dafür. Aber nun wird er noch darin bestätigt und findet nicht mehr heraus.« So versuchte ich den Kindern den Teufelskreis der Entmutigung nahezubringen. Dennoch darf man Kindern nicht verbieten, sich zu wehren – die Grenze bleibt aber eine heikle und oft schwer bestimmbare. Als die Kinder einmal ein Gespräch über Aggressionen von Flüchtlingskindern mitbekamen, versuchte ich zunächst diese verallgemeinernden Aussagen zu relativieren, um nicht ein denunzierendes Gefälle herzustellen. Dann versuchte ich zu zeigen, daß viele der Flüchtlingskinder aus dem Krieg kommen, daß sie vielleicht knapp mit dem Leben davonkamen, nur Gewalt erlebt, Angehörige, vielleicht sogar Mutter und Vater verloren und wohl mitbekommen hatten, wie es in der Heimat zugeht. Und daß sie im Exil auf ganz engem Raum leben müssen, mit wenig Hoffnung auf eine Zukunft. Die Kinder versuchten sich das vorzustellen. »Aber dann würde ich besonders nett sein, damit die anderen mich mögen«, meinte meine Tochter. Es war ganz schwierig, den Kindern nahezubringen, daß erlittene Gewalt auch einverleibte Gewalt sein kann. Einmal mehr sah ich, daß es viele weitere Gespräche brauchen würde.

Gewalt gehört auch in den Zusammenhang der Geschlechterdifferenz. Darüber ist in der letzten Zeit viel geschrieben worden.[14] Jungen drücken gerade ihr mangelndes Selbstwertgefühl sehr oft durch Grobheit aus. Dieses Verhalten wird durch gesellschaftliche Rollenvorbilder vom ›Helden‹, vom ›starken Mann‹ unterstützt. Es sind jedoch meist ›kleine Helden in Not‹[15], wie ein Buchtitel es zum Ausdruck bringt. Wenn Männer von ihrer Kindheit und Jugend erzählen, kommt auch die Anstrengung, durch Rauferei und borstiges Gehabe dazuzugehören, zum Vorschein. Gerade schulische Arrangements fördern diese Identifikation im Sinne von Rivalitäts- und Konkurrenzverhalten, von Fixierung auf Fehler als auf etwas nur Negatives, das tunlichst zu vermeiden, auszumerzen ist, und das keinesfalls einen notwendigen, fruchtbaren Schritt in einem Lernprozeß darstellt. Auch die Kompetenz für Zusammenarbeit der Mädchen wird oder wurde wenig bis gar nicht gefördert und kaum je als Leistung oder Potenz anerkannt.[16] So geht es darum, nicht nur in der Familie den Zwang zur aggressiven Jungenidentität abzubauen und die oft dahinter stehende Not zu erkennen, sondern ebenso im Bereich der Schule dieses Bild eines ›richtigen Jungen‹ zu hinterfragen. Wenn Mädchen ein Stück mehr Autonomie zugestanden wird und gleichzeitig auch ihre kooperativen Fähigkeiten höher gewertet werden, könnte vielleicht die offensichtlichere Aggressivität der Jungen eine Entschärfung erfahren – ebenso wie die versteckteren Aggressions- und Selbstaggressions-Muster von Mädchen. Diesen Weg können wir jedoch nur gehen, wenn die Not von Mädchen und von Jungen nicht gegeneinander ausgespielt wird und beide Geschlechter ihre eigenen Schwierigkeiten und Nöte nicht nur artikulieren, sondern einander mitteilen. Dies gilt für die Erwachsenen – für Eltern und Lehrende. Nur so können sie Kindern ein neues Modell anbieten und die Not hinter noch so aggressivem oder passiv-zurückgezogenem Verhalten bei Kindern erspüren. Dies ist ein individueller, ein familiärer und ein gesellschaftlicher Auftrag.

An diesem Punkt möchte ich mit meinen letzten Überlegungen einsetzen. Als Eltern sind wir zunächst mit Gewalt-Erfahrungen unserer eigenen Geschichte konfrontiert. Oft ist es schwer zu akzeptieren, daß wir uns als Kinder sowohl das leibhafte Muster des ›Opfers‹ wie des ›Täters‹ einverleiben. Wir mögen vor allem gegen uns selbst als Täter handeln und das versehrende Drama immer wieder mit uns austragen. Vielleicht sind wir nie unserer Wut, der eigenen Gewalttätigkeit begegnet – bis die Kinder kamen. Viele Eltern berichten, daß sie über die Wucht ihrer Aggressionen erschrocken seien: »Ich wurde plötzlich überwältigt, hätte mein Kind schlagen können, vermochte mich nur mit Mühe zurückzuhalten. Daß ich solche Impulse in mir trage, hat mich tief erschüttert und verunsichert.«

Unsere durchschnittlichen Familien sind durchtränkt von oft kaum bemerkter Gewalt. Viele Eltern sind selber noch mit Schlägen erzogen worden und haben sich geschworen, es anders zu machen. Und doch tragen sie die Gewalt-Muster aus ihrer Geschichte noch immer mit sich. Es mag sehr schmerzhaft sein, sie sich einzugestehen, um mit ihnen auch in der Gegenwart der Kinder umgehen und sie vielleicht mit der Zeit mildern oder gar auflösen zu können. Alltägliche Gewalt reicht von körperlichen Mißhandlungen bis zu den ständig über Jahre sich wiederholenden kleinen, oft kaum merklichen Gewalttaten, die sich auf verschiedensten Ebenen verkörpern. Dazu gehört nicht nur die Gewalt gegen Kinder, sondern auch der Erwachsenen untereinander. Wie beeinträchtigend dies für Kinder sein kann, wurde mir immer wieder durch Äußerungen in der Therapie deutlich. So sagte eine Frau: »Ich habe die Schläge und Beschimpfungen, die meine Mutter von meinem Vater bekam, durch meine eigene Haut wahrgenommen.«

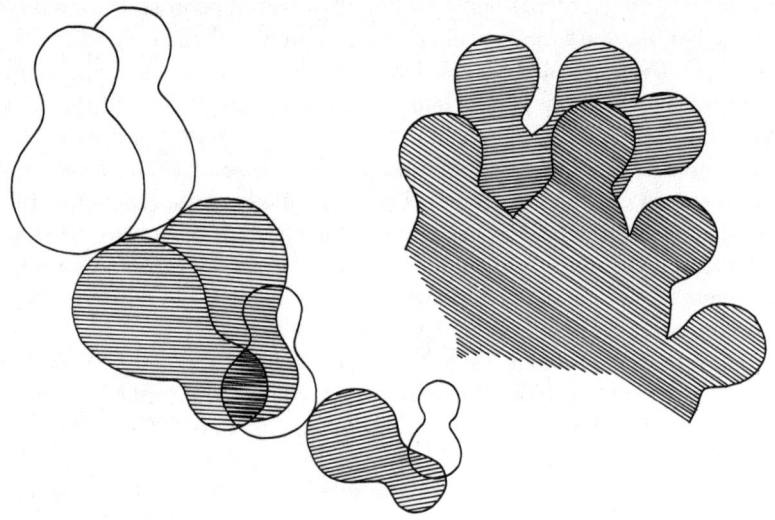

Gewalt ist nicht nur eine Sache der Familie, sondern auch der Gesellschaft. Grausamkeit und Brutalität scheinen von neuem zuzunehmen und halten auch Einzug in die Welt der Kinder, vor allem in die Schule. Heimliche und offene Unterdrückung jüngerer Schüler, die verprügelt, bedroht und gezwungen werden, für andere Eßwaren und Geld mitzubringen, sind keine Seltenheit mehr. Bereits Schüler müssen auf das Tragen von Waffen hin untersucht werden. Eltern beginnen sich zusammenzuschließen, um sich mit dieser wachsenden Gewalt und Gefährdung ihrer Kinder auseinanderzusetzen, die alle Beteiligten bis in die Öffentlichkeit hinein vor völlig neue Fragen stellt.

Ein Thema rückt in diesem Zusammenhang in den Vordergrund: Wie gehen wir mit ›den anderen‹ um? Andere sind zunächst ›Außenseiter‹, solche, die gesellschaftlichen Normen oder auch Kinder-Normen in einem bestimmten sozialen Zusammenhang nicht entsprechen. Kinder reagieren aber auch auf Menschen, die körperlich anders sind, etwa auf Behinderte, die anders aussehen, sich auf ungewohnte Weise verhalten, aber auch auf solche, die eine andere Hautfarbe und andere Gewohnheiten haben. In einem Alter, wo Normengerechtheit so wichtig ist, nicht nur um Zugehörigkeit zu haben, sondern um die eigene Identität im Erwerben sozialer Kompetenz zu stabilisieren, sind Kinder besonders anfällig für Ausstoßungstendenzen. Sie dürfen dafür nicht einfach denunziert werden, doch fa-

miliäre und gesellschaftliche Verachtung für ›Behinderte‹ jeder Art und Fremdenhaß bestärken sie in einer Tendenz, die entwicklungspsychologisch begreiflich und gleichzeitig mißbrauchbar ist. Erwachsene Ablehnung ›des Fremden‹ ist etwas qualitativ anderes und hat die Färbung von Übergriff und Überwältigung. Kinder sind ihr ausgesetzt, da sie zwischen ihrem eigenen Anliegen der Stabilisierung ihrer Identität und den angstbesetzten Vorurteilen ihrer Bezugspersonen nicht unterscheiden können. Deren humanes Vorbild trägt zur Fähigkeit, differenzieren zu können, ebenso bei wie mögliche Gespräche über konkrete Konfliktsituationen.

Es gibt noch eine weitere Chance. Sobald ›fremde‹ Menschen – auch andersartige Kinder – vertraut werden, schwinden die Muster von Ablehnung und Ausstoßung. Persönliche Begegnungen lassen oft den Aspekt des Andersseins bedeutungslos werden, wie engere Kontakte unter Kindern zeigen, wenn sie von Erwachsenen bei Differenzen liebevoll begleitet werden. Dazu fällt mir eine Übung ein, die ich mit Gruppen manchmal gemacht habe: Wenn wir einem Menschen lange einfach in die Augen sehen, ihn wahr-zunehmen versuchen, schwinden allmählich die gewohnten Beurteilungskategorien dahin. Er ist zu einem unmittelbaren Gegenüber, zu einer Person geworden. Damit berühren wir sein Geheimnis, das wir nicht ausloten, aber anerkennen können, da es mit unserem eigenen Geheimnis in Verbindung steht, das sich ebenfalls unserem Zugriff entzieht. Der andere Mensch wird so auch zum Spiegel des ›anderen in uns selber‹. Selbst Menschen, die anderen etwas antun, ja sie töten wollen, können das nur solange tun, wie das Opfer nicht zu einem Gegenüber wird, sondern namenloses ›Objekt‹ bleibt und sich damit auch einer – oft willkürlichen – Kategorie von Fremden oder Feinden zuordnen läßt. Auch in den Medien spricht uns ein einziges persongewordenes Schicksal oft mehr an als die abstrakte Zahllosigkeit von Opfern ohne Gesichter. Dies mag uns erschrecken, gehört jedoch zu den Gegebenheiten menschlichen Funktionierens. Erst eine reife Haltung vermag über diese Grenzen hinauszugehen. Uns bleibt die Aufgabe, Kinder zunächst darin zu unterstützen, daß sie Anders-artige als unverwechselbare Personen erfahren. Die Ghettoisierung von Menschen – von Alten, Kranken, Behinderten, Ausländern, von Menschen außerhalb der gängigen Norm überhaupt –, läßt diese zu Fremden und Unvertrauten werden und fördert damit ihre Denunzierung. Die Berührung hingegen und das alltägliche Zusammensein mit Menschen unterschiedlicher Art kann Kindern helfen, eine Brücke zu schlagen. Äußerungen wie ›das ist doch auch ein Mensch‹ sind dagegen wirkungslos, weil sie diffamierend und damit schädlich sind. Nur das Person-Sein läßt sich auf eine allgemeinere Ebene übertragen. Das gilt nicht nur für die sogenannten ›positiven Erfahrungen‹ mit anderen, sondern für das ganze Spektrum menschlicher Möglichkeiten. Ein Kind kann sehr wohl verstehen, daß ein anderes Kind nicht ›blöd‹ oder ›böse‹ ist, *weil* es zu einer anderen Gruppe von Menschen gehört, sondern weil *jedes* Kind, *jeder* Mensch einmal so sein kann. Mit der Zeit begreifen Kinder auch zunächst be-fremdliche Unterschiede zwischen Kulturen und erleben, daß interkulturelle Begegnungen einen Reichtum darstellen. Diese zu ermöglichen und mitzugestalten, ist eine Aufgabe, die nur Eltern und Schule gemeinsam wahrnehmen können.

Einerseits können die Vorurteile Erwachsener beeinträchtigend und mißbrauchend wirken – oft ohne daß sie dies beabsichtigen. Andersseits können auch humane Ansprüche an die Haltung der Kinder eine Überforderung sein, wenn die im Vordergrund stehenden Entwicklungsthemen nicht in den Dialog einbezogen und mit berücksichtigt werden. Wir sind als Eltern und Lehrende herausgefordert, uns mit unserer eigenen Angst vor Fremdem – und damit vielleicht mit unserem eigenen Schatten – auseinanderzusetzen. Die Reaktionen unserer Kinder können uns wie im Spiegel auch eigene nicht eingestandene Tendenzen zeigen. Gerade Handlungsweisen, die wir selber ablehnen, jedoch in unseren Kindern wiederfinden, fordern uns zu persönlicher Ehrlichkeit heraus, zur Frage, ob wir einen Anteil daran haben – auf welcher Ebene auch immer. Gleichzeitig ist es wichtig, die Nöte der Kinder wahrzunehmen, auch wenn sie sich in Aggressionen äußern. – Dies sind schwierige Aufgaben, die wir immer wieder auch verfehlen mögen. Sie dennoch auf uns zu nehmen und an ihnen weiterzuwachsen, ist unsere Chance – für die Kinder und uns selber.

Das ›Gefäß‹ der Beziehung als Schutz gegen die gewalttätige Informationsflut

Gewalt begegnen Kinder nicht nur in Familie und Schule, sondern in der Gesellschaft und deren Strukturen ganz allgemein. Die kontextlose, aus Zusammenhängen herausgelöste Information beispielsweise, die im Laufe des 20. Jahrhunderts überhand genommen hat, trägt in sich offensichtliche und auch verborgene gewaltsame Aspekte. Früher war Information vielmehr in eine gesellschaftlich vermittelte Organisation und Wertung eingebunden gewesen, die Orientierung ermöglichte. Heute ist es schwierig geworden, sie auf einen gültigen Maßstab zu beziehen und zu überprüfen. Insbesondere ist nicht mehr klar, was Kinder wissen sollen, zu welchen Ebenen der Erwachsenenwelt sie Zugang haben dürfen. In diesem Sinne kommt es wieder zu einem Verschwimmen der Grenze zwischen Erwachsenen- und Kinderwelt. Die Eltern haben die Aufgabe zu entscheiden, was sie ihren Kindern an Information zumuten, wie sie diese ihren Kindern mitteilen wollen und was sie mit dem Wissen machen sollen, das ihre Kinder täglich von ›draußen‹ mit nach Hause bringen. Da es keine Verbindlichkeiten gibt, sind die Eltern auf sich selber gestellt, müssen mit dem Gesehenen und Gehörten fertig werden, nach ihrem Ermessen auswählen. Doch geht es nicht um die Kriterien der Auswahl allein, sondern auch um die Art und Weise der Vermittlung im direkten Gespräch. Kinder können Informationen nur verarbeiten, wenn sie ihnen im Raum der Beziehung gegeben werden, sonst sind sie un-verbindlich im Wortsinn und lassen sich auch nicht in adäquates Handeln umsetzen.

Eltern und andere Erziehende sind es, die Bezüge herstellen und zu einem Sinnganzen ordnen müssen, so wie sie ein Kind seinem Alter gemäß aufzunehmen vermag. Es braucht nicht nur eine angemessene Sprache, sondern auch das Auffangen von Fragen und Reaktionen und die unterstützende Präsenz Erwachsener, wenn Kinder mit Neuem konfrontiert sind. Ich denke dabei etwa an Fragen der Sexualität, an Aufklärung über Aids, an Probleme der Um- und Mitwelt oder an Kriegsereignisse. Beziehung bedeutet hier also ein Doppeltes: Verbindungen zu stiften und im Mit-teilen von Information als Person für die Kinder gegenwärtig und mit ihnen verbunden zu sein. Aus diesem Grunde ist es wichtig, Kinder auch in ihrem Kontakt mit den Medien zu begleiten, sonst ist der kindliche Organismus sehr oft den auf ihn eindringenden Bildern und Botschaften wehrlos ausgeliefert. Unverstandenes ist nicht einfach wirkungslos, sondern bindet sich etwa an unbewußte Not- und Aggressionsmuster. Diese werden so verstärkt und in Modellen ausagiert, die Fernsehen, Filme und Videos bereitstellen. Verbrechen von Kindern zeigen dies auf erschütternde Weise.

Schon in Trickfilmen und Werbespots finden sich häufig unterschwellige, für Kinder kaum bewußt wahrnehmbare Gewaltszenen, die komisch ausstaffiert werden. Kinder werden angestiftet, sich darüber zu amüsieren, auf welch lachhafte Weise eine Figur an die Wand gedrückt, zerquetscht, durch die Luft katapultiert oder in ein Silo gestopft wird. Appelliert wird vor allem an die Schadenfreude der Kinder. Die Gewalttätigkeit solcher Szenen ist auch deshalb eine verdeckte, weil die mißhandelten Wesen entgegen jeder Realität wieder aufstehen, als sei nichts gewesen. Dies vermindert nicht die Grausamkeit, sondern verwischt deren mögliche Folgen. Auch hier müssen Eltern entscheiden, was sie ihren Kindern zumuten und wovor sie diese bewahren wollen oder wie sie mit ihnen zusammen das Gesehene und Gehörte verarbeiten können.

Dazu kommt eine weitere Ebene. Ständig rufen Geschichten Impulse zum Handeln hervor, die nicht ausgeführt werden können. Kinder, Zuschauer und Zuschauerinnen überhaupt, müssen tatenlos zusehen, wie jegliches Geschehen seinen Lauf nimmt. Dieses Schema provozierter und nicht gefragter, unterdrückter Reaktionen wird zu einem einverleibten Muster, wenn es zur all-täglichen, sich immer wiederholenden Erfahrung von Kindern gehört. Das Leben läuft vor den eigenen Augen filmisch ab – zurück bleibt die Ohnmacht, das Nicht-handeln-Können ebenso wie die Fiktion, daß großartiges Handeln leicht sei. Der kleine Junge, der von seinem Sitz aufspringt, die Fäuste ballt und auf den Fernseher einschlägt, mag uns den geschilderten Widerspruch vor Augen führen.

Computerspiele scheinen den Impuls zum Handeln besser zu befriedigen. Freilich gibt es interessante und konstruktive Spiele. Doch in diesen Ersatzwelten wird Handeln oft eindimensional auf Sieg und Niederlage per Knopfdruck hin ausgerichtet. »Du denkst, daß du es nächstes Mal schaffen wirst – und dies läßt dich immer wieder von vorne beginnen«, so sagte mir ein Junge, der verbissen vor seinem Game-Boy saß. »Du hast ein Ziel, und einmal wirst du es erreichen. Es ist so spannend…« Freilich werden Kinder so spielend und spielerisch mit der Computertechnik vertraut. Doch die nur zu oft entstehende Spielsucht beruht vielleicht auf mindestens zwei wichtigen Faktoren: auf der Linearität der Welten zwischen Sieg und Niederlage, die sich von der undurchschaubaren Komplexität unserer Realität abhebt, und auf der Möglichkeit, Handlungsimpulse wenigstens symbolisch abreagieren zu können. Es geht vor allem darum, irgendwelche imaginären Feinde ›kaputt‹zumachen. Dies können Fabeltiere sein, aber auch richtige Tiere oder Menschen. Sind sie gekillt, ertönt zur Belohnung die Siegerhymne… Als ich mit meinen Kindern und der Freundin meiner Tochter in den Ferien war, hatten sie gerade ein neues Spiel ausgeliehen bekommen. In diesem Spiel gibt es verschiedene ›Länder‹, in denen man Feinde besiegen muß. Neben den Fabeltierländern gibt es auch das ›Chinesenland‹. Hier müssen die Chinesen ›vertätscht‹ werden. Die Kinder erzählten das ganz harmlos. Sie schienen alle drei nichts dabei zu finden. »Könnt ihr euch vorstellen, wie es einem Chinesen zumute wäre, wenn er euch hören könnte?« fragte ich die Kinder. Sie schauten mich erstaunt an und begannen allmählich zu begreifen, was ich gemeint hatte. »Und stellt euch vor, es gäbe ein Spiel, in dem die Schweizer ›vertätscht‹ würden. Wie wäre euch dann zumute?« Mein Sohn sagte darauf: »Ach weißt du, ich habe gar nichts dabei gedacht. Es waren halt einfach Chinesen. Jetzt, wo du es umdrehst, sehe ich schon, daß das eigentlich ganz gemein ist.« Und dann fragte er mich: »Warum machen denn die Erwachsenen solche Spiele für uns. Die wissen doch auch, daß das gemein ist?« Er hatte recht, und wir sprachen lange über Rassismus. Nach unserem Gespräch griff meine Tochter wieder zum Game-Boy. Ich schaute sie enttäuscht an. »Ach Mama, jetzt denkst du, es hat nichts genützt. Aber ich weiß jetzt, worum es geht. Das finde ich wichtig. Jetzt falle ich nicht mehr einfach darauf herein!« Es mochte stimmen, was sie sagte. Als ich dies vor ein paar Monaten niederschrieb, wußte ich noch nicht, daß meine

Kinder einige Zeit später das einmal so beliebte Spielzeug verkaufen würden. Waren es die Gespräche gewesen, die ihnen das nahegelegt hatten?...

Der Kontakt mit den Medien wirkt noch in anderer Weise. An die Stelle des Ablaufs von Eindruck – Impuls – Handeln tritt zudem das Hervorlocken ständiger neuer Erregung. Nicht allein ein einzelner Film kann schädlich sein, sondern die täglich sich erneuernde Flut von Bildern, die nicht nur Kinder, sondern auch Erwachsene in ihren Sog zieht. Die modernen Aufnahmetechniken mit ihren Nahaufnahmen bis ins letzte – oft grausame – Detail, mit den ungewohnten Perspektiven und dem sich überstürzenden Rhythmus vieler Bildfolgen lassen das Gesehene nochmals ein-dringlicher werden. Unsere Nachrichten-Kultur besteht – mindestens für Kinder – oft aus einem makabren Potpourri von Krieg und Katastrophe, vermittelt durch Bilder, die uns von Entsetzen zu Entsetzen jagen. Die einzelnen Schicksale und komplexen Hintergründe müssen immer wieder auf nackte, namen- und personlose Tatsachen reduziert werden, die eine um die andere hinter der nächsten verschwimmen, bis sie schließlich allesamt in der folgenden Unterhaltungssendung ganz verschwinden.

›Reizüberflutung‹ bedeutet, daß der Organismus mit dem auf ihn Eindringenden nicht mehr fertig zu werden vermag, sich in einem ständigen Zustand von Übererregung befindet und unfähig wird, sie wieder aufzulösen, dadurch aber nach immer neuer Stimulation verlangt und zu einer Drogen-Sucht werden kann. Dies bringt es mit sich, daß Übererregung zu einem gewohnten organismischen Zustand wird und die Fähigkeit, für andere, weniger spektakuläre Eindrücke empfänglich zu sein, schwindet. Die alltägliche Umgebung hat nichts Vergleichbares anzubieten, wird uninteressant. Doch auch das in den Medien Vermittelte muß sich stets von neuem überbieten. Tatenlosigkeit, Übererregung und Stimulationssucht, aber auch Überflutung durch nicht verdaubare Szenerien beeinträchtigen den kindlichen Organismus und mißbrauchen ihn. Mit der Zeit bilden Kinder jedoch auch Abwehrmuster aus, mit denen sie sich gegen Andrängendes bis zur Gleichgültigkeit abschotten, ohne daß sie dessen Wirkung aufzuheben vermöchten.

Die Welt in Bild und Ton wird zudem allmählich primärer als die primäre Welt. Schon Kinder nehmen an Erfahrungen teil, die sie in unterschiedlichste Bereiche führt, bevor sie unmittelbar mit ihnen in Kontakt kommen. Erlebnisse werden nicht durch Bilder in Erinnerung gerufen, sondern in den Medien Gezeigtes wird zum Maßstab für spätere Erfahrungen. So wird auch unterschwellig die jeweilige Medien-Optik einverleibt. Die Wirklichkeit wird zum Abklatsch oder zur Enttäuschung. Dies ist allerdings vor allem ein quantitatives Phänomen, das mit dem Überhandnehmen von Fernsehen und Videos zusammenhängt. Damit verschwimmt auch zunehmend die Grenze zwischen Realität und Illusion, eine Wirkung, die in Zukunft durch das dreidimensionale Bild noch gesteigert werden kann. Dies könnte vielleicht eine zunehmende Verwirrung im Bereich von Wahrnehmen und Handeln zur Folge haben.

Die Aufgabe von Eltern und anderen Erziehenden sehe ich deshalb darin, auszuwählen und zu dosieren, was Kinder sehen und hören sollen, und ihre Medien-Erfahrungen in den Raum der Beziehung und des Gesprächs einzubinden. Dann kann der Reichtum visualisierter Welten – auf das Fassungsvermögen der Kinder eingespielt – die Phantasie beleben, Wissen ermöglichen und vertiefen, Zusammenhänge aufzeigen.

Eine wichtige Möglichkeit besteht weiter darin, daß Kinder nicht nur konsumierende, sondern auch Produzierende sein können. Daß dies schon mit Vier- bis Fünfjährigen möglich ist, hat der Kindergärtner meiner beiden Kindern gezeigt, der mit seiner Gruppe einen Videofilm gedreht hat. Er weihte sie in die verschiedensten Aufnahmetricks ein, was zu einer Entzauberung des Mediums Film führte. Daß man beispielsweise über eine Matratze kriechen kann, während die gekippte Kamera die Szene aufnimmt und es nachher so aussieht, als kletterte man einen Steilhang hinauf, hat die Kinder nachhaltig beeindruckt. Von da an rätselten sie oft, wie wohl kühne Szenen zustande gekommen seien, lernten zwischen Wirklichkeit und Bild unterscheiden, auch wenn sie sich bei ›gefährlichen‹ Situationen immer wieder rückversicherten, daß sie gewiß erfunden und gespielt seien wie ihre eigenen. Von hier aus läßt sich auch ein anderer Zugang zur Werbung erarbeiten, die Kinder zunächst wörtlich nehmen. Auch sie kann auf dem Hintergrund eigener Produktionserfahrung als eine ›gemachte‹, eine erfundene und auf bestimmte Effekte hin zubereitete verstanden werden. »Gell, Papa, sie haben diese Wäsche absichtlich etwas schmutziger gelassen«, sagte ein Kind beim Anschauen einer Wäschereklame, oder: »Nicht wahr, sie zeigen absichtlich eine so schöne Wohnung, damit das Kleid dieser Frau besser aussieht!« Kritisches Schauen, Hören und Denken, gerade im Umgang mit Medien, ist für Erwachsene wie für Kinder lernbar.

Eine weitere Problematik im Hinblick auf Medien kommt immer wieder in den Vordergrund. In meinen Gruppen fragen besorgte Eltern:

»Sollen wir unseren Kindern sagen, was in Jugoslawien, in Somalia, in andern Ländern und im eigenen Land geschieht? Wie sollen wir es sagen? Was sollen wir ihnen von den drohenden Umweltkatastrophen und gigantischen Völkerwanderungen erzählen?« Und noch schwieriger: »Wie können wir geeignete Worte dafür finden, die Kinder nicht realitätsfern belassen und ihnen dennoch nicht alle Perspektiven rauben?« Schon fragen diese: »Wird es in zwanzig Jahren noch Bäume geben?« In diesem Bereich sind wohl alle Eltern am Suchen, und Antworten können nur an konkreten Beispielen erarbeitet werden. Viele Erwachsene sind sich beispielsweise einig darin, daß sie ihren Kindern nicht mehr zumuten möchten, Nachrichten am Bildschirm anzuschauen. Mir geht es ebenso, und dennoch beschleicht mich an diesem Punkt das Grauen. Wir müssen uns zwar mit der alltäglichen Gewalt auseinandersetzen, die auch in Familien beängstigende Formen hat, dennoch: Während wir uns sorgfältige pädagogische Gedanken machen, was unseren Kindern schadet und wie wir sie vor verheerenden Auswirkungen schützen können, sind Kinder in jenen Szenen von Verfolgung, Brutalität, Folter, Mord und Gefangenschaft zu finden, deren bloßes Anschauen wir unseren eigenen Kindern nicht zumuten mögen. Diese Kinder werden nicht gefragt, und niemand kümmert sich darum, wie sie mit den tiefen Verletzungen leben werden, die ihnen als Kinder von Tag zu Tag angetan werden. Angesichts dieser Realität müssen wir leben. Und ich weiß manchmal nicht, wie das zu bewerkstelligen ist…

Eines wird mir jedoch immer deutlicher: Je größer die Kinder werden, desto intensiver bin ich als Erziehende in die Auseinandersetzung mit den gesellschaftlichen Realitäten eingefordert. Auf der einen Seite kann ich klarer sehen, welche Erfahrungen Kinder sich einverleiben und wovor ich sie schützen möchte. Anderseits will ich sie darin unterstützen, daß sie in dieser Gesellschaft und in dieser Zeit leben und auf menschliche Weise bestehen können. Schon das ist ein Weg ohne Rückversicherungen. Gleichzeitig bin ich wechselnden Perspektiven ausgesetzt: Die erzieherische Fürsorge für die eigenen Kinder weist hinüber in die Frage, wie es Kindern in unserer ›Ersten Welt‹ geht, und als Angehörige dieser Welt bringt der Blick auf die ›Zweite‹ und ›Dritte Welt‹ nochmals ganz andere Relationen in den Blick, die sich wiederum nicht nur im Gefälle von Glück und Unglück einfangen lassen. Elterliche Qualität läßt sich jedoch nicht einfach abspalten und allein auf die je eigenen Kinder beziehen.

Die kostbaren Augenblicke: Beziehungs-Raum und Intimität mit Kindern

Älter werdende Kinder bewegen sich immer mehr nach ›draußen‹ und verbringen einen großen Teil ihres Lebens in wechselnden Gruppen und Kontakten mit Gleichaltrigen, während die Zeit zu Hause sich mit Alltäglichem – Organisation, Aufgaben, Auseinandersetzungen – anfüllt. Um so wichtiger werden die ›Beziehungsinseln‹, die Augenblicke der Ruhe, der Besinnung und der gegenseitigen Nähe.

Der Raum der Familie kann die Chance bieten, Intimität zu erfahren und zu gestalten, sie nach außen zu schützen und als eine kostbare Form von Beziehung weiterzutragen. Kinder achten mit der Zeit meist sehr sensibel darauf, daß diese intimen Ausdrucksformen nicht nach außen preisgegeben werden, seien es Koseworte, Geheimnisse oder tiefe persönliche Erfahrungen, die sie mit nahen Menschen verbinden. Dies wurde mir beispielsweise deutlich, als meine Tochter eine Postkarte mit in die Schule nehmen mußte, damit die Kinder sich die verschiedenen Erwachsenenschriften anschauen konnten. Ich gab ihr eine von Papas Karten. »Die doch nicht!« sagte Mirjam entrüstet. »Warum nicht?« wollte ich wissen. »Da steht etwas von Küßlein – das brauchen die anderen nicht zu wissen!« So wollte meine Tochter ihre Intimität schützen. Zunehmend zeigte sich auch bei beiden Kindern ein Unterschied im Verhalten mir gegenüber, je nachdem, ob sie mit mir allein oder mit andern Kindern zusammen waren. Unter ihresgleichen waren sie herber, salopper und unpersönlicher. Das ist keine Verstellung, sondern hat damit zu tun, daß Weichheit und Innigkeit verletzlicher macht und Kinder langsam lernen, wieviel an Schutz und Abgrenzung sie in den verschiedenen Welten brauchen. Auch dies sind verkörperte Beziehungsqualitäten, die sich im leibhaften Dialog mit den Menschen unterschiedlicher sozialer Bereiche herausbilden.

Im Unterschied zu früheren Generationen sind Kinder heute meist ehrlicher, sagen offen, was sie sehen und empfinden. Die Erziehung ist weniger daraufhin angelegt, möglichst früh eine soziale Maske zu bilden, hinter der alle persönlichen Regungen verborgen bleiben müssen. Die Kinder finden auch eher eine Sprache für das, was sie beschäftigt, trauen sich zu, eine zu finden, selbst wenn es sich um das Ausdrücken schwieriger Dinge und innerer Wahrnehmungen handelt. Das setzt oft einen elterlichen Babuschka-Dialog mit den einverleibten Erfahrungen aus der eigenen Geschichte in Gang. Eltern mögen sich freuen, daß ihren Kindern Formen des Austausches möglich sind, die früher undenkbar waren, fördern und unterstützen sie meist sehr bewußt und sind gleichzeitig oft unsicher, wo sie Grenzen setzen sollen, da sie diesbezüglich auf keine Tradition und keine Modelle zurückgreifen können. Wir sind deshalb als Familienmitglieder darauf angewiesen, in den konkreten Situationen immer wieder herauszufinden, was wir als einzelne Menschen und als Gemeinschaft brauchen. Gerade weil das Tempo unseres gesellschaftlichen Lebens ein sehr schnelles und manchmal überstürztes ist, wird die Fähigkeit, einen konkreten Beziehungsraum, der Austausch und vor allem auch Intimität ermöglicht, immer wichtiger. Vieles läßt sich beim Essen erzählen, während der Hausarbeit oder auf Spaziergängen. Im Rhythmus des Gehens läßt sich manches leichter sagen, auch beim gemeinsamen Gemüseputzen oder Abwaschen, beim Basteln oder Handwerken. Dies alles sind Nischen, die zum Verweilen, zum Mitteilen und Anvertrauen einladen. Es sind eigentliche Vertrauens-Räume, die hier entstehen können, falls sie nicht von der Alltags-Hektik aufgesogen werden. Hier kann sich die angespannte, erregte Haltung der Kinder lösen, und sie finden zu dem zurück, was sie wirklich bewegt.

Eine eigene Qualität haben die Abende, wenn die Dämmerung kommt und getan ist, was zum eigentlichen Tag-Werk gehört. Es kommt für die Kinder die Übergangzeit zwischen dem Tag-Körper und dem Nacht-Körper. Wir können zusehen, wie sie sich in ihrem Bett einkuscheln, die körperliche Nähe der Mutter oder des Vaters suchen, sich mehr und mehr fallen lassen, zurückkehren in den Grund, in den ›Schoß der Nacht‹. In diesem Übergang vom Wachen zum Schlafen tauchen nochmals Gedanken und Bilder auf, oft solche, die am Tag keinen Raum finden können. Es sind die zärtlichen Liebesangebote, die zum Ausdruck kommen: »Papa, ich habe dich so lieb. Gell, du hast mich auch ganz fest lieb?« Die Zartheit und Innigkeit dieser Augenblicke ist zerbrechlich und verletzlich. Sie duldet keinen Einbruch von außen. Es sind zeitlose Augenblicke von Geben und Empfangen.

Was Kinder bewegt, hat oft eine philosophische Qualität, kreist um Fragen und Erkenntnisse, die sich auf den Gesamtzusammenhang des Lebens beziehen. Oft mögen wir uns als Eltern fragen, was von unseren eigenen tiefen Anliegen ankommt, wenn wir unsere Kinder tagsüber erleben. Sind wir als Eltern imstande, den Kindern zu vermitteln, daß auch die Natur ein ›Körper‹ ist, den wir nicht einfach beschneiden können? Daß unsere Umwelt auch unsere Mit-Welt ist? Die letzten Generationen in Europa haben Kriegs- und Nachkriegsarmut und anschließend das Wirtschaftswunder, die Hochkonjunktur erlebt. Materieller Wohlstand, ein eigenes Auto, eine technisch perfekt eingerichtete Wohnung, ein eigenes Haus waren das, wofür diese Generationen arbeiteten. Auch die kritischen Jugendbewegungen konnten diese Entwicklung nicht aufhalten. Daß sie nur um den Preis einer immer gigantischer werdenden Ausbeutung der Natur zu haben war, wurde zunächst nur einem kleinen Teil der Menschen bewußt. Heute weiß jeder, was mit den Stichworten Konsum- und Wegwerfgesellschaft gemeint ist. Im Spiegel des kindlichen Verhaltens können wir ihre Auswirkungen ermessen. Die Sorgfalt für Gegenstände läßt nach. Vor etwa zehn bis fünfzehn Jahren begannen Eltern sich darüber zu beklagen, daß die Kinder Fahrräder verrosten, ihre Spielsachen einfach irgendwo liegenließen. Sie hatten das Verhalten der Erwachsenen gelernt, auch wenn es den Eltern selbst nicht bewußt sein mochte. Wenn heute ein Spielzeug kaputtgeht, heißt es: »Komm, wir kaufen ein neues!« Kaum ein Kind denkt mehr ans Flicken. Und dieser Gedanke wird auch gründlich ausgetrieben, denn Plastikspielzeug läßt sich meist nicht flicken, Reparaturen sind teurer als etwas Neues. Zudem gibt es auf dem Markt haufenweise ›Eintagsspielzeug‹, das beim ersten Zupacken entzweigeht. Einen zerbrochenen Stuhl kann man vielleicht noch selber flicken oder mindestens zum Spielen, zum Hämmern und Sägen verwenden, allenfalls eine Plastik – eine ›Kinderkunst‹, wie mein Sohn sagt – daraus machen. Alles andere wandert auf die Abfallberge… Auch Weg-Werfen wird immer deutlicher zu einem einverleibten Muster. Hier setzen mein eigener Lernprozeß und der Austausch mit den Kindern ein, der oft so mühsam und vergeblich erscheint.

An den Abenden in all den vielen Jahren habe ich jedoch gelernt, daß unter den familiären und gesellschaftlichen Mustern noch eine andere Dimension lebt. In diesen intimen Augenblicken kommen die tiefsten Schichten der kindlichen Seele zum Vorschein, in denen auch das Frucht trägt, was wir ihnen als Eltern aus unserem eigenen Lebensbezug heraus geschenkt haben. »Mama, nicht wahr, ein Sämlein ist viel mehr wert als eine Million Geld?« – »Das glaube ich auch, aber wie kommst du darauf?« – »Weißt du, aus einem Sämlein kann ein Baum werden, mit vielen Blüten und Früchten. Man kann sie essen und wieder Sämlein pflanzen. In einem einzigen Sämlein ist ein ganzer Wald enthalten, Millionen von weiteren Bäumen. Aus Geld kann nichts entstehen… und ein Sämlein kann ich liebhaben, Geld nicht…« Dies sagte mein achtjähriger Sohn ins Dunkel des Zimmers hinein, während draußen der Regen rauschte. »Mama, der Regen ist lieb. Er gibt den Pflanzen zu trinken, damit sie wachsen können...« David sprach von den Pflanzen, von Regen und Sonne, davon, daß die Nacht uns alle zudeckt mit einem dunklen Mantel... Ein anderes Mal sagte er: »Es gibt viele Menschen, die Kinder nicht mögen. Weißt du, die mögen sich selber nicht – sie waren doch auch einmal Kinder...« Die Tiefe, aus der diese kindlichen Äußerungen kommen, und von denen mir viele Eltern erzählen, erinnert mich an die Texte, die mir vor Jahren meine jugendlichen Schülerinnen anvertraut haben und die mich damals sehr berührten. Die gleiche Qualität fand ich wieder in nächtlichen Gesprächen mit Freunden, in Äußerungen von Frauen nach der Geburt, von alten und sterbenden Menschen. Wir tragen diese Schicht wohl von Anbeginn in uns und finden allmählich Worte, um sie in Übergangsstadien an die Oberfläche zu bringen.

Solche Begegnungen, Gespräche und kindlich-philosophische Meditationen sind kostbare Geschenke. Sie bringen auch die Erwachsenen in Berührung mit ihren eigenen, oft vergessenen oder verschütteten Tiefenschichten. Aus dieser Atmosphäre bilden sich oft auch erfundene Geschichten, die wir unseren Kindern und die sie uns erzählen. Es sind auch die Momente, die dazu einladen, von der Geburt der Kinder, von ihrer Baby- und Kleinkinderzeit, von den eigenen Eltern, von der eigenen Kindheit und Jugend zu berichten. Das Lebenskontinuum, die Dimensionen von Geburt und Tod kommen in den Blick. Mein Sohn, der felsenfest von unserer Wiedergeburt überzeugt ist, erzählte mir, daß er zu einer alten Frau sagte: »Es ist schön für dich, daß du so alt bist, denn schon bald wirst du wieder ganz jung sein.«

Doch auch beunruhigende, kränkende Erfahrungen des Tages finden ihren Ausdruck, schmerzliche Erlebnisse eine Sprache. Manchmal bricht zurückgehaltene Wut und Empörung aus: »Gemein war die Frau. Sie hat mir einfach nicht geglaubt. Und dabei habe ich die Wahrheit gesagt. Ich konnte gar nichts machen. Ich konnte es ihr ja nicht beweisen...« Begegnungen kommen zum Vorschein: »Heute habe ich auf dem Markt einen Mann gesehen, der Sachen verkaufte. Er hatte nur ein ganz kleines Tuch auf dem Boden. Die anderen hatten viel mehr Sachen, einen viel größeren Platz. Er schaute so traurig drein, weil alle an ihm vorbeigingen. Darf ich ihm morgen etwas abkaufen?« Erst jetzt am Abend können oft auch die Tränen fließen, die am Tag ungeweint blieben, der Trost gefunden werden, der die Alltags-Wunden lindert. Es ist auch eine Zeit der Versöhnung, wenn Streit und Mißverständnisse im Raum geblieben waren...

Nicht immer sind wir Erwachsenen bereit, uns in diese Atmosphäre einzufinden, am Tag nicht und manchmal auch abends nicht. Immer wieder habe ich das Gesicht meiner Kinder sich verdunkeln sehen, wenn ich unachtsam oder gar unwirsch ein liebevolles Angebot ausschlug, mißverstand oder überhörte. Eine junge Mutter sagte dazu: »Manchmal bin ich einfach untergegangen in meinem Kram. Ich wische die Kinder weg wie lästige Fliegen, sie, ihre Worte, ihre Bitten und Fragen. Und wenn ich sie dann doch anschaue, dann tut es mir so weh. Es ist, als wären Sterne erlöscht, so traurig sehen sie aus. Ich kann ihnen dann nur sagen, wie leid es mir tut...«

Spiel-Räume für Kinder offen zu halten ist wichtig, doch ebenso brauchen sie einen Raum des Vertrauens, der Intimität und Stille. Vielleicht müssen wir ihn formen, doch vielleicht brauchen wir ihn nur zu betreten, weil Kinder so oft schon in ihm sind und uns einladen. Kinder haben viel zu geben und zu schenken. Eltern sein bedeutet auch, empfangen zu können, sich beschenken zu lassen und das Geschenkte anzuerkennen.

17. Abschied und Neubeginn: das Jugendalter

Auf dem Hintergrund der bisher angesprochenen Themen, die nicht mehr alle explizit zur Sprache kommen, läßt sich das nun folgende Kapitel lesen. So wird das formbildende Kontinuum wahrnehmbar, dessen erster und vorläufiger Abschluß mit dem Erwachsenwerden der Kinder gegeben ist. Die Phase des Jugendalters als Wandlungsprozeß mit den zugehörigen Hauptthemen habe ich in meinem Buch »Beratung und Therapie bei Jugendlichen« dargestellt.[1] Im Vordergrund stehen dort jene Möglichkeiten, mit denen dieser Prozeß von beratenden und lehrenden Personen unterstützt und begleitet werden kann. Aus diesem Grund beschränke ich mich jetzt vor allem auf ein paar wichtige Aspekte, die mir für das Verständnis der Eltern-Kind-Beziehung wichtig erscheinen.

Die Umgestaltung der kindlichen Babuschka-Schichten im Jugendalter

Bis zum Schuleintritt verdichten sich die Babuschka-Schichten von Kindern prototypisch zu einer individuellen Gestalt.[2] Im Schulalter wird diese weiter ausdifferenziert, während Kinder auch neue Schichten hinzuformen, die es ihnen ermöglichen, ihre soziale Kompetenz zu erweitern.[3] Die Selbständigkeit in allen Bereichen nimmt zu. Immer wieder begreifen Eltern plötzlich in einem Augen-Blick, wie groß ihr Kind schon geworden ist, nachdem sie sich allmählich an die gerade gegenwärtige Phase gewöhnt haben. Aus den vielen kleineren Krisen im Laufe der Kindheit geht das Kind meist auch gestärkt hervor, und seine Persönlichkeit wird immer deutlicher als eine geschlossene Gestalt sichtbar. Dies trifft zu, auch wenn die beweglichen Babuschka-Schichten bald ein kleineres und wieder älteres, bald ein verspieltes, übermütiges oder rotznasiges, dann ein ernstes und entschlossenes Kind in den Vordergrund kommen lassen. Manchmal aber erscheint noch eine andere Qualität. Es mag eine Haltung, ein Ausdruck, eine Geste sein, bei denen es uns durchzuckt: ›Das ist kein Kind mehr.‹ Gerade jetzt erlebe ich dies intensiv mit meiner zehnjährigen Tochter. Ahnungsweise zeichnet sich eine Gestalt ab, die in der Tiefe auf sie zu warten scheint, sich ankünftigt, an die Oberfläche kommt und wieder verschwindet. Noch scheint das meiner Tochter kaum bewußt zu sein, und doch ist diese Gestalt wie ein Schattenriß, der auf seine Er-füllung hinstrebt. So warten ein Leben lang die immer nächsten Schichten auf ihre Einlösung.

Im Jugendalter, das von der Pubertät bis zur Adoleszenz reicht, werden alle bisherigen Babuschka-Schichten aufgegriffen. Sie waren schon seit ihrer ersten Formwerdung in ständigen Metamorphosen durch die ganze Kindheit hindurch präsent und wurden immer wieder in einer nächsten Wachstumsphase mit neuen Gestaltungselementen verbunden. Jetzt geht es darum, sie im Hinblick auf die zukünftige erwachsene Gestalt umzuformen und in die Existenz als Erwachsene zu integrieren. Je nach unserem Blickwinkel tritt mehr das Kontinuum der Formbildung – welches die ganze Persönlichkeit des Kindes und auch die einzelnen Formelemente betrifft – oder mehr das Neue jedes Wachstumsabschnittes hervor. Im folgenden stelle ich die wichtigsten, das Jugendalter ›organisierenden‹ Themen dar und versuche sie andeutungsweise mit bisher geformten Schichten in Verbindung zu bringen.[4]

1. Personale Identität
- Einüben von Eigenverantwortung und Urteilsvermögen
- Ablösung von Familie und Autoritäten
- Identitätsfindung durch Abgrenzung und Verbundensein auf erwachsener Ebene
- Ganzheitliche Beziehung als gegenseitiges Mit-teilen der eigenen inneren Welt

[bisher: Eigenständigkeit, Autonomie, Formen des Bezogenseins wie nehmen, geben, empfangen, bitten]

2. Geschlechtsbezogene Identität
- Integration der sich wandelnden eigenen Körperlichkeit und Sexualität
- Identifikation mit dem eigenen Geschlecht und Auseinandersetzung mit den Geschlechtsrollen
- Beziehung zum andern Geschlecht mit dem Spektrum von Zärtlichkeit – Erotik – Sexualität und Intimität

[bisher: Geschlechtszugehörigkeit erfahren, Aufbauen und Lösen von Erregung, kindliche Formen von Zärtlichkeit, Erotik, Sexualität, Nähe und Distanz]

3. Soziale Identität
- Entfaltung und Festigung von Selbstwertgefühl und Gemeinschaftssinn
- Ausbildung von Verantwortung und Teilhabe in bezug auf verschiedene soziale Kreise
- Fähigkeit zur kritischen Auseinandersetzung mit der Gesellschaft und zur Eingliederung

[bisher: Soziales Lernen in Familie, Schule und mit Gleichaltrigen]

4. Berufliche Identität
- Entfaltung und Gestaltung der eigenen Begabungen und Fähigkeiten
- Eigene Entscheidung für ein Berufsfeld treffen und Einüben der entsprechenden Kompetenzen

[bisher: Werksinn, Lernfähigkeit, schulische Kompetenzen]

5. Perspektivische Identität
- Fähigkeit, eigene Werte zu setzen und sich kritisch mit übernommenen auseinanderzusetzen
- Integration in ein größeres Ganzes
- Wachheit für Fragen und Probleme unserer Welt
- Bilden von Lebensperspektiven

[bisher: Aufgehobensein, Drin-Sein, Perspektiven bilden, Kontakt zu eigenen Tiefenschichten, kindliche ›Philosophie‹]

Im Vordergrund steht jetzt die Identitätsbildung auf den verschiedensten Ebenen. Die bisherigen formbildenden Elemente, die in der Darstellung jeweils angeführt sind, stehen im Zentrum der entsprechenden Thematik, sind aber für alle andern ebenfalls von Bedeutung, bilden zusammen die Voraussetzung für die entstehende neue Gestalt im Spannungsfeld von Individualität und Verbundenheit, von Identität und Beziehung in den verschiedensten Bereichen des Lebens.[5]
Das Jugendalter beginnt mit der Pubertät, deren Basis die hormonelle Umstellung ist, die zur Geschlechtsreife führt. Die Wandlung ergreift jedoch alle Ebenen der kindlichen Gestalt, ist eine ganzheitliche und umfassende. Das jugendliche Mädchen, der jugendliche Bursche – als Umriß schon früh erkennbar – ist die jetzt hinzuwachsende Schicht der Persönlichkeit. So gibt es zunächst einen ersten Übergang vom Kind- zum Jugendkörper. Es ist wichtig, das Jugendalter als eine eigene Ge-

stalt, als ›Körper‹ zu verstehen, um ihm eine eigenständige Bedeutung zu geben. So ist dieser Phase auch ein spezifischer Beziehungsmodus von seiten der Eltern zugeordnet, in dem es um die Anerkennung und Unterstützung der sich formenden geschlechtlichen Identität geht.[6] Anderseits ist das Jugendalter eine Übergangsphase, in der sich die erwachsene Gestalt ausformt, auf welche die ganze kindliche Entwicklung hingeordnet ist. In einem tiefgreifenden Sinn ist sie deshalb eine Wende-Zeit mit der entsprechenden Dynamik, die für alle Wendezeiten Bedeutung hat.[7] Die bisher vertraute und gewohnte Sicherheit bietende Form beginnt sich aufzulösen. Es gilt, von ihr Abschied zu nehmen, das Risiko, das mit dem Verlust von Sicherheit zusammenhängt, anzunehmen. Die Phase des eigentlichen Übergangs, in welcher die alte Form nicht mehr ist, bringt Unsicherheit, ein Gefühl, sich selber fremd und unbekannt zu werden. Dies mag mit Angst verbunden sein, aber auch mit Neugier und Entdeckerlust. Der Kontakt mit den eigenen Tiefenschichten intensiviert sich, bisher unbewußte oder vergessene Schätze und Ressourcen kommen an die Oberfläche, kreative Möglichkeiten werden freigesetzt. Doch auch Schmerzliches und Versehrendes, Unerfülltes aus der bisherigen Geschichte taucht auf und will verarbeitet werden. Diese Phase ist gekennzeichnet durch die Einheit von gestalten und geschehen lassen. Jugendlichen gegenüber habe ich das folgende Bild gebraucht: »Es ist, wie wenn du dich in einem Segelboot auf den Weg machst. Du fährst hinaus aufs Meer, das dich trägt. Langsam versinkt das Ufer hinter dir. Dann bist du weit draußen, um dich herum ist nur das Wasser. Nichts gibt es, woran du dich halten könntest. Doch dein Schiff hast du und den Kompaß, der dir die Richtung weist, obwohl du dein Ziel noch nicht sehen, dir deine Ankunft nicht vorstellen kannst. Einmal aber wirst du am Horizont einen schmalen Streifen erkennen und auf das Land zusteuern, das vor deinen Augen wächst. Du wirst es betreten und erkunden, dich mit der Zeit mit ihm vertraut machen.« – So folgt auf die Zeit des Übergangs die Neugestaltung, die Begrüßung und Einübung.

Jugendliche erleben in diesem Übergang, wie ihnen ihr bisher vertrauter Körper fremd wird, sich ständig verändert, unbekannte Gefühle und Impulse aus ihm kommen. Die Beziehung zum andern Geschlecht verliert ihre Unbefangenheit, wird schwierig und aufregend zugleich. Die gewohnte Beziehung zu den Eltern wird in Frage gestellt, läßt sich nicht mehr einfach als Halt benutzen. Was bisheriges Fühlen, Denken und Verhalten war, läßt sich nicht ohne weiteres aufrechterhalten. Die kindliche Identität löst sich auf. »Ich bin mir selber fremd« ist eine

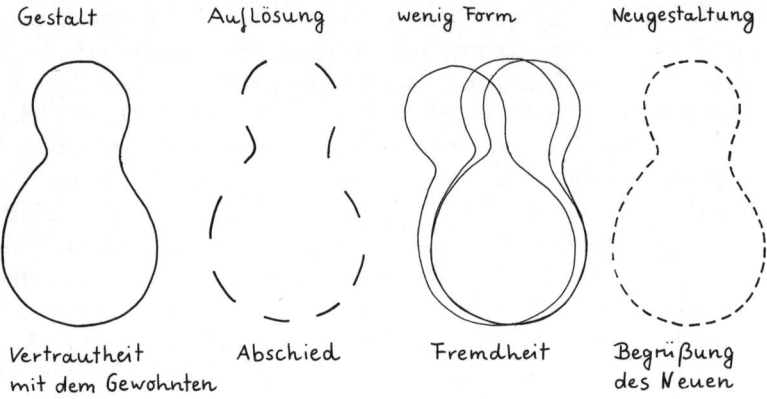

Gestalt — Auflösung — wenig Form — Neugestaltung

Vertrautheit mit dem Gewohnten — Abschied — Fremdheit — Begrüßung des Neuen

häufige Aussage junger Menschen, obwohl sie sich gleichzeitig auf eine klare Identität *als* Jugendliche berufen. Was einmal die personale, geschlechtsbezogene, soziale und berufliche Identität ausmachen wird, stellt vor neue Aufgaben wie Ablösung von den Eltern, Freundschaften mit dem eigenen und dem andern Geschlecht und erste sexuelle Kontakte, das Aufbauen von Beziehungsnetzen, Berufswahl, die Auseinandersetzung mit der gesellschaftlichen Realität und mit dem Sinnhorizont des Lebens.

Der Abschied von der kindlichen Gestalt bedeutet auch, daß der bisherige Lebensstil mit seinen Mustern, Arrangements und Verhaltensweisen auf eine radikale Weise in Frage gestellt ist und auch alles, was an Kräften, an Mängeln, Beeinträchtigungen und Verhärtungen vorhanden ist, sichtbar wird. Jugendliche, die in ihrer Kindheit in einem einigermaßen organischen Kontinuum gelebt haben und von ihren Eltern im Wachstumsprozeß unterstützt wurden, können diese Umgestaltung vollziehen, ohne völlig den Boden unter den Füßen zu verlieren und in Sinnlosigkeit abzustürzen. Doch auch für Jugendliche, die – wörtlich – ganz aus der Fassung geraten, stellt die tiefgreifende Krise eine Chance zum Heil-werden dar, wenn sie in Beziehungen zu Menschen stehen, die sie jetzt unterstützen und ihnen weiterhelfen.. Hier haben auch Jugendberatungen einen wichtigen Platz. Ich habe selber als Jugendtherapeutin über Jahre erleben können, daß die Verarbeitung beeinträchtigender Kindheitserfahrungen und die Begleitung im Prozeß der Umgestaltung es Jugendlichen ermöglichen, eine bessere Basis für das erwachsene Leben zu finden.[8]

Wenn das Jugendalter von den Eltern einen neuen Beziehungsmodus im Hinblick auf ihre Geschlechtsidentität einfordert, befindet sich die Eltern-Kind-Verbindung anderseits in einem Übergang, in dem es um Abgrenzung und Unabhängigkeit der eigenen Person geht. Am Ende steht die Auflösung der formativen Aufgabe von Eltern.

In unserer heutigen Gesellschaft ist dieser Übergang oft schwierig. Eltern sehen, daß ihre Kinder ihn ganz anders leben, als es ihnen selber vergönnt war. Sie kommen in Kontakt mit ihren eigenen Babuschka-Schichten, mit Ungelebtem, Verpaßtem und Unerfülltem. Sie spüren vielleicht schmerzlich, wie groß die Generationenschranke durch den schnellen gesellschaftlichen Wandel geworden ist. Gleichzeitig sehen sie sich mit der ständigen Veränderung des Familienkörpers und aller innerfamiliären Beziehungen konfrontiert. Die Ablösung der jugendlichen Kinder bedeutet also auch für sie eine Wendezeit. Doch die Begleitung der Kinder in diesem Lebensabschnitt ist nicht nur schwierig, sondern auch bereichernd, bringt in den Eltern vergessene Schätze an die Oberfläche, läßt sie Beziehungserfahrungen machen, die eine Generation früher nicht möglich waren und auch für sie eine nährende Qualität haben können – als Begegnung von Wendezeiten her.

So läßt sich das Jugendalter im Sinne des Babuschka-Prinzips als *eine* Form im Kontinuum des Gestaltungs- und Umgestaltungsprozesses, als eine *eigene* Form und gleichzeitig als *Übergang* zu einer neuen Form – derjenigen der erwachsenen Gestalt – verstehen. Alle diese Blickwinkel spielen in der folgenden Darstellung einzelner Themen zusammen.

Die Wandlung der körperlichen Identität

Im Bereich des elften und zwölften Lebensjahres beginnen jene körperlichen Veränderungen, die erste Anzeichen der Geschlechtsreifung sind. Eltern erinnern sich vielleicht noch, wie schnell ihnen damals alle Kleider zu klein wurden, ständig mußten Nähte ausgelassen, Säume angesetzt werden. Bei Mädchen waren plötzlich weite Blusen gefragt, die Schultern wurden hochgezogen, damit die kleinen Schwellungen der Brüste nicht sichtbar wurden. Ein Flüstern um Dinge, über die man nicht genau Bescheid wußte und die zu den Geheimnissen des Erwachsenenlebens gehörten, begannen. Schon saßen einige Mädchen beim Turnen und Schwimmen draußen. Sie hatten Anteil an der Welt der Großen. Und jedes Mädchen wußte, daß es auch bald ›dran‹

sein würde. Am eigenen Körper konnte man die Haare wachsen sehen... Und eines Tages hatten Buben diese komische Stimme, die zum ›Stimmbruch‹ gehörte. Es waren die Erwachsenengeheimnisse, die allmählich näher rückten, ohne daß sie wirklich greifbar wurden. Viele Kinder waren damals ahnungslos, erlebten die erste Menstruation als etwas Unheimliches, vielleicht als eine rätselhafte Krankheit, versteckten die blutige Unterwäsche, während Buben sich über den ersten Samenerguß schämten. Die ›Aufklärung‹ kam oft zu spät, war peinlich oder fand gar nicht statt. Aus Gesprächsfetzen, hingeworfenen Sätzen anderer Kinder konnte man sich notdürftig zusammenreimen, worum es ging. Es gab viel Einsamkeit und nicht mitteilbare Nöte.

Von solchen Erfahrungen her kommen noch viele Eltern, wenn sie ihre eigenen Kinder durch die Pubertät und das Jugendalter begleiten sollen.[9] Die jüngeren unter ihnen haben sich oft eine andere, freiere Haltung im Gegensatz zu ihren eigenen Eltern angeeignet. Es besteht heute ein Konsens darüber, daß Kinder die positive Einstellung ihrer Eltern zu den großen Veränderungen brauchen. Eltern geben sich Mühe, über die eigenen schwierigen Erfahrungen in diesem Bereich hinwegzukommen. Immer deutlicher wird die Erkenntnis, daß ›Aufklärung‹ ein Kontinuum ist, das in der frühen Kindheit beginnt. Im nahen körperlichen Kontakt mit den Eltern erfahren Kinder schon früh, wie ein nackter erwachsener Körper aussieht, bekommen die Menstruation der Mutter mit, erleben Schwangerschaften, manchmal auch eine Geburt, mit und wissen, woher Kinder kommen, wie sie gezeugt werden, obwohl sie das auch immer wieder mal vergessen. Körperkontakt, Zärtlichkeit, Bejahen des kindlichen Körpers mit seinen Ausdrucksformen wird im Laufe der Kindheit zu einer einverleibten Qualität.

Eine offene Atmosphäre und ein liebevoller Austausch bilden das Kontinuum, in dem sich eine positive Beziehung zur eigenen Körperlichkeit formt. Sie ist eine wichtige Mitgift für die Umgestaltung in der Pubertät. Mangelnde Berührung, Unfähigkeit zum Zärtlichsein, Schläge als einzige Berührung, Tabuisierung oder Bestrafung sexueller Regungen in der Kindheit können zu beeinträchtigenden Mustern in der Beziehung zum eigenen Körper führen und die Pubertät belasten. Doch jedes Kind muß diesen Übergang vollziehen, in dem sich sein Körper tiefgreifend verändert. Eine Mutter erzählte, daß ihre bald elfjährige Tochter sich jeden Abend aufmerksam betrachtete und zu ihr sagte: »Gell Mama, sie sind schon ein bißchen gewachsen«, während sie mit ihren Händen über die Brüste strich, die noch kaum Anzeichen des Wachstums aufwiesen. »Wie lange geht es noch, bis man etwas sieht?« fragte sie immer wieder ungeduldig, weil die anderen älteren Mädchen in der Schule schon ›viel weiter‹ waren. Eine andere Mutter beobachtete, daß ihre Tochter mit Freundinnen zusammen untersuchte, ob schon etwas von den Schamhaaren zu sehen sei… In dieser ersten Übergangszeit steht oft die Neugier, die Aufregung über all das Unbekannte im Vordergrund. Manchmal zeigt sich auch eine innere Ambivalenz, ein ›ich möchte – und möchte doch nicht‹.

In diesem Vorfeld und zu Beginn der Pubertät können sich auch Minderwertigkeitsgefühle einschleichen. Sie entstehen oft aus dem Vergleich mit anderen Kindern. Die einen Buben und Mädchen entwickeln sich schneller, andere langsam. Das Gefühl, nicht wie die andern zu sein, bleibt oft unausgesprochen und nagt im geheimen. Eine Frau erzählte mir, wie einsam und ausgeschlossen sie sich gefühlt hatte, als sie – als einzige – bereits im Alter von zehn Jahren ihre erste Periode bekam. Vielleicht ist es der schon zu große oder kaum vorhandene Busen oder der zu kleine Pimmel, der zu Verunsicherungen führt.[10] Viele Verletzungen entstehen jedoch durch das Verhalten der Umwelt. In dieser Zeit der großen Veränderungen sind jugendliche Kinder besonders empfindlich und verwundbar. Oft sind sie dem Gespött der Geschwister oder Kameraden über die neuen Körperformen ausgesetzt. Schwer wiegen auch sarkastische Bemerkungen der Eltern oder anderer Erwachsener. Manchmal sind es auch harmlos hingeworfene Sätze, die mißverstanden werden und weh tun. Es ist ja nicht nur die körperlich sichtbare Veränderung, die verunsichert, sondern ebenso die mit ihr verbundene hormonelle Umstellung, die so ›dünnhäutig‹ macht. Schon das Fremdwerden des eigenen Körpers ist irritierend genug. Eine sehr junge Frau sagte mir dazu: »Ich weiß noch genau, wie ich jeweils vor dem Spiegel stand und in mein Gesicht blickte. Es kam mir so eigenartig vor – schön manchmal, mit einem Ausdruck, den ich mit meinen inneren Gefühlen nicht in Verbindung bringen wollte. Ich hatte den Impuls, die Augen zu schließen und fühlte mich dennoch angezogen. Ob die andern mich auch so sahen? Ich ließ mein Gesicht finster werden, denn ich hatte den Eindruck, man könne mir direkt in die Seele schauen. Ein anderes Mal lehnte ich mich völlig ab, fand mein Gesicht häßlich mit den Pickeln an der Stirn und zog meine langen Haare vor die Augen – ach, diese Haare, die so gewöhnlich blond und strähnig waren. Im Versteckten betrachtete ich auch meinen nackten Körper, die kleinen Brüste, die Schamhaare. Mir war, als stecke ich in einer Hülle, die gar nicht zu mir gehörte, oder als seien da fremde Attrappen aufgeklebt, die ich nur wegzunehmen brauchte, um wieder das Kind von vordem zu sein. Und doch probierte ich manchmal enge Pullover und Jupes zu Hause an, wenn niemand da war, spielte mit meiner Erscheinung vor dem Spiegel. Wenn ich so dastand, überkam mich oft ein merkwürdiger Schauer. Meist aber wußte ich überhaupt nicht, wohin mit mir, denn da gab es noch meine Bewegungen, die so eckig waren, als gehorchten mir die Glieder nicht. In solchen Momenten war mir mein Körper auch nach innen fremd. Meine Seele verkroch sich in den hintersten Winkel und ließ diesen Mädchenkörper allein. Sollte er sich gebärden und anfühlen wie er wollte – mich ging er nichts mehr an. Da waren aber auch die eigenartigen Stimmungen, in die ich mich manchmal begierig hineinstürzte, um mich im nächsten Augenblick von ihnen zu distanzieren. Ich verstand mich selber nicht mehr und hatte das Gefühl, niemand auf der Welt könne mich verstehen. Ich sank immer tiefer in unbekannte Schichten meiner Seele – es war schaurig schön und erschreckend zugleich.«

Jugendliche Mädchen und Buben beginnen in dieser Phase des Übergangs auch, ihren Körper für sich zu bewahren, schließen das Badezimmer ab, wollen sich nicht mehr zeigen. Das ist weniger Scham als das Schützen ihrer eigenen Identität, das Bewußtsein: »Mein Körper gehört mir. Ich kann über ihn bestimmen.«

Zum elterlichen Beziehungsmodus in bezug auf dieses Alter gehört in erster Linie der Respekt vor dem Körper Jugendlicher, vor ihrer Abgrenzung. Nicht nur das Eindringen in ihre intime Sphäre wird als Übergriff erlebt, sondern oft auch das Ansprechen ihres Verhaltens, ihrer Körperlichkeit – sei sie noch so gut gemeint. Es ist nicht immer leicht herauszufinden, ob die eigene Tochter oder der Sohn für das, was sie bewegt, keine Sprache haben und verständnisvolle Hilfe brauchen oder ob sie ihr Erleben für sich behalten möchten. Ein vierzehnjähriges Mädchen sagte mir: »Meine Mutter fragt mich immer, und dann sage ich etwas Belangloses, um sie loszuwerden. Ich *kann* gar nicht sagen, was in mir vorgeht. Ich spüre es zwar, aber wenn ich es in Worte fassen würde, könnte es nur ganz banal tönen. Die Sprache taugt nicht für so etwas. Ich will das für mich behalten, ohne Sprache. Manchmal schreibe ich etwas ins Tagebuch, aber dann ist das meine ganz eigene Sprache, die sowieso niemand versteht.« – Dieses Mädchen spürte genau, daß das, was sich in ihm zu formen begann, seinen eigenen Rhythmus hatte und keinen vorzeitigen Zugriff duldete, wie er gerade über die Sprache oft stattfindet. »Meine Eltern wollen immer Erklärungen haben oder geben welche. Sie reden von Pubertät und so was, stülpen mir irgendwelche Begriffe über. Was soll ich damit? Sie betreffen mich nicht. Die Erwachsenen nehmen mir nur mein eigenes Erleben weg und schließen es in den Panzer ihrer Sprache ein…« Dies sagte mir ein bald fünfzehnjähriger Jugendlicher. Hinter solchen Äußerungen steht die Frage, ob wir es als Eltern aushalten, mit unseren Kindern zu sein, sie ganz persönlich zu begleiten, ohne uns mit Kategorien gegen jene Dimensionen zu schützen, die auch in uns angerührt werden.

Und doch möchten Jugendliche in ihrer neuen Körperlichkeit anerkannt und angenommen sein, gerade wenn sie selber Mühe mit ihr haben. Ein junger Mann erzählte: »Als ich noch ein Kind war, habe ich oft mit meinem Vater gekämpft. Er ließ mich nicht einfach gewinnen, sondern schaffte Bedingungen, bei denen ich eine Chance hatte. Da er nie grob war, spürte ich seine Kraft gern. Sie gab mir Halt. Als ich in die Pubertät kam, war er richtig stolz auf mich. Manchmal nahm er mich irgendwohin mit. Wir sprachen nicht sehr viel, aber ich sah, daß er mich liebevoll anschaute. Er erzählte manchmal mit einfachen Worten, wie es ihm in meinem Alter zumute gewesen war. Heute weiß ich, daß er es meinetwegen getan hat, nicht für sich. Ich antwortete kaum etwas, ließ mir nicht anmerken, daß es mich interessierte, sagte nicht, es gehe mir genau so. Ich nahm auf, was ich brauchte und fühlte mich irgendwie angenommen. Dann kam eine Zeit, wo ich ganz anders sein wollte. Mein Vater hielt Distanz, aber ich wußte, daß er mich gut fand und liebte. Noch immer war er der starke und schöne Vater, und ich fühlte mich neben ihm manchmal so mickrig. Er aber spielte seine Überlegenheit nie aus, obwohl ich ständig mit ihm rivalisierte. Ich hatte Mühe mit meinem Körper. Wenn wir aber miteinander wandern gingen – wir zwei allein –, war die alte, fast wortlose Vertrautheit wieder da. Und als die Zeit kam, da ich ihn zu überholen begann, konnte er damit umgehen. ›Jetzt bist du dran‹, sagte er einmal. Es klang ein bißchen wehmütig, doch ich sah, daß mein Vater mir diesen Platz ließ und ich ihm meine Jugendlichkeit zumuten durfte. Sein Wohlwollen ist auf mich übergegangen, ich spüre es körperlich als eine warme Welle in mir und auch als Stärkung meines Rückgrats… Ich bin gern ein Mann und empfinde dies nicht als Krampf. Auch meine Mutter hat mich stets unterstützt, aber sie hat die Zweisamkeit mit dem Vater nie angerührt. ›Es gibt Dinge, die dir nur dein Vater geben kann‹, pflegte sie zu sagen, obwohl sie eine selbstbewußte Frau war, eigentlich eher aktiver als mein Vater. In unserer Familie war überhaupt etwas ganz wichtig: den andern zu nehmen, wie er ist.«

Dieser vierundzwanzigjährige Mann brachte zum Ausdruck, wie tief wir uns auch den elterlichen Beziehungsmodus im Jugendalter einverleiben, um zu unserer verkörperten geschlechtsbezogenen Identität zu finden. Dazu gehört das Angenommensein durch den gleichgeschlechtlichen wie den gegengeschlechtlichen Elternteil.

Doch Eltern sind hier oft wiederum mit ihrer eigenen Geschichte konfrontiert. Trauer, Wehmut und Schmerz kommen zum Vorschein und äußern sich in Neid, Rivalisieren und Entwerten, wenn diese Gefühle abgewehrt werden. Dann bekommt der Sohn oder die Tochter jene geballte Ladung ab, die ihnen gar nicht gilt. Es braucht also einen sorgfältigen liebevollen Umgang mit der eigenen jugendlichen Babuschka-Schicht, die empordrängt, wie auch mit dem Übergang in eine neue Lebensphase, die durch das allmähliche Erwachsenwerden der Kinder gegeben ist. Eine bald fünfzigjährige Mutter schilderte diesen Prozeß auf eindrückliche Weise: »Sie ist hübsch geworden, meine knapp 15jährige Tochter. Aber eigentlich ist sie das immer gewesen. Jetzt wird sie allmählich ein junges Mädchen, eine junge Frau. Ich wäre immer gern schön gewesen. Ich hatte nicht die langen Glieder, die straffe Haut, die dichte Haarpracht, das ausgeprägt geschnittene Gesicht wie sie. Ich mochte meinen Körper wenig, als ich selber jung war. Es hing damit zusammen, daß ich auf keine Begabungen stolz sein konnte, daß ich die Möglichkeiten, die das Leben, meine Fähigkeiten und mein Äußeres boten, nicht wahrhaben und annehmen konnte. Ich bin froh, daß wenigstens meine Tochter Schönheit, Fähigkeiten, Möglichkeiten besitzt, obwohl sie keine Übertragung meiner Wünsche annimmt. Sie läßt keine Übergriffe zu, und es ist ein ständiges Experimentieren mit Grenzen geworden. Manchmal zeigt sie sich, erzählt, teilt mit, dann wieder verstummt sie, verhüllt sich mit zehnmal zu großen T-Shirts, zieht die Schultern hoch und krümmt den Rücken. Oft benimmt sie sich wie ein Prinzessin, und plötzlich kann sie praktisch, hilfsbereit und selbständig sein. Um meine Selbstachtung in die Beziehung mit ihr einzubringen, kann ich nicht anders, als für meine Wünsche und Bedürfnisse einzustehen und mich mit dem, was *meine* Vergangenheit und *meine* mögliche Zukunft ist, auseinanderzusetzen. Die Wehmut und der Abschied, die damit verbunden sind, gehören zu mir, haben mit meiner Geschichte zu tun. Ich brauche diese Gefühle deshalb nicht als Neid oder Eifersucht meiner Tochter überzustülpen. Ich werde nie wieder ein junges Mädchen oder eine junge Frau sein, es käme mir absurd und kindisch vor, die Generationenfolge verwischen zu wollen. Ich finde meine Tochter schön, ich bin ihre Mutter, ich habe ein anderes und eigenes Leben, und ich sehe in dem jungen Teenager gleichzeitig oft noch das Neugeborene, das sie war, oder das verträumte kleine Mädchen, hingegen die junge Frau ›sehe‹ ich noch nicht vor mir, sie ist noch zu sehr im Werden…« An sich zu nehmen, was zum eigenen Leben gehört, ist eine wichtige Voraussetzung dafür, die werdende Gestalt und Identität der jugendlichen Kinder annehmen zu können.

In anderen Kulturen wird der Übergang zum Erwachsensein rituell unterstützt. Dadurch sind Jugendliche in diesem formbildenden Prozeß nicht so sehr auf sich gestellt wie in der unsrigen. Heutige Eltern sind häufig bemüht, eigene Rituale einzuführen. Bei Mädchen konzentriert sich die Aufmerksamkeit vor allem auf den Beginn des Monatszyklus, auf die Menarche. Doch vor diesem Ereignis liegt meist eine lange Vorbereitungszeit, die wiederum mit vielen Ambivalenzen verbunden ist. Es gibt Zeiten, da werden alle Gesprächsangebote zurückgewiesen. Der Gedanke, bald die erste Blutung zu haben, ist nur lästig, vielleicht auch mit Angst verbunden. Wenn viele heutige Frauen erst im Laufe der Erwachsenenalters ihre eigene weibliche Identität erarbeitet haben, gehen sie meist davon aus, daß es eine große Freude sei, Frau zu werden. Sie möchten ihren Töchtern diese Erfahrungen vermitteln, gerade weil sie von den eigenen Müttern oft pessimistische, entmutigende und entwertende Botschaften erhalten haben.[11] Dies ist ein kostbares Geschenk an die nächste Generation, wenn es den eigenen Kindern nicht aufgedrängt wird. Zur begleitenden Anerkennung vor allem des gleichgeschlechtlichen jugendlichen Kindes gehört deshalb auch das Raum-Geben für dessen Ambivalenz, für das ganze, oft widersprüchliche Gefühlsspektrum, für Schwankungen, für das Vor- und Zurücktasten im Prozeß des Übergangs.

Auch mögliche Initiationsrituale können Eltern nur anbieten, nicht aufdrängen. Vielleicht entstehen sie spontan oder im gemeinsamen Gespräch. Doch manche Jugendlichen weisen ein solches Ansinnen weit von sich. Eine Mutter, deren Tochter nichts von Feiern wissen wollte, schenkte ihr am Tag, an dem sie ihre erste Menstruation bekam, beiläufig einen Schmuck, den ihr die eigene Mutter in einem denkwürdigen Augenblick gegeben hatte. Die Tochter wußte, wie teuer er deshalb ihrer Mutter war und leuchtete auf, als sie ihn in Händen hielt. Sie verbrachte den ganzen Abend damit, eine wunderschöne Schachtel zu basteln, in der sie dieses Halsband aufbewahren konnte. Eine andere Mutter sagte in einer Frauenrunde: »Es ist ganz schön, sich etwas Besonderes vorzunehmen, doch vielleicht ist die Tochter dann grad in den Skiferien oder wir selber sind weg! Ich habe für meine Tochter ein Täschchen genäht. Da war alles drin, was sie für ihre erste Periode brauchte, nicht nur die Binden, sondern auch Tüchlein und alles zum Pflegen. Dieses Täschlein war da, sie durfte es mitnehmen. Das war meine Begleitung, die durch nichts vereitelt werden konnte.« So gibt es viele Möglichkeiten, diesen Tag vorzubereiten, und gleichzeitig müssen Eltern alle Vorstellungen fallen lassen, wie sich die eigenen Kinder dann fühlen sollen. Eine Mutter erzählte, daß ihre Tochter erschrocken sei und geweint habe, als sie zum ersten Mal ihr Menstruationsblut entdeckte, obwohl sie längst darauf vorbereitet gewesen war. Das Mädchen wollte ›das‹ noch nicht, es war ihm viel zu früh, und in diesem Moment hätte es sich gewünscht, lieber ein Junge zu sein. Die Frau berichtete:»Ich erklärte meiner Tochter, daß die gebrochene Stimme eines Jungen, die alle hören, vielleicht für diesen auch schwierig zu akzeptieren sei, und das tröstete sie. Sie wollte also doch lieber ein Mädchen sein. Aber gestreichelt und ›gehuschelt‹ wollte sie werden an diesem Tag wie ein ganz kleines Kind. Einige Tage später nahm ich sie mit zum Vollmond-Ritual, das ich jeweils mit anderen Frauen feiere. Zuerst haben wir das Mädchen gewiegt und besungen. Nachher setzte sie sich in die Mitte eines roten Kreises und nahm der Reihe nach von jeder Frau ein rotes Geschenk entgegen, zusammen mit einem Satz als Begleitung auf den Weg ins Frausein. Diese Sätze schrieb sie in ein neues, rotes Tagebuch, das ich ihr gegeben habe. – Durch diese Erfahrungen und durch unsere eigenen Erlebnisse und Gefühle, damals bei der ersten Menstruation, fühlte sich meine Tochter aufgenommen in den Kreis der Frauen.«

Bei Jungen gibt es nicht diesen eindeutigen ›ersten Tag‹ wie bei Mädchen. Zwar ist der Stimmbruch ein markanter Einschnitt, hat jedoch nicht die gleich tiefe Bedeutung, während der erste Samenerguß nicht immer bemerkt wird. Wie vor allem Väter mit ihren Buben ein Ritual gestalten könnten, muß wohl erst noch erprobt werden. Ein Vater erzählte mir, daß sein Sohn sich auch ein Ritual gewünscht habe, wie man es mit seiner Schwester bei der Menarche gefeiert hatte. »Ich war etwas ratlos, da ich mir nie so etwas überlegt hatte.« Im Gespräch mit seinem Sohn erfuhr er, daß dieser sich seinen vierzehnten Geburtstag ausgesucht hatte. Alles andere wäre ihm peinlich, meinte er. Und er wollte dieses Ritual nur mit seinem Vater feiern, damit es nicht auskäme. Die Schwestern könnten es sonst ja weitererzählen, und eben, bei den Buben sei so etwas nicht üblich… Sein Vater erzählte ihm, daß andere Kulturen sehr wohl solche Rituale kennen würden, was ihm sehr half, vor sich selbst zu seinem Wunsch zu stehen. Welches Ritual Vater und Sohn miteinander gestalteten, durfte er mir wegen seines Schweige-Versprechens nicht erzählen.

In der begleitenden Haltung der Eltern wie in Übergangsritualen geht es um eine liebevolle Aufnahme in den Kreis der Erwachsenen, um die Bestätigung: »Du wirst eine Frau/ein Mann. Wir freuen uns darüber und heißen dich willkommen bei uns.«

Wir mögen den Alltag mit pubertierenden Kindern schwierig finden, die Veränderungen können uns berühren, doch die hormonelle Umstellung, die jede einzelne Zelle betrifft, ist uns oft als Eltern nicht mehr so gegenwärtig. Vielleicht tauchen in uns Stimmungen aus der damaligen Zeit auf, doch die Totalität, mit der uns dieses Ungreifbare erfaßt hat, sinkt zurück ins Vergessen. Wo sollen wir anknüpfen? Als Frau denke ich an die Zeit der Schwangerschaft oder nach der Geburt, an meine klarsichtigen Wahrnehmungen, meine Dünnhäutigkeit und Fragilität, an die plötzlich spürbaren Kräfte tief im Innern… Solche Erinnerungen mögen einen Zugang auch zur Umwandlung im Jugendalter vermitteln. Ältere Mütter sind vielleicht mit dem eigenen Klimakterium konfrontiert, erleben das Auf und Ab des Hormonspiegels, der das zyklische Maß der Monatsregel übersteigt. Als ich meiner zehnjährigen Tochter von meinen Schwankungen erzählte, schaute sie mich nachdenklich an und sagte dann entschlossen: »Weißt du, ich komme bald in die Pubertät, und du bist eigentlich in der umgekehrten Pubertät.« In diesem Augenblick wurde mir die ganze Tragweite des Übergangs, das Ausmaß der Veränderungen nochmals deutlicher bewußt. Vielleicht denken wir ungern daran, daß unser flüssiges Inneres solche Macht über uns haben kann und unsere Stimmungen, unsere Gefühle und Wahrnehmungen ganz durchtränkt, wie es im Jugendalter beide Geschlechter intensiv erfahren.

Die Freundschaft mit dem eigenen Körper, die in vorangehenden Phasen aufgebaut wurde, ist bei aller Verunsicherung in Übergängen ein verläßlicher Boden, um sich an diese hormonellen Wellen nicht hilflos ausgeliefert zu fühlen, sondern – bei aller Ambivalenz – sich an sie hingeben zu können. Auf diesem Hintergrund wird deutlich, daß wir die Umwandlung geschehen lassen *und* auch gestalten können. Auch hier greife ich Jugendlichen gegenüber oft zu einem Bild: »Wenn du dich in einem Boot auf einem See befindest, ist das Wasser mächtiger als du selbst. Du mußt nicht kämpfen, denn sobald du die Kraft des Wassers spürst, dich ihm überläßt und anvertraust, wird es dich tragen. Du kannst Einsicht in seine Bewegung gewinnen, um sie dir nutzbar zu machen. Ob die Wellen stärker werden oder der Wasserspiegel sich glättet, hast du nicht in der Hand. Folgst du jedoch dem Gesetz der Elemente, wirst du dein Boot steuern können… Du selber bist das Wasser, das Boot und der Mensch, der es steuert zugleich.«

Die elterliche Begleitung Jugendlicher in ihren ersten Beziehungserfahrungen mit dem anderen Geschlecht

Zum Jugendalter gehören nicht nur Stimmungsschwankungen und neue Erfahrungen mit der eigenen Körperlichkeit, sondern auch die Auseinandersetzung mit der Sexualität. Eine tiefgreifende Umpolung der Energien findet statt. Im Mutterleib gab es einmal eine ununterbrochene pulsierende Verbindung zwischen Mutter und Kind über Placenta und Nabelschnur. Nach der Geburt endete sie und wandelte sich in die Mund-zu-Brust-Verbindung, die immer wieder unterbrochen und neu gebildet wurde. Das Energiezentrum verlagerte sich beim Säugling vom Nabel zum Mund. Als das Kind sich aufzurichten begann, sank der Schwerpunkt des Körpers vom Kopf in das Kreuzbein-Becken-Dreieck und ließ mindestens andeutungsweise den unteren Pol des Körpers mit seinen lustbetonten Empfindungen spürbar werden. Jetzt, im Laufe des Jugendalters, bildet sich die Möglichkeit einer neuen pulsierenden Verbindung, die vom genitalen Pol des Körpers ausgeht.[12] Die energetische Aufladung des Genitalbereichs läßt Sehnsüchte aufsteigen, die vorerst oft diffus und unbegreiflich sind. Vielleicht äußern sie sich in erregenden Phantasien, die meist noch fern einer Umsetzung sind. Viele Jugendliche beginnen mit diesen Phantasien intensiv zu onanieren. Das Interesse am andern Geschlecht bekommt eine neue Qualität. Ein zwanzigjähriger Mann sagte mir im Rückblick auf die Zeit der Pubertät: »Mädchen waren lange ausgesprochen nervig für mich. Es war unter uns Jungen Mode, sie einfach blöd zu finden. Natürlich hatten wir trotzdem einen Schulschatz, manchmal sogar zu zweit. Dieses eine Mädchen war dann ein bißchen weniger doof. Dies alles war ernst und doch ein Spiel. Wie sollte ich meinen Freunden erklären, daß Mädchen plötzlich eine magische Anziehungskraft für mich hatten? Und ich fühlte mich doch so unbeholfen und linkisch, obwohl ich das nie zugegeben hätte. Daß es den andern Jungen ähnlich ging, wußte ich zunächst nicht. Wir zeigten uns salopp, verliebten und entliebten uns – dies aber hatte wenig mit den ganz neuen Gefühlen zu tun – oder doch? Es war ein Jungenritual, um sich das Bedrängende der eigenen Gefühle nicht eingestehen zu müssen. Und meine Eltern ließen sich dadurch bluffen, obwohl ich noch weit davon entfernt war, mich wirklich auf ein Mädchen einzulassen. Ich folgte einem Jungenverhalten, das ›in‹ war, jedoch nur die äußere Hülle darstellte. Darin steckte ein ganz anderer, ein hilfloser Junge, der nicht sichtbar wurde.

Ich hätte mir so sehr gewünscht, daß jemand ihn sehen möge und tat doch alles, daß er unsichtbar blieb.«

Burschen und Mädchen haben je andere Rollenangebote, die mit dem entsprechenden sozialen Druck unter Gleichaltrigen verbunden sind. »Damals fanden wir die Jungen unreif und kindisch«, sagte eine Neunzehnjährige, »wir schwärmten für die gleichen Stars. Dennoch machten wir uns für die Partys nervös zurecht und wußten nicht, ob wir einen alles verhüllenden Pulli oder ein enges T-Shirt anziehen sollten. Wir schmusten mit den Jungen, und das war so ein seltsames Gemisch. Du mußt es tun, weil es dazugehört. Und du willst es eigentlich gar nicht, machst den andern etwas vor, um dazuzugehören. Und vielleicht wünscht du es dir doch, eben viel tiefer innen, da, wo du dich selber kaum kennst... Du mußt das Ritual beherrschen und wachsam sein, daß dir die andern nichts anmerken. Mit bald fünfzehn Jahren hatte ich dann meinen ersten ›richtigen‹ Freund.«

Für Eltern ist es oft schwierig, zwischen dem angesagten Rollenverhalten ihrer jugendlichen Kinder und deren inneren Gefühlen zu unterscheiden. Es sind wie zwei Babuschka-Schichten – eine äußere und eine innere –, von denen die eine als Schutz für die andere dient. Eltern mögen Gefahr laufen, die äußere Schicht zu verabsolutieren, besorgt oder ablehnend sein, ohne die tiefere Unsicherheit und Verletzlichkeit auch in bezug auf das andere Geschlecht wahrzunehmen. Nicht immer lassen Jugendliche es zu, daß Eltern diese versteckten Gefühle ansprechen. Das Begleiten von Jugendlichen kann jedoch auch ein schweigendes In-Kontakt-Sein mit den verborgenen Schichten der eigenen Kinder, die diese in dem Alter nicht in den Vordergrund bringen, bedeuten. Dies ist auch dann möglich, wenn sie das Rollenverhalten selbst mit ihnen hinterfragen. Früher oder später gehen die meisten Jugendlichen Freundschaften mit dem andern Geschlecht ein. Dies wirft eine Menge Fragen auf, in denen es um Kontaktnehmen, um den eigenen Selbstwert, um Auseinandersetzungen mit den Eltern, aber auch um erste sexuelle Annäherung geht.

Wieviel Scheu und Unsicherheit hinter forschem Gebaren liegt, habe ich immer wieder in der Jugendberatung erlebt. Da kommt beispielsweise ein attraktives fünfzehnjähriges Mädchen und behauptet, häßlich zu sein und bei Buben keinen Erfolg zu haben. »Es holt mich ja doch keiner beim Tanzen«, meinte Cornelia betrübt, »das ist wohl Beweis genug.« Erst als wir die Situation in einem Rollenspiel darstellten, kam heraus, daß Cornelia scheinbar unbeteiligt in einer Ecke saß und hochnäsig an allen Burschen vorbeisah. Selbst wenn sich einer näherte, behandelte sie ihn wie Luft. Ich gab meine Erfahrung als ›Bursche‹ wieder und sagte: »Die meint wohl, sie sei etwas Besseres. Wenn ich sie zum Tanzen auffordere, bekomme ich sicher einen Korb. Das will ich lieber nicht riskieren, sonst geht es mir hinterher schlecht…« Cornelia schaute mich entgeistert an, dann kamen ihr die Tränen. »Ich will mir doch nicht anmerken lassen, daß ich an einem Burschen Interesse habe. Wenn der es merkt und will mich nicht, mache ich mich nur lächerlich – nein, niemals!« Sie wischte ihre Tränen energisch weg und warf den Kopf auf, indem sie ihren Nacken in verzweifeltem Stolz versteifte. In unserem Gespräch konnte Cornelia sich jedoch erstmals vorstellen, daß es Jungen ähnlich ergehen könnte wie ihr selbst. Ich erzählte ihr von Beratungen mit Burschen, welche mir eingestanden hatten, wieviel Angst sie vor Zurückweisung haben. »Die doch nicht, die sind so frech und können sich alles erlauben«, meinte Cornelia. »Freilich machen sie es anders als Mädchen, aber es sind eben oft auch Tarn-Muster, wie bei dir.« In der nächsten Stunde erzählte Cornelia: »Ich habe mit Frank, einem Jungen aus unserer Klasse, darüber gesprochen. Das war möglich, weil ich nicht in ihn verliebt bin. Er hat mir gesagt, daß es ihm ähnlich gehe wie mir. Er zieht sich meist ganz zurück, weil er nicht so tun kann wie die andern Burschen.« Das beruhigte Cornelia, und wir konnten zusammen an ihrem Stolz-Muster arbeiten. »Wenn ich es auflöse, bin ich völlig schutzlos«, meinte sie. Wir übten lange, wie Cornelia eine Haltung finden konnte, in der sie etwas zugänglicher zu sein vermochte, ohne sich ganz preiszugeben, und probierten sie in Rollenspielen aus. Nach ein paar Wochen kam Cornelia wieder und sagte mir, sie habe sich mit Frank angefreundet. »Es ist komisch, aber wir sind einander nahegekommen, weil wir einander nichts vormachen müssen.« In dieser kurzen Beratung zeigten sich schlaglichtartig die Phantasien über das je andere Geschlecht, die unterschiedlichen Verhaltensweisen mit einem ähnlichen Hintergrund von Zweifeln und Ängsten.

Jugendfreundschaften sind manchmal sehr intensiv, auch wenn sie nur ein paar Wochen oder Monate dauern. Gleichzeitig haben sie eine experimentierende Qualität. Es geht darum, sich selbst in Beziehungen zu erfahren und zu spüren, mit welchen Burschen oder Mädchen man eine gemeinsame Ebene zu finden vermag. Wichtige Fragen, die auch Erwachsene sehr wohl kennen, tauchen auf und haben oft auch einen Zusammenhang mit den einverleibten Lebensstil-Mustern: »Wie bringe ich es fertig, meinem Freund ›nein‹ zu sagen, wenn ich etwas nicht will?« – »Wie kann ich der Freundin mitteilen, was mich stört oder verletzt?« – »Gibt es eine Möglichkeit, Meinungsverschiedenheiten auszutragen, ohne in nie enden wollenden Streit zu geraten?« – »Muß denn immer *ich* nachgeben oder den ersten Schritt zur Versöhnung tun?« – Ich habe mit Jugendlichen Rollenspiele gemacht – einzeln und in Gruppen – um alternative Möglichkeiten zu erarbeiten.[13] Auch Eltern können mit ihren jugendlichen Kindern über solche Fragen diskutieren, Alternativen erproben, wenn sie ihnen nicht einfach Ratschläge aufdrängen, sondern zuhören, die Schwierigkeiten anerkennen und eigene Erfahrungen nicht als Vorbild, sondern als verbindende Erlebnisqualität mit-teilen mögen. Sicher gibt es auch Phasen, in denen Eltern nichts recht machen können, doch manchmal verpassen sie aus Verletztsein, Verhärtung oder Resignation jene Augenblicke, in denen Kinder wieder Kontakt aufnehmen, verhalten, indirekt oder herausfordernd vielleicht. Hier setzt sich der schon im Grundschulalter begonnene Austausch fort,[14] eingefaßt in den neuen Beziehungsmodus, der in diesem Zusammenhang die Sorgfalt im Umgang mit den neuen und deshalb sehr ungeschützten Beziehungs-Erfahrungen Jugendlicher beinhaltet.

Wir übersehen oft, wie tief eine Jugendliebe gehen kann. Zudem ist es ein Vorurteil anzunehmen, alle Freundschaften in diesem Alter seien flüchtig. Es gibt ein breites Spektrum an Beziehungsqualitäten wie im Erwachsenenalter, nur kennen Jugendliche sich noch weniger, haben nicht viel Erfahrungen im Hintergrund, auf die sie zurückgreifen können. Manchmal haben Eltern negative Gefühle gegen den Freund oder die Freundin, wollen die Beziehung unterbinden. Was eine Sechzehnjährige dazu sagte, habe ich in der Beratung oft erlebt: »Meine Eltern sind gegen den Freund, weil er Türke ist. Sie haben ihn nur schlecht gemacht und alle Gefahren aufgezählt. Jetzt darf ich gar nicht mehr mit ihm ausgehen. Es ist verrückt, denn ich habe mir ja auch einiges überlegt. Manchmal bin auch ich unsicher gewesen, ob ich das schaffe auf die Dauer. Nur jetzt, wo meine Eltern dagegen sind, kann ich gar nicht mehr herausfinden, was eigentlich ich selber will. Ich kann nur noch Widerstand leisten, trotzig sein. Würde ich heute mit meinem Freund Schluß machen aus eigener Überzeugung, bekämen meine Eltern den Eindruck, ich hätte mich überreden lassen und ihnen gehorcht. Oder sie würden mir sagen: ›Siehst du, wir haben recht gehabt.…‹ Beides ist unerträglich. Ich gönne meinen Eltern den Sieg nicht.« Sobald Eltern versuchen, ihren Kindern die Entscheidung abzunehmen, bleibt für sie kein Spielraum mehr, um aufgrund *eigener* Erfahrungen zu entscheiden, weil in diesem Alter oft die Verteidigung der eigenen noch labilen Identität Priorität hat und um jeden Preis aufrechterhalten werden muß. Dies ist es, was dann als Trotz und Sturheit erscheinen kann. Es mag schwierig sein, mit Jugendlichen im Gespräch zu bleiben, wenn die Meinungen auf einer so existentiellen Ebene auseinandergehen, und doch ist es die einzige Chance, miteinander in Kontakt zu bleiben. Dazu gehört auch, die Intensität einer Jugendliebe anzuerkennen und – bei allen Differenzen – sorgsam mit ihr umzugehen. Dies bedeutet nicht, mit allem einverstanden zu sein. Der Satz »Sie/er muß es selber wissen« kann auch ein Ausdruck für Gleichgültigkeit, eine Möglichkeit sein, sich aus der Beziehung davonzustehlen. Oft ist es mühsam, die Auseinandersetzung wieder und wieder zu wagen. Eltern können versuchen, ehrlich mit sich selber zu sein, ihre eigenen Motive zu ergründen und ihrer Geschichte nachzuspüren. Schwüre wie »Meine Eltern waren so furchtbar streng, deshalb mische ich mich gar nicht ein« mögen mitspielen, tragen jedoch die Gefahr in sich, das eigene jugendliche Kind mit *seinen* Problemen aus den Augen zu verlieren. Die andere Schwierigkeit ist, daß Jugendliche erst lernen müssen, mit einer anderen Meinung – vor allem der Eltern – umzugehen. Es ist nicht einfach, mit dem Widerspruch zwischen dem zur Schau getragenen selbstsicheren Gebaren und der tatsächlichen Irritierbarkeit fertig zu werden, vor allem, weil Eltern oft nicht ahnen, wie tief ihre Stellungnahme wirkt: »Meine Eltern sind ehrlich zu mir, aber ich möchte eigentlich, daß sie mir einfach zustimmen. Vielleicht wünsche ich, meine Verantwortung abzugeben – ob sie für oder gegen meine Freundin sind. Ich kann mein Handeln dann an ihrer Reaktion aufhängen«, meinte ein Jugendlicher. Es geht darum, den Kindern die eigene Meinung zuzumuten, ohne sie auferlegen zu müssen oder das eigene Kind im Stich zu lassen. Manchmal ist es eine Gratwanderung, die nur im nicht abreißenden Dialog riskiert werden kann.

Auch Liebeskummer ist nicht einfach schwärmerische Übertreibung, sondern oft tiefer Schmerz, dessen Heftigkeit Jugendlichen bisher unbekannt war. In dieser Übergangsphase mit ihrer Dünnhäutigkeit ist die Verletztheit oft noch tiefer. Dazu kommt, daß gerade erste Erfahrungen einen exemplarischen Charakter haben und zu einem Beweis für die eigene Wertlosigkeit oder für die Vergeblichkeit jeder Liebe werden. Auch wenn der Schmerz sich mildern wird, ist es im Augenblick, als würde es nie mehr anders sein. Dann brauchen jugendliche Kinder meist einen Beziehungsraum, in dem sie einfach sein dürfen, ob sie nun sprechen mögen oder nicht. »Meine Mutter fragt mich nicht, sie weiß einfach, wie mir zumute ist. Das spüre ich ganz genau. In der ersten Zeit ist mir nie ums Reden. Erst später kann ich dann alles erzählen – ihr oder auch meiner Freundin.« So schilderte eine Sechzehnjährige den Kontakt mit der Mutter in Zeiten von Liebeskummer. Beziehungen zum andern Geschlecht bedeuten auch erste direkte Erfahrungen mit Sexualität. Viele Eltern sind selbst in einer Zeit groß geworden, in der diese für Jugendliche tabu sein sollte. »Wenn du mit einem Mann zu früh schläfst, verliert er das Interesse an dir«, bekamen Töchter der letzten und vorletzten Generation noch zu hören.[15] Eltern sind heute meist entschlossen, ihren eigenen Kindern solche Botschaften zu ersparen, geben ihnen mehr Freiheit und weniger Verbote. Jugendliche bekommen auch durch die Medien genügend Informationen über alle mit diesem Thema zusammenhängenden Aspekte. Wollen Eltern mit ihnen darüber reden, sagen sie oft wegwerfend: »Das weiß ich schon alles.« In solchen Äußerungen liegt jugendliche Abwehr, aber auch eine Täuschung, welche durch die von der Erwachsenenwelt – auch außerhalb der Familie – angebotene Versachlichung dieses Bereichs zustande kommt. Manchmal ist es schwierig, hinter diese ›Wissensmauer‹ zu kommen, weil es in unserer Gesellschaft kaum andere Angebote gibt, und doch kann auch die dringend benötigte Information nur ›ankommen‹ und wirksam werden, wenn sie im Raum von Beziehung vermittelt wird. Gelingt dies nicht, bleiben Jugendliche gerade mit den wesentlichen Fragen allein. Das Fehlen verbindlicher Wertmaßstäbe ist nicht nur ein Mangel, sondern auch eine Chance, mit den je eigenen Möglichkeiten in Kontakt zu kommen. Eltern können vielleicht beides zum Ausdruck bringen: daß dies ein hoher und schwieriger Anspruch ist und gleichzeitig eine offenere Perspektive ermöglicht. »Ich wußte immer, was ich zu tun hatte«, sagte ein Vater zu seinem Sohn, »aber es war nie meine eigene Entscheidung. Ich kann nicht gegen deine Entschlüsse ankommen, aber ich weiß, daß dies auch schwierig ist. Ich möchte dich unterstützen – aber es ist ein Angebot. Und ich respektiere deine Zweifel. Es ist einfach anders als in meiner Generation.«

Heute gibt es zwar keine verbindlichen Normen mehr, doch unter Jugendlichen ist oft ein Druck entstanden, miteinander schlafen zu müssen, um ›in‹ zu sein. Trotzdem gibt es nicht nur Mädchen und Burschen, die ihre ersten sexuellen Erfahrungen mit fünfzehn machen, sondern auch solche, die einige Jahre länger warten, etwa bis sie achtzehn, vielleicht neunzehn Jahre alt sind oder älter. Dahinter steht oft ein bewußter Entscheid und nicht nur Angst und Unvermögen, wie diesen Jugendlichen oft unterschoben wird. Hier können Eltern ihre

Kinder vor allem darin unterstützen, daß die Bereitschaft zu einer Beziehung und zu sexueller Annäherung und Geschlechtsverkehr eine ganz persönliche Angelegenheit ist und keiner Norm – auch nicht der von Gleichaltrigen – unterstellt werden kann.

Auch Sexualität kann als formativer Prozeß verstanden werden, bei dem die kindlichen Erfahrungen einverleibte Babuschka-Schichten darstellen. Doch die Beziehung zur neuen Qualität sexueller Erregung muß erst ausgebildet werden. Ihre Heftigkeit mag erschreckend wirken, ihr Fehlen als Makel erlebt werden. »Bin ich denn nicht normal?« ist eine häufig auftauchende Frage, wenn Jungendliche noch keinen Freund, keine Freundin haben, mit siebzehn/achtzehn Jahren noch nicht mit ihm oder ihr zu schlafen wagen oder am Anfang keinen Orgasmus erleben.

Mit einem Mädchen oder mit einem Burschen zu schmusen ist nochmal anders, als den eigenen Körper zu erkunden. Eine Fünfzehnjährige sagte zu mir in einer Beratung: »Onaniert habe ich schon lange. Da waren auch ganz schöne Phantasien dabei. Und jetzt habe ich mich in Pablo verliebt. Es war wundervoll, bei der letzten Party mit ihm Hand in Hand spazierenzugehen. Dann küßte er mich. Der erste Zungenkuß! Alle haben gesagt, wie toll das sei. Ich fand es ein bißchen seltsam. Er begann mich zu berühren. Ich spürte, wie meine Erregung wuchs – bis ich seinen harten Penis mit meinem Körper spürte. Da hat es mir einfach abgestellt. Ich wollte nur noch weg. Pablo war enttäuscht und glaubte, ich liebe ihn nicht mehr. Er hat dann demonstrativ mit andern Mädchen getanzt. Mir war nur noch zum Heulen. Ich bin wahrscheinlich nicht ganz normal.« Christine schaute mich verzweifelt an. »Du bist doch keine Maschine«, sagte ich zu Christine, »beim Onanieren hast du doch auch erst herausfinden müssen, wie es am schönsten ist. Du hast Zeit gehabt, mit deinen Gefühlen vertraut zu werden. Und jetzt bist du zum ersten Mal der sexuellen Erregung eines Jungen begegnet, der dazu noch zwei Jahre älter ist und mehr Erfahrung hat als du.« Christine nickte. »Er hat schon mit einem Mädchen geschlafen.« – »Siehst du! Und du hast erstmals einen steifen Penis gespürt. Vielleicht war dein ›Abstellen‹ auch ein Schutz, damit du nicht über *deine* Grenzen gehen würdest. Schließlich warst du ja erregt.« Christine war erleichtert. Sie konnte sich eingestehen, daß sie noch gar nicht mit Pablo schlafen wollte. »Sogar Petting ist mir zuviel«, meinte sie. Wichtig war für Christine, daß sie sich ein langsames Hineinwachsen in eine sexuelle Beziehung gestatten konnte. – Die heilsame Erlaubnis lautet: »Du darfst dein Tempo ernst nehmen und ihm folgen, auf deine Grenzen achten und sie vertreten. Und du bist in Ordnung, auch wenn du mehr Zeit brauchst als dein Freund/deine Freundin.« Für andere Jugendliche ist eine Ergänzung geboten: »Du darfst deinem Rhythmus folgen, wenn du bereit bist, die Grenzen des anderen zu respektieren.« Grenzen setzen zu können ist jedoch ein leibhafter Lernprozeß, der in der Kindheit beginnt und gerade im Bereich der Sexualität eine neue Bedeutung erlangt, vielleicht erst jetzt eingeübt werden muß. Dabei geht es auch um die Qualität eines ›Nein‹. Manchmal höre ich: »Freilich habe ich gesagt, daß ich nicht mehr weiter gehen möchte, aber es hat nichts genützt.« Oder: »Erst im letzten Moment spüre ich, daß ich nicht mehr kann und ziehe die Notbremse. Dann ist alles verdorben.« Sehr oft ist es möglich, mit Jugendlichen an der Verkörperung ihrer Grenzsetzungen zu arbeiten, sie zu intensivieren, zu modifizieren, ein Spektrum von Möglichkeiten auszubilden und den Zeitpunkt wahrzunehmen, in dem ein ›Nein‹ nötig wird.

Doch die Angst, den Freund oder die Freundin zu verletzen oder zu verlieren, ist oft ein mächtiger Grund, sich selbst zu übergehen. Da Jugendliche sehr verletzbar und schnell verunsichert sind – nicht nur aufgrund ihrer Geschichte –, haben sie oft die Tendenz, einander zu schonen und damit sich selbst zu überfordern. Oder sie geben sich selber die Schuld, wenn der Freund oder die Freundin gekränkt ist. Christine im letzten Beispiel hat mit Pablo nach unserer Stunde gesprochen. Ihm war nicht bewußt gewesen, daß sie noch nie so intensiv geschmust hatte. »Ich habe vor zwei Jahren auch manchmal Angst gehabt, weil meine Freundin älter und erfahrener war als ich. Und als du weggelaufen bist, fürchtete ich, du seist enttäuscht von mir...« Manchmal braucht es Gespräche mit Jugendlichen, damit sie den Bann des Sich-gegenseitig-etwas-Vormachens brechen können. Eltern tun sich oft schwer damit, daß heute andere Themen im Vordergrund stehen als früher. »Was will *ich*?« ist eine Frage, die erst auftauchen kann, wenn der Normendruck wegfällt. Das ist jedoch nicht einfach ›Freiheit‹, sondern bedeutet das Einüben einer neuen Form von Verantwortung sich selber – und auch dem Mädchen/dem Burschen – gegenüber.

Jugendliche brauchen die Erlaubnis, sich Zeit lassen und experimentieren zu dürfen, vielleicht auch konkrete Hinweise. Oft tauchen Fragen auf, die einige nur mit Mühe zu stellen wagen, weil sie glauben, sich damit eine Blöße zu geben. »Wie kann ich meine Freundin streicheln, daß sie zum Orgasmus kommt?« – »Wie darf ich seinen Penis anfassen, daß es schön ist für ihn?« Freilich geht es meist darum, daß

Jugendliche es wagen, auch über diese intimen Dinge miteinander zu sprechen. »Ist er/sie dann nicht beleidigt, wenn ich sage, daß ich es anders möchte?« ist eine immer wieder auftauchende Befürchtung. In begleitenden Gesprächen lassen sich solche Ängste auflösen, wächst vielleicht der Mut, geheime Wünsche mitzuteilen. Eltern sind oft verblüfft, wie mühelos Kinder ihre Anliegen ausdrücken können. Sie haben zum Teil eine Sprache zur Verfügung, die noch der letzten Generation fehlte. Das ist zunächst eine große Erleichterung, kann aber auch täuschen, weil sich das Verhältnis von Erfahrung und Sprache umkehrt. »Ich kann über alles reden«, sagte mir ein Mädchen, »aber wenn ich dann in einer Situation bin, fühle ich mich dennoch hilflos.« Die Diskrepanz zwischen ›Sprechen über etwas‹ und eine Beziehungs-Realität durchstehen kann groß sein. Das mögen wir als Elterngeneration vielleicht übersehen.

Für einige Eltern mögen solche Gespräche deshalb schwierig sein – aber auch ihre Schwierigkeiten dürfen mitgeteilt werden. Das Ringen um Sprache, um Ausdrücken-können von Erfahrungen ist viel eher ein Modell als forciertes Überspringen der eigenen Verlegenheit und Sprachlosigkeit. Gerade an diesen Mustern arbeite ich mit Eltern immer wieder.

Die ersten Beziehungen des eigenen jugendlichen Kindes zu einem Freund oder einer Freundin macht unabweisbar deutlich, daß es zu einer Frau/zu einem Mann zu werden beginnt. Für diese allmählich hervortretende Identität braucht es die elterliche Anerkennung und Bestärkung. Es mag auch schwerfallen zu sehen, wie Jugendliche ihre Liebe zu leben beginnen. Das in der Jugend Verpaßte, schmerzliche Brüche in der eigenen Beziehungsgeschichte, das Älterwerden mögen klarere Konturen annehmen. Dies nicht über die Kinder auszutragen, erfordert oft Achtsamkeit. Gleichzeitig wird es gerade in diesem Zusammenhang unabweisbar, daß nicht mehr die Eltern das Zentrum des Lebens bilden, sondern der Freund oder die Freundin. »Mein Vater ist nur eifersüchtig, deshalb ist er gegen meinen Freund«, spüren Töchter heraus. »Kein Mädchen ist gut genug für meine Mutter, aber sie möchte mich einfach für sich behalten«, sagen Söhne. Vielleicht verteidigen Jugendliche ihre Beziehungen, werden trotzig, und dennoch geraten sie in Loyalitätskonflikte, die ihnen oft selber nicht bewußt sind. Ein Mann, der sich gegen die Beziehung seiner siebzehnjährigen Tochter gestellt hatte, sagte in einer Stunde, in der er mit seiner eigenen schmerzhaften Jugendliebe in Kontakt kam: »Als ich meine Tochter vor mir sah, so schön und strahlend, bevor sie ausging, spürte ich einen schmerzlichen Stich. Es tat einfach weh, und ich überspielte es mit Gehässigkeit. Sie hat mich wohl an damals erinnert und daran, daß ich nun auch sie verlieren würde. Eigentlich hätte ich ihr sagen müssen, daß ich mich über ihr Glück freue und einfach mit mir selber Mühe habe. Daß es mir schwerfällt, Abschied zu nehmen, sie ihn mir aber zumuten kann.« Dabei richtete er sich etwas auf. Ich sah die verhaltene Wehmut des Mannes. Er verkörperte jetzt den Vater, der bereit war, seine Geschichte an sich zu nehmen und liebevoll zurückzutreten, um der Tochter den Weg freizugeben. »Ich habe mich zu sehr an sie gebunden«, meinte er, »gut, daß sie sich nicht zurückhalten läßt.«

Der elterliche Beziehungsmodus im Jugendalter beinhaltet nicht nur Anerkennung, sondern auch Respekt vor den Liebesbeziehungen der eigenen Kinder – mögen sie noch so anfechtbar sein. Diese Achtung ist wiederum nicht kritikloses Gutheißen, sondern das Wissen darum, wie mächtig und tief solche Gefühle sein können, auch wenn sie sich von außen her gesehen ganz anders darstellen. »Es gibt zwei Ebenen in mir«, sagte ein Vater, »diejenige, in der ich mich mit meinem Sohn identifizieren kann, und diejenige, auf der ich sagen möchte: ›paß auf!‹ Ich kann nur mit meinem Sohn sprechen, wenn ich beide wahrhabe – auch in mir selbst.« Und schließlich geht es, wie im letzten Beispiel, auch um die Fähigkeit, zurücktreten zu können und die eigene mitgebrachte Liebes-Geschichte mit sich selber auszutragen. Dies kann gerade deshalb anspruchsvoll sein, weil die bald erwachsenen Kinder nicht nur längst Vergangenes anrühren, wie kleinere Kinder, und ihr Kind-Sein damals deshalb eine gewisse Profilierung der Eltern als Erwachsene erlaubte, sondern weil sie jetzt beginnen, die eigene unmittelbare Beziehungs-Realität ihrer Eltern zurückzuspiegeln.

Dennoch ist die formative Aufgabe noch nicht ganz beendet. Eltern mögen deshalb fragen, worin ihre Verantwortung jetzt besteht, wo sie etwa Grenzen setzen dürfen. Schwierig ist diese Frage, weil unsere heutige Gesellschaft uns keine allgemeingültigen Richtlinien vermittelt, anderseits gibt gerade das die Chance, auf sich selbst zu hören. Es sind wieder die Eltern, die den letzten haltenden Beziehungs-Raum bilden müssen, aus dem Jugendliche in Freundschaften hineinwachsen können. Wichtig ist jedenfalls, daß der Gesprächsfaden nicht abreißt, auch wenn die Auseinandersetzungen schwierig sind. »Erst wenn ich gar nicht mehr weiß, was meine Kinder tun, wird es gefährlich«, meinten Eltern dreier Jugendlicher. Das Vertrauen, den Eltern auch schwierige Probleme zumuten zu dürfen, ohne sie aus der Fassung zu bringen oder verstoßen zu werden, ist eine tragende Basis für einen kontinuierlichen Dialog. Die Auseinandersetzungen können ebenso die Lebensgestaltung betreffen wie die Person eines Freundes, einer Freundin oder die Annäherung an gelebte Sexualität. »Wichtig ist mir, meinen Kindern zu vermitteln, sie sollten sich genügend Zeit lassen, bis sie sich sexuell einlassen und mit dem Freund, mit der Freundin schlafen. Das ist entscheidender als die Frage nach dem Alter«, äußerte ein Vater.

Mag in diesem Alter das Thema Sexualität brennend sein, so geht es nicht vor allem um sie. Oft ist es die Sehnsucht nach Zärtlichkeit und Nähe, das Gefühl, verstanden zu werden, das eine Freundschaft bietet. »Wir haben viel miteinander geredet«, sagte ein Achtzehnjähriger, »Sex war nicht so wichtig, wie meine Eltern immer meinten. Einen Menschen zu haben, der deine Welt teilt, der ähnlich empfindet und dem du nichts vorzumachen brauchst, ist so schön. Wir konnten miteinander Musik hören, Gedichte vorlesen und einfach träumen. Daraus ist unsere sexuelle Beziehung erwachsen. Ich könnte nie einfach so mit einem Mädchen schlafen. Ich brauche Vertrauen dafür.« Einsamkeit und Verlorenheit sind nicht selten der Beweggrund, der die eigenen Grenzen übergehen läßt. »Wir waren zwei verlassene Kinder, die zueinander geschlüpft sind«, erzählte mir eine zwanzigjährige Frau, »und obwohl wir mit fünfzehn überfordert waren und unsere sexuelle Beziehung nicht klappte, blieben wir jahrelang zusammen. Wir brauchten einander und haben auf diese Weise überlebt.«

Viele Eltern geben sich große Mühe, ihren Kindern eine familiäre Geborgenheit zu erhalten, mit ihnen zu sprechen, für ihre Nöte dazusein, ihnen zu vermitteln, daß Sexualität in ein Spektrum menschlicher Ausdrucksformen von Zuneigung und Liebe eingebettet ist. Das bedeutet, daß sie selbst sich vielleicht nochmals intensiv mit der geschlechtsspezifischen Rollenzuschreibung auseinandersetzen müssen, die sie sich einverleibt haben, wie ich es bei vielen Eltern erlebt habe. Wo dies nicht möglich ist, haben die jugendlichen Kinder trotzdem eine Chance, neue Möglichkeiten hinzuzugewinnen. Ein Jugendlicher sagte zu mir in der Beratung: »Mein Vater war nie zärtlich zu meiner Mutter, und ich wußte immer, daß sie darunter litt. Jetzt klagt meine Freundin darüber, daß ich zuwenig zärtlich zu ihr sei. Das möchte ich aber schon, nur weiß ich gar nicht wie.« Es stellte sich heraus, daß der siebzehnjährige Martin sehr weiche und liebevolle Gefühle hatte, sie aber in sich verschloß und nicht auszudrücken vermochte. Langsam lernte er durch unsere Körperarbeit, sie wenigstens auf seinem Gesicht erscheinen zu lassen, kam aber auch in Kontakt mit seiner Angst, bloßgestellt zu werden, wie er es zu Hause erlebt hatte. Als Martin mit seiner Freundin zusammen zu mir kam, begann sie, seine Ängste zu verstehen. Mein Vater ist auch unnahbar, aber ich wußte, daß er innen weich ist – wie du«, sagte Eveline, »und ich lache dich bestimmt nicht aus!« Martin fand durch die Haltung von Eveline soviel Vertrauen, daß er langsam seine zärtliche Seite leben und ausdrücken konnte.

Mag jugendliche Liebe noch so intensiv sein, braucht es dennoch einen Lernprozeß, um das ganze Spektrum von Zärtlichkeit, Erotik und Sexualität leibhaft auszuformen und zu differenzieren, einen Raum der Intimität zu bilden. Diese Aspekte sind besonders wichtig, vor allem in unserem Zeitalter abgespaltener Sexualität, die dazu neigt, sie als Konsumgut zu vermarkten. Auch die Aids-Gefahr ist nicht nur mit dem Hinweis auf Verhütung zu bannen, sondern ebenso durch das Fördern zärtlicher Liebesformen, die einen Schutz gegen die Gefahr bieten, unbesehen mit jemandem ins Bett zu gehen. Aids-Prävention selbst kann nur als kontinuierlicher Dialog von Kindheit an gelingen und muß in eine ganzheitliche Sicht von Beziehung zwischen den Geschlechtern eingefaßt sein. Schließlich ist auch Information über Verhütung allein auf diesem Beziehungs-Hintergrund wirksam, selbst wenn für konkrete Fragen Fachleute zuständig sind. Es geht auch um Beziehungsfragen, die Eltern mit Jugendlichen diskutieren können, etwa: »Wann muß ich für Verhütung sorgen?« – »Wie finden wir heraus, was für uns geeignet ist?« – »Wer ist für die Verhütung verantwortlich?« – »Wer besorgt das Verhütungsmittel?« Manchmal ist auch der Zwiespalt zwischen Gefühl und technischen Lösungen nicht leicht zu überbrücken, vor allem zu Beginn. So fragt etwa ein Jugendlicher seinen Vater: »Wie kann ich ein Kondom in das Liebes-spiel einbeziehen? Wie hast *du* das gemacht?« Wenn Eltern gesprächs-bereit und ehrlich sind, muten die eigenen Kinder ihnen solche Fragen und Probleme zu, selbst nach einigen Jahren scheinbar arroganter Abgrenzung.

Trotz aller Aufklärung ist es für Jugendliche manchmal schwierig, wirklich zu begreifen, daß das Gesetz der Fruchtbarkeit schon für sie gilt. Nach einer Lebenskundestunde, in der wir intensiv über dieses Thema gesprochen hatten, sagte mir eine Jugendliche:»Ich habe noch nicht verhütet – beim ersten Mal passiert ja sicher nichts…« Nicht Ermahnungen sind fruchtbar, sondern der Dialog über *diese* konkrete Freundschaft, über die Gefühle, die Verunsicherungen und über die Erfahrungen, die mit der sich entwickelnden sexuellen Reife verbun-den sind.

Der Entschluß, miteinander zu schlafen, ist für viele Jugendliche nochmals ein entscheidender Schritt. »Wann soll dieses erste Mal sein?« – »Wenn beide es wollen.« – »Und wie unterscheidet man ›wollen‹ und ›endlich müssen‹?« Die beste Voraussetzung ist, wenn kein Leistungsdruck da ist, wenn es ein Spiel sein darf, das nicht gleich klappen muß. Ein Vater erzählte mir, sein Sohn habe ihm anvertraut, daß er jetzt mit seiner Freundin schlafen möchte. »Wie muß ich es denn machen, daß es ihr möglichst wenig weh tut?« hatte er gefragt. »Ich fand es so schön, daß er zu mir kam, und wir hatten ein sehr gutes Gespräch miteinander. Später sagte mein Sohn nur, das Reden habe ihn von seiner Unsicherheit befreit.«

Es gibt Jugendliche, die von sich aus sehr sorgfältig mit ihrer Sexualität umgehen. Eine Frau erzählte: »Diesen Druck, unbedingt mit einem Jungen zu schlafen, habe ich nie gehabt. Als ich es mit neunzehn erstmals tat, war mein Freund erstaunt, daß es das erste Mal war. Ich sagte ihm: ›Glaubst du, ich mache das einfach so. Ich habe gewartet, bis ich zu einer Beziehung stehen kann.‹ Schließlich waren mir Sexualität, Liebe und ich mir selber etwas wert.« Dennoch sind viele Jugendliche einsam mit diesem Entscheid, wenn sie im Zweifel sind und sich niemandem anzuvertrauen wagen. Die erste Erfahrung selbst wird sehr unterschiedlich erlebt – je nach Beziehung und Umständen. »Einmal habe ich mir gesagt: ›So jetzt mußt du das hinter dich bringen.‹ Aber es war furchtbar«, erzählte eine Sechzehnjährige. Und ein Achtzehnjähriger: »Beim ersten Mal ging es einfach nicht. Da hat mir meine Freundin gesagt: ›Jesses Gott, bist du eine lahme Gurke.‹ Offenbar bin ich an ein unsensibles Mädchen geraten, und ich war sehr verletzt. Ich habe ein Jahr gebraucht, bis ich es wieder wagte. Es ist dieses Mal nicht schiefgegangen, sonst wäre es wohl aus gewesen.« Und ein siebzehnjähriges Mädchen: »Er war älter als ich, und ich sagte ihm, ich wolle noch nicht. Aber einmal im Wald fiel er einfach über mich her. Es war eine richtige Vergewaltigung. Seither mache ich Schluß, sobald mir ein Junge zu nahe kommt.« Und ein anderes Mädchen erzählte: »Wir wollten noch nicht miteinander schlafen, und dann geschah es einfach. Es tat mir weh und war gar nicht besonders schön. Und doch war ich ganz stolz. Erst nach ein paar Monaten hatten wir es gut zusammen. Ich sage den Kolleginnen immer, sie sollten nicht zu viel vom ersten Mal erwarten. Es braucht seine Zeit.« Und eine junge Frau sagte in der Rückschau: »Wir hatten uns einen bestimmten Tag für das Miteinander-Schlafen ausgesucht. Ich war so stolz, daß wir es geschafft hatten. Aber als wir in die Beiz kamen, grölten die

Kollegen meines Freundes. Er hatte es ihnen erzählt. Ich hätte in den Boden versinken können und fühlte mich verraten.«

Eltern können präsent sein, wenn Jugendliche den Dialog brauchen, können auch sagen, daß das erste Mal miteinander schlafen vielleicht nicht einfach ist, doch vor schmerzlichen Erfahrungen bewahren können sie ihre Kinder nicht. Vielleicht gelingt es, sie aufzufangen, ihnen zu helfen, daß sie eine Sprache für ihr Erleben finden können, um es zu verarbeiten. Erste Liebe, erste Sexualität kann Jugendliche nachhaltig beeinflussen, ja traumatisch wirken, wenn sie allein bleiben damit. »Es geht dir alles so nahe, weil es die einzigen Erfahrungen sind, die du hast. Und du bist so schutzlos. Du bist nackt. Hautnah beim andern...« So drückte es eine Siebzehnjährige aus. Doch manchmal merken Jugendliche auch kaum, was sie sich antun und antun lassen. »Ich habe jahrelang wie in einem Nebel gelebt«, sagte eine Frau von ihrer schmerzlichen Jugendzeit.

Viele Schwierigkeiten gehören neben all den intensiven und reichen Erfahrungen zur Übergangszeit und zum Leben in Beziehungen. Die Unterstützung der Eltern kann sehr verschieden aussehen. Eine alleinerziehende Mutter nahm beispielsweise den Freund der sechzehnjährigen Tochter bei sich auf. »Es war schon etwas eng und anstrengend, aber so habe ich wenigstens miterlebt, wie es meiner Tochter ging. Es erschien mir sinnvoller, als daß sie irgendwo herumgegangen hätte.«

Und doch gibt es Jugendliche, die kaum Verkraftbares aushalten müssen. Zu den versehrenden Erfahrungen gehören sexuelle Übergriffe jeder Art.[16] In meinem Jugendberatungsbuch habe ich meine erste Therapie mit einer Jugendlichen geschildert, die zu Beginn der Pubertät von ihrem Vater über längere Zeit mißbraucht worden war.[17] Ich habe dort und auch in den folgenden Jahren gelernt, daß therapeutische Hilfe in solchen Situationen einiges aufzuwiegen vermag – ohne sie ist es jedoch schwer, mit dem Geschehenen fertig zu werden. Auch eine ungewollte Schwangerschaft kann einen Einbruch bedeuten. Vielleicht wagt ein Mädchen nicht zu sagen, daß es die Pille noch nicht nimmt, oder es ist von der letzten Freundschaft enttäuscht und läßt sich resigniert in eine nächste Beziehung ein, ohne aufzupassen, es wird bedrängt und überrumpelt, oder Junge und Mädchen denken nicht ›daran‹, und die Realität holt sie schmerzlich ein.

»Es gibt ja Verhütungsmöglichkeiten – anders als früher«, sagen Erwachsene oft. Doch Verhütung ist nicht nur eine technische, sondern auch eine Beziehungsfrage. Viele auch unbewußte Beweggründe können hier mitspielen. Heute kann ein Schwangerschaftsabbruch leichter vorgenommen werden als in der letzten Generation. Deshalb gibt es jedoch Mädchen, die zu diesem Entschluß von Freund oder Eltern überredet werden, während das Austragen einer unerwünschten Schwangerschaft seltener geworden ist. Und doch fallen oft die Verletzungen ins Gewicht, die mit dem Verlassenwerden vom Freund, mit der negativen Einstellung der Eltern verbunden sind, mehr als der Verlust eines Kindes, der in diesem Alter oft noch etwas Irreales hat und erst später zum Vorschein kommen kann. Eine liebevolle Begleitung ist hier – bei welchem Entscheid auch – dringend nötig, ebenso wichtig wie die unvoreingenommene Hilfe beim Entscheiden selbst. Auch zu diesem Thema findet sich ein Beispiel in meinem Jugendberatungsbuch.[18] Anteilnehmendes Begleiten im Jugendalter heißt auch, sich dann nicht abzuwenden, wenn die eigenen Wertmaßstäbe in Frage gestellt werden und der Weg der Kinder unbegreiflich wird. Das bedeutet nicht, die eigenen Gefühle verleugnen zu müssen, sondern dazubleiben – mit allen Fragen, allem Nichtverstehen, aller Anfechtung, und sich vielleicht selber Unterstützung und Hilfe zu holen. »Ich weiß, meine Eltern verstehen mich nicht, aber sie versuchen es und sind einfach da, das tut trotzdem gut«, sagte mir ein Jugendlicher. Nichts mehr tun zu können, ist oft schwierig auszuhalten. Selbstbesinnung, Angebote scheinen nichts mehr zu fruchten. »Meine Eltern haben das ihre getan. Nun ist es an mir, warum haben sie solche Angst – sie haben mir doch viel gegeben? Das Fatale ist, daß sie glauben, versagt zu haben, nur weil ich meinen eigenen Weg gehe und in einer Beziehung lebe, die ihren Vorstellungen nicht entspricht. Warum haben sie kein Vertrauen in ihre Erziehung, in mich?« Bei aller Einsicht in die eigenen elterlichen Schwächen ist das Vertrauen in die Kräfte des eigenen Kindes die letzte Ausformung des elterlichen Beziehungsmodus, und manchmal sind es nicht die Eltern, die es vermitteln können, gefangen in ihren Rechtfertigungen und Schuldgefühlen. Eine Frau, die in ihrer Jugend durch schlimmste Erfahrungen hindurchgegangen war, erzählte: »Alle haben mich aufgegeben. Doch die Mutter einer Freundin sagte zu mir: ›Ich weiß, daß du es schaffen wirst. Ich bin überzeugt davon und vertraue dir.‹ Dieser eine Satz hat mich gerettet.« Vertrauen ist keine Billigmünze, die uns als Eltern Einsicht in unser eigenes Versagen erspart. Es braucht Wachheit dem Verhalten der jugendlichen Kinder gegenüber und nicht blinde Vertrauensseligkeit. Doch vielleicht geht es am Ende um Vertrauen in das Leben überhaupt, das auch die eigenen Kinder mitträgt, selbst wenn dieses Vertrauen oft schwer durchzuhalten ist.

Trennung und Verbindung:
Der Ablösungsprozeß zwischen Jugendlichen
und ihren Eltern

Wenn ich Eltern nach den ersten Anzeichen der Pubertät frage, weisen die meisten auf die allmählich oder plötzlich stärker werdenden Abgrenzungstendenzen ihrer jugendlichen Kinder hin, die auf den verschiedensten Ebenen zum Ausdruck kommen können. Ein dreizehnjähriges Mädchen sagte mir:»Es ist komisch, ich bin einfach immer ›dagegen‹, obwohl ich das manchmal gar nicht will. Sagt mein Vater, die Suppe sei versalzen, muß ich sagen, das stimme gar nicht – auch wenn es wahr ist.« Solche Szenen mögen entfernt an die erste Autonomiephase erinnern.[19] Dort war das Thema:»Ich will, wie *ich* will«, um eine eigene Grenze gegenüber anderen bilden zu lernen. Im Jugendalter hingegen geht es um die neu zu bildende Identität als Person: »Ich bin, der/die ich bin, und ich will aus mir selber handeln.« In der pubertären Phase üben Kinder diese neue Form durch eine oft starre, manchmal aggressive oder arrogante Abgrenzung von den Eltern – und anderen Bezugspersonen – ein:»Nur nicht wie meine Eltern!« Diese Gegenposition ist eine Art Hilfskonstruktion, die auf frühere Möglichkeiten der Autonomiephase zurückgreift und sie leibhaft einsetzt. ›Dagegen sein‹ ist die Vorform, um *anders* sein zu lernen. In diesem Prozeß werden die Eltern relativiert, sind nicht mehr nur ›die Eltern‹, sondern individuelle Personen, die sich allmählich mit der eigenen Person der Jugendlichen vergleichen lassen. Dies ist gleichzeitig eine Ent-Täuschung:»Da die Eltern auch nur begrenzte Menschen sind, habe ich die Chance, ich selber zu werden.«
Die heftigste Periode der ersten Abgrenzung liegt oft ungefähr zwischen vierzehn und sechzehn Jahren. Die Intensität des Dagegen-Seins hängt mit der Unsicherheit und Labilität der neuen einzuübenden Haltung zusammen. Oft geben sich jugendliche Kinder sehr selbstsicher und überlegen, um wenigstens nach außen ihre Position zu halten, während sie im Innern sehr schnell verunsichert sind. »Wenn meine Mutter sagt, ihr gefalle mein neues Kleid nicht, brause ich zwar auf und sage ihr, das sei mir ganz egal – aber es ist mir zu meinem eigenen Ärger nicht gleichgültig. Ich hänge dieses Kleid nämlich in den Schrank und ziehe es kaum mehr an«, äußerte eine fünfzehnjährige Jugendliche in einer Schülerrunde. Oft sehen Eltern nicht so genau, wie groß ihr realer Einfluß auf die Kinder noch immer ist. Die Versuchung ist groß, die eigenen elterlichen Grenzen zu verhärten, sich in

Machtkämpfe einzulassen oder aufzugeben, sich zurückzuziehen und die Kinder machen zu lassen. Im einen Fall kann der innere Zwiespalt zwischen zur Schau getragener Sicherheit und innerem Schwanken noch viel intensiver werden, im andern Fall geht der Versuch, sich abzugrenzen, in die Leere.

Erwachsene, die für sich selber einstehen, bieten auch im Jugendalter ihren Kindern eine klare Gestalt und Grenze, an der sie ihre eigene erwachsene Form bilden lernen. Auf einer anderen Ebene ist es ein dem frühen Kindesalter vergleichbarer leibhafter Dialog.[20] Jugendliche bekommen so auch ein Modell dafür, daß sie andern ihre Grenze, ihr Nein zumuten dürfen. Denn wer seine Gestalt zeigt, schenkt sie im Dialog dem andern in einer Weise, daß er auf sie antworten kann. So formt sich langsam Ver-antwortung heraus. Jugendliche fühlen sich so als Dialogpartner ernstgenommen, finden allmählich eine neue Balance zwischen Individualität und Verbundenheit. Die Herausforderung, die Jugendliche ihren Eltern bieten, ruft sie auf, nicht nur mit ihren Möglichkeiten von Grenzsetzung umzugehen, sondern auch, sich mit ihrer eigenen personalen Identität auseinanderzusetzen.

Gerade in der pubertären Phase ist es oft besonders schwierig, ›stehenzubleiben‹, wenn von Kindern nichts greifbar Verbindendes entgegenkommt. Die Mutter einer vierzehnjährigen Tochter erzählte, das Mädchen habe einmal völlig cool zu ihr gesagt: »In deinem Beruf magst du deine Sache gut machen – als Mutter bist du ein Flop!« Das saß. Und dennoch geht es nicht in erster Linie um Entwertung, sondern um das Erproben der elterlichen Stärke: »Kann ich gegen dich aufkommen, ohne mich oder dich nachhaltig zu verletzen? Darf ich mich dir zumuten, wie ich bin?«

Eltern machen jedoch meist eine weitere Erfahrung: »Als meine Tochter in die Pubertät kam, wußte ich nie, wer da die Treppe herunterkommen würde. Einmal war es ein jugendliches Mädchen, dann wieder das Schulkind von früher, oft auch ein noch kleineres Kind…« Diesem Vor- und Zurücktasten sind wir auch in anderen kindlichen Übergangsphasen begegnet.[21] Es mag sich jetzt noch intensiver zeigen, hat oft den Charakter einer Identitätsverwirrung[22]: »Ich bin doch kein Kind mehr, wie die Eltern immer meinen. Und doch fühle ich mich manchmal so. Ich möchte einfach Schutz suchen und mich verkriechen. Dann wieder spüre ich eine totale Kraft in mir, fühle mich allem gewachsen und kann auch meine Meinung durchsetzen«, meinte eine Fünfzehnjährige. Sie war erleichtert, als ich ihr sagte, daß dies in ihrem Alter ganz normal sei und daß auch Erwachsene sich manchmal so ›klein‹

fühlen können und dürfen. Eine Mutter erzählte in diesem Zusammenhang, daß sie ihre Tochter jeweils massiere, wenn sie deren kindliche Seiten in den Vordergrund kommen sehe: »Dies kann sie von mir annehmen, ohne mir ihre kindlichen Bedürfnisse direkt preisgeben zu müssen.«

Im Dagegen-Sein, im Vor- und Zurücktasten bildet sich allmählich die Fähigkeit heraus, die eigene Identität nicht nur in der Abgrenzung nach außen, sondern ansatzweise auch als innere Realität zu erfahren. Jugendliche suchen jetzt die partnerschaftliche Auseinander-setzung, die Kon-frontation. »Ich will als ich selber mit meiner Meinung ernst genommen werden«, ist der große Wunsch. Damit wird eine Qualität eingefordert, welche die Elterngeneration in der eigenen Kindheit und Jugend noch kaum eingeübt hat. Gleichzeitig beginnen Jugendliche immer deutlicher, ihren eigenen Weg zu gehen, ein Leben außerhalb der Familie zu leben und vor allem dort ihre neue Identität zu erproben. Zwei Begriffe tauchen in den Auseinandersetzungen mit Jugendlichen immer wieder auf: ›Freiheit‹ und ›Verantwortung‹. Zunächst geht es nur darum, »machen zu können, was man will«, den Eltern keine Rechenschaft mehr geben zu müssen. Erst mit der Zeit beinhaltet ›Freiheit‹ auch die Möglichkeit, sich eine eigene Perspektive zu bilden, sich in die Welt hinaus zu entwerfen. Damit tritt der andere Pol in Erscheinung, die Eigenverantwortung. Es ist ein Lernprozeß, der schon in der Kindheit begonnen hat, doch jetzt geht es nicht mehr nur um die Verantwortung für eigenes Handeln, sondern für die eigene *Person*, und den beginnenden selbständigen Lebensentwurf, der auch Spielraum, experimentierendes Erkunden erfordert. Grenzen können nur in Auseinandersetzungen gesteckt, gefährdende Situationen in Gesprächen beleuchtet werden. So entsteht ein realistisches Vertrauen, das Gefährdungen mit einbezieht und andererseits den eigenen Kindern auch schmerzhafte Erfahrungen zumutet. Und es gibt blindes Vertrauen, das auf Naivität gründet oder getarnte Gleichgültigkeit ist und ein Mißtrauen, das Kinder binden und zurückhalten möchte oder Mißtrauen in die eigene elterliche Kompetenz darstellt. Scharfsinnig durchschauen Jugendliche oft die elterlichen Widersprüche.

Die Ablösung mit ihrer neuen Form von Selbstverantwortung bedeutet zunächst auch Trennung. Intensive Einsamkeitsgefühle können aufkommen, wenn Jugendliche sich aus der Bindung an die Eltern lösen und auch nicht unbedingt so sind, wie die erwachsenen Normen außerhalb und unter Gleichaltrigen es fordern. Gerade in Gruppengesprächen habe ich immer wieder erlebt, daß Jugendliche es wagen wollten, aus einer Rolle auszusteigen, in die sie sich hineinfixiert fühlten, etwa: »Ich habe es satt, immer nur der Klassenclown zu sein, die Lustige zu spielen. Ihr mögt ja nur meine Rolle, meine Hülle, nicht wirklich mich selber.« Das kritische Hinterfragen der eigenen Rollen, der sozialen Masken beginnt. Der Aufruf des Expressionismus, der vor allem von jungen Bürgersöhnen getragen wurde, lautete: »Mensch, werde wesentlich!« Der Vorstoß zum eigenen Wesen, zum innersten Kern kann radikal sein: »Da bin nur noch ich, im einsamen Gespräch mit mir selbst, von Angesicht zu Angesicht.« Damit verbindet sich oft ein leidenschaftliches Pathos und gleichzeitig die Sehnsucht, »als ich selbst geliebt zu werden«. Hinter vielen jugendlichen Provokationen steht die geheime Hoffnung, nicht nach dem Verhalten gewertet zu werden, sondern als Person Anerkennung zu finden. Dabei geht es sowohl um den eigenen Liebes-Wert wie um die Liebes-Fähigkeit des anderen Menschen. Aber auch hier spüren Jugendliche oft die leisesten fragwürdigen Töne auf: »Sie lieben mich trotzdem, sagen meine Eltern. ›Trotzdem!‹ Das heißt: obwohl ich eine Enttäuschung für sie bin. Eine Niete. Sie meinen nur sich selbst, versinken in ihrer eigenen Großzügigkeit, die sie sich als gefälligen Spiegel vorhalten. Sie wissen nicht, daß ich hinter diesem Spiegel stehe und sie mich gar nicht sehen.« Das ist hart, mag aber den für die Eltern selbst nicht spürbaren narzistischen Aspekt ihrer Elternliebe ins Licht ziehen. Halten wir es als Eltern aus, uns auch in *diesem* jugendlichen Spiegel anzuschauen, ohne uns selber zur Fratze zu werden oder alles von uns zu weisen, was hier sichtbar wird? Der Siebzehnjährige, der diesen Text schrieb, fuhr weiter: »Was möchte ich denn hören? Vielleicht ein uneingeschränktes ›wir lieben dich‹? Würde ich es ihnen abnehmen? Kaum. Könnte ich ertragen, daß sie mir sagen: ›Wir lieben dich, und manchmal müssen wir uns dafür anstrengen. Wir haben auch Mühe mit dir‹? Ich bin eben oft feige. Ich will die Wahrheit nicht hören. Auch ich starre in einen selbstgebastelten Spiegel… Es ist einfacher zu sagen ›Sie verstehen mich nicht‹, als mich der Wahrheit zu stellen.« Gerade Jugendliche sind nicht nur schonungslos mit anderen, sondern auch mit sich selbst. Sie kommen in Kontakt mit den eigenen Tiefenschichten, mit ihren Schätzen, ihren Kraftquellen – und mit dem eigenen Schatten.[23]

Oft nehmen Jugendliche das Risiko und die Verwirrung auf sich, die mit der Suche nach dem ›eigentlichen‹ Selbst verbunden ist. Alle Identifizierungen mit Leitfiguren, die in der Kindheit wichtig waren, wollen zurückgewiesen werden, um die eigene Identität zu finden. Dies bedeutet, sich auf das einzulassen, was der eigene Organismus an Selbstwahrnehmung anbietet:

»Wahre Identität entsteht nicht sensorisch aus den Bewegungsmustern der Muskeln, nicht durch die Wertschätzung anderer, sondern eher im Innern aus der Empfindungsqualität der pulsatorischen Wellen unserer Organmuskulatur. Gefühle und Empfindungen, die aus unserem Innern aufsteigen, lehren uns, wer wir sind. Das Selbstbild gründet sich auf die Empfindungsmuster aus dem Innern (...) Wir erkennen uns von innen nach außen.«[24]

Haben Kinder früher einmal gelernt, einen Bezug zum eigenen Innern herzustellen, zwischen ›bewahren‹ und ›mitteilen‹ zu entscheiden, so geht es jetzt darum, die eigene Identität von den inneren ›Empfindungsmustern‹ her zu leben. Die damit verbundenen Wahrnehmungen mögen überfluten, überwältigen, bis Jugendliche einen Weg gefunden haben, wie sie diese innere Welt zu halten und zu regulieren vermögen. Die Eltern stehen oft für die Versuchung, in der Identifizierung mit ihnen stecken zu bleiben, ohne eine eigene Identität zu finden. Die innere Gefahr wird vor allem außen bekämpft: »Meine Eltern konsumieren sich selbst wie eine Ware. Sie rahmen die oberste Schicht ab, bleiben verdünnt zurück – und merken es nicht. Ich lasse mich nicht verdünnen. Ich tauche ein in mich selbst. Ich will mir selber begegnen, auf die Gefahr hin, in mir verloren zu gehen.« Das Bild, das diese Siebzehnjährige für ihre Selbstsuche braucht, entspricht genau dem leibhaften Prozeß, um den es geht. Die Grenzzustände, die oft pathologischen Bildern entsprechen, entstehen aus dem Hingegebensein und der oft empfundenen Ohnmacht der eigenen inneren Bewegung gegenüber. Und doch liegt darin ein großes Wachstumspotential, das auch ermöglicht, im Ergriffenwerden von den eigenen tiefsten Schichten, frühere Beeinträchtigungen zu heilen, wenn Jugendliche in diesem Prozeß nicht verlassen werden.

Die innere Bewegung führt jedoch wieder nach außen, verändert die Art und Weise, die Welt wahrzunehmen, auf sie zuzugehen und sich wieder auf sich selbst zurückzunehmen: »Ich bin allein, allein. Mir hilft niemand. Mich liebt niemand so, wie ich bin. Und ich bin blöd, dumm, eklig, primitiv, aggressiv, verletzend, egoistisch, unehrlich, komisch. Seit ich dieses Alleinsein realisiert habe, habe ich auch kein richtiges Interesse mehr an anderen. (...) Von niemandem erwarte ich mehr das, was mir bis heute das ›Leben‹ ermöglicht hat. Die Liebe. Und dieses Leben ist ja irreal, ich muß zuerst herausfinden, was ich vom realen, realistischen, ungeliebten

Leben halte, verlange, mir wünsche...« Diese Tagebuchaufzeichnung einer Siebzehnjährigen zeigt nochmals alle bisher angesprochenen Themen, vor allem aber den Konflikt, daß einerseits die Selbstwahrnehmung zu einem Gefühl des Fremdseins, des Sich-noch-nicht-Kennens führt, anderseits auch die Fremdheit des ›Draußen‹ in den Blick kommt. Die äußere Realität ungeschminkt wahrzunehmen, sie nicht in Bildern und aus einer andern vorgeformten Optik zu sehen, gehört mit zur radikalen Identitätssuche. Das Verlassen überkommener Sichtweisen mag die Wirklichkeit nicht nur fremd, sondern auch erschreckend erscheinen lassen. Dies führt zu Gefühlen der Einsamkeit und des Isoliertseins. Die Trennung erscheint zunächst unüberwindlich.

Umgekehrt projizieren Jugendliche sich nach außen, indem sie – oft schwärmerische – Beziehungen eingehen und in bewunderten und geliebten Menschen mit ihren eigenen positiven Möglichkeiten und Kräften in Kontakt kommen wollen. Es sind dies zum Teil Erwachsene wie Gleichaltrige beiden Geschlechts. Auch Freundschaften mit dem andern Geschlecht sind oft nicht primär sexueller Natur. Spiegelung des Eigenen, Miteinandersein und Mitschwingen in gleichen Empfindungen erschaffen eine Beziehung zu sich selber und lassen die unvertraut gewordene Mit-Welt wieder nahe werden. Jugendliche hören gemeinsam ihre Musik, schreiben einander Briefe, geben Einblick in ihr Tagebuch, das die geheimsten Gefühle enthüllt und führen lange Gespräche, welche ihr Persönlichstes und ins Kosmische reichende Fragen und Ahnungen umspannt. »Nur du verstehst mich« ist eine Aussage, welche die tief empfundene Einzigartigkeit, um deretwillen alle andern als ›anders und fremd‹ zurückgewiesen werden, mit der Erfahrung, gerade in dieser Einzigartigkeit erkannt zu werden, verbindet.

So schwanken Jugendliche zwischen Fremdheitsgefühlen nach innen und außen und dem Versuch, Bindungen einzugehen, in denen das Innere nach außen entworfen und wieder eingeholt, ›heim geführt‹ wird als das Kostbare der eigenen Person. Gleichzeitig finden jene ›Höllenfahrten‹ in die eigene Tiefe statt, getragen vom Bemühen, sich selbst zu ent-larven und damit ›wirklich‹ und ›wesentlich‹ werden zu lassen. Mit diesem Anliegen verbindet sich die Suche nach einer ungeschminkten Sicht der Welt, der Wirklichkeit, ›wie sie ist‹:
»...Ich habe das Gefühl, daß sich die Welt immer mehr einem Chaos nähert. Die Politiker wissen schon lange selbst nicht mehr, was sie eigentlich wollen, und wofür sie sich einsetzen. Die Menschen zerstören sich ihre Welt aus lauter Geld- und Profitgier. Und die Länder,

das heißt die Nationen bekämpfen sich gegenseitig aus lauter Macht-hunger und Größenwahnsinn. Aber dies natürlich alles im Namen des Friedens. Und dann gibt es noch eine Gruppe Menschen, die versucht, die Naturvölker in dieses Schlamassel einzubeziehen, mit der Wahnidee, ihnen Heil und Fortschritt zu bringen. Die Erde, das Opfer der Menschenhand, des Menschen. Wie lange wird es noch dauern, bis die Schätze der Erde vollkommen aufgebraucht sind, und die Menschen sich gegenseitig umbringen, die Menschheit sich selbst ausrottet?« (Text einer 17jährigen.)

Eingeübt wird die Polarität von Innen und Außen, von Fremd und Vertraut, von Einzigartigkeit und Zugehören, von Individualität und Verbundenheit, um daraus die personale Identität entstehen zu lassen. Sie ermöglicht es allmählich, nahe zu sein, Grenzen aufzulösen, ohne sich zu verlieren, und sich zu distanzieren, ohne alle Bezüge abzubre-chen. Sie gibt die Fähigkeit, die eigene innere Welt zu ent-halten, ein Gefäß für sie zu bilden und sie mit-zuteilen, sich nicht nur in Projek-tionen zu entwerfen, sondern sich der Welt auch fürsorgend zuzuwen-den. Sie gibt Raum, Intimität zu wagen, sich hinzugeben und abhängig zu sein, ohne die eigene Person aufzugeben und zu verlieren. Diese Polarität ist nicht als Gleichzeitigkeit in einem strengen Sinn zu sehen, sondern als Möglichkeit, von einem Pol zum andern überzugehen, Grenzen zu bilden und wieder aufzulösen.[25]

Die ›Einheit der Gestalt‹ ist deshalb nichts Statisches, sondern ein ständiges In-Bewegung-Sein. Der französische Philosoph Blaise Pas-cal hat dafür ein eindrückliches Bild gefunden, indem er die Bewegung der Seele mit einer brennenden Fackel vergleicht, die so schnell hin und her geschwungen wird, daß die ganze Bewegung als Form sichtbar wird.[26] Die Aufgabe von Eltern ist hier eine widersprüchliche und schwer zu fassende. Es geht darum, den Jugendlichen Spiel-Raum und eine offene Perspektive zu geben und sie wiederum einzufordern. Sie begleiten ihre jugendlichen Kinder, die bestrebt sind, diese Begleitung entbehrlich zu machen. Wenn Eltern ihren Kindern früher die Identi-fikation mit ihnen ermöglichten, erscheint das Herausbilden der Iden-tität wie eine negative Dynamik und nimmt Formen an, bei denen Eltern sich als im Weg stehend erfahren, obwohl – paradoxerweise – dieses Hindernis gleichzeitig den Weg markiert und weist. Diesem Paradox von Beziehung, das sich im Kleid der Ablösung manifestiert, haben Eltern sich zu stellen. Auch dies ist eine Dynamik, die sich zugleich als Eingeständnis der eigenen Begrenztheit und als Auffor-derung zur Grenzüberschreitung zeigt. Deshalb sind hier die Eltern und ihre jugendlichen Kinder in einem vergleichbaren und sie auf einer existentiellen Ebene verbindenden Prozeß. Er mag an die Grenzerfahrung der Geburt erinnern. Jetzt ist es das allmähliche In-Erscheinung-Treten der erwachsenen Gestalt, das die Eltern mit verändert und ein anderes Gegenüber-Sein einfordert.

Die Wendezeit der Adoleszenz ist für viele Eltern oft schwerer zu gestalten und geschehen zu lassen als die Geburt und die mit ihr verbundene radikale Veränderung der gesamten Lebenssituation. Dies hängt nicht zuletzt damit zusammen, daß Kinder für ihre Eltern oft die einzige konstante Lebensbeziehung sind. Dies gilt mehr für Mütter, die immer häufiger zu Alleinerziehenden werden. Die Mutter einer Siebzehnjährigen sagte treffend dazu: »Kein Mensch kennt mich so wie meine Tochter – alle meine Facetten von der innigsten bis zur zornigsten und bösesten.« Eine solche Aussage ist von größter Tragweite. Es ist schwierig, einen Menschen gehen zu lassen, mit dem eine solch umfassende Beziehung bestand. Manchmal versuchen Eltern, ihr Kind an der Schwelle zur Pubertät zurückzuhalten.

Das Aufgeben der formativen Aufgabe den Kindern gegenüber ist selbst ein formativer Prozeß. Eine Mutter von vier erwachsenen Söhnen und Töchtern sagte mir einmal: »Es war eine überwältigende Erfahrung, meine Kinder zu gebären. Doch mir ist, als habe ich sie im Jugendalter nochmals geboren – in die Welt hinaus geboren. Und diese Geburt war fast die schwierigere…« Bei einer Geburt empfinden wir vor allem, daß ein Kind ›zu uns kommt‹, zu uns, in unsere Welt hineingeboren wird. Ablösung als eine Geburt zu verstehen, gibt uns die Chance, eine neue Geschichte zu formen: Ablösung ist nicht etwas, das Mütter und Väter passiv erleiden müssen, sondern ebenso ein formativer Prozeß, der beide – Kind und Eltern – betrifft, wie bei der ›ersten Geburt‹. Eltern, die ihr Kind wirklich in die Welt hinaus gebären können, schenken ihm nochmals das Leben – das Leben als erwachsene Menschen in unserer Welt. Damit kommen sie auch ›zu uns‹, in die erwachsene menschliche Gesellschaft. Gleichzeitig bedeutet diese Geburt auch ein Loslassen – dasjenige einer elterlichen Verantwortung und Aufgabe. So wie das Kind aus der umfangenden Gebärmutter, in der es seine primäre menschliche Gestalt ausgebildet hat, entlassen wird, so wird es nun aus dem formenden Beziehungsraum entlassen, in dem es sein In-der-Welt-Sein geformt und seine erwachsene Gestalt über viele kindliche Phasen ausgebildet hat. Und ein letzter Aspekt: So wie eine Frau durch die Geburt als Mutter, der Mann als Vater geboren wird, bedeutet die zweite Geburt, daß auch die Eltern als Eltern erwachsener Kinder selber erst geboren werden.

Wenn die eigenen Kinder erwachsen werden und sich ihre neue Gestalt zu zeigen beginnt, sehen sich viele Eltern der bangen Frage gegenüber: »Haben wir es richtig gemacht?« Die Jugendlichen erscheinen gleichsam als ›Produkt‹ der gesamten elterlichen Erziehung, die phasenweise als völlig fragwürdig erscheinen kann. Die Konfrontation mit Verpaßtem, mit persönlichen Grenzen und schicksalhaften Gegebenheiten, mit dem, was Eltern ihren Kindern schuldig geblieben sind, ist oft sehr schmerzlich. »Heute würde ich vieles anders machen«, sagen Mütter und Väter. Eltern bleibt die Einsicht nicht erspart, daß sie ihren Kindern zugemutet haben, was die Realität ihrer Person, ihrer familiären Beziehung und ihres Lebenszusammenhangs war. Doch das ›Produkt-Denken‹ ist gefährlich. Die ›glückliche Kindheit‹ ist es nicht, die Kinder zu fähigen Erwachsenen werden läßt, sondern die Unterstützung in der schwierigen Aufgabe, eine erwachsene Gestalt zu formen. Auch eine intensive Krisenzeit im Jugendalter muß nicht negativ gedeutet werden, sondern kann eine Art Moratorium, einen Aufschub, eine Verlängerung der Übergangzeit darstellen.[27]

Die Ablösung der Kinder im Jugendalter kann nur im Gesamtzusammenhang des formativen Prozesses verstanden werden. Sie beginnt schon mit der Abnabelung nach der Geburt, setzt sich fort mit dem Kriechen, mit dem Aufrichten und Gehenlernen, in der Abgrenzung der Autonomiephase, im Beanspruchen eines eigenen inneren und äußeren Raumes, im Schaffen anderer Bezüge außerhalb der Familie, vor allem in der Schulzeit. Sie endet mit der jugendlichen Loslösung von zu Hause, mit dem Weggehen aus der Familie. Damit fassen wir jedoch nur den trennenden Aspekt ins Auge, sehen Ablösung als einen linearen Vorgang, der zu immer größerer Autonomie und Unabhängigkeit führt, wie dies unserem individualistischen Zeitalter entspricht. Doch das grundlegende Muster, das von der Zeugung an besteht, ist dasjenige von Trennung und Verbindung. Jede Trennung führt die ganze Kindheit hindurch zu neuen Qualitäten von Verbundensein zwischen Eltern und Kindern, zwischen ihnen und der weiteren Umwelt.

Der jugendliche Ablösungsprozeß selbst vollzieht sich – wie wir sehen konnten – in verschiedenen Phasen. Jugendliche selbst glauben oft, daß sie ›frei‹ geworden sind, wenn sie sich möglichst von den Eltern distanziert haben. Doch zu Hause bleiben und früh Weggehen können sich als Formen von Abhängigkeit entpuppen und in geheimer Verrechnung mit unbewußten elterlichen Wünschen stehen.[28] An diesem

Punkt wird deutlich, daß für viele Jugendliche ein tiefer Konflikt zwischen ihrer Wachstumsdynamik und der kindlichen Loyalität entstehen kann.[29] Jugendliche Kinder entscheiden sich meist unbewußt für die Loyalität, wenn sie das Gefühl haben, sonst ihre Familie zu gefährden, die Eltern in Not zu bringen. Manches, was aussieht wie Ablösung, erweist sich als Treue zu den Eltern – nicht zuletzt auch ein frühes Weggehen von zu Hause.

Familiäre Loyalität kann mit dem Erwachsenwerden nicht einfach beendet werden, sondern muß sich wandeln, in eine persönliche Form der Verbundenheit übergehen, die es erlaubt, Treue einer eigenen Familie gegenüber in den Vordergrund zu stellen.[30] Dadurch steht die jugendliche Ablösung nicht nur nach rückwärts, sondern auch nach vorwärts in einem Kontinuum.[31] Erwachsene Loyalität bedeutet, getrennt *und* verbunden zu sein. Das Auflösen und Umgestalten von familiären Mustern kann – gerade in einer Beratung – bereits im Jugendalter beginnen[32] und stellt einen oft weit ins Erwachsenenalter reichenden Prozeß dar, in dem es darum geht, die Verantwortung für die eigene Lebensgestalt zu übernehmen. Dies ist *eine* Form von Ablösung.

Viele Jugendliche sind vom Gedanken beherrscht, ihre Eltern ändern zu können. Sie wissen genau, wie diese sein sollten und ihr Leben führen müßten. Umgekehrt lassen viele Eltern ebenso schwer die eigenen Vorstellungen über das zukünftige Leben ihrer Kinder los. Söhne und Töchter warten oft noch jahre- und jahrzehntelang darauf, daß die Eltern ihnen doch noch geben werden, was sie ihnen vorenthalten haben, möchten vielleicht endlich einmal hören: »Ich habe Freude an dir, mein Sohn.« – »Ich liebe und anerkenne dich.« – »Ich habe dir Unrecht getan und bereue es.«… Dieses Nichterfüllte ist ein mächtiges Band der Abhängigkeit, das selbst erwachsene Kinder immer wieder dazu bringt, Zugeständnisse zu machen, sich unterzuordnen in der Hoffnung, einmal noch den elterlichen ›Segen‹ zu bekommen. Doch vielleicht leben Eltern und erwachsene Kinder unbewußt gerade von diesem Band, weil sie sich kein anderes zutrauen. Ablösung bedeutet hier, sich von den kindlichen Wünschen zu verabschieden, Verpaßtes wahrzuhaben und zu betrauern. Schließlich wird es in diesem Prozeß möglich, das familiäre ›Erbe‹ nochmals neu zu verstehen und zurückzulassen, was nicht mehr zur eigenen Person gehört und das Gute anzunehmen, das jede Familie mitgegeben hat, um schließlich eine eigene, eine persönliche Form zu geben. Trennung läßt auch Verbindendes wieder sichtbar werden und macht eine existentielle Form von Dankbarkeit möglich, in der das Geschenkte entgegengenommen und anerkannt wird, um es im Laufe des Erwachsenenalters als ein persönlich Gewordenes weiterzugeben.

Ablösung als kontinuierlicher Prozeß bedeutet, daß Töchter und Söhne lernen, sich ihren Eltern zuzumuten als die, die sie sind. Die folgende Botschaft, die ich oft in der Therapie Menschen in verschiedensten Formulierungen zu ihren inneren Eltern sagen lasse, bringt beides – Trennung und Verbindung – zum Ausdruck:

– »Ich mute dir zu, daß ich so bin, wie ich bin, mich weiter entwickle und meinen Weg gehe.

– Ich mute dir zu, daß du *dein* Leben lebst und die Verantwortung dafür trägst.

– Und ich bin dein Sohn/deine Tochter.«

Zu-Mutung ist nicht nur Abgrenzung, sondern vertrauende Zu-Wendung. Es geht um eine grundlegende Form von Liebe, die nicht in erster Linie ein Gefühl, sondern der Versuch eines anerkennenden Gerechtwerdens der eigenen Elterngeneration gegenüber ist. Mag dieser Prozeß in gewissen Aspekten schon im Jugendalter beginnen, so besteht unsere Aufgabe zuletzt darin, eine reife Form der Versöhnung zu finden. Sie ist eine innere – oft mit schon verstorbenen Eltern –, die auch eine Klärung in der gegenwärtigen Beziehung nach außen mit den älter werdenden Eltern mit sich bringen kann. So entsteht oft ein mehrschichtiger Wendezeiten- und Generationendialog, den ich mit dem folgenden Beispiel zeigen möchte:

In einer Frauengruppe erzählte eine Mutter von ihren Schwierigkeiten mit ihrer Tochter, die sehr abweisend war, sich mitten im Ablösungsprozeß befand. Wir begannen ein Rollenspiel, in dem die Mutter auf die Tochter zuging und sie nach ihren Plänen, Zielen und Absichten fragte. Die Tochter (von der Mutter gespielt) antwortete schroff, worauf die Mutter versuchte, die Tochter doch für ein Gespräch zu gewinnen. Auf der inhaltlich-verbalen Ebene ging es schließlich um die Frage des Vertrauens. »Du hast überhaupt kein Vertrauen in mich«, sagte eine Teilnehmerin als Tochter. »Aber ich muß auch Zeichen dafür haben«, entgegnete die Mutter. Es stellte sich dabei eine typische Mutter-Gefühlskonstellation heraus: Schuldgefühle, daß die Ehe auseinandergegangen war – »ich habe meiner Tochter viel aufgebürdet« – und ein tiefes Mißtrauen in ihre eigene Erziehung. »Und jetzt versuche ich gutzumachen.« Während des Dialogs wurde deutlich, wie die Mutter sich ihrer Tochter gegenüber verkörperte. Sie sank zusehends in sich zusammen und nahm eine flehend werbende Haltung an, die etwa ausdrückte: »Bitte zeige mir, daß ich nicht alles falsch gemacht habe, aber ich weiß ja, daß ich versagt habe.« Ich regte die Frau an, auf ihre Haltung zu achten und sie etwas zu intensivieren und der Person, als die sie in Erscheinung trat, einen Namen zu geben und anschließend diese Haltung wieder zu lösen. Gegen Ende dieses Prozesses kam eine intensive Trauer zum Vorschein. Sie begann zu weinen, nahm wahr, daß sie um Verlorenes und Verpaßtes trauerte. »Es ist, wie es ist, und das tut weh«, sagte sie leise, »es gibt nichts mehr zu ändern.« War sie vorher als kleines hilfloses Mädchen in Erscheinung getreten, so war sie jetzt die Mutter, die spürte, wie ihre bisherige Mutterschaft und damit auch ihre bisherige Identität zu Ende ging, die eine Lebensphase wesentlich bestimmt hatte. Es ging eine Weile – und dann geschah vor unseren Augen etwas Erstaunliches. Die Frau begann sich aufzurichten. Und plötzlich war vor uns eine ganz andere Erscheinung: eine aufrechte, kraftvolle und entschlossene Frau. Gleichzeitig sah ich, daß sie noch kaum realisierte, als wer sie jetzt vor uns saß. »Oh, wer ist denn das?« fragte ich sie. Einen Augenblick schaute sie mich erstaunt an. Dann glitt ein leichtes, erkennendes Lächeln über ihr Gesicht. Sie zögerte und sank etwas ein. »Bleib dabei«, ermutigte ich sie. Es war deutlich, wie sie zwischen Befremden und dem Impuls, ins Altgewohnte zurückzukehren, schwankte. Doch immer intensiver begann sie ihre jetzige Erscheinung auszufüllen. Ernst und spielerischer Übermut wechselten. Blitzschnell gingen die Ebenen eines jungen Mädchens und einer Frau hin und her, ineinander über. Nach einer Weile bat ich sie, ihre Tochter anzuschauen. Dabei konnten wir alle sehen, wie deren Trotzhaltung sich auflöste und sich zwei Frauen gegenübersaßen – Mutter und Tochter. »Ich bin da«, sagte die Mutter, »ich kann dich gehen lassen.« Und die Tochter antwortete: »Ja, ich bin froh, jetzt fühle ich mich nicht mehr verantwortlich für dich. Du bist stark genug.« – »Ich sehe, daß auch du stark genug bist. Und du bist einfach, wie du bist.« Dies sagte die Mutter.

Aus den verschiedenen Schichten tauchten das kleine Mädchen, die eigene Mutter, die Mutter in der Abschiedsphase, die reife Frau und das junge Mädchen auf. Freilich sind dies Bezugspunkte, um den auftauchenden Identitätsaspekten einen Namen zu geben, damit sie durch das Benennen als existent wahrgenommen werden. Gleichzeitig wurde deutlich, daß diese Frau dabei war, eine bisherige Identität als Mutter im be-sorgenden formativen Sinn aufzulösen, im Wechselspiel mit der Übergangsphase der Tochter. Und dadurch wollte etwas Neues werden, das jetzt in Erscheinung trat: die Frau, die reife Frau, die eine gesammelte Kraft und Intensität ausdrückte. Und es zeigte sich auch, wie fragil dieser Prozeß ist, und wie schnell er unbemerkt in alten Festschreibungen verschwinden könnte.

Ein weiterer Aspekt der geschilderten Szene zeigt, wie sehr sich die Frau mit ihrer eigenen Mutter zu identifizieren glaubte, während sie doch vor allem mit der eigenen Tochter identifiziert war. »Ich bin doch hoffentlich nicht wie meine Mutter«, ließ sie in eine Identitätsverwicklung geraten, in der die eigene Tochter plötzlich für die Mutter stand und sie ihr kleines hilfloses Mädchen war. Dabei gibt diese Szene keine Antwort darauf, wie sie wirklich Aspekte ihrer eigenen Mutter verkörperte. Doch faßbar wurde für kurze Zeit der drei Generationen von Frauen umfassende leibhafte Dialog, in dem unklar war, wer eigentlich hier sei oder konkret: wer für wen sich verantwortlich fühlte. Diese Identitätsverwirrung löste sich in dem Augenblick, als die Frau mit ihrer eben aufscheinenden neuen Identität in Berührung kam. Indem die Mutter als eine andere, als reife Frau in Erscheinung trat, gab sie ihrer Tochter Raum, ihre eigene erwachsene Identität zu finden. Und dabei wurde ein fundamentales Gesetz von Beziehung erfahrbar: Wandlung bedeutet Trennung und ist gleichzeitig Verbindung auf einer neuen Ebene.

Es ging aber auch um die Vertiefung der Existenz als Frau. Während zunächst fast ausschließlich die töchterliche und mütterliche Existenz in Erscheinung getreten waren, gebrauchte sie für sich anschließend den Namen ›Frau‹. »Ja, ich bin eine kraftvolle aufrechte Frau«, war Ausdruck der organismischen Erfahrung und hatte eine umfassendere und er-füllendere Bedeutung, in der aber der töchterliche und der mütterliche Aspekt aufgehoben waren.

Und noch auf einer anderen Ebene fand dieser Prozeß seine Fortsetzung. Die Frau äußerte im abschließenden Gespräch, sie würde so gern mit ihrer Tochter über die Vergangenheit sprechen, auch über das, was ihr leid tue. Aber die Tochter wehrte dies ab – sie verstehe es schon. Da näherte sich ihr eine wesentlich ältere Frau und sagte liebevoll zu ihr: »Jetzt ist nicht die Zeit, aber sie wird kommen. Ich habe auch gewartet. Als meine Töchter erwachsen waren, konnte ich plötzlich mit ihnen sprechen. Wir konnten vieles aus unserer Vergangenheit gemeinsam verarbeiten.« Die jüngere Frau strahlte. »Ich danke dir«, sagte sie, »du gibst mir eine Perspektive, und das macht mich zuversichtlich.« – Es war eine einfache Szene, ein schlichtes Gespräch. Und doch enthält es eine tiefe, eigentlich archetypische Bedeutung. Eine ältere Frau weist der jüngeren eine Richtung, zeigt ihr Perspektiven in die Zukunft aus ihrer eigenen Erfahrung, etwas, das in unserer Gesellschaft so selten geworden ist und doch eine dialogische Verkörperung des Lebenskontinuums darstellt.

Beziehungs- und Lebensperspektiven im Raum unserer Gesellschaft formen

Jugendliche entwerfen sich nicht nur projektiv in Beziehungen zu andern Menschen, um sich zu finden. Sie träumen und phantasieren sich ›ins Leben hinaus‹. Manch ein Jugendtraum ist so tief, daß er vielleicht noch im Alter seine endliche Einlösung fordert. Dieses Träumen bringt Jugendliche in Kontakt mit dem Potential im eigenen Innern, läßt – durchwoben von unbestimmten Sehnsüchten – die eigene zukünftige Gestalt ahnbar werden. Phantasierte Lebensperspektiven mögen später belächelt und lange vergessen werden. Sie sind etwas anderes als die bewußten Vorstellungen, wie das Erwachsenenalter aussehen soll und das unbewußte Lebenskonzept, das an der zukünftigen Lebensgestalt mitwirken wird. Die Stimmung, die sich mit solchen Träumen verbindet, mag in einem Bild wie dem folgenden, das dem Aufsatz einer Siebzehnjährigen entstammt, seinen Ausdruck finden: »Meine ›Lebensstraße‹ beginnt in einem kleinen Punkt. Der Punkt vergrößert sich zu einem Strich. Dieser wird immer breiter. Eine Straße entsteht. Ich laufe. Während des Gehens wird die Straße vor mir immer unübersichtlicher. Sie weitet sich aus und umgibt mich schließlich. Ich befinde mich in einem Kreis. Licht durchdringt jede Faser meines Körpers. Ich fühle mich geborgen. Der Kreis ist riesig groß. Er ist unfaßbar geworden. Aber ich fühle mich trotzdem nicht verloren. Im Gegenteil: ein Glücksgefühl füllt meine Seele. Ich bin allein und habe doch nicht das Gefühl, einsam zu sein. Ich sehe keine Menschen. Aber ich fühle mich von ihnen umgeben.« Die Lebensstraße ist der persönliche Weg, der sich zu einem unbestimmten Horizont weitet und schließlich zu einem ›Drin-Sein‹ in einem Geborgenheit schenkenden größeren Ganzen wird.

Von hier aus läßt sich die leidenschaftliche Suche Jugendlicher nach dem ›Sinn des Lebens‹ verstehen. Die Wurzel des Wortes bedeutet ›Weg‹ und ›Ausrichtung‹. Es geht dabei letztlich nicht um ein festumrissenes Ziel, das von außen gegeben werden kann, sondern um eine innere Perspektive. Jugendliche fragen nach ihrem eigenen Ich, aber ebenso nach etwas, das dieses Ich auf einen größeren Lebenszusammenhang hin übersteigt. Einmal steht die Qualität des Aufgehobenseins im Vordergrund, dann wieder die Möglichkeit, sich an etwas Umfassenderes hinzugeben. Wer die Energie sieht, mit der Jugendliche sich für eine Idee, für eine Aufgabe einsetzen können, begreift, daß ihr ein tiefes Bedürfnis zugrunde liegt. Was in der Kindheit der unnachgiebige Gerechtigkeitssinn, die Moral war, kann jetzt eine ideologische Färbung mit der Neigung zu stereotypen Formen annehmen. Werte und Perspektiven wollen in neuer Weise einverleibt werden, damit sie im Erwachsenenalter zu einer inneren lebendigen Ethik zu werden vermögen.[33] Einerseits wenden Jugendliche sich im Zuge der Ablösung von Werten ab, die ihre Eltern vertreten, andererseits sind sie verführbar und mißbrauchbar für rigide und oft totalitäre Ideologien, wenn ihnen die Gesellschaft keine Werte anzubieten hat, mit denen sie sich identifizieren und an die sie ihre Kräfte geben können. Indifferenz der Erwachsenenwelt und die Unfähigkeit, Perspektiven im Raum von Beziehung zu vermitteln, lassen das jugendliche Bedürfnis nach Selbsttranszendenz ins Leere laufen. Die notwendigen Auseinandersetzungen über die Dimensionen des Lebens und die gesellschaftliche Realität müssen schon in der Kindheit beginnen, bekommen im Jugendalter jedoch eine neue Dringlichkeit – und diese Aufgabe kann nicht von Eltern allein bewältigt werden, sondern ist ein gesamtgesellschaftlicher Auftrag.

Viele Jugendliche fühlen sich in bezug auf unsere Gesellschaft in einem Niemandsland. Oft finden sie sich in der gemeinsamen Verlorenheit zusammen, die sie mit irgend etwas überspielen und betäuben – mit Musik, Alkohol, Drogen etc. Schnell verlieren sie so auch den Kontakt zu sich selbst, spüren sich kaum mehr und merken deshalb nicht, wenn sie anfangen, gegen sich selbst zu leben. Andere finden sich in Jugendbewegungen oder -sekten zusammen und werden von den Erwachsenen, die hinter solchen Bewegungen stehen, schamlos ausgenützt. Die Gesellschaft ist eher selten bereit, Jugendlichen den nötigen Spiel-Raum zu gewähren, damit sie neue Formen ihres Zusammenseins einüben können. Die Beziehungsnot Jugendlicher, die nicht mehr wissen, wo sie hingehen sollen, wird zum Spiegel unserer eigenen Beziehungsunfähigkeit. Ein siebzehnjähriges Mädchen schrieb: »Zu Hause sitzt der Vater vor dem Fernseher. Oder hinter der Zeitung. Er will, daß die Familie zusammen ist. Aber er sagt nichts. Die Mutter muß flüstern, weil sie sonst stört. Ich möchte mit ihr sprechen. Doch sie hat Angst vor meinen Fragen. Sie tut mir leid. Ich kann sie nicht noch mehr durcheinander bringen. In der Schule öden wir uns an. Den Lehrern stinkt es auch. Sie wollen nichts mit uns zu schaffen haben. Und der Stoff, den sie uns beibringen, ist ihnen gleichgültig. Wir sitzen einfach da. Es geschieht nichts. Ich habe einen Freund gehabt, aber er hat Schluß gemacht. Jetzt will ich nicht mehr, es tut zu weh. Mit meiner Freundin kann ich sprechen. Wir verstehen einander. Die Eltern schütteln den Kopf. Aber diese Gespräche waren bisher meine Rettung…«

Nicht nur das mangelnde Beziehungsangebot der Eltern, auch das fehlende Engagement von Lehrern und Erwachsenen überhaupt für das, was sie vermitteln, macht Jugendliche einsam. Sie spüren, wenn sie nicht gemeint sind und Erwachsene ihnen nichts zu geben vermögen und nicht als Person hinter dem stehen, was sie sagen und tun. Erwachsene sind für Jugendliche aber auch Vertreter der Gesellschaft und bekommen deshalb exemplarische Bedeutung: »So wird es sein, wenn ich einmal zu unserer Gesellschaft gehören werde.« Hat sie wenig zu bieten, bleiben in dieser Leere, in diesem Sinn-Vakuum die Gleichaltrigen, der Freund oder die Freundin, die jedoch überfordert sind, allein für das Schaffen eines Beziehungs- und Sinnhorizontes aufzukommen, den zu suchen sie ebenfalls unterwegs sind.

In aller jugendlicher Verweigerung, in aller Auflehnung und Kritik wird die Sehnsucht nach Selbsttranszendenz spürbar. Gerade die Zeit des Übergangs, die dieses Alter darstellt, läßt einen von der Erwachsenenwelt oft wieder vergessenen Zusammenhang erfahrbar werden: Lebendigkeit ist eine organismische Qualität, der wir auch den Namen ›Liebe‹ geben können. Dies ist nicht nur Selbstliebe, sondern Liebe zu allem Lebendigen überhaupt. Jugendliche haben die Möglichkeit, bewußt der Wahrheit zu begegnen, daß Liebe unteilbar ist. Eine Achtzehnjährige fand dafür die folgenden Worte: »In mir habe ich ein Herz, das schlägt. Manchmal spüre ich das ganz deutlich. Das erfüllt mich mit Freude und macht mir auch ein wenig angst. Es klopft so intensiv. Ich spüre: das ist *mein* Leben. Und doch weiß ich noch nicht so genau, was das ist: ›Leben‹. Doch manchmal erlebe ich die ganze Welt wie ein riesiges Herz. Sein Schlagen geht durch alles hindurch. Mein Herz und das Herz der Welt sind eins. Wenn ich das spüre, bin ich glücklich. Aber das ist nicht immer so. Manchmal habe ich Angst um dieses Herz.« Die Befürchtung, dieses große ›Welt-Herz‹ könnte zu schlagen aufhören, läßt sich nicht mehr nur auf das Konto jugendlicher Übersensibilität mit ihrem Weltschmerz und ihrem Pendeln zwischen Überschwang und Pessimismus buchen. So, wie die Selbstsuche bis an die

Schmerzgrenze geht, wird auch die gesellschaftliche Realität unerbittlich und mit ideellem Eifer ergründet.

Wenn wir an dieser Stelle die Gesellschaft wiederum als Körper verstehen, ›körpern‹ auch Jugendliche in ihm mit. Dies bedeutet, daß sie einerseits an seinen Mustern teilhaben und andererseits jene Aspekte vertreten, die von ihm in den Hintergrund gedrängt werden und dennoch Ausdruck finden wollen. Immer wieder kommt mir jedoch aus Gesprächen und Texten – trotz aller Kritik – die Hoffnung und Liebe für diese Welt und das Leben – wie etwa im folgenden Text – entgegen: »…. Die Welt ist (…) für mich ein großes Wunder und von mir selbst noch unerforscht. Ich möchte gerne viel von dieser Welt sehen und kennen lernen. Aber ich habe Angst, sehr viel Unrecht, Durcheinander, Not zu sehen, das nicht zu ›meiner‹ Welt gehört. Ich wünschte, daß möglichst alles schön, gerecht, unberührt ist. Ich fliehe oft auch vor der Hetze und den vielen Menschen in den Wald, die Natur hinaus. Ich schließe die Augen vor Unrat, den ich nicht sehen will, und trotzdem werfe auch ich sehr viel weg. Ich habe Angst, daß die Erde einmal total ausgebeutet und verdreckt ist. Und dennoch möchte ich möglichst viele Kinder haben, obwohl sie vielleicht einmal noch viel größere Problem haben…«

Jugendliche möchten in Zu-neigung leben. Sie tun es, wenn keine andern Angebote mehr bleiben, in einer künstlichen Transzendenz. Hier hat die Erwachsenenwelt eine Aufgabe: Nur wenn lebendige und er-füllende Möglichkeiten, das Leben zu gestalten und auf einen Sinn hin auszurichten, bestehen, werden Jugendliche überhaupt fähig, Gemeinschaft und Transzendenz von Ideologie, Manipulation und Terror zu unterscheiden. Ebenso wichtig ist es jedoch, auch die Zerrbilder des Engagements bei Jugendlichen noch als Ausdruck einer echten Sehnsucht zu erkennen, um sie dort anzusprechen, wo sie wirklich sind und erreicht werden können.

Als Gegenpol zur Transzendenz, zur Suche nach Sinn in der überpersönlichen Dimension, steht die Verwurzelung in unserer Welt. Verwurzelung in der Welt geschieht aufgrund des eigenen Engagements für diese Welt und ihre Gestaltung. Diese Welt ist jedoch eine gemeinsame, ist die Welt *aller* Menschen. So wird das Bedürfnis nach Verwurzeltsein zur Basis von Gleichwertigkeit, von Solidarität mit den Menschen. Gerade Jugendliche lassen sich sehr leicht für den Gedanken der Solidarität gewinnen und sind bereit, sich dafür einzusetzen. Viele bleiben jedoch auf der Strecke, weil sie für ihre Eigen-art, ihre Begabungen keinen Ort in unserer technologischen Gesellschaft finden können oder ihr sozialer und familiärer Hintergrund keine Perspektiven anbietet.[34] Sie fallen oft durch alle Maschen unseres gesellschaftlichen Systems hindurch. In der Berufswelt verflechten sich ohnehin die Frage nach Eignung, familiäre Aspekte, gesellschaftliche Notwendigkeiten und der Bezug zu einem umfassenden Sinnhorizont. Dieser Dynamik mit ihren Spannungen, Konflikten und Widersprüchen wird oft zuwenig Rechnung getragen. Nicht nur die Berufswahl, auch die Begleitung in der Zeit der Ausbildung müßte einen wichtigen Platz in unserer gesamtgesellschaftlichen Verantwortung einnehmen.

Die Sehnsucht nach Identität und nach Hingabe gehören zusammen. Damit verbunden ist das Bedürfnis nach Wirkmächtigkeit. Sinn erfahren Menschen vor allem in der Antwort der Welt auf ihre Zuwendung, in der Hingabe an das Leben und die Welt und in gestaltendem Tun in der Welt. Auseinandersetzungen stärken Jugendliche, Echolosigkeit bringt sie um die Bestätigung dessen, daß ihre Existenz sinnvoll und erwünscht ist. Die Kritik Jugendlicher ist oft radikal und kompromißlos. Sie ist es deshalb, weil junge Menschen um die Perspektive ihres Lebens kämpfen, die sie nicht allein aus sich selbst, sondern nur in der Auseinandersetzung mit den anderen Menschen, den Gleichaltrigen und den Erwachsenen, finden können.

Jugendliche sind nicht zuletzt ›Grenzgänger‹ in unserer Gesellschaft,[35] denn »jedes der sozialen Systeme hält das, was es selbst vertritt und die Art wie es dies vertritt, für richtig und wichtig.«[36] Kinder und Jugendliche haben es schwer, »die unterschiedlichen Einstellungen, Erwartungen und Werthaltungen in sich selber zusammenzubringen.«[37] Dennoch ist dieser Konflikt auch eine Chance. »Wer verschiedene soziale Systeme kennenlernt, wer in ihnen die jeweilige Einseitigkeit ebenso erkennt wie die Widersprüche, der erhält auch die Möglichkeit des Überblicks. Er kann Machtansprüche als Begrenztheit erkennen. Gerade junge Menschen haben dadurch die Möglichkeit, den Anspruch jedes Totalitarismus und Autoritarismus, der sich für das alleinige und zeitlos gültige System hält, als Täuschung zu erkennen, sowohl als Selbsttäuschung wie als Vorspiegelung anderen gegenüber.«[38] Sind wir jedoch als Erwachsene und Elterngeneration bereit, aus dem Grenzgängertum unserer Jugendlichen zu lernen, indem wir aus ihren Antworten auf unsere Gesellschaft unsere Ver-antwortung für die Jugend und die Perspektive, die wir ihr – und uns – bieten, neu formen? Nehmen wir diese In-Frage-Stellung auf, kann vielleicht in Zukunft ein fruchtbarer Generationendialog Gestalt gewinnen.

18. Abschluß: Der Generationen-Dialog im Lebenskontinuum

Im Laufe unseres Lebens wandelt sich der Dialog mit den durchlebten und einverleibten Lebensphasen, die mehr und mehr auch einverleibte Generationen sind. Thematik, Qualität und Intensität werden andere. In Wendezeiten und Krisen vertieft sich dieser Dialog und ermöglicht den Kontakt mit bisher verborgenen und vergessenen Schichten des eigenen Selbst. Dieser Dialog, der uns von einer Lebensphase zur nächsten führt, ist ein ganzheitlich-leibhafter: Die erwachsene geschlechtliche Gestalt zu finden, eine innere Welt zu bilden und anderen mit-teilen zu können, ist ein formbildender Prozeß, der alle Schichten der eigenen Person mit einbezieht. Diese erwachsene Gestalt allmählich zu er-füllen und in der Lebensmitte neu zu ordnen, folgt als weitere Aufgabe in der Gestaltung des Lebenskontinuums. Sie wiederum führt hinüber in die Perspektive des Älterwerdens und der Reife, in der Gelebtes integriert und zu einer neuen Form verdichtet werden kann, bis wir im Alter – oder wann immer wir sterben – unsere Gestalt wieder loslassen. Es ist ein individueller Weg, in dem wir unser Lebenskontinuum ausformen. Und doch ist er einbezogen in die Auseinandersetzung mit den vielfältigen Formen gemeinschaftlichen und gesellschaftlichen Lebens, an dem wir teilhaben, und das wir mitverkörpern.

Das von den Eltern gelebte Kontinuum ist auf vielfältige Weise im ›Gespräch‹ mit der Entfaltung und dem Erwachsenwerden der Kinder wie meist auch mit dem Altwerden und Sterben der eigenen Eltern. Diesen wendezeitlichen und generationenübergreifenden Dialog möchte ich zum Abschluß nochmals in den Vordergrund bringen.

Jede Geburt eines Kindes ist eine Wendezeit für die Eltern, wie es auch das Weggehen der Kinder in der Ablösungsphase ist. Mit der Geburt beginnt die formative Aufgabe der Eltern, mit dem Erwachsenwerden der Kinder endet sie. Die Familienphase dauert mindestens eine Generation, oft auch länger. Das ist ein gewichtiger Ausschnitt aus dem Leben von Frau und Mann. Während dieser Phase gibt es ein spezifisches Erleben von Zeit, das mit der kindlichen Entwicklung zusammenhängt. Für ein neugeborenes Kind ist der Augenblick alles – eine Ewigkeit. Es gibt nichts anderes als diese eine Gegenwart. Ein hungriges Baby etwa ist der Hunger selbst. Sein Organismus hat keine

Möglichkeit, die auftauchenden Gefühle zu halten und auf eine Perspektive zu beziehen. Eltern – vor allem Mütter – tauchen mit in das Zeiterleben ihres Babys ein. Die erste Zeit dauert nach der Aussage vieler Frauen so lange ›wie ein einziger unendlicher Tag‹. Deshalb nehmen Eltern, insbesondere Mütter, das Vergehen der Zeit und ihr eigenes Älterwerden oft über Jahre hin nicht wahr.

Wenn Eltern aus diesem Eintauchen in das kindliche Zeiterleben erwachen, beginnen sie oft, ihr eigenes Älterwerden am Wachstum der Kinder deutlich abzulesen und unabweisbar zu erfahren. So entsteht immer wieder ein Dialog zwischen den verschiedenen inneren Ebenen und nach außen im Kontakt mit den eigenen Kindern. Dahinter steht das sich grundsätzlich verändernde Zeitempfinden, das meine Kollegin Elisabeth Schlumpf an ihrem sechzigsten Geburtstag so ausgedrückt hat: »Als ich ein Kind war, da war der Sommer ganz lang und heiß, der Winter ganz lang und kalt, und die Zeit vom ersten Advent bis Weihnachten dauerte eine Ewigkeit… Jetzt ist es anders. Ein Jahr ist wie das Umblättern einer Buchseite…«

Wenn das erwachsene Zeiterleben wieder in den Vordergrund tritt, entsteht ein anderer Dialog. Ich erinnere mich an eine Akrobatikaufführung meiner Tochter in diesem Frühjahr. Sie war gerade zehn Jahre alt geworden. Mit den anderen Mädchen tanzte sie in einem langen Kleid und mit einem Fächer einen Cancan. Ich sah das Mädchen, dessen kindliche Bedürfnisse und Nöte mir vertraut sind. Doch war es auch wieder nicht dieses Mädchen. Ich sah eine junge Frau vor mir. Sie tanzte und lächelte, bewegte sich leicht und anmutig, und in diesem einen Augenblick geschah so vieles gleichzeitig. Ich sah, daß meine Tochter nicht nur das Mädchen war, das ich kannte. Ich sah sie plötzlich auch von außen, sah sie in ihrer Welt, die sie nicht mit mir teilte. Ich lernte meine Tochter anders kennen und wußte, daß ich diese Dimension nicht mehr vergessen konnte, daß sie unsere Beziehung einmal mitgestalten würde. Ich begriff auch, daß ich von meiner eigenen Mutter nie so wahrgenommen worden war. Für sie hatte die Zeit in der Beziehung zu mir stillgestanden, als ich ungefähr acht oder neun Jahre alt war. Für die Länge eines Tanzes kam Mirjams zukünftige Gestalt zum Vorschein. Ich sah auch, wie schön meine Tochter war, freute mich und spürte nochmals meine eigene schmerzliche Geschichte. Und in dieser kurzen Zeitspanne, als ich dasaß und schaute, begriff ich auch, wie kurz die Kinderzeit meiner Tochter noch sein würde… So überkreuzten und verschränkten sich verschiedene Zeitebenen und Erfahrungen in einem inneren Babuschka-Dialog beinahe gleichzeitig und wurden zum Kristallisationspunkt eines neuen Bewußtseins im Hinblick auf meine Tochter, auf mich als Mutter, als Frau und als Tochter meiner Mutter.

Das Erwachsenwerden der eigenen Kinder bedeutet nochmals eine Zeit-Wende, die mit dem Ende der formativen Aufgabe zusammen-hängt. »Als meine Kinder wegzugehen begannen«, sagte eine fünfzig-jährige Frau, »da fühlte ich mich plötzlich einfach alt. Bisher war ich eigentlich immer aktiv, beweglich und körperlich fit gewesen. Und jetzt hatte ich ständig irgendwelche Beschwerden. Da realisierte ich, daß meine eigene Mutter mir diese Perspektive vermittelt hatte: »Wenn die Kinder groß sind, ist dein Leben vorbei. Der Rest ist nur noch Warten – Warten auf das Sterben.« Das andere war, daß ich mich nie um mein eigenes Älterwerden gekümmert hatte. Ich lebte ständig das Leben einer jüngeren Frau – spürte meine körperlichen Grenzen nicht, nahm das beginnende Klimakterium kaum wahr. Als ich gelernt hatte, mich von der Perspektive meiner Mutter zu trennen, wurde mir bewußt, daß ich erst jetzt mein Älterwerden wahrzunehmen, mich mit Vergäng-lichkeit, Begrenzung auseinanderzusetzen begann. Ich hatte meine eigene Entwicklung nie als solche erlebt, sondern nur in Beziehung zu den Kindern. Und jetzt bin ich auf mich selbst zurückverwiesen. Ich fühle mich nicht mehr alt wie in der ersten Krisenzeit, aber ich bin in ein anderes Lebensalter eingetreten.«

In unserer Kultur gibt es wenig Menschen, die vor oder beim Beginn ins Erwachsenenalter Kinder bekommen. Der Dialog zwischen ganz jungen Eltern und ihrem Kind kann sehr unterschiedlich sein. Die Erfüllung der eigenen erwachsenen Gestalt als persönliche Aufgabe und die Gestaltung der Familie fallen hier zusammen. Die Besinnungs-zeit der Lebensmitte hingegen ist identisch mit dem Erwachsenwerden der Kinder. Von jugendlichen Kindern her gesehen liegt das ganze Erwachsenenleben als ein noch Unbekanntes, nach Gestaltung Verlan-gendes in einer weiten und offenen Zukunftsperspektive, deren Be-grenzung durch das eigene Sosein und die mitgebrachte Geschichte noch nicht sichtbar sind. Die Eltern hingegen blicken bereits auf eine gelebte erwachsene Generation zurück, die sie auffordert, Bilanz zu ziehen und die bisher nicht eingelösten Themen ihrer Existenz aufzu-greifen und zu formen. Gerade für Frauen lockert sich das starke Eingebundensein in den familiären und gesellschaftlichen Rahmen. Die Fragen »Wer bin *ich*?« und »Was will ich eigentlich?« bekommen eine neue Bedeutung. Eine gewichtige Lebensaufgabe ist erfüllt. Die Sehnsucht nach einem persönlichen Leben wird oft größer, und das Formen eines solchen persönlichen Lebens wird für viele Frauen erst jetzt möglich. »Zuerst war ich die Tochter meiner Eltern. Und das war eine genau umrissene Lebensform. Dann war ich die Frau meines Mannes und Mutter meiner Kinder. Auch das war klar. Und jetzt bin ich Doris. Aber diese Doris muß ich erst erfinden. Es gibt sie streng genommen noch gar nicht.« Das sind die Worte einer vierzigjährigen Frau, die eben begann, für sich ein neues Leben zu entwerfen.

In unserer Gesellschaft ist es üblich geworden, daß nicht nur Männer, sondern auch Frauen eine Ausbildung abschließen, bevor sie eine feste Partnerschaft eingehen und eine Familie gründen. Wenn Paare in ihren Zwanziger- oder frühen Dreißigerjahren Kinder bekommen, sind sie mitten im Prozeß, ihre erwachsene Form zu füllen und zu festigen und berühren, wenn die Kinder größer werden oder in die Pubertät kommen, auch die Fragestellungen der Lebensmitte, während deren Adoleszenz mit dem Älterwerden und dem beginnenden Reifeprozeß der Eltern zusammenfällt. »Ich beginne auch körperlich zu spüren, daß ich älter werde und mit dem beginnenden Klimakterium auf meine Grenzen stoße. Der Drang, nach außen zu gehen und derjenige, nach innen zu schauen und sorgfältig mit mir zu sein, stehen manchmal im Widerspruch zueinander. Es ist ganz anders, als ich es mir vorgestellt habe«, sagte eine achtundvierzigjährige Frau mit jugendlichen Kindern.

Die Berufsfragen von Vätern stehen weniger im Zusammenhang mit der Entwicklung und Ablösung ihrer Kinder als diejenigen der Mütter. Doch auch für sie geht es darum, in der Rückschau auf das eigene Leben Bilanz zu ziehen und end-gültige Perspektiven zu bilden, in denen wichtige Lebens-Themen aufgenommen werden. Und im Reifeprozeß, der sich mit dem Älterwerden verbindet, will die Integration der eigenen Gestalt vollzogen werden. Es mag spannend und oft auch schmerzlich sein, die Jugend der eigenen Kinder mitzuerleben und selbst auf die sich verändernde Körperlichkeit verwiesen zu sein, statt Erweiterung der Lebensperspektive deren Vertiefung zu leben, die sich phasenweise auch als Verengung anfühlen mag.

Nicht nur Männer, sondern auch viele Frauen von heute entschließen sich erst gegen Ende Dreißig, mit vierzig oder später, noch ein oder zwei Kinder zu bekommen – vor allem nach langen Jahren der Berufstätigkeit, vielleicht in einer neuen Partnerschaft. Sie sind meist in ihrem Beruf etabliert, wissen, was ein volles Berufsleben zu bieten hat, was es nicht zu geben vermag und welche Ebenen des Lebens es nicht einfordert. Meist werden Schwangerschaft und Geburt sehr bewußt gestaltet, Mutter – und Vater – zu werden erscheint als eine neue Lebens-Erfüllung. Es ist ein heilsamer Prozeß, sich einzugestehen, eine ganz gewöhnliche Mutter, ein gewöhnlicher Vater zu sein mit den Vorzügen und Schwächen, die die eigene Lebensphase mit sich bringt. Ältere Paare haben ihre erwachsene Gestalt ausgebildet, Kinder entstehen oft gerade aufgrund der Lebensbilanz. Die Kindheit der Kinder geht einher mit dem eigenen Älterwerden, mit größerer Bewußtheit und dem persönlichen Reifeprozeß, die Adoleszenz mit dem Übergang zum Alter… Es ist oft nicht leicht, die beiden Identitäten einer ›Kind-Mutter‹ und einer älter werdenden, sich auf die Wechseljahre hin bewegenden Frau – oder eines älter werdenden Mannes – miteinander zu verbinden. Die Gefahr, alle Erschöpfung und Ungeduld auf das Alter zu schieben, liegt nahe. Auch die Lebensperspektive ist eine andere, wenn das Erwachsenwerden der eigenen Kinder in die Zeit des Altwerdens fällt. Vieles läßt sich nicht mehr auf ›später‹ verschieben, und einiges, was jetzt nicht gelebt werden kann, nimmt die Qualität eines endgültigen Verzichtes an… »Mir wurde plötzlich bewußt, daß ich einundsechzig Jahre alt werde, bis meine jüngere Tochter zwanzig ist. Das hat mich zunächst erschreckt. Für vieles wird es dann einfach zu spät sein. Ich weiß jetzt auch, was für mich unwesentlich ist, was ich fallenlassen kann. Ich spüre auch deutlicher, was *ich*, so wie ich bin, meinen Kindern zu geben habe und was eben nicht. Ich bin nicht eine ›gute Mutter‹, sondern ich selbst. Dadurch, daß ich meine Grenzen und Möglichkeiten klarer wahrnehme, bin ich ruhiger und sicherer geworden.« So können Eltern vielleicht eine Form finden, um beide Identitäten in sich zu vereinigen.

Eine Übersicht mag schematisch die verschiedenen Wendezeit-Beziehungen zeigen:

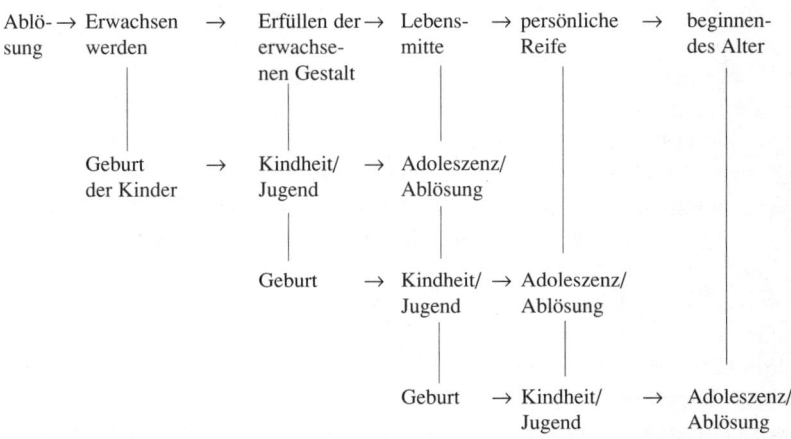

Ablö-→	Erwachsen →	Erfüllen der →	Lebens- →	persönliche →	beginnen-
sung	werden	erwachse-	mitte	Reife	des Alter
		nen Gestalt			
	Geburt →	Kindheit/ →	Adoleszenz/		
	der Kinder	Jugend	Ablösung		
		Geburt →	Kindheit/ →	Adoleszenz/	
			Jugend	Ablösung	
			Geburt →	Kindheit/ →	Adoleszenz/
				Jugend	Ablösung

In Wirklichkeit sind die Wendezeit-Dialoge meist noch viel komplexer. Für viele Eltern ergibt sich ein ebenso spannender wie manchmal auch schmerzlicher Dialog zwischen den jungen Eltern, die sie einmal mit den ersten Kindern waren und den späteren, vielleicht gar späten Eltern, die sie wurden. Die meisten realisieren selbst, wie verschieden sie als Eltern mit den einzelnen Kindern entsprechend ihrem Wachstumsprozeß waren und wie die früheren Erfahrungen auch späteres Elternsein mit beeinflussen. Vielleicht wird auch deutlich, daß die Entwicklung der Kinder selbst oder ein anderer Partner, eine andere Partnerin in einem neue Qualitäten in den Vordergrund kommen und andere verschwinden läßt.

Wenn Eltern ungefähr dasselbe Alter haben, gehen sie gemeinsam durch ihre Wendezeiten hindurch, doch sind diese für Mann und Frau unterschiedlich und werden oft auch nicht gleichzeitig wichtig. So entsteht ein je eigener Dialog als Mutter oder Vater mit den Kindern, der wiederum von deren Geschlecht abhängig ist. Häufig gibt es zwischen Frau und Mann einen Altersunterschied, vielleicht gehören sie gar einer anderen Generation an. Dann entsteht immer wieder ein Wendezeiten-Dialog zwischen beiden, der seine eigene Sorgfalt braucht. Dazu sagte eine fünfzigjährige Frau: »Mein Mann ist fünfzehn Jahre älter als ich. Als wir uns entschlossen, Kinder zu haben, war ich dreißig. Acht Jahre später begann mein Mann immer häufiger vom Älterwerden zu sprechen, vom Nachlassen seiner Kräfte, von allem, was er noch tun wollte in seinem Leben. Ich erschrak darüber und wehrte alles ab. Etwas in mir bäumte sich auf: ›Ich will leben, fühle mich noch frisch und will die Jahre meines Jungseins genießen.‹ Daß ich bald vierzig sein würde, konnte ich kaum fassen. Er aber sagte zu mir: ›Ich lasse mir meine Themen nicht wegnehmen!‹ Das war gut so, aber begleitet habe ich ihn in seinem Prozeß nicht. Erst sieben Jahre später, als unsere Kinder Jugendliche waren, kamen bei mir Fragen in den Blick, die ich von meinem Mann kannte. Das brachte uns einander wieder näher, und er unterstützte mich in der folgenden Krisenzeit, machte mir Mut auf dem Hintergrund seiner eigenen Erfahrungen. Jetzt steht mein Mann vor der Pensionierung, setzt sich mit dem Altwerden auseinander, während ich mit dem Beginn des Klimateriums konfrontiert bin. Unterdessen haben wir gelernt, mit unserer unterschiedlichen ›Uhr‹ zu leben, Gemeinsamkeiten herauszuarbeiten, einander zu helfen und die Erlebensweise des anderen zu respektieren. Heute bin ich es, die zuversichtlicher ist. Ich kann etwas geben, was ich früher verweigert habe. Und mit unseren Kindern können wir gut über die Verunsicherungen und Perspektiven sprechen, die jeder Umbruch mit sich bringt.« – Dies ist *eine* Möglichkeit unter vielen, mit den unterschiedlichen Themen von Übergängen zurechtzukommen.

Wenn Kinder erwachsen werden und ein eigenes, unabhängiges Leben zu gestalten beginnen, gilt es zunächst, die bisherige Identität als Eltern aufzulösen und eine neue zu bilden, unabhängig von den Kindern, und gleichzeitig darum, eine neue Beziehung zu den erwachsenen Kindern zu finden. Die eigenen Kinder gehen Partnerschaften ein, bekommen vielleicht selber Kinder. Schmerzhaft wird oft deutlich, welche Probleme sie aus ihrer Kindheit und Jugend mittragen; oder sie durchkreuzen unsere eigenen Hoffnungen und Wünsche in bezug auf sie, und die Enttäuschung für uns Eltern ist sehr heftig. Andererseits äußerte ein Vater: »Es ist seltsam, durch das Leben meines Sohnes habe ich für mich selber neue Werte gefunden und mich mit meiner eigenen Geschichte versöhnt.« Das Erwachsensein der Kinder bietet die Chance, einander neu zu erleben, anders zu sehen. Das kann innere Versöhnung bedeuten, die neue Beziehungsmöglichkeiten eröffnet. Es gibt auch Kraft, die elterliche Aufgabe erfüllt zu haben. Der Rückblick auf die Familienzeit bringt nicht nur Versäumtes, sondern auch Nährendes in den Vordergrund. Wenn es Eltern gelingt, das ganze Spektrum des Erlebten wahrzuhaben, kann die Erinnerung als ein gelebter Reichtum integriert werden, und als Boden für eine neue Identität dienen. Eine sechzigjährige Frau erzählte mir mit leuchtendem Gesicht von den Geburts- und Muttererfahrungen mit ihren vier Kindern: »Es war ein solches Glück! Jedesmal, wenn ich daran denke, wird mir ganz warm. Ich bin froh, wenn ich das ausdrücken kann. Die meisten Frauen meiner Generation verstehen mich nicht. Aber ich will mir diese Freude nicht nehmen lassen. Sie begleitet mich. Sie ist ein Schatz, den ich mit mir trage. Ich habe dann ein Gefühl des Erfülltseins, ohne daß meine jetzige Lebensphase damit an Wert verliert.« Oft gilt es auch, mit Verpaßtem zu leben und es anzunehmen. Den Weg der eigenen Kinder zu akzeptieren, wie er auch sein möge und die Versöhnung mit der eigenen Vorläufigkeit zu vollziehen, bleibt wohl die letzte Aufgabe von Mutter- und Vatersein. Die eigene Begrenzung den Kindern gegenüber zugeben zu können, ist auch ein kostbares Geschenk an sie, nicht zuletzt auch an sie als Eltern der nächsten Generation.

Im Annehmen der eigenen Unzulänglichkeit wird der Blick frei für das, was stimmig war. Und zuletzt bleibt auch die Erkenntnis, daß wir als Eltern wohl vieles mitgestaltet haben und doch das Leben unserer Kinder nicht in der Hand hatten – und haben. Hier ist auch Raum für Dankbarkeit für das, was sich in der nächsten Generation formt. Was eigenes Zutun war, läßt sich nicht so genau ausmachen. Es ist eine Versuchung, sich dazu wieder eigene – lebensstiltypische – Geschichten zu erzählen. Vielleicht gelingt es auch, einige davon zu erkennen, zu hinterfragen oder aufzulösen. Wir gestalten den formbildenden Prozeß unserer Kinder mit, aber wir haben keine Macht über ihn.

Wenn Eltern ihre formative Aufgabe hinter sich lassen, treten sie auf eine andere Weise ins zweite Glied als bei der Geburt ihrer Kinder: die nächste Generation hat ihre eigene Lebensgestaltung in Angriff genommen, und die Eltern erhalten die Bedeutung einer Hintergrund-Präsenz, die sich deutlich oder vielleicht kaum wahrnehmbar in gelebten Beziehungen ausdrückt. Eine neue Perspektive ist es, Großeltern zu werden, das Generationenkontinuum weitergehen zu sehen. Jetzt treten die ehemaligen Eltern ins dritte Glied. Dies läßt einen ganz anderen Babuschka-Dialog mit der eigenen erwachsenen und der Kindheitsgeschichte entstehen. Eine über fünfzigjährige Frau erzählte: »Meine Tochter hat eben ihr erstes Kind geboren. Sie trägt und stillt es. Ich selbst hatte zwei schwierige Geburten, konnte die Kinder nicht stillen. Und ich habe mich an alle damaligen Regeln gehalten, wider mein Gefühl. Das ist mir schmerzlich in den Sinn gekommen. Doch vor kurzem träumte ich folgendes: Ich hatte eben mein Kind geboren und hielt es noch nackt im Arm. Ich gab ihm an meiner Brust zu trinken. Es war eine wunderbare, friedliche und innige Atmosphäre. Ich erwachte und war ganz erfüllt von diesem Gefühl. Seither fühle ich mich versöhnt und trage dieses Gefühl mit mir.« Im Traum konnte diese Frau für sich eine Atmosphäre erschaffen, die ihr erlaubte, das Verpaßte in sich selber nachzuformen als ihre Wirklichkeit. Das Kind ist zudem ein Teil ihrer selbst, dem sie sich liebevoll zuwendet und ihn nährt. Mutterschaft wird zur Bemutterung der eigenen bedürftigen Aspekte in ihr.

Manche Eltern können auch mit ihren Enkelkindern Aspekte von Beziehung leben, die ihnen mit den eigenen Kindern verwehrt waren, was wiederum für Töchter und Söhne nicht immer einfach anzunehmen ist. Manchmal entstehen auch schmerzhafte Spiegelungen: die Eltern erblicken Aspekte ihres eigenen Schicksals in dem der Kinder, Töchter und Söhne sehen im Umgang ihrer Eltern mit den Enkelkindern nochmals eigene Kindheitserfahrungen gespiegelt. Manche Eltern können nur schwer zu Großeltern werden, für andere ist es eine neue Perspektive. Nicht nur nach vorn verändert sich das Generationenkontinuum. Viele Eltern, die Großeltern werden oder mindestens erwachsene Kinder haben, begleiten gleichzeitig auch die eigenen alten Eltern und werden auch von dieser Seite des nicht Eingelösten und Verpaßten inne. Nochmals kann ein anderer Dialog beginnen, der unerwartete

Begegnungen, Erfahrungen, schmerzliche Grenzen und auch Versöhnendes bringen mag. Vielleicht geht es darum, die eigenen Eltern zu beeltern und eine Art ›Gegenspiegelung‹ zu erleben oder mit den schon Verstorbenen in ein neues inneres Gespräch zu kommen.

Es zeigt sich schließlich im Blick auf all die vielfältigen Beziehungen das Lebenskontinuum mit seinen Wandlungen, mit Brüchen und Unvollendetem, vielleicht auch mit der Zuversicht, daß die nächste Generation fähig sein wird, einen weiteren Schritt zu tun. Das Generationenkontinuum tritt als persönliches und überpersönliches allmählich hervor und läßt in den vielfachen Spiegelungen Verstrickungen und Trennendes sowie Gemeinsames und Verbindendes sichtbar werden. In diesem Spiegel erscheint so die eigene Lebens-Babuschka und bietet nochmals die Chance zu einer sich vertiefenden Integration des Mitgebrachten und durch die eigene Geschichte Gestaltgewordenen.

Die Babuschka des Lebens- und Generationenkontinuums

Vorbemerkung zu den Anmerkungen und zum Literaturverzeichnis

Im vorliegenden Buch habe ich die Literaturhinweise in den Anmerkungen auf die unmittelbarsten Bezüge zu meinen eigenen Gedankengängen beschränkt. Im Literaturverzeichnis hingegen sind all jene Titel angegeben, denen ich in irgendeiner Weise Anregungen zu meinem Thema verdanke. Die wichtigsten Einflüsse auf mein Verständnis der Eltern-Kind-Beziehung möchte ich hier kurz nennen: An erster Stelle stehen das ganzheitlich-organismische Modell Stanley Kelemans und das Lebensstilkonzept Alfred Adlers. Bedeutsam war für mich weiter Erik H. Eriksons Entwurf einer Auffassung von Identität, die als eine sich innerhalb des Lebenskontinuums ständig wandelnde verstanden wird. Heinz Stefan Herzkas dialogisches Entwicklungsmodell bildet einen weiteren Hintergrund dieser Arbeit. Schließlich sind Aspekte der systemischen Familientherapie in meine Darstellung eingeflossen. Wenn auch die Reflexionen zur Geschlechterdifferenz in dieser Arbeit weniger im Zentrum stehen als in den vorangegangenen, bilden sie dennoch einen wichtigen Verständnishorizont für sie. Die entsprechenden Publikationen sind im Literaturverzeichnis angeführt. Dazu kommen die philosophischen, soziologischen und gesellschaftskritischen Werke sowie die Untersuchungen zu den einzelnen Kindheitsphasen, die in den Umkreis dieses Buches gehören. Diejenigen Aspekte, die Bestandteil des vorliegenden Themas sind, die ich jedoch in meinen letzten Büchern (1986, 1989, 1991) ausführlich behandelt habe, sind nur andeutungsweise angesprochen. In den Anmerkungen habe ich auf die entsprechenden Stellen verwiesen.

Anmerkungen

Kapitel 1

1) Die Bedeutung von »Drin-Sein« als einer verkörperten Seinsweise hat Stanley Keleman entwickelt; in seinen Traumworkshops hat er mit ihr gearbeitet. Zu den Erfahrungen, »inmitten« zu sein, vgl. Kummer 1989, S. 212 ff.
2) Die Frage nach dem »Wie« des Drin-Seins entspricht dem Konzept von Keleman.

Kapitel 2

1) Stanley Kelemans Arbeit hat mir die Möglichkeit gegeben, in Erscheinung tretende Schichten des Selbst, die mit unserer Biografie verbunden sind, als leibhafte, als ver-körperte zu verstehen.
2) Kelemans Arbeit hat mir die Möglichkeit eröffnet, nicht nur die in Erscheinung tretenden Schichten des Selbst als leibhafte zu verstehen, sondern mit ihnen aufgrund seiner formativen Methode zu arbeiten (vgl. dazu Keleman 1987).
3) Die Metamorphose der Pflanzen, V 9/10.
4) Ebd., V 70.
5) Zit. nach Ansbacher 1982[3], S. 178.
6) Vgl. dazu den Artikel im »Wörterbuch der Individualpsychologie«, S. 52 ff. und den Begriff »Selbstbewegung« bei Heisterkamp 1991.
7) Kelemans Werke passim, vor allem 1987.
8) Es handelt sich um ein Konzept, mit dem Keleman in seinen Seminaren arbeitet, jedoch bisher noch nicht veröffentlicht hat.
9) Vgl. Kapitel 12, S. 239 ff. in diesem Buch.

Kapitel 3

1) Vgl. die von Watzlawick ausgehende »systemische Familientherapie«. Guntern: Systemtherapie. Gammer: Phasische Familientherapie. In: Schneider 1983. Walters et.al. 1991. Luthman/Kirschenbaum 1977.
2) Keleman hat ein Konzept entwickelt, das die Familie – analog der organismischen Typologie (in 1992, S. 125 ff.) als unterschiedliche »Körper« auffaßt. In seinem Zentrum in Berkley wird mit ihm gearbeitet.
3) Vgl. Boszormenyi-Nagy 1991[3].
4) Vgl. dazu: McGoldrick/Gerson 1990 und Nerin 1992.

Kapitel 4

1) Vgl. Keleman 1990.
2) Vgl. zum ganzen Kapitel 4 auch das entsprechende Kapitel 2 (S. 83 ff.) in Kummer 1989 und die dort angegebene Literatur.
3) Vgl. zu diesem Thema auch Kummer 1991, S. 176 ff.
4) Zu den »stummen Geschichten« vgl. Kummer 1991, S. 61 ff.
5) Ebd., S. 143 ff.
6) Zu diesen neuen Entwürfen vgl. etwa die Bücher von Kitzinger, Lothrop, Gaskin.
7) Dieser Auffassung liegt das Konzept von Stanley Keleman zugrunde.
8) Zu diesen Aspekten der Hausgeburt vgl. Kitzinger 1980, Odent 1986, 1989[7].
9) Geburtskongreß »Gebären in Sicherheit und Geborgenheit« 1987. Vgl. dazu auch die veröffentlichten Tonbandaufnahmen.
10) Vgl. Kummer 1989, S. 103 ff.
11) Ebd., S. 104 f.
12) Leboyer 1986[4], S. 73-75.

Kapitel 5

1) Dazu Kummer 1989, Kapitel 2 passim und 1991, Kapitel I, S. 3-5.
2) Zur Stillbeziehung vgl. Klaus/Kennell 1983 passim, Lothrop 1987, Kitzinger 1983.
3) Vgl. Leboyer 1982.
4) Vgl. Kummer 1989, S. 107 ff.
5) 1983, S. 101 ff.; dort weitere Literatur.
6) Ebd., S. 200.
7) Bullinger 1983 und 1988, Danziger 1988, Hoffmann 1988.
8) Bullinger 1983, S. 209 f.
9) Vgl. Hollstein 1989[2].
10) Vgl. Bullinger 1986.
11) Vgl. dazu die Literatur zur systemischen Familientherapie in Anmerkung 1 zu Kapitel 3.
12) Goethe, Faust I, V. 3588-3601.
13) Aus:»D' Zäller Wienacht'«, ein Singspiel von Paul Burkhard.
14) Vgl. Kummer 1989, S. 221 ff.
15) Aitmatov 1992.

Kapitel 6

1) Vgl. Willi 1992[3].
2) Dieser Aspekt kommt etwa in Martin Bubers Schriften zum Ausdruck. Er spricht vom »Mysterium der Person«.
3) Vgl. Kapitel 3 in diesem Buch.
4) Alfred Adler war der erste, der sich eingehend mit der »Familienkonstellation« und mit der Geschwisterreihe befaßt hat. Vgl. Ansbacher 1982[3], S. 344 ff.;, Toman 1987[4].

5) Alfred Adler hat sich sehr eingehend mit Behinderung (»Organminderwertig-keit«) auseinandergesetzt. Vgl. Brunner/Kausen/Titze 1985, S. 321 ff.
6) Vgl. Kübler-Ross 1983, 1984; Kast 1982; Kummer 1989, S. 212 f.

Kapitel 7

1) Vgl. Beck-Gernsheim 1985b, S. 48 ff.
2) Der Titel des Buches von Elisabeth Beck-Gernsheim lautet zutreffend »Das halbierte Leben«. Von ihr habe ich den Ausdruck übernommen.
3) Vgl. auch Willi 1992, passim.
4) Zum Thema der Mütter zwischen Familie und Beruf vgl. Beck-Gernsheim 1985(b), Cadalbert-Schmid 1993[4], Becker 1992.
5) Christina Thürmer-Rohr hat den Begriff der »Mittäterschaft« von Frauen in unserer westlichen Gesellschaft geprägt, vgl. 1992[6], S. 38 ff.
6) Vgl. Beck-Gernsheim 1985, passim.
7) Goldhor-Lerner 1990.
8) Kummer 1989, S. 260.
9) Bullinger 1983, S. 243.

Kapitel 8

1) Vgl. Klaus/Kennell 1983 und Heisterkamp 1991.
2) Vgl. Kummer 1991, S. 213 ff.
3) Vgl. Kummer 1991, S. 215 ff.
4) Stanley Keleman, unveröffentlichter Text.
5) Das Konzept, Erziehung als formativen Prozeß zu verstehen, stammt von Stanley Keleman, der es – übertragen auf die therapeutische Beziehung – in »Der körperliche Dialog in der therapeutischen Beziehung« 1990 als aufein-anderfolgende Beziehungsmodi dargestellt hat, vgl. dort S. 24 ff., Übersichts-darstellung S. 29.
6) Zur Bedeutung der erwachsenen Ebene vgl. Keleman 1990, S. 37 ff. (dort in bezug auf Therapie).
7) Vgl. dazu das Modell der Transaktionsanalyse, etwa Rogoll 1978[5], S. 97 ff.
8) Vgl. auch Keleman 1990, S. 153 ff.

Kapitel 9

1) Vgl. auch Kummer 1991, S. 215 ff.
2) Ebd., S. 133 ff.
3) Keleman 1992, S. 30.
4) Ebd., S. 33.
5) Ebd., S. 30.
6) Ebd., S. 30.

7) Ebd., S. 31.
8) Vgl. Lowen 1987[5], S. 48 ff.
9) Vgl. Brazelton 1989[9], Hilsberg 1985, Austermann/Wohlleben 1992[6], Montagu 1992[7].

Kapitel 10

1) Vgl. Mahler/Pine/Bergmann 1989, Kaplan 1986 und Keleman 1992, S. 36.
2) In 1992, S. 30 ff.
3) Ebd., S. 36.
4) Ebd., S. 36.
5) Vgl. Prekop 1991[4].
6) Brunner/Kausen/Titze 1985, S. 271 ff.
7) Schon Alfred Adler hat die Beziehung zwischen gesellschaftlicher Wertung und entsprechenden Lebensstilmustern bei Mädchen und Buben herausgestellt. Vgl. Adler 1992[26], S. 115 ff.
8) Vgl. Kummer 1989, S. 136 f.
9) Vgl. zu diesem Thema etwa Eichenbaum/Orbach 1984, Chodorow 1986[2].
10) Dazu auch Kummer 1991, S. 258 ff.
11) Ebd., S. 283 f.
12) Ebd., S. 244 ff.

Kapitel 11

1) Zu diesem Thema vgl. Brazelton 1989[9], Hilsberg 1985, Montagu 1992[7], Kummer 1989, S. 127 ff.
2) Zur Entwicklung des Körperselbst vgl. etwa Spitz 1960.
3) Keleman 1992, Darstellung S. 29.
4) Ebd., S. 37.
5) Vgl. Kummer 1991, S. 197 ff.
6) Ebd., Kapitel 3-5, passim.
7) Das Thema des »Objektwechsels« steht im Zentrum psychoanalytischer Forschungen. Vgl. Chodorow 1986[2].
8) Dazu auch Kummer 1989, S. 140 ff.; 1991, S. 226 ff. und Eichenbaum/Orbach 1984.
9) Vgl. Kummer 1991, S. 197 ff. und die dort angegebene Literatur sowie Enders 1990.
10) Wirtz 1990[2].
11) Vgl. Kummer 1991, S. 197 ff.
12) Vgl. Wirtz 1990[2].
13) Ich beziehe mich hier auf einen Kongreß mit Cloé Madanes in Zürich 1993.

Kapitel 12

1) Diese Begriffe habe ich dem Modell von Erikson, »Identität und Lebenszyklus«, S. 87 ff. entnommen.
2) Vgl. Kummer 1991, S. 236 ff.
3) Ebd., S. 252 ff.
4) Ebd., S. 27 ff.
5) Ebd., S. 237 ff.
6) Vgl. Herzka 1989, S. 19 ff.
7) Vgl. Grabrucker 1990, Schnack/Neutzling 1991, Brenner/Grubauer 1991.
8) In: Ansbacher 1982[3], S. 186.
9) Zu diesen Begriffen vgl. Brunner/Kausen/Titze 1985, S. 298 f. und S. 447 f.
10) Vgl. Buber 1984, S. 287 ff.
11) Die nur schwer übersetzbare Frage lautet: »How to use yourself?«

Kapitel 13

1) Vgl. die verschiedenen Einteilungsmöglichkeiten in der tabellarischen Übersicht bei Herzka 1989, S. 52 f.
2) »Und frische Nahrung, neues Blut saug ich aus freier Welt«, Goethe, Gedichte, S. 102.
3) Keleman 1991, S. 32, Abbildung 21.
4) Dieser Grundrhythmus wurde mir durch ein Seminar von Stanley Keleman über »Giving and receiving« deutlich.
5) Diese Erkenntnis verdanke ich dem unter 4) aufgeführten Seminar.
6) Die formativen Übungen zu »bitten« gehen auf eine »excercise-class« von Stanley Keleman zurück.
7) Zu diesem Thema vgl. im vorliegenden Buch Kapitel 16, S. 343 ff.
8) Zum Thema »Übergänge« vgl. Kummer 1989, passim, und 1991, S. 145 ff.
9) Liedloff 1992, S. 24 ff.
10) Herzka 1989, S. 67.
11) Vgl. Herzka 1989, S. 69 f.

Kapitel 14

1) Zu diesem Begriff vgl. Ansbacher 1982[3], S. 174 ff. und Brunner/Kausen/Titze 1985, S. 253. ff
2) Brunner/Kausen/Titze 1985, S. 52 ff.
3) Adler in Ansbacher 1982[3], S. 186 unten.
4) Keleman 1980, S. 25.
5) Brunner/Kausen/Titze 1985, S. 280.
6) Vgl. Keleman 1992, S. 36.
7) 1992, S. 82 ff. und S. 96, Abbildung 68.
8) Vgl. Kummer 1991, S. 237.

9) Vgl. Kummer 1989, S. 129 ff. und S. 228 ff.
10) Erikson 1976.
11) Vgl. Keleman 1991, S. 125 ff.
12) Bezieht sich auf das Buch »Sind Mütter denn an allem schuld?« von Cadalbert-Schmid 1993[4].
13) Erikson 1976, S. 98 ff.
14) Herzka 1989, S. 110 ff.

Kapitel 15

1) Vgl. Herzka 1989, S. 110 ff.
2) Vgl. dazu Adler 1991[6].
3) Dies ist eine spezielle formative Übung von Stanley Keleman.

Kapitel 16

1) Vgl. dazu Herzka 1989, 114 ff. und Übersicht S. 119.
2) Vgl. Brunner/Kausen/Titze, S. 285 ff. und S. 230 f.
3) Vgl. ebd., S. 230 f.
4) Vgl. Kummer 1986, S. 155 ff.
5) Vgl. bsp. Gallin/Ruf 1990.
6) Ebd., S. 22 ff.
7) Vgl. Kummer 1986, S. 176 ff.
8) Vgl. das Projekt von Galin/Ruf 1990.
9) Vor allem im Rahmen individualpsychologischer Pädagogik wurden solche Möglichkeiten schon früh eingesetzt, vgl. z.B. Spiel 1979.
10) Vor allem die TZI von Ruth Cohn hat diese Anliegen in ein pädagogisches Modell gefaßt. Vgl. Cohn 1991[10].
11) Herzka 1989, S. 96 ff.
12) Vgl. Ariès 1975.
13) Vgl. Gordon 1980.
14) Vgl. Anmerkung 7 zu Kapitel 12.
15) Titel des Buches von Schnack/Neutzling 1990.
16) In den letzten Jahren ist in feministischen Kreisen das Bewußtsein für diese Aspekte gewachsen.

Kapitel 17

1) Kummer 1986.
2) Vgl. dazu Kapitel 14 in diesem Buch.
3) Ebd., Kapitel 15 und 16.
4) Vgl. auch Kummer 1986, S. 27.
5) Vgl. ebd., S. 26.

6) Vgl. Kapitel 8 in diesem Buch.
7) Vgl. Kummer 1991, S. 145 ff.; Herzka 1989, S. 130 ff.; Erikson 1976 und 1980; Nickel 1975, Stierlin 1980.
8) Vgl. Kummer 1986, S. 41 ff.
9) Kummer 1991, S. 79 ff.; Kummer 1989, S. 146 ff.
10) Vgl. z.b. Schnack/Neutzling 1990.
11) Kummer 1991, S. 79 ff.
12) Die Typologie dieser Verbindungen stammt von Stanley Keleman 1990, vgl. Darstellung S. 29.
13) Kummer 1986, S. 44 ff.
14) Dies. im vorliegenden Buch, Kap. 15 und 16.
15) Zu den überkommenen Geschichten zur Sexualität vgl. Kummer 1991, S. 91 ff.
16) Zu diesem Thema von Inzest und Vergewaltigung vgl. Kummer 1991, S. 197 ff.
17) Kummer 1986, S. 117 ff.
18) Ebd., S. 119 ff.
19) Vgl. in diesem Buch Kapitel 10.
20) Zum analogen Prozeß im frühen Kindesalter vgl. in diesem Buch Kapitel 10, S. 189 ff.
21) Ebd., S. 239 ff.
22) Zur Identitätsverwirrung vgl. etwa Erikson, S. 137 ff.
23) Vgl. Text in Kummer 1986, S. 194 ff.
24) Keleman 1992, S. 40; vgl. auch im gleichen Buch S. 76 f.
25) Keleman »Stimmen und Visionen«, 1979, S. 176.
26) Pensées, Fragment 681-353.
27) Erikson 1970, passim. Das beigefügte Sachregister erlaubt eine entsprechende Orientierung.
28) Vgl. Stierlin 1975.
29) Vgl. Kummer 1986, S. 35.
30) Boszormenyi-Nagy 1991[3].
31) Solche Prozesse habe ich in meinem Buch von 1986 mit verschiedenen Beispielen dargestellt. Auch körpertherapeutische Ansätze lassen sich einbeziehen, vgl. dort S. 56 ff.
32) Vgl. Kummer 1986, S. 36 ff. und Kummer 1989, S. 161 ff.
33) Vgl. Erikson 1970, passim.
34) Ebd., S 166 ff.
35) Vgl. Herzka 1989, S. 154 ff.
36) Ebd., S. 155 ff.
37) Ebd., S. 156.
38) Ebd., S. 157 f.

Literatur

1. Selbständige Publikationen zur Psychologie und ihren Nachbargebieten

Adler, Alfred: Heilen und Bilden. Ein Buch der Erziehungskunst für Ärzte und Pädagogen. Mit einer Einführung von W. Metzger. Frankfurt a. M. 1973
- Individualpsychologie in der Schule. Frankfurt a.M. 1991[6]
- Kindererziehung. Frankfurt a.M. 1991[7]
- Menschenkenntnis. Frankfurt a.M. 1992[26]
- Psychotherapie und Erziehung. Frankfurt a.M. 1983
- Psychotherapie und Erziehung. Ausgewählte Aufsätze. Bd. I: 1919-1929, Bd. II: 1930-1932, Bd. III: 1933-1937. Frankfurt a.M. 1982/83
- Der Sinn des Lebens. Frankfurt a.M. 1983
- Die Technik der Individualpsychologie 2: Die Seele des schwer erziehbaren Schulkindes. Frankfurt. a.m. 1974

Aitmatov, Tschingis: Der Junge und das Meer. München 1992

Amato-Duex, Samsara: Bewußt fruchtbar sein. Fruchtbarkeitsbewußtsein, Schwangerschaft und natürliche Geburt. München 1983

Ansbacher, Heinz L.: Alfred Adlers Sexualtheorie. Frankfurt a.M. 1989

Ansbacher, Heinz L./Rowena R.: Alfred Adlers Individualpsychologie. Eine systematische Darstellung seiner Lehre in Auszügen aus seinen Schriften. München/Basel 1982[3]

Antoch, Robert: Von der Kommunikation zur Kooperation. München 1981

Ariès, Philippe: Geschichte der Kindheit. Vorwort von Hartmut Hentig. München/Wien 1975

Arnold, Peter et al.: Jugend und Gesellschaft. Wegzeichen einer Jugendpolitik. Zürich 1971

Austermann, Marianne/Wohlleben, Gesa: Zehn kleine Krabbelfinger. Spiel und Spaß mit unseren Kleinsten. München 1992[6]

Axline, Virginia M.: Kinder-Spieltherapie im nicht-direktiven Verfahren. München 1984[6]

Baake, D.: Die 6-12jährigen. Einführung in die Probleme des Kindesalters. Weinheim 1984
- Die 13-18jährigen. Einführung in die Probleme des Jugendalters. Weinheim 1985[4]

Badinter, Elisabeth: Ich bin Du – die neue Beziehung zwischen Mann und Frau oder die androgyne Revolution. München 1986
- Die Mutterliebe. Geschichte eines Gefühls vom 17. Jahrhundert bis heute. München 1992[2]

Barth, Marcella/Markus Ursula: Zärtliche Eltern. Gelebte Sexualerziehung durch Zärtlichkeit, Sinnesnahrung, Körpergefühl, Bewegung. Zürich 1984

Beck, Ulrich und Beck-Gernsheim, Elisabeth: Das ganz normale Chaos der Liebe. Frankfurt a.M. 1990

Beck-Gernsheim, Elisabeth: Vom Geburtenrückgang zur Neuen Mütterlichkeit? Über private und politische Interessen am Kind. Frankfurt a.M. 1985(a)

– Das halbierte Leben. Männerwelt Beruf, Frauenwelt Familie. Frankfurt a.M. 1985(b)

– Die Kinderfrage. Frauen zwischen Kinderwunsch und Unabhängigkeit. München 1988

Becker, Carol: Frauen leben anders. Die Zerreissprobe zwischen Familie, Beruf und Persönlichkeit bestehen. München 1992

Bepko, Claudia/Krestan, Jo-Ann: Das Superfrauen-Syndrom. Vom weiblichen Zwang, es allen recht zu machen. Frankfurt a.M. 1991

Bernstein, Anne C.: Die Patchwork-Familie. Wenn Väter oder Mütter in neuen Ehen weitere Kinder bekommen. Zürich 1990

Besems, Thijs/Van Vugt, Gerry: Wo Worte nicht reichen. Therapie mit Inzestbetroffenen. München 1990

Bettelheim, Bruno: Gespräche mit Müttern. München 1985[7]

– Ein Leben für Kinder. Erziehung in unserer Zeit. Stuttgart 1987

– Liebe allein genügt nicht. Die Erziehung emotional gestörter Kinder. München 1985

Biebrach, Christel/Reher-Juschka, Gabriele: Blutrot. Was Menstruation bedeutet. Berlin 1992

Bischof, Norbert: Das Rätsel Ödipus. Die biologischen Wurzeln des Urkonflikts von Intimität und Autonomie. München 1989

Blos, Peter: Adoleszenz. Eine psychoanalytische Interpretation. Stuttgart 1983[3]

Bollnow, Otto F.: Die pädagogische Atmosphäre. Untersuchungen über die gefühlsmäßigen zwischenmenschlichen Voraussetzungen der Erziehung. Heidelberg 1968[3]

Borg, Susan/Lasker, Judith: Glücklose Schwangerschaft. Rat und Hilfe bei Fehlgeburt, Totgeburt und Mißbildungen. Wien 1987

Borkowsky, Anna/Kästli, Elisabeth/Ley Katharina/Streckeisen, Ursula: Zwei Welten – ein Leben. Berichte und Anregungen für Frauen zwischen Familie und Beruf. Zürich 1985

Bornemann, Reiner: Schnittentbindung – welche Möglichkeiten hat die familienorientierte Geburtshilfe? Berlin 1989

Boszormenyi-Nagy, Ivan/Framo, James L. (Hrsg.): Familientherapie. Theorie und Praxis. 2 Bde. Wiesbaden 1975

Boszormenyi-Nagy, Ivan/Spark, Geraldine M.: Unsichtbare Bindungen. Die Dynamik familiärer Systeme. Stuttgart 1991[3]

Bowlby, John: Bindung – eine Analyse der Mutter-Kind-Beziehung. Frankfurt a.M. 1980

413

Brazelton, T. Berry: Babys erstes Lebensjahr. Unterschiede in der geistigen und körperlichen Entwicklung. München 1989[9]

Brenner, Gerd/Grubauer, Franz (Hrsg.): Typisch Mädchen? Typisch Junge? Persönlichkeitsentwicklung und Wandel der Geschlechterrollen. Weinheim/München 1991

Brunner, Reinhard/Kausen, Rudolf/Titze, Michael (Hrsg.): Wörterbuch der Individualpsychologie. München/Basel 1985

Buber, Martin: Das dialogische Prinzip. Heidelberg 1984 (Neuaufl.)

– Reden über Erziehung. Heidelberg 1986[7]

Bucher, Theodor: Dialogische Erziehung. Bern 1983

Bullinger, Hermann: Wenn Männer Väter werden. Schwangerschaft, Geburt und die Zeit danach im Erleben von Männern. Überlegungen, Informationen, Erfahrungen. Reinbek bei Hamburg 1983

– Wenn Paare Eltern werden. Die Beziehung zwischen Frau und Mann nach der Geburt ihres Kindes. Reinbek bei Hamburg 1988

Cadalbert-Schmid, Yolanda: Sind Mütter denn an allem schuld? München 1993[4]

Chesler, Phyllis: Mutter werden. Die Geschichte einer Verwandlung. Reinbek bei Hamburg 1980

Chodorow, Nancy: Das Erbe der Mütter. Psychoanalyse und Soziologie der Geschlechter. München 1986[2]

Clement, Ulrich: Sexualität im sozialen Wandel. Stuttgart 1986

Cohn, Ruth: Von der Psychoanalyse zur themenzentrierten Interaktion. Stuttgart 1991[10]

Cramer, Bertrand: Frühe Erwartungen. Unsichtbare Bindungen zwischen Mutter und Kind. München 1991

Damon, William: Die soziale Welt des Kindes. Frankfurt a.M. 1984

Danziger, Dennis: Die Kunst, ein guter Vater zu werden. München 1990

Dalton, Katharina: Mütter nach der Geburt. Wege aus der Depression. Stuttgart 1984

Dix, Carol: Eigentlich sollte ich glücklich sein. Hilfe und Selbsthilfe für depressive Mütter. Zürich 1987

Dodson, Fitzhugh: Väter sind die besten Mütter. Kinder brauchen ihre Väter. Düsseldorf 1985

Dizeno, Patricia: Warum ich? Jennys Geschichte. Mit 16 vergewaltigt. Wien 1987

Dolto, Françoise: Die ersten fünf Jahre. Alltagsprobleme mit Kindern. Weinheim 1986[4]

– Zwiesprache von Mutter und Kind. Die emotionale Bedeutung der Sprache. München 1988

Dreikurs, Rudolf/Soltz, Vicki: Kinder fordern uns heraus. Wie erziehen wir zeitgemäß? Stuttgart 1985[16]

Duden, Barbara: Der Frauenleib als öffentlicher Ort. Vom Mißbrauch des Begriffs Leben. Hamburg/Zürich 1991

Eichenbaum, Luise/Orbach, Susie: Feministische Psychotherapie. Auf der Suche nach einem neuen Selbstverständnis der Frau. München 1984

Enders, Ursula (Hrsg.): Zart war ich, bitter war's. Sexueller Mißbrauch an Mädchen und Jungen. Köln 1990

Erikson, Erik H.: Identität und Lebenszyklus. Wachstum und Krisen der gesunden Persönlichkeit. Ich-Entwicklung und geschichtlicher Wandel. Das Problem der Ich-Identität. Frankfurt a.M. 1976
– Jugend und Krise. Die Psychodynamik im sozialen Wandel. München 1988
– Kindheit und Gesellschaft. Stuttgart 1984[9]

Feigl, Renate/Pablé, Elisabeth (Hrsg.): Väter unser. Reflexionen von Töchtern und Söhnen. Wien 1988

Forer, Lucille K./Still, Henry: Erstes, zweites, drittes Kind … Welche Bedeutung hat die Geschwisterfolge für Kinder, Eltern und Familie? Reinbek bei Hamburg 1982

Franck, Barbara: Mütter und Söhne. Gesprächsprotokolle mit Männern. Hamburg 1981

Galey, Iris: Ich weinte nicht, als Vater starb. Bern 1988

Gallin, Peter/Ruf, Urs: Sprache und Mathematik in der Schule. Auf eigenen Wegen zur Fachkompetenz. Zürich 1990

Gardiner-Sirtl, Angelika (Hrsg.): Als Kind mißbraucht. Frauen brechen das Schweigen. München 1984

Garz, Detlef: Stufentheorien der Entwicklung von Baldwin über Kohlberg bis zur Gegenwart. München 1987

Gaskin, Ina M.: Spirituelle Hebammen. Faszinierende Geburts- Erlebnisse. München 1989

Gillis, J.R.: Geschichte der Jugend. Weinheim 1984[2]

Gloger-Tippelt, Gabriele: Schwangerschaft und erste Geburt. Psychologische Veränderungen der Eltern. Stuttgart/Berlin/Köln/Mainz 1988

Goebel, Peter: Abbruch der ungewollten Schwangerschaft. Ein Konfliktlösungsversuch? Berlin/Heidelberg 1984

Goethe, Johann Wolfgang von: Goethes Werke. Hamburger Ausgabe. Bd. 1 (Gedichte), Bd. 3 (Faust), Hamburg 1982 und 1986

Goldhor-Lerner, Harriet: Zärtliches Tempo. Wie Frauen ihre Beziehungen verändern, ohne sie zu zerstören. Zürich 1990

Goody, Jack: Die Entwicklung von Ehe und Familie in Europa. Frankfurt a.M. 1989

Gordon, Thomas: Familienkonferenz. Die Lösung von Konflikten zwischen Eltern und Kind. Reinbek bei Hamburg 1980
– Lehrer-Schüler-Konferenz. Wie man Konflikte in der Schule löst. Hamburg 1977

Grabrucker, Marianne: «Typisch Mädchen ...« Prägung in den drei ersten Lebensjahren. Ein Tagebuch. Frankfurt a.M. 1990

Haley, Jay: Ablösungsprobleme Jugendlicher. Therapie mit Familien junger Erwachsener. München 1981
Hammer, Signe: Töchter und Mütter: Mütter und Töchter. Frankfurt a.m. 1978
Herzka, Heinz Stefan: Gesicht und Sprache des Säuglings. Basel 1979[2]
– Jugendliche. Bilddokumente. Informierende Texte, Bibliographie. Basel 1985
– Das Kind von der Geburt bis zur Schule. Basel 1984[6]
– Die neue Kindheit. Dialogische Entwicklung – autoritätskritische Erziehung. Basel 1989
– Zur Sache des Kindes. Schaffhausen 1982
Hilsberg, Regina: Körpergefühl. Die Wurzeln der Kommunikation zwischen Eltern und Kind. Reinbek bei Hamburg 1985
Hoffmann, Bernward: Vater werden. Stationen einer Hoffnung. München 1988
Hollstein, Walter: Die gespaltene Generation. Jugendliche zwischen Aufbruch und Anpassung. Bonn 1983
– Nicht Herrscher, aber kräftig. Die Zukunft der Männer. Hamburg 1989[2]
Holt, John: Wie Kinder lernen. Weinheim 1979
Hungerbühler, Ruth: Unsichtbar – unschätzbar. Haus- und Familienarbeit am Beispiel der Schweiz. Grüsch 1988

Illich, Ivan: Entschulung der Gesellschaft. München 1972

Jaeggi, Eva, Hollstein, Walter: Wenn Ehen älter werden. Liebe, Krise, Neubeginn. München/Zürich 1989

Kaplan, Louise J.: Die zweite Geburt. Dein Kind wird zur Persönlichkeit. Zürich 1986
Kappeler, Ernst: Es schreit in mir. Briefdokumente junger Menschen. Solothurn 1988[10]
Kast, Verena: Familienkonflikte im Märchen. Eine psychologische Deutung. Olten 1986[3]
Katz Rothman, Barbara: Schwangerschaft auf Abruf. Vorgeburtliche Diagnose und die Zukunft der Mutterschaft. Marburg 1989
Kazis, Cornelia (Hrsg.): Dem Schweigen ein Ende. Basel 1992
Keleman, Stanley: Embodying Experience. Berkeley 1987 (erscheint 1994 deutsch im Kösel Verlag)
– Dein Körper formt dein Selbst. Der bioenergetische Weg zu emotionaler und sexueller Befriedigung. München 1980
– Der körperliche Dialog in der therapeutischen Beziehung. München 1990
– Lebe dein Sterben. Hamburg 1982[2]

- Leibhaftes Leben. Wie wir uns über den Körper wahrnehmen und gestalten können. München 1982
- Verkörperte Gefühle. Der anatomische Ursprung unserer Erfahrungen und Einstellungen. München 1992

Keller-Husemann, Ursula: Destruktive Sexualität. München 1983

Kitzinger, Sheila: Alles über das Stillen. München 1983
- Das Erlebnis der Geburt. Mütter und Väter berichten. München 1992
- Frauen als Mütter. Geburt und Mutterschaft in verschiedenen Kulturen. München 1983
- Natürliche Geburt. Ein Buch für Mütter und Väter. München 1980
- Schwangerschaft und Geburt. Das umfassende Handbuch für junge Eltern. München 1982
- Sexualität im Leben der Frau. München 1984

Klaus, Marshall, H./Kennell, John H.: Mutter-Kind-Bindung. Über die Folgen einer frühen Trennung. München 1983

Klein, Melanie: Die Psychoanalyse des Kindes. Frankfurt a.M. 1987 (Neuaufl.)

Kohut, Heinz: Narzißmus. Frankfurt a.M. 1976

Krishnamurti, Jiddu: Erziehung zur Kunst des Lebens. Krishnamurtis Briefe an seine Schulen. 1. Teil. Heidelberg 1988

Krüll, Marianne: Die Geburt ist nicht der Anfang. Die ersten Kapitel unseres Lebens – neu erzählt. Stuttgart 1992

Kübler-Ross, Elisabeth: Interviews mit Sterbenden. Gütersloh 1983[15]
- Kinder und Tod. Zürich 1984
- Leben bis wir Abschied nehmen. Nachwort von Paul Becker. Stuttgart 1979

Lackner, Karin: Töchter. Ihr lebenslanger Abschied von den Vätern. Genf 1988

Leboyer, Frédérick: Das Fest der Geburt. München 1982
- Geburt ohne Gewalt. München 1986[4]

Leonard, Linda: Töchter und Väter. Heilung und Chancen einer verletzten Beziehung. München 1985

Liedloff, Jean: Auf der Suche nach dem verlorenen Glück. Gegen die Zerstörung unserer Glücksfähigkeit in der frühen Kindheit. München 1992

Lothrop, Hannah: Gute Hoffnung – jähes Ende. Ein Begleitbuch für Eltern, die ihr Baby verlieren, und alle, die sie unterstützen wollen. München 1991
- Das Stillbuch. München 1987[11]

Lowen, Alexander: Bio-Energetik. Reinbek bei Hamburg 1979
- Depression. Unsere Zeitkrankheit. Ursachen und Wege zur Heilung. München 1987[5]
- Körperausdruck und Persönlichkeit. München 1991[4]

Luthman, Shirley G./Kirschenbaum, Martin: Familiensysteme. Wachstum und Störungen. Einführung in die Familientherapie. München 1977

Mahler, Margaret S./ Pine, Fred/ Bergmann, Anni: Die psychische Geburt des Menschen. Frankfurt a.M. 1987
- Studien über die drei ersten Lebensjahre. Stuttgart 1989[3]
Martens, Gabriela: Auch Eltern waren Kindern. Ursachen und Lösungen von Konflikten in der Familie. München 1990[2]
Martin, Emily: Die Frau im Körper. Weibliches Bewußtsein, Gynäkologie und die Reproduktion des Lebens. Frankfurt/New York 1989
McGoldrick, Monica/Gerson, Randy: Genogramme in der Familienberatung. Bern 1990
Mead, Margaret: Der Konflikt der Generationen. Jugend ohne Vorbild. München 1974
Meves, Christa: Verhaltensstörungen bei Kindern. München 1991[10]
Meyer, Elsbeth/Paczensky, Susanne von/Sadrozinski, Renate: Das hätte nicht noch mal passieren dürfen! Wiederholte Schwangerschaftsabbrüche und was dahinter steckt. Frankfurt a.m. 1991[3]
Montagu, Ashley: Körperkontakt. Die Bedeutung der Haut für die Entwicklung des Menschen. Stuttgart 1992[7]
Montessori, Maria: Erziehung zum Menschen. Montessori-Pädagogik heute. Frankfurt a.m. 1992[8]
- Kinder sind anders. Stuttgart 1988[12]
Mühlratzer, Eva/Horkel, Wilhelm: Kaiserschnitt. Ein praktischer und psychologischer Ratgeber. München 1992[2]
Müller-Küppers, Manfred (Hrsg.): Modern erziehen. Grundlagen, Probleme, Lösungen. München 1972
Müller-Wieland, Marcel: Der innere Weg. Mut zur Erziehung. Zürich 1982
- Wandlungen der Schule. Schaffhausen 1976

Napier, Augustus Y.: Ich dachte, meine Ehe sei gut, bis meine Frau mir sagte, wie sie sich fühlt. Wie Mann und Frau gemeinsam ihre Beziehung verändern können. Zürich 1990
Nehring, Christa: Fehlgeburt. Tübingen 1986
Nerin, Wiliam F.: Familienrekonstruktion in Aktion, Paderborn 1992
Neumann, Erich: Das Kind. Struktur und Dynamik der werdenden Persönlichkeit. Follbach 1990[4]
Nickel, Horst: Entwicklungspsychologie des Kindes- und Jugendalters. Ein Lehrbuch für Studierende der Psychologie, Erziehungs- und Sozialwissenschaften. Bd. I, II. Bern/Stuttgart/Wien 1981/82

Odent, Michel: Erfahrungen mit der sanften Geburt. München 1986
- Die sanfte Geburt. München 1989[7]
Oerter, Rolf: Lebensbewältigung im Jugendalter. Weinheim 1985
Olbrich E./Todt, E (Hrsg.): Probleme des Jugendalters. Neuere Sichtweisen. Berlin 1984

Paczensky, Susanne von: Gemischte Gefühle von Frauen, die ungewollt schwanger sind. München 1988[2]

Peterson, Gayle H.: Birthing normally. A personal growth approach to childbirth. Berkeley 1984

Peterson, Gayle/Mehl, Lewis: Pregnancy as Healing. A Holistic philosophy for Prenatal Care. Vol I Berkeley 1984, Vol II Berkeley 1985

Piaget, Jean: Meine Theorie der geistigen Entwicklung. Frankfurt a.M. 1991[3] (hrsg. von Reinhard Fatke)

– Theorien und Methoden der modernen Erziehung. Frankfurt a.M. 1990[7]

Piaget, Jean/Inhelder, Bärbel: Die Psychologie des Kindes. München 1991[4]

Plogstedt, Sibylle: Niemandstochter. Auf der Suche nach dem Vater. München/Zürich 1992[2]

Portmann, Adolf: Biologische Fragmente zu einer Lehre vom Menschen. Basel 1969[3]

– Vom Lebendigen. Versuche zu einer Wissenschaft vom Menschen. Frankfurt a.M. 1973

Postman, Neil: Das Verschwinden der Kindheit. Frankfurt a.M. 1983

Prekop, Jirina: Hättest du mich festgehalten … Grundlagen und Anwendung der Festhalte-Therapie. München 1991[4]

– Der kleine Tyrann. Welchen Halt brauchen Kinder? München 1991[14]

Prekop, Jirina/Schweizer, Christel: Kinder sind Gäste, die nach dem Weg fragen. Ein Elternbuch. München 1992[6]

Reinelt, Toni/Datler, Wilfried (Hrsg.): Psychotherapie als Hilfe für das Kind. Konsequenzen für Pädagogik, Heilpädagogik und Prävention. München 1984

Richter, Horst E.: Eltern, Kind und Neurose. Die Rolle des Kindes in der Familie. Reinbek bei Hamburg 1980 (Neuaufl.)

Rogers, Carl R.: Entwicklung der Persönlichkeit. Psychotherapie aus der Sicht eines Therapeuten. Stuttgart 1992[9]

Rogoll, Rüdiger: Nimm dich, wie du bist. Wie man sich einig werden kann. Eine Einführung in die Transaktionsanalyse. Freiburg/Basel/Wien 1978[5]

Sander, Uwe/Vollbrecht, Ralf: Zwischen Kindheit und Jugend. Träume, Hoffnung und Alltag 13-15jähriger. München 1985

Satir, Virginia: Selbstwert und Kommunikation. Familientherapie für Berater und zur Selbsthilfe. München 1989[9]

Satir, Virginia/Baldwin, Michele: Familientherapie in Aktion. Die Konzepte von Virginia Satir in Theorie und Praxis. Paderborn 1988

Schellenbaum, Peter: Das Nein in der Liebe. Abgrenzung und Hingabe in der erotischen Beziehung. Stuttgart 1984

Schelsky, Helmut: Wandlungen der deutschen Familie in der Gegenwart. Stuttgart 1967[5]

Schilling, Erika: Manchmal hasse ich meine Mutter. Gespräche mit Frauen. Münster 1981

Schmauch, Ulrike: Anatomie und Schicksal – Zur Psychoanalyse der frühen Geschlechtersozialisation. Frankfurt a.M. 1987

Schmidbauer, Wolfgang: Die Angst vor Nähe. Reinbek bei Hamburg 1985

Schmidt, Gunter: Das große Der Die Das. Über das Sexuelle. Reinbek bei Hamburg 1988

Schmidt, Rainer: Abbruch autoritärer Strukturen – Aufbruch zum Gespräch, oder Nachdenken über eine neue Solidarität der Geschlechter. In: *Brandl, Gerhard u.a.:* Vom Ich zum Wir. Individualpsychologie konkret. München 1979

Schmidt, Rainer (Hrsg.): Die Individualpsychologie Alfred Adlers. Ein Lehrbuch. Stuttgart/Berlin/Köln/Mainz 1982

Schnack, Dieter/Neutzling, Rainer: Kleine Helden in Not. Jungen auf der Suche nach Männlichkeit. Reinbek bei Hamburg 1990

Schneider, Kristine: Familientherapie in der Sicht psychotherapeutischer Schulen. Paderborn 1983

Schultz, Hans Jürgen (Hrsg.): Vatersein. München 1985[2]

Schwartz, Leni: Mit Liebe erwartet. Wir und unser Baby vor der Geburt. München 1985

Shorter, Edward: Die Geburt der modernen Familie. Reinbek bei Hamburg 1983

Sichtermann, Barbara: Leben mit einem Neugeborenen. Ein Buch über das erste halbe Jahr. Frankfurt a.M. 1992[14]

– Wer ist wie? Über den Unterschied der Geschlechter. Berlin 1987

Sperr, Manfred (Hrsg.): Was wir von unseren Eltern halten. 6-16jährige sagen ihre Meinung. München 1971

Spiel, Oskar: Am Schaltbrett der Erziehung. Bern 1979

Spielhofer, Karin: Sanfte Ausbeutung. Lieben zwischen Mutter und Kind. Frankfurt a.M. 1985

Spitz, René A.: Die Entstehung der ersten Objektbeziehungen. Stuttgart 1960

– Nein und Ja. Die Ursprünge der menschlichen Kommunikation. Stuttgart 1978[3]

– Vom Säugling zum Kleinkind. Naturgeschichte der Mutter-Kind-Beziehungen im ersten Lebensjahr. Unter Mitarbeit von Godfrey W. Cobliner. Stuttgart 1992[10]

Spranger, Eduard: Psychologie des Jugendalters. Heidelberg 1980[29]

Spring, Jacqueline: Zu der Angst kommt die Scham. München 1988

Stark, Eva-Maria: Geboren werden und gebären. Eine Streitschrift für die Neugestaltung von Schwangerschaft, Geburt und Mutterschaft. München 1981[6]

Stierlin, Helm: Eltern und Kinder. Das Drama von Trennung und Versöhnung im Jugendalter. Frankfurt a.M. 1980

– Eltern und Kinder im Prozeß der Ablösung. Frankfurt a.M. 1975

– Von der Psychoanalyse zur Familientherapie: Theorie, Klinik. Stuttgart 1980a

Stössinger, Verena/ Leuthold, Beatrice/ Mattmann, Franziska: Muttertage. Leben mit Mann, Kindern und Beruf. Bern 1980

Strobel, Kornelia: Frühgeborene brauchen Liebe. Was Eltern für ihr «Frühchen» tun können. München 1990[2]

Szczesny-Friedmann, Claudia: Die kühle Gesellschaft. Von der Unmöglichkeit der Nähe. München 1991[2]

Thomä, Dieter: Eltern. Kleine Philosophie einer riskanten Lebensform. München 1992

Thürmer-Rohr, Christina: Vagabundinnen. Berlin 1992[6]

Toman, Walter: Familienkonstellationen. Ihr Einfluß auf den Menschen. München 1987[4]

Trimmer, Eric: Vater werden – Vater sein. Alles, was ein Vater über Schwangerschaft, Geburt und die ersten Lebenswochen eines Kindes wissen möchte. Bern/Stuttgart 1985

Ulich, Dieter: Pädagogische Interaktion. Theorien erzieherischen Handelns und sozialen Lernens. Weinheim/Basel 1976
– Krise und Entwicklung. Zur Psychologie der seelischen Gesundheit. München/Weinheim 1987

Vogt-Hägerbäumer, Barbara: Ein bißchen schwanger gibt es nicht. Das Buch zum Thema Abtreibung. Reinbek bei Hamburg 1982
Voss, Reinhard (Hrsg.): Das Recht des Kindes auf Eigensinn. Die Paradoxien von Störung und Gesundheit. München/Basel 1989
Vutz, Sabine/Unzner, Ulrich: Mamas Herzblatt, Papas Liebling. Sind Einzelkinder anders? München 1991

Walters, Marianne/Carter, Betty/Papp, Peggy/Silverstein, Olga: Unsichtbare Schlingen. Die Bedeutung der Geschlechterrollen in der Familientherapie. Eine feministische Perspektive. Stuttgart 1991
Widmer, Konrad: Der junge Mensch und seine Eltern, Lehrer und Vorgesetzten. Zum Problem des Verstehens und der Führung im Jugendalter. Zürich/Stuttgart 1978
Wilberg, Gerlinde M.: Zeit für uns. Ein Buch über Schwangerschaft, Geburt und Kind. Frankfurt a.M. 1992[13]
Willi, Jürg: Was hält Paare zusammen? Der Prozeß des Zusammenlebens in psycho-ökologischer Sicht. Reinbek bei Hamburg 1991
– Die Zweierbeziehung. Spannungsursachen/Störungsmuster/Klärungsprozesse/Lösungsmodelle. Reinbek bei Hamburg 1992[3]
Winnicott, Donald W.: Familie und individuelle Entwicklung. Frankfurt a.M. 1984 (Neuaufl.)
– Von der Kinderheilkunde zur Psychoanalyse. Frankfurt a.M. 1991[4]
– Reifungsprozesse und fördernde Umwelt. Frankfurt a.M. 1990[4]
– Vom Spiel zur Kreativität. Stuttgart 1992[6]
Wirtz, Ursula: Seelenmord. Inzest und Therapie. Zürich 1990[2]
Wunderli, Jürg: Stirb und werde. Wandlungen und Wiedergeburt in der Pubertät und in der Lebensmitte. Feldbach/Oettingen 1980

Zimmer, Katharina: Das wichtigste Jahr. Die körperliche und seelische Entwicklung im ersten Lebensjahr. München 1991³
Zulliger, Hans: Die Angst unserer Kinder. Frankfurt a.M. 1990²
– Heilende Kräfte im kindlichen Spiel. Stuttgart 1979⁶

2. Sammelbände

Erlebnis Geburt: Erfahrungsberichte von Müttern, Vätern und Freunden. München 1982
Frauen berichten vom Kinderkriegen. Hrsg. von *Doris Reim.* München 1984
Die neuen Körpertherapien. Hrsg. von *Hilarion Petzold.* Paderborn 1978

3. Publikationen in Zeitschriften und Zeitungen

Biellitzer, Gisela: Die erste Begegnung von Mutter und Kind bei der Geburt. Prägung – sensible Phase – Entwicklung der Mutter-Kind-Beziehung. In: Zeitschrift für Humanistische Psychologie 1980/1/2, S. 10-15
Büntig, Wolf E.: Wendepunkt in Schwangerschaft und Geburt. In: Zeitschrift für Humanistische Psychologie 1980/1/2, S. 2-9
Halberstad-Freud, Hendrika H.: Die symbiotische Illusion in der Mutter-Tochter-Beziehung. In: FrauenSichten, Psychoanalytisches Seminar Zürich, Frankfurt a.M. 1987
Heisterkamp, Günter: Freude und Leid frühkindlicher Lebensbewegungen. Empirische Säuglingsforschung und tiefenpsychologische Entwicklungstheorien. In: Beiträge zur Individualpsychologie 14, S. 24-41, München/Basel 1991
– Konturen einer tiefenpsychologischen Analyse originärer Lebensbewegungen. In: Zeitschr. für Individualpsychologie, 15. Jg. (1990), Heft 1/2, S. 83-85, 163-176
Jordan, B.: Gebären oder entbunden werden? Die Geburt im Kulturvergleich. In: Psychologie heute, März 1982, 12. Jg., H. 3
Keleman, Stanley: Bioenergetische Konzepte des ›Grounding‹. In: Die neuen Körpertherapien (Sammelband), S. 158-174
– Wir haben keinen Körper, wir sind unser Körper. In: Stimmen und Visionen (Sammelband), S. 162-184
Modena, Emilio: Der Gebärneid des Mannes. In: Psychologie heute. Dezember 1983, 13. Jg., H. 12
Papousek, M.: Frühe Phasen der Eltern-Kind-Beziehungen. Ergebnisse der entwicklungspsychologischen Forschung. In: Praxis der Psychotherapie und Psychsosomatik 34, (1989), S. 109-122
Papousek, H./Papousek, J./Giese R.: Neue wissenschaftliche Ansätze zum Verständnis der Mutter-Kind-Beziehung. In: *Stork J. (Hrsg.):* Zur Psychologie und

Psychopathologie des Säuglings, Frommann-Holzboog, Stuttgart/Bad Cannstadt 1986, S. 53-71

Schmidt, Gunter: Sexualität und Beziehung in den neunziger Jahren. In: LAG Focus. Schleswig-Holstein 1990

Skinningsrud, Tone: Mädchen im Klassenzimmer, warum sie nicht sprechen. In: Frauen und Schule 8/1984

4. Ausgewählte Publikationen der Autorin zur Psychologie

Selbständige Publikationen:
- Beratung und Therapie bei Jugendlichen. München 1986
- Wendezeiten im Leben der Frau. München 1989
- Ich bin die Frau, die ich bin ... Eine lebendige Beziehung zu sich und anderen finden. München 1991

Aufsätze:
- Die Bedeutung von Schwangerschaft, Geburt und nachgeburtlicher Phase für die Entfaltung des Gemeinschaftsgefühls. In: Zeitschrift für Individualpsychologie, 12.Jg., S. 106-118, München/Basel 1987
- Beziehung als »Personale Vergegenwärtigung«. Ein Beitrag zur Transzendierung der psychologischen Kategorien. In: Zeitschrift für Individualpsychologie, 11. Jg., S. 41-50, München/Basel 1986
- Körpersprache als Ausdruck des Lebensstils. In: Zeitschrift für Individualpsychologie, 9.Jg., S. 142-152, München/Basel 1984

Sammelbände:
- Die Emanzipationsbestrebungen der Eltern – Chance oder Konflikt für Kinder und Jugendliche? In: LAG Focus. Schleswig-Holstein 1990
- Leibhafter Dialog. Die somatische Dimension in der Arbeit mit primären und therapeutischen Gruppen. In: Psychotherapie und Beratung in Gruppen. Beiträge zur Individualpsychologie. Hrsg. von *Franzjosef Mohr.* 11. Bd., S. 158-176. München/Basel 1989
- Leibhaftes Frausein. In: Frauen definieren sich selbst. Zürich 1991
- Macht und Ohnmacht der Familie. In: Macht und Ohnmacht. Beiträge zur Individualpsychologie. Hrsg. von *Franzjosef Mohr.* 10. Bd., S. 88-105. München/Basel 1988
- Stumme Geschichten im Leben von Frauen. In: Eigenmächtig. Entwürfe gegen den Zeitgeist. Hrsg. von *Karen Nölle-Fischer* und *Lydia Willkop.* München 1990

In eigener Sache

In Zürich ist ein Zentrum für ganzheitliches Lernen unter der Leitung von Irène Kummer und Elisabeth Schlumpf und einem MitarbeiterInnenteam im Aufbau begriffen.

Angeboten werden Aus- und Weiterbildungen für Menschen, die im sozialen oder im psychologischen Bereich tätig sind und sich eine entsprechende Kompetenz für ihr Berufsfeld erarbeiten möchten (vier Jahre, einzeln belegbar). Der Schwerpunkt liegt auf dem in diesem Buch vorgestellten ›Babuschka-Prinzip‹. Es geht davon aus, daß wir alle unser In-der-Welt-Sein, unsere Beziehungen in der Familie und im weiteren Kreis der Gemeinschaft als unseren Lebensstil Schicht um Schicht formen und verkörpern. Wir können lernen, unsere Muster zu verändern, neue Möglichkeiten eines leibhaften Dialogs mit uns und anderen zu verwirklichen und in unserer Arbeit einzusetzen.

Auf dem gleichen Prinzip beruhen die Kurse und Workshops sowie die Therapie und Beratung für Frauen (= Stelle für Frauenfragen) und für Paare, Eltern und Familien.

Kontaktadressen:

Für schriftliche Unterlagen, Prospekte und administrative Fragen:

Ruth Sarah Obrist, Neumarkt 13, CH-8001 Zürich

Für thematische, persönliche und therapeutische Fragen:

Dr. Irène Kummer, Predigergasse 10, CH-8001 Zürich